THE

PUBLICATIONS

OF THE

SURTEES SOCIETY

ESTABLISHED IN THE YEAR
M.DCCC.XXXIV

VOL. CCXII

RECORDS OF
THE BOROUGH OF
CROSSGATE, DURHAM
1312–1531

EDITED
BY
RICHARD BRITNELL

THE SURTEES SOCIETY

THE BOYDELL PRESS

First published 2008

A Surtees Society Publication
published by The Boydell Press
an imprint of Boydell & Brewer Ltd
PO Box 9, Woodbridge, Suffolk IP12 3DF, UK
and of Boydell & Brewer Inc.
668 Mt Hope Avenue, Rochester, NY 14620, USA
website: www.boydellandbrewer.com

ISBN 978–0–85444–067–2

ISSN 0307–5362

Details of other Surtees Society volumes are available
from Boydell & Brewer Ltd

This publication is printed on acid-free paper

Printed in Great Britain by
CPI Antony Rowe Ltd, Chippenham, Wiltshire

CONTENTS

Acknowledgements.. ix

Maps: Conjectural boundaries of tenements.................... x

Abbreviations.. xv

Introduction xvii

Court rolls, 1312–1400
1. 17 February to 20 December 1312 1
2. 19 January to 8 June 1390 4
3. May to 25 October 1391 11
4. 29 November 1391 to ? June 1392 18
5. 4 September 1392 to 15 January 1393 22
6. 6 August to ? August 1393............................. 27
7. 8 October 1393 to 28 January 1394...................... 27
8. 4 February to 22? April 1394........................... 32
9. 22 April to 26 August 1394 35
10. 2 September to ? December 1394 40
11. 13 January to 27 January 1395.......................... 43
12. 3 November 1395 to ? January 1396...................... 45
13. 6 October 1395 to 22 March 1396 49
14. 31 May to 4 October 1396 54
15. 27 February to 11 September 1398 58
16. 7 April to ? September 1400 63

Court books, 1498–1531
17. 25 April 1498 to 28 September 1524..................... 66
18. 5 October 1524 to 3 March 1529 289
19. 14 April to 24 October 1529........................... 324
20. 27 January 1530 to 31 May 1531........................ 331

Fragment of a paper court roll........................ 342

Additional documents 347

The sacrist's rental of 1500 355

Glossary of English words 381

Index 391

ACKNOWLEDGEMENTS

I have never worked on a project that has benefited so much from the contributions and kindnesses of friends. The Durham University Library staff, Alan Piper, Michael Stansfield and Andrew Gray, who have manned the Cathedral Muniments at 5, The College, have been a support at every stage. Alan Piper has helped and encouraged me in many ways since the beginning of the project, and has been a greatly valued assessor in the reviewing of problematic readings. Michael Stansfield drew my attention to the early court rolls, which I did not know about when I started work on the court books, and Andrew Gray turned up the last piece of evidence to be included here, the fragment of a paper court roll. I am also indebted to the staff of the Cathedral Library, who accepted custody of the court books on days when it was not possible for me to consult them in 5, The College.

Richard Sharpe advised me on editorial conventions, and the set I adopted reflects his advice, perhaps imperfectly. Margaret Harvey, who had worked through the court books in preparing her book on late medieval Durham, not only offered advice during the course of the preparation of the edition, but read it through before it went to press and suggested numerous improvements, as well as correcting a number of errors. Lynda Rollason kindly allowed me to use work incidental to her study of the Durham *Liber Vitae*, which was invaluable in dating the fragmentary paper roll. Brian Cheeseman, too, has given me the advantage of his knowledge of the early development of the borough, particularly in his interpretation of the Bellasis area. My considerable obligation to Margaret Bonney (née Camsell) will be obvious to the reader, and I should particularly thank her for allowing me to reproduce two maps from her doctoral dissertation. My topographical knowledge of the medieval borough of Crossgate is dependent on her work even where this is not specifically acknowledged.

Richard Britnell,
Durham, 2007

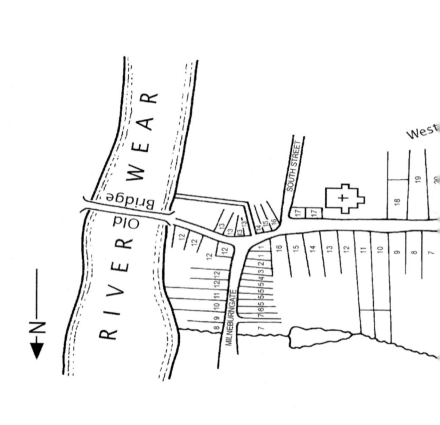

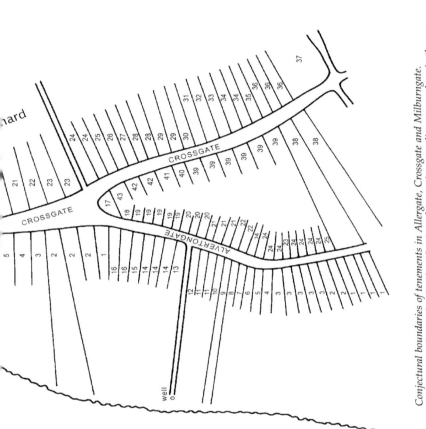

Conjectural boundaries of tenements in Allergate, Crossgate and Milburngate.
See the Sacrist's Rental of 1500 for the identification of properties according to numbers in the map.

Bridge

St Helen's
Well

R WEAR

R

CROSSGATE

1
2
2
3
4
5
6
7
8
9
10
10
11

12
13
14
15
15
15
15

16
16
16
17
18
18
19
20

60
60
60
59
58
58
57
57
56
55
55
55
54
53
52
51
50
49
48
48
48
47
46

SOUTH STREET

Westorchard

N

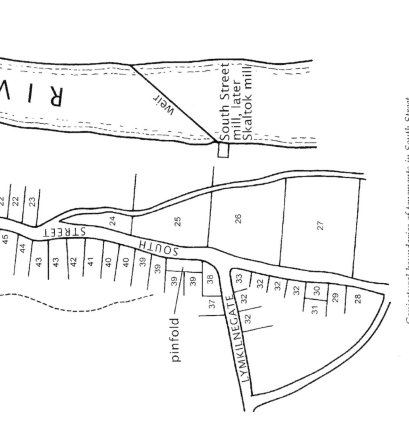

Conjectural boundaries of tenements in South Street.
See the Sacrist's Rental of 1500 for the identification of properties according to numbers in the map.

The publication of this book has been made possible by a grant from the The Scouloudi Foundation in association with the Institute of Historical Research

ABBREVIATIONS

Sources

DML	R. E. Latham and D. R. Howlett, eds, *Dictionary of Medieval Latin from British Sources* (London, 1975– *in progress*)
DOST	W. A. Craigie and others, eds, *Dictionary of the Older Scottish Tongue*, 12 vols (London and elsewhere, 1937–2001)
MED	H. Kurath, S. M. Kuhn and others, eds, *Middle English Dictionary* (Ann Arbor, 1959– *in progress*)
OED	*Oxford English Dictionary*
RMLWL	R. E. Latham, ed., *Revised Medieval Latin Word-List* (London, 1965)

Classification of pleas

C	contract (*convencio*)
D	debt (*debitum*)
DC	detinue (*detencio catallorum*)
E	non-execution of judgement (*execucio non facta*)
F	fraud (*decepcio*)
PA	non-quittance of pledge (*de plegio acquietando*)
QR	non-render (*quod reddat*)
T	trespass (*transgressio*)
U	unknown

INTRODUCTION

The records edited in this volume relate chiefly to the streets of the city of Durham still known, as in the Middle Ages, as Crossgate, Allergate and South Street. They constituted the borough of Crossgate, referred to in the records printed here as *burgus de Crossgate, vetus burgus de Crossgate* or *vetus burgus Dunelm'*. The borough corresponded to the chapelry of St Margaret.[1] In the later middle ages the borough was in the lordship of Durham Priory, which held a court there for policing the borough and to accommodate litigation involving its residents. The surviving records created by this court are preserved with the rest of the priory archive at Durham in the Cathedral Muniments. In 1312 separate court sessions were held for Crossgate and South Street under the management of the terrar and the steward.[2] In the 1390s the jurisdiction is described as that of the prior.[3] From 1424, however, responsibility for maintaining the courts, together with the right to collect the borough's ground rents, was assigned to the sacrist.[4] In their present form the records comprise a few parchment rolls from the late fourteenth century, a paper fragment from the later fifteenth century and two paper books from towards the end of the priory's existence. All this material is printed in full in this edition. A sacrist's rental of 1500 is also included because it contributes substantially to an understanding of the court records. This rental includes the information that the court met in a building that had formerly been rented as the borough tollbooth, opposite the church, but which was now reserved for judicial business.[5] This is confirmed by some draft jury presentments of 1520, which require that 'ther be formys maid

---

1 For the status of St Margaret's church in Crossgate, see M. Harvey, *Lay Religious Life in Late Medieval Durham* (Woodbridge, 2006), pp. 7–9, 13, 44–7, 84.
2 courts 1, 2.
3 courts 7, 7a, 26, 89, 90, 94, 135f.
4 M. Bonney, *Lordship and the Urban Community: Durham and its Overlords, 1250–1540* (Cambridge, 1990), p. 104.
5 Bonney, *Lordship*, p. 98; Rental, 42.

with-in the tolbothe betwixe this and the next cort'.[6] The latter part of the rental concerns properties outside the borough of Crossgate, but it is worth printing the record in its entirety in this context because it demonstrates that some property owners in the borough also had tenements in other parts of the city.

The medieval city of Durham was divided between four separate jurisdictions, each called a borough, though only the central bishop's borough contained a market place. Crossgate, like Elvet, was in effect a residential suburb separated from the central area by the River Wear, though joined to it by a bridge since the twelfth century.[7] The court records of the bishop's borough have unfortunately not survived. Because it was the chief centre of commerce, its jurisdiction was doubtless more considerable and varied than that of the others. To some extent it overlapped the jurisdiction of the peripheral boroughs, including Crossgate, since there are examples of pleas brought in the Crossgate court by the Durham guild wardens – the barbers,[8] butchers ('fleshewers'),[9] chandlers ('waxmakers'),[10] fullers ('walkers'),[11] slaters,[12] tailors,[13] and weavers.[14] This presumably meant that men from Crossgate joined with those from elsewhere in Durham in the city's Corpus Christi processions and plays.[15] To the extent that Crossgate families traded in the central market they were subject to the jurisdiction of the enforcement of trading regulations there, so that the Crossgate records are far from giving a complete account of their encounters with local jurisdiction. Even so, it is plain from the occupational details in the Crossgate records that the borough was a community of tradesmen and artisans even if some had land and livestock. It differs strongly from the court records of rural communities.

The sacrist's jurisdiction embraced both minor policing and minor private litigation. The former was principally the business of a special session of the court called in Crossgate the head court (*curia capitalis*), held three times a year and corresponding to the leet courts held

---

6   Additional Document 7.
7   Bonney, *Lordship and the Urban Community*, pp. 24–31.
8   court 392.
9   court 277–8.
10 court 392.
11 courts 678–80.
12 courts 529, 700.
13 courts 242, 301–2, 304, 400.
14 court 426, 646.
15 Bonney, *Lordship*, pp. 183–92; Harvey, *Lay Religious Life*, pp. 165–6.

elsewhere. The latter occupied the more ordinary courts, held when they were needed. If need be, business arising from private litigation was also transacted in head courts, whose activity was consequently very mixed.

Head courts

The head courts of Crossgate borough become increasingly prominent in the record between the first and last of the extant records. In the court rolls of the 1390s they are barely distinguished from other sessions of the court, and their recorded business is slight. Nine court sessions in the records of that period are described as those of the head court,[16] but one of these has no recorded business, and another handled nothing but private litigation.[17] Four other sessions may be classified as head courts because they record the essoining or amercement of suitors who failed to attend,[18] and a fifth because it was the occasion for an assize of ale.[19] By the 1490s there is no such ambiguity, since head courts are regularly identified as such in the record, leet juries are listed and their presentments are recorded at increasing length. Head court business had grown between 1400 and 1493, and it grew again in the early Tudor period. The volume of private jurisdiction had meanwhile contracted, so that leet court jurisdiction constitutes a very much larger part of the text of the 1530s than of the 1390s.

Already in the 1390s it was apparently understood that there should be three sessions of the head court each year, held in April, October and January, though the pattern is broken by the absence of any identifiable sessions for April 1398 or April 1400 (Table 1). There is no recorded court business of any kind from April 1398 (courts 121a–c, 122), and the court on 7 April 1400 was concerned with a single plea of trespass. The surviving data show some consistency, however. The April session was held the day after Hocktide (the second Tuesday after Easter) in both 1390 and 1392. In 1394 it was the week after Easter, presumably because Easter was late in the month that year. The October head court was held on the second Wednesday after Michaelmas in 1392, 1393 and 1394, but the first Wednesday after in 1395 and 1396. The January session was held on the second Tuesday after Epiphany in 1390, the second Wednesday

16 courts 8*, 36*, 45*, 51d*, 55*, 88*, 99*, 100*, 118*.
17 courts 45*, 51d*.
18 courts 4*, 33*, 62*, 71*.
19 court 84*.

after in 1393, and the first Wednesday after in 1394, 1395 and 1396. Although these dates imply a flexible use of the calendar, they follow a pattern that is still in evidence a century later (Table 2). The April head court was normally held the day after Hocktide between 1492 and 1520, but was moved a week later in 1521 and most subsequent years until the end of the record. The October court was usually held on the first Wednesday after Michaelmas (29 September). The January court was usually held the Wednesday after Epiphany unless that fell on a Tuesday, in which case it was held a week later, on 14 January; this court was also shifted a week later towards the end of the record in the years 1526–8. The number of head courts dropped to one in 1521–2, when all courts were suspended between 31 July 1521 and 26 February 1522 because of a plague epidemic in the city and its suburbs.[20] The Epiphany court seems to have been phased out after 1528 – none was held in 1529 or 1531 – though the court of 26 January 1530 had the same characteristics. These head courts were at least occasionally presided over by the sacrist himself; the five successive head courts of Hocktide and Michaelmas, 1498, and of Epiphany, Hocktide and Michaelmas 1499, and in April 1500, were held *coram dompno Georgio monacho tunc sacrista Dunelm.*[21] In April 1528 the sacrist presided with John Clerke as steward of the court (*senescallus hujus curie*) in attendance, and both officers attended what was probably the September court of that year. The January head court of 1510 had also probably been attended by the steward of the court (*seniscallus dicte curie*), William Bycheburn, though whether in the presence of the sacrist is unrecorded.[22]

A regular item of business at leet courts was the listing of burgesses who owed suit of court and had failed to attend. These entries are repetitive, but convey some information. The clerks often listed suitors who subsequently came to court or essoined themselves in the course of the session. Another item of business to recur in these courts, though not confined to them, was the admission of new burgesses by the swearing of fealty.[23] But the major function of the head court, at least by the 1490s, was to hear the report of a leet jury of residents of the borough who are described as the 'pannel for the lord' (*panellum pro domino*). The jury usually numbered twelve during the years 1498–1526, but was increased to thirteen from

20 court 584a.
21 courts 140*, 155*, 160*, 163*, 177*, 195*.
22 courts 405*, 699*, 706*.
23 courts 4*, 8*, 88*.

October 1526. Its members were drawn from a restricted group of men, whose numbers varied only slightly; 25 men were jurors at various times in the three-year period from October 1498 to April 1500, 21 between October 1505 and April 1508, 20 between October 1515 and April 1518 and 25 between October 1525 and April 1528. The members of this jury were probably mostly local traders. Three of the most frequently chosen between 1498 and 1500 worked in skins and leather; Laurence Toller and John Prior were both glovers, and both Thomas Spark and William Richardson were reported for forestalling ox and cow hides. William Richardson is described as a mercer. Of the other jurors from this period, Richard Arnbrugh and John Pottes were also glovers, and John Woodmouse was a tailor.[24] Eleven of the 25 were amerced for breaking the assize of ale at various times between 1498 and 1504.[25]

Table 1. Dates of *curie capitales*, 1390–1400

Year	Hocktide	Michaelmas	Epiphany
1389–90	no data	no data	18 Jan.
1390–1	13 Apr.	no data	no data
1391–2	no data	no data	(?)
1392–3	24 Apr.	9 Oct.	15 Jan.
1393–4	no data	8 Oct.	7 Jan.
1394–5	22? Apr.	14 Oct.	13 Jan.
1395–6	no data	6 Oct.	12 Jan.
1396–7	no data	4 Oct.	no data
1397–8	no data	no data	no data
1398–9	—	no data	no data
1399–1400	no data	no data	no data
1400–1	—	no data	no data

The range of enquiry of the Crossgate was narrower than in most borough courts, presumably because a large part of such jurisdiction was more appropriate to the bishop's borough. Frequent references to offences committed within the court's jurisdiction (*infra jurisdiccionem hujus curie*) are a reminder of the court's restricted spatial competence. Its range of business was also limited by its lack of

24 courts 225, plea D130 (Richardson), 242, plea T69 (Woodmouse), 256* (Arnbrugh, Pottes, Prior, Richardson, Spark, Toller).
25 John Blount, Richard Bowman, William Byers, Richard Glover, William Orfield, George Rippon, Richard Smyrk, Thomas Spark, Laurence Toller, Robert Warham, John Woodmouse.

Table 2. Dates of *curie capitales*, 1498–1531

Year	Hocktide	Michaelmas	Epiphany
1498–9	25 Apr.*	3 Oct.	16 Jan.
1499–1500	10 Apr.*	2 Oct.	8 Jan.
1500–1	29 Apr.*	7 Oct.	13 Jan.
1501–2	21 Apr.*	6 Oct.	12 Jan.
1502–3	6 Apr.*	5 Oct.	11 Jan.
1503–4	26 Apr.*	4 Oct.	10 Jan.
1504–5	17 Apr.*	2 Oct.	8 Jan.
1505–6	2 Apr.*	8 Oct.	14 Jan.
1506–7	22 Apr.*	30 Sep.	13 Jan.
1507–8	14 Apr.*	6 Oct.	12 Jan.
1508–9	10 May	4 Oct.	10 Jan.
1509–10	18 Apr.*	3 Oct.	9 Jan.
1510–11	10 Apr.*	2 Oct.	8 Jan.
1511–12	21 May	1 Oct.	14 Jan.
1512–13	21 Apr.*	6 Oct.	12 Jan.
1513–14	6 Apr.*	5 Oct.	11 Jan.
1514–15	26 Apr.*	4 Oct.	10 Jan.
1515–16	18 Apr.*	3 Oct.	9 Jan.
1516–17	2 Apr.*	1 Oct.	14 Jan.
1517–18	22 Apr.*	7 Oct.	13 Jan.
1518–19	14 Apr.*	6 Oct.	12 Jan.
1519–20	11 May	5 Oct.	11 Jan.
1520–1	18 Apr.*	3 Oct.	9 Jan.
1521–2	17 Apr.**	—	—
1522–3	12 Mar.	5 Nov.	14 Jan.
1523–4	22 Apr.**	7 Oct.	13 Jan.
1524–5	13 Apr.**	5 Oct.	11 Jan.
1525–6	26? Apr.*	4 Oct.	17 Jan.
1526–7	18 Apr.**	3 Oct.	16 Jan.
1527–8	8 May**	2 Oct.	15 Jan.
1528–9	29 Apr.**	30 Sep.	—
1529–30	14 Apr.**	14 Oct.	(26) Jan.
1530–1	2 May	12 Oct.	—

* 2nd Wed. after Easter.
**3rd Wed. after Easter.

public markets. After 1312 there are no references in Crossgate to the assizes of weights and measures[26] or wine, and the assize of bread was rarely on the agenda.[27] However, some commercial policing was frequent. The jurors reported tanners and other leather workers who forestalled hides in the market. They were also responsible for enforcing the assize of ale within the borough. At the October head court every year they were required to report the price of wheat, barley and oats 'on the last market day and other market days'. The court then fixed prices for best ale and good ale for the whole twelve-month period between Martinmas and Martinmas, that is for the year following 11 November.[28] The prices recorded in the head court between 1498 and 1520 constitute a useful, though incomplete series, since they relate to the same period each year (Table 3). The procedure by which they were established relates perhaps to evidence from the bursars' accounts that the bursar bought grain from his tenants at fixed prices that must have been achieved by some procedure similar to that adopted by the Crossgate head court jury. The prices recorded from Crossgate are nevertheless considerably lower than the mode prices recorded by the bursar.[29] The most recurrent issues to appear before the head court were failure to enclose messuages in the borough, allowing pigs to wander in the street, keeping dangerous dogs unmuzzled, causing affrays, engaging in verbal abuse (scolding, a uniquely female offence), harbouring vagrants, promiscuous women, Scots and other people considered undesirable, and fouling streets, wells or the churchyard.

A notable feature of the head court business was the setting of 'pains' on particular inhabitants or groups by borough juries. A pain was in this context a penalty to be imposed if a fault remained uncorrected. An interleaved sheet of uncertain date, written in English, is apparently a draft presented by the jurors in court.[30] The jurors say, for example, 'We lay a pain on John Dychand that he shall uphold his back front upon pain of 6d'. This was a normal method throughout the period of ensuring that individuals and groups performed tasks

26 courts 1, 2.

27 courts 40, 74, 720*.

28 It was not uncommon for ale prices to be fixed only once a year: J. M. Bennett, *Ale, Beer and Brewsters in England: Women's Work in a Changing World* (New York and Oxford, 1996), p. 100.

29 M. Threlfall-Holmes, *Monks and Markets: Durham Cathedral Priory, 1460–1520* (Oxford, 2005), pp. 76, 79.

30 Additional Document 7.

Table 3. Grain prices reported in the Michaelmas chief court, 1498–1520

	Wheat	Barley	Oats
3.10.1498	4s 0d	3s 4d	1s 6d
2.10.1499	3s 6d	3s 0d	1s 2d
7.10.1500[1]	4s 0d	3s 4d	1s 0d
6.10.1501	4s 8d	3s 0d	1s 4d
5.10.1502	6s 8d	3s 0d	1s 3d
4.10.1503	5s 4d	3s 4d	1s 6d
2.10.1504	6s 0d	4s 0d	1s 4d
8.10.1505	6s 8d	3s 4d	1s 2d
30.9.1506	5s 4d	5s 0d	1s 0d
6.10.1507	6s 0d	3s 4d	1s 6d
4.10.1508	5s 8d	4s 0d	1s 4d
3.10.1509	3s 4d	2s 6d	1s 0d
2.10.1510	3s 4d	3s 0d	1s 0d
1.10.1511	4s 0d	3s 0d	1s 3d
6.10.1512	6s 8d	3s 4d	1s 6d
5.10.1513	6s 8d	4s 0d	1s 8d
4.10.1514	6s 0d	3s 4d	1s 8d
3.10.1515	?	?	?
1.10.1516	?	?	?
7.10.1517	?	?	?
6.10.1518	7s 0d	4s 6d	1s 8d
5.10.1519	?	?	?
3.10.1520	9s 4d	5s 0d	2s 6d

imposed by the court; the imposition of pains was often interspersed in the records with the imposition of amercements for past faults. Mostly these imposed pains have some time limit within which the penalty could be avoided, but in some cases they have open applicability and are equivalent to by-laws. The jurors of the head court of January 1508 for example, imposed a pain 'that nobody from now on shall have any lodgers in their tenures, namely in back houses, each under pain of 12d'.[31] The existence of these powers, and the frequency of their exercise, demonstrates the extent to which, through the sacrist's court, the inhabitants of the borough regulated their own affairs. There are no cases in the record of pains or by-laws independently imposed by the will of the sacrist or the prior of Durham.

---

31 *Et quod nullus decetero habeat aliquas personas manentes in tenuris, videlicet in domibus posterioribus, quilibet sub pena – xij d'*: court 371*.

In addition to the policing activity of the leet jury, there was some *ex officio* activity by borough bailiffs from time to time. At the Michaelmas head court of 1504 the jury's presentments for unringed pigs who dug up the ground were supplemented by the bailiff's presentment of those who let their pigs wander in the street. And an ordinary court was held in 1507 apparently for the sole purpose of allowing the bailiff to present two women for scolding. This seems to have been an interim measure to control an interpersonal dispute, since the women were instructed to report to the next head court.[32]

Private litigation

During weeks when there was no head court, ordinary sessions met for private litigation. They were not held every week; on average there were eighteen of these courts each year between 1498 and 1531. The largest number of courts in any one year was 31 in 1506–7 and the smallest was five in 1516–17. The variability in the number of sessions implies that the priory was responsive to the needs of litigants. Sessions were held on demand, often to further a single plea, which meant that if things went wrong for some reason no business was transacted. The willingness of the priory to provide sessions for so little business implies that this was regarded as an *ad hoc* service to the burgesses rather than a fixed and limited duty. There were often not more than a dozen or so pleas during the course of the year, which the priory officers accommodated according to the requirements of each plea. The burgesses of Crossgate were better served than those of larger boroughs whose courts were heavily charged with business, whose procedures were more formal, and whose chief officers were merchants with many other preoccupations. The apparent willingness of the priory to allow the burgesses to manage their affairs as they wished, and to accommodate their private needs, goes some way to explaining the absence of conflict between priory and townsmen that is a conspicuous feature of Durham's medieval history. But the courts were usually held on a Wednesday, and if the day was inappropriate because of a feast day or for some other reason, business was deferred to another week. The frequency with which Wednesday (*dies Mercurii*) is altered from Tuesday (*dies Martis*) in the court book implies that the clerk who kept the records of the Crossgate court was often engaged elsewhere on a Tuesday. These

32 courts 292*, 367.

Table 4. Number of pleas in five-year periods from Hocktide to Hocktide, 1390–1400 and 1498–1531

	Debt	Trespass	Detinue	Other	Unclassified	Recorded total	Adjusted total
1390–1395	62	44	3	3	3	115	189
1395–1400	29	12	3	1	1	46	105
1498–1503	62	10	14	4	13	103	103
1503–1508	46	9	4	5	10	74	74
1508–1513	28	8	10	1	7	54	54
1513–1518	25	4	10	1	1	41	41
1518–1523	28	8	20	1	5	62	62
1523–1528	33	6	15	3	2	59	59
1528–1533	31	2	6	4	2	45	94

courts were perhaps supervised by the bailiff of the borough. In 1515 a session was cancelled because he was absent.[33]

For ease of reference, and to assist in following litigation through court procedures, pleas have been classified and numbered in a single sequence throughout the text. In most cases the classification is self-evident, but the clerk of court became less concerned to state the nature of pleas after 1529; editorially imposed plea classifications after that time are printed in italics. Most pleas were of debt, trespass or detinue. Table 4 shows the break-down by period. The evidence is complete for the years between 25 April 1498 and 3 March 1529. The figures for this period in Table 3 are counted in years running from the Hocktide capital court to the week preceding the following one. For the 1390s the record is much less complete. The surviving court rolls represent only about 61 per cent of the business for 1390–5 (about 159 weeks between 19 January 1390 and 27 January 1395) and about 44 per cent for 1395–1400 (about 111 weeks between 3 November 1395 and 15 September 1400). When allowance is made for this deficiency in the evidence from the 1390s, it seems likely that the volume of litigation had declined during the hundred years that followed. The volume of litigation in the ten years 1498–1508 was about 40 per cent below that of the 1390s. This would be compatible with the decline in the demand for residential property in the borough during the late medieval period which is powerfully suggested by the sacrist's rental of 1500, printed in this volume. Of the 247 burgages it records, 19 were described as altogether waste, and 89 had been absorbed

---

33 court 506a.

into gardens, orchards and closes.[34] The case for supposing that litigation had declined is weakened, however, by the sharp reduction of pleadings during the 1390s; the early 1390s may have been particularly disturbed. The number of pleas continued to fall from the level of 1498–1503 to a trough in 1513–18. The court records for 1528–33 (again counting each year from the Hocktide capital court) are again defective, representing only about 48 per cent of this five-year period. Table 3 accordingly incorporates another adjusted figure for those years. The overall result implies some recovery of the volume of litigation after 1513–18, though by 1528–33 the number of pleas perhaps remained below what it had been in the 1390s.

The private jurisdiction of the Crossgate court, like its responsibility for policing, was tightly restricted. It was entitled to handle only pleas that involved claims under £2. This is apparent from the case of Richardson v. Wilson in 1503, which was formalized as two separate pleas of debt for £1 19s 11d each.[35] In another plea between Richardson and Wilson in 1505, this time for trespass, the plaintiff's loss was altered in the course of litigation from £2 3s 0d to £1 19s 11d.[36] The court functioned as a small claims court, often discussing claims for a few pence. On occasion even quite small pleas were transferred to higher courts by writs of *Accedas ad curiam*[37] or *Recordari*[38] issued by the sheriff of Durham.

A burgess of Crossgate had liberties that allowed him to delay appearing in court in answer to charges brought against him. He was entitled to a default (*defectus*) on the day a plea first came to court and on two following Wednesdays. On the third Wednesday he could claim a further three weeks' delay as a freeman of the borough (*ut liber*). After that he was entitled to three further postponements of his appearance if he supplied a valid excuse, or essoin (*essonia*), for non-appearance on each occasion. Hugh Spark ran the whole course between November 1522 and January 1523 when sued for trespassing with his pigs. He made default on 5, 12 and 19 November, though the second and third defaults were not specifically recorded. On 26 November he claimed his first day as a freeman, and again presumably on 3 and 10 December. His three essoins were interrupted by Christmas, which gave him an extra four weeks' delay, but

---

34 This is discussed in Bonney, *Lordship*, p. 45.
35 court 267, pleas D153, D157.
36 court 311, plea T76.
37 courts 299, 528*, 566, pleas D167, D256, T96.
38 courts 494, 501, 658, pleas D39, DC40, D308.

he made his third essoin on 28 January. The following Wednesday he was fined for not answering the charge against him, and he seems to have settled out of court soon afterwards.[39] John Woodmouse in 1499 prolonged a dispute from 23 October to mid December by claiming three defaults, three days as a freeman, and two essoins, after which the absence of any further record of the case implies he settled.[40] An action against Woodmouse for detinue in 1525 demonstrates the defendant's need to apply for respite as a freeman; he forfeited the right because on the day when he made his third default he did not ask for further days *ut liber*.[41] These rights were rarely exercised, and were perhaps used chiefly in anger. It was rare for defendants to resort to more than a single essoin or two, often to give time for settling out of court, so that most pleas were resolved within a week or two.

The Crossgate court maintained the pledging system to increase the probability that litigants would attend when required. For example, in January 1523 Richard Smyth prosecuted a fellow burgess for detaining six ells of canvas, with William Robynson as pledge. At the next court he was amerced 4d for failure to prosecute his case, and the court again recorded the name of his pledge, William Robynson. This system sometimes led to further litigation by pledges who had pledged unwisely. Hugh Spark, who had pledged George Little in a plea against John Wynter, successfully sued in March 1507 to recover 1s 2d and 6d in damages. This, incidentally, was a case where court procedure somehow resolved the dispute by inducing a confession. The plea was brought on 17 March and the defendant essoined to the next court. The following week the court met to hear this one case. The defendant first asked for a postponement to another day to give time to negotiate, but then confessed the whole debt and was instead granted time to pay. This, as other cases, shows another interesting feature of the Crossgate court, which is the very light level of professionalization. It had been common to employ professional clerks as attorneys in many borough courts even before the Black Death. In Crossgate is was unusual for plaintiffs and defendants not to act in person.

Some pleas were settled before they were entered into the court

---

39 courts 600*–610, plea T99.
40 courts 179–186, pleas D116 and C6.
41 court 666, plea DC74. For other examples of these rights being exercised (though only for part of the course), see pleas D33, T63, D286, D304.

books, in which case no fine was levied on the litigants.[42] After that point amercements were levied if either party failed to pursue the case or if they agreed. The extent to which business was settled in court is nevertheless noteworthy. In many urban jurisdictions the vast number of pleas entered in court records never reached the stage of formal pleading because they were settled one way or another before that stage was reached. In most pleas of debt the only particulars we know concern the amount in question, and we rarely know how the dispute was in fact resolved.[43] In Crossgate the proportion of recorded pleas that came to court was much higher, and it was common for those impleaded to confess in court. In 1500–1, for example, there were six pleas of debt, and in three cases the accused confessed to the debt in court, soon if not immediately after the plea was brought. Thomas Bittlestone pursued Geoffrey Hall for a debt of £1 on 26 August 1500. The following Wednesday, having been distrained by eight oxen, Geoffrey came to court and was allowed time to negotiate the matter with his accuser – this, incidently, was the only business of the court that day. The Wednesday after that Geoffrey Hall came to court, confessed the whole debt, and was amerced 4d. That again was the only recorded business of the court.[44] On 3 March 1501 the prior of Durham sued William Spark for a debt of 6s 8d. The following Wednesday William came to court and confessed the whole debt, and was amerced 4d.[45] At that same court, on 10 March, William Eyme brought a plea of debt against John Watson for 1s 6d for wool he had bought. He came into court that same day and confessed the whole sum, and was amerced 3d.[46] None of these defendants had deployed delaying tactics or settled promptly without making an appearance in court. Why plaintiffs should be willing to come to court to confess, rather than settle out of court, it is difficult to see unless the court was itself able to act as an intermediary in resolving conflict, in which case a couple of lines entered in the court book may represent a more complex and time-consuming reality. At least some of these confessions are the outcome of a process of arbitration. The clerk recorded that on 14 July 1501 Thomas Richerdson of Byshottles denied in court that he owed 4s to John Barne. He then crossed this

---

42 court 289, plea D165.
43 R. H. Britnell, 'Colchester Courts and Court Records, 1310–1525', *Essex Archaeology and History*, 17 (1986), pp. 133–40.
44 courts 198–200, D124.
45 courts 214–15, plea D126.
46 court 215, plea D127.

out to record that Thomas had confessed, suggesting that he had changed his plea in the course of the session.[47] In other cases the court was involved in deciding how an acknowledged debt should be discharged, as in 1501 when it was settled that a debt of 8s owed to William Richerdson should be paid off at the rate of 4d a week.[48] In 1517 a dispute between two men from outside the borough, one from Knitsley and one from Lanchester, was put to the arbitration of four men, two chosen representatives of each litigant, with the provision that if the arbitrators could not agree the case would be settled by the decision of a fifth.[49]

This impression of active participation by the court in settling disputes without preceding judgement is enhanced by the evidence of more complex cases where defendants came to court to confess to part of a charge against them but to deny other charges. When Oliver Thornbrugh was prosecuted for 10½d for arrears of rent due at Whitsun 1506 he said he had always been willing to pay 7d but denied that he owed the additional 3½d, and put himself *super juratam*. No jury is recorded as having been appointed, and two weeks later Oliver paid a fine for licence to settle out of court. The court had played some part in resolving this dispute, but it seems to have been largely informal. In 1502 a man from Bishop Auckland prosecuted John Watson for 6s, the price of a horse, due to have been paid a year before. The record here says laconically that 'the plaintiff confesses that he has been paid 1s 4d of this sum and 4s 8d remains', a statement which must imply some debate within the court.[50] In some cases, too, the court appointed arbitrators outside the court, presumably with the consent of the parties – *ponitur in arbitrio* is the standard expression – and these disputes were resolved on the arbitrators' verdict.[51]

There are interesting cases where disputes were resolved outside any recognized judicial procedure. At the chief court of April 1529 Thomas Robinson sued Robert Smethirst the ironsmith for 7d arrears of wages. Robert denied the debt in court, but put the charge 'on the oath of the said plaintiff' (*super sacramentum ipsius querentis*). Thomas duly swore that he was owed the 7d, whereupon Robert

---

47 court 224, plea D129.
48 court 225, plea D130.
49 court 530, plea T91.
50 court 244, plea D143.
51 e.g. Knag v. Wilkynson (court 249, plea DC17); Dunley v. Smyth (court 426, plea D224); Turnbole v. Hyne (court 614, plea DC65).

paid up and 2d extra in amercement to the court.[52] This seems to be a case where both parties were equally convinced that they were right, and where the defendant was prepared to be defeated if the plaintiff was prepared to risk perjury – a neat and informal solution brokered by the court. Another irregular case from the following head court concerns a charge against Richard Bulloke, the butcher, that he had wrongly slaughtered a pig belonging to one of his neighbours. The defendant's view on this is not recorded. But the charge is followed by the remarkable statement that 'because it was shown that the defendant was insufficiently attached and was given insufficient notice, the court considered that the plaintiff should recover through his plea (*quod dictus querens recuperet per querelam suam*) but that the defendant should go quit (*sed quod defendens eat inde quietus*)'. The court had somehow resolved the dispute in the plaintiff's favour but agreed not to amerce the defendant because of procedural irregularities.[53] This again looks like a dispute terminated by means of a compromise that avoided formal procedures.

Of all 126 cases of debt that came before the court between the April capital court of 1498 and that of 1510, 40 were resolved by the defendant's confession in court and 16 by agreement between the parties outside the court. This latter figure underestimates the number of private settlements because the 16 pleas whose mode of resolution is uncertain probably fell mostly in this category; in some instances the last to be heard of them is the allowance of a postponement of the case to allow for private negotiation.[54] Two pleas of debt in this period were put to arbitration by the court.[55] A further 23 pleas ended in one of the parties defaulting – 12 by plaintiffs failing to proceed with the prosecution, and 11 by defendants failing to present themselves to respond. Six ended for various procedural reasons,[56] and a further six were 'executions' for debt, to be discussed shortly, that were not preceded by any formal pleadings for reasons

---

52 court 709*, plea D329.

53 court 712*, plea T109.

54 court 251, pleas D148 and D149; court 284, plea D163; court 360, plea D198; court 403, plea D216.

55 court 190, plea D119; court 273, plea D159.

56 Three were ended by the process of *hamaldacio*, to be discussed shortly: courts 170, 258, 360, pleas D112, D151, D199. One ended because the plaintiff had been sued under the wrong name: court 283, plea D162. One ended when the plea was removed to a higher court by a writ of *Accedas ad curiam*: court 299, plea D167. The reason for the collapse of the sixth is unknown: court 332, plea D174.

that are not wholly clear.[57] That leaves only 17 pleas in this period, 13.5 per cent of the total, that went to formal trial, either by wager of law (6) or by jury trial (11). Two of the latter were extended by the summoning of *tales*, a procedure to described shortly. But though putting pleas to formal pleading was the exception rather than the rule, the procedures involved in doing so are sufficiently prominent in the record to deserve some more detailed comment.

Formal procedure (a): *lex* (the wager of law)

The wagering of law was an option available to a defendant to counter any sort of charge, and involved the defendant in finding a given number of supporters who would swear to his innocence. It seems likely that the court had some say in the number of oath-helpers that would be required in each particular case. The plaintiff would ask to wager his law, as his means of defence, and the court would then judge how many hands were necessary to support him. For example, in two pleas brought by Christopher Sawer against John Barne in November 1500, one of debt and one of detinue, the same formula is used: the plaintiff 'asks to wager his law' (*petit vadiari legem suam*) and the court fixes a particular procedure involving the number of hands required – 'and it is allowed him, himself as the sixth hand, for the next session of court' (*et concessum est ei se vj manu erga proximam curiam*).[58] 'Himself as the sixth hand' means the plaintiff's own oath would be counted alongside five others. The court never seems to have required more than eleven helpers, but could settle for only one[59] or two.[60] It is far from clear what governed the court's judgement in these matters; it was not closely related to the size of the sum of money or the value of the goods involved, though smaller numbers of oath-helpers are usually associated with smaller sums. If there was more than one defendant, the oath of only one of them would be allowed to count. When in October 1500 Roger Bell sued the two executors of Robert Colson for detinue of 5s 2d the executors were allowed to wager their law with the oath of one of the executors and seven others. This they duly did a month later, when one executor and seven named men came and swore that the charge was

---

57 courts 233*, 234, 264, 340, 343, 403, pleas D133, D136 (debt for rent), D152, D185, D189 (debt for rent), D213.
58 court 206, pleas D125 and DC12.
59 e.g. Spark v. Walssh (court 555, plea D264).
60 e.g. Huchonson v. Rowll (court 543, plea DC49); Bloynt v. Birez (court 621, plea DC67).

unfounded, whereupon the plaintiff was amerced 6d for an unjust claim.[61] These cases sometimes terminated in the abandonment of the plea by the plaintiff, on payment of a fine, presumably at the point where it became apparent that the defendant was sufficiently supported.[62] Defendants did not invariably succeed, however, even when they required few oath-helpers. In 1523 Thomas Birez was allowed to wager his law with only two oath helpers for an alleged debt of 1s 8d, but he failed, and was fined 6d.[63]

The same procedure of oath-helping was employed in a procedure called *hamaldacio*, which occurred if a plaintiff was distrained to appear in court by property that did not in fact belong to him. The proper owner could seek to recover the distrained goods by requesting *hamaldacio*, and would be expected to prove his case by wager of law. In June 1519, for example, William Barker was distrained by a linen cloth to appear in court to answer a charge of debt. Thomas Marnduke, chaplain, requested *hamaldacio* of this cloth, and the court conceded he should have it *se quarta manu*. He did so, apparently on the spot, by his own oath with that of three others, whereupon the plea collapsed (*ideo placitum cassatur*).[64]

Formal procedure (b): *inquisitio* or *jurata* (trial by jury)

Proceedings through an inquest or a jury were also very common, and could be sought whether by plaintiff or defendant. In such instances the bailiff of the borough was instructed to summon twelve approved and law-worthy men to attend the court to establish the truth.[65] The record of a jury having been appointed is sometimes followed by a verdict,[66] and sometimes by one of the parties caving in – either the plaintiff abandoning the plea[67] or the defendant confessing.[68] But the most complex examples of jury trial are those in which the original

---

61 plea DC 10, courts 202 and 206.
62 e.g. Rowll v. Hall (courts 459–60, plea DC35); procurators of Holy Trinity guild v. Garthstane (courts 484, 486–7, plea D241).
63 courts 621–2, plea DC67.
64 court 548, plea D260.
65 'Ideo preceptum est ballivo quod venire faciat xij probos et legales ad essendum ad proximam curiam ad dicendam veritatem inter partes predictas' (court 133, plea D94).
66 e.g. Moryson v. Porter (courts 477, 479 and 481, plea DC38).
67 e.g. Broadwood v. Hobson (courts 387, 389*–90, plea T84); Buttre v. Bromell (courts 463–4 and 467, plea D234); Spark v. Emereson (courts 601, 603–4, plea DC61).
68 e.g. Selby v. Barbourn (courts 388–91, plea D211).

jury was for some reason inadequate and had to supplemented at the petition usually of the plaintiff,[69] but on at least one occasion of the defendant.[70] The procedure was known as the petition for *tales*, either *octo tales* or *decem tales*. The procedure was described at a later date in Blackstone's commentary: 'If by means of challenges, or other cause, a sufficient number of unexceptionable jurors doth not appear at the trial, either party may pray a *tales*.'[71] This means that in addition to an original jury the record contains a subsidiary list of *tales* to a total of 20 or 22 names.

This process creates the biggest problem in the editing of these records, which may be illustrated by the case of Hervy v. Blakha. This plea concerns a petty debt of 8d first brought to the court of 3 June 1506, which the plaintiff addressed in court nearly a month later on 1 July. He denied the debt, by implication, and the two parties put themselves *super juratam*. A jury of twelve was empanelled at or before the following court. Three weeks later the case was still unresolved, for undisclosed reasons, and at that point the plaintiff asked for the empanelling of ten *tales*. A fortnight later the case concluded with a verdict in favour of the defendant. Many things here are obscure, but the principal editing problem is to transcribe and perhaps interpret the coded information associated with the list of jurors and the list of *tales*. In this case there survives a second list of jurors in which there are marks beside the names, and almost identical marks occur above the names of the *tales*. From these it seems possible to draw two conclusions. The first is that a pellet (transcribed as •) represents some indicator of summoning or attendance. This is implied by the fact that the juror William Blakamour who was essoined has only one, and John Biddyk who was ill had only two, whereas John Dixon, who made two defaults but then came and swore, has three. The second deduction is that each juror participating in the verdict either swore (*jur'*, presumably for *jurat* or *juratus*) or experienced something beginning *ca*. In the list of original jurors listed on 1 July,

---

69 e.g. Blonte v. Tomson (court 158, plea D108); Richerdson v. Swallowell (court 298, plea D167); Porter and Hill v. Blackofmore (court 303, plea T74); Gyffurth v. Blackha (court 325*, plea C8); Hervy v. Blackha (court 333, plea D177); Ferrour v. Watson (court 407, plea D217); Thornbrugh v. Cuke (court 498, plea DC40); Rowll v.Owrfeld (court 554, plea DC49); Waterfurd v. Smorthwete (court 594, D281), Steile v Colstane (court 598, plea DC60).

70 e.g. Hall v. Byttilston (court 255, plea DC18).

71 W. Blackstone, *Commentaries on the Laws of England*, 4 vols (Oxford, 1765–9), III, pp. 364–5.

recorded in Additional Document 2, Richard Blunt was marked *ca* rather than *juratus*. Above James Garnett's name amongst the *tales*, four weeks later, *jur'* is deleted and the mark *ca* is substituted.

In other jury lists *ca* is extended to *cal* or *calum*, probably an abbreviation for *calumniatus*, meaning that the suitability of the individual in question to serve as a juror had been challenged. If so, of the original twelve men empanelled in Hervy v. Blakha, one was challenged, four were essoined or exempted, and only seven were sworn, so that five more were needed to make up a trial jury. Of the ten *tales* nominated in consequence, James Garnet was challenged, five were sworn as jurors, and the remaining four were not called. James Garnet was again challenged as a juror in the case of Bradwod v. Falconer in the summer of 1509.[72] The other eleven men originally empanelled in this instance went forward and were sworn. To make up the number, eight *tales* were nominated, and Robert Softly was chosen from these to be the twelfth juror. In the case of Gyfforth v. Blakha in the Spring of 1506 only six of the twelve originally empanelled went forward, though only two are recorded as having been challenged. Of the eight *tales* nominated on this occasion, two were challenged, so that all remaining six had to be sworn in to make up the jury.[73]

Not all markings by jurors' names are so easily explained as *jur'* and *ca*. Ten of the jurors originally empanelled in the case of Bradwod v. Falconer, for example, are marked with a letter C, perhaps for *comparuit*. Eight of the jurors empanelled to try Gyfforth v. Blakha in 1506 are marked with a letter A, whose significance is different, but unclear. Many jurors' names are marked with crosses, sometimes several times, and the significance of these is again obscure though they must signify some point of procedure since they are sometimes cancelled. Some jurors are marked as owing sums of money, presumably having been amerced for some failure to co-operate with the judicial procedure; in the case of Gyffurth v. Blakha three members of the original jury have the sum 3d inserted above their names. The arbitrary placing of some of these marks makes it impossible to be sure in what sequence they were added, and impossible to transcribe consistently. Undoubtedly, however, their presence needs recording in an edition of this text, even if their finer interpretation proves to be beyond recall.

---

72 courts 396 (jury) and court 399 (*tales*), plea D213.
73 courts 322 (jury) and 326 (*tales*). plea C8.

Formal procedure (c): *execucio*

When William Jackson acknowledged a debt of £2 13s 4d to Cuthbert Thomson on 18 July 1498, the court made arrangements for him to repay by four instalments over the following year on pain of *execucio* (*sub pena execucionis*). He defaulted, so this procedure is duly described in the session of 4 December 1499, when movable goods of William's that had been seized towards repayment of the debt were valued by four burgesses appointed as assessors.[74] The goods in question had presumably been taken by the bailiff of the court. Parallel examples are numerous in the court books, though not in the earlier rolls. A similar procedure was adopted to exact payment of overdue judicial fines.[75]

In a number of instances the process of *execucio* had no preceding litigation. There were circumstances in which the court instituted this procedure without preliminary pleading. Such is a case of 13 October 1501, when the court evaluated goods seized to repay arrears of rent. In this instance, however, the goods had been taken by Richard Stevenson, chaplain of St Cuthbert's guild. This, then, was a case in which landlord was entitled to distrain for arrears of rent, but was able to use a standard court procedure to evaluate the goods he had seized.[76]

The records

The court records and sacrist's rental are all part of Durham Cathedral Muniments, having been preserved along with the rest of Durham Priory archive. The earlier records are on rolls of parchment (with one document on paper); the later ones are in paper registers.

Loc.IV.95: a single parchment membrane recording court sessions from May to October 1391. It survives to a length of 66 cm. and a width of 24 cm., conserved with new parchment to slightly larger dimensions. The head of the roll (and the foot of the dorse) are damaged, and it is not apparent how much of the membrane is missing. The margins are frayed, especially on the right-hand side (the left-hand of the dorse).

Loc.IV.120: a single parchment membrane recording court sessions from 20 March 1392 to 15 January 1393. The surviving straight edges

---

74 courts 150 and 185, plea D103.
75 court 284.
76 court 234, plea D136; cf. court 343, plea D189.

show that it measured 82 cm. by 21 cm., but is conserved with new parchment to slightly larger dimensions. The right-hand margin (the left-hand margin of the dorse) is badly frayed, and there is more extensive damage at both ends of the roll.

Loc.IV.127: a single parchment membrane recording court sessions from 4 February to 17 April 1394. It measures 32 cm. by 24 cm.; all straight edges are visible. However, there has been extensive damage, particularly to the text on the dorse.

Loc.IV.201: a single membrane of parchment, 39.5 cm. by 26 cm., recording court sessions from 7 April to sometime after 1 September 1400. The corners at the head of the roll are rounded. The dorse is blank except for endorsements. There is a single small hole at the foot of the membrane through which it may once have been attached to a composite roll.

Loc.IV.229: a roll of 11 membranes of parchment and one sheet of paper, conserved where necessary. They are joined at the foot by a thong of twisted parchment passing between two holes 2.5 cm. apart. These membranes are in better condition than Loc.IV.95, 120 and 127, which implies that if those are detachments from this roll they parted company long ago. The earliest membrane of Loc.IV.229 is a stray from 1312, but the others all date from between 19 January 1390 and 11 September 1398. They are in no regular order, and their varying condition is incompatible with their having been always together in their present form. An earlier and more coherent ordering of the membranes may have depended on a tie through a single hole, as suggested by Loc.IV.201.

m. 1 (sessions from 19 January to 8 June 1390) measures 80 cm. by 24 cm. The margins are good, but the writing is exceptionally worn and faded. Some parts, both recto and verso, can be read only with the aid of ultraviolet light.
m. 2 (session from 22 April to 26 August 1394) is a sheet of paper (reinforced by conservation) measuring at least 35 cm. by 29 cm. The margins are frayed with some consequent minor loss of the ends of lines of text.
m. 3 (sessions from 13 January to 27 January 1395) measures 47 cm. by 20 cm. The dorse is blank. It is in good condition.
m. 4 (sessions from 6 August to ? August 1393) measures 31 cm. by at least 28 cm. The left-hand margin is badly frayed. Most of the membrane is blank, and the dorse completely so.

m. 5 (sessions from 8 October 1393 to 28 January 1394) measures 56 cm. by 24 cm. at its greatest extent; the top corners are cut away to a central point. It is in good condition.

m. 6 (sessions from 29 November 1391 to ? June 1392) measures 39 cm. by 26 cm. and is in good condition.

m. 7 (sessions from 6 October 1395 to 22 March 1396) measures 59 cm. by 24 cm. There is some fraying of the right-hand margin which affects the dorse text more than that of the face.

m. 8 (sessions from 3 November 1395 to ? 5 January 1396) measures 54 cm. by at least 23 cm. but both margins are frayed, and it is likely that the membrane was originally about 1 cm. wider than it is now. It is uncertain at some points how much text has been lost from the right-hand margin.

m. 9 (session from 27 February to 11 September 1398) measures 66 cm. by 25 cm. It is in good condition.

m. 10 (sessions from 2 September to ? 9 December 1394) measures 51 cm. by 25 cm. The left-hand margin of the top 16 cm. is badly frayed. The dorse is blank.

m. 11 (sessions from 31 May to 4 October 1396) measures 29 cm. by 25.5 cm. The top part of the membrane (the foot of the dorse) was cut off by about 1500, to judge from the position of the endorsement. What survives is in good condition.

m. 12 (sessions from 17 February to 20 December 1312) measures 56 cm. by 17.5 cm. It is frayed at the head but otherwise in good condition. Its survival as the sole membrane from before 1390 may not be accidental; at some point it was perhaps deliberately preserved as the oldest available evidence of the priory's jurisdiction in Crossgate.

Missing records. The court rolls are missing for the periods between 8 June 1390 and May 1391, 15 January and 16 August 1393, 27 January and 3 November 1395, 22 March and 31 May 1396, 4 October 1396 and 27 February 1398, and 11 September 1398 and 7 April 1400.

Court Book I. This is the principal surviving record, a paper book, in very good condition after the first half dozen pages, that records courts continuously from 1498 to 1524, with later material for 1529–31. The leather binding, by Andrews and Co. of Saddler Street, Durham, is probably of the 1940s. On the spine it is misleadingly titled *Curia Capitalis Burgi de Crocegate 1498–1524*. The leaves are now numbered in pencil from 1 to 206. At some point in its history they were cropped; they now measure 20 cm. by 29 cm. but were originally perhaps a centimetre or so broader, comparable in this respect to those of Court Book II. The edges subsequently started to crumble, and many were strengthened with a brittle brown paper, perhaps when the volume was last bound.[77] Damage to the page edges has caused some loss of words and letters, though this does not amount to much after fo. 6.

The volume is made up principally of six quires of respectively 34 folios (fos 1–34), 38 folios (fos 35–73),[78] 34 folios (fos 74–107), 38 folios (fos 108–44),[79] 34 folios (fos 145–81)[80] and 20 folios (fos 182–201). Apart from the last, for which there is no visible indication of stitching, each quire was sewn with a strengthening strip of parchment at the centre of the middle sheet of paper, clearly visible between fos 17 and 18,[81] 54 and 55, 90 and 91, 126 and 127,[82] 165 and 166. The watermark, a sun with seven crooked rays,[83] is the same all through the book, implying that the paper was bought all together in the late fifteenth century. The sections were bound up in approximately the present form from the beginning, since though the dirt and doodles on fo. 201v shows that this was once an end page, there is no comparable disfiguration of the last folios of the earlier quires, nor any

---

77 fos 1–29, 35, 62–70, 74–5, 83, 91, 96, 103, 109–12, 115–16, 118–23, 130b–3, 146–7, 149–50, 157, 160–5, 203 and 205

78 The ennumerator of the pages has jumped from fo. 35 to fo. 37.

79 There are two folios numbered 130 (fos 130a and 130b).

80 The folios numbered 148–9 and 151–2 are intrusions that are edited with the Additional Documents. Two folios have been numbered 169 (169a and 169b).

81 The legible text (which does not include the beginnings of the lines) reads *necessit' et negoc' dicti Sancti Johannis quecumque penes clerum et populum in* [7 cm. lost] *et pro negociis* [start of line missing] *agend' et defendend' ac omnes et singulos in confratres et consorores dicti Sancti Johannis ad suffragia ejusdem recipi volentes benigne recipiend' et admittand' ac* [start of line missing] *eorum* [word illegible] *falsarios eciam quoscumque sub †tit†ulo et nomine dicti Sancti Johannis in dicto loco qualitercumque questantur* [5 cm. lost] *peciend' et recipiend' de toto tempore quo se de negociis hujusmodi †*****†serint absque a†**†e seu licenc' sufficient'. Ratum et gratum habitur' quicquid predict' attornat'*[start of line missing] *stitut' meus in nomine meo legitime fecerit seu duxerit faciend' in premissis vel in aliquo promissorum . In cujus rei testimonium sigillum meum apposui. Datum* …

82 The legible text includes the first and the last two lines of the document: *Reverendo in Christo patri ac domino Ricardo Dei gracia Dunelm' episcopo seu cuicumque alteri episcopo sacros ordines ministranti, viri humiles et devoti fratres Ricardus Wayttyr minister domus … ribus vestris racione ordinacionis vestre illud totum in nos et †*****† nostram de Walknoll in vestram exoneracionem suscipimus per presentes sigillo nostro communi signatas. Data in domo nostro predicto secundo die Aprilis anno Domini millesimo CCCC^{mo} nonagesimo octavo.*

83 C. M. Briquet, *Les Filigranes. Dictionnaire historique des marques du papier dès leur apparition vers 1282 jusqu'en 1600*, 4 vols (Paris, 1907), IV, nos 13929–30.

other evidence of discontinuity. The fact that one of the waste charters used to strengthen the binding is dated 2 April 1498 suggests
that the quires may have been bound together in their present form
during the three weeks between then and 25 April when the volume
began to be used. A few additional sheets of paper have been bound
in to the volume. Four of these, fos 202–3 and 205–6, contain court
business from the year 1529, and I have edited them in sequence as
courts 709*–712*. The remainder are scraps relating to court business,
edited separately as Additional Documents 1–11.

This analysis implies that the record of courts from 1529 to 1531
out of sequence on fos 7–12 is not a binders' error, but that for some
reason these folios were left blank and reused later. Court Book I was
discontinued in favour of Court Book II in October 1524, but when
this book was full the clerks reverted to using up empty space in
Court Book I. The origins of fos 202–3 and 205–6 are unclear. They
do not belong to the original Court Book I; fo. 203 has a hand and
flower watermark,[84] and fo. 206 a partly visible watermark similar,
but not identical, to that of the paper in Court Book II.

Court Book II. A paper book in very good condition with records
of courts from 5 October 1524 to 3 March 1529. It is in a modern
buckram binding and titled *Court Book Borough of Crossgate 1524–
1528*. The paper has a watermark of a hand and five-pointed star.[85]
The volume's original thick parchment cover – which, together with
the different watermark implies that it was never part of Court Book
I – is bound into the modern binding. It retains three of its four ties,
two narrow strips on the front cover matched originally by two on
the back cover of which only the upper one survives. This earlier
cover has no inscription. The volume had originally 24 folios stitched
through the middle, of which the last has been removed, probably at
an early date to judge from the condition of the stub. The surviving
leaves are numbered in pencil from 1 to 23. The pages measure 21.5
cm. by 30.5 cm.

The Sacrist's Rental of 1500. This occupies fos 21–30 of a parchment
register containing in all 32 folios measuring 20–21.5 cm. by 30–31
cm. Earlier leaves contain a catalogue of the sacrist's charters (fos

---

84 It resembles Briquet, *Filigranes*, IV, nos 11461–3.
85 There is no very close equivalent in Briquet, but it is nearest to *Filigranes*, IV,
   no. 11174.

1–10) and transcripts of documents relating to the sacrist's title to various properties (fos 12–17). The rental is written throughout in a single neat hand that seems to be contemporary with its making. The volume has a tooled leather binding of 1946 by Andrews of Durham, similar to that of the first court book, titled on the front cover *Tabula Evidenciarum Sacristarie Dunelm. Rentale Georgii Cornforth Sacristae Dunelm 1500.*

The clerks

The imperfect presentation of the rolls does not permit a full analysis of the clerical involvement in judicial procedure during the 1390s, and in some instances the brevity of samples does not allow unambiguous identification of particular hands. The generally neat state of the rolls means that they were probably a fair copy rather than a current record made in court. This undermines any significance that might be attached to the fact that a run of court sessions is often recorded in the same hand, since clerks may retrospectively have enrolled the record of more than one session. The number of different hands to be found in the rolls suggests that they were written in the priory rather than in the borough, since it is unlikely that Crossgate had so many professional clerks. At least eight hands are to be found in the rolls, of which seven were about contemporaneous during the 1390s.

A The hand of the sessions of 1312
B The hand of sessions 4–14, 35–9, 51a–54, 85–90 (18 January 1390 to 27 January 1395)
C The hand of sessions 15–31 (May 1391 to 25 October 1391)
D The hand of sessions 32–4, and part of the heading of session 35 (29 November 1391 to 10 January 1392)
E The hand of sessions 40–6 (4 September to 16 October 1392)
F The hand of sessions 55*–71, 76–84 and 111–113 (8 October 1393 to 12 July 1396)
G The hand of a single court session, no. 72 (22 April 1394)
H The hand of sesssions 91–109, 114–39 (3 November 1395 to September 1400)

The court books are principally the work of three clerks, each of whom successively had prime responsibility for keeping the record.

A The hand of sessions 140*–170 (25 April 1498 to 10 July 1499)

B   The hand that predominates between sessions 177* and 698a (2 October 1499 to 16 October 1527)

C   The hand of sessions 700*–727 (29 April 1528 to 31 May 1531)

As this implies, most of the record is written by a single clerk, who first appears as an assistant to his predecessor in sessions 160*, 163*, 171–3 and 176 before taking on prime responsibility at the Michaelmas chief court of 1499. The court books were written during court sessons, at least under clerk B, and entries were often scrawled. Their frequent untidiness is exacerbated by clerk B's propensity to cancel what he had written and start again, for reasons that are often unclear. His work is not first-class, and he is more likely to have been a layman from the city than a monastic officer. During his long period of service his work was sometimes complemented by that of others. Between 1510 and 1520 he was often relieved of reponsibility for recording some or all of the chief court business.[86] Particularly in this period, too, other hands also intervened from time to time in this period in the recording of ordinary courts.[87] This may represent the training of new clerks in the business of keeping courts records, but it may also correspond to a prolonged period of absence or illness in 1514–15. Such intervention by others was again unusual during the 1520s until towards the very end of his career, when clerk B was assisted by at least two others between September 1526 and October 1527.[88]

Editing conventions

Capitalization and punctuation have been rationalized. The spelling of the manuscripts has been respected, but with the following conventions in respect of c/t, i/j and u/v.

(1) The letter t was softened before i followed by a second vowel, and was written as a c – so that *eciam, justicie, hospicii, peticio, parcium* replaced the classical *etiam, justitie, hospitii, petitio, partium*. The t was not softened when preceded by an s – as in *bestia, hostia*. These conventions have been adopted as a standard orthography. No attempt has been made to note departures from them in the manu-

---

86 courts 413*, 441* (heading only), 473*, 483*, 494* (heading only), 513* (heading and the names of suitors and jurors), 520* (heading and the names of suitors and jurors), 523* (heading and the names of suitors), 525*, 530*, 535*, 540*, 570*, 607*.

87 e.g. courts 277, 442, 471–472a, 474–82, 486–7, 488–90 (headings of courts only), 492a–493a, 526.

88 courts 681–98a.

scripts, partly because the difference between c and t is often impossible to determine, and partly because the frequent need to extend abbreviated words means that in many cases the letter in question has to be supplied.

(2) In Latin words consonantal i and u are printed as j and v respectively. Vernacular words, including surnames and place-names, have been transcribed as they occur in the manuscript, preserving the manuscript distinction between u and v. English words (glovers, graver, wever, sleves) often have a v that was consonantal in line with later practice, though a v is also used as a vowel (dvblerres, savssers). Some place-names have a consonantal v (Cleveland, le Halves, Nevilecroce, Ovyngeham) and so do a number of surnames (Cave, Crevy, Davyson, Draver, Glover, Greveson, Halver,[89] Hervy, Levenewod, Nevell, Pavy, Stevynson). The letters v and j have been retained for use in numerals.

The following conventions are used for distinguishing text in varying positions and conditions. They are a greatly simplified and modified version of those adopted for the British Library's Corpus of British Medieval Library Catalogues.[90]

‖Misericordia‖	text in the left margin, or to the left of a column of text
[Misericordia]	text deleted
†Misericordia†	damaged or missing text supplied editorially
†*Misericordia*†	illegible or confused text supplied editorially
Mis*ericordia*	an abbreviated word whose extension is ambiguous
<Misericordia>	text omitted by the clerk supplied editorially
\Misericordia/	text interlineated
\\Misericordia//	text interlineated over a cancellation
{Misericordia}	(a) text interlineated as part of the design of the text, most commonly above a personal name to note an amercement or to note that a juror had been duly sworn in (b) text added to explain a cancellation.
(*Editorial comment*)	editorial comment
(*7 cm.*)	irrecoverable damage to the text of the length indicated.

---

89 Also *Haluer*.
90 K. W. Humphreys, *The Friars' Libraries* (London, 1990), pp. viii–ix.

A specimen of the manuscript text (court 268, pleas D158 and T72)

***   irrecoverable letters, the asterisks approximating
                        to the missing number
| a line break in the MS.

A number of these conventions are illustrated in the example from Court Book I, fo. 55v, which shows court 268, pleas D158 and T72 (edited on pp. 119–20) as they appear in the original manuscript, in the hand of clerk B.

Because clerks compiled these records hastily, and one of them was exceptionally nervous, they made errors. Hundreds of deletions are illegible single letters or groups of letters representing a false start to a word, many of which could only be represented as [*] or [**] in the above conventions. A clerk often started a word, changed his mind for no obvious reason and began again, so that a diplomatic transcript would have many deletions of the form '[Ro] Robertus'. In lists of names, first names often needed to be corrected. The clerk would write 'Willelmus', delete what he had written and write 'Johannes'; to preserve such corrections would be to imply the recognition of people who never existed and who ought not to be indexed. In addition, clerks often rethought the structures of the sentences they were writing, so that a deleted word occurs later in the sentence, giving meaningless complications such as 'Injunctum est tenentibus quod quilibet includat frontes suas [cit] ante et retro [citra festum] inter proximum et proximum citra festum Carnisbrevii'. Cancellations of all these kinds have been omitted. Cancellations have been recorded, however, wherever there is a possibility that they convey information about people, places, names or court activity.

Clerks writing hurriedly also made numerous errors that remained uncorrected. These fall into several categories, especially the unnecessary repetition of words and phrases, bungled spelling, and grammatical solecisms. Rather than litter the text with *sic* or exclamation marks, I have normally corrected errors and noted the original text in a footnote. Recurrent errors that imply non-standard usage have been retained – notably *receptat* for *receptet* and *jactat* for *jactet* (both being irregularly formed present subjunctives) and *subvertantes* for *subvertentes*. Another irregular practice retained in the text – no doubt of sociological significance – is that of following a man and his wife as subjects with verbs in the singular: '*Johannes Watson et uxor ejus fregit penam eo quod receptavit Agnetam filiam suam*'.[91]

---

91 court 279*.

Italics are used to indicate the extension of words where the form is ambiguous. Only the letter or letters about which there is real doubt are italicized. Final and internal abbreviations have been extended without any indication where there is no ambiguity – so Roberto, not Rob*er*to; Willelmus, not Will*elm*us; curia domini prioris, not cur*ia* dom*ini* prioris; scilicet, not scilic*et*. The use of italics has been further reduced by adopting standard interpretations of the most common abbreviations, many of which are never extended in the manuscripts. The following list includes abbreviated words and expressions (mostly relating to court procedure) that have been expanded throughout the edition; the nouns, adjectives and verbs in the list have been extended wherever the appropriate grammatical form is ascertainable from the context.

ad faciend' sect' cur'	ad faciendam sectam curie
apprec' (noun)	appreciacio
apprec' (verb)	appreciare
ball'	balliuus
ar'	armiger
ca^a	capella
ca^{us}	capellanus
claus'	clausa
pro cons'	pro consimili
condempn(ac)'	condempnacio
cons' est	consideratum est
cont^{ur}	continuatur, continuantur
pro cust' et expn'	pro custagiis et expensis
dat' (noun)	data
def'	defendens
esson' (noun)	essonium
esson^{ur} (verb)	essoniatur, essoniantur
exec', execuc'	execucio
sub pena for'	sub pena forisfaciendi
forstall' (noun)	forstallacio
front' s'	frontes sue[92]
fr'	frumentum

---

[92] An exception is made in the few cases (courts 270*, 309*, 339*, 383*, 389* and 538*) where the text implies a single boundary. In these cases the extension is marked as doubtful (i.e. with italics) unless a singular form is clearly indicated in the manuscript.

inq'	inquisicio
dies interlo	dies interloquendi
int^{ur}	intratur, intrantur
jur'	juratus
li' con'	licencia concordandi
li lo	li*ber* lo*co* (i.e. free by place of birth?)
lo	loco
m'	magister *or* misericordia
ad ostend'	ad ostendendum
panell'	panellum
pertin'	pertinencie (*plural*)
pl'	plegius
pl' ad pros'	plegius ad prosequendum
pl' pros'	plegius prosecucionis
po	ponit
po^{ur}	ponitur, ponuntur
prec' ballivo	precipitur ballvo
pre'z ballivo	preceptum est ballivo
pres' (active verb)	presentant
pres' (participle)	presentatus
procur'	procurator
pros' (noun)	prosecucio
pros' (participle)	prosecutus
pros' (verb)	prosequitur
ad pros'	ad prosequendum
prox'(adverb)	proxime
prox' (adjective)	proximus
usque prox'	usque proximam (curiam)
q'	querens
quer'	querens
qu^{ur}	queritur, queruntur
quia non ven'	quia non venit, quia non venerunt
quia sol', quos sol', etc.	quia solvit, quos solvit, etc.
ad r'	ad respondendum
Rad'us	Radulpho
resp^{ur}	respectuatur
s'	suus
sol'	soluit
dies sol'	dies soluendi
placitum trans'	placitum transgressionis
vic'	vicini (*plural*)
ut li	ut liber

Place-names have been transcribed conservatively indicating both internal and final abbreviations, even when these are redundant (Chest*er*, Dunelm', Wi*n*ton', Neuton'). Surnames have been treated less conservatively except when these contain an explicit place-name (i.e. *de* followed by a place-name): Johannes Neuton, but Johannes de Neuton'. X is transcribed as 'Chris' in 'X^{tus}' and cognate words.

The Crossgate courts of the 1390s are dated by regnal years. Those of the period 1592–1531 are dated by the year of grace, and according to the usual convention of beginning the year on 25 March, the feast of the Annunciation. In both cases the date has been verified, and there are comments in the notes on the rare ambiguities of dating that occur.

COURT ROLLS, 1312–1400

1. Loc.IV.229, m. 12 (17 February to 20 December 1312)

(1) †Session†es facte per terrarium et senescallum prioris de ponder-
ibus, mensuris †et† transgressionibus apud Elueth' die Jovis proximo
post festum Sancti Valentini †anno† millesimo CCC° undecimo
(*17 February 1312*)
Adam de Staynton' pro falsa mensura bladi in misericordia.| De Nicholao
molendinario pro eodem in misericordia. | [De Henrico marescallo pro
eodem]. | De Willelmo de Roueleye pro eodem in misericordia. | [De
Cristiana de Stayndropp' pro eodem in misericordia]. | De Willelmo
Depynthehonne pro eodem in misericordia. | De Tunnokes super pontem
pro eodem. De Hugone Carter pro eodem. | De Johanne Qwytewyn pro
eodem. | De Henrico marescallo pro falsa mensura cervisie. | De Tunnokes
Colstan pro falsa quarta. | De Christiana Barker pro falsa galone. | De
Sibilla de Todhowe pro eodem. (*Bracketed against all the above*) Condona-
ntur ad presens

Crossegat'
(T1) Rogerus filius Luciane queritur de Johanne Goce et Johanne de
Tresk' de placito transgressionis, plegius de prosecucione Robertus de
Hette. | Rogerus filius Luciane venit in curia et dicit contra Johannem
Goce et Johannem de Tresk' quod ubi ipse Rogerus implacitavit
quemdam Ricardum filium Ran' de placito debiti et habuit diem super
quadam excepcione pendenti[1] per consideracionem curie, venerunt
predicti Johannes et Johannes quasi sectatores curie, et in absencia
predicti Rogeri, et cassaverunt excepcionem predictam et predictum
Ricardum ad legem suam adjudicaverunt, ad dampnum ipsius Rogeri
etc. \Et predicta inquisicio capta fuit eo quod excepcio non erat inventa
in rotulis./ Et predicti Johannes et Johannes veniunt et dicunt quod judicium erat bonum et redditum debito modo et hoc petunt quod inquiratur et predictus Rogerus similiter. Inquisicio venit et dicit quod predicti
Johannes et Johannes non sunt culpabiles de transgressione eis inposita.
Ideo consideratum est quod predicti Johannes et Johannes eant sine die
et predictus Rogerus in misericordia – xij d. ‖Misericordia‖

---

1 MS *pendente*.

Johannes de Hert' calumpniatus est de multura asportata de molendino prioris \et secta substracta/ per unum annum et dimidium. Qui venit in curia et dicit quod satisfecit molendinari*is* in omnibus. Ideo ad legem hic ab isto die in unam quindenam, plegius de lege Thomas de Hert'. Concordati sunt et Johannes in misericordia – vj d., plegius Adam Wyther. ‖Lex‖

[Willelmus molendinarius cal]²umpniatus est de eodem, qui venit in curia et dicit quod non. Ideo ad legem, plegius de lege Radulphus Faber. Concordati sunt et Willelmus in misericordia – [vj d.] \quietus/, plegius Johannes de Neuton'. ‖Lex‖

[Johannes de Newton' calumpniatu*r* de] eodem. Ideo ad legem, plegius de lege Petrus Barker. Concordati sunt et Johannes in misericordia – vj d. \quietus/, plegius Willelmus molendinarius. ‖Lex. Quietus‖

Radulphus Barker calumpniatu*r* de eodem. Ideo ad legem, plegius de lege Johannes Barker. Concordati sunt et Radulphus in misericordia – vj d., plegius Walterus de Brafferton'. ‖Lex‖

Johannes Barker calumpniatu*r* de eodem. Ideo ad legem, plegius de lege Radulphus Barker. Concordati sunt et Johannes in misericordia – vj d., plegius Johannes de Neuton'. ‖Lex‖

Rogerus de Aske calumpniatu*r* de eodem per unum annum. Ideo ad legem, plegius de lege Petrus Barker. Concordati sunt et Rogerus in misericordia – vj d., plegius Thomas de Swaldall'. ‖Lex‖

Ricardus de Chilton' calumpniatu*r* de eodem. Ideo ad legem, plegius de lege Thomas de Hert'. Habet *respect*um ab isto die in unum mensem. ‖Lex‖

[Rogerus de Hert'] calumpniatu*r* de eodem. Ideo ad legem, plegius de lege Ricardus de Chilton'. Concordati sunt et Rogerus in misericordia – vj d., [plegius Ricardus de Chilton'.] Quietus. ‖Lex‖

Thomas de Swaldall' calumpniatu*r* de eodem. Ideo ad legem, plegius de lege Johannes Barker. Fecit legem. Ideo quietus. ‖Lex‖

[Rogerus del Brome] calumpniatu*r* de eodem. Ideo ad legem, plegius de lege Johannes Goce. Ad quem diem non venit. Ideo consideratum

---

2 Such cancellations of the opening words imply cancellation of the complete entry.

est quod molendinarii recuperent principalem et predictus Rogerus in misericordia – vj d. Quietus. ‖Lex‖

Gilbertus Burghard capellanus calumpniatur de eodem per v annos. Qui venit et dicit quod tenementum quod tenet[3] non debet sectam molendini prioris, et hoc petit quod inquiratur. Ideo veniat inquisicio. Postea venit et habet diem hic ab isto die in [quindenam] \\unum mensem// ad faciendum quod jus fuerit, per plegiagium W. de Brafferton'. ‖Inquisicio‖

De Johanne Goce pro falsa mensura bladi. | De Willelmo serviente Gilberti pro eodem. | De Alicia Algud pro eodem. | [De Eda] uxore Ricardi filii Davyd pro eodem. ‖Condonatur quia paupera‖

Omnibus hoc scriptum visuris vel audituris Thomas de Swaldall', Ricardus de Chilton', Rogerus Walle, Rogerus de Aske, Radulphus Barker, Willelmus de Bolum et Johannes Barker, salutem in Domino. Noveritis nos et quemlibet nostrum in solidum teneri et fide media presenti scripto nostro firmiter obligari Willelmo del Gyle, heredibus et assignatis suis, in decem libris sterlingorum ab ipso Willelmo mutuatis, solvendis eidem Willelmo del Gyle, heredibus vel executoribus suis hoc scriptum deferentibus, apud Dunelm' ad terminos subscriptos, videlicet ad festum Pentecostes anno Domini Mº CCCº ixº dimidia marca, et ad festum Sancti Martini in hyeme proxime sequens dimidia marca, et sic de anno in annum et termino in terminum sicut in predicto scripto plenius continetur. Ad quam quidem solucionem loco et terminis <prenotatis> fideliter faciendam et solvendam dicto Willelmo del Gyle, heredibus vel executoribus suis, obligamus nos, heredes et executores nostros, unusquisque in solidum, et omnia bona nostra mobilia et immobilia ubicumque fuerint inventa cohercioni et districcioni cujuscumque judicis ecclesiastici vel secularis quousque predicto Willelmo del Gyle, heredibus vel executoribus suis, de predictis decem libris loco et terminis prenotatis plenarie fuerit satisfactum. In cujus rei etc. Et partes venerunt in curia et concedunt scriptum et fatentur predictum debitum et concedunt quod quocienscumque predictum debitum ad aliquem[4] terminum aretro fuerit, liceat ballivo prioris pro dicto debito distringere quousque predicto Willelmo del Gyle de predicto debito plenarie fuerit satisfactum. Pro qua quidem recognicione recipienda et testificanda cum necesse fuerit predictus Willelmus del Gyle dat domino priori [ii s.] \\[vj d.]//.

---

3 MS repeats *quod tenet.*
4 MS *aliquod.*

(*Loc.IV.229, m. 12 dorse*)[5]

(2) Sessio terrarii et senescalli \in Southstrete/ die Mercurii in festo Sancti Nicholai anno Domini M° CCC° xij° (*6 December 1312*)
(U1) Loquela inter Johannem Gras et Petrum tannatorem adjornatur coram terrario et senescallo a die Mercurii in festo Sancti Nicholai in unam quindenam. ‖Inquisicio‖

(E1) Willelmus de Cardoille adjornatur eodem die ad querendum de ballivo de execucione non facta. | (E2) Aymer de Stoketon' adjornatur eodem die ad querendum de eodem. ‖(*Bracketed to both these adjournments*) Inquisicio‖

Preceptum est ballivo quod venire faciat \ab isto die/ in unam quindenam coram terrario et senescallo omnes mensuras bladi et omnes mensuras cervisie.

(3) Sessio in vigilia Sancti Thome apostoli anno ut supra (20 December 1312)
(T2) Johannes Lorimer fatetur se <debuisse> solvere Emme uxori Willelmi Barker unum saccum et v ras*as* bras*ei* ord*ei* quod cepit de molendino per ignoranciam, plegii Johannes Barker et Radulphus Barker. Et Johannes Lorymer pro transgressione in misericordia – vj d. Quietus. ‖Misericordia‖

De Johanne Goce pro falso judicio (*No sum entered*). | De Alexandro Salter pro eodem (*No sum entered*).

(E1) De Willelmo de Car<doi>l' pro falso clam*eo* versus Willelmum ballivum – vj d.

(E2) Datus est dies prece parcium inter Willelmum ballivum et Emericum de Stoketon' ab isto die in unam quindenam.

2. Loc.IV.229, m. 1 (19 January to 8 June 1390)
(*Endorsement of c. 1500*) Curia veteris burgi anno etc. CCClxxxix° 1389

(4*) Curia veteris burgi Dunelm' tenta ibidem die Martis proximo post festum Sancti Illarii anno Domini †M°† iiij^{xx} ix° (*18 January 1390*)[6]
Willelmus Smith devenit burgensis et fecit fidelitatem et juravit et fecit finem – xviij d., plegius Johannes Be†klay†. | Robertus del Marche

---

5   These entries are at the foot of the membrane, most of which is blank.
6   Perhaps an error for Wednesday, 19 January.

devenit burgensis †et† fecit fidelitatem et juravit et fecit finem – ij s., plegius Johannes Marschall.

(T3) Loquela que est inter Johannem Chaloner de ballio Dunelm' querentem et Margaretam de Blacden' d†efendentem† de placito transgressionis. Et habent licenciam concordandi. Ex prece parcium concordandi sunt et predicta Margareta in misericordia, plegii de misericordia Thomas Hert et Johannes Hering. ‖(*Illegible*)‖

‖F†ines†‖ De Johanne del Hall de Lamsley, domino Willelmo de Bowes, Ricardo de Neuton', Matilda de Esche, Johanne Bentley, Johanne Blacheued, Johanne Lewyn, Johanne Busse, Ricardo de Schirborn', [relicta Willelmi Morly,] Willelmo de Lamton', Willelmo Steuenson, Johanne de Sadbery, †Ricardo† de Hoton', Willelmo Redston, Roberto de Masham, Johanne Webster de Hexham, Johanne Smith del Wodsid', hered*e* Roberti de Walton', Roberto de Belford', Ricardo Cossour, Willelmo Hamson, Henrico del Ker, Thoma de Thribly, Johanne Legg, Johanne de Killyngalle, Johanne Aldeburgh, Willelmo Person de Lanchest*er*, Ricardo Person de eadem, hered*e* Willelmi Waterson, pro defectu secte capitalis curie de quolibet – †vj d.†. ‖(*1 cm.*) vj d.‖

(5) Curia veteris burgi Dunelm' tenta ibidem die Martis proximo post festum Conversionis Sancti Pauli anno Domini supradicto (*1 February 1390*)[7]
Johannes Rossell de Dunelm' draper emit unum burgagium de Petro Dring ultime in tenura Radulphi de Whitby, per quod burgagium devenit liber ad mercandizandum infra episcopatum Dunelm', et fecit fidelitatem et juravit facere quod ad officium burgens*is* pertinet, et fecit finem – ij s. ‖Respectu*m* ij s.‖

Johannes Bently junior de Dunelm' emit unum burgagium de Petro Dryng inter burgagium Roberti God†miln†er[8] ex una parte et burgagium Willelmi de Alnewik' ex parte altera, per quod burgagium predictus Johannes devenit liber in\fra/ episcopatum Dunelm' ad mercandizandum, et fecit fidelitatem domino priori et juravit facere \servicium/ quod ad officium burgens*is* predicti pertinet, et fecit finem – xviij d. ‖xviij d.‖

(5a) Curia veteris burgi Dunelm' ponitur in respectu †a† fest*o* Purificacionis Beate Marie usque diem Mercurii proximum post idem festum (*2 February, 1390*)

---

7 Perhaps an error for Wednesday, 26 January. The feast of the Conversion of St Paul (25 January) was a Tuesday in 1390.
8 MS apparently *Godmilmer*.

(6) Curia veteris burgi Dunelm' tenta ibidem die Mercurii proximo post festum Purificacionis Beate Marie anno Domini supradicto (*9 February 1390*)
(D1) Petrus Dring queritur de Rogero de Ripon' de placito debiti. Predictus Rogerus venit et petit diem usque proximam ex prece parcium de xl d.

(D2) Petrus Dring queritur de Willelmo filio Ade de placito debiti.

(6a) Curia veteris burgi Denelm' tenta ibidem in festo Juliane virginis anno Domini supradicto (*23 February 1390*)
Loquela (*Incomplete*).

Loquela (*Incomplete*).

(7) Curia domini prioris veteris burgi Dunelm' tenta ibidem die Mercurii proximo post festum Sancti Petri in Cathedra (*23 February 1390*)
(D3) Thomas Kirkland queritur de Roberto de Lince de placito debiti. Et predictus Robertus distr<ictus est> per j yetling precii xvj d., plegius de precio Johannes de Dalton'. Fatetur debitum. Ideo predictus Robertus in misericordia. ‖Misericordia iiij d.‖

(D1) Loquela que est inter Petrum Dring et Rogerum de Ripon' de placito debiti. Predictus Rogerus fatetur debitum et in misericordia, plegius Rogeri de Ripon' tam de xl d. <quam> pro dampn*is* et amerciamento Thomas de Seham. ‖iiij d.‖

(D2) Loquela que <est> inter Petrum Dring et Willelmum filium Ade de placito debiti, videlicet de vj s. viij d. Solvit v s. et debet xx d. et in misericordia. ‖†*i*†ij d.‖

(7a) Curia domini prioris in veteri burgo Dunelm' tenta ibidem die Mercurii secundo die Marcii anno Domini supradicto (*2 March 1390*)
nihil
(*No recorded business*)

(7b) Curia veteris burgi Dunelm' tenta ibidem die Mercurii proximo ante festum Sancti Greggorii anno Domini supradicto (*9 March 1390*)
nihil
(*No recorded business*)

(7c) Curia veteris burgi Dunelm' tenta ibidem die Mercurii proximo post festum Sancti Greggorii anno Domini supradicto (*16 March 1390*)
nihil
(*No recorded business*)

(7d) Curia veteris burgi Dunelm' tenta ibidem die Mercurii proximo post festum Sancti Cuthberti in Marcio anno Domini supradicto (*23 March 1390*) nihil
(*No recorded business*)

(7e) Curia veteris burgi Dunelm' tenta ibidem die Mercurii proximo post festum Annunciacionis Beate Marie anno Domini etc. nonagesimo (*30 March 1390*) nihil
(*No recorded business*)

(7f) Curia veteris burgi Dunelm' tenta ibidem die Mercurii proximo post festum Pasche anno Domini supradicto (*6 April 1390*) nihil
(*No recorded business*)

(8*) Capitalis curia veteris burgi Dunelm' tenta ibidem die Mercurii proximo post festum Leonis pape anno Domini supradicto (*13 April 1390*)
‖Essonia‖ Johannes Gibson essoniatur per Johannem Knout. | Agnes Gray essoniatur per dominum Thomam Gray capellanum. (*1 cm.*) diem. | Johannes Marschall essoniatur per Alanum Salter. | Thomas de Tudow essoniatur per Thomam Suart. | Willelmus de Alnewik essoniatur per Thomam Suart. | Willelmus Holilob essoniatur per Johannem †W†ilkok. | Ricardus de Neuton' essoniatur per Willelmum de Chilton'. | Johannes de Derwent essoniatur per Johannem †*Plumer*† (*1.5 cm.*)

Adam de Blacborn' de Ches*ter* venit in curia et fecit fidelitatem domino priori pro uno burgagio in Suthstret ultime in tenura Thome Gray capellani, et fecit finem.

De Johanne del Hall de Lamesly, Gilberto filio Galfridi capellano de Lince, Johanne Hagthorp, Willelmo del Bowes, Johanne Lege, Matilda de Esche, Johanne Blacheued, Johanne de Benteley, Johanne Busse, Ricardo de Schirborn', Willelmo de Lamton', Willelmo Steuenson {quietus iiij d.}, Radulpho de Euer', Johanne de Sadbery, Rogero de Esingwald', Roberto de Masham, Willelmo Rudston, Johanne Smith de Wodsid', herede Roberti de Whalton', Roberto de Belford', Ricardo Cosour, Petro de Loue,[9] Henrico del Kerre, Ricardo de Hett', Johanne de Killyngall', Johanne de Aldeburgh', Willelmo Person de Lanches*ter*, Ricardo Person de eadem, pro defectu secte curie, de quolibet (*No sum entered*). ‖ix s. vj d.‖

(9) Curia veteris burgi Dunelm' tenta ibidem die Mercurii proximo ante festum Sancti Marci ewangeliste anno Domini etc. nonagesimo (*20 April 1390*)

---

9   or *Lone.*

De Willelmo de Alnewik' quia non servavit diem sibi \et/ Thome[10]
Suert esson' de misericordia – iiij d. | De Willelmo Holilob pro eodem
iiij d. | De Ricardo de Neuton' pro eodem iiij d.

(Loc.IV.229, m. 1 dorse)
**(10) Curia veteris burgi Dunelm' tenta die Mercurii proximo ante
festum Invencionis Sancte Crucis anno Domini etc. nonagesimo**
(27 April 1390)
(D4) Dominus prior per attornatum suum Johannem P†otteiour† queritur
de Johanne Person de placito debiti de eo quod elemosinarius vendidit
predicto Johanni herbagium ad valenciam ij s. sibi detentorum per j
annum ad dampnum xij d. Et hoc ponit se super patriam. | Et dictus
Johannes venit in curia et fatetur debitum, et de dampnis petit taxacionem curie, plegius de debito Willelmus de Chilton'.

(T4) Idem Johannes Person queritur de Johanne Potaiour attornato
elemosinarii de placito transgressionis. Ideo preceptum est ballivo quod
summoneatur, plegius ad prosequendum Willelmus de Chilton'.

(T5) Idem Johannes Person queritur de Agnete de Nesham de placito
transgressionis, plegius ad prosequendum Willelmus de Chilton'.

(T6) Isabella Postell queritur de Alicia de Schirborn' de placito transgressionis, plegius ad prosequendum Willelmus de Chilton'.

**(11) Curia veteris burgi Dunelm tenta ibidem die Mercurii proximo
post festum Invencionis Sancte Crucis anno Domini supradicto** *(4 May
1390)*
(D5) Loquela que est inter Willelmum de Schorueton' \querentem/ et
Johannem de Kellow de placito debiti. Predictus Willelmus essoniatur
per Johannem Becly. Et Johannes Kellow attachiatus est per j equum
precii xiij s. iiij d., plegius de precio Willelmus de Chilton'.

(T4) Loquela que est inter Johannem Person et Johannem Poteiour attornatum domini Johannis de Dillesfeld elemosinarii de placito trangressionis ponitur in respectu.

(T6) Isabella Postell queritur de Alicia de Schirborn' de placito trangressionis. Partes optulerunt se. Et ex prece parcium ponitur in respectu
usque proximam.

(T5) Johannes Person queritur de Agnete de Nesham de placito trangressionis. Partes optulerunt se. Et predictus Johannes venit et dicit quod

---

10 MS *Thoma.*

predicta Agnes ipsum deffamavit vocando ipsum falsum \et latronem/ ad grave dampnum suum et causa illius deffamacionis non potest mercandizare, emere nec vendere sicut prius fuit, et hoc ponit se super inquisicionem. Et predicta Agnes venit et dicit quod non est inde culpabilis et hoc ponit se super inquisicionem. Ideo preceptum est ballivo ad habendam \bonam/ inquisicionem ad dicandam veritatem ex utraque parte, plegius predicte Agnetis spectand*e* [bone] inquisicionis Willelmus de Cotom. Compertum est per inquisicionem quod predicta Alicia est inde culpabilis de transgressione predicta ad dampnum xij d. ‖Misericordia xij d.‖

(T7) Agnes de Nesham queritur de Johanne Person de placito transgressionis, plegius ad prosequendum Willelmus de Cotom. †Et† preceptum est ballivo quod attachiari faciat predictum Johannem ad respondendum predicte Agneti ad proximam curiam.

(T8) Agnes de Nesham queritur de predicto Johanne et Cristina uxore ejus \de placito transgressionis/ de eo quod predicta Cristina ipsam verberavit et wlneravit et maletractavit in alta strata et bona sua ibidem asportavit ad grave dampnum ipsius Agnetis et contra pacem. Ideo preceptum est ballivo quod attachiari faciat Johannem et Cristinam ad respondendum predicte Agneti de transgressione predicta, plegius ad prosequendum Willelmus de Cotom.

(12) Curia veteris burgi Dunelm' tenta ibidem die Martis proximo ante festum Assensionis Domini anno supradicto (*11 May 1390*)
(D5) Loquela que est inter Willelmum de Scherowton' et Johannem de Kellaw ponitur in respectu ex prece parcium. Et predictus Johannes in misericordia. ‖iij d.‖

(T4) Loquela que est inter Johannem Pieresson et Johannem Potaiour attornatum elemosinarii Dunelm' (*Incomplete*).

(T6) Isabella Postell queritur de Alicia de Schirbourn de placito transgressionis. Et concordate sunt, et predicta Alicia in misericordia. ‖iij d.‖

(T7) Agnes de Nesham queritur de Johanne Person de placito transgressionis, plegius de prosecucione Willelmus de Cotom. Partes optulerunt se. Et predicta Agnes dicit quod predictus Johannes bona sua maliciose (*Erasure of 2.5 cm.*) asportavit ad grave dampnum †ipsi†us Agnetis xl s. et contra pacem. Et predictus Johannes venit et fatetur transgressionem predictam et petit taxacionem curie †pro† dampn*is*. ‖iij d.‖

(T8) Agnes de Nesham queritur de Johanne Person et Cristiana uxore ejus de placito transgressionis de eo quod predicta Cristiana ipsam Agnetem verberavit, wlneravit et ipsam male tractavit violenter et maliciose in alta strata contra pacem, et eciam vocavit illam Agnetem meretricem in adnullacione[11] nominis sui[12] ad dampnum xx s. Et hoc ponit se super inquisicionem. Et predictus Johannes venit <et> dicit quod predicta querela non \est/ sicut predicta Agnes dicit. Et hoc ponit se super inquisicionem similiter. Ideo precipitur ballivo quod habeat bonam inquisicionem ad proximam curiam ad inquirendam veritatem. Compertum est per inquisicionem quod predicti Johannes et Cristiana est inde culpabil*is*[13] de transgressione †*predicta*† ad dampnum xij d. prout taxantur per jura*tam*. Johannes in misericordia. ‖xij d.‖

(T5) Loquela que est inter Johannem Person et Agnetem de Nesham de placito transgressionis po*nitur* in respectu ob defectu jur*ate* usque proximam.

(T5) De Ricardo Glouer, Johanne Couper, Ricardo de Goswik', Willelmo de Belsow, Roberto del Kirk, Johanne Bar†k†er, Willelmo B†rome†, Johanne Atk†y†nson, Johanne Gibson, Johanne de Bolton', Johanne de Lamton', et Thomas Suart, quia noluerunt venire ad summonicionem ballivi ad inquirendam et dicendam veritatem inter Johannem Person et Agnetem de Nesham (*1 cm.*) \de placito transgressionis/ de quolibet. ‖iiij s.‖

(13) Curia veteris burgi Dunelm' tenta ibidem die Mercurii proximo ante festum Pentecostes anno Domini M⁰ CCC^mo nonagesimo (*18 May 1390*)
(T8) Loquela que est inter Agnetem de Nesham et Johannem Person et Cristianam uxorem predicti Johannis de placito transgressionis (*Incomplete*).

(T5) Loquela que est inter Johannem Person et predictam Agnetem de placito transgressionis (*Incomplete*).

(D6) Johannes Persson queritur de Agnete de Nesham de placito debiti, plegius ad prosequendum Willelmus Ch†ilton'† et plegius ad defendendum Willelmus de Cotom', de eo quod predicta Agnes debet predicto Johanni (*0.5 cm.*) iij d. ob. Et predicta Agnes (*3.5 cm.*) vad' legem, plegius de lege Willelmus †de Cotom'† (*14.5 cm.*) Et predicta Cristiana venit in curia et jur*at* quod (*1.5 cm.*) v(*1 cm.*) solvere predicto Johanni (*1 cm.*) †Ideo† predicta Agnes †in misericordia†.

Ordinatum est ex communi assensu tocius dicti burgi quod (*3.5 cm.*) sint garul' (*17 cm.*).

---

11 MS *adnullacionis*.
12 MS *sue*.
13 See Introduction, p. xlv.

(14) Curia veteris burgi Dunelm' tenta ibidem die Mercurii proximo post festum Corporis Christi anno Domini †Mᵒ† nonagesimo (*8 June 1390*)

(D7) Ricardus de Neuton' queritur de Johanne Legg de placito debiti, plegius (*No name nor space for one*). Et predictus Johannes summonitus fuit (*5 cm.*) sum' ij (*0.5 cm.*) Johanni de Neuton' (*1 cm.*) est pro (*1 cm.*) predicti Ricardi.

(D8) Robertus de L†inc†e queritur de Hugone B†o†ryer de placito debiti †plegius† ad prosequendum Johannes (*0.5 cm.*)wich, plegius †ad defendendum†. Attachi*atur* per (*1 cm.*)tell'. Et predictus Hugo essoniatur per Johannem Leuwyn.

(D9) Loquela est inter Petrum Dring et Johannem Legg de placito debiti, videlicet de xxiij s. iij d. (*9 cm.*)v s. iij d. et dampn' alterius x. s. Et †promisit† in curia (*9–10 cm.*) ad terciam curiam. Ideo (*1 cm.*) est in curia quod predictus Johannes †satisfaciet† predicto Petro (*7 cm.*).

3. Loc.IV.95 (May to 25 October 1391)

(*Endorsement of the eighteenth or nineteenth century*) 1391 Curia Veteris Burgi Loc.4.n.95

(15) †Curia veteris† burgi Dunelm' tenta ibidem die †Mercurii† proximo ante (*Line end missing*) (*May 1391*)

(D10) †Alan†us de Tesdall' queritur de Willelmo Horsly de placito debiti plegius ad prosequendum Willelmus de Chilton' (*5 cm.*) precii xvj d. Et non venit. Ideo in misericordia. Et predictus (*No name nor space for one*) fecit Johannem Becle attornatum suum.

(D11) Alicia de Schirborn' queritur de predicto Willelmo de Horsly de placito debiti. Predicta Alicia venit et pred(*1 cm. ?*).

(16) †Curia veteris burgi† Dunelm' tenta ibidem die Mercurii proximo post festum Sancti August<ini> anno Domini supradicto (*31 May 1391*)

(D10) †Loquela que† est inter Ala†num† de Tisdall' (*A hole, 1 cm. in diameter*) et Willelmum de Horsly de placito debiti pred†icto† (*Incomplete*).

(D11) Loquela que est inter †Aliciam† de Schirborn' et predictum Willelmum (*5.5 cm.*).

(T9) Hugo Cronan queritur de Willelmo Ta†illour† de placito transgressionis, plegius ad prosequendum Adam de Burton'. Et predictus Willelmus att†achiatur† (*2 cm.*) precii v (*1 cm*) d., plegius de precio

Willelmus Smith. H†abent diem† ad concordandum usque proximam curiam.

(17) (Curia) burgi Dunelm' die Mercurii proximo ante festum Sancti Barnabe apostoli anno (*End of line illegible*) (*7 June 1391*)
(D10) Loquela que est inter Alanum de Tesdall' et Willelmum de Horsley de placito debiti (*7 cm.*) se teneri predicto Alano xj d. ob. (*3 cm.*) predictus Willelmus in misericordia.

(D11) Loquela que est inter Aliciam de Schirborn' et Willelmum de †Horst†ly de placito debiti. Partes optulerunt se unde predicta Alicia dicit quod predictus Willelmus tenetur sibi ix d. ad damnum vj d. Et predictus Willelmus venit et dicit quod non tenetur predicte \Alicie/ respondere. Et hoc ponit se super inquisicionem. Ideo preceptum est ballivo quod habeat bonam inquisicionem, plegius ad s(*1 cm.*)ndum etc. Johannes Bec†ly†.

(T9) Hugo Cronon non venit ad prosequendam querelam suam versus Willelmum Taillour. Ideo predictus Hugo in misericordia et predictus Willelmus †ea†† sine die.

(18) †Curia† veteris burgi Dunelm' tenta ibidem die Mercurii proximo post festum Bernabe apostoli, anno Domini supradicto (*14 June 1391*)
(D11) Loquela que est inter Aliciam de Schirborn' et Willelmum de Horsly de placito debiti prout implacitati fuerunt <in> curia precedenti. Et super hoc partes predicti posuerunt se super inquisicionem. Qui dicunt per sacramentum suum quod predictus \Willelmus/ tenetur predicte Alicie ix d. prout predicta Alicia implacitavit. Ideo consideratur per curiam quod predicta Alicia habebit ix d. de predicto Willelmo et predictus Willelmus in misericordia (*No sum entered*).

(19) Curia veteris burgi Dunelm' tenta ibidem die Mercurii proximo ante festum Nativitatis Sancti Johannis Baptiste anno Domini supradicto (*21 June 1391*)
(T10) Johannes filius Petri queritur de Johanne Mosse de placito transgressionis, plegius ad prosequendum Johannes Bekli, plegius ad defendendum predictus Becly, quia eum districsit †per† u†num† urciolum precii iiij d. Partes optulerunt se, unde Johannes Becly attornatus predicti Johannis Person venit et dicit quod porci predicti Johannis Mosse intraverunt gardinum predicti Johannis Person et linea, olera ac herbas crescentes destruxerunt, conculcaverunt \et/ devasterunt ad dampnum predicti Johannis xl d. Et hoc ponit se super inquisicionem. Et predictus Johannes venit et fatetur quod fecit dampnum ibidem sed non ad tantam summam et petit taxacionem curie, plegius ad spectandam taxacionem Thomas Gra capellanus. Et predictus Johannes Mosse in misericordia domini. Dampna taxantur per jura*tam* iiij d.

(19a) Curia domini prioris Dunelm' tenta in veteri burgo Dunelm' die Mercurii proximo post festum Nativitatis Sancti Johannis anno Domini supradicto (*28 June 1391*)
(*No recorded business*)

(19b) Curia domini prioris Dunelm' tenta in veteri burgo Dunelm' die Mercurii proximo ante festum Translacionis Sancti Thome (*5 July 1391*)
(*No recorded business*)

(19c) Curia veteris burgi Dunelm' die Mercurii proximo ante festum Sancte Mildrede virginis anno Domini supradicto (*12 July 1391*)
(*No recorded business*)

(20) Curia veteris burgi Dunelm' die Mercurii proximo ante festum Sancte Margarete Virginis anno Domini supradicto (*19 July 1391*)
(D12) Is<olda> Webster queritur de Willelmo Horsly de placito debiti. Partes optulerunt se et petunt diem ex prece parcium ad concordandum. Et concordati sunt et predictus Willelmus in misericordia. ‖†i†ij d.‖

(T11) Dominus Willelmus de Esche capellanus queritur de Johanne Mosse de placito transgressionis. Partes optulerunt se. Et concordati sunt et predictus Johannes in misericordia. ‖iij d.‖

Presentatum est per sacramentum Willelmi de Chilton', Willelmi Smith, Johannis de Doudalle, Johannis del Forest, Thome del Poille, Roberti Pert, Johannis Mosse, Johannis de Broughton', Ricardi de Goswick', Johannis Scharp, Johannis Person, Roberti Tailliour et Hugonis Chapman, qui dicunt quod Johannes Glouer traxit cultellum suum ad percussiendam Aliciam de Schirborn'.

(20a) Curia veteris burgi Dunelm' tenta ibidem die Mercurii proximo post festum Sancte Margarete anno Domini supradicto (*26 July 1391*)
(*No recorded business under this head, but see the next entry.*)

(21) Curia veteris burgi Dunelm' tenta ibidem die Mercurii proximo post festum Sancti Jacobi apostoli anno Domini supradicto (*26 July 1391*)
(D13) Robertus de Kirkham et Juliana uxor ejus queruntur de domino Willelmo Emery de placito debiti, plegius ad prosequendum Johannes Becly. Et predictus dominus Willelmus districtus est per unum equum precii xiij s. iiij d., plegius de precio Willelmus de Cotom. Partes optulerunt se, unde queritur quod predictus Willelmus tenetur sibi v s. pro feno ab eo empto iij annis elapsis, ad dampnum vj s. viij d. Et predictus Willelmus venit et dicit quod nullum fenum nec herbagium de

eodem emit. Et ponit se ad legem[14] habendam ad proximam curiam cum xij manu. Postea concordati sunt quod predictus Willelmus satisfaciet predicta Juliana ij s. vj d. pro dampn*is* et toto[15] et predictus Willelmus in misericordia. ‖vj d.‖

(22) Curia veteris burgi Dunelm' tenta ibidem die Mercurii proximo post festum Advincula Sancti Petri anno Domini supradicto (*2 August 1391*)
(D14) Robertus de Belford' queritur de Willelmo Sefwright de placito debiti. Et predictus Willelmus attachiatus est per j par[16] rotarum precii (*No figure nor space for one*), attornatus Johannes Becly.

(T12) Alicia de Schirborn' queritur de Johanne Glouer de placito transgressionis, plegius ad defendendum Ricardus Glouer ad respondendum de omnibus placitis.

(T13) Eadem[17] Alicia queritur de predicto Johanne de placito transgressionis. Partes optulerunt se. Et ex prece parcium habent diem ad concordandum usque proximam curiam.

(22a) Curia veteris burgi Dunelm' tenta ibidem die Mercurii proximo ante festum Sancti Laurencii anno Domini supradicto (*9 August 1391***)**
(*No recorded business*)

(22b) Curia veteris burgi Dunelm' tenta ibidem die Mercurii proximo post festum Assumpcionis Beate Marie anno Domini supradicto (*16 August 1391*)
(*No recorded business*)

(23) Curia veteris burgi Dunelm' tenta ibidem die Mercurii proximo ante festum Sancti Bartholomei apostoli anno supradicto (*23 August 1391*)
(T12, T13) Loquela que est inter Aliciam de Schirburn' et Johannem Glouer de placito transgressionis. Et concordati sunt et predictus Johannes in misericordia.

(T14) Johannes Glouer queritur de Johanna Couper de placito transgressionis. Et districta <est> per j ollam enneam precii (*Blank space of 1 cm.*), plegius ad prosequendum Ricardus Glouer. Partes optulerunt se. Et predictus Johannes venit et dicit quod predicta Johanna tenet j canem

---

14 MS inserts a superfluous *ad* following *legem*.
15 MS *dampn' et totum.*
16 MSS *pare.*
17 MS *Idem.*

per quem habuit dampnum ad valenciam xl d. Et defendens fatetur et petit taxacionem curie. (*Added*) P*er* tax*acionem*[18] ad dampnum ij d. Et predicta Johanna in misericordia. ‖†*†st iij d.‖

(D15) Thomas \Bell/ queritur de Hugone Cronan de placito debiti. Et Johannes Becly atto<r>natus <est> predicti Thome et plegius. Predictus Hugo attachiatu*r* per j equum precii xx s. Predictus Hugo venit et dicit quod debet predicto Thoma ij s. vij d. et petit taxacionem curie, et predictus Hugo in misericordia. Dampna taxantur ij d. Et Hugo in misericordia. ‖iij d.‖

(D16) Johannes Bekley queritur de Hugone Cronan de eo quod debet sibi pro labore suo eo quod fuit attornatus suus.[19] Et predictus Hugo venit et dicit quod fecit convencionem predicto Johanni sed non prout narravit. Ideo habent diem ad essendum ad taxacionem curie tam ad dampna quam (*1 cm.*).[20] ‖iij d.‖

(Loc.IV.95 dorse)
(24) Curia veteris burgi Dunelm' tenta ibidem die Mercurii proximo ante festum Sancti Cuthberti in Septembris anno Domini supradicto (*30 August 1391*)
(D17) Robertus de Kirkham queritur de Johanne filio Roberti de Kyow de placito plegii debiti versus Emmam del Forth,[21] plegius ad prosequendum Johannes Beccly, plegius ad defendendum dominus Willelmus de Esche. Et attachiatus est per j equum precii x s. Predictus Johannes non venit. Ideo in misericordia. ‖(*Illegible*)‖

(24a) Curia veteris burgi Dunelm' tenta ibidem die Mercurii proximo post festum Sancti Cuthberti anno Domini supradicto ponitur in respectu usque proximam (*6 September 1391*)
(*No recorded business*)

(25) Curia veteris burgi Dunelm' tenta ibidem die Mercurii proximo ante festum Exaltacionis Sancte Crucis anno Domini supradicto (*13 September 1391*)
(T15) Johannes Person queritur de Johanne de Doudale de placito transgressionis, plegius Johannes Becly, plegius ad deffendendum[22] idem Johannes. Partes optulerunt se, unde queritur quod predictus Johannes

---

18 MS *p tax*, without abbreviation marks.
19 MS *attorn' suum*.
20 MS apparently *eilibi* or *elibi*.
21 This formulation is to be explained by the defendant's status as a pledge of Emma del Forth.
22 MS has a superfluous *plegius* following *deffendendum*.

Doudale cepit j par de crels sine licencia sua ad dampnum vj d. Et predictus Johannes venit et fatetur quod cepit predictos crels, plegius de principale Willelmus de Chilton'.

(D18) Johannes Doudale queritur de Johanne Person de placito debiti, unde queritur quod predictus Johannes debet sibi pro j quarterio ij bussellis carbonum (*No sum entered*).

(D17) Robertus de Kirkham optulit se versus Johannem filium Roberti de Kiow de placito debiti. Partes optulerunt se. Et predictus Robertus petit iiij s. prout plegius Emme del Forthe sibi debitos et detentos per j annum \ad dampnum iiij s./. Et predictus Johannes venit <et> negat debitum et ad hoc vadiavit legem cum xij manu. Et quia \predictus Johannes/ non potuit invenire plegios de lege, predictus Robertus petiit judicium curie. Et curia considerat quod predictus Robertus recuperet \de predicto Johanne/ iiij s. de principali debito et iiij s. de dampnis prout inplacitavit in curia et predictus Johannes in misericordia (*No sum entered*).

(T16) Johannes Person queritur de Johanne Doudale de placito transgressionis. Partes optulerunt se. Unde predictus Johannes Person queritur quod propter clausuram gardini predicti Johannis Doudalle animalia intraverunt gardinum suum <et> herbagium, olera, porros et vect†uari†a[23] ibidem crescencia depasta fuerunt, conculcaverunt et destruxerunt ad dampnum suum xl d.

(26) Curia domini prioris Dunelm' tenta in veteri burgo Dunelm' die Mercurii proximo ante festum Sancti Mathei apostoli anno Domini supradicto (*20 September 1391*)
(T16) Loquela que est inter Johannem Person et Johannem Doudale de placito transgressionis (*Incomplete*).

(27) Curia [domini] veteris burgi Dunelm' tenta ibidem die Mercurii proximo ante festum Sancti Michaelis anno Domini supradicto (*27 September 1391*)
(D19) Johanna de Heddon' queritur de Roberto Jonson de Herom de placito debiti, plegius ad prosequendum Johannes de Bolton'. Et Robertus Jonson distringitur per j equum cum sella et freno, appreciatum ad vj s., plegius de precio Robertus Palman. Robertus non venit. Ideo in misericordia. Et preceptum est quod attachietur usque proximam. (*Added*) Robertus Johns†on† non venit. Ideo ipse et plegius suus in misericordia. ‖iij d.‖

---

23 i.e. *victuaria*, here meaning 'food plants'. MS *uectira* with a medial suprascript
   a, a form that is impossible as it stands.

(27a) Curia tenta ibidem die Mercurii proximo post festum Sancti Michaelis anno Domini supradicto. Curia ponitur in respectu (*4 October 1391*)

(28) Curia veteris burgi Dunelm' tenta ibidem die Mercurii proximo ante festum Sancti Dionisii anno Domini supradicto M° CCC^{mo} nonagesimo primo (*4 October 1391*)
(D20) Ricardus de Foxton' queritur de Johanne Pierson in placito debiti, plegius de prosecucione Johannes Knowt. Et Ricardus dicit quod ei debet et injuste detinet iij s. vij d. ad dampna etc. Et predictus †Johannes† dicit quod nichil ei debet et hoc paratus est verificare per legem, que concessa †est ad† proximam cum xij manu, plegius de attendendo legem Willelmus Smyth.

(29) Curia veteris burgi Dunolm' tenta ibidem die Mercurii proximo post festum Sancti Dionisii anno Domini supradicto (*11 October 1391*)
(T17) Willelmus de Chilton' queritur de Isolda Webster de placito transgressionis. Partes optulerunt se et ex prece parcium concordati sunt (*1.5 cm.*) et predict' s†unt† in misericordia, plegius Johannes Beklay.

(D19) Loquela que est inter Johannam de Heddon' querentem et Robertum Jonson de Harom defendentem de placito debiti. Johannes Beklay attornator predicte Johanne optulit se versus predictum Robertum. Et predictus Robertus non venit. Ideo ipse et plegius suus in misericordia (*0.5 cm.*),[24] plegius Robertus Palman.

(D20) Loquela que est inter Ricardum de Foxton' querentem et Johannem Person de placito debiti. Unde predicti partes optulerunt se. †Et† predictus Johannes vadiavit legem suam usque proximam. Et defecit de lege. Ideo ipse et plegius suus in misericordia, plegius Willelmus Smyth.

De Thoma Spisar pro fine sua (*Sum missing because of damage to the roll.*)

(30) Curia veteris burgi Dunelm' tenta ibidem die Mercurii proximo ante festum Sancti Luce anno Domini M° CCC° nonagesimo primo (*? 18 October 1391*)[25]
(D19) Loquela que est inter Johannam de Heddon' et Robertum Jonson de Harom de placito debiti. Johannes Bekly attornatus predicte Johanne optulit se. Et predictus Robertus[26] non venit. Ideo ipse et plegius suus in misericordia (*End of line lost*). ‖(*Lost*)‖

---

24 Probably a false start that should have been deleted.
25 St Luke's day, 18 October, was a Wednesday in 1391. If the heading of this session is correct there are two for 25 October.
26 MS *Johannes.*

(31) †C†uria veteris burgi tenta ibidem die Mercurii proximo ante festum Simonis et Jude anno Domini supradicto (*25 October 1391*)

(D19) †Loquela† que est inter Johannam de Heddon' et Robertum Jonson de Harom de placito debiti. Et predictus Robertus districtus est per (*1.5 cm.*)llam appreciatam †ad† vj s., plegius de precio Robertus Palman. Et non venit. Ideo ipse †et plegius suus in misericordia.† (*End of line lost*). ‖(*Lost*)‖

4. Loc.IV.229, m. 6 (29 November 1391 to ? June 1392)
(*Endorsement of c. 1500*) 1391

(32) Curia veteris burgi Dunelm' die Mercurii proximo ante festum Sancti Andree anno Domini millesimo CCC^{mo} nonogesimo primo (*29 November 1391*)

(D19) Loquela que est inter Johannam de Heddon' et Robertum Jonson de Harome de placito debiti. Johannes Bekly attornatus predicte Johanne optulit se. Et predictus Robertus non venit. Ideo ipse et plegius suus in misericordia. Et preceptum est ballivo quod distringatur usque proximam. ‖iij d.‖

(33*) Curia veteris burgi Dunelm' (*January 1392*)
Johannes del Mora essoniatur per Johannem Knowt, plegius [predictus] Johannes Palman. ‖W‖ | Johannes Gibson essoniatur per Johannem Knowt, plegius Johannes Palman. ‖W‖ | Willelmus Qwetlaw essoniatur per Thomam Hart, plegius idem Thomas. ‖W‖ | Thomas Scuart essoniatur per Johannem Fulmard, plegius idem Johannes. ‖W‖ | Thomas Spisar essoniatur per Willelmum Holilop, plegius idem Willelmus. ‖W‖ | Adam Blacborn essoniatur per dominum Thomam Gray, plegius idem Thomas. ‖l‖ | Robertus Belforth essoniatur per Robertum Palman, plegius idem Robertus. ‖W‖ | Johannes Echewik essoniatur per Johannem de Neuton', plegius idem Johannes. ‖W‖ | Petrus Dryng essoniatur per Johannem Beklay, plegius idem Johannes. ‖+‖ | Alicia Jakes essoniatur per Willelmum Chilton, plegius idem Willelmus. ‖+‖

(T18) Robertus de Durame queritur de Roberto Ysson de placito transgressionis. Partes optulerunt se. Et concordati sunt ex prece parcium et predictus Robertus in misericordia. ‖Quietus. iij d.‖

De Ricardo de Hoton', Johanne del Hall de Lamesly, Willelmo filio Ade, Willelmo Rawkyn, Gilberto filio Galfridi, Johanne Leyg, Ricardo de Neuton', Ricardo de Benton', Hugone Lardnar, Johanne Appelby capellano, Matilda Esche, Johanne Bentlay, Johanne Blakheued, Johanne Lewyon, Ricardo de Schirborn', Cristiana de Morely, Willelmo Lamton, Willelmo Steuenson, Willelmo Jopson, Johanne de Gammylsby, Johanne Marschal, Adam Blakborn, Johanne de Sadbery, [Johanne de Echewik,]

Alano Salter, Rogero Esyngwald, Ricardo de Hoton', Emma filia Roberti Masham, Johanne Webster de Hexham, Roberto de Whalton', Ricardo Cosour, Petro de Loue,[27] Ricardo del Miln, \\Roberto// Smyth de Schotton, Willelmo Hamson, Henrico de Ker, Ricardo de Hett, Johanne Kyllingall, Thoma de Todow, herede Willelmi Wautson, Roberto Masham, Johanne Aldeburgh, magistro de Kepyer, Willelmo Person de Lanchester, Ricardo Person de eadem, Willelmo Neuson.

(34) Curia veteris burgi Dunelm' tenta ibidem die Mercurii proximo post festum Epiphanie Domini anno Domini millesimo CCC^{mo} nonogesimo primo (*10 January 1392*)
De Petro Dryng <et> Alicia Jakes quia non venerunt ad warandizanda essonia alterius eorum – iiij d.

(35) Curia veteris burgi Dunelm' tenta ibidem die Mercurii proximo post octabas Epiphanie Domini anno Domini M^o CCC^{mo} nonogesimo primo (17 January 1392)
(**T19**) De Roberto Maynesforth pro transgressione facta Johanni de Lamton' prout compertum est. Et ex prece parcium concordati sunt. ‖Misericordia iij d.‖

(35a) Curia veteris burgi Dunelm' tenta ibidem die Mercurii ultimo die Januarii anno Domini etc. nonogesimo primo (*31 January 1392*)
nihil presentant
(*No recorded business*)

(35b) Curia veteris burgi Dunelm' tenta ibidem die Mercurii vij^o die Februarii anno Domini supradicto (*7 February 1392*)
(*No recorded business*)

(35c) Curia veteris burgi Dunelm' tenta ibidem die Mercurii in festo Sancti Valentini anno Domini supradicto (*14 February 1392*)
(*No recorded business*)

(35d) Curia veteris burgi Dunelm' tenta ibidem die Mercurii proximo ante festum Cathedra Sancti Petri anno Domini supradicto (*21 February 1392*)
(*No recorded business*)

(35e) Curia tenta ibidem die Mercurii proximo post festum Sancti Mathie apostoli anno Domini supradicto (*28 February 1392*)
(*No recorded business*)

---

27 Or *Lone.*

(Loc.IV.229, m. 6 dorse)

(35f) Curia veteris burgi Dunelm' tenta ibidem die Mercurii proximo post festum Annunciacionis Beate Marie anno Domini Mᵒ CCCᵐᵒ non<a>gesimo primo (*27 March 1392*)

Nihil presentant

(36*) Capitalis curia veteris burgi Dunelm' tenta ibidem die Mercurii proximo post festum Sancti Georgii anno Domini millesimo CCCᵐᵒ nonagesimo secundo (*24 April 1392*)

‖Essonia‖ Petrus Drynge essoniatur per Willelmum del Chilton'.| Willelmus de Whetlaw essoniatur per Johannem Beklay. | Willelmus Stewynson essoniatur per Johannem Beklay. | Johannes Gibson essoniatur per Johannem Knout. | Johannes de More essoniatur per Johannem K. | Thomas Suart essoniatur per Alexandrum de Stannop. | Willelmus de Alnewik essoniatur per Alexandrum de Stannop. | Ricardus Neuton essoniatur per Johannem de Neuton'. | Robertus Berall essoniatur per Hugonem Boner.²⁸ | Robertus Palman essoniatur per Johannem Palman. | Alanus Salter essoniatur per Willelmum Plausworth.

(36a) Curia veteris burgi Dunelm' tenta ibidem in festo Advincula Sancti Petri anno Domini supradicto (*? 1 May 1392*)²⁹

(*No recorded business*)

(37) Curia veteris burgi Dunelm' tenta ibidem <die Mercurii> proximo ante festum \Assencionis/ Domini anno Domini supradicto (*15 May 1392*)

Compertum est per Willelmum de Chilton', Thomam del Pul, Robertum Peit, Johannem de Lampton', Johannem Person, Johanem Knowt, et Robertum Talliour quod tenementum in tenura Johannis Couper nunc, ultim*e* in tenura Johanne Gretheued relicte³⁰ predicti Johannis, deterioratur eo quod succidit frac*cinos* ju†*vin*†es³¹ sine licencia. Et eciam quod deterioratur in copertura ad valenciam – xl d. Et eciam injunctum est omnibus tenentibus veteris burgi Dunelm' quod non hospitant vicinos infra burgagia sua pro aliquo malo faciendo causa hospitacionis eorum sub pena dimidie marce.

---

28 Or *Bouer*.

29 The clerk perhaps mistook 1 May for 1 August, the true feast of St Peter ad Vincula.

30 Something is omitted or misspecified here. Perhaps *relicte* should be *relicte patris*.

31 MS *fract' j*(followed by seven minims)*es*. DML records the form *fraccinus* for *fraxinus*. The meaning here is perhaps 'young ash trees'.

(38) Curia veteris burgi Dunelm' tenta ibidem die Mercurii proximo ante festum Pentecostes anno Domini supradicto (*29 May 1392*)
(D21) Petrus Dryng queritur de Willelmo Arowsmyth de placito debiti, plegius ad prosequendum Johannes Becly. Et predictus Willelmus attachiatus est per j equum precii vj s. viij d., plegius de precio Robertus Bacster. Johannes de Becly attornatus predicti Petri venit et dicit quod predictus <Willelmus> ei debet [ix] ij s. vj d. pro blado de predicto Petro empto. Predictus Willelmus venit et fatetur debitum. Et predictus \Willelmus/ invenit plegium de principale et promisit satisfacere ante proximam curiam fide media.

(39) ‖Curia‖ (*Perhaps June 1392, though these entries may continue those of the session held on 29 May*)
(T20) Johannes Leg queritur de Johanne Person <et> uxore ejus de placito transgressionis. Partes optulerunt se. Unde queritur quod uxor predicti Johannis Person verberavit Margaretam filiam Johannis Legg et ipsam male tractavit, ad dampnum xl s. Et predictus Johannes Person venit et dicit quod non fecit aliquod dampnum per se nec uxorem ejus. Et hoc ponit se super patriam. (*Added in feint ink*) Certificant nobis quod uxor Johannis Person †per†cussit filiam Johannis Leg ad damnum – (*Sum lost*). ‖xij d.‖

(T21) Johannes Person queritur de †Johanne† Legge quod Margareta filia Johannis Legg verberavit Petrum filium Johannis Person ad dampnum C s. Partes optulerunt se. Et predictus Johannes Legg dicit quod predicta Margareta nullum dampnum fecit predicto Petro. Et hoc ponit se super patriam et Johannes Person similiter. (*Added in feint ink*) Certificant †nobis quod predict†a Margareta †verberavi†t filium Johannis †et† ad dampnum Johannis Person – †ij d.† ‖(*Lost*)‖

(T22) Johannes Legg queritur de Johanne Person de placito transgressionis de eo quod predictus Johannes Person tenuit j canem et ille canis dilaceravit v futfals ad dampnum xij d. Et predictus Johannes venit et dicit quod non est inde culpabilis. Et ponit se super patriam. (*Added in feint ink*) Certificant nobis quod canis predicti Johannis delaceravit predicta vellera †a†d †dampnum† – iij d. Et predictus Johannes Person in misericordia. ‖(*Lost*)‖

(T23) Johannes Person queritur de Johanne Legg de eo quod intravit domum Johannis Person et ibidem verberavit Elenam ancillam Johannis et causa verberacionis predicte Elene predictus Johannes Leg fecit dampnum filie iij annorum Johannis Person ita quod per transgressionem illam predicta filia habuit mortem. Et predictus Johannes venit \et/ dicit quod non est inde culpabilis. Et hoc ponit se super patriam. (*Added in a feint ink*) Jurati dicunt quod nullum damnum ibi fecit etc. †Et† ideo predictus Johannes Person in misericordia. ‖(*Lost*)‖

5. Loc.IV.120 (4 September 1392 to 15 January 1393)
(*Endorsement of c.1500*) 1390 etc.

(40) Curia veteris burgi Dunelm' tenta ibidem in festo Sancti C†uthberti anno supradicto† (*4 September 1392*)
(T24) Loquela que est inter Johannem Legg et Robertum Bacster de placito (*End of line lost*).

(D22) Johannes Lewyn queritur de Johanne Person de placito debiti, Johannes Becly attornator †ad† (*End of line lost*).

(D23) Loquela que est inter Petrum Dring et Johannem Gibson de placito debiti, Johannes Becley attornator (*5 cm.*) habuerunt diem ex prece parcium ad concordandum ante istam curiam.

(T24) Johannes Legg queritur de Roberto Bacster de placito transgressionis de eo quod emit panem de predicto Roberto †non† d†e† (*4 cm.*) esson' et postea attachiatus fuit et non venit. Ideo preceptum est ballivo quod distringat predictum Robertum per (*End of line lost*).

Compertum est per sacramentum Johannis Knote, Ricardi Gosewyk, Johannis Gybson, Johannis Doudall, Johannis Glouer (*4 cm.*) sicut [panis] quarterium de veteri grano ad iiij s. et de novo grano iiij s. vj d. unde pistor veteris burgi comp*ari*(*3 cm.*) fuit de bono bultello et j de bono pondere in crastino Sancti Cuthberti predicto.

(41) Curia veteris burgi Dunelm' die Mercurii proximo post festum Sancti Cuthberti anno Domini millesimo CCC^{mo} non†agesimo secundo† (*11 September 1392*)
(D24) Adam de Birden' queritur <de> Hugone [Cronend] Cronan de placito debiti, plegius ad prosequendum Willelmus (*3.5 cm.*) Et predictus Hugo attachiatus est per j equum precii x s., plegius de precio Ricardus Glouer. Unde Ricardus (*5 cm.*) Ade optulit se. Et predictus Hugo essoniatur per Thomam de Seham. Ideo preceptum est ballivo (*End of line lost*).

(D22) Loquela que est inter Johannem Leuyn et Johannem Person de placito debiti. Habent diem ex prece parcium usque proximam.

(D23) Loquela que est inter Petrum Dring et Johannem Gybson de placito debiti. Concordati sunt et predictus Johannes in misericordia. ‖ij d.‖

(D25) Johannes Leg queritur de Roberto Bacster de placito debiti. Partes optulerunt se. Unde predictus Johannes queritur quod fecit convencionem (*3 cm.*) quod promisit predicto Roberto habere asiamentum in una plac*ea* predicti Johannis capiens[32] pro qualibet septimana (*2.5 cm.*) vel quod \\si// caperet aliquod asiamentum \quod solveret/. Et super hoc predictus Johannes inposuit se quod predictus Robertus (*3 cm.*) ad dampnum predicti Johannis vj s. viij d. Et predictus Robertus venit in propria persona et dicit quod non (*1.5 cm.*) prout predictus Johannes ipsum implacit*at*. Et hoc ponit se super inquisicionem, plegius predicti Roberti expectand*i* (*1.5 cm.*) [Knott] Willelmus Chilton ad proximam curiam.

(DC1) Johannes Becley attornator Thome Bell <optulit se> versus Willelmus Arowsmyth de placito detencionis iiij s. vj d. ad dampnum (*2 cm.*) Et predictus Willelmus fatetur debitum in curia. Et noluit invenire plegium. Ideo predictus Johannes Becley petiit †recuperare tam de† dampnis quam de principale. Ideo curia concessit quod predictus Thomas recuperet †*v*†j s. ij d. †et dictus Willelmus in misericordia†. ‖iij d.‖

(42) Curia veteris burgi Dunelm' tenta die Mercurii proximo ante festum Sancti Mathei appostoli anno Domini [supra] millesimo †CCC†mo nonagesimo secundo (*18 September 1392*)
(D24) Loquela que est inter Adam de Birden et Hugonem Cronan de placito debiti. Et predictus Hugo essoniatur \per Thomam de (*1 cm.*)/ ex prece parcium (*2 cm.*). ‖(*1 cm.*) ij‖

(D25) Loquela que est inter Johannem Leg et Robertum Bacster de placito debiti. Et ex prece parcium concordati sunt et predictus (*2 cm.*) de Chilton'. ‖xij d.‖

(D22) Loquela que est inter Johannem Lewyn et Johannem Person de placito debiti. Habent diem ex prece parcium usque proximam curiam.

(43) Curia veteris burgi Dunelm' tenta ibidem die Mercurii proximo ante festum Sancti Michaelis, anno Domini millesimo CCCmo nonag†esimo secundo† (*25 September 1392*)
(D24) Loquela que est †inter† Adam de Birden' †et† Hugonem †Cronan† de placito debiti. Et predictus Hugo essoniatur per Johannem (*End of line lost*). ‖†**xj**†‖

(D22) Loquela que est inter Johannem Lewyn †et Johann†em Person de placito debiti. Et ponitur in respectu contra proximam curiam.

(44) Curia veteris burgi Dunelm tenta ibidem die Mercurii proximo post festum Sancti Michaelis anno Domini millesimo CCCmo nonag†esimo secundo† (*2 October 1392*)

---

32 MS *capient'*.

(D24) Loquela que est inter Adam de Birden' et Hugonem Cronan de placito debiti. Partes optulerunt se. Unde Ricardus Person att†ornatus dicte Ade† venit et dicit quod predictus Hugo \debet/ predicto Ada v s. ad dampnum iij s. iiij d. Et hoc ponit se super curiam. Et predictus Hugo venit †in curia et† fatetur predictos v s. et petit taxacionem de dampnis, unde Ricardus Glouer devenit plegium predicti Hugonis de principale. †Dampna taxantur† ad iiij d. et predictus Hugo in misericordia – iij d. ‖iij d.‖

(D22) Loquela que est inter Johannem Lewyn et Johannem Person de placito debiti de eo quod predictus Johannes Person tenet (1–2 cm.)ire prout predictus Johannes Person co†nft essus est in curia. Ideo †concor†datum est quod predictus Johannes Person (0.5 cm.)ssat predicto Johanni (1–2 cm.) et predictus <Johannes> Person in misericordia. ‖iij d.‖

(T25) Hugo Cronan queritur de Rogero Tomson in placito transgressionis, unde queritur quod agni predicti Rogeri depasti fuerunt herbagium apud prat um (10 cm.) ponit se super curiam. Et predictus Rogerus venit et dicit quod non est †culpabilis, plegius† ad †prose†q†ue†ndum (7.5 cm.) defend' pl' (0.5 cm.) Et super hoc predictus Rogerus ponit se †super inquisicionem† ad expectand' (2 cm.) Johannes C(1 cm.). Ideo preceptum est ballivo quod venire faciat bonam inquisicionem ad proximam curiam ad inqu†irandum de† predict' d(4.5 cm.) deb' per duas sept†imanas proximas ant†e festum Pentecostes et duas septimanas post festum Pentecostes.

(45*) Capitalis curia veteris burgi Dunelm' ix° die mensis Octobris anno Domini M°CCC° nonogesimo secundo (9 October 1392)

(T25) Loquela que est inter Hugonem Cronan querentem et Rogerum Tomson deffendentem de placito transgressionis. Et utraque pars posuerunt se super †inquisicionem usque† hunc diem. Qui dicunt quod predictus Rogerus non est inde culpabilis. Ideo predictus \Hugo/ in misericordia. ‖xij d.‖

(D26) Robertus Doncastir queritur de Johanne Chestir de placito debiti, plegius ad prosequendum Johannes Beclay, plegius \ad/ respondendum Robertus B(2.5 cm.) arrest' per j equum precii iiij s., plegius predictus Robertus. Unde Johannes Becley attornatus predicti Roberti et predictus (2.5 cm.) per Willelmum Chilton. ‖j‖

(46) †Curia veteris burgi† Dunelm tenta †ibidem† die †Mercurii proximo† ante festum Sancti Luce ewangeliste anno Domini supradicto (16 October 1392)

(D26) (8 cm.)st' d(2 cm.) Johannes Becley att†orna†tor predict i Roberti (10 cm.) predictus Johannes Chestir (1 cm.) predicto Roberto ij s. ij d. †quos† (6.5 cm.) dicit quod nihil †ei† debet. Et hoc ponit se super inquisicionem.

Et habent diem (*7 cm.*) tent' prox' pred' (*2.5 cm.*) esson*iatus* est. Ideo
etc.

(D26) (Johannes Ch)es†tir† essoniatur †in placito debiti† versus Robertum
Donkastir per Johannem Chilton.

**(47) Curia veteris burgi Dunelm' tenta ibidem die Mercurii proximo
post festum Omnium Sanctorum anno †*Domini* supradicto† (*30 October
1392*)**
(D26) I†tem† dicunt per sacramentum Willelmi Schylton, Willelmi Smyth,
Roberti Baxter, Johannis (*2 cm.*), Johannis (*1 cm.*), †*Johannis* G†arnetes,
Willelmi Arowsmyth, Johannis Dalton, Ricardi G(*1.5 cm.*) Thome (*0.5
cm.*)le et Johannis (*1 cm.*) †quod Johannes Chestir debet† Roberto Donko-
ster ij s. viij d. et predictus Johannes in misericordia, plegius Robertus
Wa†rik ad dampnum† ipsius Roberti iiij d. ‖xij d.‖

(T26) Willelmus Arusmyth essoniatur per Robertum Taliour versus
Margaretam Schorth de p†lacito transgressionis†. ‖Esson*iatur*‖

Preceptum est ballivo distringere omnes liberac' et s†uit'† quod sint ad
proximam curiam ad †reddere† d(*End of line lost*).[33] ‖Preceptum est ‖

(*Loc.IV.120 dorse*)
**(48) Curia veteris burgi Dunelm' tenta †ibidem die Mercurii proximo†
post festum Sancti Michaelis[34] anno Domini etc. nonogesimo secundo
hora vesperarum** (*13 November 1392*)
(D27) A†gnes† Hunter queritur de Thoma de (*0.5 cm.*)gello capellano de
placito debiti et predictus Thomas atturnatus est per (*7 cm.*) Thomas (*2.5.
cm.*) predicte Agnetis venit et dicit quod predictus Thomas debet dicte
Agnete x (*5 cm.*) et predictus Thomas (*3.5 cm.*) habet diem[35] comparendi
die Martis tunc proxime sequenti (*12 cm.*) predicto die hora vesperarum
et non venit. Et predictus Thomas (*12 cm.*) petiit ju†r'†. Et consideratum
est per curiam quod predicta Agnes recuperet (*3 cm.*)ell' et plegius suus
†in misericordia†. ‖(*Lost*)‖

**(49) Curia veteris burgi tenta ibidem die Mercurii proximo post festum
Sancte Katerine anno Domini millesimo CCC nona†gesimo secundo†**
(*27 November 1392*)

---

33 MS *l(i)b(e)rac' et suit'* (or *suct'*) *quod sint ad prox' cur' ad rr' d*.... This is apparently an injunction to distrain freemen and suitors of court, but the words are
carelessly written at the bottom of the membrane and it is not clear what forms
the clerk intended.
34 An error for *Sancti Martini*.
35 MS has a superfluous *a* following *diem*.

(T26) Margareta Schorthe queritur de Willelmo Arousmyth de placito transgressionis. ‖+‖

(50) Curia veteris burgi Dunelm' tenta ibidem die Mercurii proximo post festum Sancti Nicholai anno Domini supradicto (*11 December 1392*)

(D28) Johannes de Chestre de Whitley queritur de Nicholao Fullar de Edmundbirys de placito debiti, plegius ad †prosequendum Johannes† Knott, plegius ad respondendum Johannes de Chestir' de veteri burgo. Et predictus Nicholaus attachiatus est per j equum precii (*1 cm.*), †plegius† de precio Ricardus Glouer. Partes optulerunt se. Unde predictus Johannes venit et dicit quod predictus Nicholaus tene†tur sibi in† xviij s. quos sibi debet pro firma †*de*† fe†no† et stramine per x annos elapsos, ad dampna x s. Et †dictus Nicholaus† venit et dicit quod nihil sibi debet. Et hoc ponit se supra [inquisicionem] legem, videlicet per xij manu<s>, plegius †Johannes† de Neuton'. Et habet diem contra proximam. ‖(*Lost*)‖

(51) Curia veteris burgi Dunelm' tenta ibidem die Mercurii proximo ante festum Sancti Thome anno Domini supradicto (*25 December 1392, but more probably 18 December*)

(D28) Loquela que est inter Johannem Chester de Whitley querentem et Nicholaum Fuller defendentem. Et predictus Nicholaus habuit diem usque hunc diem cum lege. Et predictus Nicholaus ven<i>ebat cum lege (*4 cm.*)h super hoc jur*at*. Ideo Johannes Chester †et† plegii sui in misericordia. ‖(*Lost*)‖

(51a) Curia veteris burgi Dunelm' tenta ibidem die Marcurii in festo Natali Domini anno Domini supradicto (*25 December 1392*)
(*No recorded business*)

(51b) Curia veteris burgi Dunelm' tenta ibidem die Marcurii in festo Circumcisionis Domini anno Domini supradicto (*1 January 1393*)
(*No recorded business*)

(51c) Curia veteris burgi Dunelm' tenta ibidem die Marcurii proximo post festum Epiphanie Domini anno Domini supradicto (*8 January 1393*)
(*No recorded business*)

(51d*) Capitalis curia veteris burgi Dunelm' tenta ibidem die Marcurii proximo post octabas Epiphanie Domini anno D†omini millesimo CCC† nonagesimo secundo (*15 January 1393*)
(*No recorded business*)

6. Loc.IV.229, m. 4 (6 August to ? August 1393)
(*Endorsed in a hand of c. 1500*) 1393

(52) Curia veteris burgi Dunelm' tenta ibidem die Mercurii proximo post festum Sancti Oswaldi anno Domini M⁰ CCCᵐᵒ nonogesimo tercio (*6 August 1393*)

(C1) Isabella Postell queritur de Thoma de Chest*er* de placito convencionis. Et concordati sunt. Predictus Thomas in misericordia. ‖(*Lost*)‖

(C2) Petrus Dring queritur de Johanne de Hoton de placito convencionis. Et concordati sunt. Predictus Johannes in misericordia. ‖(*Lost*)‖

(53) Curia veteris burgi Dunelm' tenta ibidem die Mercurii proximo ante festum Assumpcionis Beate Marie anno Domini supradicto (*13 August 1393*)

(T27) Willelmus de Esche capellanus queritur de Johanne Glouer de placito transgressionis, plegius ad prosequendum Johannes Scharp, plegius ad deffendendum (*No name entered*) | †Et dictus† Willelmus optulit se. Et predictus Johannes non venit. Ideo ipse et plegius suus †in† misericordia. Et preceptum est ballivo quod venire faciat predictum Johannem ad proximam curiam †ad respondendum† predicto Willelmo de placito predicto. ‖(*Lost*)‖

(54) Curia veteris burgi Dunelm' tenta ibidem die Mercurii proximo (*Incomplete*) (*Perhaps August 1393*)

(T28) (*1 cm.*)g queritur de Thoma de Seham de placito transgressionis, plegius ad prosequendum (*Blank space of 1 cm.*), plegius ad defendendum (*No name entered nor space left for* one). Attachiatus est³⁶ per j ollam precii xx d. Et concordati sunt ex prece parcium et dictus Thomas in misericordia. ‖(*Lost*)‖

(*Loc.IV.229, m. 4 dorse*)
(*Blank*)

7. Loc.IV.229, m. 5 (8 October 1393 to 28 January 1394)
(*Endorsement of c. 1500*) 1393 veteris burgi

(55*) Capitalis curia veteris burgi Dunelm' tenta ibidem die Mercurii proximo ante festum Sancti Dionisii anno Domini millesimo CCCᵐᵒ nonagesimo tercio (*8 October1393*)

Essonia pro secta curie

‖Essonia‖ (*Column 1*) Robertus Palman per Johannem Palman. | Ricardus

---

36 Or, conceivably, 'Plegius ad defendendum attachiatus est....'.

de Neweton' per Willelmum Chilton. | Johannes de Lambton' per
Johannem Sharp. | Thomas Suart per Alexandrum Stanhop. | Rogerus del
Miln per Adam Blacburne. | (*Column 2*) Johannes Sotheryn per Thomam
Gray capellanum. | Robertus Berall per Thomam Gregori. | Ricardus
de Hoton' per Thomam Hert. | Johannes Blacheud per Willelmum
Holylob.

Uxor Johannis Short, Johannes del Hall de Lamesle, [Willelmus Lewyn,]
Willelmus de Cotom, Hugo Lardyner, Ma†tilda† de Essh, Willelmus
Horsley, Johannes Bentley, Johannes Lewyn, Willelmus Whitley,
Willelmus Steuenson, Johannes Gamlesb†y†, Robertus Pekard, Johannes
Marshall, Thomas Dyresme, Johannes Webster de Hexham, Robertus
Whalton, †Ricardo Co†soure, Henricus del Kare, Robertus Masham,
Johannes Aldburgh, Thomas Tudhowe, et magister de Kep†ier† quia non
†venerunt† ad faciendam sectam curie. Ideo quilibet eorum in miseri-
cordia iiij d. – vijs. iiij d. ‖Misericordia vijs. iiij d.‖

(D29) Johannes Leg queritur de Roberto de Wygton' cissore de placito
debiti. Et ipse attachia*tus* <est> per plegium Willelmi capellani parochie
(*End of line illegible*). ‖Distr*ingatur*‖

**(56) Curia veteris burgi Dunelm' tenta ibidem die Mercurii proximo
post festum Sancti Luce ewangeliste anno †Domini supradicto†**
(*22 October 1393*)
Robertus Palman, Ricardus de Neweton', Johannes[37] de Lambeton',
Rogerus del Miln, Johannes Sothryn, Robertus Berall, Ricardus de
Hoton' et Johannes Blached venerunt ad warantizanda essonia sua pro
secta curie. Ideo etc. ‖Sine die‖

Johannes Blached et Rogerus del Miln venerunt et fecerunt fines pro secta
curie pro hoc anno, videlicet uterque pro viij d., plegius inde ball†ivus†.
‖Fin*es* xvj d.‖

(D30) Robertus Baxter queritur de Willelmo Souter de placito debiti vij
d. quos ei debet pro pan*e* iij d. et pro debito Ricardi Glouer quod fatetur
solvere iiij d., quos detinet ad dampna etc. Et inde producit sectam. | Et
dictus Willelmus venit et fatetur dictum debitum et ponit se in misericordia per plegium Johannis Sharp. ‖Misericordia ij d. sine die‖

Thomas Suart non venit ad warrantizandum essonium suum pro secta
curie. Ideo ipse et Alexander Stanhop plegius suus in misericordia etc.
‖Misericordia iiij d. sine die‖

---

37 MS *Johannem*.

(D29) Johannes Leg non prosequitur versus Robertum de Wigton' cissorem de placito debiti. Ideo ipse in misericordia etc. et dictus Robertus acquietatur sine die. ‖Misericordia ij d. sine die‖

(D31) Thomas Hawyk queritur de Willelmo Aspoure de placito debiti, plegius de prosecucione Johannes Pierson. Et ipse Willelmus attachiatus fuit per j equum et j pondus carbonum. Et ipse Willelmum fecit recussum ballivo de dicto equo. Et quo ad attachamentum per saccum et carbones apprecientur ad vj d. Et ipse Willelmus exactus non venit. Ideo misericordia. Et preceptum est ballivo quod eum distringat ad respondendum tam domino de rescuss*u* quam dicto Thome de debito. ‖Misericordia ij d. Recuss*us*. Distri*ngatur*.‖

(T29) Willelmus de Chilton' queritur de Thoma Duresme de placito transgressionis etc. Ideo attachi*etur* erga proximam etc. ‖Attachi*etur*‖

(57) Curia veteris burgi tenta die Mercurii ante festum Omnium Sanctorum anno regni regis Ricardi secundi post conquestum xvij⁰ (*29 October 1393*)
(D31) Willelmus Aspore non venit ad respondendum Thome Hawyk. Ideo in misericordia ij d. per plegium ballivi. Et preceptum est ballivo quod eum distringat erga proximam etc. Et idem dies etc. ‖Misericordia ij d. Distri*ngatur*‖

(T29) ‖Essonium‖ Thomas de Duresme versus Willelmum Chilton de placito transgressionis per Johannem Glouer etc.

(T30) Johannes Atkynson queritur de Agnete Coke de placito transgressionis unde dicit quod ipsa eum defamavit. Que querela non pertinet ad istam curiam. Ideo discontinuatur et ponitur sine die. ‖Discontinuatur sine die‖

(58) Curia veteris burgi tenta die Mercurii proximo post festum Omnium Sanctorum anno predicto (*5 November 1393*)
(D31) Rogerus Aspour venit et appropriavit unum saccum plenum carbonum arestatum pro debito Willelmo Aspour. Ideo habeat inde deliberacionem salvis amerciamentis. ‖Sine die‖

(T29) Loquela inter Willelmum Chelton querentem et Thomam de Duresme defendentem de placito transgressionis continuatur prece parcium. ‖Dies datus‖

(D32) Willelmus Martindal queritur de Johanne Gibson de placito debiti, plegii de prosecucione ballivus et Ricardus Goswyk. Ideo attachi*etur* erga proximam etc. ‖Attachi*etur*‖

(D33) Johannes Neweton cissour queritur de eodem Johanne Gibson de placito debiti, plegius de prosecucione ballivus. Ideo attachi*etur* erga proximam etc. ‖Attachi*etur*‖

(T31) Johannes Lewyn queritur de Johanne Peirson de placito transgressionis etc. Et ipse non prosequitur. Ideo in misericordia sine die. ‖Misericordia ij d. sine die‖

‖Brasiatores‖ Ballivus presentat quod Matill*da* Milner {fatetur ij s. vj d. quieta}, Petrus Dryng {xij d. quietus}, Ricardus Glouer {fatetur ij s. vj d. quietus}, Willelmus Chilton {fatetur iij s. iiij d. quietus}, Ricardus Goswyk {fatetur xx d. quietus}, Johannes Bolton {ij s. quietus}, et Johannes Lambton {fatetur xvj d.} brasi*ant* et vend*unt* servisiam contra assisam. | Item presentat quod Adam de Burton' {vj d.}, Willelmus Smyth {fatetur viij d.}, Robertus Baxter {quietus vj d.}, Johannes Peirson {fatetur viij d. quietus}, Thomas Hart {tax*ator* ij d.}, Johannes Gernet {iij d. quietus}, Johannes Gibson {tax*ator* xvj d.}, Rogerus Tomson {tax*ator* iiij d.} (*Incomplete*). ‖Misericordia xviij s. ix d. sine die‖

Summa xxviij s. vij d.

(*Loc.IV.229, m. 5 dorse*)
(59) Curia veteris burgi Dunelm' tenta ibidem die Mercurii proximo post festum Sancti Martini anno predicto (*12 November 1393*)
(D31) Preceptum est ballivo quod distringat Willelmum Aspor quod sit ad proximam curiam ad respondendum domino de recuss*u* et Thome Hawik de debito. ‖Distri*ngatur*‖

(T29) Thomas de Duresm<e> venit et ponit se in misericordia versus Willelmum Chilton de transgressione, plegius ballivus. ‖Misericordia iij d. sine die‖

(D33) Preceptum est ballivo quod distringat Johannem Gibson quod sit ad proximam curiam ad respondendum Johanni Newton cissori de placito debiti etc. Et nunc in misericordia quia non venit. ‖Misericorida ij d. Distrin*gatur*‖

(D32) Johannes Gibson non venit ad respondendum Willelmo Martindal de placito debiti. Ideo in misericordia. Et distringatur erga proximam etc. ‖Misericordia ij d. Distri*ngatur*‖

(T32) Johannes de Lambton' venit et ponit se in misericordia versus Thomam Tudhow de placito transgressionis, plegius ballivus. ‖Misericordia ij d. sine die‖

(D34) Willelmus Bradfot fatetur se in misericordia versus Johannem Bolton de placito debiti, plegius ballivus. ‖Misericordia ij d. sine die‖

(60) Curia veteris burgi Dunelm' tenta ibidem die Marcurii proximo post octabas Sancti Martini anno Domini supradicto (*19 November 1393*)
(D33) Johannes Gibson habet diem ut liber hodie per iij septimanas ad respondendum Johanni Newton cissori de placito debiti etc. ‖Dies datus‖

(D32) Johannem Gibson habet diem ut liber hodie per iij septimanas ad respondendum Willelmo Martindal de placito debiti. Set postea concordati sunt in eadem curia et dictus Johannes in misericordia ut supra. ‖Dies datus (*No sum entered*)‖

(61) Curia veteris burgi Dunelm' tenta ibidem die Mercurii proximo ante festum Concepcionis Beate Marie anno predicto (*3 December 1393*)
(D35) Willelmus Smyth queritur de Johanne de Norton' de placito debiti, plegius de prosecucione Johannes de Neweton'. Et ipse attachiatur per plegium Johannis Gernet et per valenciam xij d. Et super hoc dictus Johannes essoniatur etc. ‖Esson*iatur*‖

(D33) Johannes de Newton' cissor et Johannes Gibson concordati sunt de placito debiti. Et ipse Johannes Gibson fatetur se in misericordia etc. ‖Misericordia ij d. sine die‖

(61a) Curia veteris burgi Dunelm' tenta ibidem die Mercurii proximo ante festum Sancte Lucie virginis anno supradicto (*10 December 1393*)
(*No recorded business*)

(62*) Curia veteris burgi Dunelm' tenta die Mercurii proximo post festum Epiphanie Domini anno supradicto (*7 January 1394*)
Ricardus Gosewyk per ballivum, Alanus Smyth de Shynkley per Willelmum Thornburgh, Alanus de Hayden' per (*1 cm.*), Willelmus de Alnewyk per Willelmum Steue<n>son, Thomas Suart per Alexandrum de Stanhop', Willelmus Jopson per P†etrum† Dring, Petrus de Nesbit per Johannem de Chestre, Adam Blacburne per ballivum, Willelmus de Qwetlaw per Johannem Payntour, Ricardus de Newton' per ballivum, Johannes del More per eundem ballivum, Thomas de Kyrkby †per† Willelmum Smyth.

(D35) Johannes de Norton' concord*at* cum Willelmo Smyth de placito debiti. Et dictus Johannes ponit se in misericordia per plegium †Johannis† Gernet et ballivi. ‖Misericordia iij d. sine die‖

(D36) Rogerus Tomson optulit se versus Rogerum de Rypon' de placito debiti. Et ipse non prosequitur. Ideo in †misericordia†. ‖Misericordia iij d. sine die‖

(D37) Johannes Appelby capellanus queritur de Alicia Jayks de placito debiti, plegius de prosecucione ballivus. Ideo sum*moneatur*. ‖Sum*moneatur*‖

(63) Curia veteris burgi Dunelm' tenta die Mercurii proximo ante festum Purificacionis Beate Marie anno supradicto (*28 January 1394*)
Omnes qui fuerunt essoniati in curia precedenti venerunt ad warantizanda essonia sua etc. Ideo sine die. ‖Sine die‖

(D38) Alanus Bower queritur de Roberto Guby de placito debiti, plegius de prosecucione Johannes Sharpe ballivus.[38] Et ipse Alanus non prosequitur. Ideo ipse †et plegius† suus in misericordia et sine die etc. ‖Misericordia ij d. sine die‖

(D37) Johannes de Appelby capellanus non prosequitur *v*ersus Aliciam Jaykes de placito debiti. Ideo ipse in misericordia etc. ‖Misericordia ij d. sine die‖

Willelmus Flesshewer de Dunelm' venit hic in curia et fecit fidelitatem domino pro j burgagio etc. \et/ finivit pro xx d. ‖Fin*is* xx d.‖

Summa – iij s. vij d. Sic summa totalis xxxij s. ij d.

8. Loc.IV.127 (4 February to 22? April 1394)

(64) Curia veteris burgi Dunelm' tenta ibidem die Mercurii proximo post festum Purificacionis Beate Marie anno Domini M^l c†cc^{mo} nonagesimo tercio† (*4 February 1394*)
(D39) Ricardus Py queritur de Johanne Glouer de placito debiti et concordati sunt extra curiam et ipse Johannes ponit se †in misericordia, plegius† inde ballivus. ‖Misericordia iij d. sine die‖

(DC2) Johanes Glouer queritur de Roberto Cornay de eo quod ipse cepit ij \stallys precii vj d./ super que posuit sirotecas et bona sua in foro Dunelm' ad festum Pentecostes ultimum, que adhuc injuste detinet, ad dampnum iiij d. et inde producit sectam etc. Et ipse Robertus venit et

---

38 MS *pl' de pros' Joh' Sharpe ball'*.

dedicit detencionem predictam per legem etc., plegius de lege Johannes de Neweton'. Ideo ven*iat* vj manu etc. ‖Lex‖

(D40) Gilbertus de Tudhowe queritur de Johanne Ward de placito debiti et ipsi concordati sunt extra curiam et dictus Johannes ponit se in misericordia per plegium ballivi. ‖Misericordia iij d. †sine† die‖

(65) Curia veteris burgi de Dunelm' tenta ibidem die Mercurii proximo ante festum Sancti Petri in Cathedra anno predicto (*18 February 1394*)
(DC2) Robertus Cornay venit et perfecit legem vj manu quod non injuste detinet ij stall*ys* prout in curia precedenti placitatum de bonis Johannis Glouer. Ideo ipse Johannes in misericordia etc. ‖Misericordia vj d. sine die‖

(66) Curia veteris burgi Dunelm' tenta ibidem die Mercurii proximo post festum Sancti Mathie apostoli anno supradicto (*25 February 1394*)
(T33) Thomas Gray capellanus queritur de Johanne de Lambeton' de placito transgressionis, plegius (*Blank space of 1 cm.*) Et †ipse†attachiat*ur* et non venit etc. Ideo (*1 cm.*) distr*ingatur* erga proximam. ‖Distr*ingatur*‖

(U2) Johannes Seill del Grome queritur de Willelmo Qwerndon de Alduresme de placito (*6 cm.*) et dictus Willelmus in misericordia, plegius ballivus. ‖Misericordia †i†ij d. †sine† die‖

(67) Curia veteris burgi Dunelm' tenta ibidem die Mercurii proximo ante festum Sancti Gregorii †anno supradicto† (*11 March 1394*)
(T33) Loquela inter Thomam Gray capellanum querentem et Johannem de Lambeton' defendentem ponitur †in respectu usque† proximam. ‖Dies datus‖

(68) Curia veteris burgi Dunelm' tenta ibidem die Mercurii proximo ante festum Sancti Cuthberti in Marcio (*18 March 1394*)
(T33) Preceptum est ballivo quod distringat Johannem de Lambton' quod sit ad proximam curiam ad respondendum Thome Gray capellano de placito transgressionis etc.

(69) Curia veteris burgi Dunelm' tenta ibidem die Mercurii in festo Annunciacionis Beate Marie anno predicto (*25 March 1394*)
(T33) Loquela inter Thomam Gray capellanum querentem et Johannem de Lambton' defendentem de placito transgressionis ponitur in respectu usque proximam. ‖Dies datus‖

(T34) Ricardus del Park junior queritur de Johanne Glouer de placito transgressionis, plegius de prosecucione Johannes de Bolton'. Et super hoc attachiatus est. Et †habent† diem prece parcium etc. Et postea in eadem concordati sunt et ipse Johannes ponit se in misericordia. ‖Dies datus. Misericordia iij d. sine die‖

(D41) Johannes Heringare queritur de Willelmo Horsley de placito debiti etc. Et concordati sunt et ipse Willelmus ponit se in misericordia, per plegium ballivi. ‖Misericordia iij d. sine die‖

Summa xxj d. Sic summa totalis a festo Pashe ultimo usque hunc diem – l†j †\s./ viij d. de quibus pet*it* (*Incomplete*).

(*Loc.IV.127 dorse*)[39]
(70) Curia veteris burgi Dunelm' tenta ibidem die Mercurii viij die Aprilis anno regni regis Ricardi secundi post Conquestum Anglie xvij° (*8 April 1394*)
(T33) Johannes de La†m†bt†o†n' ponit se in misericordiam versus Thomam Gray capellanum de placito debiti per plegium ballivi. ‖Misericordia ij d.‖

(D42) Petrus †Dryng queritur versus† Thomam Barbour de placito debiti etc. Et ipse attachiatus est et venit etc. unde queritur per Johannem Sharp attornatum quod debet e†i† x†ij d.†[40] pro ovis emptis etc. quos sol<vere debuit> ij annis elapsis et †de†t†i†net ad dampna iiij d. | Et ipse Thomas fa†tetur† vij d. et residuum dedicit per legem. Ideo habeat †di†e†m† ad proximam iiij° manu, plegius ballivus. (‖(*Lost*)‖

(D43) Willelmus Smyth queritur de Hugone Cronan de placito debiti et ipse attachiatus est per valenciam xiij s. iiij d. Et super hoc essoniatur per ballivum. †Et† con†corda†ti sunt. Predictus Hugo in misericordia, plegius de misericordia Johannes Scharp. ‖Esson*iatur*‖

(T35) Willelmus Holilob queritur de Ricardo Fyssher de placito transgressionis et ipse summonitus est et non venit etc. Ideo attachi*etur* (*2 cm.*) †Pos†t†ea† venerunt †et† habent licenciam concordandi usque proximam curiam. ‖Att*achiatur*‖

(71*) Curia veteris burgi Dunelm' tenta ibidem die Mercurii xvij die Aprilis anno supradicto (*Presumably 22 April 1394*)[41]
(DC3) Alicia Jakes queritur de Matilda Rauyn de placito detencionis catallorum, plegius dicte Matilde Ricardus Glouer et super †hoc† pet*unt* continuacionem prece parcium. ‖Dies datus‖

---

39 Marginal annotations are lost for much of this side of the membrane.
40 The sum is repeated in the record of the following court.
41 17 April 1394 was a Friday.

(D43) Hugo Cronan essonia*tur* secundo versus Willelmum Smyth querentem de placito debiti. ‖†E†ssonia*tur*‖

(T35) †Preceptum est† ballivo quod distringat Ricardum Fyssher erga proximam curiam ad †repondendum† Willelmo Holilob de placito transgressionis.

(D42) Thomas Barbour †*quia*† non venit †ad† perficiendam legem quam[42] vadiavit versus Petrum Dryng de placito debiti. †Ideo† dictus Petrus recuperat xij d. pro principali debito et iiij d. pro d†ampnis† prout versus †eum allegavit. Et idem Thomas† in misericordia etc., plegius de misericordia Johannes Scharp quia habuit unum equ*u*m (*1 cm.*)stavit predict' Thome.

†Ricardu†s de Newton essoniatur †per Johannem de Neuton†. | Petrus Dring essoniatur per Willelmum de Chilton'. ‖(*Lost*)‖ | Willelmus de Alnewic' essoniatur per Thomam Suert. ‖(*Lost*)‖ | Willelmus Steuenson †essoniatur† per †Ricardum† de Goswik'. | Johannes Rois de Schirborn' essoniatur per Alexandrum de Stanhopp ‖†Misericordia† iij d. ‖ | Johannes le[43] Clerk essoniatur per Thomam †Gray c†apellanum. ‖(*Lost*)‖ | Thomas de Hert essoniatur per Johannem Paint†our†. ‖(*Lost*)‖ | Adam de Blacburn' essoniatur per Rogerum del Miln'. ‖(*Lost*)‖ | Petrus de Nesbet essoniatur per Ricardum de †Eden†. ‖(*Lost*)‖ | Johannes Blacheued essoniatur per Johannem Scharp. ‖(*Lost*)‖ | Thomas Smith de Lanches*ter* essoniatur per Willelmum Smith. | Robertus Pallman essoniatur per Johannem de Lamton'. ‖(*Lost*)‖. | Willelmus Jopson de Ches*ter* essoniatur per Thomam de Lough. ‖(*Lost*)‖ | Willelmus Dalton essoniatur per Johannem de Gamlesby.

9. Loc.IV.229, m. 2 (22 April to 26 August 1394)
(*Endorsement lost*)

(72) Curia veteris burgi Dunelm' tenta die Mercurii in septimana Pasce anno Domini millesimo CCC^mo nonogesimo quarto (*22 April 1394*)
Ricardus de Neuton' essoniatur per Johannem de Neuton'. ‖con +‖ | Petrus Dring essoniatur per Willelmum de Chilton'. ‖+ ‖ | Willelmus Alnewik essoniatur per Thomam Suert.[44] ‖+‖ | William Steuenson essoniatur per Ricardum de Goswik. ‖+‖ | Johannes Rois de Schirburn essoniatur per Alexandrum de Stanhop. ‖con‖ | Johannes Clerk essoniatur per Thomam Gray capellanum. ‖con‖ | Thomas de Hart essoniatur per

---

42 MS apparently *que*.
43 MS *de*.
44 MS *Smert*.

Johannem Paintour. ‖con‖ | Adam de Blacburn' essoniatur per Rogerum
de Miln. ‖con‖ | Petrus de Nesbet essoniatur per Ricardum de Eden.
‖(*Lost*)‖ | Johannes Blacheued[45] essoniatur per Johannem Scharp. ‖+‖
| Thomas Smyth de Lanches*ter* essoniatur per Willelmum Smyth. ‖+‖
| Robertus Palman essoniatur per Johannem de Lamton'. | Willelmus
Jopson de Ches*ter* essoniatur per Thomam[46] de Lough. ‖con‖ | Willelmus
de Dalton' essoniatur per Johannem de Gamlesby. ‖+‖ | [De Hugone]

(DC3) Alicia Jakes queritur de Matilda Rauyn de eo quod lib*eravit*
sibi unum coopertorium in vadium pro xx d. Et predicta Alicia dicit
quod solvit predicte Matilde xx d. quos mutuavit et dicit quod predicta
Matilda non liberavit predictum coopertorium sed unum alium. Et
predicta Matilda dicit quod liberavit Johanni Person attornato predicte
Alicie predictum coopertorium et ad hoc habet diem ad faciendam
legem suam cum duodecima manu ad proximam †*turiam*†, plegius de
lege Willelmus de Esche cappelanus. ‖Lex. Asson*iatur*‖

(D44) Jacobus Frareman de Brauncepeth queritur de Roberto Frareman
de Carlele de placito debiti. Concordati sunt et predictus Robertus †in
misericordia†. ‖Misericordia iij d. Quietus‖

**(73) Curia veteris burgi Dunelm' die Mercurii proximo ante festum
apostolorum Philippi et Jacobi anno Domini supradicto** (*29 April
1394*)
(T36) Agnes Schort queritur de Johanne Garnet de placito transgressionis.
Concordati sunt et predictus Johannes in misericordia. ‖Misericordia [iij
d. Quietus] ij d. [Condonatur j d.]‖

(T37) Ricardus Sawer queritur de Johanne Garnet de placito transgressionis. Concord<ati sunt>. Johannes in misericordia. Johannes Scharpe
plegius de misericordia. ‖Misericordia [iij d. Quietus] ij d. [Condonatur
j d.]

(D45) Thomas Way*tes* queritur de Willelmo Sutor de placito debiti,
plegius Johannes Scharpe. Idem Johannes Scharpe assoniavit Thomam
Way*tes*. Concordati sunt et predictus Willelmus in misericordia. ‖Miseri-
cordia ij d.‖

**(74) Curia veteris burgi tenta die Mercurii in festo Sancti Johannis ante
Portam Latinam** (*6 May 1394*)
(DC3) Loquela que est inter Aliciam Jakes et Matildam Rauen de placito
detencionis j coopertorii. Et predicta Matilda vadiavit legem cum xij

---

45 MS inserts a redundant *per* following Blacheued.
46 MS repeats *per Thomam.*

ma†nu.† Et predicta \Matilda/ venit in plena curia et fecit legem cum xij manu. Et ideo predicta Alicia in misericordia et predicta Matilda transeat sine die. ‖†Misericordia† [xij d.] vj d.‖

Die Mercurii proxim*e* post nonam[47] capta fuit inquisicio panis et de pond*ere* †*ejus*†dem coram domino Willelmo de (*No name nor space for one*), Hugone de Corbrig' <et> Ricardo[48] Moniour. Compertum est per sacramentum Willelmi de Chilton', Ricardi de Goswik', Ricardi Horsly et Johannis Garnet juratorum ad videndum si pan*es* †*sint*† de bona[49] bultura an[50] non. Et idem presentant[51] predicto die ad horam terciam post nonam quod Robertus Bacster habuit pan*es* de secunda bultura non sufficient*es* nec de bona bultura prout deberet. Et eciam de Alicia de priore bultura et non suffic*it* unde predicta Alicia posuit se in gracia domini. Et predictus Robertus [in misericordia] posuit se in gracia domini similiter. Et super hoc predictus Robertus fecit finem xij d. et predicta Alicia per concessum suum proprium xij d. ‖J*urata*‖

Injunctum est omnibus tenentibus ville qui[52] sunt burgenses et alii tam regradiatores et alii quod nulli eorum \male/ dedicant aliquos juratos in officio eorum faciendo sub pena dimidie marce sine aliqua condicione.

(75) Curia veteris burgi Dunelm' tenta die Mercurii proximo ante festum Sancti Dunstani (*13 May 1394*)
(D46) Hugo Corbrig queritur de Willelmo Ryton de placito debiti, plegius de prosecucione etc. Et ipse attachiatus est per valenciam iiij s., plegius inde Willelmus Smyth. Et dictus Willelmus Ryton venit et fatetur ij s. de mero debito et petit <ut> dampna tax*entur*. ‖iij d.‖

(DC4) Ricardus Py queritur de Willelmo Ryton de placito detencionis catellorum videlicet j securem precii vj d. etc. Et ipsi concordati sunt per plegium Willelmi Smyth. Ipse Willelmus Ryton ponit se in misericordia etc. ‖Misericordia iij d.‖

(D47) Robertus de Aldyngrig' queritur de Johanne Pierson de placito debiti, plegius de prosecucione Johannes de Doudal', de eo quod debet ei ij s. xj d. pro j porco de eo emp†to†, quos sol*veret* in festo Carniprivii, ad dampna vj d. Et ipse venit et fatetur debitum. Et super hoc ipse

---

47 MS *nononam*.
48 MS *Ricardi*.
49 MS *bono*.
50 MS adds an unnecessary abbreviation mark to *an*.
51 MS *presentent*.
52 MS *que*.

Robertus condonat dampna etc. Ideo recuperabit et Johannes in misericordia. ‖Misericordia iij d.‖

(D48) Johannes Garnet queritur de Willelmo Comyn de placito debiti,
plegius etc. Et concordati sunt extra curiam. Et ipse Willelmus ponit se
in misericordia per plegium ballivi. ‖Misericordia iij d.‖

(*Loc.IV.229, m. 2 dorse*)
**(76) Curia veteris burgi Dunelm' tenta ibidem die Mercurii xx die Maii
anno regni regis Ricardi secundi post conquestum Anglie xvij** (*20 May
1394*)
(D49) Willelmus Aspur queritur de Johanne Strypyng de placito debiti.
Et concordati sunt extra curiam. Et ipse Johannes in misericordia per
plegium ballivi. ‖Misericordia iij d. sine die‖

**(77) Curia veteris burgi Dunelm' tenta ibidem die Mercurii tercio die
Junii anno regni regis Ricardi secundi post conquestum Anglie xvij^{mo}**
(*3 June 1394*)
(D50) Hugo de Burnynghill' junior queritur de Johanne Pierson flesshewer
de placito debiti plegius de prosecucione Johannes de Newton'. Et ipse
summonitus est et †non† venit. Ideo attach*ietur*. Et ipse Hugo ponit loco
suo Johannem de Newton' attornatum suum etc.

**(78) Curia veteris burgi Dunelm' tenta ibidem die Mercurii xvij die
Junii anno predicto** (*17 June 1394*)
(D50) Loquela inter Hugonem de Burnynghill' juniorem querentem et
Johannem Pierson flesshewer defendentem de placito debiti ponitur in
respectu usque proximam curiam prece parcium. Ad quem diem non
prosequitur. Ideo in misericordia per plegium Johannis de Newton'.
‖Dies datus. Misericordia iij d. sine die‖

(T38) Johannes del Mo<r>e queritur de Willelmo de Bellishewe et
Johanna uxore ejus de placito transgressionis, plegius de prosecucione
Willelmus de Chilton'. †Unde† dicit quod ipsa Johanna die Jovis iiij° die
Junii ultimo apud vetus burgum[53] in Dorotam uxorem ipsius Johannis
insultum fecit †et dictam† Dorotam verberavit et vulneravit etc. ad
dampna x s. | Et ipsi Willelmus et Johanna veniunt in curia et dicunt
quod non sunt inde culpabiles per legem, plegius de lege Rogerus de
Esingwa†ld†. Ideo ven*iant* ad acquietandum se xij manu etc. Ad quem
diem dictus Johannes non prosequitur. Ideo in misericordia. ‖†L†ex.
Misericordia vj d. sine die‖

---

53 MS *burgus*.

(D51) Robertus de Doncastre queritur de Willelmo Talbot de placito debiti. Et concordati sunt extra curiam. Et ipse Willelmus ponit se in misericordia per plegium (*End of line lost*). ‖Misericordia iij d. sine die‖

(D52) Johannes Gernet queritur de Johanne Done de placito debiti. Et concordati sunt. Et dictus Johannes Done in misericordia per plegium ballivi. ‖Misericordia iij d. sine die‖

(D53) Johannes de Bolton' queritur de Johanne Taillour de Middelham de placito debiti, plegius de prosecucione ballivus. Et concordati sunt. Et dictus Johannes Taillour per plegium Johannis Pierson in misericordia. ‖Misericordia iij d. sine die‖

(D54) Adam de Burton' queritur de Willelmo de Kellawe de placito debiti, plegius de prosecucione Willelmus Smyth. Et concordati sunt extra curiam. Et dictus Willelmus de Kellawe in misericordia per plegium ballivi. ‖Misericordia iij d. sine die‖

(79) Curia tenta ibidem die Mercurii xix[54] die Julii anno regni regis Ricardi etc. xviij° (? *29 July 1394*)

(D55) Ricardus Fyssher de Southstret queritur de Johanne Chestre barbour de placito debiti xviij d. quos sol*veret* ei ad festum Carnipriv†ii† ultimum \pro j panier de haddoks/ et nondum solvit ad dampna xij d. Et ipse Johannes attachiatus est per j equum precii vj s. viij d., plegius inde Robertus Baxster. Et ipse venit et (*1 cm.*) plegius Willelmus de Chilton'. Et pet*iit* taxacionem curie. Et dictus Johannes in misericordia. Et[55] dampna tax*antur* ad iiij d. ‖Misericordia iij d. sine die. Ven*iant* taxa-tores‖

(80) Curia tenta ibidem die Mercurii xij die Augusti anno regni regis Ricardi etc. xviij^uo (*12 August 1394*)

Thomas Se†h†a†m†, Johannes de Newton', Ricardus de Goswyk, Willelmus de Belshow, Gilbertus Wright, Johannes Knout, Rogerus Wright, Robertus Baxter, Adam Burto†n†, Henricus Candlarr, Thomas Duresme, Robertus Taillour, et Ricardus Fyssher summoniti fuerunt pro domino ad inquirendum (*End of line illegible*). ‖Misericordia ij s. ij d. †Di†s†tringantur†‖

(T39) Johannes de Newton' queritur de Thoma Cok de placito transgres-sionis, plegius etc. Et ipse attachiatus est per j v†accam† precii dimidie marce. Et venit et †super† hoc idem Johannes <essoniatur> versus ipsum Thomam in placito predicto per Willelmum Chilton. ‖Esson*iatur*‖

---

54 Perhaps an error for *xxix*, since 19 July 1394 was a Sunday.
55 MS *Ad*.

(D56) Thomas Cok queritur de Johanne de Neweton' de placito debiti, plegius de prosecucione Johannes Dowedal. Et ipse summonitus est. Ideo attachi*etur*. ‖Attachi*etur*‖

(81) Curia tenta ibidem die Mercurii xix die Augusti anno predicto (*19 August 1394*)
Johannes Newton juratus,[56] | Ricardus †Go†swyk, juratus, | Willelmus Belshow, juratus, | †Gil†bertus Wright, | Johannes Kno(ut), | †Rogerus Wright,† juratus, | †Robertus Baxter, juratus†, | †Adam B†urton, | (*1 cm.*) †Sm†yth, juratus, | (*1 cm.*)lton', juratus, | †Johannes† Gernet, juratus, | (*1.5 cm.*) †a†d (*1 cm.*) Glouer, juratus, | (*1 cm.*) Wright, | †Johannes de D†oudal, juratus,| †Hugo† Chapman, juratus, | †Thomas† Duresme, | (*1 cm.*) Taillour, juratus, | (*1.5 cm.*)don juratus

(T39)Thomas Cok habet diem et venit ad respondendum Johanni de Neweton' de placito transgressionis, unde queritur quod ipse Thomas (*7 cm.*)es ipsius Thome bur(*1 cm.*) do†mum† ipsius Johannis et (*6 cm.*) xl d.

(D56) Johannes de Neweton' districtus est ad respondendum Thome Cok de placito debiti unde queritur quod debet ei †i†x d. †ob.† quos sol*veret* ad (*4 cm.*) xiiij, videlicet pro cebo vj d., pro carne vitulina ij d. ob., et pro carne ovina j d., quos injuste detinet ad dampna iiij d. Et (*4 cm.*) Et †ipse† Johannes venit et dicit quod nullum de†bet nisi† ij d. prout etc. Et hoc per patriam. Et inquisicio inde capta dicit[57] quod dictus †Johannes† debet etc.

(82) Curia tenta ibidem die Mercurii xxvj die Augusti anno regni regis etc. xviij° (*26 August 1394*)
(T40, 41) Thomas Cok queritur versus Johannem de Newton' de ij placitis transgressionis etc. per Johannem Py essoniatur.

10. Loc.IV.229, m. 10 (2 September to ? December 1394)
(*Endorsement*) Rotulus veteris burgi

(83) †Curia de veteri burgo† Dunelm' tenta ibidem die Mercurii secundo die Septembris anno regni regis Ricardi secundi etc. xviij^uo (*2 September 1394*)
(D56) (Jurati inter Thomam) Cok et Johannem de Neweton' de placito debiti, Adam de Burton', Willelmus Smyth, (*2.5 cm.*), Johannes Dowedal,

---

56 This list is written in the margin. As far as Adam Burton it seems to follow the list recorded in he preceding court, and it is on this assumption that the names of Roger Wright and Robert Baxter are supplied.
57 MS repeats *dicit*.

Johannes Skynner, Ricardus Fyssher, Henricus Candlarr, Johannes Gernet, Robertus Wryght, Thomas (*2 cm.*), Johannes Gernet et Thomas de Seham, qui dicunt super sacramentum suum quod Johannes de Neweton' †debet† Thome Cok (*2 cm.*) denar' et unum obolum quos detinet ad dampna ij d. Ideo ipse Johannes in misericordia. ‖(*Lost*)‖

(D57) (*1.5 cm.*) Hering (*1 cm.*) queritur de Thoma Hardy de placito debiti. Et concordati sunt extra curiam. Et ipse Thomas in misericordia per plegium ballivi. ‖(*Lost*)‖

(T39) †Jurati† inter Johannem de Neweton' et Thomam Cok de placito transgressionis, Willelmus Chilton, Willelmus Smyth, Ricardus Fyss†her† et Johannes Pierson, qui jurati dicunt quod dictus Thomas fecit trans-gressionem cum ovibus prout in curia precedenti[58] ad dampna taxata viij d. et ipse Thomas in misericordia. ‖(*Lost*)‖

(84*) †Curia† die Mercurii x<i>iij die Octobris anno regni regis Ricardi secundi (*14 October 1394*)

†Johannes H†oton, Alanus Smyth {et j d. ob. pro landmale}, Willelmus Steuenson, Robertus Palman, Robertus Berall', \Johannes de Ganilsby,/ et Petrus de Nesbit ven*erunt* ad †warantizanda† essonia sua pro secta curie capitalis. ‖(*Lost*)‖

(T42) Rogerus de Esyngwald' queritur de Thoma de Duresme de placito quare ipse Thomas die Lune ultimo cum porcis suis fedebat[59] solum suum in orto suo infra dictum burgum et conculcavit et consumpsit herbam suam ad dampna ij s. | Et ipse Thomas presens in curia ponit se in misericordia et petit dampna tax*ari* per curiam etc. per plegium Johannis Sharp. Et dampna tax*antur* ij d. ‖(*Lost*)‖

(D58) Willelmus de Essh' capellanus queritur de Alano de Horsley de placito debiti. Et concordati sunt extra curiam. Et ipse Alanus ponit se in misericordia per plegium ballivi. ‖(*Lost*)‖

‖Bras*iatores*‖ Ballivus presentat quod Matilda Milner {• fatetur iij s.}, Willelmus de Chilton' {• quietus petit taxacionem iij s. iiij d. per W.}, Petrus Dryng {+ quietus xij d.}, Ricardus de Goswyk {• quietus xx d.}, Willelmus de Mart†indal'† {+}, Johannes Bolton' {fatetur ij s. quietus}, et Alicia de Lambton' {quietus fatetur xvj d. quietus} bras*iant* et vend*unt* cervisiam contra assisam.

---

58 MS *precid'*.
59 *fedabat* ('befouled', 'impaired'), perhaps for *fodebat* ('dug up').

‖Sut' bras*iatores*‖[60] Adam de Burdon' {• vj d.}, Willelmus Smyth {• viij d.}, Johannes Pierson {vj d.}, Johannes Gernet {fatetur iij d.}, Robertus Baxter {vj d.}, Johannes de Neweton' {•}, Johannes Gibson {•} et Thomas de Hart {ij d.} sut' bras*iatores* quia vend*unt* cervisiam contra assisam. Ideo quilibet eorum in misericordia.

Petrus Dryng et Willelmus Martindal bras*iatores* quia non ven*erunt* ad curiam sicut attachiati fuerunt. Ideo uterque eorum in misericordia et distring*antur*. ‖Misericordia Distr*ingantur*‖

(84a) Curia veteris burgi Dunelm'
(*No recorded business*)

(84b) Curia
(*No recorded business*)

(85) Curia veteris burgi Dunelm' (*November 1394*)
(D59) Ricardus Pie queritur de Alano Horsly de placito debiti, plegius ad prosequendum Johannes Scharp, plegius ad deffendendum Johannes de Neuton'. Ex prece parcium concordati sunt. Et predictus Alanus in misericordia. ‖Misericordia iij d. Quietus‖

(D60) Alicia uxor Johannis de \Bointon'/ queritur de Willelmo No†ri†s de placito debiti, plegius ad prosequendum Johannes Scharp, plegius ad defendendum Ricardus de Goswik'. Et predictus Alicia[61] venit per attornatum Johannem[62] Scharp et predictus Willelmus essoniatur per predictum Johannem et habet diem. Postea partes optulerunt <se> et predictus Willelmus fatetur x s. vj d. et dampna v s. Et predictus Willelmus fatetur satisfacere predicte Alicie ad festum Natale Domini ij s., ante festum Purificacionis ij s., <ante festum> Sancti Cuthberti, ij s.,[63] ante festum Pasche iiij s. vj d. sine dilacione ulteriore, plegius ad satisfaciendum Johannes Scharp. ‖Esson*iatur*. Willelmus in misericordia iij d.‖

(T43) Johannes de Donkast*er* queritur de Johanne filio Gilberti Prentis de placito transgressionis. Et concordati sunt. Et predictus Johannes Prentis in misericordia. ‖Misericordia iij d.‖

Rogerus Tomson bras*iat* sic {iiij d.}.

---

60 The significance of *sut'*, which occurs only in this entry, is unclear. It may mean that these were brewers in South Street (spelled *Suthstret* in court 8).
61 MS *Agnes*.
62 MS *Johannes*.
63 *Sancti Cuthberti ij s.*, which is needed for the sums to add to 10s 6d, has been taken into the main text from the margin.

(86) Curia tenta in veteri burgo Dunelm' tenta ibidem die Mercurii proximo post festum Sancti Andree anno Domini M° CCC^{mo} nonogesimo quarto (*2 December 1394*)

(C3) Agnes Hardgill queritur de Roberto Bacster de placito convencionis de eo quod Robertus predictus fecit sibi convencionem quod tenetur reparare j cotagium dimissum predicte Agneti infra unum mensem cito post festum Pentecostes et inde nihil fecit, ad dampnum predicte Agnetis xiij s. iiij d. Et predictus Robertus venit et dicit \quod/ nullam talem convencionem sibi fecit prout dicit. Et hoc wadiavit legem cum \\xij// manu si etc. Et postea fecit legem. Ideo predicta Agnes in misericordia – vj d. ‖Misericordia vj d.‖

(87) Curia tenta in veteri burgo (*? 9 December 1394*)

(D61) Rogerus Esingwald queritur de Johanne Kaiffe de placito debiti de eo quod predictus Johannes tenetur predicto Rogero ij s. j d. pro panno sibi tincto. Et predictus Johannes venit in curia et fatetur x d. et de residuo noluit facere legem nec ponere se⁶⁴ super inquisicionem. Et super hoc predictus Rogerus petiit taxacionem curie. Et concessum est per curiam quod predictus \Rogerus/ recuperet totum debitum et predictus Johannes in misericordia, plegius Johannes Atkinson eo quod j equus predicti Johannis Caife arrestatus fuit pro predicto debito. ‖Misericordia iij d.‖

(*Loc.IV.229, m. 10 dorse*)
(*Blank*)

11. Loc.IV.229, m. 3 (13 January to 27 January 1395)
(*Endorsement in a hand of c. 1500*) 1394

(88*) Capitalis curia veteris burgi Dunelm' tenta ibidem die Mercurii proximo post festum Epiphanie Domini anno Domini M° CCC^{mo} nonogesimo quarto (*13 January 1395*)

Thomas Wait et Elena uxor ejus devenerunt burgenses pro j tenemento elemosinarii Dunelm' et fecerunt finem xx d.

(T44) Rogerus Esingwald attachiatus est ad respondendum Johanni⁶⁵ Kaife de placito transgressionis per j equum, plegius Johannes Baret.

(D62) Johannes Striping essoniatur per (*No name nor space for one*) versus Willelmum Aspor de placito debiti, plegius Johannes Garnet.

---

64 MS *posuisse*.
65 MS probably *Johannem*.

Johannes del Schel devenit burgensis de j burgagio capellani Beate Marie
et fecit finem – xx d. | Johannes Smith devenit burgensis de j burgagio
d†icte† Beate †Ma†rie †et fecit† finem – ij s. | Willelmus Bay devenit
burgensis de j burgagio Thome Gray capellani[66] – (*Sum illegible*)

**(89) Curia domini prioris Dunelm' tenta in veteri burgo Dunelm' die
Mercurii proximo ante festum Conversionis Sancti Pauli anno Domini
etc. nonogesimo quarto** (*20 January 1395*)
(D63) Johannes Baret queritur de Willelmo Horsly de placito transgressionis,[67] plegius ad prosequendum Rogerus Esingwald, plegius
ad defendendum Willelmus de Chilton'. Postea[68] predictus Ricardus
fecit legem cum sola manu ex concessione predicti Willelmi quod nihil
sibi debet, et predictus Willelmus in misericordia. ‖Misericordia ij d.
Quietus‖

(T45) Johannes Baret queritur de Alano Horsly de placito transgressionis
de eo quod conduxit j equum per j diem et super hoc predictus equus
ell†*ongatus*†[69] fuit ad dampnum vj s. viij d. et hoc ponit se super inquisicionem. Et predictus Ricardus[70] venit et dicit quod liberavit predictum
equum predicto Willelmo in ita bono statu sicut eum recepit et hoc ponit
se super inquisicionem. ‖Con*dona*tur iij d. Quietus‖

(D64) Willelmus de Esche capellanus[71] queritur de Ricardo de Horsly
de placito debiti.

(T46) Willelmus de Esche queritur de eodem Ricardo de placito transgressionis.

(C4) Johannes Leg queritur de Gilberto[72] cum j manu de placito convencionis. Concordati sunt et predictus Johannes <in misericordia>. ‖Miseri-
cordia iij d.‖

(D65) Johannes Kaif queritur de Rogero Esingwald de placito debiti.
Et predictus Johannes dicit quod cepit pro tinctura j kanues pond*eris* ij
lib*rarum* et dimidi*e* et solvit ultra summam sibi debitam et hoc ponit se

---

66 MS *capellano*.
67 This should apparently have been recorded as a plea of debt.
68 The material following *Postea* relates rather to the plea of debt between William
   de Esche and Richard de Horsly entered later in this session.
69 MS has five characters, the last of which is smudged, followed by an abbreviation mark. The first four are *ello* or *elle*.
70 There is confusion between this plea and the next.
71 MS *capellano*.
72 MS omits surname.

super inquisicionem. Et predictus Rogerus venit et dicit quod nihil cepit
pro tinctura ejusdem et hoc ponit se super inquisicionem, plegius ad
s*atisfaciendum*.[73] Johannes de Kaif in misericordia. (*No sum entered*.)

(U3) Idem Johannes queritur de predicto Rogero de eo quod predictus
Rogerus cepit lanam pond*eris* dimid*ii* quarter*ii* de viridi ad dampnum
vj s. viij d. et ponit se super inquisicionem. Et predictus Rogerus venit et
dicit quod predicta lana[74] fuit parata infra tempus limitatum et hoc ponit
se similiter. Item Johannes Kaif in misericordia. (*No sum entered*.)

(T47) Ricardus de Worall' queritur de Gilberto Wetherall de placito
transgressionis, plegius ad prosequendum Hugo Chapman.

Adam Watson devenit burgensis de j burgagio Johannis de Chest*er*
clerici[75] et fecit finem xx d.

(D62) De Willelmo †As†por quia non est prosecutus versus Johannem
Striping (*No sum entered*).

**(90) Curia domini prioris Dunelm' tenta in veteri burgo Dunelm' die
Mercurii proximo post festum Convercionis Sancti Pauli anno Domini
ut supra** (*27 January 1395*)
‖Inquisicio‖ Juratores dicunt per sacramentum, Willelmus de Chilton',
Thomas Hert, Willelmus Smyht, Adam de Burton', Rogerus Wryht,
Willelmus Horseley, Robertus Baxter, Ricardus Goswic, Willelmus Suter,
Ricardus Fesher, Johannes Knout, Johannes filius Gylberti, Johannes Bol\
ton'/, Hugo Chapman, Johannes Doudayl, Johannes Gernet, Willelmus
Belsew, \\Willelmus// Barret.[76]

(*Loc.IV.229, m. 3 dorse*)
(*Blank*)

12. Loc.IV.229, m. 8 (3 November 1395 to ? January 1396)
(*Endorsement of c. 1500*) 1395

**(91) Curia tenta in veteri burgo Dunelm' die Mercurii proximo post
festum Omnium Sanctorum anno Domini M⁰ CCC^{mo} nonogesimo
quinto** (*3 November 1395*)

---

73 MS *pl' ad sp'* or *pl' ad sf'*. There is no name or space for one.
74 MS *predictam lanam*.
75 MS *clerico*.
76 This list probably records a jury that proved unnecessary. The surnames of
    Thomas Hert, John Knout, John Gernet and Willam Barret terminate in a loop
    that would normally represent a final *es*, but which is here redundant.

‖Bras*iatores*‖ (*Column 1*) De Rogero Wright – viij d. | De Adam de Borton' – viij d. | De Willelmo Smith – viij d. | De Cristiana Jakes – viij d. ‖Quietus‖ | De Roberto Bacster – viij d. \Quietus vj d./ | De Johanne de Neuton' – (*No sum entered*) | De Johanne Garnet – (*No sum entered*) | De Isabella serviente Johannis de Billingham iiij d. | De Johanne Gibson – viij d. ‖Quietus‖ | De Gilberto de Wetherby – Quietus. | De Hugone Chapman – (*No sum entered*) | De Johanne Scharp – (*No sum entered*) | De Thoma Hert – ij d. ‖Quietus‖ | (*Column 2*)) De Margareta Dring – xij d. ‖Quietus‖ | De Willelmo de Chilton' iij s. iiij d. Debet viij d. ‖Quietus‖ | De Alicia Goswick – xx d. ‖Quietus‖ | De Johanne de Bolton' – ij s. ‖Quietus‖ | De Alicia de Lamton' – xx d. \Quietus xiiij d./

(T48) Willelmus de Chilton' queritur de Thoma Emery capellano, et predictus Thomas essoniatur per Johannem Knout de placito transgressionis.

(D66) Johannes Gibson queritur de Johanne Douse de placito debiti, et concordati sunt, plegius de misericordia Johannes Scharp. ‖Misericordia iij d.‖

(92) Curia tenta in veteri burgo ‖in festo Sancti Mathei‖ (*? 22 September 1395*)[77]
‖ad dampnum xl d.‖[78]

(D67) Agnes de Stanhop queritur de Thoma Greggori de placito debiti de iiij s. detentis ad dampnum ij s. Johannes Garnet atto†rnatus dicte Agnetis† optulit se et Thomas similiter. Et predictus Thomas venit in curia et fatetur iij s. vj d. et de vj d. non debet (*3 cm.*) dampn' petit taxacionem curie, plegius de debito Rogerus Wright. Et quia arrestatus fuit j equus predicti Thome precii vj s. (*End of line lost*). ‖Misericordia ij d.‖

(93) Curia veteris burgi Dunelm' tenta ibidem die Mercurii proximo post festum Sancti Martini anno Domini M⁰ CCC^mo nonog†esimo quinto† (*17 November 1395*)
(D68) Johannes Hinne queritur de Cristiana Jakes de placito debiti, plegius ad prosequendum Thomas de Dore†sme. Et non venit. Ideo Johannes† et plegius suus in misericordia et predicta Cristiana trans*eat* sine die. ‖Misericordia iij d.‖

(D69) Thomas Gray capellanus queritur de Willelmo del Wra de placito debiti, et concordati sunt. Et predictus Willelmus †in misericordia†. ‖iij d. Quietus‖

---

77 St Matthew's day, 21 September, was a Tuesday in 1395.
78 This memorandum is placed in the MS immediately under the date of the court. It is unclear what it relates to.

(T48) Willelmus de Chilton' queritur de Thoma Emery capellano de placito transgressionis, plegius ad prosequendum (*Blank space of 2 cm.*). Partes optulerunt se †unde predictus†Willelmus queritur \quod/ animalia predicti Thome depasta fuerunt blada sua \in festo Sancti Mathei/[79] ad valenciam xl d., et hoc ponit se super inquisicionem. †Et dictus Thomas† venit et dicit quod in nullo ipse nec animalia sua est culpabilis de transgressione predicta et hoc ponit se super super inquisicionem etc. †Ideo preceptum† est ballivo quod venire faciat bonam et sufficientem inquisicionem ad proximam curiam etc. Et uterque habet[80] diem ad ess†endum† (*2 cm.*) judicium, et concordati sunt et predictus Willelmus in misericordia. ‖xij d. Condonatur vj d.‖

(94) Curia domini prioris Dunelm' tenta in veteri burgo Dunelm' die Mercurii proximo post festum Sancti Andree †anno Domini M⁰ CCC⁰† nonogesimo quinto (*1 December 1395*)
(T48) Loquela que est inter Willelmum de Chilton' querentem et Thomam Emery capellanum de placito transgressionis. †Et super† hoc ballivus sum*monuit* inquis*icionem*[81] et non venerunt. Ideo in misericordia et preceptum est ballivo quod habea*nt* unam bonam †et sufficientem inquisicionem† et partes predicte[82] habent diem ad proximam.

(D70) Willelmus de Chilton' queritur de Cristiana Jakes de placito debiti \xxj d./. Partes optulerunt se et Alicia mater predicte Cristiane (*2 cm.*) Ideo predicta Cristiana in misericordia, plegius de misericordia Alicia Jakes. ‖Misericordia iij d.‖

(D71) Isabella Postel per Margaretam Postell attornatum suum queritur de Cristiana Jakes de placito debiti.

(95) Curia veteris Dunelm' tenta ibidem die Mercurii in festo Concepcionis Beate Marie anno Domini supradicto (*8 December 1395*)
(D71) Loquela que est inter Isabellam Postell, Margaretam Postell attornatum suum et Cristianam Jakes de †placito debiti. Et† partes optulerunt se unde predicta Isabella[83] queritur de predicta Cristiana de eo quod ei debet ij s. ad d†ampnum† (*1 cm.*). Et predicta Cristiana venit et fatetur debitum predictum. Ideo <in> misericordia et petit taxacionem curie, unde dampn*a* taxa*ntur* (*End of line lost*). ‖+ iij d.‖

---

79 Some earlier interlineation here is erased and illegible.
80 MS *habent*.
81 MS *sum' fuit inquis'*. The clerk has confused the constructions '*ballivus summonuit inquisicionem*' and '*summonitus fuit inquisicio*'. For the *f* of *fuit* (which looks like *s*), see, for example, court 92, plea D67, or court 94, plea T49.
82 MS *predicti*.
83 MS *Cristiana*.

(96) Curia veteris burgi Dunelm' tenta ibidem die Mercurii proximo post festum Concepcionis Beate Marie anno D†omini predicto† (*15 December 1395*)

(D72) Johannes de Gamilsby queritur de Johanne Couper de Framwelgat de placito debiti, plegius ad [prosequendum] (*2 cm.*). Et concordati sunt et predictus Johannes Couper in misericordia, plegius de misericordia Johannes Scharp. ‖+ Misericordia iij d.‖

(*Loc.IV.229, m. 8 dorse*)

(97) Curia veteris burgi Dunelm' tenta ibidem die Mercurii (*Probably 22 December 1395*)

(D73) Loquela que est inter Willelmum de Chilton' et Johannem Couper de placito debiti (*2 cm.*) non venit. Ideo in misericordia. ‖ij d.‖

Thomas Hert + ‖•‖[84] | Willelmus Smith + ‖•‖ | Rogerus Wright + | Ricardus de Horsly + | Johannes Baret + | Robertus Bacster + | Johannes de Neuton' ‖•‖ | Gilbertus Wright ‖•‖ | Willelmus de Belsow + | Willelmus Souter + | Johannes Gaioly + | Johannes Knout + | Johannes Gibson + | Johannes de Bolton' + | Hugo Chapman ‖•‖ | Johannes Doudall + | Johannes Garnet +

(97a) Curia tenta in veteri burgo Dunelm' die Mercurii p (*Incomplete*)
(*Probably 27 December 1395*)
(*No recorded business*)

(98) Curia veteris burgi Dunelm' (*Probably 5 January 1396*)

(D73) Loquela que est inter Willelmum de Chilton' {•} et Johannem Couper {• ponit se}[85] de placito debiti. Et predictus †Willelmus† venit et Johannes non venit. Ideo in misericordia – ij d. Et preceptum est ballivo quod distring*atur*. ‖ij d.‖

(D74) Thomas Smith de Lanchest*er* queritur de Johanne Scharp de placito debiti et predictus Johannes (*2 cm.*) dampn' – iiij d. Ideo in misericordia. ‖iij d.‖

(U4) Loquela que est inter Robertum de Wolueston' et Matilda Skalp de placito (*2 cm.*) \et districta est per xxij d. in manu W(*End of line lost*)./ Matilda non venit. Ideo in misericordia. Et preceptum est ballivo quod melius distring*atur*. ‖(*Lost*)‖

---

84 This list is written down the margin alongside this session and the next.
85 This is inserted over an erasure.

13. Loc.IV.229, m. 7 (6 October 1395 to 22 March 1396)
(*Endorsement of c.1500*) [1385] 1395 etc.

(99*) Capitalis curia veteris burgi Dunelm' tenta ibidem die Mercurii proximo post festum Michelis anno Domini M° CCC^mo iiij^xx xv^to (*6 October 1395*)

‖Essonia‖ Willelmus Alnewik essoniatur per Ricardum de Eden. | Ricardus de Hoton essoniatur per Ricardum de Neuton'. ‖+‖ | Robertus de Medomsly essoniatur per Alexandrum de Stonhopp. ‖+‖ | Thomas Suart essoniatur per Thomam Hert. | Johannes de Neuton' essoniatur per Willelmum de Chilton'. | Johannes Gibson essoniatur per Johannem Knout. ‖v‖ | Willelmus filius Stephani essoniatur per Johannem del More. | Robertus Jay essoniatur per Johannem Gamelesby. | Rogerus del Miln essoniatur per Adam de Blacborn'. | Thomas Smith de Chest*er* essoniatur per Willelmum Smith. ‖+‖ | Willelmus de Dalton' essoniatur per Willelmum Rawkin.

De Willelmo de Esche capellano, Gilberto filio Galfridi, Johanne Hagthorp, Petro Dring, Alicia Qwitby, Johanne Becly, Willelmo del Bowes, [Johanne Palman,] Johanne de Ourton, Ricardo filio Rogeri Couhird, Matilda de Esche, Johanne Bentley, Johanne Blacheued, Johanne Lewin, Willelmo de Qwhitly, Johanne Southeron, Hugone Boner,[86] Radulpho de Euer, Johanne Mareschall, Johanne Webster de Hex†ham'†, herede Roberti de Qwalton', Roberto Belforth, Petro de Loue,[87] Henrico Kerre, Johanne Killingalle, Thoma de Todow, Johanne Aldeburgh, magistro de Kiper, Willelmo Person de Lanchest*er*, Ricardo Person de eadem, Roberto Massham, Willelmo de Neusom pro deffectu secte curie, de quolibet iiij d. ‖†Defec†t*us* sect*e* curie‖

‖Anni precedentis‖ De Gilberto filio Galfridi pro fine viij d. De Johanne Blacheued pro eodem viij d. De Willelmo filio Ade, plegius Adam Qwelp pro eodem viij †d.†

‖Isti fecerunt finem‖ Gibertus filius Galfridi – viij d. | Adam Barker de Wolsingham – viij d. | Johannes Blacheued – viij d. | Thomas Pinner – viij d. | Robertus Pikard – viij d. | Thomas Gerggori – viij d. | Alicia de Kirkeby – viij d.

---

86 Or *Bouer*.
87 Or *Lone*.

De Johanne de Bolton' (*No sum entered*)[88] | De Johanne Gibson (*No sum entered*)

Brasi*atores* (*No associated names or fines*)

(100*) Capitalis curia veteris burgi Dunelm' tenta ibidem die[89] Mercurii prox†imo† post festum Epiphanie Domini anno Domini M° CCC° nonagesimo quinto (*12 January 1396*)
Rogerus del Miln essoniatur per Willelmum de Chilton'. W | Petrus de Nesbet essoniatur per Johannem de Ches*ter*. ‖+‖ | Adam Watson essoniatur per Willelmum Flescheuer. ‖+‖ | Willelmus de Dalton' essoniatur per Johannem de Gamelsby. ‖+‖ | Johannes Blacheued essoniatur per Johannem Scharp. ‖+‖ | Adam Qwelp essoniatur per Ricardum de Eden'. Non p*otest*.[90] | Johannes Gibson essoniatur per Johannem Knout. W | Hugo Bo†n†er essoniatur per Thomam Gray capelanum. W | Willelmus de Qwetlaw essoniatur per Thomam Hert. W | [Willelmus Steuenson essoniatur per Thomam Suart. | Robertus Jay essoniatur per Willelmum Rawkin. ‖+‖ | [Ricardus de Neuton' essoniatur per Johannem de Neuton'. ‖+‖] | Alanus de Schinclyf essoniatur per Willelmum Smith. W | Thomas Smith de Lanches*ter* essoniatur †per† Willelmum de Alnewik.

(101) Curia veteris burgi Dunelm' tenta ibidem (*Probably 19 January 1396*)
(D75) Rogerus Esingwald queritur de Gilberto de Wethirby de placito debiti.

(102) Curia veteris burgi Dunelm' tenta ibidem die Mercurii proximo post festum Conversionis Sancti Pauli (*26 January 1396*) nihil
(D76) Johannes Armurer queritur de Willelmo de Alnewik de placito debiti, et postea concordati sunt et predictus Willelmus in misericordia. ‖iij d.‖

(D77) Johannes Batlay queritur de Cristiana Jakes de placito debiti, et concordati sunt et predicta Cristiana in misericordia. ‖iij d. Quietus‖

(T49) Willelmus de Bischopton' queritur de Elena Ka de placito transgressionis, plegius ad prosequendum Johannes Scharp, plegius ad

---

88 The names of John de Bolton and John Gibson, together with *Bras'* (apparently a new heading) are in a second column parallel to the names of those fined 8d.
89 MS *diei*.
90 MS *p^t*.

deffendendum Johannes Knout, et predicta Cristiana attachiata est per ij ollas eneas[91] precii ij s., plegius de precio predictus Johannes Knout.

(103) Curia veteris burgi Dunelm' tenta ibidem die Mercurii proximo post festum Purificacionis Beate Marie (*9 February 1396*)

(D78) Robertus Talliour queritur de Johanne Mosse de placito debiti, plegius ad prosequendum Johannes Garnet, plegius ad defendendum Johannes Clerk, unde partes optulerunt se, unde queritur quod predictus Robertus dimisit predicto Johanni unum tenementum per j annum reddendo sibi ij s., videlicet ad festum Purificacionis anno Domini etc. nonagesimo tercio, et predictus <Johannes> nihil sibi solvit nec intendit solvere, ad dampnum predicti Roberti [x s.] xij d. Et predictus Johannes venit in propria persona et fatetur debitum et petit taxacionem curie de dampnis que judicantur ad (*Blank space of 2 cm.*) Et predictus Johannes in misericordia. ‖iij d. ol'[92]‖

(T50) Idem Robertus queritur de predicto Johanne de placito transgressionis. Partes optulerunt se, unde queritur predictus Robertus quod predictus \Johannes/ detinet injuste ij s. de j auca sua habenda contra voluntatem suam ad grave dampnum ij s., et hoc ponit se super inquisicionem. Et predictus Johannes venit in curia et dicit quod habuit unam aucam de uxore predicti Roberti pro vj d. Et super hoc uxor predicti Roberti venit in curia et fatetur vendicionem predicte auce[93] pro vj d. prout dictus Johannes narravit. Ideo consideratum est per curiam quod predictus Robertus erit in misericordia et predictus <Johannes> trans*eat* sine die. ‖iij d. ol'‖

(*Loc.IV.229, m. 7 dorse*)

(104) Curia veteris burgi Dunelm' tenta ibidem die Mercurii proximo ante festum Sancti Petri in Cathedra anno Domini supradicto (*16 February 1396*)

(D79) Johannes Garnet queritur de Willelmo de Horsley de placito debiti [plegius] et predictus Willelmus attachiatus est per j togam et j tunicam precii (*No sum entered*). Et predictus Willelmus essoniatur per Thomam Gray capellanum. ‖Esson*iatur.* Quietus‖

(D80) Robertus Fenrother queritur de Willelmo del Wra de placito debiti. Partes optulerunt se, unde predictus Robertus queritur quod predictus Willelmus sibi debet iiij s. pro unctuo fac*iendo*, et predictus Willelmus fatetur debitum. Ideo consideratu*r* per curiam quod predictus Robertus

---

91 MS *oll' enea.*
92 The meaning of *ol'* here and below is undetermined.
93 MS *predicti auci.* The clerk's error may imply that the gender of the goose was a relevant issue.

recuperet predictos iiij s. de predicto Willelmo, et predictus Willelmus in misericordia. ‖iij d. Quietus‖

(D81) Johannes Garnet queritur de Thoma Harbarous de placito debiti, videlicet de xix d. Partes optulerunt se et predictus Thomas fatetur debitum. Et Johannes petiit ij s. pro dampn*is* pro detencione. Et predictus Thomas petit taxacionem curie. Et predictus Thomas in misericordia, plegius Willelmus Smith. ‖iij d. Quietus‖

(D82) Johannes de Neuton' queritur de Willelmo Aspor de placito debiti et concordati <sunt> ex prece parcium, et predictus Willelmus in misericordia, plegius Johannes Scharp. ‖iij d. Condonatur‖

(T49) Willelmus de Bischopton' queritur de Elena Ka de placito transgressionis, plegius ad prosequendum Johannes Mosse, plegius ad defendendum Johannes Chest*er*. Partes †optulerunt se† et predictus Willelmus venit et dicit quod ipse et uxor sua liberavit[94] predictam Elenam tres petras lane ad herpicandum †pro† certa summa pecunie, qua<m> summa<m> predictus Willelmus †et† uxor ejus solvit predictam Elenam et petiit liberacionem predicte lane per fa†mulum† predicti Willelmi et non potuit habere prima vice nisi j petram et de residuo predictus Willelmus fatigatus fuit ad dampnum suum (*0.5 cm.*), et hoc ponit super patriam. Et predicta Elena venit et dicit quod predictus \Willelmus/ noluit solvere pro herpicacione predicte lane et pro non solucione predicte predicta lana fatigata fuit et non aliter \\et// non sicut predictus Willelmus placitavit, et super hoc vadiavit legem cum xij manu ad proximam curiam, plegius de lege Johannes Chest*er*, plegius ad expectandam legem Johannes Mosse. Concordati sunt. †Et Elena† Ka in misericordia domini. ‖Quietus. [vj d.] iij d.‖

(T50) Robertus Taillour queritur de Johanne Moss de placito transgressionis. Partes optulerunt se, unde queritur quod predictus Johannes posuit j equum in gar†dino† (*1 cm.*) et ibidem depastus fuit herbam predicti Roberti contra voluntatem suam ad dampnum vj d. Et predictus <Johannes> venit in curia †et fatetur† dampnum predictum et ideo predictus Robertus recuperet vj d. de predicto Johanne et predictus Johannes in misericordia. ‖iij d. ol'‖

(105) Curia veteris burgi Dunelm' tenta ibidem die Mercurii proximo ante festum Sancti Mathei[95] apostoli anno Domini supradicto (*23 February 1396*)

(T51) Johannes Smith queritur de Roberto Bacster de placito trans-

---

94 Singular verb forms have been left here as in the MS.
95 This should be *Mathie* for St Mathias.

gressionis, plegius ad prosequendum (*Blank space of 1 cm.*), plegius ad deffendendum (*No name nor space for one*), unde queritur †quod† predictus Robertus detinet j sellam.

(D83) Johannes de Neuton' queritur de Willelmo de Horsly de placito debiti de eo quod predictus Willelmus debet sibi xj d. Partes optulerunt se et predictus <Willelmus> fatetur debitum. Ideo predictus Willelmus in misericordia. ‖iij d. Quietus‖

(106) Curia veteris burgi Dunelm' tenta ibidem die Mercurii proximo post festum Sancti Mathe**i[96] anno Domini supradicto** (*1 March 1396*)
(D84) Thomas Gray capellanus queritur de Johanne de Billingham de placito debiti.

(107) Curia veteris burgi Dunelm' tenta ibidem die Mercurii proximo ante festum Sancti Greggorii pape anno Domini supradicto (*8 March 1396*)
(T52) Emma de Esche queritur de Lucot Bron de placito transgressionis, plegius ad prosequendum Johannes Garnet, plegius ad defendendum Robertus Bacster. Et concordati sunt et utrique[97] in misericordia.

(D84) Loquela que est inter Thomam Gray capellanum et Johannem de Billingham de placito debiti. Partes optulerunt se et petunt diem ex prece parcium.

(108) Curia veteris burgi tenta ibidem die Mercurii proximo ante festum Sancti Cuthberti in Marcio anno Domini supradicto (*15 March 1396*)
(T53) Agnes Coik queritur de Roberto Bacster de placito transgressionis, plegius ad prosequendum Johannes Clerkson, plegius ad defendendum[98] (*No name entered*).

(D84) Loquela que est inter Thomam Gray capellanum et Johannem de Billingham de placito debiti. Et predictus Thomas optulit se. Et ex prece parcium habuerunt diem ad concordandum et non sunt concordati. Et postea predictus Johannes venit et fatetur ij s. de qua summa solvit xij d. Et habet diem ad solvendum residuum in festo Sancti Cuthberti proxime futuro. Et predictus Johannes in misericordia – iij d. Quietus.

---

96 This should be *Mathie* for St Mathias.
97 MS *utriusque*.
98 MS *pros'*.

(109) Curia veteris burgi Dunelm' tenta ibidem die Mercurii proximo post festum Sancti Cuthberti anno Domini supradicto (*22 March 1396*)

(D85) Loquela que est inter Johannem de Neuton', Johannem Garnet et Willelmum[99] Horsly de placito debiti, unde queritur quod Willelmus predictus tenetur predicto Johanni de Neuton' xj d. et Johanni Garnet ij s. j d., et pro quo debito ballivus arrestavit pannos[100] predicti Willelmi. Et super hoc partes optulerunt se et petunt quod predicti panni appreciantur per sacramentum Willelmi de Chilton, Thome (*Surname missing?*) et Johannis Tailliour, in quibus predictus Willelmus, Johannes et Johannes se posuerunt. Qui dicunt quod predicti panni valent iij s. Et ordinatum est per curiam quod predicti panni ponantur[101] in custodia Johannis Garnet usque ad viij dies. Et si ita sit quod predictus <Willelmus> wlt solvere \predictum debitum/ predictis Johanni et Johanni quod extunc predictus Willelmus habebit pannos, et aliter non.

(D86) Thomas de Harebarows queritur de Roberto del Bank de placito debiti, plegius ad prosequendum[102] Robertus (*1 cm.*). Et predictus Thomas non venit. Ideo ipse in misericordia et predictus Robertus transeat sine die.

14. Loc.IV.229, m. 11[103] (31 May to 4 October 1396)
(*Endorsement of c. 1500*) 1396

(110)
Petrus Dring *queritur de* (*Remainder of line cut away*) ‖+ ij d.‖

(110a) Curia veteris burgi Dunelm' tenta ibidem die Mercurii proximo ante festum Corporis Christi anno Domini supradicto (*31 May 1396*)
nihil present'
(*No recorded business*)

(110b) Curia veteris burgi Dunelm' tenta ibidem die Mercurii proximo post festum Corporis Christi anno Domini Mᵒ CCCᵐᵒ nonogesimo sexto (*7 June 1396*)
(*No recorded business*)

---

99   MS *de Willelmo.*
100 MS *ponn'.*
101 MS *ponuntur.*
102 MS repeats *ad prosequendum.*
103 The upper part of this membrane was cut off by the end of the fifteenth century, to judge from the position of the endorsement.

(110c) Curia veteris burgi Dunelm' tenta ibidem die Mercurii proximo post festum Sancti Barnabe apostoli anno Domini supradicto (*14 June 1396*)
(*No recorded business*)

(111) Curia veteris burgi Dunelm' tenta ibidem die Mercurii proximo post festum Nativitatis Sancti Johannis Baptiste anno predicto (*28 June 1396*)
(D87) Johannes Leuenthorp queritur de Roberto Baxster de placito debiti, plegius de prosecucione ballivus, et summonitus est etc. Et super hoc idem Robertus <essoniatur> versus dictum Johannem per Johannem Knout et dies datus etc. ‖Esson*iatur.* Dies‖

(112) Curia veteris burgi Dunelm' tenta ibidem die Mercurii proximo post festum apostolorum Petri et Pauli anno predicto (*5 July 1396*)
(D87) Robertus Baxster venit in curia et ponit se in misericordia versus Johannem Leuenthorp prout concordati sunt extra curiam per plegium ballivi. Ideo ponitur sine die. ‖Misericordia (*No sum entered*). Sine die‖

(D88) Rogerus Wright queritur de Willelmo del Wraa de placito debiti, plegius de prosecucione Adam Burton. Et ipse attachiatus <fuit> per j equum precii iiij s., †plegius† Johannes Dowdal'. Et super hoc idem Willelmus <essoniatur> versus ipsum Rogerum per Thomam Hart. Et dies datus etc. ‖Esson*iatur.* Dies‖

(113) Curia veteris burgi Dunelm' tenta ibidem die Mercurii proximo post festum Translacionis Sancti Thome anno Domini et<c.> supradicto (*12 July 1396*)
(T54) Robertus Bacster queritur de Willelmo Smith de placito transgressionis et concordati sunt. Et predictus Willelmus in misericordia. ‖+ ij d.‖

(113a) Curia veteris burgi Dunelm' tenta ibidem die Mercurii proximo ante festum Sancte Margarete anno Domini supradicto (*19 July 1396*) nihil
(*No recorded business*)

(114) Curia veteris burgi Dunelm' tenta ibidem die Mercurii proximo post festum Sancti Jacobi apostoli anno Domini supradicto (*26 July 1396*)
(T55) Thomas Gray capellanus queritur de Isabella ancilla Johannis de Billyngham de placito transgressionis. Et predictus Thomas venit et predicta Isabella non venit. Ideo in misericordia. Et preceptum est ballivo quod distringat predictam Isabellam usque proximam ad respondendum

predicto Thome.[104] Postea concordati sunt ex prece parcium. ‖Misericordia ij d. Quietus‖

(115) Curia veteris burgi Dunelm' tenta ibidem die Mercurii proximo post festum Advincula Sancti Petri anno Domini etc. nonogesimo sexto (2 August 1396)

Willelmus de Chilton' {• juratus}, Adam de Borton' {+}, Robertus Bacster {+}, Johannes de Neuton' {• + juratus}, Johannes Garnet {• juratus}, Gilbertus Wright {• juratus}, Willelmus Belsow {+}, Johannes Knout {juratus •}, Johannes Gibson, Hugo Chapman {juratus •}, Johannes de Doudale {juratus •}, Johannes Frend {• juratus}, Johannes de Chester {juratus •}, Robertus Walker {juratus}, Johannes Scharp (*Blank space of 3 cm.*) qui dicunt per sacramentum suum quod non fuit aliqua affry. Et eciam injunctum est omnibus tenentibus ville qui tenent de domino quod non tractant cultellos suos ad faciendum malum sub pena xl d.

(Loc.IV.229, m. 11 dorse)[105]

(116) Curia veteris burgi Dunelm tenta ibidem die Mercurii proximo post festum Sancti Oswaldi anno Domini M° CCC^mo nonogesimo sexto (*9 August 1396*)

(D89) Thomas Coluill junior \chiualer/ per[106] Robertum de Belforth attornatum suum queritur de Roberto del Bank carpentario de placito debiti unde predictus Robertus del Bank attachiatus est per j bussellum pisarum precii iiij d., j sacc*um* precii ij d. \ad respondendum predicto Thome <per> atto†rnatum suum† de predicto debito/, et predictus Robertus Belforth attornatus predicti Thome venit et predictus Robertus del Bank non venit. Ideo in misericordia, et preceptum <est> ballivo quod arrestari faciat aliqua bona predicti Roberti del Bank inventa in ballivio suo quousque etc. ad respondendum predicto Thome vel Roberto de predicto debito ad proximam curiam. ‖Misericordia iij d. Quietus‖

(117) Curia veteris burgi Dunelm tenta ibidem die Mercurii proximo post festum Assumpcionis Beate Marie anno Domini supradicto (*16 August 1396*)

(D89) Loquela que est inter Robertum de Belforth' querentem et Robertum del Bank de placito debiti. Predictus Robertus Belforth non venit. Ideo in misericordia. ‖+ ij d.‖

---

104 MS *ad respond' predictam Isabell'*.
105 The lower part of this membrane (corresponding to the upper part of m. 11 recto) is cut off.
106 MS *pro*.

(117a) Curia veteris burgi Dunelm' tenta ibidem die Mercurii proximo ante festum Sancti Bartholomei apostoli anno Domini supradicto (*23 August 1396*) nihil
(*No recorded business*)

(117b) Curia tenta ibidem die Mercurii proximo post festum Decollacionis Sancti Johannis Baptiste anno Domini supradicto (*30 August 1396*)
(*No recorded business*)

(117c) Curia veteris burgi Dunelm' tenta ibidem die Mercurii proximo post festum Sancti Cuthberti in Septembris anno Domini supradicto (*6 September 1396*) nihil
(*No recorded business*)

(117d) Curia veteris burgi Dunelm' tenta ibidem die Mercurii proximo post festum Nativitatis Beate Marie anno Domini supradicto (*13 September 1396*)
(*No recorded business*)

(117e) Curia veteris burgi Dunelm' tenta ibidem die Mercurii proximo ante festum Sancti Mathei apostoli anno Domini supradicto (*20 September 1396*)
(*No recorded business*)

(117f) Curia tenta ibidem die Mercurii proximo ante festum Michaelis anno Domini supradicto (*27 September 1396*)
(*No recorded business*)

(118*) Capitalis curia veteris burgi Dunelm' tenta ibidem die Mercurii proximo post festum Michaelis anno Domini supradicto (*4 October 1396*)
‖Essonia‖ Johannes de Belton' essoniatur per Johannem Knout. | [Johannes de Gamelsby essoniatur per Willelmum Steuenson.] | [Thomas Smith de Lanchester essoniatur per Petrum Nesbet.] | [Robertus de Medomsly essoniatur per Thomam Hert.] | Thomas Pinner essoniatur per Willelmum Holilob. | Petrus Dring essoniatur per Johannem Chester. | [Willelmus de Dalton essoniatur per Robertum Jay.] | [Willelmus Alnewik essoniatur per Thomam Suart.] | [Thomas Gray essoniatur per Johannem Chester.] | Johannes Smith essoniatur per Johannem del Schell.

De Ricardo de Hoton', abbate de Albalanda, Willelmo del Hall de Lamesle, Adam Qwelp, Johanne Hagthorp, Alicia (*5 cm.*), Adam Barker de Wolsingham, Matilda de Esche, Johanne Benton (*12 cm.*), Adam de Borton', Ricardo del Eden', Johanne (*Remainder lost*).

15. Loc.IV.229, m. 9 (27 February to 11 September 1398)
(*Endorsement of c. 1500*) 1390–1391 Dunelm

(119) Curia veteris burgi Dunelm' tenta ibidem die Mercurii proximo post festum Sancti Mathie apostoli anno Domini Mᵒ CCCᵐᵒ †n†onogesimo †septimo† (*27 February 1398*)

(T56) C(*1 cm.*)st' est (*0.5 cm.*)b' per Willelmum Broune et Willelmum Rawkin quod Rogerus Wright appropriavit se de solo predicti Willelmi et (*2 cm.*) super burgagium quod predictus Rogerus cepit de procuratore Sancte Margarete. Et super hoc Johannes Knout procurator ecclesie Sancte Margarete et Willelmus Broune ex communi assensu parcium petunt ex gracia una†m inqui†s†icionem† ex officio ad dicendam et inquirandam \et terminandam/ veritatem de solo †predicto†. Et super hoc fuerunt jurati Petrum Dring, Johannem Knout, Willelmum S†mi†th, Johannem Garnet, Willelmum de Chilton', Willelmum (*1.5 cm.*), Johannem (*2 cm.*), Johannem de Dodington', Andream Webster, Willelmum Scurye, Johannem Frend et Thomam Hart¹⁰⁷ qui vocati s†unt ad istam† curiam et non venerunt Petrum Dring, Andream Webster, Willelmum Scurye et Johannem Frend qui †sic† amerc*ientur*. †Ideo summoneantur iterum ad inquirendam† et dicend*am* †veritatem† de inquisicione predicta jur*ati*. Et preceptum est ballivo quod venire faciat predictos ad proximam curiam (*4 cm.*). Et super hoc predicti Johannes Knout, Rogerus Wrigth et Willelmus Broune attornatus Willelmi Rawkin ex (*4 cm.*) ad concordandum non obstante quod fac†ient† domino et curia quod tenentur pro inquisicione predicta.¹⁰⁸

(119a) †Curia veteris burgi† tenta ibidem die Mercurii proximo ante festum Sancti Oswyni¹⁰⁹ regis et mart*i*ris anno Domini supradicto (*6 March 1398*)
(*No recorded business*)

(120) Curia veteris burgi Dunelm' tenta ibidem die Mercurii proximo post festum Sancti Gregorii pape anno Domini Mᵒ CCCᵐᵒ †septimo† (*13 March 1398*)

(DC5) Willelmus filius Alexandri queritur de Gilberto Wetherard et Margareta uxore ejus de placito detencionis iij s. viij d. plegius ad prosequendum Johannes Garnet. Et predictus Gilbertus attachiatus est per j

---

107 These and the following names have been left in the accusative, as in the MS, though they should be in the nominative.
108 To be translated perhaps 'but they will fulfil for the lord and the court what they ought (*or* owe) on account of this inquest'.
109 MS *Oswyini* or *Oswynii*.

ollam eneam, j brandreth, j patellam et non venit (*End of line lost.*). ‖(*1 cm.*) quietus‖

(120a) †Curia veteris† burgi Dunelm' tenta ibidem †die Mercurii† in festo Sancti Cuthberti in Marcio anno Domini supradicto (*20 March 1398*)[110] nihil
(*No recorded business*)

(121) †Curia veteris† burgi Dunelm' tenta ibidem die Mercurii proximo post festum Annunciacionis Beate Marie <anno> Domini M⁰ CCCᵐᵒ nonoges†imo† oct†avo† (*27 March 1398*)
(T57) Willelmus Fleschewer queritur de Johanna ancilla Johannis de Laycest*er* de placito transgressionis. Et ex parte parcium concordati sunt. Et uter†que eorum in misericordia†.

(D90) Johannes Garnet queritur de Gilberto Wetherard de placito debito de vj s. sibi debitis pro j puero inveniendo †per† xiij septimanas. Et †predictus† G†ilbertus non† venit, plegius Robertus Belforth. Ideo in misericordia. Et preceptum est ballivo quod venire faciat predictum Gilbertum. ‖(*Illegible*)‖

(T58) Willelmus \\Holilob// queritur de Willelmo Qwetlaw de placito transgressionis. Et predictus Willelmus Holilob non venit. Ideo dictus Willelmus †Qwetlaw† transeat sine die et predictus Willelmus Holilob in misericordia. ‖(*Illegible*)‖

(121a) Curia veteris burgi Dunelm' tenta ibidem die Mercurii proximo[111] ante festum Sancti Ambrosii anno Domini supradicto (*3 April 1398*) nihil
(*No recorded business*)

(121b) Curia veteris burgi Dunelm' tenta ibidem die Mercurii proximo ante festum Sanctorum Tiburti<i> et Valiriani anno Domini supradicto (*10 April 1398*) nihil
(*No recorded business*)

(121c) Curia veteris burgi Dunelm' tenta ibidem die Mercurii proximo ante festum Sancti Georgii anno Domini supradicto (*17 April 1398*) nihil
(*No recorded business*)

---

110 The feast of St Cuthbert was on a Wednesday in both 1392 and 1398, but the roll for 1392 is m. 6 of the present roll. This, and the damaged heading of the following court, support the dating of this membrane to 1398.
111 MS has a redundant *j* following *proximo*.

(122) Curia veteris burgi Dunelm' tenta ibidem die Mercurii proximo post festum Sancti Georgii anno Domini supradicto (*24 April 1398*)
nihil
Robertus Palman (*Incomplete*).

(123) Curia veteris burgi Dunelm' tenta ibidem die Mercurii proximo ante festum Invencionis Sancti Crucis anno Domini supradicto (*1 May 1398*)
(D91) Robertus Palman queritur de Alicia del Peik', plegius ad prosequendum Johannes Garnet, plegius ad deffendendum ballivus. Habet districcionem ad valorem (*1 cm.*). Et preceptum est ballivo quod habeat predictam districcionem ad proximam curiam. Et predicta Alicia in misericordia. Postea predicta Alicia venit et fa†tetur† quod conduxit j domum de Roberto Palman per ij annos inde reddendo per annum ij s. vj d. Et postea predicta Alicia solvit pro primo anno xj d. et dicit quod debet predicto Roberto ix d. per confessionem predicte Alicie, et de dampno petit taxacionem curie de xij d. Et habet diem concordandi usque ad proximam curiam. Et concordati sunt et Alicia Pek in misericordia. ‖iij d. iij d.‖

(124) Curia veteris burgi Dunelm' tenta ibidem die Mercurii proximo post festum Sancti Johannis ante Portam Latinam anno Domini supradicto (*8 May 1398*)
Ricardus de Giuendall' venit in curia et habet unum burgagium de Johanne de Neuton' quondam Roberti de Masham \et Emme uxoris sue/ ad terminum vite sue, pro quo burgagio fecit finem in curia. ‖ij s. Quietus‖

(125) Curia veteris burgi Dunelm' tenta ibidem die Mercurii proximo post festum Sanctorum Nerrei et Achillei anno Domini supradicto (*15 May 1398*)
(T59) Robertus Pie queritur de Thoma Hawik de placito transgressionis. Et concordati sunt. Et predictus Thomas in misericordia, plegius de misericordia Ricardus Horsly.

(D92) Johannes de Dodington' queritur de Ricardo Smith de placito debiti, plegius ad defendendum Willelmus Smith. Et predictus Ricardus attachiatus fuit per j equum precii vj s. viij d., plegius de precio Willelmus Smith.

(126) Curia veteris burgi (*Probably 22 May 1398*)
(D92) Loquela que est inter Johannem de Dodington' et Ricardum Smith de placito debiti. Predictus Ricardus essoniatur per Ricardum de Horsly.

(127) Curia veteris burgi Dunelm' (*Probably 29 May 1398*)
(D92) Loquela que est inter Johannem de Dodington' et Ricardum Smith de placito debiti. Predictus Ricardus non venit. Ideo ipse et plegius suus in misericordia. ‖iij d.‖

(128) Curia veteris burgi Dunelm' tenta ibidem die Mercurii proximo ante festum Corporis Christi anno Domini supradicto (*5 June 1398*)
(D92) Loquela que est inter Johannem Dodington querentem et Ricardum Smith de Framwelgate defendentem de placito debiti. Predictus Ricardus non venit. Ideo ipse et plegius suus in misericordia. ‖iij d.‖

(129) Curia veteris burgi Dunelm' tenta ibidem die Mercurii proximo [ante] post festum Corporis Christi anno Domini supradicto (*12 June 1398*)
(D92) Loquela que est inter Johannem de Dodington' querentem et Ricardum Smith. Partes optulerunt se unde queritur quod vendidit predicto Ricardo unum equum pro x(*0.5 c. lost*) ad festum Sancti Martini anno Domini etc. nonogesimo sexto et habuit diem, ad dampnum x s. Et predictus Ricardus venit in curia et fatetur debitum et petit taxacionem curie, plegius de principali debito Willelmus Smith. Et predictus Ricardus in misericordia. Postea taxantur dampna viij d. ‖iij d. Quietus‖

(D93) Ricardus Smith queritur de Johanne de Dodington' de placito debiti.

(Loc.IV.229, m. 9 dorse)
(130) Curia veteris burgi Dunelm' tenta ibidem die Mercurii proximo ante festum Nativitatis [Domini] Sancti Johannis Baptiste anno Domini supradicto (*19 June 1398*)
(D93) Loquela que est inter Ricardum Smith et Johannem de Dodington' de placito debiti. Et predictus <Johannes> non venit j°.

(131) Curia veteris burgi die Mercurii proximo post festum Nativitatis Sancti Johannis Baptiste anno Domini supradicto (*26 June 1398*)
(D93) Loquela que est inter Ricardum Smith et Johannem de Dodington' de placito debiti. Predictus <Johannes> essoniatur ij°.

(132) Curia veteris burgi Dunelm' tenta ibidem die Mercurii proximo ante festum Translacionis Sancti Thome martiris anno Domini supradicto (*3 July 1398*)
(D93) Loquela que est inter Ricardum Smith et Johannem de Dodington' de placito debiti. Et predictus Ricardus non est prosecutus versus predictum Johannem. Et predictus Johannes venit. Ideo consideratum est per curiam quod predictus Ricardus in misericordia et predictus Johannes transiat sine die. ‖Quietus iij d.‖

(132a) Curia veteris burgi Dunelm' tenta ibidem x die Julii anno Domini supradicto (*10 July 1398*) nihil
(*No recorded business*)

(132b) Curia veteris burgi Dunelm' tenta ibidem die Mercurii proximo ante festum Sancte Margarete anno Domini supradicto (*17 July 1398*)
(*No recorded business*)

(133) Curia veteris burgi Dunelm' tenta ibidem die Mercurii proximo ante festum Sancti Jacobi apostoli anno Domini supradicto (*24 July 1398*)
(D94) Robertus Trip queritur de Willelmo de Hedly de placito debiti ut in ultima curia, plegius de prosecucione Willelmus de Chilton'. Et attachiatus est per †j equum† cum cella et j saccum plenum carbonibus precii v s. vj d. Johannes (*No surname nor space for one*) devenit plegius suus.[112] Et predictus Willelmus essoniatur j° et postea ij°. Partes optulerunt se u†nde Robertus† queritur quod predictus Willelmus obligavit se fide media quod solveret sibi v s. iiij d. argenti pro cooperatura domus juxta pontem †et† hoc ponit se super †inquisicionem†. Et predictus Willelmus venit et dicit quod nihil ei debet sicut [placitavit] placitatus est quia nullam convencionem ei fecit et hoc ponit se super inquisicionem. Ideo preceptum est ballivo quod venire faciat xij probos et legales ad essendum ad proximam curiam ad dicendam veritatem inter partes predictas.

(134) Curia veteris burgi Dunelm' tenta ibidem die Mercurii proximo post festum Sancti Jacobi anno Domini supradicto (*31 July 1398*)
(D94) Die Mercurii pro (*Blank space of 2.5 cm.*) quod Willelmus Hedly optulit se per Johannem Couper et Willelmum Baret, plegios Willy Hedly, <qui> devenerunt plegii ad satisfaciendum Roberto Trip <de> v s. iiij d. debitis predicto Roberto per predictum Willelmum Hedly prout placitatum fuit in curia.[113] Et predictus Willelmus Hedly per predictos Johannem et Willelmum fatetur debitum predictum[114] super quod inquisicio non fuit capta[115] de debito predicto. Et fatentur se debere predicto

---

112 MS *pl' suum.*
113 The context implies that Couper and Baret not only represented Hedly in court but made themsleves responsible for the repayment of his debt.
114 MS *debit' predictam.*
115 MS follows *capta* with *et predo*, without any abbreviation mark over the *do*. There is no plausible resolution of these two words, which seem to be an incomplete and uncancelled *et predicto*.

Roberto in festo Sancti Cuthberti sub pena dupli, et <super> ho†c†
fatentur se teneri debito predicto et xij d. pro amerciamento.

**(135) Curia veteris burgi Dunelm' tenta ibidem die Mercurii proximo
ante festum Assumpcionis Beate Marie virginis anno Domini supradicto** (*14 August 1398*)
Dominus Thomas Gray venit in curia et dimisit Johanni Couper unum
burgagium ad terminum vite predicti Johannis cum omnibus liberta-
tibus et liberis consuetudinibus durante vita predicti Johannis pro quo
burgagio predictus Johannes fecit finem xx d.

**(135a) Curia veteris burgi Dunelm' tenta ibidem die Mercurii proximo
post festum Assumpcionis Beate Marie anno Domini supradicto** (*21
August 1398*) nihil
(*No recorded business*)

**(135b) Curia veteris burgi Dunelm' tenta ibidem die Mercurii proximo
ante festum Sancti Bartholomei anno Domini supradicto** (*21 August
1398*)
(*No recorded business*)

**(135c) Curia veteris burgi Dunelm' tenta ibidem die Mercurii proximo
ante festum Decollacionis Sancti Johannis Baptiste anno Domini
supradicto** (*28 August 1398*)
(*No recorded business*)

**(135d) Curia veteris burgi Dunelm' tenta ibidem in festo Sancti Cuth-
berti in Septembris anno Domini supradicto** (*4 September 1398*)
(*No recorded business*)

**(135e) Curia veteris burgi Dunelm' tenta ibidem die Mercurii proximo
post festum Sancti Cuthberti anno Domini supradicto** (*11 September
1398*)
(*No recorded business*)

16. Loc.IV.201 (7 April to ? September 1400)
(*Endorsement in a hand of c. 1500*) 1400. (*Endorsement in a hand of the eighteenth or nineteenth centuries*) loc.4.n.201 Curiae Veteris Burgi 1400

(135f) Curia domini prioris Dunelm' tenta (*Incomplete*).

**(136) Curia veteris burgi Dunelm' tenta ibidem die Mercurii proximo
post festum Sancti Ambrosii anno Domini M⁰ CCCC^mo** (*7 April 1400*)
(T59) Johannes Frend queritur de Ricardo Scotsman et Elena uxore ejus

de placito transgressionis, plegius ad prosequendum (*No name entered*). |
Postea optulit se et predictus Johannes venit et dicit quod predicta Elena
(*Incomplete*).

**(137) Curis veteris burgi Dunelm' tenta ibidem die Mercurii proximo
ante festum Sancti Cuthberti in Septembris anno Domini M⁰ CCCC^mo**
(*1 September 1400*)
(T60) Thomas del Fischous queritur de Johanne Walker de Claipworth
de placito transgressionis, plegius ad prosequendum Johannes Knout,
plegius ad deffendendum Willelmus Smith. Partes optulerunt se et
predictus Johannes attachiatus est per j equum precii vj s. viij d. Et
predictus Thomas venit \in die[116] Mercurii proximo ante festum Sancti
(*Incomplete*)/ per Johannem Chester attornatum suum \ad predictum
diem/ et dicit quod predictus Johannes Walker destruxit et devastavit
bladum, herbagium et fenum in campo de Rilly per iij annos \proximos
ante predictum diem/ ad dampnum predicti Thome xx s. Et predictus
Johannes venit et petit diem usque istum diem, ad quem diem predictus
Johannes non venit. Ideo predictus <Johannes> et plegius suus in[117]
†*misericordia*† et preceptum est ballivo quod distring*atur*. Et postea
concordati sunt. ‖Quietus. iij d.‖

(T61) Thomas del Fischous queritur de Johanne Walkere de Claipworth
de placito transgressionis, plegius ad prosequendum Johannes Knout,
plegius ad deffendendum Willelmus Smith. Et predictus Johannes
attachiatus est per unum equum precii vj s. viij d., plegius predictus
Willelmus de precio, ad respondendum predicto Thome vel attornato
suo[118] ad proximam curiam. Partes optulerunt se et petunt diem ad
concordandum usque proximam curiam.

(138) Curia tenta ibidem die (*Incomplete*) (*? September 1400*)
(T61) Loquela que est inter Thomam del Fischous et Johannem Walker
de placito transgressionis. Partes optulerunt se et concordati sunt, et
predictus Johannes Walker in misericordia. ‖iij d.‖

(DC6) Simon Gray queritur de Margareta Gybson de placito detencionis
et attachiata est per ij coddys.

(139) Curia veteris burgi (*Incomplete*) (*? September 1400*)
(DC6) Loquela que est inter Simonem Gray et Margaretam Gibson de

---

116 MS *diem*.
117 MS repeats *in*.
118 MS *attorn' suum*.

placito transgressionis[119] de eo quod habuit unum anulum precii viij d. ad dampnum iiij d. Partes optulerunt se et predicta[120] Margareta venit et fatetur debitum, et predicta Margareta in misericordia. ‖iij d.‖

(T62) Loquela que est inter Ricardum de Horsley et Thomam Meryngton de placito transgressionis. Et predictus Ricardus non venit. Ideo quia non est prosecutus[121] in misericordia. ‖iij d.‖

(*Loc.IV.201 dorse*)
(*Blank, apart from the endorsements*)

---

119 This seems to be the continuation of the plea of detinue brought to the previous court.
120 MS *predicto.*
121 MS has a redundant *ideo* following *prosecutus.*

COURT BOOKS, 1498–1531

17. Crossgate Court Book I, fos 1–6, 13–201 (25 April 1498, to 28 September 1524)

fo. 1[1]

(140*) ‖Vetus burgus de Crocegatte‖ Curia capitalis tenta ibidem die M†ercurii xxv^to die Aprilis anno Domini† millesimo CCCC^mo nonagesimo octavo †coram dompno Georgio† monacho tunc sacrista Dunelm'[2]
(*25 April 1498*)

(D95) De Willelmo Gorden de Anwyk quia non venit ad respondendum Johanni Rosse in placito †debiti†, plegius Robertus Selby. Ideo in misericordia – †iiij d.†

(DC7) De Hugone Herperley quia non venit ad respondendum Willelmo Byers in placito detencionis †– iiij d.†

(U5) De Thoma Forest quia non prosecutus fuit †querel†am suam versus Willelmum Ald. Ideo in misericordia domini †– iiij d.†

De magistro hospitalis de Keipier, here*de* Johannis Ricroft, here*de* Johannis Hoton, S†ibilla quondam uxor Willelmi† Rakett, Radulpho Bowez milite, here*de* Willelmi Euers militis, here*de* (*4 cm.*), †Radulpho† Melott, quia non venerunt ad faciendam sectam curie. Ideo quilibet eorum in †misericordia domini – iiij d.†

‖Panellum pro domino‖ Willelmus Richerdson {juratus}, Ricardus Smyth {juratus}, Thomas Forest {juratus}, Willelmus Byers {juratus}, Ricardus Layng {juratus}, (*2–3 cm.*), Robertus Crayk {juratus}, Johannes Sorby {juratus}, Johannes Pryour {juratus}, Georgeus Rippon {juratus}, Johannes (*1 cm.*), Johannes (*1–2 cm.*), jurati pro domino qui presentant super sacramentum suum quod Johannes Dawdry obiit seisitus de

---

1 The right-hand margin of this page is frayed and poorly repaired.
2 The margin beside this heading has the misleading note in a later hand *Rentale 1498*. Below, in what appear to be pen trials, is written (1) *b* (2) what may be *bini w vni* (3) *D* (4) *C*.

(*Incomplete*).[3] | ‖Pena‖ Item presentant quod Johannes Greneacres fecit affraiam super Johannem Henryson de Aukland contra pacem, plegii Roulandus Robynson et Thomas Cutstane. Ideo in misericordia domini – (*Sum lost*) | ‖Pena‖ Injunctum est Johanni Hervy, Johanni Hunter et omnibus aliis quod dec†etero includant† cepes †et non† facient †se†mitas per clausuras vicinorum (*Blank space of 9–10 cm.*) sub pena – xij d. tociens quociens. (*fo. 1v*) †Injunctum est†[4] omnibus tenentibus quod nullus eorum receptat[5] aut occupat in hospicium aliquem (*2 cm.*) †aput†d Bishopawkland eo quod pestelencia est regnans ibidem sub pena – xx s. | †Ecia†m injunctum est eisdem quod nullus eorum receptat aut accipiat in hospicium aut †di†mittat aliquam mulierem non bone gubernacionis sui corporis aut aliquem vacabundum aliquam domum sub pena vj s. viij d.[6]

(141) ‖†Vet†us burgus †de Cro†cegatte‖ Curia tenta ibidem die Mercurii nono die Maii anno etc. supradicto (*9 May 1498*)
(D95) De Willelmo Gorden de Anwyk quia non venit ad respondendum Johanni Rosse in placito debiti, plegius Robertus Selby – iiij d.

(DC7) De Hugone Herperley quia non venit ad respondendum Willelmo Byers in placito detencionis, plegius Johannes Bablyngton – iiij d.

(D96) ‖Placitum‖ Alexander Bedom queritur de Johanne Tailyour in placito debiti – xvj d. sibi debitorum pro servisia, et ad dampnum – x d. Et defendens venit et fatetur – xv d. et residuum dedicit, videlicet j d. quem querens fatetur se perdonare. Ideo dictus Johannes in misericordia domini – iij d.

(142) ‖Vetus burgus de Crocegatte‖ Curia tenta ibidem die Mercurii xvj^to die Maii anno etc. supradicto (*16 May 1498*)
(D95) [De Willelmo Gorden de Anwyk quia non venit ad respondendum Johanni <Rosse> in placito debiti, plegius Robertus Selby – iiij d.] {quia tota districcio perditur in amerciamento}

(DC7) De Hugone Herperley quia non venit ad respondendum Willelmo Byers in placito detencionis, plegius Johannes Bablyngton – iiij d.

---

3 MS next, in what appears to be a pen trial, has (1) *Item presentant quod Johannes G quod quod* (2) *Ego*(*End of line lost*).
4 The corner is torn away and, in consequence, the margin for the first two entries is lost.
5 The MS uses *receptat* so frequently for *receptet* or *recipiat* that it has not been corrected.
6 The use of *dimitto* with accusatives for both direct and indirect objects is found again on fo. 5v.

fo. 2

(143) ‖Vetus burgus de Crocegatte‖ Curia tenta ibidem die Mercurii xxiij° Maii anno Domini millesimo CCCC^mo nonagesimo †octavo† (*23 May 1498*)

(DC7) De Hugone Herperley quia non venit ad respondendum Willelmo Byers in placito detencionis plegius Johannes †Bablyngton – iiij d.†

(F1) ‖Placitum‖ Johannes Watson et Johanna uxor ejus queruntur de Johanne Tomson in placito decepcionis unde (*2 cm.*) et dampnum habet ad valenciam – x s. Et defendens attachiatus fuit per unum coler de b(*1 cm.*) damask, j couerlett et j pelvem, precii inter se – ij s., plegius Ricardus Arnbrugh. Et defendens esson†iatur†. ‖Dedicit et ponitur super inquisicionem‖

(D97) ‖Placitum‖ Thomas Byttelstane de Dunelm' barcarius queritur de Galfrido Hall in placito debiti xxxviij †s.†

(D98) ‖Placitum‖ Thomas Byttelstane de Dunelm' barcarius queritur de Galfrido Hall in placito debiti xxx(*1 cm.*).

(D99) ‖Placitum‖ Idem Thomas Byttelstane barcarius queritur de Galfrido Hall in placito debiti – xxx (*1 cm.*), et ad dampnum – xxx s. Et defendens attachiatus fuit per unum coupewayne et octo boves cum yokez et sowmez precii inter se – liij s. iiij d., plegius Georgeus Rippon.

(144) ‖Vetus burgus de Crocegate‖ Curia tenta ibidem die Mercurii xxx° die Maii anno etc. supradicto (*30 May 1498*)

(DC7) De Hugone Herperley quia non venit ad respondendum Willelmo Byers in placito detencionis, plegius Johannes Bablyngton †– iiij d.†.

(144a) ‖Vetus burgus de Crocegate‖ Curia que fuisset tenta ibidem die Mercurii vj^to die Junii anno etc. supradicto continuatur ob reverencione festi Pentecostes usque proximam (*6 June 1498*)

(*No recorded business*)

(145) ‖Vetus burgus de Crocegate‖ Curia tenta ibidem die Mercurii xiij° die Junii anno etc. supradicto (*13 June 1498*)

(DC7) De Hugone Herperley quia non venit ad respondendum Willelmo Byers in placito detencionis, plegius Johannes Bablyngton – iiij d.

fo. 2v

(146) ‖†Vetus† burgus de Crocegate‖ Curia tenta ibidem die Mercurii xx° die Junii anno Domini millesimo CCCC^mo nonagesimo octavo (*20 June 1498*)

(DC7) De Hugone Herperley quia non venit ad respondendum Willelmo Byers in placito detencionis, plegius Johannes Bablyngton – iiij d.

(F1) ‖Panellum inter Johannem †Watson† et Johannam uxorem †eius† querentes et Johannem †T†omson defendentem‖ Johannes Robynson {+}, Thomas Armstrang{•}, Thomas Burdale {+}, Johannes Blonte barcarius{+}, Willelmus Stringher{•}, Johannes Tailyour{•}, Edwardus Foster{•}, Ricardus Smalewod{•}, Willelmus Hurde {+}, Johannes Bablyngton{•}, Robertus Hude {+}, Willelmus Bell{•}.

(D97, D98, D99) De Galfrido Hall pro licencia concordandi cum Thoma Byttelstane in iij placitis debiti [vij]

(147) ‖†Vetus† burgus †de† Crocegate‖ Curia tenta ibidem die Mercurii xxvij⁰ die Junii anno etc. supradicto (*27 June 1498*)
(DC7) De Hugone Herperley quia non venit ad respondendum Willelmo Byers in placito detencionis, plegius Johannes Bablyngton – iiij d.

(148) ‖†Vetus† burgus de Crocegate‖ Curia tenta ibidem die Mercurii iiij^to die Julii anno etc. supradicto (*4 July 1498*)
(DC7) De Hugone Herperley quia non venit ad respondendum Willelmo Byers in placito detencionis, plegius Johannes Bablyngton – iiij d.

(149) ‖Vetus burgus de Crocegate‖ Curia tenta ibidem die Mercurii xj⁰ die Julii anno etc. supradicto (*11 July 1498*)
(D100) ‖Placitum‖ Willelmus Smyth quondam de Cassop' queritur de Willelmo Bell in placito debiti – xiij d. sibi debitorum pro lana, ij peccis pisarum et j pisse sal<i>te, et ad dampnum suum – vj d. Et defendens essoniatur usque proximam curiam.

fo. 3[7]
(DC8) ‖Placitum‖ Johannes Baytmanson de Brome queritur de Johanne Watson et Johanna uxore ejus in placito detencionis pro (*2.5 cm.*) deliberavit Patricio Tynkler unum lavacrum vocatum a hynghand lauer precii – iij s. ad emendandum (*1.5 cm.*) Johanna uxor venit et injuste cepit dictum lavacrum a dicto Patricio et sic dictum lavacrum dicto querent*e* (*1 cm.*) etc., et ad dampnum suum – iij s. iiij d., plegius prosecucionis Georgeus Ryppon. Et defendens venit et dedicit detencionem p†redictam et† de hoc (*Incomplete*)

(DC7) Willelmus Byers venit et dicit quod Hugo Herperley ei injuste

---

7   The lower two-thirds of this page are severely damaged.

detinet iiij^{or} le bussells⁸ frumenti precii – iiij s. †iiij d., le bussell† precii
– xiij d., prout patet superius in placito, et ad dampnum suum – ij s.
Et dictus W†illelmus petit† habere liberacionem dictorum iiij^{or} bussel-
lorum frumenti. Et defendens venit et dedicit detencionem predictam et
super hoc (*3.5 cm.*) cum Roberto Hobson et erga proximam curiam. Et
concessum est ei ex concensu dicti W†illelmi† (*End of line lost*).

(U5) Galfridus Hall et Georgeus Ryppon fatentur se custodire Willelmum
(*5 cm.*) Byttelstane pro C s. contentis in quinque obligacionibus sub pena
– C s.

**(150) ‖Vetus burgus de Crocegate‖ Curia tenta ibidem die Mercurii
xviij° die Julii †anno etc. supradicto†** (*18 July 1498*)
(DC7) De Hugone Herperley quia defecit in perficiendo le†gem† (*5 cm.*)

(D101) ‖Placitum‖ Rogerus Bell queritur de Thoma Turnour (*7.5 cm.*) de
eo empt', et ad dampnum suum – ij s. (*8 cm.*) precii – liij s. iiij d., plegius
Robertus Se†lby† (*8.5 cm.*).

(D102) ‖Placitum‖ Cuthbertus Thomson queritur de Joh†anne† (*8.5
cm.*) lini, et ad dampnum suum – xij d. (*9.5 cm.*) et ij d. pro custagiis et
expensis. I(*10 cm.*).

fo. 3v
(D103) Idem Cuthbertus Tomson queritur de Willelmo Jakson in placito
debiti – ij s. iiij d. sibi debitorum pro iij boundes lini, et ad dampnum
suum – xij d. Et defendens venit et fatetur debitum predictum. Et super
hoc habet diem solvendi ad festum Sancti Michaelis proxime futurum
– xij d., et – x d. citra Nativitatem Domini, et – x d. citra festum Pasche, et
– x d. citra festum Pentecostes proxime futurum, sub pena execucionis.

(D100) Willelmus Bell venit et fatetur Willelmo Smyth – xiij d. pro debito
principali et – ij d. pro custagiis et expensis. Ideo in misericordia domini
– iij d.

(DC8) Placitum inter Johannem Baitmanson querentem et Johannem
Watson et Johannam uxorem ejus defendentes continuatur per xv^{am}.

**(151) ‖†Vetus Burgus de Crocegate†‖ Curia tenta ibidem die Mercurii
xxv^{to} die Julii anno Domini millesimo CCCC^{mo} nonagesimo octavo**
(*25 July 1498*)
(D104) †Jacobus T†ebson queritur de Thoma Colman in placito debiti

---

8   The French definite article implies that the clerk was thinking this to be a
    vernacular word.

– xx d. pro opere suo manuali †et ad dampnum† suum – vj d. unde querens dicit quod defendens promisit (*Incomplete*).

(D101) †De Rogero Bell† quia non prosecutus fuit placitum suum versus Thomam Turnour, plegius Willelmus Byers – iiij d.

(C5) †Thomas Colman† queritur de Jacobo Tebson in placito convencionis fracte pro eo quod fecit convencionem (*3.5 cm.*)d' ad firmam de dicto querente unum lyn loyme ad texandum super solvend' (*4 cm.*)ana temporis quo occupat dictum lyn loyme – ij d. unde dictus (*4.5 cm.*)upat et operatus est super lyn loyme per spacium lxxx septimanarum (*5 cm.*) s. iiij d. Et defendens venit et dedicit convencionem predictam et super hoc (*5.5 cm.*).

(D104) (*7 cm.*) †J†acobo Tebson in placito debiti. Ideo in misericordia domini – iij d.

fo. 4
(151a) ‖Vetus burgus de Crocegatte‖ Curia tenta ibidem die Mercurii viij° die Augusti anno Domini millesimo CCCC^mo †lxxxxviij°†[9]
(*8 August 1498*)
(*No recorded business*)

(152) ‖Vetus burgus de Crocegate‖ Curia tenta ibidem die Mercurii xxij° die Augusti anno etc. supradicto (*22 August 1498*)
(D105) ‖Placitum‖ Robertus Smyth queritur de Thoma Bogge in placito debiti – vij s. pro firma unius clausure vocate Fleshower ad festum Natale[10] Domini per unum annum elapsum sibi debitorum, et ad dampnum suum ij s. †Et† defendens attachiatus fuit per – xxx traivas[11] silionis[12] precii – xv s., plegius ballivus. Et ponit loco suo Thomam (*1 cm.*), plegius prosecucionis Thomas [Bentley] Colman. Et defendens non venit. Ideo in misericordia domini – iiij †d.†

(D106) ‖Placitum‖ Ricardus Swallowell queritur de Thoma Bogge in placito debiti – v s. viij d. unde deven†it† plegius pro (*Blank space of 7 cm.*), et ad dampnum suum – v s. Et defendens †attachiatus† fuit per – xxx traivas silionis[13] precii – xv s., plegius ballivus, plegius prosecu-

---

9 Margin badly repared.
10 MS *Natalis*.
11 *traiva*, thrave, two stooks, a measure of unthreshed grain (*OED*, under *thrave*).
12 Perhaps an error for *siliginis*.
13 The same distraint as in the last plea, serving for both.

cionis Thomas Colꝉmanꝉ. Et defendens non venit. Ideo in misericordia domini – iiij d.

(DC8, C5) ‖Panellum inter Johannem Batmanson de Brome querentem et Johannem Watson et Johannam uxorem ejus defendentes, et Thomam Colman querentem et Jacobum Tebson defendentem‖ Adam Greneswerd, Willelmus Robynson, Johannes Dogeson, Georgeus Lityll, Johannes (*Surname lost*), Willelmus Wray, Edwardus Foster, Ricardus Smalwode, Willelmus Johnson, ꝉJohannesꝉ Bablyngton, Johannes Herve et Willelmus Held.

(153) ‖Vetus burgus de Crocegate‖ Curia tenta ibidem die Mercurii xxix⁰ die Augusti anno etc. supradicto (*29 August 1498*)
(D105) Placitum inter Robertum Smyth querentem et Thomam Bogge defendentem continuatur usque proximam curiam.

(C5) De Jacobo Tebson pro licencia concordandi cum Thoma Colman in placito convencionis fracte. Ideo in misericordia domini – iij d.

fo. 4v
(154) ‖ꝉVetus burgus de Crocegateꝉ‖ Curia tenta ibidem die Mercurii quinto die Septembris anno Domini millesimo CCCC^{mo} lxxxviij⁰ (*5 September 1498*)
(D105) Thomas Bogge venit et fatetur Roberto Smyth – vij s. de quibus solvit Roberto Smyth per Willelmum Perley nomine suo denariorum receptorem – xxj d., et dicto Roberto – ij s. Et ad hanc curiam solvit residuum.

(D106) De Ricardo Swallowell quia non prosecutus fuit placitum suum versus Thomam Bogge, plegius Thomas Colman – iiij d.

‖Extracte facte sunt usque huc‖

(155*) ‖Vetus burgus de Crocegate‖ Curia capitalis tenta ibidem die Mercurii tercio die Octobris anno Domini millesimo CCCC^{mo} nonagesimo octavo coram dompno Georgeo monacho tunc sacrista Dunelm' (*3 October 1498*)
De Thoma Wytton, magistro hospitalis de Keipȝer, [hered*e* Johannis Ricroft] {comparuit}, Ricardo Layng essoniatur, hered*e* Johannis Hoton, Sibilla quondam uxore Willelmi Rakett, [hered*e* Johannis Dawdre] {comparuit}, Radulpho Bowes milite, hered*e* Willelmi Euers milite, hered*e* Roberti Paitson, hered*e* Johannis Hagthorp, [Thoma Colman] {comparuit}, Radulpho Melott, [Hugone Wall] {perdonatur per dominum}, hered*e* Willelmi Chaumbr*e* {in manu domini}, quia non venerunt ad faciendam sectam curie. Ideo quilibet eorum in misericordia domini – iiij d.

‖Panellum pro domino‖ Ricardus Smyrk {juratus}, Thomas Forest {juratus}, Lawrencius Toller {juratus}, Johannes Pryour {juratus}, Robertus Craik {juratus}, Ricardus Arnbrugh {juratus}, Johannes Woddemows {juratus}, Ricardus Bowman {juratus}, Willelmus Waynman {juratus}, Edwardus Patonson {juratus}, Thomas Spark {juratus}, Johannes Sorby {juratus}.

‖Memorandum‖ Agnes Pryour \vidua/ venit ad hanc curiam et sursum redidit (*Incomplete*).

fo. 5

(D107) ‖Placitum‖ Thomas Bittelstane queritur de Willelmo Kirkby de †*Dalton*† (*5.5 cm.*)[14] bonorum et catallorum que fuerunt Nicholai Kirkby patris sui, defuncti, in placito (*2.5 cm.*) videlicet pro precio xiij ovium matricium precii cujuslibet – xvj d., et ad dampnum suum – x s. †Et† defendens attachiatus fuit per unum equum nigri coloris et unam cellam cum freno precii inter se (*1.5 cm.*) plegius Thomas Randson. ‖Continuatur usque proximam curiam‖

(D108) ‖Placitum‖ Johannes Blonte queritur de Cuthberto Tomson in placito debiti – xiij s. pro pellibus ovinis et agnellinis de eo emptis, et ad dampnum suum iij s. iiij d. Et defendens venit et fatetur iiij s. v d. quos solvit in curia. Et dedicit residuum. Et hoc ponit se super inquisicionem et querens similiter.

Johannes Pottez tenet vj porcos vagantes infra burgum de quibus perdo-na*n*tur per senescallum curie ij porci. Ideo in misericordia domini – viij d.[15]

(DC8) De Johanne Watson pro licencia concordandi cum Johanne Batmanson de Brome in placito detencionis vij jur'.[16] Ideo in miseri-cordia domini – xij d.

Ricardus Smyrk et socii sui jurati pro domino presentant quod Johannes Fawell {xl d.} fecit affraiam super Johannem Hall contra pacem. | Item presentant quod uxor Johannis Watson tenet et hospitat quemdam Scotum et quamdam mulierem male gubernacionis in nocumento vicinorum. Ideo ipse in misericordia domini – xij d. | Item presentant quod Thomas

---

14 Margin badly repaired
15 This and the next entry are bracketed together, but the explanation for the bracket is smudged out.
16 This resolves the plea concerning detention of a 'hynghand lauer' first brought to court on 11 July (fo. 3). The record as it stands is here unintelligible; 'vij jur" should perhaps be understood as an error for 'unde jurata' (cf. fo. 4, which records the empanelling of twelve men).

Dobynson filius Willelmi Dobynson et Alicie uxoris sue filie Thome
Halyday et Johanne uxoris sue sororis Willelmi Chaumbre \senioris/
est heres propinquior[17] dicti Willelmi \Chaumbre/ de uno burgagio
jacenti in Aluertongate in Dunelm' juxta communem venellum etc.[18] (fo.
5v) Item presentant quod Johannes Henryson filius Willelmi Henryson
filii Johannis Henryson barcarius est heres propinquior dicti Johannis
et etatis xxiiij[or] annorum, qui quidem Johannes Henryson fuit seisitus[19]
de uno burgagio in Crocegate in Dunelm' etc.[20] | Item presentant quod
Robertus Broun posuit quemdam equum in simiterio Sancte Margarete
contra penam de – vj d. inde positam. Ideo ipse in misericordia domini,
plegius dicti Roberti Broun Georgeus Rippon. | Item presentant quod
quarterium ordii, quarterium avene et quarterium frumenti ultimo [die]
mercato et aliis diebus mercati vendebantur diversis preciis, videlicet
quarterium frumenti pro – iiij s., unum quarterium ordii pro – iij s. iiij d.
et unum quarterium avene pro – xviij d. Et super hoc dicti jurati dicunt
quod quilibet brasiator, pandoxator seu pandoxatrix potest vendere
communi popolo domini regis unam lagenam bone servisie pro – j d. ob.
secundum precium granorum supradicto modo emptorum sine prejudi-
cione alicujus rei etc. Ideo injunctum est omnibus eisdem \\quod// nullus
eorum vendat \unam lagenam bone servisie/ a festo Sancti Martini
proxime futuro usque idem festum extunc proxime sequens ultra – j d.
ob., quilibet sub pena forisfaciendi domino vj s. viij d. | Item presentant
quod omnes cerotecarii emerunt pelles lanutas et ovinas et forstallant in
diebus mercati. | Item presentant quod omnes frunitores emerunt pelles
bovinas et forstallant. | ‖Pene‖ Injunctum est omnibus tenentibus quod
nullus eorum receptat[21] aut accipiat in hospicium aliquam mulierem
non bone gubernacionis sui corporis aut aliquem vacabundum aliquam
domam dimittat sub pena forisfaciendi domino – vj s. viij d. | Et eciam
injunctum est omnibus tenentibus quod quilibet includat frontes suas
ante et retro inter proximum et proximum infra septimanam, quilibet
sub pena forisfaciendi – vj d. | Et eciam injunctum est omnibus tenen-
tibus quod nullus eorum ponat aliqua averia vel equos in cemiterio nec
ventulat aliquod granum sub pena forisfaciendi domino – vj s. viij d.
(fo. 6) ‖Afferacio servisie‖ Georgius Rippon {ij d.}, Georgeus Smerthwett
{iiij d.}, Johannes Blonte {ij d.}, Robertus S(2 cm.),[22] Thomas Randson {iiij
d.}, Johannes Potez {iiij d.}, Lawrencius Toller {ij d.}, Alicia Preston {ij d.},

---

17 MS propinquior(is).
18 This concerns Allergate 13 (Rental, 24): M. Camsell, The Development of a
    Northern Town in the Later Middle Ages: the City of Durham, c.1250–1540, 3
    vols (D. Phil. dissertation, University of York, 1985), II, p. 23.
19 MS seitis'.
20 This concerns Crossgate 22 (Rental, 152): Camsell, Development, II, p. 76.
21 The clerk's normal form.
22 Corner torn.

Johannes Wodmow†s† {iiij d.}, Willelmus Byers {iiij d.}, Agnes Hynde {ij d.}, Willelmus Walker {ij d.}, Jacobus Hynde {ij d.}, Johannes Lonesdalle {iiij d.}, Willelmus Bell {ij d.}, Christoforus Rothman {ij d.}.

(156) ‖**Vetus burgus de Crocegate**‖ **Curia tenta ibidem die Mercurii x⁰ die Octobris anno Domini millesimo CCCCᵐᵒ lxxxx†viij⁰†²³** (*10 October 1498*)

(D107) ‖Essonium‖ Willelmus Kyrkby essoniatur ad sectam Thome Bytte<l>stane usque proximam curiam.

(157) ‖**Vetus burgus de Crocegatte**‖ **Curia tenta ibidem die Mercurii xvij⁰ die Octobris anno etc. supradicto** (*17 October 1498*)

(D108) ‖Panellum inter Johannem Blonte querentem et Cuthbertum Tomson defendentem‖ Willelmus Cawsy {juratus}, Johannes Schipley {juratus}, Willelmus Hurde {juratus}, Robertus Colson {juratus}, Willelmus Robynson {juratus}, Stephanus Tomson {juratus}, Hugo Rowll {juratus}, Johannes Bradwod {juratus}, Johannes Douckett {juratus}, Roulandus Robynson {juratus}, Michaellis Preston {juratus}, Willelmus Johnson {juratus}.

(D107) De Willelmo Kirkby quia non venit ad respondendum Thome Byttelstane in placito detencionis, plegius Thomas Randson – iiij d.

(D109) Johannes Watson venit et fatetur Thome Byttelstane – xij d. solvendos ad festum Sancti Martini proxime futurum sub pena execucionis.

fo. 6v

(158) ‖**Vetus burgus de Crocegate**‖ **Curia tenta ibidem die Mercurii xxii<i>j⁰ die Octobris anno Domini millesimo CCCCᵐᵒ lxxxxviij⁰** (*24 October 1498*)

(D107) Willelmus Kyrkby habet diem vadiari legem suam se vijᵗᵃ manu.

(D108) Johannes Blonte venit et petit decem talles

(159) ‖**Vetus burgus de Crocegate**‖ **Curia tenta ibidem die Mercurii ultimo die Octobris anno etc. supradicto** (*31 October 1498*)

(D107) Lex inter Thomam Byttelstane querentem et Willelmum Kyrkby defendentem essoniatur per dictum querentem.

(D108) ‖Talles‖ Ricardus Farne, Robertus Hude, Johannes Byddyk, Willelmus Wray, Johannes Watson, Georgeus Lytyll.

---

23 Margin cropped.

(U6) De Stephano Esshett pro licencia concordandi cum Roberto Sharp. Ideo in misericordia domini – iij d. sol*uti* ballivo.

(D108) ‖Veredictum‖ Willelmus Cawsy et socii sui jurati inter Johannem Blonte querentem et Cuthbertum Tomson defendentem in placito debiti dicunt super sacramentum suum quod dictus Cuthbertus debet dicto Johanni Blonte – vj s. viij d. prout patet in placito et declaracione et taxant dampnum et custagia et expensas inter se ad xvj d. Ideo consideratum est per curiam quod dictus Johannes Blounte recuperat dictos – vj s. viij d. pro debito principali et dictos – xvj d. pro custagiis et expensis etc. Et dictus Cuthbertus in[24] misericordia domini – xij d.[25]

fo. 13

(160*) ‖**Vetus burgus de Crocegate**‖ **Curia capitalis tenta ibidem die Mercurii ix° die Januarii anno Domini millesimo CCCC^mo nonagesimo octavo coram dompno Georgio monacho tunc sacrista Dunelm′**
(*9 January 1499*)
(U8) De Willelmo Byers quia \non/ prosecutus fuit querelam suam versus Johannem Hudesmawgh – ij d. sol*uti* sacriste

(U9) De Willelmo Byers quia prosecutus \non/ fuit querelam suam versus Johannem Hernesby – ij d. sol*uti* sacriste

De Thoma Wytton, magistro hospitalis de Keipʒer, hered*e* Johannis Hotten, Alicia quondam uxore Johannis Preiston {comparuit}, Johanne Wodmows {essoniatur}, Willelmo Richerdson, Sibilla quondam uxore Willelmi Rakett, hered*e* Johannis Daudre, [Radulpho Bowes milite] {quia in fine}, hered*e* Willelmi Euers militis, hered*e* Roberti Paitson, hered*e* Johannis Hagthorp, Thoma Colman, Ricardo Smyrk {essoniatur}, Radulpho Melott, Johanne Sorby {essoniatur}, Willelmo Smethirst {essoniatur}, hered*e* Roberti Warham senioris.

‖Panellum pro domino‖ Willelmus Byers {juratus}, Thomas Forest {juratus}, Johannes Blount {juratus}, Willelmus Waynman {juratus}, Ricardus Arnebrugh {juratus}, Johannes Pryour {juratus}, Lawrencius Toller {juratus}, Hugo Wall {juratus}, Ricardus Bowman {juratus}, Thomas Spark {juratus}, Robertus Crayk {juratus}, Ricardus Layng {juratus}, jurati pro domino presentant quod Johannes Smethirst fecit affraiam super Johannem Bateson shomaker. Ideo preceptum est ballivo eum attachiare. ‖Attach*ietur*‖ | Item presentant quod Robertus Hude {misericordia}, Thomas Gray {perdonatur}, Thomas Burdeale dimiserunt le bakehowsys diversis vacabundis contra penam. | Item presentant

---

24 MS repeats *in*.
25 The section of this entry from *Ideo consideratum est* is in a second hand.

quod Agnes Hyne fuit (*Incomplete*). | Item presentant quod Cristoforus Henrison habuit equos suos in cimiterio contra penam. Item presentant Robertum \Elve†††/ pro consimili {attachi*etur*}. | Item presentant quod Johanna uxor Johannis Wodemous \\vilependebat// Ricardum Boweman unum juratorum pro domino ad ultimam curiam capitalem vocans eum a fawce herlodd. (*fo. 13v*) ‖Pene‖ Pena ponitur quod omnes habentes sterquilinia,[26] cineres \ac ligna/[27] et alia fetida jacencia ante frontes suas[28] ea amoveant citra festum Sancti Cuthberti in Marcio proxime futurum, quilibet sub pena – xl d. Et injunctum est omnibus tenentibus quod includant frontes suas ante et retro citra dictum festum – xij d. Et eciam injunctum est Willelmo Richerdson, Thome Shekelok \capellano/, et Alicie Morten quod amoveant Scotos manentes in tenementis suis citra festum Pentecostes proximum, quilibet sub pena forisfaciendi – iij s. iiij d.

fo. 14

(161) ‖**Vetus burgus de Crocegate**‖ **Curia tenta ibidem die Mercurii xvj^{to} die Januarii anno Domini millesimo CCCC^{mo} nonagesimo octavo** (*16 January 1499*)
[De Johanne Sorby]

De Ricardo Smyrk quia non venit ad warand*izandum* essonium suum – iiij d.

(161a) ‖**Vetus burgus de Crocegate**‖ **Curia tenta ibidem die Mercurii vj° die Februarii anno Domini millesimo CCCC^{mo} nonagesimo octavo** (*6 February 1499*)
(*No recorded business*)

(161b) ‖**Vetus burgus de Crocegate**‖ **Curia tenta ibidem die Mercurii xiij° die Februarii anno Domini millesimo CCCC^{mo} nonagesimo octavo** (*13 February 1499*)
(*No recorded business*)

(162) ‖**Vetus Burgus de Crocegate**‖ **Curia tenta ibidem die Mercurii xx° die Februarii anno Domini millesimo CCCC^{mo} nonagesimo octavo** (*20 February 1499*)
Memorandum quod xvj^{to} die Februarii anno etc. supradicto Johannes Blounte et Georgeus Rippon manuceperunt \coram ballivo/ pro Roberto Henrison de Novo Castro de pace gerenda versus Alexandrum (*Blank*

---

26 MS *sterquinlinia*.
27 The insertion is misplaced to read 'et alia ac ligna fetida'.
28 MS has a redundant *quod* following *suas*.

space of 2.5 cm.)[29] et Ricardum (*Blank space of 2 cm.*) usque festum Pasche proxime futurum sub pena forisfaciendi domino – x li.

Et Johannes Forman et Hugo Wall manuceperunt coram senescallo curie pro Alexandro (*Blank space of 2 cm.*) et Ricardo (*Blank space of 2 cm.*) de pace gerenda versus Robertum Henryson de Novo Castro usque festum Pasche proxime futurum sub pena forisfaciendi – x li.

fo. 14v

(163*) ‖Vetus burgus de Crocegatte‖ Curia capitalis tenta ibidem die Mercurii decimo die Aprilis anno Domini millesimo CCCC^{mo} nonogesimo nono coram dompno Georgio monacho tunc sacrista Dunelm' (*10 April 1499*)

De Thoma Wytton, magistro hospitalis de Keip3er, here*de* Johannis Hotton, Willelmo Richardson, [here*de* Willelmi Rakett] {essoniatur}, Sibilla quondam uxor Willelmi Rackett, here*de* Willelmi Euers millitis, here*de* Roberti Paitson, here*de* Johannis Hagthrop, Radulpho Mellott, Ricardo Bowman.

‖Panellum pro domino‖ Ricardus Smyrk {• juratus}, Willelmus Smethirst {• juratus}, Johannes Sorby {• juratus}, Thomas Colman {• juratus}, Willelmus Waneman {• juratus}, Thomas Forest {juratus}, Johannes Priour {• juratus}, Lawrencius Toller {• juratus}, Hugo Wall {juratus}, Thomas Spark {juratus}, Robertus Craik {• juratus}, Ricardus Arnebrugh {• juratus}, jurati.

fo. 15

(T63) ‖Placitum‖ Willelmus Byers queritur <versus> Johannem Catrik armigerum in placito transgressionis eo quod non includit clausuram suam vocatam Bayrdclosse nuper in tenura Thome Bogge per quod \idem Willelmus/ habet dampnum ad valenciam – v s.

Ricardus Smyrk et socii sui jurati pro domino presentant super sacramentum suum quod Alexander Johnson \wryght/ fecit affraiam in Robertum Henrison de Novo Castro, plegii Hugo Wall et Johannes Forman. | Item presentant quod Thomas Gra \pro muliere quam prius habuit/, \Johannes Maxwell, Johannes Blont[30]/ receptant et hospitati sunt[31] Scotos et vagabundos et dimittant domos. | Item presentant quod uxor Johannis Wodmows {vjd.} vend*idit* ollam servisie continentem iiij

---

29 Alexander Johnson. See the presentments of 10 April.
30 Above the name of John Blont, an insertion upon an insertion, is the word *dimis(it)*.
31 MS *hospitat' fuit.*

lagenas servisie pro – vij d. (*Blank space of 4.5 cm.*) et unam ollam servisie continentem ij lagenas servisie Laurencio Toller contra penam. | Item presentant[32] Johannem Priour pro ij sterquil<i>niis. | Pena ponitur quod quilibet includat cepes et frontes suas \ante et retro/[33] citra festum Invencionis Sancte Crucis, quilibet sub pena forisfaciendi – xij d.

fo. 15v
‖Fidelitas‖ Robertus Baxter de villa Novi Castri super Tinam marchand venit ad hanc curiam et fecit fidelitatem suam domino pro uno burgagio cum suis pertinenciis in Sowthstreit in Dunelm' ex parte orientali inter burgagium pertinens sacriste Dunelm' ex parte australi et burgagium pertinens communiario Dunelm' ex parte boriali, quod quidem burgagium cum suis pertinenciis habet ex dono et concessione Thome prioris ecclesie cathedralis Dunelm', Georgi Cornefurth monachi sacriste ejusdem, et ejusdem loci conventus, ad terminum vite sue, prout patet per cartam suam cujus data est apud Dunelm' octavo die Aprilis anno regni regis Henrici septimi post conquestum Anglie quartodecimo. Et dat domino pro fine iij s. iiij d. quos solvit sacriste. Et jura*t*.[34]

fo. 16
(164) ‖Vetus burgus de Crocegatte‖ Curia tenta ibidem die Mercurii xvij° die Aprilis anno Domini millesimo CCCC^mo nonagesimo nono (*17 April 1499*)
(T63) Secundus defectus Johannis Catrik ad sectam Willelmi Byers.

(T63) Placitum inter Willelmum Byers querentem et Johannem Catrik armigerum defendentem continuatur usque proximam curiam.

(165) ‖Vetus burgus de Crocegatte‖ Curia tenta ibidem die Mercurii xxiiij^to die Aprilis anno Domini millesimo CCCC^mo nonagesimo nono (*24 April 1499*)
(T63)Tercius defectus Johannis Catrik ad sectam Willelmi Byers.

(166) ‖Vetus burgus de Crocegate‖ Curia tenta die Mercurii quinto die Junii anno Domini millesimo CCCC^mo nonagesimo nono (*5 June 1499*)
(DC9) ‖Placitum‖ \Thomas Mawer [et] Johannes Swayn, capellani/ et Matilda Cave [filia et] execut[rix]\\ores// testamenti Willelmi Cave nuper de Dunelm' defuncti queritur de Hugone Herperle in placito [debiti] \\detencionis// xiij s. [iiij d.] quos promisit solvere dicto Willelmo \et assignatis suis/ ad festum Purificacionis Beate Marie anno Domini

---

32 MS has a redundant *quod* following *presentant*.
33 The omission mark is misplaced between *fontes* and *suas*.
34 MS *jure*. This concerns part of South Street 15 (Rental, 76).

millesimo CCCC^mo nonagesimo septimo etc. ad quod festum non solvit
etc. unde deterio*ata* est et dampnum habet ad valenciam – vj s. viij d.
Et defendens attachiatus fuit per unum equum coloris albi precii – viij
s, plegius Johannes Neill, plegius prosecucionis Johannes Wodmows.
‖Dedicit detencionem‖[35]

(D110) De Hugone Herperle quia non venit ad respondendum Thome
Mawer, Johanni Swayn et Matilde Cave, executoribus testamenti Willelmi
Cave, in placito debiti. Ideo in misericordia domini – iiij d. \plegius
Johannes Neill/. ‖Se viij^a manu‖

fo. 16v
(166a) ‖**Vetus burgus de Crocegatte**‖ **Curia tenta ibidem die Mercurii
xij die Junii anno Domini millesimo CCCC^mo nonogesimo nono**
(*12 June 1499*)
(*No recorded business*)

(167) ‖**Vetus burgus de Crocegatte**‖ **Curia tenta ibidem die Mercurii xix
die Junii anno Domini millesimo CCCC^mo nonogesimo nono** (*19 June
1499*)
(DC9, D110) ‖Essonium‖ Lex inter Thomam Mawer, Johannem Swayn,
et Matildam Cave, executores testamenti Willelmi Cave, et Hugonem
Herperle, essoniatur per dictum Hugonem.

(168) ‖**Vetus burgus de Crocegate**‖ **Curia tenta ibidem die Mercurii
xxvj^to die Junii anno Domini millesimo CCCC^mo nonogesimo nono**
(*26 June 1499*)
(DC9, D110) ‖Essonium‖ Lex inter Thomam Mawer, Johannem Swayn,
\capellanos/, et Matildam Cave, executores testamenti Willelmi Cave,
et Hugonem Herperle, essoniatur per dictos Thomam, Johannem et
Matildam.

fo. 17
(169) ‖**Vetus burgus de Crocegate**‖ **Curia tenta ibidem die Mercurii
tercio die Julii anno Domini millesimo CCCC^mo nonogesimo nono** (*3
July 1499*)
(D111) ‖Placitum‖ Alexander Gybson, capellanus, queritur de Willelmo
Snayth in placito debiti – ix s. sibi debitorum pro dimid' celdre brasii mixti
de eo empt', solvendorum cum et quando requisitus fuit, et ad dampna
sua – (*Blank space of 1 cm.*) Et defendens attachiatus fuit per unam equam

---

35 In spite of the amendment to the character of this plea, from debt to detention,
    it seems to become merged with D110. The original formulation of the plea
    had Matilda Cave as sole plaintiff; the *et* in front of her name was presumably
    added when the names of the other two executors were interlined.

nigram precii – vij s., plegius Georgius Rippon, plegius prosecucionis Ricardus Arnebright.[36] Et defendens venit et dedicit debitum predictum et petit vadiari legem suam, et concessum est ei lex se ix[a] manu.

(D110) De Thoma Mawer, Johanne Swayn, capellanis, et Matilda Cave, executoribus testamenti Willelmi Cave, quia non prosecuti fuerunt placitum suum versus Hugonem Herperle unde lex, plegius Johannes Wodmows.

fo. 17v[37]

(170) ‖Vetus burgus de Crocegate‖ Curia tenta ibidem die Mercurii x° die Julii anno Domini millesimo CCCC^{mo} nonogesimo nono (*10 July 1499*)

(D112) ‖Placitum‖ Thomas Stevynson queritur de Hugone Herperley in placito debiti – ij s. sibi debitorum pro carne boum de eo empto, et ad dampnum suum – ij s. Et defendens attachiatus fuit per unum nigrum equum precii – vij s., plegius Johannes Colson, plegius prosecucionis Ricardus Arnebrugh. Et super hoc venit Thomas Herperley, filius dicti Hugonis, et petit hamaldacionem dicti equi, et concess*a* est ei hamaldacio \\erga// proximam curiam se vij^{ma} manu. Ad quem diem venit cum Adamaro Herperley, Johanne Smyth, Willelmo Bell, Hugone Robertson, Ricardo Walker et Willelmo Colson et jur*averunt*. Ideo placitum cassatur.

(D111) De Alexandro Gibson, capellano, quia non prosecutus fuit querelam suam versus Willelmum Snayth in placito debiti, plegius Ricardus Arnebrugh [Ideo in] unde lex – vj d.

fo. 18

(170a) ‖Vetus burgus de Crocegate‖ Curia tenta ibidem xvij° die Julii anno Domini millesimo CCCC^{mo} nonogesimo nono (*17 July 1499*)
(*No recorded business*)

(171) ‖Vetus burgus de Crocegate‖ Curia tenta ibidem die Mercurii xiiij^{to} die Augusti anno Domini millesimo CCCC^{mo} lxxxx†ix†[38] (*14 August 1499*)

(D113) ‖Placitum‖ Thomas Byttelston queritur de Galfrido Hall in placito debiti – x s., et ad da†mpnum† suum – ij s. Et attachiatus fuit per (*Blank space of 9–10 cm. to the end of the line*) Et defendens essoniatur usque proximam curiam.

---

36 MS *Anrebright'*.
37 This page begins with a false start: the letters *Ve* for *Vetus* were positioned too far to the left, and the clerk began again.
38 Margin cropped.

(172) ‖Vetus burgus de Crocegate‖ Curia tenta ibidem die Mercurii xxj°
die Augusti anno Domini millesimo CCCC^{mo} nonogesimo nono (*21
August 1499*)

(D114) ‖Placitum‖ Willelmus Atkynson queritur de Roberto Kirkley in
placito debiti – (*Sum lost*),[39] et ad dampnum suum – viij d. Et defendens
attachiatus fuit per unum †equum† gresselli coloris precii – viij s. plegius
W. [Smyth] \\Smethirst//, plegius prosecucionis Thomas Bittelston.

fo. 18v

(173) ‖Vetus burgus de Crocegate‖ Curia tenta ibidem die Mercurii
xxviij° die Augusti anno Domini millesimo CCCC^{mo} nonogesimo
nono (*28 August 1499*)

(D113) De Galfrido Hall quia non venit ad respondendum Thome Bittelston in placito debiti, plegius (*Incomplete*) [iiij d.] {quia continuatur per
partes}.

(D114) Placitum inter Robertum Kirkley seniorem defendentem, et
Willelmum Atkynson querentem continuatur usque xv^{am}. ‖Contin-
uatur‖

(174) ‖Vetus burgus de Crocegate‖ Curia tenta ibidem die Mercurii xj°
die Septembris anno Domini millesimo CCCC^{mo} nonogesimo nono
(*11 September 1499*)

(U10) De Ricardo Smyrk quia non prosecutus fuit querelam suam versus
Willelmum Buk. Ideo in misericordia domini – ij d.

(175) ‖Vetus burgus de Crocegate‖ Curia tenta ibidem die Mercurii
xviij° die Septembris anno Domini millesimo CCCC^{mo} nonogesimo
nono (*18 September 1499*)

(D114) De Roberto Kyrkley pro licencia concordandi cum Willelmo
Atkynson. Ideo in misericordia domini – iiij d. Et solvit sacriste.

(D113) Galfridus Hall venit et fatetur se debere Thome Bythelstane – x
s. sicut patet in placito. Ideo in misericordia domini – iiij d. de quibus
solvit in curia – vj s. et de iiij^{or} solidis remanentibus dictus querens dedit
ei unum mensem solvere dictos iiij^{or} solidos cum custagiis et expensis.

fo. 19

(176) ‖Vetus burgus de Crocegatte‖ Curia tenta ibidem die Mercurii
xxv^{to} die Septembris anno Domini millesimo CCCC^{mo} nonogesimo
nono (*25 September 1499*)

(D115) ‖Placitum‖ Thomas prior Dunelm' et ejusdem loci communiarius per Ricardum Batmanson attornatum suum queruntur de Johanne

---

39 Margin cropped.

Tomson tynkler in placito debiti – ij s. pro firma sibi debitorum, et ad dampnum suum – †ij d.† Et defendens venit et fatetur – ij s. predictos et ij d. pro custagiis etc. Ideo in misericordia.

fo. 19v
†Extracte† facte sunt †usque† huc.

(177*) ‖**Vetus burgus de Crocegate**‖ **Curia capitalis tenta ibidem die Mercurii secundo die Octobris anno Domini millesimo CCCC^mo nonogesimo nono coram dompno Georgio monacho tunc sacrista Dunelm'** (*2 October 1499*)
‖Esson*ia*‖ Johannes Blunt, Ricardus Layng.

Willelmus Essh consanguineus et heres Elizabeth Dawtry venit ad hanc curiam et fecit fidelitatem.[40] ‖ (*a*) Debet feodum curie solvere citra festum Sancti Martini. (*b*) Finis – iij s. iiij d. (*c*) Jur*at*‖

‖Panellum pro domino‖ Willelmus Essh {• juratus}, Ricardus Smyrk {• juratus}, [Thomas Forest {•}], Georgius Ryppon{• juratus}, \\Willelmus// Wayneman {• juratus}, Edwardus Patonson {• juratus}, Johannes Priour {• juratus}, Thomas Colman {• juratus}, Laurencius Toller {• juratus}, Ricardus Arnbrugh {• juratus}, Thomas Spark {• juratus}, Johannes Sowrby {• juratus}, Robertus Crayke {• juratus}.

Johannes Pottez venit ad hanc curiam (*Incomplete*).

fo. 20
De Thoma Witton, magistro hospitalis de Keipʒere, [hered*e* Johannis Ricroft] {quia comparuit}, hered*e* Johannis Hotton, [hered*e* Willelmi Rakett] {essoniatur}, Sibilla quondam uxore Willelmi Rakett senioris, hered*e* Willelmi Euers militis, hered*e* Roberti Paitson, hered*e* Johannis Hagthorp, [hered*e* Willelmi Wherham] {quia comparuit}, Radulpho Mellott.

Willelmus Essh et socii sui jurati pro domino dicunt super sacramentum suum quod quarterium frumenti, quarterium ordii et quarterium avene ultimo mercato et aliis diebus mercati vendebantur diversis preciis, videlicet quarterium frumenti pro – iij s. vj d., unum quarterium ordii pro – iij s. et unum quarterium avene pro – xiiij d. Et super hoc dicti jurati dicunt quod quilibet brasiator, pandoxator seu pandoxatrix potest vendere communi popolo domini regis unam lagenam bone servisie

---

40 This includes one of the burgages of South Street 32 (Rental, 91) together with South Street 41 and 42 (Rental, 127–8): Camsell, Development, II, pp. 195, 200–1.

pro – j d. ob. secundum precium granorum supradicto modo emptorum sine perdicione alicujus rei etc. Ideo injunctum est omnibus eisdem quod nullus eorum vendat unam lagenam bone servisie a festo Sancti Martini proxime futuro usque idem festum extunc proxime sequens ultra – j d. ob., quilibet sub pena forisfaciendi domino – vj s. viij d. | Item presentant quod Robertus Blounte berker {iij s. iiij d.}, fecit affraiam in Christoforum Batte. | Item presentant quod Robertus Wharham occupat unum burgagium in Sowthstreit.[41] | Item presentant quod Radulphus Bowman {vj d.} et Johannes Neill {vj d.} emerunt \et forstallaverunt/ pelles lanutas in diebus mercati. (*fo. 20v*) ‖Afferacio servisie‖ Johannes Robynson {ij d.}, Christoforus Rothman {ij d.}, Johannes Blounte berker {ij d.}, Alicia Tedcastre {ij d.}, uxor Willelmi Bell {ij d.}, Robertus Wharham {ij d.}, Willelmus Colson {ij d.}, Georgius Rippon {ij d.}, Georgio (*Incomplete*).

‖Fidelitas‖ Willelmus Owrefelde venit ad hanc curiam et fecit fidelitatem suam domino pro uno burgagio in Sowthstreit in Dunelm' ex parte orientali, inter burgagium Roberti Baxter ex parte australi et burgagium pertinens sacriste Dunelm' ex parte boriali, quod quidem burgagium cum suis pertinenciis habet ex dono et concessione Thome prioris ecclesie cathedralis Dunelm', Georgi Cornefurth monachi sacriste ejusdem, et ejusdem loci conventus, ad terminum vite sue, prout patet per cartam suam cujus data est apud Dunelm' secundo die Octobris anno regni regis Henrici septimi post conquestum Anglie quintodecimo. Et dat domino pro fine – (*No sum entered*).[42]

‖Fidelitas‖ Johannez Pottez venit ad hanc curiam et fecit fidelitatem suam domino pro uno burgagio in Crocegate in veteri burgo Dunelm' \\jacenti// inter unum burgagium gilde Sancti Cuthberti ex parte orientali et unum burgagium pertinens eidem gilde Sancti Cuthberti ex parte occidentali, quod quidem burgagium gilde predicte ex parte occidentali perantea fuit quoddam venellum ducens ad le Westorchard et modo de novo est edificatum per fratres gilde predicte in uno tenemento. Et aliud venellum ducens ad le Westorchard' predictum de novo constructum est et situatum ad occidentalem partem ejusdem burgagii pertinentis gilde predicte, quod quidem burgagium cum suis pertinenciis habet ex dono et concessione Johannis Henryson, filii et heredis Willelmi Henryson, filii et heredis Johannis Henryson quondam de Dunelm' berker, defuncti, imperpetuum, prout patet per cartam suam cujus data est apud Dunelm' decimo septimo die Maii anno regni regis Henrici septimi post conquestum Anglie quartodecimo.[43]

---

41 South Street 18 (Rental, 79): Camsell, Development, II, p. 179.

42 This concerns part of South Street 15 (Rental, 76).

43 This concerns Crossgate 22 (Rental, 152): Camsell, Development, II, p. 76. John Henryson was reported to be the heir in court 155*.

fo. 21[44]

(178) Curia tenta ibidem die Mercurii ix⁰ die Octobris anno etc. supradicto (*9 October 1499*)

Johannes Pottez {[vj] \\iiij// por*ci* ponitur <in> misericordia}, Roulandus Robynson {ij ponit se <in> misericordia}, Alicia Preston {ij in misericordia}, Jacobus Hynde {j in misericordia}, Georgius Smorthwate {ij in misericordia}, Willelmus Jakson {ij misericordia}, Georgius Ryppon {j}. Item Willelmus Waneman habuit vagantes ij porcos in vico contra penam.[45] ‖Intrantur in extracto precedenti (*bracketed to all the presentments for stray pigs*)‖

Johannes Neile venit et dicit quod est licitum ei emere pelles lanutas \\venientes// ad forum emendendas in diebus mercati ante tenuram suam et de hoc ponit se super inquisicionem et dominus similiter.

Radulphus Bowman venit et ponit se in misericordia domini pro forstallacione et empcione pellium lanutarum in diebus mercati.

fo. 21v[46]

(179) Curia tenta ibidem die Mercurii xxiij⁰ die Octobris anno etc. millesimo CCCC^mo lxxxxix (*23 October 1499*)

(D116) ‖Placitum‖ Johannes Barne queritur de Johanne \\Wodemows// in placito debiti – xx d., et ad dampnum suum – vj d., plegius prosecucionis Ricardus Arnbrugh. ‖j^us defectus‖

(C6) ‖Placitum‖ Idem Johannes Barne queritur de eodem Johanne Wodemows in placito convencionis fracte, unde deterio*tur* et dampnum habet ad valenciam – xxxiij s. iiij d., plegius prosecucionis Ricardus Arnbrugh. ‖j^us defectus‖

(D117) De Willelmo Colson pro licencia concordandi cum elimosinario Dunelm' in querela debiti – iij d.

(180) Curia tenta ibidem die Mercurii xxx⁰ die Octobris anno etc. supradicto (*30 October 1499*)

(D116, C6) ‖Secundus defectus in ij^bus placitis‖ Johannes Wodmows defendens ad sectam Johannis Barne querentis.

fo. 22

(181) Curia tenta ibidem die Mercurii vj^to die Novembris anno etc. supradicto (*6 November 1499*)

---

44 The upper 10 cm. of this page are blank.
45 The sentence about William Waneman is in a different ink and apparently added after the rest of this paragraph and the marginal note.
46 The upper 7 cm. of this page are blank.

(D118) ‖Placitum‖ Willelmus Sluthman queritur de Willelmo Wilberne in placito debiti – vij s. xj d. videlicet vij s. aretro existencium de precio diversorum boum de †eo†[47] emptorum etc., xj d. pro cibo et potu debitorum, et ad dampnum suum – ij s. Et defendens attachiatus fuit per unam equam gressi coloris precii – vij s., plegius ballivus (*Blank space of 6.5 cm.*), plegius prosecucionis Ricardus Colson smyth. Et defendens venit et fatetur ij s. iiij d. pro bobus et xj d. pro cibo et potu. Et dedicit residuum, et petit vadiari legem suam, et concessum est ei se vjª manu. ‖Inde solvit iiij s. v d. et debet cum expensis – iij s. viij d.‖

(182) Curia tenta ibidem die Mercurii xiij die Novembris anno supradicto (*13 November 1499*)
(D116, C6) Primus dies ut liber Johannis Wodmous defendentis ad sectam Johannis Bayne.

(U11) De W. Waneman quia non prosecutus fuit querelam suam versus Ricardum Caa [in placito d] – ij d.

(D118) De Willelmo Wilbarne quia non venit ad perficiendam legem suam versus Willelmum Sluthman in placito debiti – (*Blank space of 3 cm.*) Ideo condemp†natur†. ‖vj d.‖

fo. 22v
(183) Curia tenta ibidem die Mercurii \xxº die Novembris/ anno etc. supradicto (*20 November 1499*)
(D116, C6) Secundus dies ut liber Johannis Wodmows.

(184) Vetus burgus [Dunelm'] de Crocegate. Curia tenta ibidem die Mercurii xxvijº die Novembris anno etc. supradicto (*27 November 1499*)
(D116, C6) Tercius dies ut liber Johannis Wodmous defendentis ad sectam Johannis Barne.

(185) Burgus Dunelm'. Curia tenta ibidem die Mercurii quarto die Decembris anno etc. supradicto (*4 December 1499*)
(D119) ‖Placitum‖ Rogerus Bell queritur <de> Roberto Colson in placito debiti – v s. ij d., et ad dampnum suum – xij d., plegius prosecucionis Ricardus Arnbrugh. Et defendens essoniatur. ‖Ponitur super inquisicionem‖

(D116, C6) Primum essonium Johannis Wodemous defendentis ad sectam Johannis Barne.

---

47 Margin cropped.

fo. 23

(D103) ‖Appreciacio‖ Thomas Colman, Johannes Priour, Johannes Wodmows et Willelmus Orffeld apprecia*verunt* xxxij clewys le gayrne albi coloris \ponderantes x libras dimidiam {ij s.} et unam callam[48] pro gallin*is* {j d.}, et ij swyllez {ij d.} †*tet*† unum gestrum[49] {iiij d.}/ capt*a* de bonis Willelmi Jakson virtute execucionis ad sectam Cuthberti Tomson pro – ij s. pro debito principali et pro vj d.[50] pro custagiis et expensis.

(186) Curia tenta ibidem die Mercurii xj° die Decembris anno etc. supradicto (*11 December 1499*)
(D119) De Roberto Colson quia non venit ad respondendum Rogero Bell in placito debiti – [iij d.] tunc \defendens/ venit postea et ponitur in arbitrio iiij°ʳ vicinorum.

(D116, C6) Secundum essonium Johannis Wodmows ad sectam Johannis Barne.

fo. 23v

(187*) ‖Vetus Burgus de Crocegate‖ Curia capitalis tenta ibidem die Mercurii viij° die Januarii anno Domini millesimo CCCCᵐᵒ nonagesimo nono (*8 January 1500*)
(D120) ‖Placitum‖ Johannes Blont queritur de Thoma Richerdson in placito debiti – xx d. pro sepe[51] de eo empto, et ad dampnum suum – iiij d. Et defendens attachiatus fuit per unum equum album precii – v s., plegius Robertus Colson. Et defendens venit et dedicit debitum predictum. Et hoc petit[52] vadiari legem suam et concessum est ei se viijᵃ manu. ‖Se viijᵃ manu‖

‖Panellum pro domino‖ Willelmus Richerdson {• juratus}, Robertus Wharham {• juratus}, Thomas Forest {• juratus}, Robertus Crake {• juratus}, Willelmus Waneman {• juratus}, Johannes Priour {• juratus}, Johannes Blont {• juratus}, Thomas Colman {• juratus}, Hugo Wall {• juratus}, Edwardus Patonson {• juratus}, Johannes Sowerby {• juratus}, [Johannes Wodmous {•}], Willelmus Owrfeld {• juratus}.

Robertus Wherham venit et fecit fidelitatem suam domino pro ijᵇᵘˢ burgagiis simul jacentibus in Sowthstreit in Dunelm' super le Estraw

---

48 *calla*, coop (*DML*, under *caula*, 2e).
49 *gestrum*, dagger (*DML*, under *gestrum*).
50 Following *vj d.* MS has redundant *denariis* (cf. plea PA1 in court 285).
51 Perhaps for *sebo*, tallow. Cf. court 422, plea D221.
52 MS has a superfluous suprascript *t* above the *e* of *petit*.

inter burgagium Thome Forest ex parte boriali et burgagium quondam Radulphi Euerez militis ex parte australi.[53]

fo. 24

De herede Johannis Hoton, herede Willelmi Hagthrop, Radulpho Melott, magistro hospitalis de Keipȝere, Thoma Wotton, herede Roberti Paitson, Ricardo Bowman {essoniatur}, Sibilla quondam uxore Willelmi Rakett, herede Willelmi Eurez militis, quia non venerunt ad faciendam sectam curie. Ideo quilibet eorum in misericordia – iiij d.

Willelmus Richerdson et socii sui jurati pro domino presentant super sacramentum suum quod Robertus Grenewell filius Petri Grenewell est male disposicionis[54] sui corporis et frangit sepes et succidit viridem boscum ad grave nocumentum vicinorum. Ideo injunctum est dicto Petro quod \dictus Robertus/ emendet condiciones suas and removeat se citra festum Purificacionis Beate Marie sub pena – iij s. iiij d. | Item presentant quod Laurencius Toller fregit penam ponendo equos et oves in cemitorio \Ideo in misericordia domini/ – vj d. | ‖Pene (*bracketed to the following three injunctions*)‖ Injunctum est omnibus habentibus ligna, lapides, sterquilinia et alia fetida jacencia in vico ante hostia sua quod ea amoveant citra festum Carnisbrevii proxime futurum <sub pena> – vj d. Et quod decetero[55] nullus jactat ceneres in vico sub pena – ij d. tociens quociens. Et injunctum est omnibus tenentibus quod includant frontes et cepes suas ante et retro inter proximum et proximum citra festum Carnisbrevii sub pena – iij s. iiij d.

fo. 24v.

(188) Curia tenta ibidem die Mercurii xv die Januarii anno etc. supradicto (*15 January 1500*)

(D120) ‖Essonium‖ Lex inter Thomam Richerdson \\defendentem// et Johannem Blont \\querentem// essoniatur.

(D121) ‖Placitum‖ Willelmus Welber queritur de Ricardo Robynson de Holom in placito debiti – v s. pro uno pare rotarum plaustri[56] de eo empto, et ad dampnum suum – ij s. Et defendens attachiatus fuit per unum equum badii coloris precii – v s. plegius Laurencius Toller, plegius

---

53 This concerns South Street 18 (Rental, 79): Camsell, Development, II, p. 179. Cf. the jury report in court 177*.

54 MS *disposisicionis*.

55 MS has a redundant *quod* following *decetero*.

56 *Plaustrum* (the neuter form usual in the court books) translates 'wain', a two-wheeled vehicle carrying about twice as much as an ordinary cart: J. Langdon, *Horses, Oxen and Technological Innovation: the Use of Draught Animals in English Farming from 1066 to 1500* (Cambridge, 1986), p. 151.

prosecucionis idem Laurencius. Et querens fatetur se solvisse iiij s. de summa predicta. Et defendens venit et dedicit debitum predictum et de hoc petit vadiari legem suam. Et concessa est ei ex concensu querentis erga proximam curiam cum Thoma Kechyn et Thoma Birletson.

fo. 25

(189) Curia tenta ibidem die Mercurii xxij⁰ die Januarii anno etc. supradicto (*22 January 1500*)

(D121) ‖Essonium‖ Lex inter Willelmum Wylber querentem et Ricardum Robynson defendentem essoniatur usque proximam curiam per defendentem.

(D120) De Johanne Blont \flesbewer/ quia non venit ad prosequendum placitum suum versus Thomam Richerdson unde lex – vj d.

(D119) ‖Panellum inter Rogerum Bell querentem et Robertum Colson defendentem‖ Willelmus Robynson \senior/ {•}, Stephanus Tomson {•}, Johannes Blont barker {•}, Hugo Rowle {•}, Roulandus Robynson {•}, Willelmus Bell {•}, Johannes Watson {•}, Johannes Davyson {•}, Johannes Harvy {•}, Ricardus Farne {•}, Robertus Hude, Johannes [Robynson {essoniatur}] Fawell {•}.

(190) Curia tenta ibidem die Mercurii xxix⁰ die Januarii anno etc. supradicto (*29 January 1500*)

(D121) ‖Essonium‖ Lex inter Willelmum Wylber querentem et Ricardum Robynson defendentem essoniatur usque proximam curiam per querentem.

(D119) Rogerus Bell tenetur stare arbitrio Radulphi Germa<n> et Georgii Rippon \ex parte sua electorum/ et Johannis Priour et Ricardi Arnbrugh ex parte Roberti Colson electorum de placito in curia precedenti et Johannis Rakett imparis, sub pena xl †d.†⁵⁷ Ita quod arbitrium redditur eodem citra xvᵃᵐ·

fo. 25v

(191) Curia tenta ibidem die Mercurii vᵗᵒ die Februarii anno Domini millesimo CCCCᵐᵒ lxxxxix⁰ (*5 February 1500*)

(D121) De Willelmo Wilber quia non prosecutus fuit placitum suum versus Ricardum Robynson, plegius Laurencius Toller \unde lex/ – [iiij] \\vj d.//.

---

57 Margin cropped.

(192) Curia tenta ibidem die Mercurii primo die Aprilis anno Domini millesimo D^{mo} (*1 April 1500*)

(D122) ‖Placitum‖ Michaellis Preston queritur de Roberto Batmanson in placito debiti – iij s. viij d., et ad dampnum suum – xij d. Et defendens attachiatus fuit per unum equum badii coloris precii v s., plegius Johannes Colt. Et defendens essoniatur.

(U12) De Ricardo Smyrk quia non prosecutus fuit querelam suam <versus> W. Hachett – ij d.

fo. 26

(193) ‖Vetus (*Incomplete*)‖ Curia tenta ibidem die Mercurii viij^o die Aprilis anno Domini millesimo D^{mo} (*8 April 1500*)

(D122) Michaelis[58] Preston venit et dicit quod Robertus Batmanson ei debet – iij s. viij d. pro uno plaust*ratu* feni de eo empto. Et defendens venit et petit diem[59] interloquendi usque proximam curiam. ‖Debet feodum‖

(194) ‖Vetus burgus de Crocegate‖ Curia tenta ibidem die Mercurii xv^o die Aprilis anno etc. supradicto (*15 April 1500*)

(D122) De Roberto Batmanson eo quod habuit diem interloquendi ultimam curiam usque hunc diem de placito \debiti/ – iij s. viij d. et non comparuit. Ideo condempnatur[60] in debito predicto cum expensis et ipse in misericordia domini – iiij d.

fo. 26v

(195*) ‖Vetus burgus de Crocegate‖ Curia capitalis tenta ibidem die Mercurii \xxx^o die Aprilis/[61] anno millesimo CCCCC^o coram Georgio Cornefurth sacrista Dunelm' (*29 April 1500*)

De hered*e* Willelmi Rakett {quia in fine}, [Alicia quondam uxore Johannis Preston] {perdonatur quia infirmatur}, [Johanne Wodmows], Willelmo Richerdson, Sibilla Rakett, cantar*ista* Beate Marie in ecclesia Sancti Oswaldi[62] {perdonatur per dominum}, Thoma Forest, [Radulpho Melott], hered*e* Willelmi Evre militis, hered*e* Johannis Hoton, Radulpho Melott, [Johanne Pottez] {comparuit postea}, hered*e* Willelmi Hagthrop, magistro hospitalis de Keipʒere, Thoma Witton, hered*e* Willelmi Chaumbr*e*, Johanne Blont {essoniatur}, Ricardo Bowman, Edwardo Patonson {perdonatur}.

---

58 MS *Michaelus*.
59 MS repeats *diem*.
60 MS *contempnitur*.
61 30 April 1500 was a Thursday.
62 For this chantry, see Harvey, *Lay Religious Life*, pp. 142, 144–5.

fo. 27

‖Panellum pro domino‖ Ricardus Smyrk {• juratus}, Georgius Ryppon {• juratus}, Laurencius Toller {• juratus}, Johannes Priour {• juratus}, Robertus Wharham {• juratus}, Willelmus Orfeld {• juratus}, Ricardus Glover {• juratus}, Thomas Spark {• juratus}, Robertus Crake {• juratus}, Johannes Wodmows {• juratus}, Thomas Colman {• juratus}, Johannes Sowrby {• juratus} – jurati pro domino presentant super sacramentum suum quod Robertus Corker et Willelmus Corker filii Ricardi Corker de Westbrandon' fecerunt affraiam super Willelmum Tedcastir. Item presentant quod Ricardus Stodhird {ij s.} fecit affraiam super (*Blank space of 1 cm.*) Dikonson servientem Thome (*Blank space of 2.5 cm.*) plomer de Eluett, plegius Johannes Betson.

(196) Curia tenta ibidem die Mercurii vj^{to} die Maii anno etc. millesimo D^{mo} (*6 May 1500*)

(U13) [De Thoma Lotez quia non prosecutus fuit querelam suam versus Roulandum Symson, plegius Cristoferus Rothman – iiij d.]

(U13) De Roulando Symson pro licencia concordandi cum Thoma Lotez, plegius Laurencius Toller – iiij d.

fo. 27v

(197) Curia tenta ibidem die Mercurii \xv die Julii/ anno Domini millesimo D^{mo} (*15 July 1500*)

(D123) ‖Placitum‖ Thomas Bitelston queritur de Thoma Richerdson in placito debiti – v s. [iij d.] \\ix d.// {positus super inquisicionem} videlicet pro una equa {iiij s. vj d.} et pro un' web de sekclothe {xv d.}, et ad dampnum suum – xij d. Et defendens attachiatus fuit per unam equam badii coloris precii – v s., plegius Johannes Pottez. Et defendens (*Incomplete*) ‖[(*a*) Ponitur super inquisicionem, (*b*) Se vj^a manu]‖

(D123) De Thoma Richerdson pro licencia concordandi cum Thoma Bittelston in placito debiti supradicto, plegius Johannes Pottez – iiij d.

(198) Curia tenta ibidem die [Martis] Mercurii xxvj^{to} die Augusti anno etc. supradicto (*26 August 1500*)

(D124) ‖Placitum‖ Thomas Bittelston queritur de \\Galfrido// Hall in placito debiti – xx s., et ad dampnum suum – x s. Et defendens attachiatus fuit per viij boves precii – liij s. iiij d., plegius Johannes Wodmows. Et defendens essoniatur.

(199)‖Vetus burgus Dunelm'‖ Curia tenta ibidem die Mercurii secundo die Septembris anno etc. supradicto (*2 September 1500*)

(D124) Galfridus \Hall/ habet diem interloquendi usque proximam curiam ad respondendum Thome Bittelston.

fo. 28

(200) Curia tenta ibidem die Mercurii ix⁰ die Septembris anno etc. supradicto (*9 September 1500*)

(D124) Galfridus Hall venit et fatetur – xx s. Thome Bittelston prout continetur in quadam obligacione cujus data est xxviij⁰ die Junii anno regni regis Henrici vijⁱ etc. xiij⁰. Ideo contempnatur etc. Et dictus Galfridus in misericordia pro licencia concordandi – iiij d.

fo. 28v

Extracte facte sunt usque huc

(201*) Curia capitalis tenta ibidem die Mercurii vij⁰ die Octobris anno Domini millesimo D^{mo} (*7 October 1500*)

De here*de* Willelmi Rakett [senioris] \\junioris//, here*de* Johannis Hoton, [Johanne Wodmows], [Willelmo Richerdson], Sibilla relicta Willelmi Rakett, here*de* Willelmi Hagthrop, Radulpho Melott, here*de* Willelmi Eure militis, magistro hospitalis de Keipyer', Thoma Wytton.

‖Panellum pro domino‖ Willelmus Richerdson {juratus}, Willelmus Smethirst {juratus}, Robertus Wharham {juratus}, Thomas Forest {juratus}, Ricardus Bowman {juratus}, Willelmus Orffeld {juratus}, Johannes Prior {juratus}, Thomas Spark {juratus}, \\Robertus// Crake {juratus}, Ricardus Layng {juratus}, Johannes Wodmows {juratus}, Johannes Sowrby {juratus}.

Robertus Wharham {ij s.} venit et ponit se in misericordia domini pro affraia facta super Gilbertum Burn.

Willelmus Richerdson et socii sui jurati pro domino presentant super sacramentum suum quod quarterium frumenti, quarterium ordii et quarterium avene vendebantur ultimo die mercati et aliis diebus mercati diversis preciis, videlicet unum quarterium frumenti pro – [iiij s.] \\xij d.//, unum quarterium ordii \pro – iij s. iiij d./ et unum quarterium avene pro – iiij s.⁶³ [Ideo consideratum est per curiam] Et super hoc dicti jurati dicunt super sacramentum suum quod quilibet brasiator seu brasiatrix et pandoxator seu pandoxatrix potest vendere⁶⁴ communi popolo domini regis unam lagenam bone servisie pro – j d. ob. secundum precium granorum supradictorum modo supradicto emptorum. (*fo. 29*) Item presentant quod Robertus Selby, Johannes Nele et Radulphus Bowemar occupant in forma burgens*ium* et non sunt. | Item presentant quod Thomas Randson {cum ovibus}, Johannes Bablyngton {cum

---

63 The clerk here has transposed the prices of wheat and oats. The prices reported were no doubt 4s a quarter for wheat and 1s a quarter for oats.
64 MS *vendir'*.

ovibus} et Laurencius Toller {cum ovibus et j equo} depasturant cemitorium Sancte Margarete contra penam. | Item presentant quod Robertus Selby, Johannes Nele, Laurencius <Toller>, Johannes Priour, Johannes Lonesdale, Ricardus Arnbrugh, Johannes Bernard, Radulphus Bulmer[65] forstall*ant* pelles ovinas. Item presentant Thomam Spark pro pellibus bovinis et vaccinis. | Item presentant quod Jacobus Hyne fecit affraiam super Nicholaum Werdale. | Item quod Nicholaus Wardale fecit affraiam super Johannem Carter. | Item presentant quod Johannes Hall webster fecit affraiam super Johannem Kyng. | Item presentant quod Radulphus Bulmer insultum fecit super Johannem Wodmows. | Item presentant quod Henricus Westwod fecit affraiam super Johannem Baxter. | Item Radulphus Ledale fecit affraiam super Johannem Tomson tynkler. | ‖Pena‖ Injunctum est Willemo Walker quod extrahi faciat unum porcum mortuum et fedidum extra aquam vocatam Milnburn', videlicet jacentem ad finem orti sui. | ‖Assisa servisie‖ Georgius Rippon {ij d.}, Johannes Blunt {[j] ij d.}, Georgius Smorthwate, Robertus Selby {viij d.}, Willelmus Randson {iiij d.}, Johannes Pottez {iiij d.}, Laurencius Toller {ij d.}, Alicia Preston {mortua}, Johanna Birez {iiij d.}, Robertus Wharham {ij d.}, Willelmus Walker {ij d.}, Willelmus Colson {ij d.}, Agnes Hyne {ij d.}, Jacobus [Hynd] Hyne {ij d.}, Johannes Lonesdale {iiij d.}, Johannes Robynson {ij d.}, Alicia Tedcaster {ij d.}, Christoforus[66] Rothman {ij d.}.

fo 29v[67]
(202) Curia tenta ibidem die Mercurii xiiij die Octobris anno etc. millesimo D^mo (*14 October 1500*)
Jacobus Hyne ponit se in misericordia pro affraia facta super Nicholaum Wardale.

(DC10) ‖Placitum‖ Rogerus Bell queritur de Johanne Colson et Thoma Colson, administratoribus bonorum et cattallorum[68] que fuerunt Roberti Colson defuncti in placito detencionis – v s. ij d., et ad dampnum suum – ij s. vj d. Et defendens attachiatu*r* per unum stedy de ferro, precii – vj s. viij d., plegius Johanna Birez vidua, plegius prosecucionis Johannes Hall webster. Et defendens essoniatur. ‖Lex se viij^a manu‖

Johannes Pottez {iiij}, Johanna Birez vidua {iij}, Isabella Grynwell {j} (*Blank space of 6 cm.*) tenent porcos. ‖Pon*un*tur et intra*n*tur in ultimis extractis factis‖

---

65 MS has a redundant *quod* following the name of Ralph Bulmer.
66 MS *Christoforo*.
67 The upper 8 cm. of this page are blank.
68 MS *bono et cattall'*.

Johannes Hall webster ponit se in misericordia pro affraia super Johannem Kyng.

De Radulpho Bulmer quia non venit ad respondendum domino de diversis transgressionibus super eum presentatis.

fo. 30
Radulphus Bulmer ponit se in misericordia domini pro affraia facta super Johannem Wodmows.

(202a) Curia tenta ibidem die Mercurii xxj° die Octobris anno etc. supradicto (*21 October 1500*)
(*No recorded business*)

(203) Curia tenta ibidem die Mercurii [xxj] \\xxviij°// die Octobris anno etc. supradicto (*28 October 1500*)
(DC11) ‖Placitum‖ Johannes Barne queritur de Cristoforo Sawer in placito detencionis – ij s. viij d. in moneta et unius celle cum suis pertinenciis – iij s. ii(*0.5 cm.*),[69] et ad dampnum suum – ij s. Et defendens attachiatus fuit per unam equ†am† gressii coloris precii – v s., plegius Nicholaus Prudhowe, plegius prosecucionis Willelmus Walker.

fo. 30v
(204) Curia tenta ibidem die Mercurii iiij^to die Novembris anno Domini millesimo D^mo (*4 November 1500*)
(DC10) Johannes Colson habet diem ad ostendendam litteram administracionis usque proximam.

(DC11) Cristoforus Sawer venit et fatetur – ij s. iiij d. Johanni Barne et ij d. pro custagiis et jura*t* pro cella. Ideo in misericordia – iij d.

(205) Curia tenta ibidem die Mercurii [xiiij°] \\xj°// die Novembris anno etc. supradicto (*11 November 1500*)
(DC10) Johannes Colson administrator bonorum que fuerunt Roberti Colson (*Incomplete*).

(206) Curia tenta ibidem die Mercurii \xxv die Novembris/ anno etc. supradicto (*25 November 1500*)
(D125) ‖Placitum‖ Cristoforus Sawer queritur de Johanne Barne in placito debiti – xiij s. iiij d. pro labore suo ac equitacione usque Wyndisore a Dunelm' et ab illo usque Dunelm', et ad dampnum suum – iij s. iiij d. Et defendens attachiatus fuit per – ij s. vj d. in moneta numerata plegius W. Walker. Et defendens venit et dedicit debitum predictum. Et

---

69 Margin rubbed and cropped.

de hoc petit vadiari legem suam et concessum est ei lex se vj manu erga proximam curiam. ‖Se lex vjᵃ manu‖

fo. 31
(DC12) ‖Placitum‖ Idem Cristoforus queritur de eodem Johanne in placito detencionis unius tubb {viij d.} et unius maskynfate {ij s. iiij d.} \ac unius hors girth {iiij d.}/ precii inter se – iij s. iiij d., et ad dampnum suum – xij †d.† Et defendens venit et dedicit detencionem predictam. Et de hoc petit vadiari legem suam et concessum est ei se vj man†u† erga proximam curiam. ‖Lex se vjᵃ manu‖

(DC10) ‖Lex‖ Johannes Colson administrator bonorum que fuerunt Roberti Colson fratris sui venit et fecit legem suam se viijᵃ manu, videlicet Roberto Hall, Ricardo Cuke, Cristoforo Sawer, Ada Wilson, Willelmo Sluthman, Roberto Sparrowe, Willelmo Story, quod non injuste detinet neque debet Rogero Bell – v s. prout patet in placito. Ideo dictus Rogerus pro injusta prosecucione sua in misericordia domini – vj d.

(207) ‖Burgus vetus de Crocegate‖ Curia tenta ibidem die Mercurii ijᵈᵒ die Decembris anno Domini millesimo Dᵐᵒ (*2 December 1500*)
(D125, DC12) ‖Essonium‖ Lex inter Cristoforum Sawer querentem et Johannem Barne defendentem essoniatur.

fo. 31v
(208) Curia tenta ibidem die Mercurii ixᵒ die Decembris anno etc. supradicto (*9 December 1500*)
(D125) De Cristoforo Sawer quia non prosecutus fuit placitum suum debiti versus (*Incomplete*).

(T64) ‖Placitum‖ Willelmus Richerdson mercer queritur de Johanne Colt in placito transgressionis eo quod cum quibusdam averiis suis depastus fuit, conculcavit et consumpsit gramen suum \\in quodam clauso// suo apud Crocegate ac fregit cepas ejusdem unde deterioratus est et dampnum \\habet ad valenciam// – ij s. Et defendens attachiatus fuit per catalla ad valenciam – xxxix s., plegius ballivus curie. ‖Continuatur‖

(209) Curia tenta ibidem die Mercurii xvj die Decembris anno etc. supradicto (*16 December 1500*)
(T64) De Willelmo Richerdson quia non prosecutus fuit placitum suum versus Johannem Colt, tamen continuatur postea usque proximam curiam. ‖[†ij† d.] Continuatur‖

fo. 32
(210) ‖Vetus burgus de Crocegate‖ Curia tenta ibidem die Mercurii xxiijᵒ die Decembris anno Domini millesimo Dᵐᵒ (*23 December 1500*)

(T64) De Willelmo Richerdson mercer quia non prosecutus fuit placitum suum versus[70] Quia comparuit postea.

De Johanne Colt (*Incomplete*).

fo. 32v
(211*) Curia capitalis tenta ibidem die Mercurii xiij⁰ die Januarii anno Domini millesimo D^mo (*13 January 1501*)
‖Memorandum quod Robertus Wharham solvit sacriste pro firma sua termino Martini – vj s. viij d.‖

‖Panellum pro domino‖ Ricardus Smyrk {• juratus}, Georgius Rippon {• juratus}, Ricardus Bowman {• juratus}, Thomas Forest {• juratus}, Johannes Blount {• juratus}, Laurencius Toller {• juratus}, Willelmus Waynemane {• juratus}, [Laurencius Toller], Thomas Spark {• juratus}, Johannes Priour {• juratus}, Thomas Colman {• juratus}, Hugo Wall {• juratus}, Willelmus Owrfeld {• juratus}.

De magistro hospitalis de Keipȝere, herede Johannis Hoton, Sibilla quondam uxore Willelmi Rakett, herede Johannis Hagthorp, [Edwardo Patonson] {perdonatur},[71] Thoma Witton, [Roberto Crake], herede Johannis Tomson, Radulpho Melott, herede Willelmi Eurez militis.

Ricardus Smyrk et socii sui jurati pro domino presentant super sacramentum suum quod (*Incomplete*). | Injunctum est omnibus tenentibus comorantibus \et/ abuttantibus super Milneburn' et habentibus latrinas et le wesshyngstonez quod ea amoveant citra festum Purificacionis Beate Marie proxime futurum sub pena – xij d. Et eciam omnibus tenentibus quod includant frontes suas citra festum predictum sub pena – vj d. | Injunctum est omnibus habentibus porcos \non anulatos/ quod eos custodiant ita quod non subvertant[72] solum domini aut vicinorum sub pena – vj d. pro quolibet capite tociens quociens. (*fo. 33*) ‖Afferacio servisie‖ Georgius Rippon {ij d.}, Johannes Blont {ij d.}, Georgius Smorthwate {iiij d.}, Robertus Selby {viij d.}, Thomas Randson {iiij d.}, Johannes Pottez {iiij d.}, Laurencius Toller {ij d.}, Alicia Preston {ij d.}, Johanna Birez {iiij d.}, Robertus Wharham {ij d.}, Willelmus Walker {ij d.}, Willelmus Colson {ij d.}, Agnes Hyne {ij d.}, Jacobus Hyne {ij d.}, Johannes Lonesdale {iiij d.}, Roulandus Robynson {ij d.}, Johannes Wodmows {iiij d.}. ‖Intrantur in anno preterito (*bracketed to all the presentments for brewing*)‖

---

70 The entry should have been deleted up to this point.
71 *Edwardo* is deleted, but not *Patenson'*.
72 MS has *subvertant* for *subvertent* so frequently that the error is not corrected.

fo. 33v

(212) Curia [capitalis] tenta [xiij] \\xx°// die Januarii anno Domini millesimo D^mo (*20 January 1501*)

(T64) Placitum inter W. Richerdson querentem et Johannem Colt defendentem continuatur usque proximam. ‖Continuatur‖

(213) Curia tenta ibidem die Mercurii xxvij° die Januarii

‖Fidelitas‖ Johannes Pottez et Johannes Lonesdale procuratores \sive gardiani/[73] ecclesie sive capelle Sancte Margarete \in Dunelm'/ venerunt ad hanc curiam et fecerunt fidelitatem suam domino pro uno burgagio cum suis pertinenciis in Crocegate in Dunelm', quod \\quidem// burgagium cum suis pertinenciis quidam Johannes Preston de Crocegate, per nomen unius domus in qua uxor ejusdem Johannis adtunc inhabitabat per ultimam voluntatem suam sive testamentum \portatum et monstratum sub notario signo/ probatum et approbatum coram[74] (*Blank space of 4–5 cm.*) comissario et sequestratro domini Johannis episcopi Dunelm' sigillo officii ipsius comissarii et sequestratri sigillatum in curia hic ostensum cujus quidem testamenti sive ultime voluntatis data est xij° die mensis Septembris anno millesimo CCCClxxxv^to, dedit et legavit post decessum dicte uxoris sue ecclesie Sancte Margarete in Dunelm'. Et super hoc predicti Johannes et Johannes, ut procuratores sive gardiani ecclesie predicte sive capelle post mortem prefate [A] uxoris sue petu†nt† se ad finem et fidelitatem faciendam pro predicto burgagio cum pertinenciis etc. Et admittuntur etc. Et jur*ati* existunt.[75]

fo. 34
(*Blank*)

fo 34v

(214) ‖Vetus burgus de Crocegate‖ Curia tenta ibidem die Mercurii tercio die Marcii[76] anno (*blank*) (*3 March 1501*)

(U14) De Thoma Wylkynson quia non prosecutus fuit [placitum] \\querelam// suam versus Thomam Gare.

(D126) ‖Placitum‖ Thomas prior Dunelm' per Robertum Selby attornatum suum queritur de Willelmo Spark in placito debiti – vj s. viij d. Et defendens attachiatus fuit per unum equum nigri coloris cum una sella

---

73 MS *gardmani* or *gardinani*. For the terminology used for churchwardens, see Harvey, *Lay Religious Life*, p. 43.

74 *MS cora.*

75 The wardens were already freemen of the borough and so did not need to swear fealty. This concerns Crossgate 6 (Rental, 36): Camsell, Development, II, p. 57.

76 MS *Mercii.*

et uno sacco pleno carbonibus – (*Blank space of 2.5 cm.*) plegius (*Blank space of 5 cm.*) Et ad dampnum suum (*Incomplete*).

(U15) De Johanne \\Colson// quia non prosecutus fuit querelam suam versus Thomam Gare.

(215) Curia tenta ibidem die Mercurii xº die Marcii anno etc. supra-dicto (*10 March 1501*)
(D127) ‖Placitum‖ Willelmus Eyme queritur de Johanne Watson in placito debiti – xviij d. pro lana de eo empta, et ad dampnum suum – iiij d. Et defendens venit et fatetur debitum predictum. Ideo contempnatur in[77] debito predicto et ij d. pro custagiis. Et defendens in misericordia – iij d.

(D126) Willelmus Spark venit et fatetur Thome priori Dunelm' – vj s. viij d. prout patet in placito et iij d. pro custagiis. Ideo in misericordia – iiij d.

fo. 35
(216*) ‖Vetus burgus de Crocegate‖ Curia capitalis tenta ibidem die Mercurii \xxijº die Aprilis/[78] anno Domini millesimo Dᵐᵒ primo (*21 April 1501*)
De Thoma Wytton, magistro hospitalis de Keipʒere, here*de* Johannis Hoton, Sibilla relicta Willelmi Rakett, [here*de* Willelmi Rakett junioris] {quia in fine}, [Thoma Forest], here*de* Willelmi Eure militis, here*de* Roberti Paitson, here*de* Johannis Hagthorp, Radulpho Melott.

‖Panellum pro domino‖ Willelmus Richerdson {juratus}, Willelmus Smethirst {juratus}, Willelmus Wanemane {juratus}, Robertus Crake {juratus}, Willelmus Owrefeld {juratus}, Robertus Wherham {juratus}, Johannes Pottez {juratus}, Ricardus Layng {juratus}, Johannes Sowrby {juratus}, Johannes Priour {juratus}, Thomas Spark {juratus}, [Ricardus Arnbrugh], Johannes Wodmows {juratus}, jurati pro domino qui presen-tant quod Thomas Pollerd fecit affraiam super Johannem Bawkows. | Item presentant <quod> Laurencius[79] Toller [ponit se] fecit escapium cum equo in cemiterio \Sancte Margarete/ contra penam. De Thoma Randson cum xx ovibus suis pro consimili. | Item Willelmus Merryngton ventulat bras*e*um in cemiterio. | ‖Pena‖ [Item presentant] Injunctum est Laurencio Toller quod emendet sueram \aque/ venientem a le Westorcher' \et/ per ipsum mutatam, ita quod currat rectum ac antiquum cursum citra vijᵃᵐ, sub pena vj s. viij d.

---

77 MS has a redundant *dicto* preceding *debito*.
78 22 April 1501 was a Thursday.
79 MS *Ranlaurc'* or *Raulaurc'*.

fo. 35v

(217) Curia tenta ibidem die Mercurii xxix° die Aprilis[80] anno etc. millesimo D^mo primo (*28 April 1501*)

(DC13) ‖Placitum‖ Emericus Jakson et Elizabeth uxor ejus queruntur de Cristoforo Henryson administratorem bonorum et catallorum que fuerunt Johanne Barne vidue in placito detencionis. ‖ (*a*) Plegius prosecucionis Johannes Colson (*b*) Lex se viij manu‖

fo. 37[81]

(218) Curia tenta ibidem die Mercurii quinto die Maii anno Domini millesimo D^mo primo (*5 May 1501*)

(DC13) Emericus Jakson et Elizabeth uxor ejus esson*iant* legem inter ipsos et Cristoforum Henryson.

(219) Curia tenta ibidem die Mercurii xij° die Maii anno Domini millesimo D^mo primo (*12 May 1501*)

(T65) ‖Placitum‖ Willelmus Rycherdson queritur de Willelmo Bailya \de Chestr*e*/ in placito transgressionis eo quod injuste obstupuit et nolebat permittere eum habere \\quoddam// plumbum, quod emebat de Margareta Baylya vidua, cum et quando misit cariagium suum, propter unde deterioratus est etc. et dampnum habet ad valenciam – xxxix s. xj d. Et defendens attachiatu*r* per iiij^or boves {xxviij s.} et ij^os equos {xij s.} precii inter se – xl s., plegius W. Orfeld. ‖Habet diem interloquendi‖

(D128) ‖Placitum‖ Idem Willelmus queritur de eodem Willelmo in placito debiti – xx d. pro[82] j bond lini de eo empt', solvendorum ad festum Purificacionis Beate Marie ultime preteritum, et ad dampnum suum – xij d. Et defendens venit et fatetur ij d. et dedicit residuum et hoc petit vadiari legem suam. Et concessum est ei erga proximam curiam se vj^a manu. ‖(*a*) Et querens fatetur se solvisse x d. (*b*) [Super inquisicionem] Lex‖

(DC13) De Emerico Jakson et Elizabeth uxore ejus quia non prosecutus fuit placitum suum versus Cristoforum Henrison, plegius Johannes Colson – vj d.

fo. 37v

‖Fidelitas‖ Ad hanc curiam venit Robertus Clerkson de Ingilby vndir' Grenehowe in Cleveland et fecit fidelitatem suam domino pro uno burgagio cum suis pertinenciis in Sowthstreite in Dunelm' ex parte orientali inter burgagium pertinens[83] sacriste Dunelm' ex parte australi et

---

80 29 April 1501 was a Thursday.
81 There is no fo. 36.
82 MS repeats *pro*.
83 MS *pertinent'*.

burgagium Roberti Baxter de Novo Castro ex parte boriali, quod quidem
burgagium etc. habet ex concessione Thome prioris ecclesie cathedralis
Dunelm' pro termino vite sue prout patet per cartam suam cujus data est
apud Dunelm' x⁰ die Maii anno Henrici vij^{mi} etc. xvj⁰.[84]

**(220) Curia tenta ibidem die Mercurii xix⁰ die Maii anno Domini
millesimo D^{mo} primo** (*19 May 1501*)
(T65) ‖Essonium‖ Willelmus Bailya (*Incomplete*).

fo. 38
**(221) ‖Burgus de Crocegate‖ Curia tenta ibidem die Mercurii xxvj⁰ die
Maii anno etc. millesimo CCCCC^{mo} primo** (*26 May 1501*)
(T65) ‖Essonium‖ Willemus Bailya venit [ad]\\et//[85] perficiendam legem
suam, videlicet <cum> Roberto Walker, Roberto Norman, Johanne
Wardale, Johanne Parker et Roberto Smyth, quod non debet Willelmo
Richerdson – viij d. prout patet in placito. Et tunc essoniatur ex parte
Willelmi Richerdson querentis.

**(222) ‖Burgus de Crocegate‖ Curia tenta ibidem die Mercurii ix⁰ die
Junii anno etc. supradicto** (*9 June 1501*)
(T65) ‖Panellum inter Willelmum Richerdson querentem et W. Bailya
defendentem‖ \W./ Robynson, Stephanus Tomson, Johannes Blount
barker, Johannes Hall, Johannes Watson, Edwardus Forster, Johannes
Hervy, Willelmus Johnson, Jacobus Hyne, Johannes Bablyngton[86],
Johannes Fawell, Willelmus Wraa.

**(223) Curia tenta ibidem die Mercurii xvj⁰ die Junii anno etc. supra-
dicto** (*16 June 1501*)
Ad hanc curiam venit vicecomes cum breve de Recordari et ex (*Incomplete*).

fo. 38v
**(224) Curia tenta ibidem die [Martis] Mercurii xiiij⁰ die Julii anno
Domini millesimo D^{mo} primo** (*14 July 1501*)
(D129) ‖Placitum‖ Johannes Barne queritur de Thoma Richerdson de
Bishettellez in placito debiti – iiij s. aretro existencium de precio unius
vacce vendite dicto defendenti pro – vij s., et ad dampnum suum – iij s.
iiij d. Et defendens attachiatus fuit per unam equam badii coloris precii
– v s., plegius Jacobus Tebson, plegius prosecucionis Robertus Wharham.

---

84 This concerns part of South Street 15 (Rental, 76).
85 A bungled correction.
86 MS *Babbyngton*.

Et defendens venit [et dicit quod non debet dicto querenti] et fatetur
debitum. Ideo in misericordia domini – iiij d. ‖Condempnatur‖

(225) Curia tenta ibidem die Mercurii xxj⁰ die Julii (*21 July 1501*)
(D130) ‖Placitum‖ Willelmus Richerdson mercer queritur de \\Johanne//
Bell et Alicia uxore ejus in placito debiti – viij s., et ad dampnum suum
– xij d. Et defendens venit et fatetur – viij s. Et habet diem solvendi iiij
d. septimanatim quousque sit plenarie solutum sub pena execucionis.
‖Condempnatur‖

(T66) ‖Placitum‖ Idem Willelmus queritur de Thoma Randson in placito
transgressionis de eo quod injuste cepit iij dokez et j drak. ‖Ponitur
super Ricardum Arnbrugh et Thomam Spark quia dicunt quod j drak
et ij anates fuerunt appreciati pro W. Richerdson. Ideo dictus defendens
condempnatur.‖[87]

(D131) ‖Placitum‖ Idem W. queritur de Hugone Rowle in placito debiti
– vj s. pro firma unius domus debitorum. Et defendens fatetur – iiij s.
et de residuo querens fatetur se solvisse {xviij d.} et perdonasse {vj d.}
Ideo in misericordia domini – iij d. Et habet diem solvendi ad festum
Omnium Sanctorum et <festum> Purificacionis Beate Marie Virginis
proxime futura. ‖(*a*) [Continuatur usque proximam] (*b*) Condempnatur‖

(D129) ‖Essonium‖ Thomas Richerdson essoniatur ad sectam Johannis
Barne senioris usque proximam.

(U16) De Willelmo Sparrowe quia non prosecutus fuit \querelam suam/
versus W. Yong, plegius Jacobus Hyne. ‖iiij d.‖

fo. 39
(226) Curia tenta ibidem die Mercurii xxviij⁰ die Julii (*28 July 1501*)
(D129) Thomas Richerdson venit et fatetur Johanni Barne – iiij s. prout
patet in placito. Et habet diem solvendi citra xv^am. Ideo in misericordia
domini – iij d.

**(227) Curia tenta ibidem die Mercurii xj⁰ die Augusti anno Domini
millesimo D^mo primo** (*11 August 1501*)
(D132) De (*Blank space of 1.5 cm.*) Batez de Shynkley pro licencia concordandi cum Thoma Bittelston in [placito] querela debiti, plegius Robertus
Selby – (*Blank space of 9 cm.*)

---

87 i.e. Thomas Randson was entitled to take this poultry because the court had
valued them as a sum appropriate for the settlement of a debt to William Richerdson. The earlier stages of this dispute are not recorded in the courtbook.

(D133) ‖Placitum‖ Johannes Gray \milner/ queritur de Michaele[88] Priston in placito debiti – iij s. ij d. unde ij s. {fatetur} ex prestito et xiiij d. {fatetur xj d.} pro victualibus, et ad dampnum suum – xij d. ‖In misericordia – iij d.‖

(D134) ‖Placitum‖ Idem Johannes Gray queritur de Johanne Preston in placito debiti – ij s. pro victualibus de eo captis et emptis, et ad dampnum suum (*No sum entered*). Et defendens (*Incomplete*) ‖Ponitur super inquisicionem‖

(DC14) ‖Placitum‖ Idem[89] Johannes Gray queritur de eodem Johanne Preston in placito detencionis dimidii unius \\plumbi// vocati a browleide precii – iiij s., dimidii vj spyndyll de lyne ȝarne {precii – ij s.}, dimidii iiij[or] lectorum vocatorum bordynbeddez {precii – iiij d.}, dimidii unius gryndston {precii – j d. ob.}, dimidii vj ollarum servisienarum[90] {precii – iiij d.}, dimidii unius tapstane cum ij aliis lapidibus {precii – ij d.}, \medietatis/ unius maskfatt' {precii – iiij d.}, medietatis unius gilyng [tup] fatt {precii – iiij d.}, medietatis unius wort tup \precii – ij d.} et medietatis ij[orum] barrellorum {precii j d. ob.}, precii inter se (*Incomplete*). (*Note added above*) Respectuatur per xv[am]

fo. 39v
(228) Curia tenta ibidem die Mercurii xviij° die Augusti (*18 August 1501*)
(D135) ‖Placitum‖ Thomas Byttelston queritur de Galfrido Hall de Brome juxta Dunelm' in placito debiti – xx s. solvendorum ad festa \in anno Domini millesimo CCCC[mo] lxxxxix° et/ in quoddam scriptum obligatorium contentorum, cujus data est xxviij° die Junii anno regni regis Henrici septimi etc. xiij°· Et defendens attachiatus fuit per viij° boves precii – xl s., plegius [ballivus curie] \\Georgius Rippon//. Et defendens essoniatur.

(229) Curia tenta die Mercurii \\xxv// die Augusti (*25 August 1501*)
(D135) De Galfrido Hall quia (*Incomplete*)

(D134, DC14) De Johanne Preston quia non venit (*Incomplete*)

fo. 40
(230) Curia tenta ibidem die Mercurii primo die Septembris anno supradicto (*1 September 1501*)
(D135) De Galfrido Hall quia non venit ad respondendum Thome

---

88 MS *Michaelo.*
89 MS *Iidem.*
90 *servisienus*, invented adj., from *servisia* (*cervisia*).

Bittelston in placito debiti, plegius (*Blank space of 4 cm.*) – [iiij d.] {quia continuatur}.

(DC14) De Johanne Preston quia non venit ad respondendum Johanni Gray in placito detencionis – iij d.

(231) Curia tenta ibidem die Mercurii xv° die Septembris anno etc. supradicto (*15 September 1501*)
(D134, DC14) De Johanne Preston quia non venit ad respondendum eidem Johanni (*Incomplete*).

(D135) Galfridus Hall venit et fatetur \se debere/ Thome Bittelston – xx s.[91] prout patet per quoddam scriptum obligatorium \de anno Domini millesimo CCCC lxxxxix°/ cujus data est xxviij° die Junii anno regni regis Henrici septimi etc. xiij°.

(232) Curia tenta ibidem die Mercurii xxij° die Septembris anno etc. supradicto (*22 September 1501*)
(D134, DC14) De Johanne Preston quia non venit ad respondendum (*Incomplete*).

fo. 40v
Extracte facte sunt usque hic

(233*) Curia capitalis tenta ibidem sexto die Octobris anno Domini millesimo D^mo primo (*6 October 1501*)
De Johanne Potez {vj ij s.}, Thoma Robynson {ij iiij d.}, Thoma Symson {ij vj d.}, Roberto Robynson {ij}, Cristoforo Henrison {ij}, Georgio Hudson {iij}, Johanne Blount barker{iiij}, Johanne Dukett {j}, Roulando Robynson {ij}, Willelmo Colynson {ij}, Johanne Wodemous {vj}, Johanna Birez {iij}, quia custod*iunt* porcos non annulatos subvertand*os* solum domini et vicinorum. Ideo quilibet eorum pro quolibet porco vj d. ‖Intrantur in ultimo extracto anni preteriti‖

De Thoma Witton, magistro hospitalis de Keip3er, hered*e* Johannis Hotton, hered*e* W. Rakett, hered*e* Willelmi Eure militis, [hered*e* Radulphi Hoton], hered*e* Johannis Hagthrop, hered*e* Thome Tomson, Radulpho Melott, Johanne Sowrby {essoniatur}, Johanne Blount {essoniatur}.

‖Panellum pro domino ‖ Ricardus Smyrk {juratus}, Thomas Forest {juratus}, Robertus Crake {juratus}, [Willelmus Ourefeld], Hugo Wall {juratus}, [Edwardus Patonson], Laurencius Toller {juratus}, Ricardus Arnebrugh {juratus}, Thomas Spark {juratus}, Johannes Priour {juratus},

---

91 MS *xx s. soli(dos)*.

Thomas Colman {juratus}, Willelmus Wanemane {juratus}, Ricardus Layng {juratus}, [Robertus Wharham], Johannes Wodmows {juratus}.

Ricardus Bowman essoniatur.

(D133) ‖Appreciacio‖ Willelmus Richerdson, Willelmus Smethirst, Robertus Wharham et Johannes Pottez apprecia*verunt* xj ulnas panni canabi {ij s. iij d.} et j linthiamen {[viij d.] x d.} ad – (*Blank space of 3.5 cm.*) capta de bonis Michaelis Preston virtute execucionis ad sectam Johannis Gray milner pro – iij s. vj d. in eadem execucione contentis.

fo. 41
Item \frumenti {iiij s. viij d.}/, ordii {iiij s.}, avene {xvj d.}.

Ricardus Smyrk et socii sui jurati pro domino presentant super sacramentum suum quod (*Blank space of 2.5 cm.*) Scott fecit affraiam super Georgium Spark. Item quod dictus Georgius fecit affraiam super dictum (*Blank space of 2 cm.*) Scott. Item quod Robertus Smalewod \plegius Robertus Blont barker/ fecit affraiam super Thomam Colstanez. Item quod Willelmus Richerdson fecit affraiam super Ricardum Bowman. Item presentant quod uxor Georgii Littill {jura*t*. Ideo nihil} et uxor Johannis Hall {jura*t*. Ideo nihil} sunt objurgatrices.

fo. 41v
‖Assisa servisie‖ Georgius Rippon {ij d.}, Johannes Blount {ij d.}, Robertus Selby {viij d.}, Willelmus Orwefeld {ij d.}, Johannes Colson {ij d.}, Thomas Randson {iiij d.}, Johannes Pottez {ij d.}, Laurencius Toller {ij d.}, Roulandus Robynson {ij d.}, Johannes Wodemows {iiij d.}, Johanna Birez vidua {iiij d.}, Robertus Wherham {ij d.}, Willelmus Walker {ij d.}, Agnes Hyne {ij d.}, Jacobus Hyne {ij d.}, Johannes Lonesdale {iiij d.}, Michell Preston {ij d.}. ‖Intrantur in extracto ultimo (*bracketed to all the presentments for brewing*)‖

fo. 42r
(234) Curia tenta ibidem die Mercurii xiij° die Octobris anno Domini millesimo D^mo primo (*13 October 1501*)
(U17) De Johanne Pottez quia non prosecutus fuit querelam suam versus Adomarum Jakson de Brandon – ij d.

(D136) Thomas Colman, Willelmus Orwefeld, Johannes Pottez et Johannes Wodmows apprecia*verunt* unam almariam {iij s. iiij d.}, unam cathedram {viij d.}, ij pantyd clothez cum j bordour {iiij d.}, j mensam cibalem,[92] iij [scana] formez et iij bordez {x d.}, j webalk et j par de

---

[92] i.e., a table used at mealtimes (cf. *DML*, under *mensa*, 9).

toynges inter se (*Blank space of 7 cm.*) capta de bonis Johannis Tomson per Ricardum Stevynson capellanum gilde Sancti Cuthberti pro – vij s. vj d. sibi debitis pro firma unius tenementi, videlicet pro j anno et dimidio ad festum Pentecostes ultime preteritum.

(235) Curia tenta ibidem die Mercurii xv⁰ die Decembris anno etc. supradicto (*15 December 1501*)
(DC15) ‖Placitum‖ \\Alicia Jordane per attornatum suum Thomam Lottez// queritur de Johanne Pottez \juniore/, Thoma Wilkynson, Willelmo Champleyn et Margareta [uxore] Pottes vidua, administratoribus⁹³ bonorum etc. que fuerunt Johannis Pottes senioris in placito detencionis – xij s. \pro precio ij vaccarum/, et dampnum suum – iij s. iiij d. Et defendentes attachiati fuerunt per viij porcos precii – xvj s., plegius Johannes Pottez junior.

(U17) De Johanne Pottez juniore quia non prosecutus fuit [placitum] \\querelam// suam versus Adomarum Jakson – iij d.

fo. 42v
Johannes Smethirst queritur (*Incomplete*).

(235a) Curia tenta ibidem die Mercurii xxij⁰ die Decembris anno etc. millesimo Dj⁰ (*22 December 1501*)
(*No recorded business*)

(236*) ‖Vetus burgus de Crocegate‖ Curia capitalis tenta ibidem die Mercurii xij⁰ die Januarii anno Domini millesimo D^{mo} primo (*12 January 1502*)
(T67) ‖Placitum‖ Willelmus Richerdson queritur de Johanne Wodemows in placito transgressionis eo quod fregit domum suam et prostravit lez propez \et/ silez ac injuste cepit le bark⁹⁴ ad valenciam – xxxix s. vj d. unde deterioratus est et dampnum habet ad valenciam – xxxix s. vj d. ‖Habet diem interloquendi usque proximam curiam‖

fo. 43
‖Panellum pro domino‖ Willelmus Rycherdson {juratus}, \Willelmus Smethirst {juratus}, Robertus Wharham {juratus}/, Willelmus Wanemane {juratus}, Laurencius Toller {juratus}, Johannes Sowrby {juratus}, Willelmus Ourfeld {juratus}, Ricardus Layng {juratus}, \\Robertus//

---

93 MS *administratores*.
94 Bark was used in tanning leather. William Richardson (one supposes) bought it and sold it as a mercer: courts 208–10, plea T64; court 235, plea D130; court 269, plea T72; courts 279*, 339*.

Crake {juratus}, Thomas Spark {juratus}, [Thomas Colman], Hugo Wall {juratus}, Thomas Colman {juratus}.

(DC15) De Alicia Jordaneson quia non prosecuta fuit placitum suum versus Thomam Wilkynson et socios suos administratores bonorum que fuerunt Johannis Pottez defuncti. Ideo in misericordia \plegius (*No name entered*)/ – iiij d., plegius Ricardus Arnbrugh.

De Thoma Witton magistro hospitalis de Keipȝere, herede Johannis Hoton, [procuratoribus capelle Sancte Margarete], Sibilla relicta Willelmi Raket, herede Willelmi Eurez militis, herede Johannis Hagthorp, Edwardo Patonson, Radulpho Melott.

f. 43v

Willelmus Richerdson et socii sui jurati pro domino super sacramentum suum presentant quod Georgius Hudson fecit rescussum super Georgium Littill' minando j porcum predicti Georgii Hudson ad communem faldam. | ‖Pena‖ Injunctum est uxori Johannis Wodmous, uxori Georgii Littyll et uxori Jacobi Hyne quod de cetero non objurgant simull nec cum vicinis suis sub pena forisfaciendi domino – iij s. iiij d. | Item presentant quod Johannes Pottez obiit seisitus de uno burgagio. | ‖Pene (*bracketed to the three following injunctions*)‖ Injunctum est omnibus tenentibus quod includant frontes suas inter proximum et proximum ante et retro citra festum Carnisbrevii proxime futurum sub pena forisfaciendi domino – vj d. Et injunctum est eisdem quod removeant sterquilinia ac ligna, cineres et alia fetida jacencia in vico citra dictum festum sub pena – vj d. | Pena ponitur quod nullus decetero ponat aliqua averia in cemiterio nec ventulat aliqua grana ibidem su<b> pena forisfaciendi – xl d.

Georgius Hudson ponit se in misericordia domini pro rescussu facto.

fo. 44

(237) Curia tenta ibidem die Mercurii xix° die Januarii anno Domini millesimo D^{mo} primo (*19 January 1502*)
(D137) ‖Placitum‖ Johannes Graa queritur de Jacobo Tebson in placito debiti {fatetur} – iij s.

(238) Curia tenta ibidem die Mercurii xxvj° die Januarii anno etc. supradicto (*26 January 1502*)
(QR1) ‖Placitum‖ Thomas Rowll queritur de Willelmo Stryngher in placito quod reddat ei – vj s. in moneta quos ei deliberavit salvo et secure custodiendos \et/ reliberandos cum et quando requisitus fuerit, et ad dampnum suum – ij s. Et defendens essoniatur.

(239) Curia tenta ibidem die Mercurii ixº die Februarii anno etc. supra-dicto (*9 February 1502*)
(QR1) Placitum inter Thomam Rowll querentem et Willelmum Stryngher defendentem continuatur usque proximam curiam.

(D138) ‖Placitum‖ Jacobus Hyne queritur de Johanne Pottez et Alicia Pottez vidua cum sociis suis [executoribus testamenti] \\administra-toribus bonorum// et catallorum que fuerunt Johannis Pottez senioris defuncti in placito debiti – xij d., et ad dampnum suum – vj d. Et defendens attachiatus fuit per unum equum nigrum precii – (*Blank space of 2 cm.*), plegius Thomas Colman. Et defendens essoniatur.

(DC16) ‖Placitum‖ Idem Jacobus queritur de eisdem executoribus in placito [transgressionis] \\detencionis// eo quod cum ipse (*Incomplete*) ‖(*a*) x s. (*b*) essoniatur‖

fo. 44v
(240) Curia tenta ibidem xvjº die Februarii anno Domini millesimo Dᵐᵒ primo (*16 February 1502*)
‖Fidelitas‖ Johannes Colson de Dunelm' lytster venit ad hanc curiam et fecit fidelitatem suam domino pro uno burgagio cum suis pertinenciis jacenti in Sowthstreite in Dunelm' ex parte orientali ejusdem vici inter burgagium Roberti Clerkson de Ingilby vnder Grenehowe ex parte boriali et burgagium pertinens sacriste Dunelm' ex parte australi, habendo etc. eidem Johanni pro termino vite sue, quod quidem burgagium habet ex dono et concessione Thome prioris Dunelm' prout <patet> per cartam suam cujus data est apud Dunelm' decimo die Octobris anno regni regis Henrici septimi post conquestum Anglie decimo septimo.⁹⁵

‖Fidelitas‖⁹⁶ Thomas Randson de Dunelm' venit ad hanc curiam et fecit fidelitatem suam domino pro duobus <burgagiis> jacentibus <in> Sowthstreite in Dunelm' ex parte orientali inter burgagium pertinens bursario Dunelm' ex una parte et burgagium predicti bursarii Dunelm' ex \altera/ parte [occidentali], que quidem burgagia predictus Thomas Randson habet ex dono et concessione Thome prioris Dunelm' pro termino vite sue prout patet per cartam suam cujus data est apud Dunelm' decimo die Decembris anno regni regis Henrici septimi post conquestum Anglie decimo septimo.

---

95 This concerns part of South Street 15 (Rental, 76).
96 This entry is preceded by the undeleted words 'Thomas Ran', presumably a false start to the following item.

fo. 45

(D138) Placitum inter Jacobum Hyne querentem et Johannem Pottez et socios suos defendentes continuatur usque proximam.

(QR1) De W. Stryngher pro licencia concordandi cum Thoma Rowll.

Georgius Ryppon, Ricardus Smyrk, Thomas Colman et Johannes Priour apprecia*verunt* viij ulnas (*Incomplete*). ‖ uln*e* viij ‖

(241) Curia tenta ibidem die Mercurii secundo die Marcii anno etc. supradicto (*2 March 1502*)

(D139) ‖ Placitum ‖ Johannes Gray queritur de Johanne Symson in placito debiti – [xvj d.] \\ – viij d. et detencionis j paris precularum[97]// ex prestito, et ad dampnum suum – vj d. Et defendens non venit. Ideo in misericordia domini – [iij d.] {quia continuatur}. ‖ Continuatur ‖

(241a) Curia tenta ibidem die [Marcii] Mercurii ix° die Marcii anno etc. supradicto (*9 March 1502*)

(*No recorded business*)

fo. 45v

(242) Curia tenta ibidem die Mercurii xxiij° die Marcii anno Domini millesimo D^{mo} primo (*23 March 1502*)

(T68) ‖ Placitum ‖ Willelmus Wayneman queritur de Willelmo Archbald alias Wilson in placito transgressionis eo quod canis dicti Willelmi Archbald fugavit xxix oves \vocat*os* hoggastr*os*/ dicti Willelmi Archbald et momordat inde xvij oves de predictis ovibus[98] \precio xx s./ de qua morcione dicti xvij oves interfec*ti* fuerunt, et ad dampnum suum – xx s. Et defendens non fuit legitime (*Incomplete*)

(D140) ‖ Placitum ‖ W. Strynger queritur de Hugone Roull in placito debiti – viij d. pro uno galero[99] albo {vj d.} et ij summagiis[100] carbonum {ij d.} de eo emptis, et ad dampnum suum – iiij d.

(T69) ‖ Placitum ‖ Thomas Por*ter* et Johannes Wodmows procuratores de tailyourcraft queruntur de Ricardo Davyson in placito transgressionis eo quod occupat artem suam (*Blank space of 6.5 cm.*) Et defendens attachiatus fuit per j par de sherez precii – vj d., plegius Ricardus Smyrk. Et (*Incomplete*). ‖ [Di*es* interloquendi usque proximam] ‖

---

97 MS *preclarum*. *Precule*, prayer beads (*RMLWL*, under *precamen*).
98 MS has a redundant *predictis* following *ovibus*.
99 *galerus*, hat (*DML*, under *galerus*).
100 *summagium*, horseload (*RMLWL*, under *sagma*). A *summarius* was a packhorse: Langdon, *Horses*, p. 296.

fo. 46
(243*) Curia capitalis tenta ibidem die Mercurii vj^to die Aprilis anno Domini millesimo D^mo secundo (*6 April 1502*)
(D141) ‖Placitum‖ Willelmus Eme queritur de Johanne Watson in placito debiti \pro pann*o* lanei empt*o*/ – ix d. ob., et ad dampnum suum – iiij d. Et fatetur debitum et ij d. pro custagiis et habet diem solvendi citra festum Invencionis. ‖Fatetur‖

(D142) ‖Placitum‖ Thomas Rowll queritur de Willelmo Stryngher in placito debiti – iiij d., et ad dampnum suum iij d. Et defendens essoniatur. ‖Lex se v^a‖

‖Panellum pro domino‖ Willelmus Richerdson {juratus}, Willelmus Smethirst {juratus}, Robertus Wharham {juratus}, Thomas Forest {juratus}, Robertus Crake {juratus}, Willelmus Owrfeld {juratus}, Johannes Colson {juratus}, Ricardus Layng {juratus}, Edwardus Patonson {juratus}, Ricardus Bulmar {juratus}, Laurencius Toller {juratus}, Thomas Randson {juratus}.

(T69) De Ricardo Davyson quia non venit ad respondendum (*Incomplete*).

De Thoma Wotton, magistro hospitalis de Keipyer, hered*e* Johannis Hoton, Sibbilla relicta Willelmi Rakett, hered*e* Willelmi Eure militis, hered*e* Johannis Hagthrop, Radulpho Melott, Willelmo Waneman.

Willelmus Richardson et socii sui jurati pro domino presentant quod Hugo Rowll fecit affraiam super ballivum curie et nolebat obbedire eidem ballivo. | Item presentant quod Thomas Rawe fecit insultum in Georgium Littyll. | Item presentant quod sacrista Dunelm' et uxor Willelmi Morton non includunt frontes suas anteriores \in/ [Sowthstreit] \\Aluertongate// contra penam. | Item presentant quod Rogerus Claxton capellanus {ij}, Radulphus Melott {j} et elimosinarius Dunelm' non includunt frontes suas ante et retro inter proximum et proximum in Sowthstreite. (*fo. 46v*) Item dicti jurati presentant quod Willelmus Merryngton ventulat bras*e*um in cemiterio capelle Sancte Margarete contra penam. | [Injunctum] | Pena ponitur quod nullus ventulat aliquod granum in cemiterio. ‖xij d. videlicet vj d. domino et fabrice^101 vj d.‖

fo. 47
(244) Curia tenta ibidem die Mercurii xxvij^o die Aprilis anno Domini millesimo D^o secundo (*27 April 1502*)
(D143) ‖Placitum‖ Thomas Eslyngton de Bishop Aukland queritur de Johanne Watson in placito debiti – vj s. pro una equa de eo empta, solv-

---

101 i.e. for the fabric of the church.

endorum per annum elapsum, et ad dampnum suum – vj d. Et querens
fatetur se esse solutum inde – xvj d. Et remanent – iiij s. viij d., plegius
\prosecucionis/ ballivus.

(245) Curia tenta ibidem die Mercurii iiij^{to} die Maii (*4 May 1502*)
(D142) ‖Lex‖ Willelmus Strynger venit se v^a manu videlicet Georgio
Bre†nner†, Johanne Thomson, Johanne Hall, Edwardo Forster et perfecit
legem suam quod non debet Thome Rowll – iiij d. nec ullum inde
denarium. Ideo \dictus Thomas/ in misericordia domini – vj d.

fo. 47v

**(246) ‖Burgus de Crocegate‖ Curia tenta ibidem die Mercurii xxv die
Maii anno Domini millesimo Dij^{do}** (*25 May 1502*)
(D144) ‖Placitum‖ Willelmus Richerdson queritur de Willelmo Yong in
placito debiti – iij s. pro ij boundes lini [precii \libre/ – x iij s. pro]
\\emptis//, et ad dampnum suum – xij d. Et defendens solvit in curia
inde xij d. et <dicit> \\quod// fuit semper paratus solvere. Et dedicit
residuum. Fecit legem suam per concensu partis querentis. Ideo in
misericordia domini. ‖[Lex se iij^a manu]‖

(DC17) Placitum inter Thomam Knag querentem et Thomam Wilkynson
defendentem continuatur usque proximam.

**(247) Curia tenta ibidem die Mercurii primo die Junii anno etc. supra-
dicto** (*1 June 1502*)
(DC18) ‖Placitum‖ Galfridus Hall queritur de [Ricardo Colynson
capellano et] Katerina Bittilston [executrix] <et> \\Thomam Bittelston
juniorem//¹⁰² executores sive administratores bonorum que fuerunt
Thome Bittylston in placito [convencionis] detencionis coriorum fruni-
torum ad valenciam – xxxix s. xj d., et ad dampnum suum – xx s., plegius
prosecucionis Johannes Priour. ‖Ponitur super inquisicionem‖

(DC17) ‖Placitum‖ Thomas Knagg queritur de Thoma Wilkynson et sociis
suis administratoribus bonorum que fuerunt Johannis Pottez defuncti in
placito detencionis unius arcus de ewe precii – iiij s., et ad dampnum
suum – xij d. Et defendens attachiatus fuit per unum equum nigrum
precii – v s., plegius W. Eme, plegius prosecucionis ballivus. ‖(*a*) Ponitur
super inquisicionem (*b*) Respectuatur‖

fo. 48

**(248) Curia tenta ibidem die Mercurii xv^o die Junii anno etc. supra-
dicto** (*15 June 1502*)

---

102 The omission mark for this interlineation is placed following *Katerina Bittilston*
even though Thomas Bittelston junior's name is written over the cancelled
name of Richard Colynson.

(D145) ‖Placitum‖ Willelmus Hunter queritur de Johanne Birtfeld in placito debiti – [xx d.] \\xxij d.// aretro existencium de precio j bovis, et ad dampnum suum – xij d. Et defendens attachiatus fuit per unum equum gressi coloris precii – vj s. viij d., plegius Johannes Neile, plegius prosecucionis Robertus Selby.

(D146) Querela inter Thomam Blont querentem et Johannem Best defendentem continuatur usque proximam.

(DC18) Placitum inter Galfridum Hall querentem et (*Incomplete*). ‖xvᵃ‖

(249) Curia tenta ibidem die Mercurii xxij° die Junii anno etc. supradicto (*22 June 1502*)
(DC17) ‖Panellum inter Thomam Knag querentem et Thomam Wilkynson defendentem‖ Willelmus Wra, Willelmus Eme, Edwardus Forster, Johannes Gra, Thomas Symson, Johannes Davyson, Johannes Bedyk, \\Cristoforus// Garthstell, Cristoforus Henrison, Georgius Lytyll, Alexander Yong, Robertus Heppell. ‖ Ponitur in arbitrio‖

(D146) Thomas Blont queritur de Johanne Best in placito debiti – ij s. viij d., et ad dampnum suum – xij d. Et defendens attachia*tur* per unum equum gresii coloris precii – xiij s. iiij d., plegius [R*icard*us] \\ballivus//. ‖Esson*iatur*‖

(D145) De Willelmo Hunter quia non prosecutus (*Incomplete*).

fo. 48v
(250) Curia tenta ibidem die Mercurii xiij° die Julii anno millesimo Dij^(do) (*13 July 1502*)
(D147) ‖Placitum‖ Elizabeth Pottez queritur de Johanne Pottez in placito debiti – xxvj s. viij d. quos ei querens deliberavit salvo custodiendos, et ad dampnum suum – iiij s. ‖Continuatur‖

(DC19) ‖Placitum‖ Eadem Elizabeth queritur de eodem Johanne in placito detencionis unius almarie[103] {iiij d.}, unius caccabi[104] {v s.}, unius couerlett {ij s. viij d.}, unius olle enee {iij s.}, ij perapsidum electreorum[105] {xiiij d.}, unius pelvis[106] {xiiij d.}, unius salt saler {iij d.} et ij sawcers {ij d.}, unius brayk {[j d.] iiij d.}, unius rippill came {iiij d}, unius hekyll {viij d.}, iij tubbez {xij d.}.

---

103 *almaria*, cupboard or chest (*DML*, under *armarium*).
104 *caccabus*, metal pot (*DML*, under *caccabus*).
105 *parapsis electreus*, pewter dish or platter (*DML*, under *paropsis, electreus*).
106 *pelvis*, basin (*RMLWL*, under *pelvis*).

(D148) ‖Placitum‖ Johannes Davyson queritur de Cuthberto Robynson in placito debiti – iiij d. pro opere suo manuali, et ad dampnum suum – iiij d. Et defendens attachiatus fuit per unum blokyn ax precii – [v] viij d. ‖Continuatur‖

(D149) ‖Placitum‖ Johannes Bedyk queritur de eodem Cuthberto in placito debiti – iiij d. ‖Continuatur‖

(251) Curia tenta ibidem die Mercurii xx⁰ die Julii anno etc. supradicto (*20 July 1502*)
(D148, D149) Placita inter Johannem Davyson et Johannem Bedyk querentes et Cuthbertum Robynson defendentem continuantur usque [proximam] xv^{am}.

(D146) De Johanne Best quia non venit ad respondendum Thome Blont (*No sum entered*).

fo. 49[107]
(252) Curia tenta ibidem die [Martis] Mercurii iij⁰ die Augusti anno Domini millesimo Dij⁰ (*3 August 1502*)
(D146) De Johanne Best quia non venit ad respondendum Thome Blount.

(D147) De Elizabeth Pottez quia non prosecuta fuit placitum suum debiti versus Johannem Pottez. Ideo in misericordia – (*Incomplete*).

(DC19) De eadem Elizabeth quia non prosecuta fuit placitum suum detencionis versus eundem Johannem. Ideo in misericordia domini – (*Incomplete*).

(DC18) Galfridus Hall venit et dicit quod cum ipse cum Edwardo Conyngham emebat de Thoma Byttilston totum corium frunitum existens infra domum dicti Thome, videlicet fro the hall dore down (*Incomplete*). ‖Ponitur super inquisicionem‖

---

107 Empty spaces in the upper half of this page have been used for pen practice at a slightly later date. Apart from strings of letters (b x, w) there are three coherent passages:
    (a) *Verum inter alias tantum capud extulit urbes*
        quantum lenta solent inter viburna cupressi. (Vergil, Eclogue 1, lines 24–5, corrupted).
    (b) *Bene inter nos tanta discordia cepit ergo ne sit* (Source unidentified).
    (c) *Vobis mirum qui tantum nefas poss* – (Source unidentified).
    (d) *Caput extulit*, three times (Source as in (a)).
    (e) *Galfridus Hall venit et dicit quod cum ipse Edwarde Conyngham.*

(253) Curia tenta ibidem die Mercurii xvij° die Augusti anno etc. supradicto (*17 August 1502*)

(D146) De Johanne Best[108] quia non venit ad respondendum Thome Blount.

(DC20) ‖Placitum‖ Thomas Wylkynson queritur de Johanne Pottez \junioris/ in placito detencionis iij toppz \cum (*Blank space of 0.8 cm.*) lumin'/ pertinencium dicto Thome \\que// ipse fecit pro processione in die Corporis Christi, precii – ij s. iiij d.[109] \et eciam unius suis precii – xx d./, et ad dampnum suum – xij d. ‖Se viij^a‖

(DC18) ‖Panellum inter Galfridum Hall querentem et Katerinam Byttilston \cul[110]/ executricem testamenti Thome Bitolston defendentem‖ Willelmus Cawcy {• • j ca d}, Robertus Bell {ca • j • q'}, \\Johannes// Robynson {• • juratus}, Robertus Heslop {• + juratus}, Willelmus Eyme {+ • juratus}, Edwardus Forster {[+] • • juratus}, [Willelmus Walker {+ [+] [+] • j •}], Johannes Fawell {• + juratus}, Johannes Hall {• + juratus}, Georgius Lytill {• + juratus}, Willelmus Hedlee {+ • juratus}, Robertus Heppell {• + juratus}.

fo. 49v

(254) Curia tenta ibidem die Mercurii ultimo die Augusti anno Domini millesimo Dij^do (*31 August 1502*)

(D146) De Johanne Best quia non venit ad respondendum Thome Blont (*No sum entered*).

(DC20) Johannes Pottez junior venit et perfecit legem suam se viij^a manu, videlicet Roulando Robynson {juratus}, Hugone Spark {juratus}, Georgio Lyttill {juratus}, Georgio Hudson {juratus}, Johanne Hall {juratus}, Roberto Hepton {juratus}, et Roberto Bell {juratus}, quod non injuste detinet Thome Wylkynson (*Incomplete*). ‖Lex – vj d.‖

(255) Curia tenta ibidem die Mercurii xxviij° die Septembris anno (*Incomplete*) (*28 September 1502*)

(D150) ‖Placitum‖ Ricardus Layng queritur de Thoma Graunge in placito debiti – vij s. pro uno equo empto de eo, et ad dampnum suum – ij s. Et defendens attachiatur per unum equum gressi coloris precii – v s., plegius Georgius Rippon. Et defendens essoniatur.

(D146) Johannes Best habet diem interloquendi versus Thomam Blount.

---

108 MS repeats *Best*.
109 See Harvey, *Lay Religious Life*, p. 161.
110 The insertion perhaps alters *Byltilston* to *Byculston*.

(DC18) Katerina Bittelston petit octo tales.

fo. 50
Extracte sunt facte usque huc.

(256*) Curia capitalis tenta ibidem die Mercurii quinto die Octobris anno Domini millesimo D^{mo} secundo (*5 October 1502*)

‖Tales decem de panello inter (*Incomplete*)‖ Thomas Symson {j ca d}, Alexander Yong {juratus}, Johannes Neile {juratus [j]}, Johannes Watson {juratus}, [Johannes Bradwode {j •}], Cristoforus Henryson {• j •}, Johannes Symson {• j}, Cristoforus Garthstale, Hugo Spark {j •}, Johannes Baitson {j}.

‖ Panellum pro domino‖ Ricardus Smyrk {• juratus}, Georgius Rippon {• juratus}, Willelmus Waneman {• juratus}, Thomas Forest {• juratus}, Ricardus Bowman {• juratus}, Laurencius Toller {• juratus}, Thomas Spark {• juratus}, Ricardus Layng {• juratus}, Johannes Sowrby {• juratus}, Willelmus Owrfeld {• juratus}, Johannes Colsson {• juratus}, Johannes Priour {• juratus}, Thomas Randson {• juratus}, jurati pro domino, qui presentant super sacramentum suum quod quarterium frumenti {[x] vj s. viij d.}, quarterium ordii {iij s.} et quarterium aven*e* {xv d.} vendebantur ultimo mercato die secundum precium scriptum super capita. Ideo injunctum est omnibus pandoxatoribus et brasiatoribus quod vendant communi popolo domini regis lagenam bone servisie pro j d. ob. Et super hoc proclamatur. (*fo. 50v*) Item dicti jurati presentant quod Johannes Betson {xl d.} fecit affraiam super Johannem Tomson. | Item presentant quod Jacobus Morton perdoner {xl d.}fecit affraiam super Johannem Hall. | Item presentant quod Thomas Wylȝamson capellanus {vj d.} posuit equam suam in cemiterio capelle <Sancte> Margarete ad depastendum contra penam. | Item presentant quod Georgius Hudson {ij vj d.}, Georgius Lytill {j vj d.} cum porcis suis subvertant cemiterium predictum contra penam. | Item presentant quod uxor Roberti Lewyn de Essh ventelabat ordium in dicto cemiterio contra penam. | Injunctum est omnibus habentibus bigas, maiereni*um* \et/ lapides jacencia in vico quod ea amoveant citra xv^{am} sub pena forisfaciendi domino – vj d. Et eciam quod nullus proiciat cineres vel aliquod fetidum in communi venella jacenti juxta communem furnum et que ducit ad aquam de Were, \quilibet/ sub pena – vj d. Item dicti jurati presentant quod Robertus Selby, Johannes Neile, Laurencius Toller, Johannes Priour, Ricardus Arnbrugh (*Incomplete*).[111] | Item jurati presentant quod Johannes Neile, Johannes Priour, Ricardus Blont, Laurencius Toller, Johannes Bernerd, Johannes Pottez, Robertus Wrigh<t>, Johannes Bloynt et Ricardus

---

111 This incomplete entry is bracketed to the next one.

Arnebrugh glouers sunt communes forstallatores \pellium ovinarum/.
Ideo quilibet eorum in misericordia domini – vj d.

(D150) De Thoma Grange quia non venit ad respondendum Ricardo
Layng. ‖ iiij d.

De Georgio Rippon {iij}, Ricardo Smyrk {ij}, Edwardo Forster {ij}, Willelmo
Walker {ij}, relicta Willelmi Birez {iij}, Johanne Blont {j}, Johanne Dukett
{j}, Georgio Hudson {ij}, Georgio Lytill {ij}, Johanne Pottez {j}, Cristoforo Henryson {ij}, Johanne Chamnay {ij} et Johanne Dawson {j} quia
custod*iunt* porcos vagantes in vico. Ideo quilibet eorum in misericordia
domini pro quolibet porco – ij d. ‖Intrantur in extractis precedentibus‖
| Item presentant jurati predicti quod Thomas Spark, Willelmus Rich-
erdson, Ricardus Wilson, Rogerus Scott, Hugo Spark, Johannes Merley
sunt communes forstallatores pellium lanutarum bovinarum et vacci-
narum ac aliorum.

fo. 51
De Thoma Wytton, magistro hospitalis de Keipȝer, procurator*ibus*,[112]
Sibilla relicta W. Rakett, hered*e* Willelmi Eure militis, hered*e* Johannis
Hoton, hered*e* Roberti Paitson, [hered*e* Ed] [hered*e* Johannis Tomson]
Radulpho Melott (*Incomplete*).

(DC18) Johannes Robynson et socii sui jurati inter Galfridum Hall
querentem et Katerinam Bittelston executricem testamenti Thome
Bittelsto†n†[113] defendentem dicunt super sacramentum suum quod
dicta Katerina injuste detinet dicto querente dictum corium frunitum
prout patet in placito ad valenciam – xxxix s. xj d. et ob. et pro custagiis
et expensis – ij d. Ideo consideratum est per curiam quod (*Incomplete*).
‖Ideo dicta Katerina in misericordia – xij d.‖

fo. 51v
**(257) Curia tenta ibidem die Mercurii xij° die Octobris anno Domini
Millesimo D^{mo} secundo** (*12 October 1502*)
(D150) Thomas Grange venit et fatetur Ricardo Layng – xij d. pro debito
principali et ij d. pro custagiis et expensis. Ideo in misericordia domini
– iiij d.

**(258) Curia tenta ibidem die Mercurii xiiij° die Decembris anno etc.
supradicto** (*14 December 1502*)
(D151) ‖Placitum‖ Johanna Hyne vidua queritur de Georgio Maisson in
placito debiti – xij d. pro una ulna et un*o* quarteri*o* panni lanei albi de

---

112 i.e. of St. Margaret's chapel or guild.
113 Margin cropped.

cairsay de ea emptis, et ad dampnum suum – vj d. Et defendens atta-
chiatus fuit per unum equum badii coloris precii – vj s. viij d., plegius
Johannes Hall webster. Et super hoc Johannes Maisson petit hamalda-
cionem dicti equi et hamald*at* se vjᵃ manu, videlicet Thoma Rede, Ricardo
Sowrby, Willelmo Wall, Willelmo Hyne, Adomaro Jakson. ‖Johannes
Maisson se vjᵃ manu‖

Jacobus Thomson de Kyrkbykendale (*Incomplete*).

fo. 52
(T70) ‖Placitum‖ Willelmus Wayneman queritur de Willelmo Wilson in
placito transgressionis eo quod cum cane suo fugavit \xxiij/ oves dicti
querentis et momordet unde xvij oves de predictis ovibus interimit, unde
deterioratus est et dampum habet ad valenciam – xx s. Et defendens attachiatus fuit per unum equum gresii coloris precii – xiij s. iiij d., plegius
Ricardus Smyrk. ‖Respectuatur‖

(D152) ‖Placitum‖ Willelmus Smethirst queritur de Johanne Watson in
placito debiti – vj s., et ad dampnum suum – xij d. Et defendens essoniatur.

(D153) Willelmus Wyllyson de \Kirkby/ Kendale venit (*Incomplete*).

fo. 52v
**(259*) ‖Vetus burgus de Crocegate‖ Curia capitalis tenta ibidem die
Mercurii xjᵒ die Januarii anno Domini millesimo Dᵐᵒ secundo** (*11
January 1503*)
De Thoma Wytton, magistro hospitalis de Keiper', Willelmo Richerdson,
Sibilla relicta Willelmi Rakett, here*de* Willelmi Eure militis, here*de*
Radulphi Hoton, here*de* Johannis Hagthorp, [Johanne Colson], [Roberto
Crak], Radulpho Melott, Ricardo¹¹⁴ Bowman.

(D154) ‖Placitum‖ Guido Garthstale queritur de Willelmo Punshone
\capellano/ in placito debiti – iij s. pro stipendio suo, et ad dampnum
suum – xij d. Et defendens attachiatus fuit per unum equum nigrum
precii – vj s. viij d., plegius Ricardus Bowman, plegius prosecucionis
Cristoforus Garthstale. Et defendens essoniatur. Et querens ponit loco
suo Cristoforum Garthstale.

(D155) ‖Placitum‖ Ricardus Wren queritur de Henrico Emereson in placito
debiti – ij s., et ad dampnum suum – iiij d. Et defendens attachiatus fuit
per unum equum badium precii – xx s., plegius Robertus Selby. Et super

---

114 MS *Ricardus*.

hoc defendens per attornatum suum solvit in curia. Ideo defendens in misericordia domini – iiij d. ‖iiij d.‖

(D152) Johannes Watson venit et fatetur Willelmo Smethirst – v s. et ij d. pro custagiis et expensis – ij d. Ideo dictus Johannes in misericordia – iij d. ‖iij d.‖

fo. 53

‖Panellum pro domino‖ Willemus Smethirst {• juratus}, Robertus Wharham {• juratus}, Thomas Forest {• juratus}, Robertus Crake, Hugo Wall {• juratus}, Johannes Priour {• juratus}, Laurencius Toller {• juratus}, Ricardus Layng {• juratus}, Thomas Randson {• juratus}, [Johannes Sowrby], Willelmus Owrfeld {• juratus}, Willelmus Wanem†an†[115] {• juratus}, Thomas Spark {• juratus}, Johannes Wodmows {• juratus}, [Thomas Colman {•}], jurati pro domino, qui presentant super sacramentum suum quod Willelmus Philypson {xx d.} et Robertus Bell maisson {xx d.} fecerunt affraiam inter se. Item presentant quod Willelmus Richerdson non removit mairemium suum jacens in vico contra penam. Ideo in misericordia – vj d. | Pena ponitur quod quilibet tenens includat frontes \suas/ ante et retro inter proximum et proximum citra festum Carnibrevii proxime futurum sub pena forisfaciendi domino – vj d. Et eciam <injunctum est> omnibus habentibus sterquilinia, ligna, cineres et alia fetida <in vico quod ea amoveant> citra festum Sancti Cuthberti in Marcio proxime futurum sub pena – vj d. Et eisdem quod decetero nullus jactat cineres. | Injunctum est omnibus tenentibus manentibus in Sowthstreit <quod> mundant seu mundari faciant fontem vocatum Saint Elen Well et eciam venel†lam†[116] que ducit ad dictum fontem citra dictum festum Carnibrevii, quilibet sub pena – vj d.

fo. 53v

(260) Curia tenta ibidem die Mercurii xviij⁰ die Januarii anno Domini millesimo D^{mo} secundo (*18 January 1503*)

(T70) Willelmus Waneman et Willelmus Wilson alias Archbald tenentur stare arbitrio Willelmi Burn et W. Clyff ex parte dicti Willelmi Waneman arbitratorum electorum et Willelmi Hirdman et Johannis Elstop arbitratorum ex parte dicti Willelmi Wilson electorum ita quod reddant arbitrium citra festum Purificacionis Beate Marie proxime futurum sub pena – xl s. Et si dicti arbitratores citra diem predictum concordare non poterint, quod dictus Willelmus Waneman et Willelmus Wilson stabunt arbitrio cujusdam imparis per dictos arbitr<at>ores[117] electi sub eadem pena.

---

115 Margin cropped.
116 Margin cropped.
117 MS *arbitrores*.

(D154) De Willelmo Punshon capellano quia non venit ad respondendum Guidoni Garthesdale in placito debiti, plegius Ricardus Bowman – iiij d.

fo. 54

(261) Curia tenta ibidem die Mercurii xxv° die Januarii anno Domini millesimo D^{mo} secundo (*25 January 1503*)

(D156) ‖Placitum‖ Johannes Dukett queritur de Roberto Hedworth in placito debiti – [xxij s.] ij s. j d. ob., et ad dampnum suum – vj d. Et defendens attachiatus fuit per viij boves et ij^{os} equos precii inter se – lxvj s. v†* d.†,[118] plegius Johannes Priour. Et defendens essoniatur.

(D154) De Guidone Garthstale quia non prosecutus fuit [qu] placitum suum versus Willelmum Punishon capellanum, plegius [Ricardus Bow] Cristoforus Garthstale – iiij d.

(262) Curia tenta ibidem die Mercurii primo die Februarii anno Domini millesimo D^{mo} secundo (*1 February 1503*)

(D156) Johannes Dukett venit et dicit quod Robertus Hedworth ei debet – ij s. j d. ob. pro opere suo manuali. ‖Continuatur usque xv^{am}‖

(263) Curia tenta ibidem die Mercurii xv° die Februarii anno etc. supradicto (*15 February 1503*)

(D156) Placitum inter Johannem Dukett querentem et Robertum Hedworth defendentem continuatur usque proximam. ‖Continuatur‖

fo. 54v

(264) Curia tenta ibidem die Mercurii xxij° die Februarii anno etc. \millesimo/ D^{mo} secundo (*22 February 1503*)

(D152) Johannes Priour, Laurencius Toller, Johannes Wodmous et Willelmus Ourefeld apprecia*verunt* unam almeriam {xx d.}, unam mensam vocatam a counter {iiij s. viij d.}, et [unam togam blodii coloris] {quia reliberatur} ad vj s. iiij d. captas de bonis Johannis Watson virtute execucionis ad sectam Willelmi Smethirst pro v s. pro debito principali et ix d. pro custagiis et expensis.

(265) Curia tenta ibidem die Martis[119] xv° die Marcii anno etc. supradicto (*15 March 1503*)

(D153) Querela inter Willelmum Richerdson querentem et W. Willeson de Kendale continuatur usque proximam. ‖Continuatur‖

---

118 Margin cropped. The sum was probably five marks, 66s 8d.
119 15 March 1503 was a Wednesday.

(266) Curia tenta ibidem die Mercurii xxij° die Marcii anno Domini millesimo D^mo secundo (*22 March 1503*)

(D153) Querela inter[120] Willelmum Richerdson querentem et W. Wileson continuatur usque proximam curiam.

fo. 55

(267) Curia tenta ibidem die Mercurii xxix° die Marcii anno Domini millesimo D^mo tercio (*29 March 1503*)

(T71) ‖Placitum‖ Willelmus Dawson queritur de Johanna Birez vidua in placito transgressionis eo quod cum[121] dicta defendens \\injuste// imparcavit viginti oves matrices de quibus tres oves fuerunt interfecte precii inter se – iij s. vj d., plegius prosecucionis [ballivus] Johannes Dukett. ‖Continuatur‖

(D153) ‖Placitum‖ Willelmus Richerdson queritur de Willelmo Willeson de Kendale in placito debiti – xxxix s. xj d. [ob.]. Et defendens [venit et] attachiatus fuit per le wadd et madir precii – x li., plegius Laurencius Toller.

(D157) ‖Placitum‖ Idem Willelmus Richerdson queritur de eodem Willelmo Willeson in placito debiti – xxxix s. xj d. [ob.]. Et defendens attachiatus fuit ut supra, plegius ut supra.

fo. 55v

(268) Curia tenta ibidem die Mercurii v° die Aprilis anno Domini millesimo D^mo tercio (*5 April 1503*)

(T71) ‖Placitum‖ Placitum inter Willelmum Daweson querentem et Johannam Birez viduam defendentem continuatur usque festum Pasche.

(D158) ‖Placitum‖ Willelmus Richerdson queritur de Johanna Lilburn vidua in placito debiti – [vj s.] \\ix s. xj d, videlicet// ut pro firma unius gardini {vj s. negat} \sibi/ debitorum per ix annos per annum – viij d., pro j bond lini {xx d. fatetur} et pro iiij ulnis et dimidia panni linii {fatetur ij s. iij d.}, et ad dampnum suum – ij s. Et defendens venit et fatetur pro le boynd lini – xx d. et pro [j] iiij^or ulnis panni lini – ij s. Et dedicit residuum et de hoc ponit se super juratam et querens similiter. ‖Ponitur super inquisicionem‖

(T72) ‖Placitum‖ Idem Willelmus firmarius molendinorum domini prioris queritur de Johanne Wodmows \regratario/ in placito transgressionis eo quod molat granum suum ad aliud molendinum quam molendinum

---

120 MS *in*.
121 The word *cum* should have been deleted.

domini, unde deterioratus est et dampnum habet ad valenciam – iij s. iiij d. ‖(*a*) j^us defectus (*b*) Placitum cassatur‖

(D153, D157) Willelmus Richerdson venit et dicit quod Willelmus Willeson ei debet pro ij barellis olii {xlij s.} et pro ij barrellis de saipe {xxviij s.} pro \\pro portacione cum// le toll {vj d.} et xj duodenis et x libris de rosyn {v s. viij d.}[122] pro cariagio ij plaustrat*uum* bonorum a Novo Castro {iij s. viij d.} et pro tolneto xij barellez bituminis – lxxix s. x d. que vendidit dicto defendenti solvendos cum et quando requisitus fuerit etc. prout patet in duobus placitis inde intratis in curia proxime precedenti. Et defendens <venit> et dicit quod non debet aliquem inde denarium. Et de hoc ponit se super juratam et querens similiter. Ideo fiat inde jurata. ‖Ponitur super inquisicionem‖

fo. 56
(D156) Et Roberto Hedworth quia non venit ad respondendum Johanni Dukett in placito debiti, plegius Johannes Priour – iiij d.

(269) Curia tenta ibidem die Mercurii xij° die Aprilis anno Domini millesimo D^mo tercio (*12 April 1503*)
(T72) Secundus defectus Johannis Wodemows defendentis ad sectam Willelmi Rycherdson merceri.

(269a) Curia tenta ibidem die Mercurii (*Incomplete*) (*18 April 1503*)
(*No recorded business*)

fo. 56v
(270*) Curia capitalis tenta ibidem die Mercurii xxvj° die Aprilis anno Domini millesimo D^mo tercio (*26 April 1503*)
(T71) Placitum inter Willelmum Dawson querentem et Johannam Birez defendentem continuatur usque proximam curiam.

‖ Panellum pro domino‖ Thomas Forest {• juratus}, Robertus Wharham {• juratus}, Willelmus Waneman {• juratus}, Ricardus Boweman {• juratus}, Ricardus Smyrk {• juratus}, Thomas Colman {• juratus}, Laurencius Toller {• juratus}, Ricardus Layng {• juratus}, Robertus Craike {• juratus}, Johannes Sowreby {• juratus}, Willelmus Owrefeld {• juratus}, Johannes Priour {• juratus}.

<De> Thoma Witton, magistro hospitalis de Keipȝer', hered*e* Johannis Hoton, Sibilla relicta Willelmi Rakett, hered*e* Willelmi Eurez militis, hered*e* Roberti Paitson, hered*e* Johannis Hag<t>horp, [Willelmo

---

122 The sum is written directly above *xj duoden'*.

Smethirst], Radulpho Melott <quia> non venerunt ad faciendam sectam
curie. Ideo quilibet eorum in misericordia domini – iiij d.

Thomas Forest et socii sui jurati pro domino presentant quod Thomas
Wylkynson {xl d.} fecit affraiam in Johannem Pottez contra pacem. |
Item presentant quod Willelmus Richerdson non inclusit frontem suam
apud Baiharecloce inter ipsum et Cuthbertum Billyngham[123] et eciam
apud Milnebankez. | Item presentant quod dictus W. non inclusit frontes
ante et retro et inter proximum et proximum unius \[burgagii] clause/
pertinentis gilde Corporis Christi contra penam. | Item presentant quod
Johanna Lylburn [cust] hospitat quandam mulierem non bone guberna-
cionis (*No fine entered*). | Item presentant quod Johannes Kyng hospitat
unam mulierem non bone gubernacionis {iij s. iiij d.}. | Item presentant
quod (*Blank space of 2 cm.*) Birdoke hospitat ij mulieres non bone guber-
nacionis {iij s. iiij d.}. | Item presentant quod Cristoforus Garthstale tenet
filiam suam non bone gubernacionis {iij s. iiij d.}.

fo. 57
‖Fidelitas‖ Robertus Wryght filius et heres Willelmi Wright et Agnetis
uxoris sue filie et heredis Willelmi Ryppon venit ad hanc curiam et
fecit fidelitatem suam domino pro uno burgagio cum suis pertinenciis
sicut jacet in veteri burgo Dunelm' inter burgagium quondam Johannis
Pollerd ex parte orientali et burgagium pertinens procuratoribus sive
iconimis capelle Sancte Margarete Dunelm' ex parte occidentali, quod
quidem burgagium dictus Willelmus et Agnes in facie curie sursum
reddiderunt totum titulum, jus et †clamium†[124] suum dicti burgagii cum
suis pertinenciis prefato <Roberto> Wright et assignatis suis, habendum
eidem Roberto Wright et assignatis durante termino \annorum/ specifi-
cato in quibusdam indenturis factis inter Willelmum Nesse et Robertum
Johnson procuratores sive iconimos capelle Sancte Margarete Dunelm'
etc. ex una parte et prefatum Willelmum Ryppon, quarum indenturarum
data est in festo Pentecostes anno Domini millesimo CCCC[mo] lvj[to].[125]

Injunctum est Thome Ferrour de Bicheburn' quod mundat unum le
gutter in tenura Edwardi Forster quod distruxit burgagium pertinens
sellerario Dun†elm'† citra [festum] tres septimanas sub pena – xl d.

123 For Cuthbert Billingham, esquire, of Crook Hall, see Harvey, *Lay Religious
Life*, pp. 175–6.
124 MS apparently *cermiu'* or *termin'*, but possibly a badly written *cl'ium*, the
expected word in this context. The clerk has perhaps misread a written text.
125 This concerns Crossgate 14 (Rental, 44): Camsell, *Development*, II, p. 69.

fo. 57v

(271) Curia tenta ibidem die Mercurii x⁰ die Maii anno Domini millesimo Dᵐᵒ tercio (*10 May 1503*)

(DC21) ‖Placitum‖ Willelmus Layng executor \testamenti/ Katerine Bittelston queritur de Thoma Robynson de Beidnell in placito detencionis – x s. iiij d., et ad dampnum suum – xij d. Et defendens attachiatus fuit per ij equos precii inter se – xiij s. iiij d., plegius Laurencius Toller. Et [defendens essoniatur] continuatur prece parcium.

(D156) De Roberto Hedworth quia non venit ad respondendum Johanni Dukett in placito debiti, plegius Johannes Priour – iiij d.

(T71) Placitum inter Willelmum Dawson querentem et Johannam Byrez defendentem continuatur [usque proximam curiam] usque xvᵃᵐ. ‖Non solvit‖

(271a) Curia que fuisset tenta ibidem die Mercurii xvij⁰ die Maii anno Domini millesimo Dᵐᵒ tercio (*17 May 1503*)

(272) Curia tenta ibidem die Mercurii xxiiij⁰ die Maii anno etc. supradicto (*24 May 1503*)

(D156) De Roberto Hedworth quia non venit ad respondendum (*Incomplete*).

(DC21) ‖Essonium‖ Thomas Robynson essoniatur ad sectam Willelmi Layng.

fo. 58

(273) Curia tenta ibidem die Mercurii xxxj⁰ die Maii anno etc. Domini millesimo Dᵐᵒ tercio (*31 May 1503*)

(D159) ‖Placitum‖ Johannes Dukett queritur de Ricardo Robynson in placito debiti – iiij d. quos sibi debet pro hamac' granorum[126] dicti querentis, et ad dampnum suum – iiij d. Et defendens attachiatus fuit per unum plaustrum cum viij bobus precii – xl s., plegius Robertus Selby. Et defendens venit et dedicit debitum predictum. [Et querens dicit quod si uxor Johannis Tomson vult jurare] Et [de hoc ponit se super inquisicionem similiter] \\ponitur in arbitrio Georgii Rippon et Willelmi Wayneman.//. ‖Continuatur per xvᵗᵃᵐ‖

(D156) De Roberto Hedworth quia non venit ad respondendum (*Incomplete*).

(DC21) De Thoma Robynson [quia non venit ad respondendum] \\pro

---

126 Possibly a reap hook if *hamac'* is related to *hamus* and the verb *hamare*.

licencia concordandi cum// Willelmo Layng executore[127] testamenti
Katerine Byttelston in placito detencionis.

**(273a) Curia que fuisset tenta ibidem die Mercurii vij° die Junii anno
etc. supradicto continuatur ob reverencia festi Pentecostes accidentis
ea septimana** (*7 June 1503*)

fo. 58v
**(274) Curia tenta ibidem die Mercurii xiiij° die Junii anno etc. mille-
simo D^mo tercio** (*14 June 1503*)
(D156) De Roberto Hedworth quia non venit ad respondendum Johanni
Dukett in placito debiti, plegius Johannes Priour.

(U18) De Roberto Jakson quia non prosecutus fuit querelam suam versus
Thomam Hyne, plegius Johannes Bloynt.

**(275) Curia tenta ibidem die Mercurii xxiij die Augusti anno Domini
millesimo D^mo tercio** (*23 August 1503*)
(U19) Placitum inter Ricardum Butler et Johannem Berbour querentes et
Nicholaum Moryson defendentem continuatur usque proximam curiam.
‖Continuatur usque proximam‖

fo. 59
Extracte facte sunt usque huc.

**(276*) ‖Burgus de Crocegate‖ Curia capitalis tenta ibidem die Mercurii
quarto die Octobris anno Domini millesimo D^mo tercio** (*4 October
1503*)
‖Panellum pro domino‖ Ricardus Smyrk {• juratus}, Thomas Forest
{• juratus}, Edwardus Patonson {• juratus}, Hugo Wall {• juratus},
Willelmus Wanemane {• juratus}, Laurencius Toller {• juratus}, Thomas
Colman {• juratus}, Johannes Priour {• juratus}, Ricardus Layng {•
juratus}, Johannes Wodmows {• juratus}, Ricardus Boweman {• juratus},
Johannes Sowrby {• juratus}.

De Thoma Woton, magistro hospitalis de Keipȝer, herede Johannis Hoton,
Sibilla relicta Willelmi Rakett senioris, herede Willelmi Eurez militis,
Johanne Hagthorp, Johanne Colson {essoniatur}, Radulpho Melott, quia
non venerunt ad faciendam sectam curie. Ideo quilibet eorum in misericordia domini – iiij d.

Ricardus Smyrk et socii sui jurati pro domino presentant super sacramentum suum quod quarterium frumenti \\quarterium ordii// et quar-

---

127 MS *executric'*.

terium aven*e* vendebantur[128] ultimo die mercati[129] diversis preciis, videlicet quaterium frumenti pro – v s. iiij d., quarterium ordii – iij s. iiij d., et quarterium aven*e* – xviij d. Ideo consideratum est per dictos juratos quod quilibet pandoxator et brasiator vendat communi popolo domini regis lagenam servisie a festo Sancti Martini proxime futuro usque idem festum extunc proxime sequens pro – j d. ob. \\sub// pena forisfaciendi domino – vj s. viij d. tociens quociens. (*fo. 59v*) Jurati presentant quod Jacobus Morton fecit affraiam super Johannem Pottez \plegii Roulandus Robynson et J. Fawell/. | Item presentant quod Rogerus (*Blank space of 3.5 cm.*) serviens (*Blank space of 4 cm*) fecit in Robertum Wright. | Item presentant quod Willelmus \Fissher/ fecit affraiam super Johannem Fawell. | Item presentant quod Agnes filia Johanne Watson est latruncula et quod dicta Johanna receptat \\eam//. Ideo injunctum est dicte Johanne \quod/ decetero eam non receptat set quod eam amoveat extra jurisdiccionem infra unum diem sub pena – vj s. \viij d./. Item presentant Aliciam Bell filiam Willelmi Bell pro consimili. Ideo injunctum est eidem Willelmo Bell quod dectero non receptat dictam Aliciam sub pena – vj s. viij d. | ‖Pene‖ Injunctum est omnibus tenentibus quod quilibet includat frontes suas ante et retro inter proximum et proximum citra festum Omnium Sanctorum proxime futurum, quilibet sub pena – vj d. Et injunctum est omnibus habentibus bigas, plaustra, ligna \lapides et lutum/ seu alia fetida jacencia in vico quod ea removeant citra festum Sancti Luce evangeliste proxime tunc futurum sub <pena> forisfaciendi domino – xij d. (*fo. 60*) ‖Assisa servicie‖ Georgius Rippon {ij d.}, Ricardus Bowman {iiij d.}, Johannes Blont {ij d.}, Willelmus Orffeld {ij d.}, Johannes Colson {ij d.}, Robertus Selby {vj d.}, Thomas Randson {iiij d.}, Johannes Champna {ij d.}. Laurencius Toller {ij d.}, Thomas Spark {ij d.}, Alicia Dobson {ij d.}, Agnes Bradwod {ij d.}, Johannes Merley {ij d.}, Roulandus Robynson {iiij d.}, Johannes Wodemos {iiij d.}, Johanna Birez {iiij d.}, Willelmus Waker {ij d.}, Johanna Hyne {ij d.}, Johanna Lonesdale {iiij <d.>}. ‖Intrantur in extractis ultimi anni (*bracketed to all the presentments for brewing*)‖

(277) Curia tenta ibidem die Mercurii xiij die Decembris (*13 December 1503*)

(C7) Johannes Blont de Dunelm' et Johannes Best procuratores artis[130] de fleshewer queruntur de Roberto Boget de Dunelm' in placito [transgressionis] convencionis fracte eo quod in festo Sancti Petri quod dicitur Advincula anno regni regis H. vij xviij predicti querentes deliberaverunt dicto defendenti apud Crocegate infra jurisdiccionem hujus curie xv s. x d. eis deliberandos cum et quando etc., tamen predictus defendens

---

128 MS has a redundant *diversis preciis* following *vendebantur*.
129 MS *mercato*.
130 MS *arte*.

sepe et multociens requisitus est[131] tamen solvere noluit sed detinuit ad dampnum suum – vj s. Et defendens attachiatus fuit per unam equam grasii coloris \precii – x s./, plegius Laurencius Toller. Et defendens venit in propria persona sua et petit diem interloquendi usque proximam.

fo. 60v
Johannes Champley {iij}, Thomas Robynson {j}, Willelmus Crote[132] {j}, Roulandus Robynson {v}, Johanna Byres {ij}, Willelmus Walker {ij}, Georgius Rippon {[v] iiij}, Ricardus Bowman {iiij}, tenent porcos [non] vagantes infra burgum. ‖†I†ntrantur in extractis †u†ltime preteritis‖

(278) Curia tenta ibidem die Mercurii xx° die Decembris anno etc. millesimo D^{mo} tercio (*20 December 1503*)
(C7) De Roberto Boggett quia non venit ad respondendum Johanni Bloynt et Johanni Best procuratoribus artis de flesshewercraft in placito convencionis fracte. Ideo contempnatur in convencione predicta que est valenc*ie* – xv s. x d., una cum expensis curie. Et dictus Robertus in misericordia domini – iiij d.

fo. 61
(Blank)

fo. 61v[133]
(279*) ‖Vetus burgus de Crocegate‖ Curia capitalis tenta ibidem die Mercurii x^{mo} die Januarii anno Domini[134] millesimo D^{mo} tercio (*10 January 1504*)
De Thoma Wytton, magistro hospitalis de Keipȝere, [uxore Willelmi Morton], hered*e* Johannis Hoton, [Johanne Wodemows], [procurato*ribus* capelle Sancte Margarete], [procurato*ribus* gilde Sancte Margarete], [Willelmo Richerdson \mercero/], hered*e* Willelmi Rakett {essoniatur}, Sibilla relicta Willelmi Rakett senioris, [Thoma Forest], hered*e* Willelmi Eure militis, hered*e* Roberti Paitson {essoniatur}, hered*e* Johannis Hagthorp, [Edwardo Patonson] {quia infirmus} [Thoma Randson], [Ricardo Smyrk], [Georgio Rippon], Radulpho Melott, Johanne Sowrby {essoniatur}, Willelmo[135] Waneman, Roberto Crake.

---

131 MS apparently *requisivit e*.
132 Or *Trote*.
133 In the margins by the last few lines of this page are the following later pen trials: (a) *unto any oth'*; (b) *Radulphus* (twice) (c) *Radulphus Melott Jo*.
134 MS *dictum*.
135 MS *Willelmus*.

fo. 62[136]

(PA1) ‖Placitum‖ Johannes Moryson junior queritur de Willelmo Bell in placito de plegio acquietando pro eo quod posuit eum in plegium Johanni Manbell shomaker pro debito – ij s., et ad dampnum suum – ij s., plegius prosecucionis Thomas Porter. ‖Respectuatur‖

‖Panellum pro domino‖ Thomas Forest {• juratus}, Johannes Priour {• juratus}, Laurencius Toller {• juratus}, Johannes Wodemows {• juratus}, Robertus Wright {• juratus}, Thomas Randson {• juratus}, Willelmus Ourefeld {• juratus}, Johannes Colson {• juratus}, Robertus Wharham {• juratus}, Thomas Spark {• juratus}, Ricardus Arnebrugh {• juratus}, [Johannes Bloynt], Ricardus Smyrk {• juratus}, jurati pro domino, presentant super sacramentum suum quod Johannes Watson et uxor ejus fregit penam eo quod receptavit Agnetam filiam suam. | Item presentant quod Willelmus Maser horsmarsshall fecit affraiam super Ricardum Merley contra pacem. | Injunctum est tenentibus quod quilibet includat frontes suas ante et retro inter proximum et proximum citra festum Carnisbrevii, quilibet sub pena – vj d. Et (*Incomplete*).

(280) Curia tenta ibidem die Mercurii [xv] xvij⁰ die Januarii anno etc. supradicto (*17 January 1504*)
(PA1) Placitum inter Johannem Morison querentem et W. Bell defendentem continuatur usque proximam curiam.

fo. 62v

(280a) ‖Burgus de Crocegate‖ Curia tenta ibidem die Mercurii ultimo die Januarii anno etc. Domini millesimo Dᵐᵒ tercio (*31 January 1504*)
(*No recorded business*)

(281) Curia tenta ibidem die Mercurii vij⁰ die Februarii anno etc. supradicto (*7 February 1504*)
(PA1) ‖Essonium‖ Johannes Moryson junior essoniatur per Johannem Morison seniorem usque proximam curiam versus Willelmum Bell. ‖Ponitur in arbitrio‖

(D160) ‖Placitum‖ Willelmus Richerdson queritur de Willelmo Stryngher in placito debiti – x s., et ad dampnum suum vj d. ‖Continuatur usque proximam‖

(D161) ‖Placitum‖ Idem Willelmus Richerdson queritur de Alexandro Newton in placito debiti – [iiij s. ix d.] \\ij s. viij d.//, et ad dampnum suum – vj d. Et super hoc partes concordati sunt et habet querens diem

---

136 There are later pen trials in the top margin of this page: (a) *Showmaker* (twice);
    (b) *and yff the said Wyll'm hys executoures or assignes.*

solvendi Sancti Cuthberti in Marcio et Invencionis Sancte Crucis, plegius
Johannes Bloynt. ‖Continuatur usque proximam‖

fo. 63
**(282) Curia tenta ibidem die Mercurii xiiij° die Februarii anno etc.
millesimo D^{mo} tercio** (*14 February 1504*)
(C7) ‖Appreciacio‖ Ricardus Smyrk, Johannes Priour, Johannes Wodemows et Robertus Wright apprecia*verunt* ij^{as} ollas eneas {iiij s.}, unam
zonam \serici rubii/ hernasiatam^{137} cum argento {x s.} captas de bonis
Laurencii Toller, plegius Robertus Boggett, pro – x s. virtute execucionis
ad sectam Johannis Blont et Johannis Best prout patet in placito ad –
(*Incomplete*).

(D161) De Willelmo Stryngher quia non venit ad respondendum Willelmo
Richerdson in placito debiti – [iij d.] {quia essoniatur}.

**(283) Curia tenta ibidem die Mercurii xxviij° die Februarii anno etc.
supradicto** (*28 February 1504*)
(D162) ‖Placitum‖ Ricardus Smyrk queritur de Willelmo Archbald in
placito debiti – iij s. sibi et sociis suis firmariis molendini fulonici de
Broun' debitorum pro parte \sua/ reparacionis dicti molendini eis debitorum, et ad dampnum suum – xij d. Et defendens attachiatus fuit per
unum equum gresii coloris precii – xij s., plegius Johannes Colson. Et
defendens venit et dicit quod non est nomen suum Archbald sed Wilson
et ideo petit judicium curie, super quod placitum cassatur.

fo. 63v
(D163) ‖Placitum‖ Ricardus Arnbrugh \et Isabella uxor ejus executrix
testamenti Jacobi Tebson/ que*r*itur de Willelmo Bell shomaker in placito
debiti – iij s. iiij d. unde [devenit] \\posuit// dictum Jacobum in plegium
versus Rogerum Claxton capellanum et non dum eum acquietavit etc., et
ad dampnum suum – xij d. Et defendens non venit. Ideo in misericordia
domini – (*No sum entered*).

(D160) ‖Essonium‖ Willelmus Stryngher essoniatur ad sectam Willelmi
Richerdson.

(PA1) De Willelmo Bell quia non venit ad respondendum Johanni
Moryson juniori in placito de plegio acquietando – (*No sum entered*).
Contempnatur^{138} in – ij s. viij d. pro debito et custagiis.

---

137 *hernasiata*, decorated (*DML*, under *harnesiare*, 2).
138 MS *condempnitur*.

(284) Curia tenta ibidem die Mercurii vjº die Marcii anno Domini millesimo Dᵐᵒ tercio (*6 March 1504*)

‖Appreciacio‖ Johannes Priour, Johannes Wodemows, Robertus Wright [Laurencius Toller], \\Robertus Wharham// apprecia*verunt* unam ollam eneam {iij s. iiij d.} Johannis Bateson shomaker captam pro iij s. iiij d. pro affraia in extractis ad iij s. iiij d., unam ollam eneam Hugonis Spark captam pro xx d. pro affraia in dictis extractis ad – ij s., et unum par forpicium, vij bursas et unum par de mittenz Johannis Bernard capta pro vj d. pro forstallacione in dictis extractis ad – vj d.

(D163) Placitum inter Ricardum Arnbrugh querentem et Willelmum Bell defendentem continuatur usque proximam.

(D160) Willelmus Stryngher venit et fatetur – x d. Willelmo Richerdson et ij d. pro custagiis et expensis. Ideo in misericordia domini – iij d.

fo. 64

(285) Curia tenta ibidem die Martis[139] **tercio die Aprilis anno Domini millesimo Dᵐᵒ quarto** (*3 April 1504*)

(PA1) Johannes Colson, Johannes Priour, Laurencius Toller et Johannes Wodemows appreciaverunt unam mensam vocatam a meitbord {xij d.}, unam cathedram {j d.}, un' bakstole {j d.}, un' standp†*in*† {ij d.}, ij parvas [patellas] \\patenas// {iij d.}, j par taynges {j d. ob.}, j mele {j d.}, j pantid hallyng {viij d.}, unum manitergium de hardyn {ij d.}, j reid whisshyn {j d.}, ij peccas frumenti {vj d.}, j wod ax {ij d.} [et j hachatt] capta virtute execucionis pro ij s. viij d. pro debito et sex denariis pro custagiis et expensis de bonis Willelmi Bell ad sectam Johannis Moryson junioris.

fo. 64v

(286*) ‖Burgus [Dune] de Crocegate‖ Curia capitalis tenta ibidem die Mercurii xvijº die Aprilis anno Domini millesimo Dᵐᵒ quarto (*17 April 1504*)

De Thoma Wytton, magistro hospitalis de Keip3er, hered*e* Johannis Hoton, procurato*ribus* gilde Sancte Margarete, hered*e* Willelmi Rakett {essoniatur}, Sibbilla relicta Willelmi Rakett, [Thoma Forest] {quia infirmus}, hered*e* Willelmi Eure militis, hered*e* Johannis Hegthorp, [Laurencio Toller], [Ricardo Smyrk] {perdonatur per dominum}, Roberto Crayke, Radulpho Melott.

‖Panellum pro domino‖ Willelmus Smethirst {juratus}, Edwardus Patonson {• juratus}, Hugo Wall {juratus}, Johannes Priour {juratus}, Ricardus Bowman {juratus}, Johannes Wodmows {juratus}, Thomas Spark {• juratus}, Johannes Colson {juratus}, Robertus Wharham {juratus},

---

139 3 April 1504, was a Wednesday.

Willelmus Owrefeld {juratus}, Robertus Wright {juratus}, Johannes Sowrby {juratus}, jurati pro domino, presentant super sacramentum suum quod (*Blank space of 3 cm.*) Dyxson walker de Gelygate fecit affraiam super Robertum Bradewod. | Item presentant quod Johannes Bloynt fecit affraiam super quemdam [Kirsop'] \\Kirswell// servientem Thome Bloynt. | Item presentant <quod> Johanna uxor Willelmi Maser intravit domum Johanne Birez et verberavit Johannam Colynson contra pacem. | Item presentant quod (*Blank space of 2.5 cm.*) Kirswell fecit affraiam super Johannem Gra. (*fo. 65*) Injunctum est Willelmo Maser quod decetero non hospitat aliqu*os* vagabund*os* nec Scotos ultra unum diem et noctem et hoc non plures quam tres Scotos sub pena – xl d. tociens quociens. | Et injunctum est omnibus tenentibus quod nullus teneat nec custodiat aliquos ludentes ad carpas[140] seu ludos illicitos sive bibentes ultra horam ix^{am} post meridiem sub pena quilibet – xl d. tociens quociens. | Item presentant quod omnes tenentes comorantes a Bayherdcloce usque \molendinum de/ Milnburn' non incluserunt frontes suas retro et ante citra diem eis limitatum contra penam de – vj d. Ideo quilibet eorum in misericordia domini – iiij d. | Et injunctum est omnibus tenentibus quod includant frontes suas ante et retro inter proximum et proximum citra viij^{os} dies, quilibet sub pena – vj d. Et eisdem quod nullus proiciat aliquod fetidum in aquam de Were nisi ultra le [stul] stowle sub pena de – vj d. tociens quociens.

fo. 65v

(287) ‖Burgus de Crocegate‖ Curia tenta ibidem die Mercurii quinto die Junii anno Domini millesimo D^{mo} quarto (*5 June 1504*)
Ballivus presentat affraiam factam per (*Blank space of 7 cm.*) servient' Willelmi Richerdson et Johann' Graa milner, plegius pro dicto serviente dictus Willelmus et plegii pro Johanne Gra Johannes Bateson et Ricardus Glouer pro pace ac pro affraia predicta.

(D164) ‖Placitum‖ Agnes Tailyour per Thomam Tailyour attornatum suum queritur de Alexandro Johnson in placito debiti – xxj d. pro stipendi*o* dicte Agnetis, et ad dampnum suum – vj d. Et defendens attachiatus fuit per xij^{cim} ulnas panni canabi precii ulne ij d. ob. – ij s. vj d., plegius Johannes Bablyngton, plegius prosecucionis Ricardus Arnbrugh. Et defendens \non/ venit. Ideo in misericordia domini – iiij d.

fo. 66

(288) ‖Burgus de Crocegate‖ Curia tenta ibidem die Mercurii xij° die Junii anno Domini millesimo D^{mo} quarto (*12 June 1504*)
(D165) ‖Essonium‖ Querela inter Willelmum Richerdson querentem et Roulandum Symson defendentem essoniatur per dictum querentem.

---

140 *carpe*, playing cards (*DML*, under *carpa*, 2).

(D164) De Alexandro Johnson pro licencia concordandi cum Agnete Taillyour in placito debiti – iiij d., plegius Johannes Bablyngton. (*No sum entered*)

(289) ‖Burgus de Crocegate‖ Curia tenta ibidem die Mercurii xix° die Junii anno etc. supradicto (*19 June 1504*)
(D165) De Roulando Symson pro licencia concordandi cum Willelmo Richerdson in placito debiti, plegius Thomas Hall tailyour – [†iij† d.] {quia partes concordati fuerunt ante placitum fuit intratum in libro curie}.

(290) ‖Burgus de Crocegate‖ Curia tenta ibidem die Mercurii ultimo die Julii anno etc. supradicto (*31 July 1504*)
(DC22) ‖Placitum‖ Laurencius Toller queritur de Johanne Colt in placito detencionis unius busselli siliginis precii – xij d., et ad dampnum suum – xj d. Et defendens attachiatus fuit per unum equum gresii coloris precii – (*Blank space of 2 cm.*), plegius Georgius Rippon. Et defendens essoniatur.

(D166) ‖Placitum‖ Johannes Tomson queritur de Alexandro Gibson in placito debiti – v s. iiij d. unde devenit in plegium pro Jacobo Yong, solvendorum ad festum Pentecostes ultime preteritum, et ad dampnum suum – viij d. Et defendens venit et dedicit debitum predictum et super hoc ponit se super inquisicionem et querens similiter.

fo. 66v
(291) ‖Burgus de Crocegate‖ Curia tenta ibidem die Mercurii vij° die Augusti anno Domini millesimo D^{mo} quarto (*7 August 1504*)
(D166) ‖Panellum inter Johannem Tomson querentem et Alexandrum Gibson defendentem‖ Johannes Bablyngton, Thomas Milner, Johannes Bedyk, Robertus Heslehop tailyour, Johannes Smalwod, Hugo Spark, Willelmus Collynson, Johannes Watson, Ricardus Glover junior, Michaellis Preston, Willelmus Watson, Willelmus Eyme.

fo. 67
Extracte facte sunt usque huc

(292*) ‖Burgus de Crocegate‖ Curia \capitalis/ tenta ibidem die Mercurii secundo die Octobris anno Domini millesimo D^{mo} quarto (*2 October 1504*)
(D167) ‖Essonium‖ [Placitum] \\Querela// inter Willelmum Richerdson querentem et Cuthbertum Swallowell essoniatur.

(D168) ‖Placitum‖ Johannes Merley queritur de Rogero Scott in placito debiti – v s. pro iij quarteriis corticis quarc*us*, et ad dampnum suum – xij d.

‖Panellum pro domino‖ Willelmus Smethirst {juratus}, Ricardus Smyrk {juratus}, Willelmus Waneman {juratus}, Thomas Forest {juratus}, Edwardus Patonson {juratus}, Georgius Rippon {juratus}, Robertus Wharham {juratus}, Johannes Priour {juratus}, Hugo Wall {juratus}, [Robertus Wryght {juratus}], Johannes Colson {juratus}, Robertus Crake {juratus}, Laurencius Toller {juratus}.

De Thoma Witton, magistro hospitalis de Keipyere, herede Johannis Hoton, procuratoribus gilde Sancte Margarete, [Willelmo Richerdson], Sibbilla relicta Willelmi Rakett, herede Willelmi Eure militis, [herede Willelmi Chaumbre] {quia comparuerunt}, Thoma Spark, herede Johannis Hagthorp, Willelmo Owrfeld, Radulpho Melott, [Johanne Sowrby], [Ricardo Bowman] {quia infirmus}, quia non venerunt ad faciendam sectam curie. Ideo in misericordia domini quilibet eorum – iiij d.

fo. 67v
‖Fidelitas‖ Johannes Bloynt barker et Margeria uxor ejus filia et heres Ricardi Layng senioris venerunt ad hanc curiam et fecerunt fidelitates suas domino pro duobus burgagiis cum suis \pertinenciis/ jacentibus in Aluertongate in veteri burgo Dunelm', quorum unum burgagium jacet ibidem inter tenementum sacriste Dunelm' ex parte occidentali et tenementum nunc pertinens capelle Beate Margarete in Dunelm' ex parte orientali, et de alta strata usque ad rivulum que vocatur Milnburn'. Et aliud burgagium jacet ibidem inter tenementum Willelmi Catryk modo heredis Willelmi Morton ex parte occidentali et tenementum Willelmi Chaumbre quondam Roberti de Plawsworth ex parte orientali, que quidem burgagium cum suis pertinenciis predictus Johannes habet jure dicte Margerie filie et heredis dicti Ricardi Layng etc. Et fecerunt finem cum domino \de xl d. quos solverunt/ et juraverunt.[141]

fo. 68
‖Pene (*bracketed to the three following injunctions*)‖ Pena positur quod quilibet includat frontes suas ante et retro inter proximum et proximum citra xv^{am}, quilibet sub pena – vj d. Et eciam quod quilibet custodiat canes suos ligatos in domo \in nocte/, ita quod non veniant in vico in nocte, quilibet sub pena – vj d. Et eciam quod omnes custodiant porcos suos ita quod non vagant in vico, quilibet sub pena – vj d.

Willelmus Smethirst et socii sui jurati pro domino presentant quod Johannes Champney {iiij porci xij d.}, Thomas Robynson {iij}, Robertus Heslehop {ij}, Johannes Smalewod {ij}, Thomas Symson {j}, Roulandus Robynson {iij porci}, Robertus Robynson {ij}, tenent porcos non annualatos et subvertant solum domini. \Ideo quilibet eorum in misericordia

---

141 This concerns Allergate 9 (Rental, 20): Camsell, *Development*, II, p. 18.

domini – (*No sum entered*)/. ‖Intrantur in extractis ultime precedentibus (*bracketed to all the presentments for unringed pigs*)‖

Ballivus presentat quod Thomas Randson {ij}, Hugo Spark {ij}, Johanna Byrez {vj •}, Willelmus Croceby {ij}, Willelmus Walker {iiij}, Ricardus Bowman {iiij}, Georgius Rippon {v}, Johannes Champnay {iiij}, Thomas Robynson {iiij}, Robertus Hesslop {ij}, Johannes Smalwod {ij}, Thomas Symson {j}, Roulandus Robynson {iij •} et Robertus Robynson {ij.} custodiant porcos vagantes in vico contra penam. ‖Intrantur in extractis ultime precedentibus (*bracketed to all the presentments for stray pigs*)‖

fo. 68v[142]

(292a) ‖Burgus de Crocegate‖ Curia tenta ibidem die Mercurii [ix] xvj⁰ die Octobris anno Domini millesimo D^{mo} quarto (*16 October 1504*)
(*No recorded business*)

(293) ‖Burgus de Crocegate‖ Curia tenta ibidem die Mercurii xxiij⁰ die Octobris anno Domini millesimo D^{mo} iiij^{to} (*23 October 1504*)
De Roulando Robynson, Thoma Rawe saweter, Willelmo Richerdson pro frontibus suis non inclusis. Ideo quilibet eorum in misericordia – vj d.

(D167) ‖Placitum‖ Willelmus Richerdson \per Ricardum Arnbrugh attornatum suum/ queritur de Cuthberto Swallowell in placito debiti – ix s. iiij d., videlicet vj s. pro firma unius domus {negat ponitur super inquisicionem} et iij s. iiij d. in moneta prestita uxori sue {negat petit legem se vj manu}, et ad dampnum suum – (*Blank space of 1.5 cm.*) Et defendens attachiatus fuit per [v] vj oves precii inter se – viij s., plegius Roulandus Robynson. Et (*Incomplete*).

fo. 69

(294) ‖Burgus de Crocegate‖ Curia tenta ibidem die Mercurii xxx⁰ die Octobris anno Domini millesimo D^{mo} quarto (*30 October 1504*)
(D167) ‖Lex‖ Cuthbertus Swallowell {juratus} venit se vj^a manu, videlicet Hugone Johnson, Johanne Langton, Willelmo Adamson, Edwardo Brantyngham, Nicholao Bogg. \et perfecit legem suam/ quod non debet Willelmo Richerdson iij s. iiij d. nominatos in placito et quos dictus Willelmus prestitit uxori dicti Cuthberti. Ideo dictus Willelmus in misericordia – (*Blank space of 1.5 cm.*) pro injusta prosecucione. Et dictus Cuthbertus eat inde quietus sine die. ‖Misericordia – vj d.‖[143]

---

142 The upper 10 cm. of this page are blank.
143 This wager of law related to only part of the alleged debt (the loan of 3s 4d). William Richerdson's claim for rent was judged separately by a jury.

(T73) ‖Placitum‖ Johannes Prior queritur de Johanne Bowman in placito transgressionis eo quod cum equo suo distruxit et conculcavit ortum suum seminatum cum cepe ad valenciam – ij s., unde deterioratus est et dampnum habet ad valenciam – ij s. Et defendens attachiatus fuit per iij bond*es* lini precii – iiij s., plegius Ricardus Glover junior. Et defendens non venit. Ideo in misericordia domini – iiij d.

(D167) ‖Panellum inter Willelmum Richerdson querentem et Cuthbertum Swallowell defendentem in placito debiti‖ Johannes Betson {• • • • •}, Johannes Smalewod {• • • •}, Johannes Bablyngton {• • • •}, Johannes [Dawson] \\Daveson// {+ • • •}, Johannes Bedyke {• • • •}, Robertus Heslehop {• • • C}, Hugo Spark {+ • C •}, Cris<t>oforus Henrison {• • C •}, Ricardus Glover \junior/ {• C • • •}, Willelmus Eyme {• • C •}, [Nicholaus Moryson {• • • •}], Ricardus Bloynt {+ C + • •}.

fo. 69v
‖Assisa servisie‖ Robertus Hall {ij d.}, Georgius Rippon {ij d.}, Ricardus Bowman {iiij d.}, Johannes Bloynt {iij d.}, Johannes Colson {ij d.}, Thomas Wryter {ij d.}, Robertus Selby {vj d.}, Thomas Randson {iiij d.}, Johannes Champney {ij d.}, Thomas Trotter {ij d.}, Laurencius Toller {ij d.}, Thomas Spark {iiij d.}, Johannes Gray {ij d.}, Johannes Merley {ij d.}, Roulandus Robynson {iiij d.}, Johannes Wodmows {iiij d.}, Johanna Byrez {iiij d.}, Willelmus Walker {ij d.}, Willelmus Watson {ij d.}, Willelmus Ourefeld {ij d.}, Johanna Loynesdale {ij d.} pro assisa servisie non serv†ata†[144]. Ideo quilibet in misericordia domini prout patet <super> capud suum. ‖Intrantur in extractis precedentibus‖[145]

(295) Curia tenta ibidem die Mercurii vj° die Novembris anno etc. supradicto (*6 November 1504*)
(D167) ‖Essonium‖ Jurata inter W. Richerdson querentem et Cuthbertum Swallowell defendentem essoniatur per dictum defendentem.

(T73) De Johanne Bowman quia non venit ad respondendum Johanni Prior in placito transgressionis, plegius Ricardus Glover junior – iiij d.

(296) Curia tenta ibidem die Mercurii xiij° die Novembris anno Domini millesimo D^{mo} quarto (*13 November 1504*)
(T73) De Johanne Priour quia non prosecutus fuit placitum suum versus Johannem Bowman. Ideo in misericordia – ij d.

---

144 Word smudged.
145 A draft of these presentments for breach of the assize of ale is printed as Additional Document 1.

fo 70

(297) ‖Vetus burgus de Crocegate‖ Curia tenta ibidem die Mercurii xx^{mo} die Novembris anno Domini millesimo D^{mo} quarto (*20 November 1504*)

(D169) ‖Placitum‖ Johanna Lylburn queritur de Roberto Tailyour in placito debiti – iiij d. ob. \pro j rota vocata a spynnyngwhele/, et ad dampnum suum – iiij d. Et defendens venit et dedicit debitum. ‖[Respectuatur]‖

(297a) ‖Vetus burgus de Crocegate‖ Curia tenta ibidem die Mercurii xxvij° die Novembris anno etc. supradicto (*27 November 1504*)
(*No recorded business*)

(298) ‖Burgus Dunelm'‖ Curia tenta ibidem die Mercurii iiij° die Decembris anno etc. supradicto (*4 December 1504*)

(D170) ‖Placitum‖ Ricardus Glover junior queritur de Jacobo Morton in placito debiti – viij d., pro uno baselerd de eo empto, et ad dampnum suum – iiij d. Et defendens venit et fatetur debitum predictum et ij d. pro custagiis et expensis. Ideo defendens[146] in misericordia domini – iij d.

(D167) ‖Tales‖ Willelmus Richerdson venit et petit x tales \\ad// pannallendos super panellum predictum.[147]

fo. 70v

(299) ‖Burgus de Crocegate‖ Curia tenta ibidem die Mercurii xj° die Decembris anno Domini millesimo D^{mo} quarto (*11 December 1504*)

(D167) ‖Accedas ad curiam‖ Ad hanc curiam venit vicecomes Dunelm' cum breve vocato Accedas ad curiam et exoneravit curiam de loquela que est in eadem curia inter Cuthbertum Swalowell de Dunelm' defendentem et Willelmum Richerdson \\de eadem querentem// de quodam debito sex solidorum quod idem Willelmus ab[148] prefato Cuthberto exigit ut dicitur. Et partibus predictis prefixum est quod sint coram justiciariis[149] domini episcopi apud Dunelm' die Martis in quinta septimana quadragesime proxime future in loquela illa prout justum fuerit processura[150] etc.

fo. 71

(300*) ‖Burgus de Crocegate‖ Curia capitalis tenta ibidem die Mercurii viij° die Januarii anno Domini millesimo D^{mo} quarto (*8 January 1505*)

---

146 MS *Ideo in def'*.
147 MS *super panell' predicto*.
148 MS *ad*.
149 For the extension *justiciariis* rather than *justiciis*, see court 658, plea D308, where the word is written *justiciar'*.
150 MS *prout justu' fuerit processur'*.

De Thoma Wytton, [cantarista Beate Katerine in ballio boreali in Dunelm][151] {quia comparuit postea}, magistro hospitalis de Keipyere, [here*de* Johannis Ricroft] {essoniatur}, here*de* Johannis Hoton, procura-to*ribus* capelle Sancte Margarete, Sibilla relicta Willelmi Rakett senioris, here*de* Willelmi Eure militis, gil*da* Sancti Cuthberti, Johanne Colson {essoniatur}, Johannes Priour, Radulpho Melott.

‖Panellum pro domino‖ Willelmus Richerdson {• juratus}, Robertus Wharham {• juratus}, [Ricardus Smyrk {• juratus}], Thomas Forrest {• juratus}, Hugo Wall {• juratus}, Laurencius [Tailyo] \\Tollar// {• juratus}, Ricardus Bowman {• juratus}, Johannes Wodmows {• juratus}, Robertus Wright {• juratus}, Willelmus Waneman {• juratus}, Thomas Ranson {• juratus}, Willelmus Owrfeld {• juratus}, Robertus Crake {juratus}.

‖Fidelitas‖ Thomas Ferrour [et Agnes uxor ejus quondam uxor Willelmi Rackett][152] venerunt ad hanc curiam et fecerunt fidelitatem suam domino pro iiij^or burgagiis in Crocegate in Dunelm', que quidem burgagia dictus Thomas habet jure Agnetis uxoris sue quondam uxoris Willelmi Rakett. Et fecit finem cum domino de – xx d. quos solvit sacriste in curia. Et jura*t*.[153]

fo. 71v
Willelmus Richerdson et socii sui jurati pro domino presentant super sacramentum suum quod Willelmus Pollerd fecit affraiam super Ricardum Rygg contra pacem. | Item presentant quod Robertus Selby fregit penam positam ad ultimam curiam de canibus. | De Willelmo Maser quia custodit \\quemdam// Scottum contra penam – iij s. iiij d. | Injunctum est omnibus tenentibus quod sufficienter includant frontes suas ante et retro et inter proximum suum ac sufficienter faciant sepes suas circa clausas suas \existe*ntium* burg*agiorum*/[154] citra festum Purificacionis Beate Marie \Virginis/ proxime futurum, quilibet sub pena forisfaciendi – xij d. Et pena posita ad ultimam curiam de porcis vagantibus in vico renovatur.

fo. 72
(301) Curia tenta ibidem die Mercurii xij° die Februarii anno etc. supradicto (*12 February 1505*)

151 This chantry was in the church of St Mary, North Bailey: Harvey, *Lay Religious Life*, p. 148.
152 There is a line of dots and dashes under these deleted words.
153 This probably concerns Crossgate 16 and Milburngate 1 (Rental, 34 and 46).
154 Or *existencia burgagia*; the meaning is unclear in either case.

(T74) ‖Placitum‖ Thomas Porter et Johannes Hill et socii sui procuratores
de tailyourcraft queruntur de Willelmo Blakofmore tailyour in placito
transgressionis eo quod \\occupat// artem predictam et non concordavit
cum predictis procuratoribus \prout moris est/, unde deteriorati sunt
et dampnum habent ad valenciam – vj s. viij d., plegius prosecucionis
Johannes Wodmows. Et defendens venit et dicit quod non est culpabilis
[quia di]. Et de hoc ponit se super inquisicionem, et querens similiter.
Ideo fiat inde jurata. ‖Ponit se super inquisicionem‖

**(302) Curia tenta ibidem die Mercurii xixº die Februarii anno Domini
millesimo Dᵐᵒ quarto** (*19 February 1505*)
(T74) ‖Panellum inter Thomam Porter et Johannem Hill et socios suos
procuratores de tailyourcraft querentes et Willelmum Blakofmore defen-
dentem‖ Johannes Neile {juratus • [+] A}, Robertus Bell maisson {A [A]
juratus}, Willelmus Eme {• A [A] juratus}, Ricardus Bloynt {• A juratus},
Alexander ʒong {• juratus •}, Johannes Walker {A • juratus}, Johannes
Symson {A • calump'}, Thomas Trotter {A • juratus}, Alexander Newton
{• juratus [+] A}, Johannes Graa {• A juratus}, Willelmus Tomson {A •
juratus}, Willelmus Collynson {• A • juratus}.

**(303) Curia tenta ibidem die Mercurii xxvjº die Februarii anno etc.
supradicto** (*26 February 1505*)
(T74) Thomas Porter et socii sui petunt x tales.

fo. 72v
**(304) ‖Burgus de Crocegate‖ Curia tenta ibidem die Mercurii quinto
die Marcii anno Domini millesimo Dᵐᵒ quarto** (*5 March 1505*)
(T74) ‖Decem tales de panello inter (*Incomplete*)‖ Johannes Watson {A •
calum'}, Michaellis Priston {A • juratus}, [Johannes Merle], [Johannes
Bradwod], Johannes Fawell {A •}, Johannes Hall {A •}, Robertus Heppell
{A •}, Willelmus Hedlee {A •}, Thomas Cawcy {+}, Oliverus Thornbrugh
{A}, Johannes Merley {A}, Johannes Bradwod {A •}.

(T74) Johannes Neile et socii sui jurati inter Thomam Porter et Johannem
Hill et socios suos procuratores artis de tailyourcraft querentes et
Willelmum Blakofmore defendentem dicunt super sacramentum suum
quod dictus Willelmus non est culpabilis.

fo. 73
**(305*) ‖Burgus de Crocegate‖ Curia \capitalis/ tenta ibidem die
Mercurii secundo die Aprilis anno Domini millesimo Dᵐᵒ quinto** (*2
April 1505*)
De Thoma Wytton, magistro hospitalis de Keipyere, Johanne Bloynt
\wayneman/, herede Johannis Hoton, [procurator*ibus*], Roberto
Wharham, Sibilla relicta Willelmi Rakett \senioris/, herede Willelmi

Eure militis, [Thoma Forest], [herede Roberti Paitson] {quia comparuit},
herede Johannis Hagthorp, Thoma Randson, Ricardo Smyrk, Radulpho
Melott, [Hugone Wall] {quia perdonatur per dominum curie}, Roberto
Crake, Roberto Wright, quia non venerunt ad faciendam sectam curie.
Ideo quilibet eorum in misericordia domini – iiij d.

‖Panellum pro domino‖ Willelmus Richerdson {• juratus}, Willelmus
Smethirst {• juratus}, Edwardus Patonson {• juratus}, Johannes Priour
{• juratus}, Johannes Colson {• juratus}, Laurencius Toller {• juratus},
Johannes Wodmows {• juratus}, Ricardus Boweman {• juratus}, Willelmus
Waneman {• juratus}, Willelmus Owrefeld {• juratus}, Thomas Forest
{•juratus}, Ricardus Arnbrugh {juratus}, jurati pro domino, presentant
super sacramentum suum elimosinarium Dunelm' {ij}, Radulphum
Melott {ij}, Rogerum Claxton capellanum {j}, selararium Dunelm'
{j}, \Johannem Bloynt {j}, Johannem Batmanson, Johannem Gibson/
pro frontibus \\burgagiorum// suorum in Sowthstreite non inclusis
citra diem positum inde. Ideo quilibet in misericordia domini – (No
sum entered). | De sacrista Dunelm', communiario Dunelm', Roberto
Hagthorp, pro burgagiis suis in Crocegate non inclusis contra penam.
Ideo quilibet in misericordia domini – (No sum entered). | Item presentant
quod Thomas Randson [et Thomas Robynson junior] \\fecit rescussum
super servientem// Willelmi Richerdson, capiendo xij^{cim} oves per ipsum
minatos[155] ad communem faldam. | Item presentant Thomam Robynson
juniorem pro consimili, capiendo unum equum simili modo. (fo. 73v[156])
‖Pene (bracketed to both the following injunctions)‖ Injunctum est omnibus
habentibus terras in quodam campo vocato Belacys quod quilibet eorum
includat frontes suas ibidem citra diem Dominicam proxime futuram,
quilibet eorum sub pena – xl d. Et injunctum est omnibus tenentibus quod
nullus eorum custodiat aliquas oves in le Lonyngez ad pasturandum
sed solomodo super communem moram per Nevilecroce, quilibet sub
pena – xl d. (fo. 74) Et eciam injunctum est omnibus tenentibus quod
quilibet eorum includat frontes suas ante et retro inter proximum et
proximum citra diem Dominicam proxime futuram, quilibet[157] sub pena
forisfaciendi domino – vj d. Et injunctum est omnibus commorantibus in
Aluertongate quod mundant seu mundari faciant communem venellam
ibidem ac unum fontem ibidem citra festum Invencionis Sancte Crucis
proxime futurum, quilibet sub pena – iij s. iiij d.

**(306) Curia tenta ibidem die Mercurii ix° die Julii anno Domini mille-
simo D° quinto** (9 July 1505)
(T75) ‖Placitum‖ Willelmus Watson queritur de Willelmo Blakomore et

---

155 MS *minant'*.
156 The upper 19 cm. of this page are blank.
157 MS *quod quilibet*.

Cristabella uxore sua in placito transgressionis pro eo quod dicta uxor injuste detinet un' stromyll et unam ollam luteam pro servisia precii inter se – [x] vj d., et ob defectu dict*orum* le stromyll et olle dictus Willelmus deterioratu*r* et dampnum habet ad valenciam – xx d. Et defendens venit et dicit quod non est culpabilis de trangressione predicta modo et forma prout versus eum superius narravit et declaravit, et de hoc ponit se super inquisicionem, et querens similiter. Ideo fiat inde jurata. ‖Ponitur super inquisicionem‖

(D171) ‖Placitum‖ Ricardus Merley queritur de Roberto Selby in placito debiti – iij s. iiij d. sibi debitorum pro xx arboribus quarc' de \eo/ emptis, solvendorum cum et quando dictas arbores occupavit, et ad dampnum suum – ij s. Et defendens venit et petit diem interloquendi usque proximam curiam.

fo. 74v

(307) ‖Burgus de Crocegate‖ Curia tenta ibidem die Mercurii xvj° die Julii anno Domini millesimo D^{mo} quinto (*16 July 1505*)
(T75) ‖Panellum inter \\Willelmum// Watson querentem et Willelmum Blakofmore defendentem‖ Alexander Yong {•}, Oliverus Thornbrugh {•}, Willelmus Eme {•}, Johannes Walker {•}, Johannes Bablyngton {•}, Johannes Bedyk {•}, Robertus Heslehop {•}, Thomas Symson {•}, Johannes Symson {•}, Thomas Trotter, Johannes Gray {•}, Willelmus [Colson] Colynson {•}.

(D171) ‖Essonium‖ Robertus Selby essoniatur versus Ricardum Merley in placito debiti usque proximam.

(308) ‖Burgus de Crocegate‖ Curia tenta ibidem die Martis[158] xxiij° die Julii anno etc. supradicto (*23 July 1505*)
(D171) [Placitum inter Ricardum Merley querentem et Robertum] \\De Ricardo Merley quia non prosecutus fuit placitum suum versus Robertum Selby. Ideo in misericordia – iiij d.//

fo. 75

(309*) ‖Vetus burgus de Crocegate‖ Curia capitalis tenta ibidem die Marcurii viij° die Octobris anno Domini millesimo D^{mo} quinto (*8 October 1505*)
Memorandum Robertus Claxton admissus est burgensis et ostend*et* scriptum citra proximam.

De Tohma Wyton, capilano catari Sancti Katerne [bale burriale] \\in ballio

---

boriali//, magister \h/osbitales de Kepeyer, herede[159] Johannis Ricroft, herede Johannis Hoton, procuratoribus gilde Sancte Margarete, [herede Roberti Wharham] {perdonatur}, Sibilla nuper uxore Willelmi Rakett \\senioris//, herede Willelmi Eure militis, herede Johannis Hagthorp, [Edwardo Patonson] {quia mortuus}, Ricardo Smyrk, [Willelmo Smethirst], quia non venerunt ad faciendam sectam curie. Ideo quilibet eorum in misericordia domini – iiij d.

‖Panellum pro domino‖ Thomas Forest {juratus}, Willelmus Wayneman {juratus}, Georgius Rippon {juratus}, Edwardus Patonson {juratus}, Johannes Priour {juratus}, Johannes Wodmows {juratus}, Laurencius Toller {juratus}, Robertus Crayke {juratus}, Johannes Colson {juratus}, Willelmus Owrfeld {juratus}, Thomas Randson {juratus}, Robertus Wright {juratus}, Willelmus[160] Smethirst {juratus} – jurati pro domino, presentant super sacramentum suum quod quarterium frumenti, quarterium ordii et quarterium avene vendebantur ultimo die mercati et aliis diebus diversis preciis, videlicet quarterium frumenti pro – vj s. viij d., quarterium ordii \<pro> iij s. iiij d./ et quarterium avene pro – xiiij d. Ideo consideratum est quod quilibet brasiator vel brasiatrix a festo Sancti Martini proxime futuro usque festum Sancti Martini extunc proxime sequens vendat lagenam servisie communi popolo domini regis pro – (*Blank space of 1.5 cm.*), quilibet sub pena – vj s. viij d. | Item dicti jurati presentant super sacramentum suum quod Hugo Spark {viij d.} et Robertus Draver {viij d.} tannatores emebant et forstallabant pelles bovinas, vaccinas, taurinas, vitulinas ac pelles lanutas in diebus mercati ad grave dampnum communis popoli domini regis. (*fo. 75v*) Item dicti jurati presentant quod Willelmus Richerdson {ij equi}, \et/ Willelmus Betson {j equus} posuerunt equos suos in cemiterio contra penam. | Item presentant quod Alicia relicta Johannis Hundirwod {iiij porci}, Hugo Spark {ij}, uxor Thome Spark {j}, Johannes Champnay {ij}, relicta Willelmi Birez {ij}, Johannes Hudson {ij}, Johannes Rawe {ij} habuerunt porcos [vagantes] \\in cemiterio// capelle Sancte Margarete contra penam. | Item presentant quod Willelmus Richerdson [cum servie] \\per Willelmum Goften et (*Blank space of 1 cm.*) Gollen// per servientes fecerunt <affraiam> super Edwardum Dennyng. | Item presentant quod tenentes comorantes in Aluertongate \quorum nomina continentur in hac cedula hic consuta/[161] non mundaverunt communem venellam suam ibidem neque fontem ibidem contra penam. | ‖Pena‖ Injunctum est relicte Roberti Wherham et Johanne Heghyngton filie sue et omnibus

159 The exceptionally corrupt Latin of the passage *De Thoma ... Kepeyer, herede,* here left uncorrected, is in a distinctive hand. The interlineated corrections are in the hand of the clerk who took over.

160 MS *Willelmo.*

161 There is no evidence of such a list ever having been attached here.

aliis quod dectero non objurgant cum vicinis suis sub pena – vj s. viij d. | Item presentant quod Willelmus Watson non inclusit frontem suam[162] inter ipsum et Willelmum Richerdson. | ‖Assisa servisie‖ Georgius Rippon {ij d.}, Ricardus Bowman {ij d.} Johannes Blont {ij d.}, Johannes Colson {ij d.}, Thomas Writer {ij d.}, Robertus Selby {vj d.}, Willelmus Blakomore {ij d.}, Thomas Randson {iij d.}, Johannes Champnay {ij d.}, Thomas Trotter {ij d.}, Johannes Symson {ij d.}, Laurencius Toller {ij d.}, Johannes Smalewod {ij d.}, uxor Thome Spark {ij d.}, Johannes Merley {ij d.}, Thomas Dobyn {ij d.}, Johanna uxor Barbon {iij d.}, Johannes Wodmows {iij d.}, uxor Willelmi Walker {ij d.}, Thomas Eyme {ij d.}, Willelmus Orfeld {ij d.}. ‖Intrantur in alia extract*a*‖ | Item dicti jurati presentant quod Robertus Claxton, Laurencius Toller, Johannes Priour, Ricardus Arnbrugh, Johannes Bernett, Ricardus Bloynt et Robertus Selby emebant et forstallabant pelles lanutas in diebus mercati. ‖Intrantur in extractis ultimis‖

fo. 76
Extracte facte sunt usque huc.

(310) ‖Burgus de Crocegate‖ Curia tenta ibidem die Mercurii xv die Octobris anno Domini millesimo D^{mo} quinto (*15 October 1505*)
Ballivus presentat quod Robertus Bell {iij porc*i*}, Georgius Rippon {j}, Ricardus Bowman {iiij}, Thomas Eyme {iij}, Johannes Smalewod {ij}, relicta Willelmi Walker {ij}, Robertus Claxton {ij}, Cristoforus Barbourne {iiij}, relicta Willelmi Croceby {j}, Thomas Rawe {ij}, Georgius Hudson {iij}, Willelmus Paynchert {j}, Hugo Sparke {ij}, Johannes Champney {iiij}, Thomas Robynson {ij}, Thomas Symson {j} et Thomas Randson {iiij} tenent porcos vagantes in vico contra penam. ‖Intrantur in ultimis extractis‖

‖Fidelitas‖ Robertus Claxton de Dunelm' generosus venit ad hanc curiam et fecit fidelitatem suam domino pro uno burgagio cum suis pertinenciis jacenti super finem de Framwelgate prout jacet ibidem ex parte boriali.

(311) ‖Vetus burgus de Crocegate‖ Curia tenta ibidem die Mercurii xix⁰ die Novembris anno Domini millesimo D^{mo} quinto (*19 November 1505*)
(T76) ‖Placitum‖ Willelmus Richerdson de Dunelm' \per Willelmum Rakett attornatum suum/ queritur de Willelmo Willysson de Kendale in placito transgressionis eo quod \x⁰ die Novembris anno etc. millesimo D^{mo} tercio/ injuste cepit apud Spittell super le Stanemore ij cados oleii precii inter se [xlij s.] \\xxxix s.// unde deterioratu*r* et dampnum habet ad valenciam – [xlij] xxxix s. xj d. Et defendens attachiatus fuit per un'

---

poyke de wadd et unum equum album precii inter se – xlvj s. viij d., plegius Laurencius Toller. Et defendens essoniatur.

fo. 76v

(312) ‖Vetus burgus de Crocegate‖ Curia tenta ibidem die Mercurii xxvj° die Novembris anno Domini millesimo D^{mo} quinto (*26 November 1505*)

(T76) De Willelmo Willeson quia non venit ad respondendum Willelmo Rycherdson in placito transgressionis, plegius Laurencius Toller – iiij d.

(313) ‖Vetus burgus de Crocegate‖ Curia tenta ibidem die Mercurii tercio die Decembris anno Domini etc. supradicto (*3 December 1505*)

(T76) De Willelmo Willeson quia non venit ad respondendum Willelmo Richerdson in placito transgressionis, plegius Laurencius Toller – iiij d.

(314) ‖Vetus burgus de Crocegate‖ Curia tenta ibidem die Mercurii x° die Decembris anno etc. supradicto (*10 December 1505*)

(T76) De Willelmo Willeson quia non venit ad respondendum Willelmo Richerdson in placito transgressionis, plegius Laurencius Toller – iiij d.

fo. 77

(315) ‖Vetus burgus de Crocegate‖ Curia tenta ibidem die Martis[163] xvij° die Decembris anno Domini millesimo D^{mo} quinto (*17 December 1505*)

(D172) ‖Placitum‖ [Thomas Wall queritur de Ricardo Wright in placito debiti – x s. pro \<p>anno[164] lanei de eo empto, et ad dampnum suum – iij s. iiij d. Et defendens attachiatus fuit per unam equam albam precii – vj s. viij d., plegius ballivus, plegius prosecucionis Ricardus Arnbrugh. Et defendens non venit. Ideo in misericordia domini – iiij d.]. ‖Vacat‖

(T76) De Willelmo Willeson quia non venit ad respondendum Willelmo Richerdson in placito transgressionis, plegius Laurencius Toller – iiij d.

fo. 77v

(316*) ‖Vetus burgus de Crocegate‖ Curia capitalis tenta ibidem die Mercurii xiiij° die Januarii anno Domini millesimo D^{mo} quinto (*14 January 1506*)

‖Fidelitas‖ Robertus Hagthrop venit ad hanc curiam et fecit fidelitatem suam domino pro uno burgagio jacenti in Crocegate in Dunelm' inter burgagium gilde Sancti Cuthberti ex parte orientali et burgagium elem-

---

163 17 December 1505 was a Wednesday.
164 MS *proann'*.

osinarii Dunelm' ex parte occidentali, quod quidem burgagium dictus
Robertus habet jure hereditario.[165]

De Thoma Witton, magistro hospitalis de Keipyer, herede Johannis
Ricroft, herede Johannis Hoton, [herede Roberti Wharham] {perdonatur},
Sibilla uxore nuper Willelmi Rakett, procuratoribus gilde Sancte Marga-
rete, herede Willelmi Eure militis, herede Roberti Paitson, [Edwardo
Patonson] {quia mortuus}, Ricardo Smyrk, Radulpho Melott.

‖Panellum pro domino‖ Robertus Claxton {• juratus}, Willelmus Rich-
erdson {• juratus}, Willelmus Smethirst {• juratus}, Willelmus Waneman
{• juratus}, Johannes Priour {• juratus}, Thomas Forest {• juratus},
Laurencius Toller {• juratus}, Johannes Wodemows {• juratus}, Robertus
Crake {• juratus}, Willelmus Owrfeld {• juratus}, [Robertus Wright],
Johannes Bloynt {juratus}, Thomas Randson {• juratus}.

fo. 78
Robertus Claxton et socii sui jurati pro domino presentant super sacramentum suum quod Johannes Bloynt fecit affraiam super Jacobum
Morton contra pacem. | De Thoma Ferrour quia non [inclusit] fecit
sepem suam inter ipsum et Willelmum Richerdson. | Item dicti jurati
presentant quod Thomas Raw, Georgius Hudson et omnes alii tenentes
<habent> porcos subvertantes solum vicinorum. | ‖Pene (*bracketed to both
the following injunctions*)‖ Injunctum <est> omnibus tenentibus comorantibus infra burgum quod includant sufficienter burgagia sua ante et
retro et inter proximum suum et proximum citra festum Carnisbrevii
proximum, quilibet sub pena – xij d. | Item injunctum est omnibus tenen-
tibus commorantibus super Westraw in Sowthstreit \et Southraw de
Crocegate/ quod nullus eorum faciat aliquas vias neque semitas in le
West Orchard' nec hauriant aliquam[166] ibidem, quilibet sub pena – [xx
d.] iiij d. tociens quociens.

fo. 78v
(317) ‖**Burgus de Crocegate**‖ **Curia tenta ibidem die Mercurii xxj° die
Januarii anno Domini millesimo D^{mo} quinto** (*21 January 1506*)
(T76) De Willelmo Willeson quia non venit ad respondendum Willelmo
Richerdson (*No sum entered*).

(318) ‖**Burgus de Crocegate**‖ **Curia tenta ibidem die Mercurii xxviij°
die Januarii anno etc. supradicto** (*28 January 1506*)
(T77) ‖Placitum‖ Johannes Priour queritur de Roberto [Heppell]
\\Hepton// in placito transgressionis pro eo quod ipse cum gallino et

---

165 This concerns Crossgate 32 (Rental, 162): Camsell, Development, II, p. 90.
166 Perhaps an error for either *aquam* or *aliquam aquam*.

gallinis suis devastavit et distruxit quandam claus*am* dicti Johannis seminatam cum siligine diversis temporibus, unde deterioratus est \et/ dampnum habet ad valenciam – xx s. [Et defendens \venit et/ petit diem interloquendi usque proximam]. Et postea continuatur placitum usque proximam curiam.

(T76) De Willelmo [Wilson] \\Willeson// quia non venit ad respondendum Willelmo Richerdson in placito transgressionis (*No sum entered*).

fo. 79

(319) ‖Burgus de Crocegate‖ Curia tenta ibidem die Mercurii iiij^to die Februarii anno Domini millesimo D^mo quinto (*4 February 1506*)
‖Fidelitas‖ Johannes Wodemows venit \\ad// hanc curiam et fecit fidelitatem suam domino pro uno burgagio cum suis pertinenciis jacenti in vico de Crocegate in veteri burgo Dunelm' inter burgagium quondam Johannis Pollerd nunc in manu Willelmi Richardson ex parte orientali et burgagium capelle Sancte Margarete ex parte occidentali, quod quidem burgagium dictus Johannes habet ex dono et relaxacione Roberti Wright filii et heredis Willelmi Wright et Agnetis uxoris sue filie et heredis Willelmi Rippon defuncti, prout patet per scriptum relaxacionis inde eidem Johanni factum cujus data est xix^o die Januarii anno regni regis Henrici septimi post conquestum Anglie vicesimo primo. Et super hoc dictus Johannes admissus <est> ut burgensis. Et jura*t*. Et dat domino pro fine – (*No sum entered*).[167]

(T76) De Willelmo Willeson quia non venit ad respondendum Willelmo Richerdson in placito transgressionis, plegius Laurencius Toller (*No sum entered*).

(T77) De Roberto Hepton quia non venit ad respondendum Johanni Priour in placito trangressionis (*No sum entered*). ‖Ponitur in arbitrio‖

fo. 79v

(319a) ‖Burgus [Dunelm'] de Crocegate‖ Curia[168] tenta ibidem die Mercurii xj^o die Februarii anno Domini millesimo D^mo quinto (*11 February 1506*)
(*No recorded business*)

(320) ‖Burgus de Crocegate‖ Curia tenta ibidem die Mercurii xviij^o die Februarii anno Domini millesimo D^mo quinto (*18 February 1506*)
(C8) ‖Placitum‖ Thomas Gyffurth writer queritur de Nicholao Blakeha

---

167 This concerns Crossgate 14 (Rental, 44): Camsell, Development, II, p. 69. Cf. court 270*.
168 MS *Curia* repeated.

in placito convencionis fracte pro eo quod \apud Dunelm' vj die Octobris ultime preterito/ dimisit ei \\quamdam// fraternitatem vocatam the chapell of the see[169] ad occupand*um* in octo parochiis cum capellis eis dependendis sine interupcione prefati Nicholai aut alicujus nomine suo. Et super hoc dictus defendens \\exoneravit// dictum querentem de convencione predicta unde deterioratus est et dampnum habet ad valenciam – x s. Et defendens essoniatur.

‖Fidelitas‖ Agnes Wharham vidua venit ad hanc curiam et fecit fidelitatem suam domino pro uno burgagio jacenti in Sowthstreite in Dunelm' ex parte orientali inter burgagium Radulphi Melote armigeri ex parte australi et burgagium Thome Forest ex parte boriali. ‖Et jur*at*‖[170]

fo. 80

(T76) ‖Recordari facias‖ Ad hanc curiam venit vicecomes Dunelm' et exoneravit curiam de loquela que est in eadem curia inter Willelmum Richerdson de Dunelm' et Willelmum Willyson de Kendale de quadam transgressione eidem Willelmo Richerdson per prefatum Willelmum Wyllyson illata ut dicitur. Et partibus predictis prefixit diem essendi coram justic*iariis* domini regis apud Dunelm' die Martis in quinta septimana xl[me] proxime future in loquela \illa/ prout justum fuerit processur*a*.

(321) ‖Burgus de Crocegate‖ Curia tenta ibidem die Mercurii xxv⁰ die Februarii anno etc. supradicto (*25 February 1506*)
(C8) ‖Declaracio‖ Thomas Giffurth venit et dicit quod Nicholaus Blakehaa vj die Octobris ultime preterito dimisit dicto querenti ad coligen†dam†[171] firmam et ad coligend*um* infra viij ecclesias et capellas depen†dentes† eis, videlicet Newburn', Ovyngeham, Bywell, Corbrigg, Hexham, Wardon', Aldstane, Haltwyssell ad coligend*um* pro fraternitate capelle Beate Marie super mare pro – vij s. solvendis cum et quando coligebat \infra/ dictas ecclesias. Et super hoc dictus defendens nolebat implere dictam convencionem quia postea nolebat permittere \eum/ colligere infra Alston', Haltwyssell, Newburn' et Ovyngeham set exoneravit dictum querentem et fregit convencionem predictam unde deterioratus est et dampnum habet ad valenciam – x s. Et defendens venit et dicit (*Incomplete*). ‖Ponit se super inquisicionem‖

---

169 This was the East Anglian confraternity of our Lady on the Sea (*super mare* in court 321). See Harvey, *Lay Religious Life*, p. 184.
170 This concerns one of the burgages of South Street 18 (Rental, 79): Camsell, Development, II, p. 179. Cf. court 187*, where Robert Wharham performed fealty for both burgages.
171 Margin clipped.

fo. 80v

(T78) ‖Placitum‖ Ricardus Stevynson capellanus queritur de Willelmo Tomson colyer in placito transgressionis ad valenciam – ij s. eo quod dictus defendens xx die Aprilis anno regni regis Henrici vij xx apud Crocegate infra jurisdiccionem hujus curie que†n†dam[172] cepem ipsius Ricardi fregit, conbussit[173] et asportavit ad dampnum dicti querentis – iiij s. Et predictus defendens venit in propria persona sua et dedicit quod ipse inde in nullo est culpabilis et dicit quod ipse dict*um* <cepem> non fregit, conbussit[174] nec asportavit et de hoc ponit se super juratam. Et querens similiter. Ideo fiat etc.

(322) ‖Burgus de Crocegate‖ Curia tenta ibidem die Mercurii xviij° die Marcii[175] anno Domini millesimo D^{mo} quinto *(18 March 1506)*

(C8) ‖Panellum inter Thomam Gyfforth wryter querentem et Nicholaum Blakhaa defendentem‖ Johannes Gray {juratus [+] • A}, Thomas Dobbyn {juratus [+] [com*paruit*] A}, Willelmus Watson {juratus • A}, Oliverus Thornbrugh {• A juratus}, Thomas Eyme {A • [+] calum' essoniatur}, Willelmus Wraa {• A juratus}, Jacobus Garnett {+ [+] iij d.}, Alexander Yong {com*paruit* [+] + iij d.}, Johannes Walker {A [+] juratus}, Willelmus Blakemore {[[+] comparuit calum' A}, Johannes Tomson {infirmus [+] com*paruit*} Michaellis Preston {iij d. [+] com*paruit* +}, [Thomas Symson].

(T78) De Ricardo Stevynson capellano quia non venit ad prosequendum \placitum suum transgressionis/ versus Willelmum Colyer – ij d.

fo. 81

(323) ‖Burgus de Crocegate‖ Curia tenta ibidem die Mercurii primo die Aprilis anno Domini millesimo D^{mo} sexto et anno regni regis Henrici vij^{mi} xxj° *(1 April 1506)*

(D173) ‖Placitum‖ Johannes Wodemows queritur de Andrea Akynhede in placito debiti – xx d. pro lino de eo empto, et ad dampnum suum – viij d. Et defendens est fugitivus. Ideo distringitur[176] <per> ij [buk] scuta[177] {xx <d.>} et ij gallira[178] {viij d.} precii inter se – ij s. iiij d. Et defendens [ve] [non venit. Ideo in misericordia – iij d.] venit et fatetur debitum predictum et ij d. pro custagiis et expensis. Ideo in misericordia – iij d.

---

172 MS *queidam*. The word *sepes* is probably more commonly feminine.
173 MS *conbustit*.
174 MS *conbustit*.
175 MS *Mercii*.
176 MS *distringr'*.
177 *scutum*, a shield. *Buk* would begin a form of *buckler*, a small round shield (*OED*, under *buckler*, sb² 1).
178 *gallira*, a hat: *MLD* under *galera*.

(324) ‖**Burgus Dunelm'**‖ **Curia tenta ibidem die Mercurii viij° die Aprilis anno etc. supradicto** (*8 April 1506*)

(C8) Jurata inter Thomam Giffurth querentem et Nicholaum Blakhaa defendentem continuatur usque proximam curiam. ‖Continuatur‖

fo. 81v

(325*) ‖**Vetus burgus de Crocegate**‖ **Curia capitalis tenta ibidem die Mercurii xxij° die Aprilis anno domini millesimo D^{mo} sexto** (*22 April 1506*)

(C8) ‖Essoniatur‖ Jurata inter Thomam Gyffurth querentem et Nicholaum Blakha defendentem essoniatur per dictum Nicholaum usque proximam curiam.

(T79) De Nicholao Blakhaa [pro li] quia non prosecutus fuit querelam suam versus (*Blank space of 2 cm.*) Warwyk potyger. Ideo in misericordia – iij d.

(C8) Thomas Gyffurth petit octo tales \\ad// panellum predictum \panellandum/ et concessum est ei viij prout supra.

(T79) ‖Placitum‖ Nicholaus Blakhaa queritur de Ricardo Werwyk in placito transgressionis eo quod occupavit officium dicti Nicholai sine licencia sua unde deterioratus est et dampnum habet ad valenciam – xx s. Et defendens attachiatus fuit per unum equum badii coloris precii – v s., plegius Robertus Selby. Et defendens [non venit. Ideo in misericordia – iiij d.] \\habet// essonium.

fo. 82

Thoma Witton, capellano cantarie Beate Katerine in ballio, magistro hospitalis de Keipyer {quia comparuit postea}, hered*e* Johannis Ricroft, hered*e* Willelmi Morton, hered*e* Johannis Hoton, [Johanne Wodmows], procurator*ibus* gilde Sancte Margarete, Sibilla nuper uxore Willelmi Rakett senioris, hered*e* Willelmi Eure militis, capellano gilde Sancti Cuthberti, hered*e* Roberti Pateson, Roberto Hagthorp, [Willelmo Owrefeld], Johanne Colson {essoniatur}, [Laurencio Toller], Ricardo Smyrk, [Willelmo Waneman] {quia comparuit postea}, Roberto Crake, Radulpho Melot, [Ricardo Bowman].

‖Panellum pro domino‖ Willelmus Richerdson {juratus}, Robertus Claxton {juratus}, Willelmus Smethirst {juratus}, Thomas Forrest {juratus}, Georgius Rippon {juratus}, Johannes Priour {juratus}, Ricardus Bowman {juratus}, Laurencius Toller {juratus}, Willelmus Owrefeld {juratus}, Thomas Randson {juratus}, Johannes Wodemows {juratus}, Ricardus Arnbrugh {juratus}, jurati pro domino, presentant super sacramentum suum quod [Agnes Hapton] uxor Thome Spark, Willelmus Watson,

Johannes Batmanson, \tenens Hugonis Kelynghall/, Thomas Lee, sacrista Dunelm' pro claus*a* ibidem, elemosinarius Dunelm', \communiarius Dunelm', Robertus Hagthorp/, quia non incluserunt frontes citra diem eis limitatum contra penam. Ideo quilibet eorum in misericordia – xij d. | Item presentant quod omnes tenentes comorantes in Sowthstreit et Aluertongate sunt communes fractores sepium et combustores. Ideo quilibet eorum erit summonitus erga proximam curiam ad purgandum se et qui non potest acquietare se erit in misericordia domini – iiij d. ‖Pena‖| Item presentant quod Agnes Hepton tenet [baldriam] et est male disposita[179] sui corporis ac receptat servientes vicinorum suorum. Ideo injunctum est ei quod decetero emendat gubernacionem suam sui corporis et quod non receptat aliquos sub pena – iij s. iiij d. (*fo. 82v*) ‖Pena‖ Item presentant quod Agnes uxor Thome Lee est receptor serviencium vicinorum. Ideo injunctum est ut supra. | Item presentant quod Johannes Crevy fecit affraiam super Thomam Gra.| Item presentant quod Thomas Gra predictus fecit insultum super dictum Johannem. | ‖Pena‖ Injunctum est quod nullus teneat aliquos porcos vagantes in vico neque teneat aliquos porcos non annulatos in campis sub pena forisfaciendi domino – vj d. pro quolibet capite tociens quociens. Et quod quilibet eorum minat porcos suos per servient*em* su*um* annulatos usque moram communem. Ita quod non subvertunt dictam moram aut solum vicinorum sub eadem pena.

fo. 83
(326) ‖Burgus de Crocegate‖ Curia tenta ibidem die Mercurii xxix° die Aprilis anno etc. supradicto (*29 April 1506*)
(C8) ‖Octo tales ad panellum inter Thomam Gyffurth querentem et Nicholaum Blakhaa defendentem panellatum‖ Johannes Neile {A [calum'] \\juratus//}, Robertus Robynson {A juratus}, Willelmus Collynson {calum' A}, Ricardus Bloynt {A calum'}, Hugo Spark {A juratus}, Johannes Bradwode {A juratus}, Stephanus Tomson {A juratus}, Willelmus [Eme] Eyme {A juratus}.

(T79) De Nicholao Blakhaa quia non prosecutus fuit placitum suum versus Ricardum Warwyk. Ideo in misericordia domini – [iij d.] {quia antea}.

De Johanne Bedyk pro fraccione sepium – (*Blank space of 2 cm.*). De Johanne Hervy pro consimili (*Blank space of 2 cm.*). De Ricardo Farne pro consimili – (*No sum entered*).

(C8) ‖Veredictum‖ Johannes Gray et socii sui jurati inter Thomam Giffurth querentem et Nicholaum Blakhaa defendentem dicunt super

---

179 MS *dispoc'*.

sacramentum suum quod dictus Nicholaus fregit convencionem prout patet in declaracionem factam dicto querente et taxant ad – iij s. iiij d. Ideo consideratum est per curiam quod dictus Thomas querens recuperet de prefato Nicholao dictos – (*Blank space of 1 cm.*) et quinque denarios pro custagiis et expensis. Et dictus Nicholaus defendens in misericordia domini – xij d.

fo. 83v

(327) ‖Burgus de Crocegate‖ Curia tenta ibidem die Mercurii xxvij° die Maii anno Domini millesimo D^{mo} sexto (*27 May 1506*)

(D174) ‖Placitum‖ Johannes Dogeson queritur de Michaele Preston in placito debiti – vij d. ob., videlicet vj d. \ei promissorum/ pro carbon*e* ei assigna*to* et j d. ob. pro j quart*erio* agn*i*, et ad dampnum suum – [iii] vj d. Et defendens non venit. Ideo in misericordia domini – [iij d.] \\nihil// {quia non habet aliquod infra d*ominium* domini^{180} unde attachiari potest.}

(D175) ‖Placitum‖ Johannes predictus queritur de Agnete Newton in placito debiti – vij d. pro carn*e* ovium de eo empt*a*, et ad dampnum suum – vj d. Et defendens essoniatur.

(328) ‖Burgus de Crocegate‖ Curia tenta ibidem die Mercurii iij° die Junii anno etc. supradicto (*3 June 1506*)

(D176) ‖Placitum‖ Johannes Bloynt flesshewer queritur de Willelmo Colson in placito debiti – x s. Et ad dampnum suum – ij s. Et defendens non venit. Ideo in misericordia domini – iij d.

fo. 84

(D177) ‖Placitum‖ Robertus Hervy queritur de Nicholao Blakha perdoner in placito debiti – viij d. \quos ei debet pro opere suo manuali/ videlicet pro scriptura \unius/ obligacionis cum condicione et ac unius scripture \\domini// episcopi^{181} pro licencia habenda, et ad dampnum suum – iiij d. Et defendens non venit. Ideo in misericordia domini – iij d.

(329) ‖Burgus de Crocegate‖ Curia tenta ibidem die Mercurii x° die Junii anno etc. supradicto (*10 June 1506*)

(D174) De Michaele Priston quia non venit ad respondendum Johanni Dogeson in placito debiti – iij d.

(D175) ‖Condempnacio‖ Agnes Newton venit et fatetur Johanni Dogeson – vij d. et ij d. pro custagiis et expensis. Ideo dictus defendens in misericordia – iij d.

---

180 MS apparently *infra d' dmn'*.
181 This should probably be *domino episcopo*.

(D177) ‖Essoniatur‖ Nicholaus Blakhaa essoniatur ad sectam Roberti Hervy usque proximam.

(D176) ‖Condempnacio‖ Willelmus Colson venit et fatetur Johanni Bloynt – x s. \pro debito principali/ et ij d. pro custagiis. Ideo in misericordia domini – iij d.

(C8) ‖Appreciacio‖ Johannes Priour, Thomas Ranson, Johannes Wodmows et Willelmus Owrfeld appreciaverunt unam ollam eneam ad – ij s. ij d., que olla capta fuit de bonis Nicholai Blakhaa virtute execu†cionis†[182] pro debito xx d. quod debet Thome Gyfforth ultra xxx d. quos solvit in moneta.

fo. 84v

(330) ‖Vetus burgus de Crocegate‖ Curia tenta ibidem die Mercurii primo die Julii anno Domini millesimo quingintesimo sexto (*1 July 1506*)

(D178) ‖Placitum‖ Elena uxor Willelmi Strynger vidua queritur de Olivero Thornbrugh in placito debiti – x d. ob. quos ei debet pro firma unius [solii] tenementi vocati a loft quos solvere <debuit> ad festum Pentecostes ultime preteritum, ad quod non etc., ad dampnum suum – vj d. Et defendens venit et fatetur vij d. et dicit quod semper paratus fuit solvere hoc et de iij d. ob. dedicit et de hoc ponit se super juratam, et querens similiter.[183]

(D179) ‖Placitum‖ Jacobus Garnet queritur de Olivero Thornebrugh in placito debiti xij s. vj d. \Continuatur‖

(D180) De Willelmo Colson quia non venit ad respondendum Johanni Blont in placito debiti – {nihil quia continuatur[184] ad curiam pro (*Incomplete*)}.

(D174) De Michaele Preston quia non venit ad respondendum Johanni Dogeson in placito debiti – (*No sum entered*).

(D177) Nicholaus Blakha venit ad sectam Roberti Herve et dedicit debitum et de hoc ponit se super juratam et querens similiter. Ideo fiat etc.

---

182 Margin cropped.
183 The recording of this plea overlaps the first line of the next, implying that the details were written out after the following one had been registered.
184 MS *conte^{ur}*.

fo. 85

(331) ‖Vetus burgus de Crocegate‖ Curia tenta ibidem die Mercurii viij⁰ die Julii anno etc. supradicto (*8 July 1506*)

(U20) De Johanne Merley quia non prosecutus fuit querelam suam versus Agnetem Neweton. Ideo in misericordia domini – (*No sum entered*).

(D177) Ricardus Blont Willelmus Blakhamour (*Incomplete*).¹⁸⁵

(D179) ‖Essonium‖ Oliverus Thornbrugh essoniatur ad sectam Jacobi Garnett.

(D177) ‖Panellum inter Robertum Hervy querentem et Nicholaum Blakhaa defendentem¹⁸⁶‖ Willelmus Watson, Ricardus Bloynt, Willelmus Blakemore, Johannes Davyson, Johannes Biddyk, Johannes Diconson, Willelmus Colynson, Robertus Draver, Willelmus Hedlee, Christoforus Henrison, Willelmus Tomson et Johannes Watson.¹⁸⁷

(D180) De Johanne Bloynt quia non prosecutus fuit placitum suum versus Willelmum Colson (*No sum entered*).

(D174) De Michaele¹⁸⁸ Preston quia non venit ad respondendum Johanni Dogeson in placito debiti – [iij d.] ‖Continuatur prece parcium‖

(332) ‖Vetus <burgus> de Crocegate‖ Curia tenta ibidem die Mercurii xv⁰ die Julii anno etc. millesimo Dᵐᵒ vjᵗᵒ (*15 July 1506*)

(D179) De Olivero Thornbrugh pro licencia concordandi cum Jacobo Garnett in placito debiti – iij d.

(D178) De eodem Olivero pro licencia concordandi cum Elena Strynger in placito debiti – ij d. quos solvit senescallo.

(D181) ‖Placitum‖ Ricardus Colynson capellanus queritur de Agnete Newton in placito debiti – x d. quos solvit pro dicta defendente per rogacionem et instanciam dicte defendentis, et ad dampnum suum vj d. Et defendens venit et fatetur debitum predictum et ij d. pro custagiis et expensis. Ideo in misericordia – iij d. Et defendens distr*ingitur* per unam

---

185 This is probably an aborted list of the panel between Robert Hervy and Nicholas Blakhaa, entered two lines below.

186 See also fo. 64*.

187 This entry is squashed in between those above and below. A draft with more procedural detail is printed as Additional Document 2.

188 MS *Mich'o*.

patellam \precii – vj d. appreciatam/ et super hoc W. Hedle clamat
dictam patelam. Et habet proximam ad hamald*andum* se iij^a.[189]

(D174) Placitum Johannis Dogeson versus Michaelem Preston cassatur
eo quod (*Incomplete*).

(D177) ‖Ponit loco <suo>‖ Nicholaus Blakhaa ponit suo loco Thomam
Colstane in placito quod Robertus Hervy habet versus eum unde jurata
summonita est.

fo. 85v

**(333) ‖Burgus de Crocegate‖ Curia tenta ibidem die [Martis] Mercurii
xxix° die Julii anno Domini millesimo D^mo sexto** (*29 July 1506*)
(D177) ‖X^cem tales‖ Robertus Hervy venit et petit x tales panellandos ad
panellum inter ipsum et Nicholaum Blakha.

**(333a) Curia que fuisset tenta ibidem die Mercurii v° die Augusti
anno supradicto <continuatur> eo quod festum Sancti Oswaldi regis
accidit[190]** (*5 August 1506*)

**(334) ‖Burgus de Crocegate‖ Curia tenta ibidem die Mercurii xij die
Augusti anno etc. supradicto** (*12 August 1506*)
(D177) ‖Tales de panello inter Johannem[191] Hervy querentem et Nicho-
laum Blakha defendentem‖ Thomas Symson {• juratus}, Johannes Hall
{• juratus}, Jacobus Garnett {• [juratus] ca}, Thomas Dobbyn {• juratus},
Oliverus Thornbrugh {• juratus}, Thomas Henryson {juratus}, Georgius
Lytill, Johannes Bablyngton {•}, Willelmus Eyme {•}, Johannes Gray.

(D177) ‖Veredictum‖ Willelmus Watson et socii sui jurati inter Robertum
Hervy querentem et Nicholaum Blakha defendentem dicunt super sacramentum suum quod dictus Nicholaus non debet dicto Roberto ullum
denarium \de/ debito prout patet in placito. Ideo dictus Nicholaus eat
inde quietus sine die. Et dictus querens in misericordia domini – (*No
sum entered*).

(D182) ‖Placitum‖ Johannes Bloynt queritur de Willelmo Watson in
placito debiti – ij s. iiij d. \pro bras*eo* empto/, et ad dampnum suum
– vj d. pro bras*eo* \mixt*ilionis*/ de eo empto. Et defendens venit et petit
diem interloquendi usque proximam. ‖D*ies* pro intrac*tacione*‖

---

189 The record of this plea encroaches on the next entry, and the final three words
     are in the left margin.
190 MS *accident'*.
191 This should be *Robertum*.

fo. 86

(335) ‖**Burgus de Crocegate**‖ **Curia tenta ibidem die Mercurii xix° die Augusti anno etc. supradicto** (*19 August 1506*)

(D182) ‖Condempnacio‖ Willelmus Watson venit et dicit quod debet Johanni Bloynt – ij s. †prot†[192] debito contento in placito suo. Et dedicit – iiij d. et super hoc jura*t* super librum. Ideo inde quietus. Et dictus Willelmus in misericordia domini – iij d.

(336) ‖**Burgus de Crocegate**‖ **Curia tenta ix° die Septembris anno etc. supradicto** (*9 September 1506*)

(PA2) ‖Placitum‖ Hugo Spark et Henricus Cuke queruntur de Willelmo Rawe \de Aqua de Derwent/ in placito de plegio acquietando de debito – xxxiij s. iiij d. unde devenerunt in plegium pro dicto Willelmo Ricardo Jakeson. Et nondum eos aquietavit etc., et ad dampnum suum – iij s. iiij d. Et defendens attachiatus fuit per unum equum gresii coloris precii – vj s., plegius [ballivus et Leonardus Shele] \\Hugo Spark//. Et defendens essoniatur.

(D183) ‖Placitum‖ Johannes Dyconson queritur de Johanne Tomson tynkler in placito debiti – xj d. ob. pro pane et servisia emptis de eo, et ad dampnum suum – vj d. Et defendens non venit. Ideo in misericordia domini – iij d.

(D184) ‖Placitum‖ Idem Johannes queritur de Agnete Bradewode in placito debiti – vij d. ob. pro pa†net†[193] et servisia de eo emptis, et ad dampnum suum – iiij d. Et defendens [non venit. Ideo in misericordia domini – iij d.] {quia postea essoniatur}.

Memorandum de affraia inter \Johannem/ Reginald (*Blank space of 1 cm.*)[194] et Ricardum Johnson barkers et Robertum Bedyke. | Affraia inter Johannem Holme et Ricardum Bloynt. | Affraia inter Hugonem Spark et Alexandrum Willemond. | Affraia inter Robertum Claxton e†t† (*Blank space of 3.5 cm.*) extraneum. | Affraia inter Johannem Grange et Johannem Hewettson.

fo. 86v

(337) ‖**Burgus de Crocegate**‖ **Curia tenta ibidem die Mercurii xvj**^(to) **die Septembris anno Domini millesimo D**^(mo) **sexto** (*16 September 1506*)

(PA2) De Hugone Spark et Henrico Cuke quia non prosecuti fuerunt placitum suum versus Willelmum Rawe de Aqua de Derwent – iij d.

---

192 Margin cropped.
193 Margin cropped.
194 The clerk initially assumed Reginald to be a first name.

(D183) De Johanne Tomson tynkler quia non venit ad respondendum (*Incomplete*)
(D184) De Agnete Bradwod quia non venit ad respondendum (*Incomplete*). ‖Vacat quia querens non comparuit (*bracketed to these two entries*)‖

(338) Curia tenta ibidem die Mercurii xxiij° die Septembris anno etc. supradicto (*23 September 1506*)
(D185) ‖Placitum‖ Johannes Smalewod queritur de Johanne Watson in placito debiti – iiij d. pro una ulna de russett de eo empta, et ad dampnum suum – iij d. Et defendens venit et fatetur debitum predictum. Ideo in misericordia domini – iij d.

(D183) De Johanne Dickonson quia non venit ad prosequendum placitum suum versus Johannem Tomson tynkler. Ideo in misericordia domini – iij d.

(D184) De eodem Johanne quia non venit ad [respondendum] prosequendum placitum suum versus Agnetem Bradewodd. Ideo in misericordia domini – [iij d.] ‖Quia defendens extraivit jurisdiccionem curie cum bonis suis‖

fo. 87
Extracte facte sunt usque huc.

(339*) ‖Vetus burgus de Crocegate‖ Curia capitalis tenta ibidem die Mercurii ultimo die Septembris anno Domini millesimo D^mo sexto (*30 September 1506*)
De Thoma Wytton, [capellano cantarie Sancte Katerine in ballio boriali] {quia comparuit postea}, magistro hospitalis de Keipyer], herede Willelmi Morton, herede Johannis Hoton, procuratoribus gilde Sancte Margarete, [Roberto Wryght] {quia essoniatur}, Willelmo Richerdson mercer, [Agnete Wharham vidua] {quia comparuit},[195] Thomas Ferrour jure uxoris sue[196] {essoniatur}, Sibilla relicta Willelmi Rakett senioris, herede Willelmi Eure militis, [procur' c], herede Roberti Payteson, Roberto Hagthorp, Ricardo Smyrk, [Willelmo Smethirst] {quia comparuit}, Radulpho Melott.

‖Panellum pro domino‖ Willelmus Smethirst {juratus}, Georgius Rippon {juratus}, Johannes Priour {juratus}, Ricardus Boweman {juratus},

---

195 Only *Agnete Wharham* is deleted, and the explanation is interlined above these two words.
196 Margin cropped.

Laurencius Toller {juratus}, Willelmus Wayneman {juratus}, Johannes Woddmows {juratus}, Johannes Collson {juratus}, Willelmus Owrfeld {juratus}, Robertus Crake {juratus}, [Johannes Bloynt {juratus}], Ricardus Arnbrugh {juratus}, Robertus Wryght {juratus}.

fo. 87v

(D183) ‖Placitum‖ Johannes Dyckonson \per attornatum suum Johannem Gray/ queritur de Johanne Tomson tynkler in placito debiti – xj <d.> (*Blank space of 1 cm.*) pro pane et servisia de eo emptis, et ad dampnum suum – vj d.

(D184) ‖Placitum‖ Idem Johannes queritur de Agnete Bradewodd in placito debiti – vij d. ob. pro pane et servisia de eo emptis, et ad dampnum suum – iiij d. Et defendens venit et fatetur debitum predictum. Ideo in misericordia domini – iij d.

‖Memorandum‖ Willelmus Smethirst et socii sui jurati pro domino presentant super sacramentum suum quod (*Blank space of 2 cm.*) [Wal] (*Blank space of 1 cm.*) extraneus fecit affraiam super Robertum Claxton, plegius Georgius Rippon. | Item presentant quod Johannes Grange fecit affraiam super Johannem Hewetson. ‖Perdonatur per sacristam‖ | Item presentant \quod/ Ricardus Bloynt fecit affraiam super Johannem Holme. | Item presentant quod Robertus Bedyke fecit affraiam super Johannem Ranald et Ricardum Johnson. | Item presentant quod Cristoforus Marsshall fecit affraiam super Ricardum Skirr. | Item presentant quod Alexander Willemond et Hugo[197] Spark fecerunt affraiam inter se. | Item presentant quod Georgius Hudson {ij porc*i* viij d.}, Georgius Littyll {ij viij d.}, Johanna Croceby {iij xij d.}, Johannes Dukett {j sus}, Hugo Spark {ij}, [Robertus], subvertunt solum vicinorum contra penam. | Item presentant quod mater Hugonis Kelynghall non inclusit frontem burgagii sui \in/ Sowthstreit contra penam de vj d.

‖Precia granorum[198] [†j† busselli] frumenti {[[viij d.] \\v s. iiij d.//]| [j quarterii] aven*e* {v s.}| et ordii {xij s.}‖

fo. 88

‖Assisa servisie‖ \Robertus Smalewodd/, Georgius (*No surname*), Ricardus Bowman, Johannes Colson, Thomas Wryter, Robertus Selby, Willelmus Blakomore, Thomas Randson, Johannes Champn†ay†,[199] Thomas Trotter, Laurencius Toller, Johannes Smalewod, uxor[200] nuper

---

197 MS *Hugonem.*
198 This note on prices is entered at the foot of the left-hand margin.
199 Margin cropped.
200 MS *uxore.*

Thome Spark, Agnes Newton, Agnes Hepton, Thomas Dobbyn, Johannes Merley, Agnes Walker, Cristoforus Barbourne, Johanna Lewyn, Johannes Woddmows, Johannes Dyconson, Willelmus Watson, Willelmus Owrefeld, Thomas Eyme vend*unt* servisiam contra assisam. Ideo quilibet eorum prout patet super capud suum.[201] ‖(*a*) Intrantur in alio extracto anni precedentis, (*b*) Prout patet ad aliam curiam (*both bracketed to all the presentments for brewing*)‖ ‖ Injunctum est omnibus tenentibus quod sufficienter includant frontes burgagiorum citra iiij^or septimanas proxime futuras, quilibet sub pena – vj d.

fo 88v[202]

(340) ‖**Burgus Dunelm'**‖ **Curia tenta ibidem die Mercurii vij° die Octobris anno Domini millesimo D^mo vj^to** (*7 October 1506*)
(D183) De Johanne Tomson tynkler quia non venit ad respondendum Johanni Dyckonson in placito debiti – iij d.

(D185) ‖Appreciacio‖ Laurencius Toller, Johannes Priour, Johannes Wodemows et Willelmus Owrfeld apprecia*verunt* unam ollam eneam \antiquam/ {xij d.}, unam parapsidem de electro {iij d.}, et unam patellam antiquam {ij d.} ad – xvij d. captas de bonis Johannis Watson ad sectam Johannis Smalewod pro iiij d. pro debito principali et vj d. pro custagiis et expensis virtute execucionis. ‖Memorandum olla lib*era*tur Johanni Smalewode pro xij d. unde reddi*dit* Johanni Watson – ij d. in moneta‖

(341) ‖**Burgus de Crocegate**‖ **Curia tenta ibidem die Mercurii xiiij° die Octobris anno etc. supradicto** (*14 October 1506*)
(D183) De Johanne Tomson tynkler quia non venit ad respondendum Johanni Dyconson in placito debiti – iij d.

fo. 89

(342) ‖**Burgus de Crocegate**‖ **Curia tenta ibidem die Mercurii xxj° die Octobris anno Domini millesimo D^mo sexto** (*21 October 1506*)
‖Porci‖ Johannes Champnay {iiij^or porc*i*}, Thomas Robynson {ij}, Thomas Symson {j}, Johannes Smalewod {ij juratus}, Robertus Selby {[v] nihil}, Ricardus Bowman {iiij juratus}, Georgius Rippon {ij}, Robertus Smalewodd {ij}, Robertus Claxton {ij juratus}, Johannes Wodmows {vj juratus}, Johannes Dukett {j}, Stephanus Tomson {j}, Georgius Hudson {j}, Georgius Lyttyll {ij}, Agnes Henryson {j}, et Hugo Spark {ij} tenent porcos vagantes in vico. Ideo quilibet eorum in misericordia. ‖Intrantur nomina in extractis anni precedentis‖

---

201 No such fines are entered.
202 There is a blank space of 7–8 cm. at head of this page.

(343) ‖Burgus de Crocegate‖ Curia tenta xviij° die Novembris anno etc. **supradicto** (*18 November 1506*)

(D186) ‖Placitum‖ Johannes Dyckonson queritur de Johanne Hervy seniore in placito debiti – vj d. pro pane et servicia, et ad dampnum suum – iiij d. Et defendens [v] essoniatur.

(D187) ‖Placitum‖ Idem Johannes queritur de Ricardo Farne in placito debiti – iij d., et ad dampnum suum – iij d. Et defendens essoniatur.

(D188) ‖Placitum‖ Elizabeth Bradwod queritur de Johanne Hervy seniore in placito debiti – xvj d. ob., et ad dampnum suum – vj d. Et defendens [essoniatur] venit et fatetur debitum predictum. Et habet diem solvendi usque festum[203] Natale Domini.

fo. 89v

(DC23) ‖Placitum‖ Andreas Aykenhede queritur de Johanne Dyckonson in placito detencionis unius dubler' {vj d.} et unius disci {iij d.} precii inter se – ix d., et ad dampnum suum – vj d. ‖Ponitur super inquisicionem‖

(D189) ‖Appreciacio‖ Laurencius Toller, Ricardus Bowman, Thomas Randson et Johannes Priour appreciaverunt unam ollam eneam ad x d., quinque parapsides[204] electr*eos* ad ij s., sex discos ad – xviij d. et xiij^cim salsar*ia* ad – xviij d. capta per Ricardum Stevynson capellanum gilde Sancti Cuthberti pro firma unius domus debita sibi per Agnetem Newton, videlicet – v s. viij d. et eciam pro – v d. pro custagiis et expensis, sol*utis* senescallo et ballivo.[205]

fo. 90

(344) ‖Burgus de Crocegate‖ Curia tenta ibidem die Mercurii xxv° die **Novembris anno Domini millesimo D^mo sexto** (*25 November 1506*)

(D190) ‖Placitum‖ Thomas Eyme queritur de Olivero Thornbrugh in placito debiti – xj d., videlicet pro – viij d. pro firma j stabule et – iij d. pro lacte et aliis rebus, et ad dampnum suum – iiij d. Et defendens venit et fatetur debitum predictum. Ideo in misericordia d†omini†[206] – iij d.

(345) ‖Burgus de Crocegate‖ Curia tenta ibidem die Mercurii secundo **die Decembris anno Domini millesimo D^mo sexto** (*2 December 1506*)

(D191) ‖Placitum‖ Thomas Wolff queritur de Andrea Akynhede in placito

---

203 MS has a redundant *sancti* following *festum*.
204 Comparison with court 540, plea DC45 suggests that this word is translated from the English 'dublerres', meaning plates or platters.
205 A draft of this entry is printed as Additional Document 3.
206 Margin cropped.

debiti – ix d. pro corrio frunito de eo empto, et ad dampnum suum iii(*about 1 cm.*),[207] plegius prosecucionis Ricardus Farne. Et defendens essoniatur.

(T80) ‖Placitum‖ Thomas Colman queritur de Hugone Spark in placito transgressionis eo quod occupat unam patellam eneam {iij s.} et un' possnett {xviij d.} precii inter se – iiij s. v†j d.† preter et contra voluntatem ac licenciam dicti querentis unde deterioratus est et dampnum habet ad valenciam – iij s. ‖Ponitur in arbitrio‖

fo. 90v
(346) ‖Burgus de Crocegate‖ Curia tenta ibidem die Mercurii ix⁰ die Decembris anno Domini millesimo D^mo sexto (*9 December 1506*)
(DC23) De Andrea Ayken'hede quia non prosecutus fuit placitum suum versus Johannem Diconson – iij d.

(D191) Andreas Aykenhede venit et fatetur Thome Wolff – ix d. prout patet in placito debiti et ij d. pro custagiis. Ideo in misericordia domini – iij d.

(347) ‖Burgus de Crocegate‖ Curia tenta ibidem die Mercurii xvj⁰ die Decembris anno Domini millesimo D^mo sexto (*16 December 1506*)
(D192) ‖Placitum‖ Robertus Haluer queritur de Thoma Forster \\de// Haghows in placito [debiti – ij s. s vel] \\detencionis// [ij s. vel] ij ulnarum panni lanei pro le jakett inde fiendo, unius ulne panni[208] lanei pro calig*is* fiend*is* et iij quarteriorum panni \\albi// lane, unius paris sotularum et iij d. ad emendum unum agnum, et oboli ex prestito, et aliorum necessariorum[209] que promisit Roberto filio suo nomine stipendii sui \precii inter se – ij s./, et ad dampnum <suum> – ij s., plegius prosecucionis Willelmus Colynson. Et defendens attachiatus fuit per viij boves et ij equos cum plaustr*o* precii inter se – viij mark, plegius Willelmus Watson. Et defendens essoniatur.

fo. 91
(DC24) ‖Placitum[210]‖ Mariona Wheitley queritur de A†gnete† \Hepton/ (*4.5 cm.*)appell' in placito detencionis ij linthiaminum prec' (*3 cm.*) precii inter se – x(*0.5 cm.*)[211] et, ad dampnum suum – vj d., plegius prosecucionis Robertus Smalewod. †Et† defendens non venit. Ideo in misericordia domini – iij d.

---

207 Margin cropped.
208 MS *panei*.
209 MS *alia necessar'*.
210 This plea is defaced by an ink smear.
211 Margin cropped.

(348) ‖Burgus de Crocegate‖ **Curia tenta ibidem die Mercurii xxiij die Decembris anno etc. supradicto** (*23 December 1506*)
(U21) ‖Appreciacio‖ Johannes Priour, Georgius Rippon, Johannes Colson et Johannes Wodemows appreciaverunt de bonis Thome Colman j pellvem cum lavacro {ij s.}, j patelam eneam {ij s. vj d.}, un' possnet {xviij d.} [et un' morterstane {xij d.}] jacencia in pingore Hugoni Spark pro [v s. v] \\iiij s.// vij d. ad – (*Incomplete*) \et vj d. pro custagiis et expensis/.

(D192) ‖Continuacio‖ Placitum inter Robertum Haluer querentem et Thomam Forster defendentem continuatur usque proximam curiam sub spe concordie.

(DC24) De Agnete [Heppell] \\Heppton// quia non venit ad respondendum nihil quia essoniatur.

Isabella Spark jura*t* pro porc*is* et Robertus Dr†a†ver jura*t* pro forstallacione.

fo. 91v
(349*) ‖Vetus burgus de Crocegate‖ **Curia capitalis tenta ibidem die Mercurii xiij° die Januarii anno Domini millesimo D^{mo} sexto** (*13 January 1507*)
De Thoma Wytton, capellano cantarie Sancte Katerine in ecclesia Beate Marie in ballio boriali Dunelm', magistro hospitalis de Keipyer', hered*e* Johannis Ricroft, [hered*e* Willelmi Morton], hered*e* Johannis Hoton, Agnete Wharham, Sibbilla relicta Willelmi Rakett, hered*e* Willelmi Eure militis, Roberto Hagthorp, Johanne Colson {essoniatur}, Ricardo Smyrk.

‖Panellum pro domino‖ Willelmus Richerdson {juratus}, Johannes Priour {juratus}, Georgius Rippon {juratus}, Laurencius Toller {juratus}, Ricardus Buman {juratus}, Willelmus Waneman {juratus}, Willelmus Owrefeld {juratus}, Johannes Woddmows {juratus}, Thomas Forest {juratus}, Robertus Crayke {juratus}, Robertus Wright {juratus}, Thomas Randson {juratus}.

[Jacobus Garnett nolebat jurare qu*ando* pre]

Willelmus Rycherdson et socii sui jurati pro domino presentant super sacramentum suum quod Rogerus Gollen serviens Ricardi Stevynson fecit affraiam super Johannem Bloynt. | Item presentant quod Johannes Dukett fecit affraiam super Georgium Lilburn, servientem Roberti Claxton. | ‖Pene (*bracketed to both the following injunctions*)‖ Injunctum est Willelmo Watson quod decetero nullus ludat in domo sua post horam viij^{am} in nocte ad carpas sub pena forisfaciendi domino – xij d. Et eidem quod includat \\quandam// cepem inter ipsum et Willelmum Richerdson citra festum Carnisbrevii sub pena – vj d. (*fo. 92*) ‖Pena‖ Et injunctum est omnibus tenentibus quod includant frontes suas \ante et retro inter proximum et proximum/ citra vij^{anam} post festum Carnisbrevii proxime futurum, quilibet sub pena forisfaciendi – vj d. | ‖Pena‖ Item presentant quod Johanna Colson, Ricardus Farne et Johannes Hervy cremant[212] sepes vicinorum suorum. Ideo [in misericordia domini –] injunctum est eisdem quod de cetero non cremant, quilibet sub pena – xij d.

(350) ‖Burgus de Crocegate‖ Curia tenta ibidem die Mercurii xx° die Januarii anno Domini millesimo D^{mo} sexto (*20 January 1507*)
(D192) De Roberto Haluer quia non prosecutus fuit placitum suum versus Thomam [Foster] Forster. ‖Misericordia iij d.‖

(DC24) De Agnete Hepton pro licencia concordandi cum Mariona Wheitley in placito detencionis. ‖Misericordia iij d.‖

(351) ‖Burgus de Crocegate‖ Curia tenta ibidem die Mercurii xxvij° die Januarii anno etc. supradicto (*27 January 1507*)
Rogerus Gollen venit et ponit se in misericordia domini pro affraia facta super Johannem Bloynt juniorem contra pacem, plegius Ricardus Stevynson.

Johannes Dukett ponit se in misericordia domini pro affraia facta super Georgium Lylburn.

fo. 92v
(352) ‖Burgus de Crocegate‖ Curia tenta ibidem die Mercurii xvij° die Februarii anno Domini millesimo D^{mo} sexto (*17 February 1507*)
(D193) ‖Placitum‖ Elizabeth Bradwod queritur de Roberto Mawer de Witton in placito debiti – xiiij d., et ad dampnum suum iiij d. Et defendens attachiatus fuit per unum equum coloris dunbay precii – x s., plegius Edwardus Forster. Et defendens essoniatur.

(D194) ‖Placitum‖ Willelmus March queritur de Elena Stryngher in placito debiti – xij d. pro potu de \eo/ empto et quos dicta defendens promisit solvere, et ad dampnum suum – [v] iiij d. Et defendens venit et fatetur debitum predictum. Et habet diem solvendi ex concensu querentis usque vij^{am} post festum Invencionis Sancte Crucis proxime futurum sub pena execucionis.

(353) ‖Burgus de Crocegat‖ Curia tenta ibidem die Mercurii tercio die Marcii anno etc. supradicto (*3 March 1507*)

---

212 MS *ce* [*****] *cremunt*. This seems to be an undeleted false start, followed by a deleted one, followed by an incorrect resolution of the difficulty.

(D193) ‖Cont*inuacio*‖ Placitum inter Elizabeth Bradwod querentem et Robertum Mawer defendentem continuatur usque proximam.

fo. 93

(354) ‖Burgus de Crocegate‖ Curia tenta ibidem die Mercurii x° die Marcii anno Domini millesimo D^mo sexto (*10 March 1507*)
(D193) De Roberto Mawer pro licencia concordandi cum Elizabeth Bradwod in placito debiti – iiij d. quos solvit sacriste.

(U22) De Johanna Lewyn quia non prosecutus fuit querelam suam versus Ricardum Wilkynson, plegius Johannes Wodmows – [ij d.] {quia solvit sacriste}.

(355) ‖Burgus de Crocegate‖ Curia tenta ibidem die Mercurii xvij° die Marcii anno etc. supradicto (*17 March 1507*)
(D195) ‖Placitum‖ Robertus Claxton queritur de Roberto Best in placito debiti – xx d. pro j bonde lini de eo empt', et ad dampnum suum – xij d. Et defendens attachiat*ur* per unum bussellum le meyle frumenti precii – viij d. et j bussellum seliginis precii – viij d., \plegius ballivus/. Et defendens venit et fatetur debitum predictum et ij d. pro custagiis. Ideo in misericordia domini – iiij d.

(PA3) ‖Placitum‖ Hugo Spark queritur de Georgio Lityll in placito de plegio acquietando – xiiij d. unde posuit eum in plegium versus Johannem Wynter etc., et ad dampnum suum – vj d. Et defendens [non venit. Ideo in misericordia domini – iij d.] \\essoniatur usque proximam curiam//.

(D196) ‖Placitum‖ Isabella Spark vidua queritur de Johanne Nowthird in placito debiti – xij d. pro pane et servisia de ea[213] emptis, et ad dampnum suum – vj d. Et defendens venit et fatetur debitum predictum. Ideo in misericordia domini – iij d.

(U23) De (*Blank space of 1.5 cm.*) Currour pro licencia concordandi cum Olivero Thornbrugh – iij d.

fo. 93v

(356) ‖Burgus de Crocegate‖ Curia tenta ibidem die Mercurii xxiiij° die Marcii anno Domini millesimo D^mo sexto (*24 March 1507*)
(PA3) Georgius Lytill venit et petit diem interloquendi versus Hugonem Spark usque proximam curiam, tamen postea venit et fatetur debitum prout patet in placito et ij d. pro custagiis et expensis. Et habet diem

213 MS *eo.*

solvendi usque festum Invencionis Sancte Crucis proxime futurum. Ideo dictus Georgius in misericordia domini – iij d.

(357) ‖Burgus de Crocegate‖ Curia tenta ibidem die Marcurii ultimo die Marcii anno Domini millesimo D^{imo} septimo (*31 March 1507*)
(D197) ‖Placitum‖ Johannes Bloynt senior queritur de Thoma Rawe in placito debiti – iiij s. pro firma ij leyse graminis \super le Belasys/, et ad dampnum suum – xij d. Et defendens venit et fatetur debitum predictum. Ideo in misericordia domini – (*No sum entered*).

fo. 94
(358*) ‖Burgus de Crocegate‖ Curia capitalis tenta ibidem die Mercurii xiiij^o die Aprilis anno Domini millesimo quingentesimo septimo (*14 April 1507*)
De Thoma Wytton, capellano cantarie Beate Katerine in ballio boria†li†[214] magistro hospitalis de Keipȝere, here*de* Johannis Ricroft, Johanne Bloyn††† waneman{essoniatur}, here*de* Johannis Hoton, [Johanne Wodemows], [Roberto Wright] {quia comparuit postea}, [Agnete Wharham], Sibilla relicta Willelmi Rakett, [Cuthberto Ellysson capellano] {quia essoniatur}, here*de* Willelmi Eure militis, [procurator*ibus* \\capellano// gilde Sancti Cuthberti] {quia comparuit}, here*de* Roberti Paitson, Roberto Hag<t>horp, [Thoma Randson], Ricardo Smyrk, [Georgio Rippon], Radulpho Melott, [Johanne Bloynt flesshewer] {quia comparuit postea}, [Ricardo Bowman] {quia infirmus], [Roberto Crake].

‖Panellum pro domino‖ Robertus Claxton {juratus}, Willelmus Smethirst {juratus}, Thomas Forrest {juratus}, Willelmus Waneman {juratus}, Johannes Priour {juratus}, Johannes Wodemows {juratus}, Willelmus Owrefeld {juratus}, Johannes Colson {juratus}, Laurencius [Tailyour] Toller {juratus}, Thomas Randson {juratus}, Robertus Crake {juratus}, Ricardus Arnebrugh {juratus}, jurati pro domino, qui presentant super sacramentum suum quod Ricardus Smyth capellanus de Harom' fecit affraiam super Jacobum Morton contra pacem. | Item presentant quod Robertus \Hagthorp/ non includit frontes burgagii sui in Crocegate. Ideo in misericordia domini – vj d. (*fo. 94v*) ‖Pene (*bracketed to both the following injunctions*)‖ Injunctum est omnibus tenentibus comorantibus a domo in quo Cristoforus Barborn inhabitabat usque finem de Aluertongate <quod> sufficienter includant frontes suas ac sepes suas inter proximum et proximum citra festum Invencionis Sancte Crucis proxime futurum, quilibet sub pena forisfaciendi domino – vj d. Et injunctum est omnibus tenentibus comorantibus in Sowthstreite a domo Laurencii Toller usque finem vici predicti <quod> mundant seu mundari <faciant>

---

214 Margin cropped.

fontem ibidem vocatum Saynt Ellyn Well cum et quando premuniti fuerint per ballivum, quilibet <sub pena> forisfaciendi domino – iiij d.

(D188) ‖Appreciacio‖ Laurencius Toller, Johannes Priour, Johannes Wodemows et Robertus Crake appreciaverunt unam togam blodii coloris carentem manucas Johannis Hervy, captam virtute execucionis ad sectam Elizabeth Bradwode pro – xvj d. et ob. pro debito principali et – vj d. pro custagiis et expensis ad – iij s. iiij d.

(358a) ‖Burgus Dunelm‖ Curia tenta ibidem die Mercurii xxjᵒ die Aprilis anno Domini millesimo D septimo (*21 April 1507*)
De (*Incomplete*).
(*No recorded business*)

fo. 95
(359) ‖Burgus de Crocegate‖ Curia tenta ibidem die Mercurii ixᵒ die Junii anno (*Incomplete*) (*9 June 1507*)
(D198) ‖Placitum‖ Robertus Hogeson queritur de Jacobo Moreton in placito debiti – xvj d. \videlicet (*Incomplete*)/, et ad dampnum iiij d., plegius prosecucionis Johannes Dogeson. Et defendens essoniatur.

(D199) ‖Placitum‖ Johanna Halver queritur de Cristoforo Barbon et Johanna uxor ejus in placito debiti – iiij s. pro stipendio suo, et ad dampnum suum – xij d. Et defendentes attachia*ntur* per j mantel†lum† precii – vj s. viij d., plegius Willelmus Wharham. Et super hoc venit Johannes Hunter junior et petit hamaldacionem dicti le mantyll et super hoc concessa est ei hamaldacio erga proximam curiam se vᵃ manu.

(360) ‖Burgus Dunelm'‖ Curia tenta ibidem die Mercurii xvjᵒ die Junii anno etc. supradicto (*16 June 1507*)
(D199) Johannes Hunter {juratus} venit cum Ricardo Dunley {juratus}, Willelmo Stevynson {juratus}, Willelmo Dawson {juratus}, et Roberto Softly {juratus}, et hamaldavit[215] unum mantill districtum per ballivum ad sectam Johanne Halver ut proprium bonum Cristofori Barbourn et uxoris.

(D198) Placitum inter Robertum Hogeson querentem <et> Jacobum Morton defendentem continuatur usque proximam curiam.

fo. 95v
[‖Pene‖ Injunctum est omnibus tenentibus comorantibus a domo in quo Cristoforus Barbon inhabitat usque finem de Aluertongate <quod> sufficienter includant frontes suas ac sepes suas inter proximum et proximum

---

215 MS *hamalda^t*.

citra festum Invencionis Sancte Crucis proxime futurum, quilibet sub pena – vj d. | Et injunctum est omnibus tenentibus comorantibus in Sowthstreite a domo Laurencii Toller usque finem vici predicti <quod> mundant seu mundari faciant fontem ibidem vocatum Saynt Ellyn Well cum et quando premuniti fuerint per ballivum, quilibet sub pena – iiij d.] ‖Quia in*trata*[216] ad ultimam curiam capitalem (*bracketed to both the deleted injunctions*)‖

(361) ‖Burgus de Crocegate‖ Curia tenta ibidem die Mercurii xviij° die Augusti anno Domini millesimo D^mo septimo (*18 August 1507*)

(D200) ‖Placitum‖ Ricardus Jakson queritur de Johanne Hervy in placito debiti – [iij s. vj d.] \\vj s.// pro panno linii {ij s. vj d.} et lanei \\et pro lino {ij s. vj d.} et xij d. unde devenit in plegium// pro Ricardo Farne, et <ad> damnum suum – xij d. Et defendens venit et petit diem interloquendi usque proximam.

(U24, U25) Memorandum de litigacione erga proximam curiam inter Roulandum Busshby et Agnetem Hepton, et inter Hugonem Spark, Willelmum Tomson et Elenam Strynger. ‖Continuantur usque proximam curiam capitalem‖

fo. 96

(362) ‖Burgus de Crocegate‖ Curia tenta ibidem die [Marcurii] Mercurii [xv] xxv° die Augusti (*25 August 1507*)

(D200) De Johanne Hervy quia non venit ad respondendum Ricardo Jakson in placito debiti unde habuit diem interloquendi. Ideo condempnatur in debito etc. \preter – xij d. pro quibus devenit plegius pro Ricardo Farne quos negat/.

fo. 96v

Extracte facte sunt usque huc.

(363*) ‖Burgus de Crocegate‖ Curia capitalis tenta ibidem die Mercurii sexto die Octobris anno Domini millesimo D^mo septimo (*6 October 1507*)

De capellano cantarie Beate Katerine in ballio boriali Dunelm', magistro hospitalis de Keipჳere {quia essoniatur}, herede [Willelmi Morton] \\Johannis Ricroft//, [Johanne Bloynt waneman], [Johanne Wodmows], [procurator*ibus* gilde Sancte Margarete], Sibilla relicta Willelmi Rakett, herede Willelmi Eure militis, herede Radulphi Hoton, [herede Roberti Patonson] {comparuit}, Roberto Hagthorp, [Johanne Colson], Ricardo Smyrk, Radulpho Melott armigero, quia non venerunt ad faciendam sectam curie. Ideo quilibet eorum in misericordia domini – iiij d.

---

216 MS *int at* with a suprascript *a*.

‖Panellum pro domino‖ [Willelmus Richardson], Willelmus Smethirst {juratus}, Johannes Prior {juratus}, Laurencius Toller {juratus}, Georgius Rippon {juratus}, Ricardus Arnbrugh {juratus}, Johannes Colson {juratus}, Willelmus Owrefeld {juratus}, Johannes Wodmows {juratus}, Johannes Bloynt flesshewer {juratus}, Robertus Crake {juratus}, Johannes Bloynt \waynman/ {juratus}, Robertus Wright {juratus}, [Thomas Randson].

fo. 97
(D201) ‖Placitum‖ Elenea Armstrang vidua queritur de Johanne Wodmows in placito debiti – xij d. sibi debitorum pro opere suo manuali per iij septimanas et secum comorant', et ad dampnum suum – vj d. Defendens est burgensis.[217] ‖jus defectus‖

Willelmus Smethirst et socii sui jurati pro domino presentant super sacramentum suum quod[218] quarterium frumenti, quarterium ordii et quarterium avene ultimo die mercati et aliis diebus mercati vendebantur diversis preciis, videlicet quarterium frumenti pro vj s., quarterium ordii pro iij s. iiij d., et quarterium avene pro xviij d. Ideo consideratum est per curiam quod quilibet brasiator vel brasiatrix a festo Sancti Martini proxime futuro usque festum Sancti Martini extunc proxime sequens vendat lagenam servisie melioris[219] pro – j d. ob. et bone servisie pro – j d. communi popolo domini regis, quilibet sub pena forisfaciendi domino – vj s. viij d. ‖frumentum vj s., ordeum [xviij] \\iij s. iiij d.//, avena xviij d.‖ | Item dicti jurati presentant super sacramentum suum quod Willelmus Ayton fecit affraiam super Hugonem Rowlle contra pacem. | Item dicti jurati presentant super sacramentum suum quod Thomas Rawe fecit affraiam super Georgium Lyttill contra pacem.| Item dicti jurati presentant super sacramentum suum quod Agnes Bradewode, Agnes Hepton, Agnes Hervy {quia perdonatur}, Alicia Horsley et Isabella Henker sunt communes objurgatrices et eciam custodiunt baldriam. | Item presentant quod Thomas Trotter posuit equum suum in cemiterio contra penam. (*fo. 97v*) Item dicti jurati presentant super sacramentum suum quod Thomas Forster fregit communem faldam capiendo sine licensia quinque porcos ibidem imparcatos. Ideo preceptum est eum attach<i>ari erga proximam curiam. | Item presentant quod Thomas Hochonson[220] fregit communem faldam capiendo sine licencia unam vaccam ibidem imparcatam. Ideo preceptum est ballivo ut supra. | Item dicti jurati presentant super sacramentum suum quod Johannes Priour, Laurencius Toller, Henricus Spark, Ricardus Bloynt, Robertus Claxton et Hugo Spark emebant et

217 *Defendens est burgensis* is probably a comment justifying the *defectus* recorded in the marginal entry.
218 MS has a redundant *dicunt super sacramentum suum quod* following *quod*.
219 MS has a redundant *servisie* following *melioris*.
220 MS *Hochonsonson*.

forstallabant pelles lanutas in diebus mercati. Ideo quilibet in misericordia domini – vj d. | Item dicti jurati presentant quod Hugo Spark et Georgius Spark emebant et forstallabant pelles bovinas et vaccinas in diebus mercati antequam veniebant ad locum mercati vendend*as*. Ideo uterque eorum in misericordia domini – viij d. ‖†Intr†antur in extract*is* anni precedentis amerc*iamenta* horum (*bracketed to both presentments for forestalling*)‖ | ‖Pena‖ Injunctum est omnibus tenentibus et aliis comorantibus sive terras et ten*ementa* habentibus infra jurisdiccionem hujus curie quod sufficienter includant <vel includi> \\faciant// frontes suas ante et retro inter proximum et proximum citra quindenam proxime futuram, quilibet sub pena forisfaciendi domino – vj d. | ‖[Pene] Assisa Servisie‖ Robertus Smalwod {ij d.}, Willelmus Watson {ij d.}, Georgius Rippon {ij d.}, Elizabeth Bowman vidua {ij d.}, Jacobus Garnett {ij d.}, Johannes Colson {ij d.}, Thomas Writer {ij d.}, Robertus Selby {vj d.}, Willelmus Blakemore {ij d.}, Thomas Randson {iij d.}, Thomas Trotter {ij d.}, Johannes Hervy {ij d.}, Laurencius Toller {ij d.}, Johannes Smallwod {ij d.}, Isabella Spark {ij d.}, Agnes [Heppell] \\Hepple// {ij d.}, Agnes Bradewod {ij d.}, Thomas Dobbyn {ij d.}, Willelmus[221] Bell {ij d.}, Robertus Claxton {ij d.}, Agnes Walker {ij d.}, Johanna Lewyn {ij d.}, Johannes Wodmows {ij d.}, Willelmus Owrefeld {ij d.}, Thomas Eyme {ij d.}. ‖+ + Quia intrantur <in> extractis ultime preteritis (*bracketed to all the presentments for brewing*)‖ (*fo. 98*) ‖Pene (*bracketed to the three following injunctions*)‖ Injunctum est Hugoni Spark quod decetero non putrifaciat cum crinibus et calc*e* lez payntz vicinorum suorum super penam forisfaciendi domino – vj †d.† | Et injunctum est Agneti Wharham, Johanne Warham uxori Willelmi Wharham, Johanne \uxori Johannis/ Watson, Elene Strynger, et omnibus aliis tenentibus quod decetero non objurgant neque littegant, videlicet unus vel una cum alia vel alio, quilibet sub pena forisfaciendi domino – iij s. iiij d. tociens quociens vel equitant' super le thew. | Et eciam omnibus tenentibus injunctum est quod nullus custodiat aliquos porcos vagantes in vico sub pena forisfaciendi domino pro quolibet capite – vj d. tociens quociens. Et eciam quod dicti porci sint anulati sub pena forisfaciendi domino – vj d.

‖Fidelitas‖ Thomas Dobynson filius Willelmi Dobbynson et Alicie uxoris sue filie \Johannis Halyday et/ Johanne Halyday \\uxoris sue//, sororis et heredis Willelmi Chaumbr*e* senioris \nuper de Dunelm'/ venit ad hanc curiam et fecit fidelitatem suam domino pro uno burgagio cum suis pertinenciis in Aluertongate in Dunelm' juxta communem venellum ibidem, quod quidem burgagium \cum suis pertinenciis/ dictus Thomas Dobynson habet jure hereditario ut proximus heres supradicti Willelmi Chaumbr*e*, et hoc compertum est per juratos pro domino prout patet in curia capitali tenta ibidem die Mercurii tercio die Octobris anno Domini

---

221 MS *Willelmo*.

millesimo CCCC^mo nonagesimo octavo coram etc. prout patet ibidem. Et fecit finem cum domino pro ingressu suo \de – xij d./. Et jura*t*. Et admissus est ut burgensis.²²²

fo. 98v
(364) ‖Burgus de Crocegate‖ Curia tenta ibidem die [Martis] \\Mercurii// xiij° die Octobris anno etc. millesimo D° vij° (*13 October 1507*)
(D201) [Primus] Secundus defectus Johannis Wodmows ad sectam Elene Armestrang.

(365) ‖Burgus de Crocegate‖ Curia tenta ibidem die Mercurii xx° die Octobris anno etc. supradicto (*20 October 1507*)
(D202) ‖Placitum‖ Oliverus Thornbrugh queritur de Willelmo Watson walker in placito debiti – [ix d.] \\vij d.// pro panno laneo de eo empto, et ad dampnum suum – vj d. Et defendens attachiatus fuit per unam equam gresii coloris precii – v s., plegius Willelmus Watson smyth. Et defendens [non venit. Ideo in misericordia domini – iiij d.] {quia essoniatur}.

(D201) Tercius defectus Johannis Wodmows defendentis ad sectam Elene Armestrang. ‖Ponitur super juratam‖

(366) ‖Burgus Dunelm'‖ Curia tenta ibidem die Mercurii xxvij° Octobris anno etc. supradicto (*27 October 1507*)
‖Nomina eorum qui ††tenent porcos †vagantes†²²³‖ Johannes Champnay {iiij porc*i*}, Hugo Rowle {ponit in (*Incomplete*) [vij] \\iiij//}, Thomas Trotter {ij porc*i*}, Johannes Davyson {ij}, Johannes Smalewod {ij juratus}, Robertus Draver {j}, Georgius Lytill {ij}, Georgius Hudson {ij}, Thomas Dobyn {ij}, Robertus Robynson {iiij}, Robertus Claxton {ij}, Johannes Wodmows {[iiij] juratus}, Matheus Archer {j}, Johanna Croceby {ij}, Robertus Smalewod {ij}, [Georgius Rippon {iiij juratus}], Hugo Spark {j} tenent porcos vagantes in vico. ‖Amerciamenta inde intrantur in ultimis extractis preteritis (*bracketed to all the presentments for stray pigs*)‖

(D202) Willelmus Watson venit et fatetur Olivero Thornbrugh – vij d. prout patet in placito. Ideo in misericordia domini – iiij d. quos solvit et perdonatur inde – j d. \[Condempnatur] Ideo condempnatur in debito et custagiis./

---

222 This concerns Allergate 13 (Rental, 24): Camsell, Development, II, p. 23. Cf. the jury presentment in court 155*, nine years earlier.
223 MS *porcos porc'*.

(D201) Johannes Wodmows venit ad respondendum (*Incomplete*). ‖Ponitur super inquisicionem‖

fo. 99

(367) ‖Burgus‖ Curia tenta ibidem die Mercurii tercio die Novembris anno [regni regis H.] Domini millesimo D^{imo} septimo (*3 November 1507*)

Ballivus presentat quod uxor Ricardi Bloynt et uxor \\Roberti// Hervy simull objurgaverunt. Et super hoc injunctum est eisdem quod decetero non objurgant simull sub pena – iij s. iiij d. Et quod sint ad proximam curiam capitalem. ‖Partes ponuntur (*Incomplete*)‖

(367a) ‖Burgus [Dunelm'] de Crocegate‖ Curia tenta ibidem die Mercurii x° die Novembris anno etc. supradicto (*10 November 1507*)
(*No recorded business*)

(368) ‖Burgus de Crocegate‖ Curia tenta ibidem die Mercurii xvij° die Novembris anno etc. supradicto (*17 November 1507*)

(T81) ‖Placitum‖ Hugo Spark queritur de Agnete Hepton in placito transgressionis eo quod fregit sepem suam inter ipsum querentem et ipsam defendentem existentem et combussit,[224] unde deterioratus est et dampnum habet ad valenciam – vj s. viij d. Et defendens venit et dedicit transgressionem predictam, et super hoc ponit se super inquisicionem et querens.

(368a) ‖Burgus Dunelm'‖ Curia tenta ibidem die Mercurii primo die Decembris anno etc. supradicto (*1 December 1507*)
(*No recorded business*)

fo. 99v

(369) ‖Burgus de Crocegate‖ Curia tenta ibidem die Mercurii xv° die Decembris anno Domini millesimo D^{imo} septimo (*15 December 1507*)

(D203) ‖Placitum‖ Ricardus Stevynson capellanus queritur de Johanne Graa milner in placito debiti – iij s. vj d. sibi debitorum pro firma \unius domus termino/ Pentecostes ultime preterito, et ad dampnum suum – xij d. Et defendens [non venit. Ideo in misericordia domini – iij d.] {quia postea essoniatur}

(D204) ‖Placitum‖ Thomas prior Dunelm' queritur de Georgio Smorthwate in placito debiti – xj s. sibi debitorum pro firma unius domus de terminis (*Blank space of 1½ lines*) Et defendens non venit. Ideo in <misericordia> domini – iij d.

---

224 MS *comburit*.

(T81) De Agnete Hepton pro licencia concordandi cum Hugone Spark in placito transgressionis – iij d.

(370) ‖Burgus de Crocegate‖ Curia tenta ibidem die Mercurii xxij⁰ die Decembris anno etc. supradicto (*22 December 1507*)
(D203) De Ricardo Stevynson capellano quia non prosecutus fuit placitum suum versus Johannem Gray milner – iij d.

fo. 100
(371*) ‖Vetus burgus de Crocegate‖ Curia capitalis tenta ibidem die Mercurii xij⁰ die Januarii anno Domini millesimo D^{imo} septimo
(*12 January 1508*)
De Thoma Wytton, magistro hospitalis de Keiper, herede Johannis Rycroft, [Johanne Bloynt waneman] { quia perdonatur per dominum}, herede Johannis Hoton, [Roberto Wright], Willelmo Richerdson {essoniatur}, [Agnete Wharham], Sibilla relicta Willelmi Rakett, [capellano gilde Sancti Cuthberti] {quia comparuit postea}, Roberto Hagthorp, [Thoma Randson], [Willelmo Smethirst] {quia comparuit postea}, Radulpho Melott, herede Willelmi Eure [pro consimili] quia non venerunt ad faciendam sectam curie. Ideo quilibet in misericordia domini – iiij d.

‖Panellum pro domino‖ Robertus Selby {juratus}, Robertus Claxton {juratus}, Willelmus Smethirst {juratus}, Georgius Rippon {juratus}, Johannes Priour {juratus}, Laurencius Toller {juratus}, Johannes Colson {juratus}, Willelmus Owrfeld {juratus}, Robertus Crake {juratus}, Johannes Wodmows {juratus}, Thomas Dobynson {juratus}, Thomas Randson {juratus}, [Robertus Wright].[225]

(D204) De Georgio Smorthwate pro licencia concordandi cum Thoma priore Dunelm' in placito debiti – iij d.

[Willelmus Wha]

‖Fidelitas‖ Robertus Selby venit ad hanc curiam et fecit fidelitatem suam domino pro ij^{bus} burgagiis simul jacentibus in Sowthstreit in veteri burgo Dunelm' inter burgagium heredis Radulphi Eure militis ex parte boriali et burgagium heredis Nicholai Lewyn ex parte australi, quod quidem burgagium dictus Robertus habet ex dono et concessione Willelmi Wharham filii et heredis Roberti Wharham nuper de Langley juxta Brauncepeth prout patet per cartam ipsius Willelmi cujus data est apud Dunelm' xv die Marcii anno regni regis Henrici septimi post conquestum

---

225 This last name is both crossed through and underlined with a row of dashes; cf. fo. 109v, where a similar device suggests that the dashes reversed the cancellation.

Anglie xxij^do. Et fecit finem cum domino \de – xij d./. Et admissus <est> ut burgensis. Et jurat.[226]

fo. 100v

Robertus Selby et socii sui juratores pro domino presentant super sacramentum suum quod Hugo Spark et Cuthbertus Spark fecerunt affraiam inter se. | Item presentant quod Johannes Champnay, Thomas Trotter {ij porc*i*}, Hugo Rowll {iiij}, Hugo Spark {ij}, Georgius Hudson {[iiij] iij}, Georgius Lytill {ij} tenent porcos vagantes et subvertantes solum domini et vicinorum contra penam.| Item presentant quod Oliverus Thornbrugh {pell*es* ovin*e*}, Hugo Spark, \Robertus Bedyk et Cristoforus Bloynt {pell*es* ovin*e*}/ sunt forstallatores pellium et emebant diebus mercati. Ideo quilibet in misericordia domini. ‖Memorandum ad attachiandum Cristoforum Bloynt‖ | Item presentant quod Hugo \Spark/ non inclusit frontes suas. | [Item presentant quod uxor] | ‖Pena (*bracketed to the three following injunctions*)‖ Injunctum est omnibus habentibus sterquillinia seu alia[227] fetida jacencia ante frontes suas exist*encia* in vico quod ea amoveant citra decem dies, quilibet sub pena – iiij d. tociens quociens. | Injunctum est omnibus tenentibus quod quilibet includat frontes suas ante et retro inter proximum et proximum citra xv^am post festum Purificacionis Beate Marie Virginis proxime futurum, quilibet sub pena – vj d. | Et quod nullus decetero habeat aliquas personas manentes in tenur*is*, videlicet in domibus posterioribus, quilibet sub pena – xij d.

fo. 101

(372) ‖Burgus de Crocegate‖ Curia tenta ibidem die Mercurii xix° die Januarii anno Domini millesimo D^imo septimo (*19 January 1508*)
De Willelmo Richerdson quia non venit ad warrantizandum[228] essonium. Ideo in misericordia domini – iiij d.

(373) ‖Burgus de Crocegate‖ Curia tenta ibidem die Mercurii xvj° die Februarii anno etc. supradicto (*16 February 1508*)
(U26) De Johanne Bloynt quia non prosecutus fuit querelam suam versus Johann†em† Moryson couper – ij d.

(374) ‖Burgus de Crocegate‖ Curia tenta ibidem die Mercurii xxix° die Marcii anno Domini millesimo D^imo octavo (*29 March 1508*)
(U27) Isabella Walker queritur de Thoma Tailyour draper (*Incomplete*).

---

226 This concerns South Street 18 (Rental, 79): Camsell, Development, II, p. 179. William Warham's father had performed fealty for this tenement in 1500 (court 187*).

227 MS *alida*.

228 MS *warrin'* or *warrm'*.

fo. 101v

(375) ‖Burgus Dunelm'‖ Curia tenta ibidem die Mercurii v⁰ die Aprilis anno Domini millesimo D^imo octavo (*5 April 1508*)

(D205) ‖Placitum‖ Agnes Hepton per Ricardum Dunley[229] attornatum suum queritur de Hugone Rowll in placito debiti – vj s. viij d. in moneta \et j couerlett {xx d.} et j sek {viij d.}[230]/, et ad dampnum suum – iij s., plegius prosecucionis ballivus. Et defendens venit et fatetur debitum predictum et eciam detencionem unius happyng et unius sek set non tanti valoris. Ideo appreci*entur* per iiij^or burgenses. Ideo in misericordia – iij d.

fo. 102

(376*) ‖Vetus burgus de Crocegate‖ Curia capitalis ibidem die Mercurii x⁰ die Maii anno Domini millesimo D^imo viij^vo (*10 May 1508*)

(D206) ‖Placitum‖ \\Agnes// Bloynt per Ricardum Bloynt attornatum suum queritur de Johanne Wheitley in placito debiti – ix s. sibi debitorum, videlicet ij s. inde pro uno pull*o* de ea empto et [ij s.] ij s. iiij d. pro ij bussellis frumenti et pro grano seminato super terra*m* sua*m* – iiij s. viij d., et ad dampnum suum – iij s. iiij d. Et defendens attachiatus fuit per unum equum precii – vj s. viij d., plegius Ricardus Colynson, capellanus. ‖Ponitur in arbitrio Ricardi Henrison, Willelmi Merryngton et Thome Shortrede et Johannis Hobson‖

(DC25) ‖Placitum‖ Elizabeth [Bruer] \\Draver administratrix bonorum que fuerunt Roberti Draver per Ricardum Dunley[231] attornatum suum// queritur de Johanne Graa in placito detencionis un' dublett \de fustyen'/ precii – xx d.{negat} et unius cathedre precii – vj d. {negat} et unius gestri precii – vj d.{fatetur}, unius vange[232] precii – iij d.{fatetur}, et ad dampnum suum – xij d. \plegius prosecucionis Hugo Rowll/. Et defendens essoniatur. ‖Petit vadiari legem et se vj^a manu‖

(DC26) ‖Placitum‖ [Galfridus Ald queritur de Edwardo Kirkley in placito detencionis unius eque gresii coloris precii – xiij s. iiij d., et ad dampnum suum – v s. Et defendens attachiatus fuit per dictam equam precii ut supra, plegius (*Incomplete*)] ‖Placitum cassatur eo quod placitum est nimis insufficiens‖

fo. 102v

De Thoma Witton, magistro hospitalis de Keip3ere, hered*e* Johannis

---

229 Or *Dimley*.
230 The words *j sek {viij d.}* are an interlineation upon an interlineation, being superimposed over the deleted word *lod*.
231 Or *Dimley*.
232 *vanga*, a spade or shovel (*RMLWL*, under *vanga*).

Ricroft, herede Johannis Hoton, [Roberto[233] Wright] {essoniatur}, herede Willelmi Richerdson, Sibilla relicta Willelmi Rakett, herede Willelmi Eure militis, Roberto Haggthorp, [Thoma Randson] {infirmus}, herede Ricardi Smyrk, Radulpho Melott, Roberto Crake, quia non venerunt ad faciendam sectam curie.

‖Panellum pro domino‖ Robertus Selby {juratus}, Robertus Claxton {juratus}, Johannes Bloynt {juratus}, Johannes Prior {juratus}, Georgius Rippon {juratus}, Laurencius Toller {juratus}, Johannes Colson {juratus}, Johannes Wodmows {juratus}, [Willelmus Smethirst], Ricardus Arnburgh {juratus}, Willelmus Owrfeld {juratus}, Thomas Dobbynson {juratus}, Johannes Bloynt wayneman {juratus}, jurati pro domino, qui presentant super sacramentum suum quod sellarius Dunelm', Radulphus Melot {j}, Thomas Marmaduke \capellanus/ {iij}, elemosinarius Dunelm' {ij}, non incluserunt frontes suas anteriores in Sowthstreite. | Item presentant quod (*Blank space of 2 cm.*) Haddok vidua custodit et hospitat vacabundos et receptat servientes vicinorum suorum. Ideo injunctum est ei quod se removeat extra jurisdiccionem hujus curie citra festum Pentecostes proxime futurum sub pena equitant' super le tewe vel impprisonamenti. (*fo. 103*) Item presentant <quod> Georgius Hudson {j sus}, Hugo Spark {ij porci}, Willelmus Watson {j} tenent porcos vagantes in vico.

(377) ‖Burgus de Crocegate‖ Curia tenta ibidem die Mercurii xvij° die Maii anno Domini millesimo D^imo octavo (*17 May 1508*)
(D206) De Johanne Wheitley pro licencia concordandi cum Agnete Bloynt in placito debiti, plegius Ricardus Colynson capellanus – iiij d.

(DC27) Johannes Graa venit et dicit quod non injuste detinet un' dublett de fustyen' nec unam cathedram prout patet in placito Agnetis Bloynt et de hoc petit vadiari legem suam et concessum est ei erga proximam curiam se vj^a manu.[234]

fo. 103v
(378) ‖Burgus de Crocegate‖ Curia tenta ibidem die Mercurii xxiiij die Maii anno Domini millesimo D^mo viij° (*24 May 1508*)
(DC27) Johannes Gray venit ad perficiendam legem suam quod non injuste detinet <de> Agnete Bloynt etc. unum dublet de fustyen nec unam cathedram prout patet in placito et declaracione,[235] videlicet se vj^a manu, videlicet Thoma Gawdy, Thoma Porter, Laurencio Toller, Thoma Robynson, Roberto Toller. Ideo querens in misericordia domini – vj d.

---

233 MS *Robertus.*
234 This action is oddly similar to plea DC25, brought against John Graa in the previous court by Elizabeth Driver.
235 MS *declarac'.* Cf. court 389, plea D211.

(379) ‖Burgus de Crocegate‖ Curia tenta ibidem die Mercurii ultimo die Maii anno etc. supradicto (*31 May 1508*)
(D207) ‖Placitum‖ Thomas prior Dunelm' queritur de Johanne Hervy in placito debiti – viij s. iiij d. \videlicet – v s. pro firma et iij s. iiij d. pro carne ovina/, et ad dampnum suum – xij d. Et (*Incomplete*). ‖Fatetur – v s. et residuum ponitur in respectum. Perdonatur amerciamentum quia pauper‖

fo. 104

(380) ‖Burgus de Crocegate‖ Curia tenta ibidem die Mercurii xxjº die Junii anno etc. supradicto (*21 June 1508*)
(U28) [Thomas Porter queritur de Hugone Spark] \\De Thoma Porter quia non prosecutus fuit querelam suam versus Hugonem Spark – iij d.//

(381) ‖Burgus de Crocegate‖ Curia tenta ibidem die Mercurii xxvjº die Julii anno etc. supradicto (*26 July 1508*)
(DC28) ‖Placitum‖ Johannes Marland per Robertum Fairhare attornatum suum queritur de Thoma Forster in placito detencionis unius obbe[236] precii – x d., et ad dampnum suum – vj d. Et defendens attachia*tur* per unam equam precii – (*Blank space of 3 cm.*), plegius Thomas Gawdy, plegius prosecucionis Ricardus Merley. Et defendens essoniatur.

Laurencius [Tai] Toller, Johannes Wodmows, Willelmus Owrefeld (*Incomplete*).

fo. 104v

(381a) ‖Burgus Dunelm'‖ Curia tenta ibidem die Mercurii secundo die Augusti anno Domini millesimo D^{imo} octavo (*2 August 1508*)
(*No recorded business*)

(382) ‖Burgus de Crocegate‖ Curia tenta ibidem die Martis[237] ixº die Augusti anno etc. supradicto (*9 August 1508*)
(D208) ‖Placitum‖ Robertus Claxton queritur de Johanne Hall wever in placito debiti – ij s. pro quibus devenit in \plegium/ pro (*Blank space of 1.5 cm.*) Bell vidua, et ad dampnum suum – vj d. Et defendens venit et fatetur debitum. Ideo in misericordia domini – iij d.

(U29) De Thoma Forster quia non prosecutus fuit querelam suam versus Willelmum Cole ‖Misericordia iij d.‖

---

236 *obba*, jug (*RMLWL*, under *obba*).
237 9 August 1508 was a Wednesday.

(DC28) De eodem Thoma pro licencia concordandi cum Johanne Maland in placito detencionis. ‖ – iij d.‖
(*Bracketed to these two amercements*) quos solvit senescallo curie.

(U30) De Roberto Selby quia non prosecutus fuit querelam suam versus Robertum Sawnder \\capellanum//. Ideo in misericordia domini – ij d.

fo. 105
Extracte facte sunt usque huc.

(383*) ‖**Burgus de Crocegate**‖ **Curia \capitalis/ tenta ibidem die Mercurii quarto die Octobris anno Domini millesimo D^{mo} octavo** (*4 October 1508*)
De Thoma Wytton, magistro hospitalis de Keipyer [capellano cantarie Beate Katerine in ballio boriali in Dunelm'], hered*e* Johannis Ricroft, [hered*e* Willelmi Morton] hered*e* Johannis Hoton, hered*e* Willelmi Richerdson, Sibilla relicta Willelmi Rakett, Roberto Lewyn, hered*e* Willelmi Eure militis, [Ricardo Stevynson capellano] {quia com*paruit*}, Roberto Hagthorp, Roberto[238] Claxton {essoniatur}, Radulpho Melott, Johanne Bloynt bowcher.

‖Panellum pro domino‖ Willelmus Smethirst {• juratus}, Robertus Selby {• juratus}, Johannes Priour {• juratus}, Laurencius Toller {• juratus}, Johannes Colson {• juratus}, Robertus Crake {• juratus}, Johannes Bloynt wayneman {• juratus}, Johannes Wodmows {• juratus}, Thomas [Dobbyn] \\Dobbynson// {• juratus}, Willelmus Owrfeld {• juratus}, Ricardus Arnbrugh {• juratus}, Georgius Rippon {• juratus}, jurati, qui dicunt super sacramentum suum quod Ricardus Collynson capellanus {perdonatur quia fuit capellanus parochialis}, Thomas Willyamson capellanus {vj d.} et Thomas Marmaduke capellanus {vj d.} ponunt equos in cemiterio capelle Sancte Margarete contra penam. | Item presentant \quod/ magister elemosinarius {vj d.}, Thomas Marmaduke capellanus {vj d.}, Radulpus Melott {vj d.}, sellerarius Dunelm' {vj d.}, Thomas Trotter {vj d.}, Hugo Roull {vj d.},[239] non incluserunt frontes suas anteriores. Item presentant quod Thomas Burdale {vj d.}[240] non inclusit [frontes] fronte*m* sua*m* inter ipsum et Johannem Prior. | Item presentant quod Thomas Trotter {vij porc*i*}, Hugo Roull {iiij}, Thomas Caucy {j}, Thomas Robynson {ij}, Hugo Spark {ij}, Robertus Robynson {j}, Isabella Spark {ij}, Johannes Gra {j} tenent porcos vagantes in vico ac subvertantes solum vicinorum contra penam. | Memorandum quod jurati pro domino habent diem ad reddendum veredictum pro affraia facta inter

---

238 MS *Robertus*.
239 MS has a redundant *quia* following the name of Hugh Roull.
240 MS has a redundant *quia* following the name of Thomas Burdale.

Ricardum Arnbrugh juniorem et Willelmum Wharham citra proximam curiam post festum Sancti Martini, quilibet sub pena – xl d. (*fo. 105v*) ‖Assisa Servisie‖ Robertus Smalwod {ij d.}, Willelmus Watson {ij d.}, Georgius Rippon {ij d.}, Elizabeth Bowmar {ij d.}, Willelmus Ourfeld {ij d.}, Jacobus Garnet {ij d.}, Johannes Colson {ij d.}, Thomas Writer {ij d.}, Robertus Selby {vj d.}, Willelmus Blakemore {ij d.}, Robertus Wilyamson {ij d.}, Agnes Randson {iiij d.}, Thomas Trotter {ij d.}, Laurencius Toller {ij d.}, Isabella Spark {ij d.}, Johannes Smalwod {ij d.}, uxor Willelmi Burn {ij d.}, Thomas Dobynson {ij d.}, Thomas Gawdy {ij d.}, Hugo Roull {ij d.}, Robertus Claxton {ij d.}, Agnes Walker {ij d.}, Johanna Lewyn {ij d.}, Johannes Wodmows {ij d.}, Thomas Eyme {ij d.}. ‖Extrac*te* servisie liberantur ballivo (*bracketed to all the presentments for brewing*) ‖ | ‖Pene (*bracketed to all four following injunctions*)‖ Injunctum est omnibus tenentibus infra jurisdiccionem curie quod nullus decetero lavat aliquos pannos apud le powndez in le Westorchard' neque apud quendam fontem vocatum Saynt Elyn Well, quilibet sub pena forisfaciendi domino – xij d. tociens quociens. Et injunctum est eisdem quod quilibet includat frontes suas ante et retro inter proximum et proximum citra festum Sancti Martini proxime futurum, quilibet sub pena forisfaciendi domino – vj d. Et nullus ponat aliqua averia aut ventulat aliqua grana in cemiterio Sancte Margarete, quilibet sub pena – vj d. tociens quociens. | Item injunctum <est> Radulpho Bulmer quod mundat seu mundari faciat quandam sueram aque existentem inter ipsum et Hugonem Spark citra festum Sancti Martini sub pena – vj d.

‖†Frumentum† – v s. iiij d. | Ordeum – iiij s. | Aven*e* – xvj d.‖

fo. 106

(T82) ‖Placitum‖ Robertus Claxton nomine omnium vicinorum suorum queritur de Roberto Lythall goldsmyth in placito transgressionis eo quod cum uno equo depastus fuit gramen ipsorum apud Balacez ad valenciam – xij d. unde deterioratus est et dampnum habet ad valenciam – xij d. Et defendens attachiatus fuit per unum equum gresii coloris precii vj s. viij d., plegius Ricardus Arnbrugh senior.

(384) ‖Burgus de Crocegate‖ Curia tenta ibidem die Mercurii xjº die Octobris anno etc. supradicto (*11 October 1508*)

(T83) ‖Placitum‖ Ricardus Merley queritur \\de// Thoma Knagg in placito transgressionis eo quod cum quibusdam lez sakez[241] confixis in terra equus[242] dicti querentis \precii xiij s. iiij d./ est percussus in periculo mortis unde deterioratus <est> etc. ad valenciam – xiij s. iiij d. Et defen-

---

241 Perhaps for stakes.
242 MS *equs*.

dens venit et dicit quod non est culpabilis et super hoc ponit se super inquisicionem et querens similiter. Ideo fiat inde jurata. ‖Jur*ata*‖

(D209) ‖Placitum‖ Ricardus Stodhird queritur de Andrea Aky<n>hede in placito debiti – (*Blank space of 1.5 cm.*), et ad dampnum suum – (*Incomplete*).

(U31) De Cuthberto Ellyson capellano quia non prosecutus fuit querelam suam versus Roulandum Bussby et Willelmum Tomson – nihil quia non intratur placitum.

fo. 106v

(385) ‖Burgus de Crocegate‖ Curia tenta ibidem die Mercurii viij° die Novembris anno Domini millesimo D viij° (*8 November 1508*)
(T83) ‖Panellum inter Ricardum Merley querentem et Thomam Knagg defendentem‖ Thomas Eyme {•}, Oliverus Thornbrugh {•}, Johannes Smalewod {•}, Hugo Roull {•}, Johannes Watson {•}, Thomas Robynson {•}, Thomas Gawdy, Robertus Robynson {•}, Johannes Dukett {•}, Georgius Lytill {•}, Stephanus Tomson {•}, Johannes Hall {•}.

(386) ‖Burgus de Crocegate‖ Curia tenta ibidem die Mercurii penultimo die Novembris anno etc. supradicto (*29 November 1508*)
(D210) ‖Placitum‖ Hugo Spark queritur de Johanne Watson in placito debiti – xij d. videlicet pro j summagio de barkduste {viij d.} et pro [j bussello] ij peccis pomorum de <eo> emptis {iiij d.}, et ad dampnum suum – iiij d. ‖Ponitur super inquisicionem‖

(U32) Idem Hugo queritur de eodem (*Incomplete*).

fo. 107

(387) ‖Burgus de Crocegate‖ Curia tenta ibidem die Mercurii xiij° die Decembris anno Domini millesimo D^{imo} octavo (*13 December 1508*)
(D211) ‖Placitum‖ Robertus Selby queritur de Willelmo Barborn de Bradwod' in placito debiti – x s., et ad dampnum suum – xij d. Et defendens attachiatus fuit per unam equam gresii coloris precii viij s., plegius Jacobus Garnett. Et defendens essoniatur.

(D212) ‖Placitum‖ Thomas prior Dunelm' queritur de Willelmo Adamson in placito debiti – viij s. viij d. quos promisit solvere Willelmo Hertilpole monacho[243] pertinenti dicto priori et non dum solvit, et ad dampnum suum – xij d. Et defendens attachiatus fuit per unam vaccam precii vj s. viij d., plegius Georgius Spark. Et defendens venit et [fatetur] dedicit

---

243 MS *monicho.*

debitum predictum. Et hoc petit vadiari legem suam. Et concessum est ei se ixᵃ manu erga proximam curiam.

(D210) ‖Panellum inter Hugonem Spark querentem et Johannem Watson defendentem‖ Johannes Graa, Georgius Fawell {•}, Jacobus Garnett {•}, Willelmus Eyme {•}, Willelmus Blakhomere {•}, [Oliverus Thornbrugh], Ricardus Nicholson {•}, [Johannes Dukett], [Thomas Robynson], [Johannes Smalewod], [Willelmus Watson] \\Robertus Bell maisson//, Willelmus Wraa {•}, Thomas Cawcy {•}, Willelmus Wharham, Edwardus Bradwod {•}, Willelmus Watson {•}.

(T84) ‖Placitum‖ Edwardus Bradwod queritur de Johanne Hobson in placito transgressionis pro eo quod dictus <Johannes> eum attachiavit,[244] arestavit, perturbavit et imprisonavit injuste ac alia enormia ei intulit prout patet per billam dicti querentis in curia prolatam unde deterioratus est et dampnum habet ad valenciam – xxxix s. xj d. Et defendens attachiatus fuit per unum equum nigri coloris precii – x s., plegius Robertus Maisson. Et defendens essoniatur. ‖Ponitur se super inquisicionem‖

fo. 107v
(388) ‖Burgus de Crocegate‖ Curia tenta ibidem die Mercurii xxº die Decembris anno Domini millesimo Dⁱᵐᵒ viijº (*20 December 1508*)
(D211) Robertus Selby venit et dicit quod Willelmus Barborn ei debet – x s. pro (*Blank space of 3 cm.*) de eo empt'. Et defendens venit et petit diem interloquendi usque proximam curiam. ‖Dies interloquendi. Ponitur super inquisicionem‖

(D212) De Thoma priore Dunelm' quia non prosecutus fuit placitum suum versus Willelmum Adamson. Ideo in misericordia domini – ij d.

(T83) De Ricardo Merley quia non prosecutus fuit placitum (*Incomplete*).

fo. 108
(389*) ‖Burgus de Crocegate‖ Curia capitalis tenta ibidem die Mercurii xº die Januarii anno Domini millesimo Dⁱᵐᵒ viijº (*10 January 1509*)
(T84) ‖Panellum inter Edwardum Bradwode querentem et Johannem Hobson defendentem‖ Thomas Porter, Roulandus Bussby, Johannes Gray, Hugo Spark, Thomas Symson, \\Willelmus// Blakomore, Alexander Yong, Jacobus Garnett, Oliverus Thornburgh, Willelmus Wharham, Thomas Gawdy et Thomas Knagg.

---

244 MS *attachach'*.

De Thoma Wytton, magistro hospitalis de Keipyour, herede Johannis Ricroft, [Johanne Bloynt waneman] {perdonatur per dominum}, herede Johannis Hoton, Johanne Wodmows {essoniatur}, [iconimis ecclesie capelle Sancte Margarete] {quia comparuerunt}, herede Willelmi Richerdson, Sibilla relicta Willelmi Rakett senioris, Roberto Lewyn, herede Willelmi Eure militis, Roberto Hagthorp, [herede Ricardi Smyrk], [Willelmo Smethirst] {quia comparuit}, Radulpho Melott, Johanne Bloynt bowcher, quia non venerunt ad faciendam sectam curie. Ideo quilibet eorum in misericordia domini – iiij d.

(D211) ‖Declaracio‖ Robertus Selby venit et dicit quod Willelmus Barbourn ei debet pro j bove de eo empto – x s., et ad dampnum suum – xij d. Et defendens venit et dedicit debitum predictum. Et super hoc ponit se super inquisicionem et querens similiter.

fo. 108v

‖Panellum pro domino‖ Robertus Selby {• juratus}, [Robertus Claxton], Willelmus Smethirst {• juratus}, Johannes Priour {• juratus}, Laurencius Toller {• juratus}, Johannes Colson {juratus}, Willelmus Owrefeld {• juratus}, Georgius Rippon {• juratus}, Robertus Creik {juratus}, Johannes Bloynt wayneman {• juratus}, Robertus Wryght {• juratus}, Ricardus Arnbrugh {• juratus}, Thomas Dobyn {• juratus}, jurati pro domino, presentant super sacramentum suum quod Ricardus Colynson \capel-lanus/ {perdonatur †quia† capellanus parochialis}, et Thomas Marnduke capellanus ponunt equos suos in cemiterio contra penam. Item presentant quod Radulphus Bowmer non mundavit quandam sueram inter ipsum et Hugonem Spark citra diem ei limitatum contra penam de – vj d. | Item presentant quod Ricardus Arnbrugh junior et Willelmus Wharham fecerunt affraiam inter se. Ideo [quilibet] \\uterque// eorum in misericordia domini – (*No sum entered*). | ‖Pene (*bracketed to both the following injunctions*)‖ Injunctum est Johanni Wodmows et omnibus aliis habentibus sterquilinia jacencia in vico quod ea amoveant citra xv^am, quilibet sub pena – vj d. Et quod nullus faciat aliqua sterquilinia in vico nisi removeat citra viij dies ea postquam sint facta, quilibet sub pena – vj d. | Item presentant quod elemosinarius, Thomas Marnduke, Radulphus Melott, celerarius Dunelm', Thomas Trotter, Hugo Roull non incluserunt frontes suas anteriores. Ideo in misericordia domini – vj d. | Item presentant quod Thomas Burdell non inclusit frontem suam inter ipsum et Johannem Prior. Ideo in misericordia domini – (*No sum entered*). | ‖Pena (*bracketed to both the following injunctions*)‖ Injunctum est omnibus habentibus le bakdwellers in domibus suis quod eos amoveant citra Purificacionem Beate Marie Virginis \proxime futurum/, quilibet sub pena – xij d. Et quod omnes Scoti amoveant se citra dictum festum sub pena forisfaciendi domino bona sua.

fo. 109

(390) ‖Burgus de Crocegate‖ Curia tenta ibidem die Mercurii xvij⁰ die Januarii anno Domini millesimo D^{imo} octavo (*17 January 1509*)
(T84) De Edwardo Bradwod quia non prosecutus fuit placitum suum versus Johannem Hobson. Ideo in misericordia domini – iij d.

(D211) ‖Panellum inter Robertum Selby querentem et Willelmum Barborn defendentem‖ Robertus Bell, Willelmus Watson, Robertus Hervy, Robertus Wilyamson, Thomas Symson, Hugo Spark, Johannes Gray, Thomas Porter, Johannes Dukett, Stephanus Tomson, Thomas Knagg et Willelmus Wharham.

(D211) ‖Esson*ium*‖ Jurata inter Robertum Selby querentem et Willelmum Barbourn defendentem essoniatur per defendentem.

fo 109v

(391) ‖Burgus de Crocegate‖ Curia tenta ibidem die Mercurii xxiiij⁰ die Januarii anno Domini millesimo D^{imo} octavo (*24 January 1509*)
(D211) Willelmus Bar†n†bourn venit et fatetur Roberto Selby – x s. prout patet in placito et ij d. pro custagiis et expensis. Ideo in misericordia domini (*No sum entered*).

(392) ‖Burgus de Crocegate‖ Curia tenta ibidem die Mercurii [xx] ultimo die Januarii anno Domini millesimo D^{imo} octavo (*31 January 1509*)
(T85) De Ricardo Rycherdson barbour et Alexandro Willeman et sociis suis procuratoribus de barbourcraft quia non prosecuti fuerunt querelam suam versus Thomam Pavy nihil quia [placitum]²⁴⁵ intratur postea.

(T85) ‖Placitum‖ Ricardus Richerdson et Alexander Willeman procuratores de waxemakercraft <queruntur> \de Thoma Pavy/ in placito transgressionis eo quod vendidit communi populo domini regis candelas serinas non licitas in decepcionem communis populi dicti domini regis et contra statutum inde factum unde deteriorati <sunt> et dampnum habent ad valenciam – xij d. Et defendens attachiatus fuit per cantellas sereas ad valenciam – ij s., plegius Elizabeth Bowman vidua, plegius prosecucionis ballivus. Et defendens venit et fatetur transgressionem predictam set non tanti valoris. Ideo in misericordia domini – (*No sum entered*).

fo. 110

(393*) ‖Burgus de Crocegate‖ Curia capitalis tenta ibidem <die>

---

245 The word *placitum* is both crossed through and underlined with a row of dashes, perhaps signifying that the word was deleted in error; cf. fos 148, 163.

Mercurii xviij° die Aprilis anno Domini millesimo D^imo [octavo] ix°
(*18 April 1509*)
(D213) ‖Placitum‖ Edwardus Bradwod queritur de Roberto Falconer
kirver in placito debiti – xviij d., videlicet pro lez bandes ferreis et ceris
– vj d. et pro eundo usque Hilton' pro Simone serviente suo – xij d.,
et ad dampnum suum – viij d. Et defendens attachiatus fuit per unam
almariam precii – iij s. iiij d., plegius ballivus.

De Thoma Witton, magistro hospitalis de Keipӡer, herede Johannis Ricroft,
herede Johannis Hoton, [procur], [Roberto Wright], herede Willelmi
Richerdson {essoniatur}, Roberto^246 Claxton {essoniatur}, Sibbilla relicta
Willelmi Rakett, Roberto Lewyn, herede Willelmi Eure militis, Roberto
Hagthorp, Ricardo Smyrk {essoniatur}, Radulpho Melott, Johanne Bloynt
bowcher (*Incomplete*).

‖Panellum pro domino‖ Robertus Selby {juratus}, Georgius Rippon
{juratus}, Willelmus Smethirst {juratus}, Johannes Colson {juratus},
Laurencius Toller {juratus}, Johannes Priour {juratus}, Johannes Wode-
mowsse {juratus}, Robertus Wryght {juratus}, Willelmus Owrfeld
{juratus}, Thomas Dobyn {juratus}, Robertus Crake {juratus}, Ricardus
Arnbrugh {juratus}.

fo. 110v
Robertus Selby et socii sui jurati pro domino presentant super sacramentum suum quod Thomas Marnduke capellanus custodit^247 uxorem
Thome Lee in le bakhows contra penam – nihil quia perdonatur per
senescallum curie. | Item presentant quod Hugo Rowll fecit insultum
in Barbaram Lee. \Memorandum de misericordia in taxandum finem
inde./ Amerciamentum inde ad instanciam juratorum perdonatur per
sacristam. | [Item presentant quod Jaco] | ‖Pena‖ Et injunctum est Jacobo
Garnett et Olivero Thornbrugh \et omnibus aliis/ quod infra xiiij dies
amoveant a servicio suo servientes suos existentes Scotos sub pena
forisfaciendi domino – xl d. | Et injunctum est omnibus tenentibus quod
nullus faciat aliqua sterquilinia in vico nisi ea removeat infra sex dies
sub pena – iiij d. tociens quociens. | Et injunctum est omnibus habentibus
tenentes in le bakhows quod eos removeant citra festum Pentecostes
proxime futurum sub pena – xij d.

fo. 111
(394) ‖Burgus de Crocegate‖ Curia tenta ibidem die Mercurii secundo
die Maii anno etc. supradicto (*May 1509*)
(T86) ‖Placitum‖ Galfridus Hall queritur de Thoma Reide in placito

---

246 MS *Robertus*.
247 MS repeats *custod'*.

transgressionis eo quod cum averiis suis [edebat] \\depastus fuit// et consumpsit gramen suum unde etc., et dampnum habet ad valenciam – vij s. Et defendens attachiatus fuit per iiij^or boves precii – xxvj s. viij d., plegius Johannes Smalewod, plegius prosecucionis Georgius Rippon. ‖Continuatur usque proximam‖

(D213) ‖Essonium‖ Robertus Falconer essoniatur usque proximam curiam ad sectam Edwardi Bradwod.

(394a) ‖Burgus de Crocegate‖ Curia que fuisset tenta ibidem die Mercurii ix° die Maii \anno etc. supradicto/ continuatur ob reverencia festi Beati Nicholai accidentis illa die (9 May 1508)

(395) ‖Burgus de Crocegate‖ Curia tenta ibidem die Mercurii xvj° die Maii anno etc. supradicto (16 May 1509)
(D213) Edwardus Bradwod venit et dicit quod Robertus Falconer ei debet – xviij d. prout patet in placito. ‖Ponitur super inquisicionem‖

fo. 111v
(396) ‖Burgus de Crocegate‖ Curia tenta ibidem xxiij° die Maii anno Domini millesimo D^imo ix° (23 May 1509)
(D213) ‖Panellum inter Edwardum Bradewodd querentem et Robertum Falconer defendentem‖ Willelmus Tomson {juratus C • • •}, Johannes Graa {juratus [+] [+] +}, Hugo Spark {juratus C • •},[248] Thomas Knagg {juratus C [+] + •}, [Hugo Rou], Oliverus Thornbrugh {juratus C • +}, Thomas Eyme {juratus • • C}, Willelmus Wraa {juratus C •}, Willelmus Eyme {juratus C • •}, Jacobus Garnett {• ca C}, Johannes [Dogest] Dogeson {juratus • •}, Willelmus Watson {juratus • + C}, Cristoforus Henryson {juratus C + •}.

(T86) De Galfrido Hall quia non prosecutus fuit placitum suum versus Thomam Reide – iiij d.

(397) ‖Burgus de Crocegate‖ Curia tenta ibidem die Mercurii vj° die Junii anno etc. supradicto (6 June 1509)
(D214) ‖Placitum‖ Cristoforus Mare et Johannes Wodemows procuratores gilde Beate Marie Virginis in capella Sancte Margarete queruntur de Agnete Henryson in placito debiti – xl d., et ad dampnum suum – xij d. Et defendens non venit. Ideo in misericordia domini – [iij d.] \\essoniatur//.

---

248 There is also a row of small dots, about 10, above the name of Hugh Spark.

fo. 112

(398) Curia tenta ibidem die Mercurii xiij⁰ die Junii anno etc. millesimo Dᵐᵒ ix⁰ (*13 June 1509*)

(D214) De Agnete Henryson pro licencia concordandi nihil.

(399) ‖Burgus de Crocegate‖ Curia tenta ibidem die Mercurii xx die Junii anno etc. supradicto (*20 June 1509*)

(D213) ‖Octo tales inter Edwardum Bradwod et Robertum Falconer‖ Robertus Softly {juratus •}, Robertus Toller {•}, Ricardus Nicholson {•}, Georgius Fawell {•}, Willelmus Blakomour, Johannes Dukett {+}, Georgius Lityll {+}, Johannes Hall {•}.

(D213) Willelmus Tomson et socii sui jurati inter Edwardum Bradwod querentem et Robertum Falconer defendentem dicunt super sacramentum suum quod dictus Robertus Falconer debet (*Incomplete*). ‖xviij d. et v d. pro custagiis‖

fo. 112v

(400) ‖Burgus de Crocegate‖ Curia tenta ibidem die Mercurii xxvij die Junii anno Domini millesimo Dⁱᵐᵒ ix⁰ (*27 June 1509*)

(DC29) ‖Placitum‖ Thomas Yonger queritur de Willelmo Bafforth in placito detencionis xx ovium matricium precii – xxvj s. viij d. quas²⁴⁹ oves dictus Willelmus habuit in le Halves, et ad dampnum suum – xxv s. Et defendens attachiatus fuit per unum equum album precii – x s., plegius Elizabeth Bowman, plegius prosecucionis Hugo Spark. ‖Henricus Merley et Rogerus Bradley et Edwardus Todd et Ricardus Hyndeson‖

(D215) ‖Placitum‖ Johannes Ranald queritur de Henrico Cuke in placito debiti – xiij s. iiij d. pro dim*idio* unius dacre corii fruniti, et ad dampnum suum – xij d. Et defendens attachiatus fuit per vj steikledders precii – viij s., plegius ballivus. Et super hoc Ricardus Stevynson petivit²⁵⁰ hamaldacionem.

(T87) ‖Placitum‖ Willelmus Maisson et Thomas Porter procuratores artis de tailyourcraft queruntur de \\Ricardo// Davyson tailyour in placito transgressionis eo quod occupavit predictam artem in civitatem et suburbia²⁵¹ Dunelm' et non concordavit cum dictis procuratoribus, unde deteriorati <sunt> et dampnum habent ad valenciam – iij s. iiij d. Et defendens attachiatus fuit per j par forpecium precii – ij d. et un' prissyng irne precii – iiij d. et facturam unius kirtill videlicet – vj d., plegius ballivus. Et defendens non venit. Ideo in misericordia domini – iiij d.

---

249 MS *quos*.
250 MS *petᵗ*.
251 MS *suburbos*.

fo. 113

(401) ‖Burgus de Crocegate‖ Curia tenta ibidem die Mercurii iiij^{to} die Julii anno Domini millesimo D^{imo} ix^o (*4 July 1509*)

(D215) Ad hanc curiam exactus fuit Ricardus Stevynson ad hamaldacionem vj steikledders district' ut bona Henrici Cuke ad sectam Johannis Ranald prout dictus Ricardus clamat. Ideo forisfacit hamaldacionem suam.

(T87) De Ricardo Davyson tailyour quia non venit ad respondendum eisdem procuratoribus (*No sum entered*).

fo. 113v

(402) ‖Burgus de Crocegate‖ Curia tenta ibidem die Mercurii xj^o die Julii anno Domini millesimo D^{imo} ix^o (*11 July 1509*)

(D215) De Johanne Ranald quia non prosecutus fuit placitum suum versus Henricum Cuke (*No sum entered*).

(T87) De Ricardo Davyson tailyour quia non venit ad respondendum (*Incomplete*).

(403) ‖Burgus de Crocegate‖ Curia tenta ibidem die Mercurii viij^o die Augusti anno Domini millesimo D^{imo} ix^o (*8 August 1509*)

(D216) ‖Placitum‖ Johannes Merley queritur de Johanna Lewyn vidua in placito debiti [\– ij s./ videlicet] – ij s., videlicet pro pistacione panis albi et nigri \et pastelli/, et ad dampnum suum – xx d., plegius prosecucionis Ricardus Merley. Et defendens venit et petit diem interloquendi usque proximam curiam.

(D213) ‖Appreciacio‖ Laurencius [Tail] Toller, Johannes Priour, Johannes Wodemows, Willelmus Owrfeld et Thomas Dobbynson appreciaverunt unam almeriam de bonis Roberti Falconer ad sectam Edwardi Bradwodd pro – xviij d. pro debito principali et ix d. pro custagiis, captam virtute execucionis ad – xxij d., et dictus Robertus solvit in curia ballivo residuum – v d.[252]

fo. 114

Extracte facte sunt usque huc.

(404*) ‖Burgus de Crocegate‖ Curia capitalis tenta ibidem die Mercurii tercio die Octobris anno Domini millesimo D^{imo} ix^o (*3 October 1509*)

De Thoma Witton, magistro hospitalis de Keipyer, hered*e* Johannis Rycroft, hered*e* Johannis Hoton, [Johanne Wodmows], [Roberto Wright] {quia comparuit postea}, [hered*e* Willelmi Richerdson], Sibilla relicta

---

252 The sum paid was seemingly a penny short of the sum due.

Willelmi Rakett senioris, Roberto Lewyn, herede Willelmi Eure militis, [Johanne Colson] {quia comparuit}, [Ricardo Smyrk], Radulpho Melott, Johanne Bloynt flesshewer, quia non venerunt ad faciendam sectam curie. Ideo quilibet eorum in misericordia domini – iiij d.

‖Panellum pro domino‖ [Robertus Selby], Robertus Claxton {juratus}, Rogerus Richerdson {juratus}, Willelmus Smethirst {juratus}, Johannes Prior {juratus}, Georgius Rippon {juratus}, Laurencius Toller {juratus}, Ricardus Arnbrugh {juratus}, Willelmus Owrefeld {juratus}, Johannes Wodmows {juratus}, Robertus Crake {juratus}, Johannes Colson {juratus}, Thomas Dobynson {juratus}.

‖Fidelitas‖ Rogerus Rycherdson filius et heres Willelmi Rycherdson venit ad hanc curiam et fecit fidelitatem \pro/ uno burgagio jacenti inter burgagium procuratorum gilde Sancte Margarete ex una parte et burgagium Thome Ferrour ex altera parte et pro alio burgagio jacenti inter burgagium Radulphi Melott et burgagium quondam Willelmi Whelpden, ac pro alio burgagio jacenti inter dictum burgagium dicti Willelmi Whelpden et burgagium Roulandi Henryson.[253]

fo. 114v

Robertus Claxton et socii sui jurati pro domino presentant super sacramentum suum quod dominus Thomas Willyamson posuit in cemiterio capelle Sancte Margarete equum suum et simili modo pro equo posito ibidem per Nicholaum Burdale contra penam de – vj d. inde positam. | Item dicti jurati presentant quod [Hugo Spark], Robertus Toller, Laurencius Toller, Thomas Fairaller, Ricardus Bloynt et Johannes Priour glovers emebant et forstallabant pelles lanutas ovinas et agnellinas in diebus mercati. Ideo quilibet eorum in misericordia domini – (*No sum entered*). | Item presentant quod Hugo Spark barker emebat et forstallabat pelles bovinas, ovinas, vaccinas et vitulinas in diebus mercati. Ideo in misericordia domini – (*No sum entered*). ‖Intrantur in ultimis extractis precedentibus omnes isti pelletarii et frunitores (*bracketed to both presentments for forestalling*)‖ | ‖Pena‖ Item presentant quod Hugo Goffden frangebat sepes vicinorum in noctibus et facit communes vias per ortos vicinorum ad grave dampnum vicinorum. Ideo injunctum est eidem Hugoni quod decetero non frangat sepes neque <faciat> vias per ortos[254] vicinorum ut supradictum sub pena – x s. | ‖Pena‖ Item dicti jurati presentant quod Johannes Watson et uxor ejus receptant latrinculos et bona vicinorum suorum per ipsos latrinculos injuste capta, videlicet corticem quarcinum

---

253 This concerns (1) Crossgate 8 (Rental, 38), the first of the burgages, (2) South Street 47 (Rental, 133), the second, and (3) South Street 49 (Rental, 135), the third : Camsell, Development, II, pp. 57, 206, 210.

254 MS *ortes*.

ac alia bona. Ideo injunctum <est> eisdem quod amoveantur extra jurisdiccionem curie citra festum Purificacionis Beate Marie Virginis proxime
futurum sub pena – xx s. | Item presentant quod uxor (*Blank space of
2.5 cm.*) Burn tenet j porcum vagantem in vico. | ‖Pena‖ Pena ponitur
quod Thomas Eyme amoveat bigam suam stantem in vico citra xv^{am}
sub pena forisfaciendi domino – xij d. Et pena ponitur quod nullus
decetero comburat aliquod stramen lect<is>inium in vico sub pena
forisfaciendi – iiij d. tociens quociens. | ‖Precium frumenti quarterii
{iij s. iiij d.}[255] | Precium quarterii ordii {ij s. vj d.}| Precium quarterii
aven*e* {xij d.}| Precium lagene servisie bone – j d. ob. et peioris j d. qua. ‖
(*fo. 115*) ‖Assisa servisie‖ Georgius Rippon {ij d.}, Elizabeth Bowman {iiij
d.}, Willelmus Owrfeld {ij d.}, Johannes[256] Colson {ij d.}, Robertus Selby
{vj d.}, [Willelmus Blakamore], Robertus Willyamson {ij d.}, Agnes[257]
Randson {iiij d.}, Thomas Trotter {ij d.}, Laurencius Toller {ij d.}, Isabella
Spark {ij d.}, Thomas Dobynson {ij d.}, Willelmus Selby {ij d.}, (*Blank space
of 2 cm.*) Walton milner {ij d.}, Robertus Claxton {ij d.}, Johanna Lewyn
{ij d.}, Johannes Wodmows {ij d.}, Hugo Roull {ij d.}, Thomas Eyme {ij
d.}, Willelmus Watson {ij d.}, Thomas Greneswerd {ij d.}. ‖Extracte assise
servisie liberantur ballivo ad coligend*um* (*bracketed to all the presentments
for brewing*)‖

fo. 115v

(405*) ‖**Burgus de Crocegate**‖ **Curia capitalis tenta ibidem die Mercurii
ix° die Januarii anno Domini millesimo D^{imo} ix°** (*9 January 1510*)
(D217) ‖Placitum‖ Thomas Ferrour per Thomam Potter attornatum suum
queritur de Willelmo Watson in placito debiti – vij s. vj d., videlicet iij
s. vj d. aretro existentium de firma unius domus de terminis Martini et
Pentecostes in anno Domini millesimo D^{mo} vj° et iiij s. \\aretro// existentium de firma unius shope de anno millesimo D^{mo} vij°, et ad dampnum
suum – iij s. iiij d. Et defendens venit \et fatetur – iiij s. predictos/ et
dedicit iij s. vj d. ‖Ponitur super juratam‖

De Thoma Witton, magistro hospitalis de Keip3er, hered*e* Johannis Ricroft,
hered*e* Johannis Hoton, [Roberto Wright] {quia comparuit}, Roberto
Selby {essoniatur}, Sibilla relicta Willelmi Rakett, [Thomas Marnduke
capellano], Roberto Lewyn, hered*e* Willelmi Eure militis, [procurator*ibus*
gilde Sancti Cuthberti] {essonia*ntur*}, [Roberto Hagthorp],[258] [Rogero
Richerdson], Radulpho Melott, Johanne Bloynt bowcher.

‖Panellum pro domino‖ Robertus Claxton {juratus}, \Rogerus Richerdson

---

255 This note on prices is entered at the foot of the left-hand margin.
256 MS *Johanne*.
257 MS *Agnete*.
258 This last name is both deleted and underlined with a row of dots.

{juratus}/, Willelmus Smethirst {juratus}, Johannes Priour {juratus}, Laurencius Toller {juratus}, Ricardus Arnbrugh {juratus}, [Georgius Rippon], Johannes Wodmows {juratus}, Willelmus Owrfeld {juratus}, Robertus Crake {juratus}, Johannes Bloynt {juratus}, Johannes Colson {juratus}, Thomas Dobynson {juratus}.

fo. 116
‖Fidelitas‖ Robertus Lewyn armiger aldermanus gilde Beate Marie Virginis in capella Sancte Margarete venit ad hanc curiam et fecit fidelitatem suam domino pro ij^bus burgagiis simul jacentibus juxta Milnburn' cum suis pertinenciis que quondam fuerunt Willelmi Warcop, que quidem burgagia fuerunt legata in testamento (*Blank space of 2 cm.*) uxoris Ricardi Smyrk quondam uxoris dicti Willelmi Warcop. Et dat domino pro fine – iij s. iiij d. \\quos// iij s. iiij d. sacrista Dunelm' dedit dicte gilde pro fraternitate Johannis Swallwell monachi imperpetuum. Et eciam Willelmus Bycheburn seniscallus dicte \curie/ dedit dicte gilde feodum suum pro fraternitate sua et Margarete uxoris sue imperpetuum in eadem gilda.[259]

Robertus Claxton et socii sui jurati pro domino presentant super sacramentum suum quod Thomas Willyamson capellanus posuit equum suum in cemiterio capelle Sancte Margarete contra penam de vj d. – iiij d. | Item presentant quod est quidam furnus nimis procul edeficatus in domo Johannis Watson ad communem viam. Ideo injunctum est quod emendetur via citra xv sub[260] pena – xij d., ac eciam presentant quod fixit le ston pys in communi vico. Ideo injunctum est ei quod emendetur citra xv sub pena de – xij d. | Injunctum est omnibus tenentibus comorantibus in Aluertongate quod quilibet mundat seu mundari faciat frontes suas anteriores ita quod aqua habeat rectum cursum citra festum Purificacionis Beate Marie, quilibet sub pena forisfaciendi domino – [xij d.] \\iiij d.//. Et injunctum est ocupanti claus*am* pertinentem gilde Corporis Christi jacentem in fine de Aluerton'gate quod mundat sueram aque que debet transire per dictam claus*am* citra xv^am post festum Purificacionis sub pena – xij d. (*fo. 116v*) Et injunctum est omnibus tenentibus quod quilibet includat frontes suas ante et retro inter proximum et proximum citra festum Carnisbrevii, quilibet sub pena – vj d.

(406) ‖Burgus de Crocegate‖ Curia tenta ibidem die Mercurii xvj° die Januarii anno Domini millesimo D^imo ix° (*16 January 1510*)
(D217) ‖Panellum inter Thomam Ferrour querentem et Willelmus Watson defendentem‖ Oliverus Thornbrugh {• juratus}, Willelmus Eyme {•

---

259 This concerns Milburngate 8 and 9 (Rental, 53–4): Camsell, Development, II, pp. 130, 132.
260 MS *sup*.

juratus}, Johannes Dogeson, Ricardus Bloynt {• juratus}, Thomas Baitson {• juratus}, Willelmus Blakhomore {• juratus}, Robertus Willyamson {• juratus}, [Thomas [Cacy] Cawcy] {[+] quia perdonatur}, Edwardus Bradwod {• juratus}, Johannes Gray {• juratus}, Thomas Porter {[+] • juratus}, Willelmus Thomson {• juratus}.

‖Fidelitas‖ Ad hanc curiam venit Johannes Wodmowse de Dunelm' taylyour et fecit fidelitatem suam domino pro uno burgagio cum suis pertinenciis quondam in tenura Johanne Lylburn vidue pro<ut> jacet in Crocegate in Dunelm' ex parte boriali, inter tenementum gilde Sancte Margarete ex parte orientali et tenementum prefati Johannis Wodmowse ex parte occidentali, quod quidem burgagium cum suis pertinenciis dictus Johannes Wodmowse habet ex dono et concessione Radulphi German, Johannis Colson et Ricardi Tailyour iconimorum etc. capelle Sancte Margarete imperpetuum, prout patet per cartam suam cujus data est apud Dunelm' vicesimo die Maii anno Domini millesimo D^{mo} nono et anno regni regis Henrici octavi post conquestum Anglie primo. Et fecit finem cum domino de – (*No sum entered*).[261]

fo. 117

(407) ‖Burgus de Crocegate‖ Curia tenta ibidem die Mercurii xxiij° die Januarii anno etc. supradicto (*23 January 1510*)
(D217) Thomas Ferrour per attornatum suum petit x^{cem} tales.

(408) ‖Burgus de Crocegate‖ Curia tenta ibidem die Mercurii xxx^{mo} die Januarii anno Domini millesimo D^{mo} ix° (*30 January 1510*)
(D217) ‖Essonium‖ Jurata inter Thomam Ferrour querentem et Willelmum Watson defendentem essoniatur.

fo. 117v

(409) ‖Burgus de Crocegate‖ Curia tenta ibidem die Mercurii vj^{to} die Februarii anno Domini millesimo D^{imo} ix° (*6 February 1510*)
(D217) ‖Decem tales inter Thomam Ferrour querentem et Willelmum Watson defendentem‖ Cristoforus Henrison {• juratus}, Robertus Toller {juratus •}, Georgius Don {•}, Georgius Fawell {•}, Henricus Tomson {•}, Robertus Sandson {•}, Nicholaus Bowmer {•}, Ricardus Nicholson {•}, Robertus Softley {•}, Thomas Robynson {•}.

(D217) Oliverus Thornbrugh et socii sui jurati inter Thomam Ferrour querentem et Willelmum Watson {non debet}[262] defendentem dicunt super sacramentum suum quod dictus Willelmus Watson non debet

---

261 This concerns Crossgate 15 (Rental, 45): Camsell, *Development*, II, p. 70.
262 This annotation is placed over the name of Oliver Thornbrugh, but would have been more appropriate in the margin.

dictos – iij s. vj d. nec ullum inde denarium dicto Thome. Ideo eat dictus Willelmus inde quietus sine die et dictus querens in misericordia domini – vj d.

(410) ‖Burgus de Crocegate‖ Curia tenta ibidem die Mercurii vj die Marcii anno Domini millesimo D^{mo} nono (*6 March 1510*)
(D218) ‖Placitum‖ Thomas Porter queritur de Willelmo Heghyngton in placito debiti – xij d., videlicet sibi debitorum pro comensali pueri[263] sui per iij septimanas, et ad dampnum suum – iiij d. Et defendens fatetur. (*Marginated*) Ponitur super ij^s arbitratores

(DC30) ‖Placitum‖ Idem Thomas queritur de eodem Willelmo in placito detencionis unius archus {xij d.}, iiij prikshaftis et ij sagittorum fethired cum plumis signi {vj d.},[264] ij^{orum} serothecarum pro sagittacione {v <d.>} \cum un' brasour {ij d.}/ et unius baculi vocati a swardidstaff {vj d. fatetur}, precii inter se – ij s. v d., et ad dampnum suum – ij s.

fo. 118
(411) Curia tenta ibidem die Mercurii xiij^{to} die Marcii anno Domini millesimo D nono (*13 March 1510*)
(D219) ‖Placitum‖ Johannes Richerdson litster queritur de Roberto Whelpden de Wolsyngham in placito debiti – xx d. pro uno cofyre de eo empto, et ad dampnum suum – [vj d] \\xij d.//. Et defendens attachiatus fuit per unam equam gresei coloris precii – viij s., plegius Willelmus Selby. Et defendens dedicit debitum predictum, et de hoc petit vadiari legem suam et concessum est ei se iiij^{ta} manu.

(412) ‖Burgus de Crocegate‖ Curia tenta ibidem die Mercurii xxvij^{to} die Marcii anno Domini millesimo D^{mo} ix^o (*27 March 1510*)
(PA4) ‖Placitum‖ Johannes Dawson queritur de Willelmo Bailya in placito de plegio acquietando pro debito – iiij s. \iij d./ unde posuit eum in plegium versus Robertum Claxton et eum non dum eum acquietavit, et ad dampnum suum – iij s. Et defendens attachiatus fuit per unum equum badii coloris precii – vj s. viij d., plegius Willelmus Ourefeld, plegius prosecucionis Ricardus Merley. Et defendens venit et petit diem interloquendi usque proximam curiam.

(D219) De Johanne Richerdson litster quia non prosecutus fuit placitum suum versus Robertum Whelpden unde lex, plegius ballivus – vj d.

fo. 118v
(413*) ‖Burgus de Crocegate‖ Curia capitalis tenta ibidem die Mercurii

---

263 MS *puer*.
264 This valuation is placed over the et between the last two items.

x^mo die Aprilis anno Domini millesimo quingentesimo decimo
(*10 April 1510*)
De Thoma Witton, magistro hospitalis de Keipyer, capellano gilde
Corporis Christi in \ecclesia Beati Nicholai/, here d *e* Johannis Rycroft,
here d *e* Johannis Hoton, [Johanne Wodmosse], [Roberto Wright] {perdo-
natur}, Rogero Recherdson, Sibilla relicta Willelmi Rakett senioris,
Roberto Lewyn, here d *e* Willelmi Eure militis, Roberto Hagthorp,
[Johanne Cowlson] {quia infirmus}, [Roberto Crayke], Radulpho Melott,
Johanne Blont butcher, quia non venerunt ad faciendam sectam curie.
Ideo quilibet eorum in misericordia domini – (*No sum entered*).

‖Panellum pro domino‖ Robertus Claxton {juratus}, Robertus Selby
{juratus}, Willelmus Smethers {juratus}, Georgeus Rippon {juratus},
Johannes Priour {juratus}, Laurencius Toller {juratus}, Johannes Wodmose
{juratus}, Ricardus Armburght {juratus}, Willelmus Owrfeld {juratus},
Thomas Dobbynson {juratus}, Robertus Crake {juratus}, Johannes Blont
{juratus}.

(PA4) ‖Placitum‖ Willelmus Baylya essoniatur versus Johannem
Davson.

Robertus Claxton et socii sui jurati pro domino presentant super sacramentum suum quod Elizabet relicta Ricardi Bowman et Thomas Eme[265]
non remov<e>bant stercolinia sua [citra] c†itr†a[266] diem eis limitatum
contra penam. | Item presentant quod Johannes Watson non remo-
vebat se et uxorem suam extra jurisdiccionem curie citra diem eis limi-
tatum contra penam. | Item presentant Radulphum[267] Mellot quia non
inclusit frontes suas in Southstreit contra penam. | Item presentant quod
Robertus Hawghton et Robertus Lee fecerunt insultum super Georgium
Littill contra pacem. | Injunctum est uxori Georgii Littill et omnibus aliis
quod non objurgant decetero sub pena – iij s. iiij d. vel equitant' super
collestrigium.[268] (*fo. 119*) Injunctum est omnibus tenentibus quod nullus
decetero jactat aliqua fetida nec cadaver in Milburn' nec lotant aliquos
pannos ibidem neque faciant aliquas latrinas super dict' Milburn' \neque
adaquaticant aliquos equos ibidem/,[269] quilibet sub pena – iij s. iiij d.

---

265 MS has a redundant *quia* following *Eme*.
266 MS *c'ca*.
267 MS *Radulphus*.
268 The use of the verb *equitare* implies that *collestrigium* here means a cucking-
stool, an instrument of punishment for ducking scolds in the river, rather
than a pillory, the usual meaning. It translates the English 'thew' used elsewhere.
269 The irregular wording of this paragraph has been left as it stands.

(414) ‖Burgus de Crocegate‖ Curia tenta ibidem die Mercurii xvij⁰ die Aprilis anno etc. supradicto (*17 April 1510*)
(PA4) De Willelmo Bailya quia non venit ad respondendum Johanni Dawson in placito de plegio acquietando, plegius Willelmus Owrefeld – iiij d. ‖Lex se viij^a manu‖

(415) ‖Burgus de Crocegate‖ Curia tenta ibidem die Mercurii xxiiij die Aprilis anno Domini millesimo D^imo decimo (*24 April 1510*)
(D220) ‖Placitum‖ Robertus Claxton queritur de Willelmo Adamson in placito debiti – ij s. xj d., et ad dampnum suum – xij d. Et defendens attachiatus fuit per unum equum badii coloris precii – vj s. viij d., plegius Hugo Spark. Et defendens essoniatur.

Injunctum est Hugoni Spark quod faciat sepem inter ipsum et Alexandrum Willeman sub pena – xij d.

fo. 119v
(416) ‖Burgus de Crocegate‖ Curia tenta ibidem die Martis[270] viij⁰ die Maii anno Domini millesimo D^imo x⁰ (*8 May 1510*)
(PA4) Lex inter Johannem Dawson querentem et Willelmum Bailya defendentem essoniatur.

(D220) De Willelmo Adamson pro licencia concordandi cum Roberto Claxton in placito debiti, plegius Hugo Spark – iiij d.

(417) ‖Burgus de Crocegate‖ Curia tenta ibidem die Mercurii xv die Maii anno etc. supradicto (*15 May 1510*)
(PA4) De Johanne Dawson quia non prosecutus fuit placitum suum versus Willelmum Bailya.

(418) Curia tenta ibidem die Mercurii ultimo die Julii anno etc. supradicto (*31 July 1510*)
(DC31) ‖Placitum‖ Johannes Moryson senior queritur de Edwardo Bradwodd in placito detencionis unius obbe precii – xij d. quam [prefatus querens prestitit Johanni Moryson juniori filio suo] \\Johannes Morison junior injuste cepit// ad portandam servisiam dicto defendenti, et ad dampnum suum – viij d. ‖Ponitur super inquisicionem‖

fo. 120
Extracte facte sunt usque huc.

(419*) ‖Burgus Dunelm'‖ Curia capitalis tenta ibidem die Mercurii secundo die Octobris anno Domini millesimo D^imo decimo (*2 October 1510*)

---

270 8 May 1510 was a Wednesday.

De Thoma Wytton, magistro hospitalis de Keipyere {essoniatur}, herede Johannis Ricroft, herede Johannis Hoton, Roberto[271] Wright {essoniatur}, Sibilla relicta Willelmi Rakett, Roberto Lewyn, [Roberto Hagthorp], Roberto[272] Claxton {essoniatur}, Radulpho Melott, Johanne Bloynt bowcher', quia non venerunt ad faciendam sectam curie.

‖Panellum pro domino‖ Robertus Selby {• juratus}, Willelmus Smethirst {• juratus}, Johannes Priour {• juratus}, Georgius Rippon {• juratus}, Laurencius Toller {• juratus}, Johannes Wodemows {• juratus}, Ricardus Arnbrugh {• juratus}, Johannes Colson {• juratus}, Willelmus Owrefeld {• juratus}, Robertus Crayke {• juratus}, Thomas Dobynson {• juratus}, Johannes Bloynt waneman {• juratus}, jurati pro domino, presentant super sacramentum suum quod quarterium frumenti, quarterium ordii et quarterium avene ultimo die mercati et aliis diebus mercati vendebantur[273] diversis preciis, videlicet quarterium frumenti pro – iij s. iiij d., quarterium ordii pro – iij s. et quarterium avene pro – xij d. Ideo consideratum <est> per curiam et dictos juratos quod quilibet brasiator vel brasiatrix a festo Sancti Martini proxime futuro usque festum Sancti Martini in yeme extunc proxime sequens vendat lagenam servisie melioris pro – j d. ob. et bone servisie[274] pro – j d. communi populo domini regis, quilibet sub pena forisfaciendi domino – vj s. viij d. tociens quociens. (fo. 120v) Item presentant quod Georgius Rand fecit affraiam super Edwardum Bradwod. | Item presentant quod Thomas Marnduke capellanus fecit affraiam super Ricardum Merley.| Item presentant quod Willelmus Thomson {xx d.} et Thomas Stodhird {xx d.} fecerunt affraiam inter se. Ideo uterque eorum in misericordia domini – xx d. | Item presentant quod relicta Willelmi Burn {ij porci}<et> Johannes Champnay {ij}, tenent porcos vagantes in vico. ‖Intrantur <in> ultimis extractis precedentibus‖ | Injunctum est omnibus tenentibus quod nullus objurgat cum alio decetero sub pena forisfaciendi domino – iij s. iiij d. vel equitant' super le thew.

fo. 121

‖Assisa servisie‖ Georgius Ryppon {ij d.}, Willelmus Selby {ij d.}, Willelmus Owrfeld {ij d.}, Johannes Colson {ij d.}, Ricardus Bloynt, Robertus Selby {iiij d.}, Robertus Willȝamson {ij d.}, [Thomas Bateson {ij d.}], Agnes[275] Randson {ij d.}, Laurencius Toller {ij d.}, Isabella Spark {ij d.}, Thomas Dobynson {ij d.}, Robertus Claxton {ij d.}, Johanna Lewyn

271 MS *Robertus*.
272 MS *Robertus*.
273 MS *vendibur*.
274 MS *boni servis'*.
275 MS *Agnete*.

{ij d.}, Johannes Wodmows {ij d.}, Hugo Rowle {ij d.}, Thomas Writer {ij d.}.

(420) ‖**Burgus de Crocegate**‖ **Curia tenta ibidem die Mercurii ix die Octobris anno Domini millesimo D^{imo} decimo** (*9 October 1510*)
De Thoma Wytton quia non venit ad warrantizandum^{276} essonium suum. Ideo in misericordia – iiij d.

‖Fidelitas‖ Ad hanc curiam venit Robertus Wilfet de Dunelm' tann†ator†^{277} et fecit fidelitatem suam domino pro <burgagio> cum suis pertinenciis jacenti in Crocegate in Dunelm' ex parte boriali inter burgagium domini Thome prioris Dunelm' ex utraque parte, quod quidem burgagium dictus Robertus habet ex dono dicti domini prioris et conventus pro termino vite sue prout patet per cartam suam cujus data est apud Dunelm' quinto die mensis Octobris anno regni regis Henrici viij^{ui} post conquestum Anglie secundo.^{278}

fo. 121v
(420a) ‖**Burgus de Crocegate**‖ **Curia tenta ibidem die Mercurii xxj^{o279} die Novembris anno Domini millesimo D^{imo} x^{imo}** (*? 20 November 1510*)
(*No recorded business*)

(421*) ‖**Burgus de Crocegate**‖ **Curia capitalis tenta ibidem die Mercurii viij^{o} die Januarii anno Domini millesimo D^{imo} decimo** (*8 January 1511*)
De Thoma Witton, magistro hospitalis de Keipyer, herede Johannis Ricroft, herede Johannis Hoton, Rogero Richerdson {essoniatur}, Sibilla relicta Willelmi Rakett senioris, herede Willelmi Eure militis, Willelmo Smethirst {essoniatur}, Radulpho Melott, Johanne Bloynt flesshewer, quia non venerunt ad faciendam sectam curie. Ideo quilibet eorum in misericordia domini – iiij d.

‖Panellum pro domino‖ Robertus Selby {juratus}, Robertus Claxton {juratus}, Johannes Priour {juratus}, [Georgius Rippon], Laurencius Toller {juratus}, Johannes Colson {juratus}, Johannes Wodmows {juratus}, Ricardus Arnbrugh {juratus}, Willelmus Owrefeld {juratus}, Johannes Bloynt wayneman {juratus}, Thomas Dobynson {juratus}, Robertus Crake {juratus}, Robertus Welefed {juratus}, jurati pro domino, presentant super sacramentum suum quod non est attendens ballivus in officio suo ad distringendos homines forincicos ad respondendum tenentibus

---

276 MS *warrin'*.
277 Margin cropped.
278 This concerns Crossgate 11 (Rental, 41): Camsell, Development, II, p. 64.
279 21 November 1510 was a Thursday.

pro diversis accionibus. | Item presentant quod Johannes Prior {iiij d.},
Laurencius Toller {iiij d.}, burgens*es*, Robertus Toller {vj d.} Ricardus
Bloynt {vj d.} Thomas Faireallerez {vj d.} emebant in diebus mercati et
forstallabant pelles ovinas. | Item presentant quod Robertus Bedygg,
Georgius Spark emebant et forstallabant pelles bovinas, vaccinas, vitulinas ac taurinas. Ideo uterque eorum in misericordia domini – vj d. ‖Hec
amerciamenta intrantur in extrac*tis* anni precedentis (*bracketed to both
presentments for forestalling*)‖ (*fo. 122*) Item presentant quod Thomas Milner
{ij por*ci*}, Johannes Wodmows {iiij} tenent porcos vagantes in vico et non
anulatos ac subvertant solum Roberti Claxt†on† ac aliorum vicinorum.
| Item presentant quod Laurencius Toller, Johannes Prior, Hugo Spark
faciunt sterquilinia et jactant cineres in vico. | Injunctum est Alexandro
Willeman quod mundat seu mundari faciat quandam sueram aquaticam
ad finem de Aluertone'gate citra festum Carnisbrevii proxime futurum
et sic mundatam custodiat sub pena – vj d. | Injunctum est omnibus
habentibus clausuras seminatas cum frumento et siligine quod custodiant dictas clausuras apertas[280] et non inclusas a festo Sancti Cuthberti
in Septembre usque festum Sancti Cuthberti in Marcio, quilibet sub pena
– xl d.

fo. 122v

**(422) ‖Burgus de Crocegate‖ Curia tenta ibidem die Mercurii xxij° die
Januarii anno Domini millesimo D^{imo} decimo** (*22 January 1511*)
(D221) ‖Placitum‖ Johanna Lewyn queritur de Cristoforo Richerdson in
placito debiti – iiij s. ix d., videlicet iij s. iiij d. pro siligine de eo empto
et xv d. pro [sep] cepe[281] de eo empt', et ad dampnum suum – xij d. Et
defendens attachiatus fuit per unum equum badii coloris precii – vj s.
viij d., plegius Hugo Spark.

**(423) ‖Burgus de Crocegate‖ Curia tenta ibidem die Mercurii secundo
die Aprilis anno Domini millesimo D^{imo} undecimo** (*2 April 1511*)
(D222) ‖Placitum‖ Thomas prior Dunelm' \pro Johanne Riddell conmo-
nacho/ per W. Heghynton attornatum suum queritur de Elizabeth
Henrison in placito debiti – ij s. sibi debitorum pro firma unius domus
sibi debita pro termino Martini per annum elapsum, et ad dampnum
suum – xij d. Et defendens venit et dedicit debitum predictum. ‖Ponitur
super inquisicionem‖

fo. 123

**(424) ‖Burgus [Dunelm'] de Crocegate‖ Curia tenta ibidem die Mercurii
ix° die Aprilis anno Domini millesimo D^{imo} xj°** (*9 April 1511*)
(D222) ‖Panellum inter Thomam priorem Dunelm' querentem et Eliza-

---

280 MS *apertos*.
281 Perhaps for *sebo*, tallow (cf. court 187*, plea D120).

beth Henryson defendentem‖ Ricardus Bloynt {•}, Johannes Siluertop {•}, Ricardus Nicholson {•}, Georgius Fawell {•}, Ricardus Robynson senior {•}, Ricardus Robynson junior {•}, Johannes Patonson {•}, Robertus Toller {•}, Johannes Colynwod {•}, Johannes Herbarows {•}, Willelmus Tomson {•}, Johannes Hall {•}.

(424a) ‖Burgus de Crocegate‖ Curia tenta ibidem die Mercurii xvjº die Aprilis anno Domini millesimo D^{imo} xjº (*16 April 1511*)
(*No recorded business*)

fo. 123v
(425*) ‖Vetus burgus de Crocegate‖ Curia capitalis tenta ibidem die Mercurii xxjº die Maii anno Domini millesimo D^{imo} xj^{mo} (*21 May 1511*)
De Thoma Wytton, magistro hospitalis de Keipȝere, herede Johannis Rycroft, [Johanne Bloynt wayneman], herede Johannis Hoton, Sibilla relicta Willelmi Rakett senioris, Roberto Lewyn, herede Willelmi Eure militis, Roberto Hagthorp, Willelmo Owrefeld, Roberto Claxton {essoniatur}, Georgio Rippon, Radulpho Melott, Roberto Welefed {essoniatur}, Johanne Bloynt bowcher, Roberto Crayke, quia non venerunt ad faciendam sectam curie. Ideo quilibet eorum in misericordia domini – iiij d.

‖Panellum pro domino‖ Robertus Selby {juratus}, Rogerus Richerdson {juratus}, Willelmus Smethirst {juratus}, Johannes Priour {juratus}, Laurencius Toller {juratus}, Johannes Wodmows {juratus}, Johannes Colson {juratus}, Ricardus Arnbrugh {juratus}, Johannes Bloynt wayneman {juratus}, Thomas Dobbynson {juratus}, jurati pro domino, presentant super sacramentum suum quod | Willelmus Wayneman inclusit unam clausuram tempore aperto et custodit dictam clausuram ut separalem contra penam de – iij s. iiij d. positam in ultima curia capitali. Ideo in misericordia domini – (*No sum entered*). | Item dicti jurati presentant quod Johannes Berry potter fodit luteum super communem pasturam de Crocegate et non replevit[282] cum terra contra penam. | Item dicti jurati presentant quod heredes Hugonis Kelynghall non includunt frontes suas ante et retro prout de jure debent. Ideo injunctum est eisdem quod sufficienter includant dictas frontes citra ij septimanas sub pena forisfaciendi domino – xij d. (*fo. 124*) ‖Pene (*bracketed to all five following injunctions*)‖ Injunctum est omnibus hominibus et tenentibus habentibus sterquilinia, cineres ac alia fedida jacencia ante frontes suas in vico quod ea amoveant citra viij dies sub pena forisfaciendi domino quilibet – vj d. | Item pena ponitur quod quedam[283] sepes existens in controversia inter

---

282 MS *repleat.*
283 MS *quidam.*

communiarium Dunelm' et capellanum Corporis Christi sit amicabiliter constructa per ipsum qui de jure debeat, et quod dicti partes sint amicabiliter concordate. | Injunctum est Willelmo Wayneman quod decetero non fugat cum canibus vel sine canibus ulla averia sive bestias existencia super communem pasturam juxta tenura*m* sua*m* sub pena forisfaciendi domino – xij d. tociens quociens. | Injunctum est omnibus habentibus vaccas quod eas pona<n>t sub custodia communis bubulci et non aliter, quilibet sub pena forisfaciendi domino – iiij d. Et eciam injunctum <est> communi bubulco quod dictas vaccas salvo custodiat super communem pasturam, ita quod nulla earum veniat in aliquem gardinum vicinorum suorum sub pena forisfaciendi domino – iiij d. pro quolibet capite sic facienti et hoc tociens quociens.

fo. 124v

(426) ‖Vetus burgus de Crocegate‖ Curia tenta ibidem die Mercurii xxx^{mo} die Julii anno Domini millesimo D^{imo} xj° (*30 July 1511*)

(D223) Johannes Priour, Laurencius Toller, Johannes Colson, Willelmus Owrefeld appreciaverunt vj dublers, vj discos et vj sawcerz de electro {ad – iiij s. iiij d.}, ij pelles de auricalco {xv d.}, ij candelabra {vij d.}, j ollam eneam {iij s.}, j salsarium {j d.}, j patelam {vj d.} de bonis Johannis Gray captis per Ricardum Stevynson \capellanum/ pro firma unius domus per j annum, videlicet pro vij s. et [vj] v d. pro custagiis. Appreciac*io* ad – (*Blank space of 4 cm.*). Et eciam appreciaverunt j posnet [Johannis Preston et j posnet {vij d.} Johanne (*Blank space of 3 cm.*) captis in domo predicta.]

(D224) ‖Placitum‖ Ricardus Dunley queritur de Ricardo Smyth in placito debiti – xvj d. pro quibus devenit plegius pro Johanna Smyth sorore dicti defendentis solvendorum ad festum Sancti Martini pro ij annis elapsis,[284] et ad dampnum suum – viij d., plegius prosecucionis Laurencius Toller. ‖Ponitur in arbitrio‖

(U33) De Hugone Johnson et sociis suis procuratoribus de wevercraft quia non prosecuti fuerunt querelam suam versus Thomam Knagg, plegius Georgius Fawell – iiij d.

fo. 125

(427) ‖Burgus de Crocegate‖ Curia tenta ibidem die [Martis] Mercurii xvij° die [Au] Septembris anno Domini millesimo D^{imo} xj^{mo} (*17 September 1511*)

(D225) ‖Placitum‖ Robertus Selby queritur de Johanne Fethirstanehalgh [de St] armigero in placito debiti – xxxiij s. iiij d. pro firma certorum tenementorum et terrarum sibi debita, et ad dampnum suum – xx s. Et

---

284 MS *pro ij annos elaps'.*

defendens attachiatus fuit per unum equum badii coloris precii – xx s. et unum equum gresii coloris precii – vj s. viij d., plegius Hugo Rowll. Et defendens essoniatur.

(428) ‖Burgus de Crocegate‖ Curia tenta ibidem die Mercurii xxiiij° die Septembris anno Domini millesimo D^{imo} xj^{imo} (*24 September 1511*)
(D225) De Johanne Fethirstanhalgh armigero quia non venit ad respondendum Roberto Selby in placito debiti, plegius Hugo Rowll – iiij d.

fo. 125v
Extracte facte sunt usque huc.

(429*) ‖Burgus de Crocegate‖ Curia capitalis tenta ibidem die Mercurii primo die^{285} Octobris anno Domini millesimo D^{imo} xj^{imo} (*1 October 1511*)
‖Panellum pro domino‖ Robertus Selby {juratus}, Willelmus Smethirst {juratus}, Johannes Priour {juratus}, [Rogerus Richerdson], Laurencius Toller {juratus}, Johannes Wodmows {juratus}, Johannes Colson {juratus}, Willelmus Owrefeld {juratus}, Ricardus Arnbrugh {juratus}, Johannes Blount waneman {juratus}, Thomas Dobynson {juratus}, Robertus Welefed {juratus}, [Robertus Wright], Robertus Crake {juratus}, Rogerus Richerdson {juratus}.

‖Fidelitas‖ Willelmus Waneman venit ad hanc curiam et fecit fidelitatem suam domino pro uno burgagio \jacenti/ in Crocegate inter burgagium elemosinarii Dunelm' ex parte una et burgagium communiarii Dunelm' ex altera parte, quod quidem burgagium dictus Willelmus habet ex dono et concessione Thome prioris Dunelm' pro termino vite sue prout <patet> per cartam suam cujus data est apud Dunelm' primo die Septembris anno regni regis Henrici viij^{ui} post conquestum Anglie tercio. Et super hoc admissus est ut burgensis et jura*t*. Et dat domino pro fine suo – xij d. quos solvit sacriste.^{286}

(T88) ‖Placitum‖ Cuthbertus Billyngham queritur de Georgio Hudson in placito transgressionis eo quod occupat terram suam apud Sheroffmedowe et lavat pannos suos ibidem unde deterioratu*r* et dampnum habet ad valenciam – iij s. iiij d.

fo. 126
De Thoma Witton, magistro hospitalis de Keip3ere, hered*e* Johannis Ricroft, hered*e* Johannis Hoton, Sibilla relicta Willelmi Rakett, Roberto Lewyn, hered*e* Willelmi Eure militis, Roberto Hagthorp, [Roberto

---

285 MS interlines a superfluous *Mercurii* following the second *die*.
286 This concerns Crossgate 35 (Rental, 165): Camsell, *Development*, II, p. 91.

Claxton] {perdonatur}, Radulpho Melott, Johanne Bloynt bowcher {esso-
niatur}, quia non venerunt ad faciendam sectam curie. Ideo quilibet in
misericordia domini – iiij d.

Robertus Selby et socii sui jurati pro domino presentant super sacramentum suum quod quarterium frumenti, quarterium ordii et quarterium aven*e* ultimo die mercati et aliis diebus mercati vendebantur diversis
preciis, videlicet quarterium frumenti pro – iiij s., quarterium ordii pro
– iij s., quarterium aven*e* pro [ij s.] \\xv d.//.[287] Ideo consideratum est per
curiam et dictos juratores quod quilibet brasiator vel brasiatrix a festo
Sancti Martini in yeme proximo futurum usque festum Sancti Martini in
yeme extunc proxime sequens vendat lagenam servisie melioris pro – j
d. ob. et lagenam bone servisie pro – j d. communi populo domini regis,
quilibet sub pena forisfaciendi domino – vj s. viij d. tociens quociens. |
Item dicti jurati presentant quod Rogerus Marsshall {iiij d.} serviens[288]
et apprenticius Laurencii Toller et Johannes Maisson {iiij d.} ambulant
noctibus et frangunt cepes vicinorum. | Item presentant dicti jurati quod
Hugo Robynson fecit affraiam super quemdam extraneum hominem in
die Sancte Margarete Virginis contra pacem. | Item dicti jurati presentant
quod Robertus Toller, Laurencius Toller, Johannes Pryour et Ricardus
Bloynt glovers sunt communes forstallatores in diebus mercati pellium
ovinarum et agnellinarum. | Item presentant quod [Johannes Per] Hugo
Spark et Georgius Spark tannatores in diebus mercati emebant et forstallabant pelles bovinas et vaccinas, taurinas et vitulinas. ‖Hec amerciamenta intrantur in extractis anni precedentis (*bracketed to both presentments for forestalling*)‖ (*fo. 126v*) Item dicti jurati presentant super sacramentum suum quod Cristoforus Sowrby fecit affraiam super Johannem
Denaunt contra pacem. | Item presentant quod elemosinarius Dunelm'
non includit frontes suas anteriores prout pena posita fuit. Ideo in miseri-
cordia domini – vj d. | ‖Pene (*bracketed to the three following injunctions*)‖
Pena ponitur quod Georgius Hudson faciat sufficientem emendacionem
per visum iiij[or] virorum, videlicet vicinorum suorum, pro quadam
semita per Sherofmedowe facta ad grave dampnum Ricardi Merley
sub pena – vj d. | Injunctum est omnibus \habentibus aut/ jactantibus
aliqua fetida \\vel facientibus sterquilinia// in superiore parte et capite
de Crocegate <quod> ea amoveant citra festum sancti Martini proxime
futurum, quilibet sub pena forisfaciendi domino – vj d. Et eciam decetero
quod nullus faciat aliquod sterquilinium aut jact*at*[289] ceneres aut aliqua
fetida infra burgum de Crocegate nisi ea amoveantur infra xv[am], quilibet
sub pena forisfaciendi domino – vj d. tociens quociens. | Et injunctum

---

287 The prices are inserted in a lighter ink, subsequent to the original drafting of
    this paragraph. The same is probably true of the authorized ale prices.
288 MS *servient'*.
289 The clerk's normal form.

est ballivo curie quod sediat le Stokez extra teolonium in via regia, ita quod quilibet qui fac*iant* affraiam sive insultum, aut malefactores qui transgrediuntur,[290] pos<s>unt esse puniti sub pena forisfaciendi domino – iij s. iiij d. | ‖Assisa Servisie‖ Willelmus Selby {ij d.}, Johannes Colson {ij d.}, Robertus Selby {iiij d.}, \Agnes/ relicta Thome Randson {iiij d.}, Laurencius Toller {ij d.}, \Isabella/ relicta Thome Spark {ij d.}, [Johannes Hervy {ij d.}] Thomas Dobynson {ij d.}, Robertus Claxton {ij d.}, Johanna Lewyn {ij d.}, Johannes Wodmows {ij d.}, Hugo Rowll {ij d.}, Thomas Trotter {ij d.}, Thomas Wrytter {ij d.}, Johannes Herberhows {ij d.}. ‖Extracte assise servisie liberantur ballivo ad coligendum‖ | De Hugone Robynson {j}, Roberto[291] Grevsson {ij}, Roberto[292] Selby {v}, Willelmo Selby {ij}, Thoma Trotter {ij}, Hugone[293] Rowll {iiij}, Johanne Wodmows {ij}, Johanne Smalwod {ij}, Roberto[294] Robynson {ij}, Johanne Herberows {ij}, pro porcis suis vagantibus in vico et subvertentibus solum vicinorum ac domini. ‖Hec amerciamenta intrantur in extractis anni precedentis (*bracketed to all the presentments for brewing and stray pigs*)‖

fo. 127
(430) ‖Burgus de Crocegate‖ Curia tenta ibidem die Mercurii viij⁰ die Octobris anno Domini millesimo Dimo **xj**imo (*8 October 1511*)
(D225) De Johanne Fethirstanehalgh \armigero/ quia non venit ad respondendum Roberto Selby in placito debiti, plegius Hugo Rowll – iiij d.

(431) ‖Burgus de Crocegate‖ Curia tenta ibidem die Mercurii xv die Octobris anno Domini millesimo Dimo **xj**imo (*15 October 1511*)
De [Roberto] Tom (*Incomplete*).

(D226) ‖Placitum‖ Willelmus Eden per Johannem Eden attornatum suum queritur de Willelmo Watson smyth in placito debiti – ij s. pro j le stedy de ferro eidem querenti debitorum, et ad dampnum suum – xij d. Et defendens non venit. Ideo in misericordia domini – iiij d.

(D225) De Johanne Fethirstane<halgh> armigero quia non venit ad respondendum Roberto Selby in placito debiti, plegius Hugo Rowll – iiij d.

---

290 MS *transgressiunt.*
291 MS *Robertus.*
292 MS *Robertus.*
293 MS *Hugo.*
294 MS *Robertus.*

fo. 127v

(432) ‖Burgus de Crocegate‖ Curia tenta ibidem die Mercurii xxiij° die Octobris[295] anno Domini millesimo D^{imo} xj^{imo} (*22 October 1511*)
(D225) De Johanne Fethirstanehagh armigero quia non venit ad respondendum Roberto Selby in placito debiti, plegius Hugo Rowll – iiij d.

(D226) [Willelmus Eden queritur de Willelmo Watson smyth in placito debiti – ij s. pro j le stedy de ferro eidem querenti debitorum, et ad dampnum suum xij d. Et defendens] | Willelmus Watson venit et fatetur [xv d.] \\xviij d.// se debere Willelmo Eden pro debito principali et tres denarios pro expensis curie. Ideo in misericordia – iij d.

(433) ‖Burgus de Crocegate‖ Curia tenta ibidem die Mercurii xxx^{mo} <die> Octobris anno Domini millesimo D^{imo} xj^{mo} (*29 October 1511*)
(D225) De Johanne Fethirstanehalgh \armigero/ quia non venit ad respondendum Roberto Selby in placito debiti, plegius Hugo Rowll – iiij d.

fo. 128

(U34) Elena Jakson queritur de Hugone Spark in (*Incomplete*).

(434) ‖Burgus de Crocegate‖ Curia tenta ibidem die Mercurii v° die Novembris anno Domini millesimo D^{imo} xj^{imo} (*5 November 1511*)
(D225) Placitum inter Robertum Selby querentem et Johannem Fethirstanehalgh armigerum defendentem continuatur usque proximam curiam.

(435) ‖Burgus de Crocegate‖ Curia tenta ibidem die [Mart] Mercurii xij° die Novembris anno etc. **supradicto** (*12 November 1511*)
(D227) ‖Placitum‖ Oliverus Thornbrugh queritur de Ricardo Johnson de Chestre walker in placito debiti – vj s. pro [sibo] cibo et potu ac pro stipendii*s* certorum hominum operancium apud molendinum fulonicum vocatum Hughmilne et pro scriptura unius indenture {iij d.}videlicet parte dicti defendentis \quos promisit/, et ad dampnum suum – ij s. Et defendens attachiatus fuit per unum equum album precii – xij s., plegius Ricardus Smyth. Et defendens venit et petit diem interloquendi usque proximam.

(436) ‖Burgus de Crocegate‖ Curia tenta ibidem die Mercurii xix° die Novembris anno etc. **supradicto** (*19 November 1511*)
(D225) Placitum inter Robertum Selby querentem et Johannem

---

295 23 October 1511 was a Thursday.

Fethirst\<aneh\>augh defendentem continuatur usque festum [Sancti Mi] Natale Domini.

(D227) Ricardus Johnson venit et dicit quod non debet Olivero Thornbrugh – vj s. prout patet in placito, et de hoc petit vadiari legem suam. Et concessum est ei lex se iiij^ta manu erga proximam curiam.

fo. 128v
In De\<i\> nomine Amen

(437) ‖Burgus de Crocegate‖ Curia tenta ibidem die Mercurii xxvj° die Novembris anno Domini millesimo D^imo xj° (*26 November 1511*)
(D227) ‖Essonium‖ Lex inter Oliverum Thornbrugh querentem[296] et Ricardum Johnson defendentem essoniatur per querentem.

(438) ‖Burgus de Crocegate‖ Curia tenta ibidem die Mercurii iij° die Decembris anno Domini millesimo D^imo xj° (*3 December 1511*)
(D227) De Olivero Thornbrugh quia non prosecutus fuit placitum suum versus Ricardum Johnson unde lex – iij d.

(439) ‖Burgus de Crocegate‖ Curia tenta ibidem die Mercurii xvij° die Decembris anno Domini millesimo D^imo xj^mo (*17 December 1511*)
(D228) ‖Placitum‖ [Radulphus Billyngham] \\Cuthbertus Billyngham// queritur de Johanne Ellryngton in placito debiti – iij s. iiij d. aretro existentium de precio unius equi, et ad dampnum suum – ij s. Et defendens attachiatus fuit per unum equum gresii coloris precii – xl s., plegius Hugo Rowll. Et defendens essoniatur.

(440) ‖Burgus de Crocegate‖ Curia tenta ibidem die Mercurii xxiiij die Decembris anno etc. supradicto (*24 December 1511*)
(D228) De Johanne Ellryngton quia non venit ad respondendum Cuthberto Billyngham in placito debiti, plegius Hugo Rowll – iiij d.

fo. 129
(441*) ‖Burgus de Crocegat‖ Curia capitalis tenta ibidem die Mercurii xiiij die Januarii anno Domini millesimo quingentesimo undecimo (*14 January 1512*)
(D229) ‖Placitum‖ Johannes Dynnand queritur de Johanne Harberhows in placito debiti – xvj d. pro corrio tannato ex \eo/ empto, ad dampnum suum – vj d.

(D228) Johannes Ellryngton ponit loco suo Rogerum Richerdson attornatum suum ad respondendum Cuthberto Billyngham in placito debiti.

---

296 MS interlines a superfluous *querentem* before *querentem*.

De Thoma Witton, magistro hospitalis de Keipyere, herede Johannis Ricroft, [Johanne Blount waneman], herede Johannis Huton, [Roberto Wright] {essoniatur}, Sibilla quondam uxore Willelmi Rakett, Cuthberto Ellison {essoniatur}, Roberto Lewyn, herede Willelmi Euers militis, Roberto Hagthropp, Radulpho Mellott, Johanne Blount flesher {perdonatur per dominum}.

‖Panellum pro domino‖ Robertus Claxton {juratus}, Rogerus Richerdson {juratus}, Willelmus Smedhirst {juratus}, Johannes Prior {juratus}, Laurencius Toller {juratus}, Ricardus Harmebrught {juratus}, Willelmus Waneman {juratus}, Robertus Crage {juratus}, Johannes Colson {juratus}, Willelmus Ouerfeld {juratus}, Johannes Wodmouse {juratus}, Robertus Wylfeld {juratus}, Thomas Dobbynson {juratus}, jurati, qui dicunt super sacramentum suum quod Johannes Ledell fregit penam eo quod \\ventilavit// grana sua in cimiterio Sancte Margarete. Ideo in <misericordia domini> – iiij d. Item presentant quod Robertus Robynson non inclusit sepes sue clausure inter clausuras Roberti Dosse capellani [et clausuram communiarii]. Ideo injunctum est ei ut patet ex altera parte folii hujus. (fo. 129v) Injunctum est omnibus tenentibus quod quilibet eorum mundet seu mundari faciat et asportet seu asportari faciat omnia stercolinia et alia fetita existencia ante frontes suas in vico ante festum Carnis Privii sub pena cuilibet – vj d. | Item presentant quod Thomas Milner non vult vendere serviciam vicinis suis indegentibus. Ideo in misericordia – ij d. | Injunctum est omnibus tenentibus \facientibus stercolinia/ in vico nisi ea removeant seu asportent infra duos dies sub pena cuilibet forisfaciendi – vj d. | Item injunctum est omnibus tenentibus quod includant sepes suas ante et retro \citra festum Carnis Privii/, quilibet sub pena forisfaciendi – vj d. | Item presentant quod Johannes Dynnand {ij d.} et Cuthbertus Richerdson {ij d.} faciunt stercolinia ante frontes suas in vico. Ideo uterque eorum in misericordia – ij d. | Pena ponitur quod nullus ventulet aliqua grana in cimiterio, quilibet sub pena forisfaciendi – iij s. iiij d. | Et eciam quod nullus ponat aliqua averia in cimitorio sub pena cuilibet forisfaciendi – iij s. iiij d.

fo. 130a

(442) Burgus de Crocegate. Curia tenta ibidem die Marcurii xxj die Januarii anno Domini millesimo quingentesimo undecimo (21 January 1512)

(T89) ‖Placitum‖ Ricardus Collynson capellanus queritur de Roberto Langfurth in placito transgressionis eo quod occupavit injuste preter et contra voluntatem suam tenuram suam apud Hampstels \videlicet iiij acras terre arate et lez Neidleys et eciam cepes suas reparatas/ unde deterioratus est et dampnum habet ad valenciam viginti solidorum. Et defendens attachiatus fuit per certa bona extendencia ad valenciam – vj s. viij d., plegius Robertus Selby. Defendens venit et [dicit quod] petit diem inde interloquendi usque proximam curiam.

(D229) Johannes Harberhous essoniatur usque proximam curiam ad sectam Johannis Dynnand. ‖Essoniatur‖

(D228) De Johanne Ellrington quia non venit ad respondendum Cuthberto Billingham in placito debiti, plegius Hugo Roull – iiij d.

(443) Burgus Dunelm'. Curia tenta ibidem die Mercurii xxviijᵒ die Januarii anno Domini millesimo Dⁱᵐᵒ xjⁱᵐᵒ (28 January 1512)
(D229) Johannes Herberhows venit et fatetur se debere Johanni Dynnand – xvj d. prout patet in placito. Ideo condempnatur in debito et ij d. pro custagiis. Ideo in misericordia domini – iij d.

(D228) De Johanne Elryngton quia non venit ad respondendum Cuthberto Billyngham – iiij d.

(T89) De Roberto Langfurth quia non venit ad respondendum Ricardo Collynson capellano in placito transgressionis. [Ideo condempnatur] Tamen postea essoniatur.

fo. 130av
(444) ‖Burgus de Crocegate‖ Curia tenta ibidem die [Martis] Mercurii iiijᵗᵒ die Februarii anno Domini millesimo Dxjᵒ (4 February 1512)
(D228) De Johanne Elryngton quia non venit ad respondendum (*Incomplete*). ‖iiij d.‖

(D230) ‖Placitum‖ Johanna Lewyn vidua queritur de Reginaldo Bukylls de Wolsyngham in placito debiti – v s. iiij d. pro quibus devenit in plegium, videlicet pro Johanne Symson de Weredale, et ad dampnum suum – xij d. Et defendens attachiatus fuit per unam equam gresii coloris precii – xiij s. iiij d., plegius Georgius Spark. Et defendens non venit. Ideo in misericordia domini – iiij d.

(T89) Placitum inter Ricardum Collynson capellanum querentem et Robertum Langfforth defendentem continuatur usque proximam curiam. ‖Continuatur‖

(445) ‖Burgus Dunelm'‖ Curia tenta ibidem die Mercurii [x] xjᵐᵒ die Februarii anno etc. millesimo Dⁱᵐᵒ xjᵒ (11 February 1512)
(D228) De Johanne Elryngton quia non venit ad respondendum Cuthberto Billyngham in placito debiti, plegius Hugo Rowll – iiij d.

(D230) Johanna Lewyn vidua dicit quod Reginaldus Bukyllez devenit in plegium pro – v s. iiij d. quos Johannes Symson debebat, solvendis (*Incomplete*). ‖Continuatur usque tercium diem Dominicam in xlᵐᵃ‖

fo. 130b

(446) ‖Burgus de Crocegate‖ Curia tenta ibidem die Mercurii x^mo die Marcii anno Domini millesimo D^imo xij^imo (*10 March 1512*)

(DC32) ‖Placitum‖ Thomas Hoghird frater ac prior domus Beate Marie Virginis in villa Novi Castri super Tinam vocate Karmylytez queritur de Thoma Eyme in placito detencionis unius olle enee²⁹⁷ precii – x s. quam Johanna uxor ejus in sua viduitate dedit et legavit dicto priori. Et postea dicta Johanna fuit nupta dicto defendenti et sic accio accrevit dicto defendenti ad respondendum pro detencione dicte olle, licet sepius dictus defendens requisitus fuit deliberare dictam ollam set noluit nec adhuc vult set injuste detinet, et ad dampnum suum – x s., plegius prosecucionis Thomas Writer. Et defendens attachiatus fuit per unum equum album precii – vj s. viij d., plegius Hugo Roull. Et defendens petit diem interloquendi usque proximam curiam. Et querens ponit loco suo Thomam Gyffurth.

(447) ‖Burgus de Crocegate‖ Curia tenta ibidem die Mercurii xvij die Marcii anno etc. supradicto (*17 March 1512*)

(DC32) Thomas Eyme venit et dicit quod non detinet unam ollam eneam Thome Priori domus Beate Marie Virginis prout patet in placito. ‖Lex se viij^a manu‖

fo. 130bv

(448) ‖Burgus de Crocegate‖ Curia tenta ibidem die Mercurii xxiiij° die Marcii anno Domini millesimo D^imo xij^imo (*24 March 1512*)

(DC32) De Thoma Hoghird priore domus Beate Marie apud Novum Castrum quia non prosecutus fuit placitum suum versus Thomam Eyme unde lex \plegius Thomas Writer/ – iiij d.

(449*) ‖Burgus de Crocegate‖ Curia capitalis tenta ibidem die Mercurii xxj^imo die Aprilis anno Domini millesimo D^imo duodecimo (*21 April 1512*)

De Thoma Wytton, magistro hospitalis de Keipyere, herede Johannis Rycroft, Johanne Bloynt \wayneman/ {essoniatur}, herede Johannis Hoton armigeri, Rogero Richerdson {essoniatur}, Sibilla relicta Willelmi Rakett, Roberto Lewyn, herede Willelmi Eure militis, [Thoma Dobynson] {quia comparuit}, Roberto Hagthrop, [Willelmo Wayneman] {quia comparuit}, [Roberto], herede Radulphi Melott, Johanne Bloynt bowcher {essoniatur}.

‖Panellum pro domino‖ Robertus²⁹⁸ Selby {juratus}, Georgius Rippon {juratus}, Johannes Priour {juratus}, Johannes Colson {juratus}, Johannes

---

297 MS *enei.*
298 MS *Roberto.*

Wodmows {juratus}, Ricardus Arnbrugh {juratus}, Laurencius Toller {juratus}, Willelmus Dobynson {juratus} et Willelmus Wayneman {juratus}, jurati pro domino, presentant super sacramentum suum quod Willelmus Tomson {iij s. iiij d.} fecit affraiam super Willelmum Wardale [in ecclesia Sancte Margarete] contra pacem. | Item presentant quod Johannes Ledale {iiij d.} ventelabat granum in cemiterio contra penam positam in ultima curia capitali. | Item presentant quod Willelmus Wayneman {iiij d.} inclusit suam clausuram tempore aperto contra penam.

fo. 131

(450) ‖Burgus de Crocegate‖ Curia tenta ibidem die Mercurii xxviij die Augusti²⁹⁹ anno Domini millesimo D^{imo} xij⁰ (*28 July 1512* or *25 August 1512*)
(D231) ‖Placitum‖ Thomas Willyamson capellanus queritur de Agnete Smyth in placito debiti – iij s. iiij d. quos promisit ei solvere pro debito quod mater ejus ei debebat, et ad dampnum suum – xij d. Et defendens attachiata fuit per unam telam panni lini continentem xv ulnas precii – v s., plegius Georgius Fawell. Et defendens venit et dedicit debitum predictum eo quod non promisit solvere. Et super hoc ponit se super inquisicionem et querens similiter.

fo. 131v

Extracte facte sunt usque huc.

(451*) ‖Burgus de Crocegate‖ Curia capitalis tenta ibidem die Mercurii vj^{to} die Octobris anno Domini millesimo D^{imo} xij^{imo} (*6 October 1512*)
De Thoma Wytton {iiij d.}, herede [relicte] Ricardi Claxton {iiij d.}, magistro hospitalis de Keipȝere {iiij d.}, cantario Corporis Christi³⁰⁰ {essoniatur}, herede Johannis Rycroft {iiij d.}, [Johanne Bloynt wayneman], herede Johannis Hoton {iiij d.}, [Johanne Wodmows], [herede Willelmi Rakett \junioris/] {quia essoniatur}, [Sibilla †relicta Willelmi† Rakett senioris], Cuthberto Ellyson capellano {essoniatur}, Roberto Lewyn, herede Willelmi Eure militis, [Roberto Hagthrop], [Willelmo³⁰¹ Ourefeld], [Johanne Colson], herede Radulphi Melott, [Roberto Weleffed], [Roberto³⁰² Crayk].

‖Panellum pro domino‖ Robertus Hagthorp {juratus}, Willelmus Smethirst {juratus}, Johannes Bloynt bowcher {juratus}, Johannes Priour {juratus},

---

299 28 July 1512 was a Wednesday; 28 August was Saturday.
300 For the guild and chantry of Corpus Christi, see Harvey, *Lay Religious Life*, pp. 157–61. The chantry is described in court 533* as 'in ecclesia Sancti Nicholai in Dunelm'.
301 MS *Willelmus*.
302 MS *Robertus*.

[Georgius Rippon], Laurencius Toller {juratus}, Willelmus Wayneman
{juratus}, Ricardus Arnbrugh {juratus}, Johannes Bloynt wayneman
{juratus}, Johannes Colson {juratus}, Thomas Dobyn {juratus}, Robertus
Welefed {juratus}, Johannes Wodmows {juratus}, jurati pro domino,
presentant super sacramentum suum quod quarterium frumenti, quarterium ordii et quarterium aven*e* ultimo die mercati et aliis diebus vendebantur diversis preciis, videlicet quarterium frumenti pro – [iij s. iiij d.]
\\vj s. viij d.//, quarterium ordii pro – iij s. iiij d. et quarterium aven*e*
pro – xviij d. Ideo consideratum est per curiam et dictos juratos quod
quilibet brasiator vel brasiatrix a festo Sancti Martini in yeme pro<xime>
futurum usque festum Sancti Martini in yeme extunc proxime sequens
vendat lagenam servisie melioris pro – j d. ob. et bone servisie – j d. qua.
communi populo domini regis, quilibet sub pena forisfaciendi domino
– vj s. viij d. tociens quociens. (*fo. 132*) Item dicti jurati presentant super
sacramentum suum <quod> Hugo Robynson {• iij juratus}, Johannes
Gybson milner {juratus • j}, Robertus Greveson {j • cul ij d.}, Willelmus
Athe {cul j • ij d.}, Johannes Fyndle milner {j • cul ij d.}, [Willelmus
Sandson {j}], Edwardus Bradwod {cul ij in misericordia domini iiij d.},
[Agnes Davyson {j}], Thomas Robynson {ij iiij d.}, Georgius Lyttyll {iiij d.
ij • [ijd]}, Georgius Hudson {iiij d. • ij d.[303]}, Robertus Robynson {• ij \iiij
d/}, Hugo Spark {cu ij • iiij d.} tenent porcos vagantes in vico et subver-
tantes solum domini et vicinorum contra penam. | Injunctum est uxori
Willelmi Heghyngton et Margarete Broun quod decetero non objurgant
sub pena \quelibet/ – iij s. iiij d. Et injunctum est uxori Johannis Bogett
quod decetero non recept*at* servientes vicinorum neque objurgat cum
vicinis suis sub pena – vj s. viij d. | Item presentant quod Cuthbertus
Watson, Johannes Fawell et Thomas Robynson non incluserunt frontes
suas inter proximum et proximum. Ideo quilibet eorum in misericordia
domini – iiij d. | Item presentant quod Thomas Trotter non vult vendere
servisiam vicinis suis extra domum. Ideo in misericordia domini – vj
d. | ‖Assisa servisie‖ Willelmus Selby {ij d.}, Willelmus Owrfeld {ij d.},
Johannes Colson {ij d.}, Robertus Selby {iiij d.}, Agnes Randson {iij d.},
Laurencius Toller {ij d.}, Thomas Dobynson {ij d.}, Isabella Spark {ij d.},
Robertus Claxton {ij d.}, Johanna Lewyn {ij d.}, Johannes Wodmows
{ij d.}, Hugo Rowll {ij d.}, Thomas Trotter {ij d.}, Thomas Writer {ij d.}.
‖Intrantur in extractis ultime preteritis (*bracketed to all the presentments for
brewing*)‖ | Johannes Priour {iiij d.}, Laurencius Toller {iiij d.}, burgenses,
Robertus Toller et Ricardus Blont {vj d.} pro forstallacione pellium
ovinarum. | Hugo Spark {vj d.}, Georgius Spark {vj d.} et Rogerus Gollen
{vj d.}, Johannes Denaunt {vj d.} emebant et forstallabant pelles bovinas
et vaccinas. ‖Intrantur in extractis ultimis ante hanc curiam (*bracketed to
both presentments for forestalling*)‖

---

303 A blot masking the d. of ij d. may conceal a further character or two.

fo. 132v

(452) ‖Burgus de Crocegate‖ Curia tenta ibidem die Mercurii [xx^{to}] \\xxvij^{mo}// die Octobris anno etc. supradicto (*27 October 1512*)

(D232) ‖Placitum‖ Johanna Lewyn vidua queritur de Edmundo Hochonson in placito debiti – xij d. pro agestamento ij^{arum} vaccarum et ij boum dicti defendentis solutorum Antonio Richerdson, et ad dampnum suum – iiij d. ‖Continuatur usque proximam curiam‖

(453*) ‖Burgus de Crocegate‖ Curia capitalis tenta ibidem die Mercurii xij^{imo} die Januarii anno Domini millesimo D^{imo} xij^{cimo} (*12 January 1513*)

De Thoma Wytton, [capellano cantarie Sancte Katerine in ballio boriali], magistro hospitalis de Keipyere, *herede* Johannis Ricroft, Johanne Bloynt wayneman {essoniatur}, *herede* Johannis Hoton, [Johanne Wodmows] {quia comparuit}, [Rogero Richerdson] {quia comparuit}, Sibilla relicta Willelmi Rakett senioris, [Cuthberto Ellesson capellano], Roberto Lewyn, *herede* Willelmi Eure militis, [capellano cantarie Sancti Cuthberti],[304] Roberto Hagthorp, [Willelmo Owrefeld] {quia comparuit}, [Johanne Colson] {quia infirmus}, [Willelmo Smethirst], *herede* Radulphi Melott, [Roberto Weleffedd] {quia comparuit}, [Johanne Bloynt bowcher] {essoniatur}, quia non venerunt ad faciendam sectam curie. Ideo quilibet in misericordia domini – iiij d.

‖Panellum pro domino‖ Rogerus Richerdson {juratus}, Robertus Selby {juratus}, Johannes Priour {juratus}, Laurencius Toller {juratus}, Georgius Ryppon {juratus}, Johannes Wodmows {juratus}, Willelmus Owrefeld {juratus}, Willelmus Wayneman {juratus}, Robertus Crayke {juratus}, Robertus Weilfed {juratus}, Thomas Dobbynson {juratus}, et Willelmus Smethirst {juratus}, jurati pro domino, presentant super sacramentum suum quod Thomas Marnduke {iij s. iiij d.} ‖ (*fo. 133*) capellanus fecit affraiam super Willelmum Walker \\capellanum// contra pacem. | ‖Pena (*bracketed to the three following injunctions*)‖ Injunctum est omnibus tenentibus quod quilibet includat frontes suas ante et retro citra festum Sancti Cuthberti in Marcio proxime futurum, quilibet sub pena forisfaciendi domino – vj d. Et eciam eisdem quod mundant seu mundari faciant communes venellas suas citra dictum festum, quilibet sub pena forisfaciendi – iiij d. | Injunctum est Thome Robynson quod mundat seu mundari faciat communem sueram inter ipsum et Willelmum Smethirst, ita quod aqua ibidem habeat rectum cursum suum, et quod non sit ad nocumentum dicti Willelmi Smethirst, citra festum Purificacionis Beate Marie Virginis proxime futurum, sub pena forisfaciendi domino – xij †d.† | Item dicti jurati presentant quod Antonius Thomson custodit

---

304 For the guild and chantry of St Cuthbert, see Harvey, *Lay Religious Life*, pp. 161–5.

unum aprem vagantem in vico illegitime et subvertantem solum domini
et vicinorum. Ideo preceptum est ballivo eum attachiare erga proximam
curiam. ‖Attach*ietur*‖ | Item dicti jurati presentant quod Johannes Colson
litster et Johannes Dogeson amercientur pro canibus suis masticantibus
non musulatis[305] si nolunt se excusare super librum.

fo. 133v

**(454) ‖Burgus de Crocegate‖ Curia tenta ibidem die Mercurii xxiij die
Februarii anno Domini millesimo D^{imo} xij^{mo}** (*23 February 1513*)

(DC33) ‖Placitum‖ Johannes Watson queritur de Rogero Gollen in placito
detencionis unius camini ferri {fatetur} unius almarie {precii inter se – x
s.}, unius colobii duplici†s† de sanguyne et grene {vj s.}, unius furryd
freynde cum uno kyrtill {precii inter se – x s.}, vj ollarum et pannys
enearum {precii – vj s. viij d.} et le matrecez \precii – vj s. vij d.}, precii
inter se – xxxix s. [xj d.] \\iij d.//, et ad dampnum suum – xx s. Et defendens venit et dedicit detencionem (*Incomplete*). ‖Se viij^a manu‖

**(455) ‖Burgus de Crocegate‖ Curia tenta ibidem die Mercurii secundo
die Marcii anno etc. supradicto** (*2 March 1513*)

(D233) ‖Placitum‖ Robertus Selby queritur de Thoma Stodhird in placito
debiti – xviij s. iiij d. pro ovibus de eo emptis, et ad dampnum suum – iij
s. iiij d. Et defendens attachiatus fuit per unam equam albam precii – x
s., plegius Thomas Dobynson. Et defendens venit ad curiam tentam die
Mercurii xvj^o die Marcii anno supradicto \et fatetur/ – vij s. pro debito
principali et ij d. pro custagiis. Ideo in misericordia domini – iiij d.

(DC34) ‖Placitum‖ Johannes Watson queritur de Rogero Gollen in placito
detencionis unius tele panni lini et ij telarum de hardyn precii inter se
x s., xij peciarum vas*orum* electr*eorum* precii inter se iij s., unius paris
precularum cum lez gawdez de argento cum iij annulis et unius gem*mer*
de argento ac unius zone argent*ee* precii inter se x s., unius clamidis
\nigri/ precii ij s., ij lodic*um* et ij linthiam*inum* precii iij s. et unius plaus-
t*ratus* corticis precii v s., iiij tubbez xvj d., et ij parium de woln \stok/
card*es* precii x d., precii inter se – xxxv s. ij d., et ad dampnum suum
– xx. Et defendens petit diem interloquendi usque proximam curiam.[306]
‖Se [viij] ix^a manu‖

fo. 134

**(456) ‖Burgus de Crocegate‖ Curia tenta ibidem die Mercurii ix die
Marcii anno Domini millesimo D^{imo} xij^{imo}** (*9 March 1513*)

---

305 i.e. 'for unmuzzled dogs that bite', assuming *masticare*, 'to bite' rather than
'to chew', and *musulare*, 'to muzzle'.
306 MS repeats *Et defendens venit et petit diem interloquendi usque proximam
curiam.*

(DC33) Rogerus Gollen venit \se viij manu videlicet / cum Edwardo Notman {juratus}, Johanne Herberows {juratus}, Cristoforo Bloynt, Thoma Layng, Willemo Hedlee, Ricardo Nicholson et Willemo Watson smyth et perfecit legem suam quod \non/ injuste detinet \Johanni Watson/ aliquam parcellam specificatam in placito Johannis Watson excepto camino ferri et almarie {precii x s.}, quod placitum intratur in curia tenta ibidem die Mercurii xxiij die Februarii anno supradicto. Ideo dictus Rogerus eat inde quietus sine die et dictus Johannes Watson pro injusta[307] prosecucione sua in misericordia domini – vj d. ‖In misericordia domini – vj d.‖

(457) ‖Burgus de [Gelygate] Crocegate‖ Curia tenta ibidem die Mercurii xvj° die Marcii anno Domini millesimo D^{imo} xij^{imo} (*16 March 1513*)
(DC34) De Johanne Watson quia non prosecutus fuit placitum suum versus Rogerum Gollen. Ideo in misericordia domini – iij d.

(D233) De Roberto Selby quia non prosecutus fuit [quere] placitum suum versus Thomam Stodhird. ‖Memorandum nihil quia in placito‖

fo. 134^v
(458*) ‖Burgus de Crocegate‖ Curia capitalis tenta ibidem die Mercurii vj^{to} die Aprilis anno Domini millesimo D^{imo} xiij^{imo} (*6 April 1513*)
De Thoma Wytton, magistro hospitalis de Keipyer, herede Johannis Rycroft, herede Johannis Hoton', Roberto Lewyn, herede Willelmi Eure militis, Roberto Hagthorp, Willelmo Waneman, Johanne Colson, [Georgio[308] Rippon] {essoniatur}, herede Radulphi Melote, quia non venerunt ad faciendam sectam curie. Ideo quilibet eorum in misericordia domini – iiij d.

‖Panellum pro domino‖ Robertus Selby {juratus}, Willelmus Smethirst {juratus}, Johannes Priour {juratus}, Laurencius [Tailyour] Toller {juratus}, Johannes Bloynt wayneman {juratus}, Willelmus Owrfeld {juratus}, Robertus Crake {juratus}, Johannes Wodmows {juratus}, Thomas Dobynson {juratus}, Robertus Weilfed {juratus}, jurati pro domino, presentant super sacramentum suum quod Johannes Colson et Johannes Dogeson tenent canes mastica<n>tes non musulatos contra penam. Ideo uterque eorum in misericordia – vj d. | Pena ponitur Roberto Hervy quod uxor ejus decetero non objurgat cum vicinis suis sub pena forisfaciendi domino – iiij d. tociens quociens. | Injunctum est Roberto Hepton \et sacerdoti habenti cantariam Beate Marie/ et omnibus aliis habentibus mulieres vacabundas in domibus suis ac non bone gubernacionis

---

307 MS *injuste*.
308 MS *Georgius*.

corporum suorum quod eas removeant citra festum Invencionis Sancte Crucis, quilibet sub pena forisfaciendi domino – xij d.

fo. 135

(459) ‖Burgus de Crocegate‖ Curia tenta ibidem die Mercurii iiij^{to} die Maii anno Domini millesimo D^{imo} xiij° (*4 May 1513*)

(DC35) ‖Placitum‖ Hugo Rowll queritur de Galfrido Hall in placito detencionis ij boum precii inter se – xxj s., quos emebat de Edwardo predicto (*sic*) \\propter// precium illud quod Robertus filius \\dicti// Edwardi et dictus Hugo concordant, et ad dampnum suum – ij s. Et defendens attachiatus fuit per unam equam badii coloris precii – x s., plegius W. Owrfeld. ‖Se vj^a manu‖

(460) ‖Burgus vetus de Crocegate‖ Curia tenta ibidem die Mercurii xj^{imo} die Maii anno etc. supradicto (*11 May 1513*)

(DC35) De Hugone Rowll quia non prosecutus fuit placitum suum detencionis versus Galfridum Hall unde lex – vj d.

fo. 135^v

Extracte facte sunt usque huc.

(461*) ‖Burgus de Crocegate‖ Curia capitalis tenta[309] ibidem die Mercurii quinto die Octobris anno Domini millesimo D^{imo} xiij° (*5 October 1513*)

De Thoma Witton, magistro hospitalis de Keip3ere, cantaria Beate Katerine in ballio boriali Dunelm' {perdonatur per dominum}, herede Johannis Ricroft, [Johanne Bloynt waneman] {quia comparuit}, herede Johannis Hoton, Roberto Lewyn, herede Willelmi Eure militis, [\\ Roberto// Hagthrop], Johanne Colson, herede Radulphi Melott, [Johanne Bloynt bowcher] {essoniatur}, quia non venerunt ad faciendam sectam curie. Ideo quilibet eorum in misericordia domini – iiij d.

‖Panellum pro domino‖ Rogerus Rycherdson {• juratus}, Robertus Selby {• juratus}, Willelmus Smethirst {• juratus}, Johannes Priour {• juratus}, Laurencius Toller {• juratus}, Willelmus Wayneman {• juratus}, Johannes Wodmows {• juratus}, Willelmus Owrfeld {• juratus}, Robertus Welefed {• juratus}, Johannes Bloynt \wayneman/ {• juratus}, Thomas Dobynson {• • juratus}, Robertus Crayk {• juratus}, jurati pro domino, presentant super sacramentum suum quod quarterium frumenti, quarterium ordii et quarterium aven*e* ultimo die mercati et aliis diebus mercati vende-bantur diversis preciis, videlicet quarterium frumenti pro vj s. viij d., quarterium ordii pro – iiij s., quarterium aven*e* pro – xx d. Ideo consid-eratum est per curiam et dictos juratos quod quilibet brasiator et brasia-

---

309 MS *Curia tenta capitalis.*

trix, pandoxator et pandoxatrix, a festo Sancti Martini proxime futurum
usque festum Martini in yeme \extunc/ proxime futurum vendat
lagenam \servisie/ melioris pro – j d. ob. et lagenam servisie bone pro
– j d. qua. communi populo domini regis, quilibet sub pena forisfaciendi domino – vj s. viij d. tociens quociens. (*fo. 136*) Item dicti jurati
presentant super sacramentum suum quod Robertus Hepton et uxor ejus
[tenebant] \\custodiebant// vagabund*os* [et mulie] contra penam positam
in ultima curia capitali. Ideo in misericordia domini – xij d. | Item presen-
tant quod Robertus Robynson non inclusit sepem suam inter ipsum et
Johannem Pryour contra penam. Ideo in misericordia domini – vj d. |
‖Pene (*bracketed to all four following injunctions*)‖ Injunctum est capellano
gilde Corporis Christi quod mundat seu mundari faciat aque cursum per
clausuram suam ad finem ville citra xv^{am} sub pena forisfaciendi domino
– iiij d. Et eciam injunctum est illis qui jacuerunt aliquod fetidum ibidem
quod illud amoveant citra xv^{am}, quilibet sub pena forisfaciendi domino
– iiij d. | Injunctum est Thome Birez et uxori sue quod decetero dicta
uxor non objurgat cum uxore Roulandi Bussby nec det ei aliquas minas
sub pena forisfaciendi domino – vj s. viiij d. et equitant' super le thewe.
| Et eciam injunctum est Roulando Bussby et uxori sue quod dicta uxor
ejus non objurgat decetero cum uxore Thome Birez sub pena forisfa-
ciendi domino – vj s. viij d. | Item dicti jurati presentant quod Georgius
Spark {vj d.}, Hugo Spark {vj d.} et Rogerus Gollen {vj d.} tannatores
emebant et forstallabant pelles bovinas, vaccinas, taurinas et vitulinas in
diebus mercati. Ideo quilibet eorum in misericordia domini – vj d. | Item
presentant quod Johannes Priour et Laurencius Toller burgenses glovers
emebant et forstallabant pelles ovinas lanutas in diebus mercati. Ideo
uterque eorum in misericordia domini – iiij d. Item presentant Ricardum
Bloynt et Robertum Toller \non burgenses/ pro consimili. Ideo uterque
eorum in misericordia domini – vj d. ‖Intrantur cum extractis preceden-
tibus (*bracketed to the three presentments for forestalling*)‖ | ‖Assisa Servisie‖
Edmondus Hochonson {ij d.}, Johanna Hall {ij d.}, Willelmus Owrfeld {ij
d.}, Robertus Hervy {ij d.}, Robertus Selby {iiij d.}, Ricardus Fairallers
{ij d.}, Laurencius Toller {ij d.}, Hugo Spark {ij d.}, Thomas Dobynson
{ij d.}, Isabella Spark {ij d.}, Robertus Claxton {ij d.}, Johanna Lewyn {ij
d.}, Agnes Walker {ij d.}, Johannes Wodmous {ij d.}, Hugo Rowll {ij d.},
Thomas Trotter {ij d.}, Thomas Geffurth {ij d.}. ‖Intrantur in extractis
preteritis (*bracketed to all the presentments for brewing*)‖

fo. 136v
(462) ‖Burgus de Crocegate‖ **Curia tenta ibidem die Mercurii xij^{mo} die
Octobris anno Domini millesimo D^{imo} xiij^{o}**[310] (*12 October 1513*)
Willelmus Newton {juratus}, Johannes Denand { ij misericordia domini

---

310 The record of this court encroaches on the heading of the next, and was
evidently added later.

iiij d.}, Thomas Robynson {ij juratus}, Johannes Gibson {j misericordia domini ij d.}, Hugo Robynson {j misericordia domini ij d.}, Johannes Gardner {misericordia j ij d.}, Robertus Robynson {ij misericordia domini iiij d.}, Hugo Spark {ij iiij d.}, Johannes Oliver, tenent porcos vagantes in vico.

(463) ‖Burgus de Crocegate‖ Curia tenta ibidem die Mercurii vij die Decembris anno etc. supradicto (*7 December 1513*)
(D234) ‖Placitum‖ Ricardus Buttre queritur de Willelmo Bromell in placito debiti – viij s. quos dictus Willelmus promisit ei solvere pro curacione matris dicti defendentis, videlicet pro le franchpokys, et ad dampnum suum – ij s., plegius prosecucionis Thomas Birez. ‖Ponitur super inquisicionem‖

(464) ‖Burgus de Crocegate‖ Curia tenta ibidem die Mercurii xiiij die Decembris anno etc. supradicto (*14 December 1513*)
(DC36) ‖Placitum‖ Henricus Walker junior queritur de Johanne Joplyn de Langchestr' in placito detencionis unius jak coopert' cum le raynedere-skyn precii – xx s., quod ei liberavit salvo custodiend', et ad dampnum suum – xij d. Et defendens attachiatus fuit per unam equam nigri coloris precii – viij s., plegius [ballivus] \\Laurencius Toller//. Et defendens [non venit. Ideo in misericordia domini] venit et petit diem interloquendi usque proximam curiam.

(D234) ‖Panellum inter Ricardum Buttre querentem et Willelmum Bromell defendentem‖ Simon Bird {• •}, Willelmus Yorke {• •}, Robertus Greveson {+ •}, Johannes Olyuer {•}, Ricardus Fairalers {• • •}, Edwardus Bradwod {+ •}, Johannes Denand {• • •}, Robertus Toller {• •}, Willelmus Heddlee {• • •}, Robertus Robynson tailyour {[*] •}, Georgius Fawell {• • •}, Ricardus Nicholson {• • •}.

fo. 137
(465*) ‖Burgus de Crocegate‖ Curia capitalis tenta ibidem die Mercurii xj^{imo} die Januarii anno Domini millesimo D^{mo} xiiij^{imo} (*11 January 1514*)
De Thoma Witton, magistro hospitalis de Keipӡer, herede Johannis Ricroft, [Johanne Bloynt wayneman] {quia comparuit}, herede Johannis Hoton, [Johanne Wodmows], [Rogero Richardson] {essoniatur}, Roberto Selby {essoniatur}, Roberto Lewyn, herede Willelmi Eure militiis, [Roberto Hagthorp], [Johanne Colson] {quia comparuit}, Johanne Bloynt bowcher {essoniatur}, [Roberto Crayke], quia non venerunt ad faciendam sectam curie. Ideo quilibet eorum in misericordiam domini – iiij d.

‖Panellum pro domino‖ [Rogerus Richardson] \\Robertus Claxton// {juratus}, Willelmus Smethirst {juratus}, Johannes Priour {juratus},

Laurencius Toller {juratus}, [Georgius Rippon {juratus}], Willelmus Wayneman {juratus}, Johannes Bloynt wayneman {juratus}, Willelmus Owrefeld {juratus}, Johannes Wodmows {juratus}, Johannes Colson {juratus}, Thomas Dobynson {juratus}, Robertus Welefedd {juratus}, Robertus Craike {juratus}, jurati pro domino, qui presentant <super> sacramentum suum quod Robertus Gollen capellanus gilde Corporis Christi non mundavit aque cursum suum ad finem ville citra diem ei limitatum contra penam – nihil quia mortuus est. | ‖Pena‖ Injunctum est omnibus tenentibus quod quilibet includat frontes suas ante et retro et inter proximum et proximum citra festum Carnisbrevii, quilibet sub pena forisfaciendi domino – vj d.

fo. 137v
‖Fidelitas‖ Rogerus Richardson venit ad hanc curiam et fecit fidelitatem suam domino pro uno burgagio cum gardino jacenti in Allertongate inter burgagium gilde Corporis Christi ex utraque parte, et abbutat retro super quemdam rivulum vocatum Milburn', quod quidem burgagium dictus Rogerus habet inter \\alia// ex dono et concessione Johannis Castell de Stayndrop et Isabelle uxoris sue, unius filiarum et heredum Willelmi Morton et Alicie uxoris sue unius filiarum et heredum Thome Ricroft defuncti imperpetuum, prout patet per cartam suam, cujus data est apud Stanedrop' xx^{mo} die Februarii anno regni regis H. viij^{ui} etc. quarto. Et fecit finem cum domino – xij d. quos solvit sacriste.[311]

(466) ‖Burgus de Crocegate‖ Curia tenta ibidem die Mercurii xviij⁰ die Januarii anno etc. supradicto (*18 January 1514*)
(DC36) Johannes [Job] Joplyn venit et dicit quod non injuste detinet unum jak. ‖Se vj^a manu‖

(D235) ‖Placitum‖ Hugo Roull queritur de Johanne Fynley in placito debiti – viij s. pro firma unius molendini sibi debitorum, et ad dampnum suum – xij d. ‖Continuatur‖

fo. 138
(467) ‖Burgus de Crocegate‖ Curia tenta ibidem die Mercurii xxv die Januarii anno Domini millesimo D^{imo} xiij^{imo} (*25 January 1514*)
(DC36) Lex inter Henricum Walker juniorem et <Johannem> Joiplyn defendentem essoniatur per dictum Henricum. ‖Esson*iatur*‖

(D234) De Ricardo Buttre quia non prosecutus fuit placitum suum versus Willelmum Bromell, plegius Thomas Birez – iiij d.

---

311 This concerns Allergate 5 (Rental, 16): Camsell, Development, II, p. 14.

(D235) De Johanne Fynley quia non venit ad respondendum Hugoni Roull in placito debiti – [iij d.] {quia continuatur prece partium per xv^{am}}.

(468) ‖Burgus de Crocegate‖ Curia tenta ibidem die Mercurii [xxxj^{imo}] \\primo// die [Januarii] \\Februarii// anno Domini millesimo D^{imo} xiij^{imo} (*1 February 1514*)
(DC36) Johannes Joplyn venit et perfecit legem suam se vj^a manu, videlicet Willelmo Hedlee {juratus}, Thoma Brygg {juratus}, Georgio Archer {juratus}, Cristoforo³¹² Horne {nolebat} et Willelmo Watson {defic'}.

(DC36) De Johanne Joplyn quia defecit in perficiendo legem suam se vj^a manu versus Henricum Walker servientem Roberti Claxton. Ideo in misericordia domini – vj d.

fo. 138v
(469) Burgus de Crocegate. Curia tenta ibidem die Mercurii [viij] \\xv// ° die Februarii anno Domini millesimo D^{mo} xiij^{mo} (*15 February 1514*)
(D236) ‖Placitum‖ Johannes Denaunt queritur de Roberto Wyntter in placito [detencionis] \\debiti iij s. vij d.// pro uno³¹³ bukler precii – xviij d. quod liberavit ei ad vendendum, pro stipendi*o* unius equi – xvj d., pro prandio equino – xij d. et pro corio frunito – ix d., et ad dampnum suum – vj d. Et defendens venit et dedicit <debitum> predictum et petit vadiari legem suam, et concessum est ei lex se vij^a manu erga proximam curiam.

(D237) ‖Placitum‖ Johannes Dogesson queritur \de/ Willelmo Watson in placito debiti – xviij d., videlicet pro carne boum et ovium³¹⁴ {xiiij d.} et ex prestit*o* {iiij d.}, et ad dampnum suum – vj d. Et defendens \non/ venit. Ideo in misericordia domini – iij d. ‖iij d.‖

(470) Burgus de Crocegate. Curia tenta ibidem die Mercurii xxij die Februarii anno etc. supradicto (*22 February 1514*)
(D237) Placitum inter Johannem Dogeson querentem et Willelmum Watson defendentem essoniatur. ‖Esson*iatur*‖

(471) Burgus de Crocegate. Curia tenta ibidem die Marcurii viij die Marcii anno regni regis Henrici octavi post conquestum Anglie quinto (*8 March 1514*)

---

312 MS *Christoforus.*
313 *Pro* is inserted into the margin at the beginning of the line and *uno* is altered from *unius.*
314 Or *bovina* et *ovina.*

(D236) De Johanne Denaund quia non prosequitur placitum suum versus Robertum Wynter unde lex. Ideo in misericordia – vj d.

(D237) Ad hanc curiam venit Willelmus Watson ad sectam Johannis Dogeson et fatetur ix d. et residuum ponitur in arbitrio Johannis Priour et Laurencii Toller.

fo. 139

(472) ‖Burgus de Croceggate‖ Curia tenta ibidem die Mercurii xv die Marcii anno Domini millesimo D^{imo} xiij° (*15 March 1514*)

(D238) ‖Placitum‖ Ricardus Smyth capellanus queritur[315] de Willelmo Thomson in placito debiti – ij s. viij d., videlicet – xx d. ex prestito et – xij d. de pre†cio†[316] unius equi, et ad dampnum suum – vj d., plegius prosecucionis Guido[317] Maisson et defendens (*Incomplete*) ‖Ponitur super juratores‖

(472a) ‖Burgus de Croceggate‖ Curia tenta ibidem die Mercurii xxix die Marcii anno Domini millesimo D^{imo} x<i>iij° (*29 March 1514*)
(*No recorded business*)

fo. 139v

(473*) ‖Burgus de Crocegate‖ Curia capitalis tenta ibidem die Marcurii vicesimosexto die Aprilis anno regni regis Henrici octavi post conquestum Anglie sexto et anno Domini millesimo quingentesimo xiiij° (*26 April 1514*)
De Thoma Witton, (*Blank space of 1 cm.*) magistro hospitalis de Keipyere, Johanne Blount wanneman{essoniatur}, herede Johannis Hoton, Roberto Lewen, herede Willelmi Eure militis, Roberto Hagthropp, [Willelmo Smedhirst] {postea venit}, [Johannne Blount bowcher] {essoniatur}, Roberto Crayk, quia non venerunt ad faciendam sectam curie. Ideo quilibet eorum in misericordia – iiij d.

‖Panellum pro domino‖ Rogerus Richerdson {juratus}, Robertus Claxton {juratus}, Johannes Priour {juratus}, Willelmus Smedhirst {juratus}, Laurencius Toller {juratus}, Johannes Wodmous {juratus}, Willelmus Wanneman {juratus}, Robertus Welfett {juratus}, Thomas Dobbyn<son> {juratus}, Willemus Ouerfeld {juratus}, Johannes Colson {juratus}, Robertus Wright {juratus}.

(DC37) ‖Placitum‖ Matheus Spark queritur de Hugone Goften in placito detencionis unius equi \grecii coloris/ precii xx s. et unius selle cum uno

---

315 MS *queretur.*
316 MS apparently *preie.*
317 MS *Guodo.* Guido Masson occurs again in the record of court 499.

freno precii xvj d., quem dictus querens deliberavit ad defendentem sibi deliberandum apud Dunelm' et eum nondum deliberavit licet etc., ad dampnum dicti querentis vj s. viij d. Et defendens venit et petit licenciam interloquendi usque proximam curiam, et habet etc.

Injunctum est tenentibus de Southstret quod mundent seu mundari faciant quemdam fontem vocatum Seynt Elene Well citra quindenam sub pena cuilibet ij d. | Injunctum est tenentibus de Allerton'gate quod mundent seu mundari faciant quamdam communem venellam ibidem citra quindenam sub pena cuilibet ij d. | Injunctum est omnibus habentibus stercolinia ante frontes suas quod ea amoveant citra festum Pentecostes sub pena cuilibet vj d. | Injunctum est quod nullus custodiat oves suas super sepes vicinorum suorum nec in lez Lonynges sub pena forisfaciendi domino pro qualibet ove ij d. | Injunctum est Georgio Donne et omnibus aliis tenentibus quod nullus hospitet aliquos[318] vacabundos nec aliquas alias personas nisi sint bene noti pro honestis personis sub pena cuilibet xij d., et hoc tociens quociens.

fo. 140
Memorandum (*Incomplete*)

(474) ‖Burgus de Crocegatte‖ Curia tenta ibidem die Mercurii xvij die Maii anno Domini millesimo D^imo – [xiij°] xiiij° (*17 May 1514*)
(DC37) Heugo Goften venit et dicit quod non injuste[319] detinet Mathe\\o// Sparke unum equum cum sella et freno prout patet in placito suo et super hoc petit vadiari[320] legem suam et con†c†essum est ei †s†e vij manu erga proximam curiam.

(475) ‖Burgus de Crocegatt'‖ Curia tenta ibidem die Mercurii xxiiij die Maii anno Domini millesimo D^imo – xiiij° (*24 May 1514*)
(D239) Hugo Wrangham queritur de Thoma Bires in placito debiti.

(DC37) Lex inter Matheum Spark querentem[321] et Heugonem Goften deffendentem essoniatur per dictum Matheum.

(476) ‖Burgus de Crocegatt'‖ Curia tenta ibidem die Mercurii xxxj die Maii anno Domini millesimo D^imo xiiij° (*31 May 1514*)
(DC37) De Matheo[322] Spark quia non prosecutus fuit placitum suum versus Heugonem Goften. Ideo in misericordia domini – iij d.

---

318 MS *aliques*.
319 MS *in justi*.
320 MS *pate[nt]^t vederarii*.
321 MS apparently *queritur*.
322 MS *Matheus*.

fo. 140v

(477) ‖Burgus de Crocegayt‖ Curia tenta ibidem die Marcurii vicesimo sexto die [Aprilis] Julii[323] anno Domini millesimo quingentesimo decimo quarto (*6 June 1514* or *5 July 1514*)

(DC38) ‖Placitum‖ Johannes Moryson queritur de Agnete Porter vidua administrice bonorum et catallorum que fuerunt Thome Porter in placito detensionis – ij s. quos solvit pro prefato Thoma, et ad dampna sua – xij d. Et defendens attachiatus est per unum caminum precii – x s., plegius Isabella[324] Sparke, plegius prosecucionis Henricus Collyngwod et defendens essoniatur. ‖Ponitur super inquisicionem‖

(478) ‖Burgus de Crocegayt‖ Curia tenta ibidem die Marcurii secundo die [Ju] \\Augusti// anno Domini millesimo quingentesimo decimo quarto (*2 August 1514*)

(D240) ‖Placitum‖ Robertus Wilfett per Thomam Orsdon attornatum suum queritur de Willelmo Fayrhallers in placito [debiti] detensionis unius \\jakett// panni \\lanei// precii – iij s. et unius pellis vocate[325] – precii – vj d., et ad dampna sua – xij d., plegius prosecucionis Olleverus Thorneburghe. Et defendens [non venit] essoniatur.

(479) ‖Burgus de Crocegayt‖ Curia tenta ibidem die Marcurii decimo die Augusti anno Domini millesimo quingentesimo decimo quarto (*2 August 1514*)

(DC38) ‖Panellum inter Johannem Moryson querentem et Agnetem Porter defendentem‖ Johannes Syluertop {a. juratus [+]}, Henricus Collyngwod {a. • juratus}, Edwardus Emerson {a. juratus}, Robertus Wylȝamson {+ a. juratus}, Ricardus Fayrallers {a. juratus}, Nicholaus Bowman {a. • juratus}, Rogerus Gollen {+ a.}, Robertus Toller {a. essoniatur juratus}, Willelmus Hedlye {a. • juratus}, Robertus Heppton {a. • juratus}, Johannes Haull {a. • juratus}, Thomas Wylson {a. juratus}.

(D240) De \\Willelmo// Fayrallers qui non venit ad respondendum \\Roberto// Wylfett in placito detensionis. \Ideo/ in misericordia – iiij d.

fo. 141

(480) ‖Burgus de Crosegayt‖ Curia tenta ibidem die Marcurii [*3 cm. of text erased*] xvij die Augusti[326] anno Domini millesimo quingentisimo decimo (*16 August 1514*)

De (*Blank space of 11 cm.*) placitum

---

323 6 June 1514 was a Wednesday; 6 July was a Thursday.

324 MS *Isab plegius Isabella*.

325 No space is left here for a missing word.

326 17 August 1514 was a Thursday.

(D240) De Willelmo Fayrallers qui non venit ad \\respondendum Roberto// Wylfett in placito detensionis in misericordia – iiij d.

(481) ‖Burgus de Crosgayt‖ Curia tenta ibidem die Marcurii xxiiij die Augusti[327] anno Domini millesimo quingentisimo decimo quarto (*23 August 1514*)
(D240) Placitum inter Robertum Wy\l/fett[328] querentem et Willelmum Fayrallers defendentem continuatur usque[329] proximam. ‖Continuatur‖

(DC38) ‖Veredictum‖ Johannes Syluertop et socii sui jurati inter Johannem Moryson querentem et Agnetem Porter defendentem dicunt super sacramentum suum \quod/ predicta Agnes non detinet dicto Johanni Moryson dictos – ij s. nec ullum inde denarium. Ideo consederatum est per curiam quod dicta Agnes eat inde quieta sine die et dictus Johannes Moryson in misericordia domini – xij d.

(482) ‖Burgus de Crocegayt‖ Curia tenta ibidem die Marcurii xxx die Augusti anno Domini millesimo quingentisimo decimo quarto (*30 August 1514*)
(*No recorded business*)

fo. 141v
Extracte facte sunt usque huc.

(483*) ‖Burgus de Crocegayt‖ Curia capitalis tenta ibidem die Marcurii quarto die Octobris anno regni regis Henrici octavi post conquestum Anglie sexto et anno Domini millesimo quingentisimo xiiij° (*4 October 1514*)
De Thoma Witton, magistro hospitalis de Keipyer', Rogero[330] Richerdson {essoniatur}, [Johanne Blunt \Blount/ wanneman] {quia comparuit}, [Willelmo Morton], Johanne Hotton, Roberto Lowen, herede Willelmi Euer militis, [Johanne Colson] {comparuit}, [Roberto Wylfett] {quia comparuit}, [Johanne Blount bowcher] {quia essoniatur}, [Roberto Crayk] {quia comparuit}.

‖Pannellum pro domino‖ Robertus Claxton {juratus}, Willelmus Smedhirst {juratus}, Johannes Prior {juratus}, [Roulandus {juratus}] \\Laurencius// Toller {juratus}, Willelmus Wanneman {juratus}, Johannes Wodmous {juratus}, Robertus Crayk {juratus}, Johannes Blount wanneman {juratus}, Thomas Dobbynson {juratus}, Willelmus Ouerfeld {juratus}, Robertus

---

327 24 August 1514 was a Thursday.
328 MS *Wylsett*.
329 MS *vnsque* or *vusque*.
330 MS *Rogerus*.

Wylfett {juratus}, Johannes Colson {juratus}, jurati pro domino, presentant \super/ sacramentum suum quod quarterium frumenti, quarterium ordii et quarterium aven*e* ultimo die mercati et aliis diebus mercati vendebantur diversis preciis, videlicet quarterium frumenti pro – vj s., quarterium ordii pro – iij s. iiij d., quarterium aven*e* pro – xx d. Ideo consideratum est per curiam et dictos juratos quod quilibet brasiator et brasiatrix, pandoxator et pandoxatrix \a/ festo Sancti Martini proxime futuro usque \a<d>/ festum Martini in yeme extunc proxime futurum vendat lagenam servisie melioris pro – j d. ob. et lagenam servisie bone pro – j d. qua. communi populo domini regis, quilibet sub pena forisfaciendi domino – vj s. viij d. tociens quociens. | Item presentant super sacramentum suum quod Hugo Spark posuit equum in cemiterium capelle Sancte Margarete contra penam. Ideo <in> misericordia domini – vj d. | De (*Blank space of 2 cm.*) Garnett pro uno porco ibidem simili modo – ij d. | Item presentant quod Hugo Spark forstallavit et emebat butirum et caseum in diebus mercati. Ideo in misericordia domini – [iiij d.] ij d. (*fo. 142*) Injunctum est omnibus habentibus stercolinia \et alia fatada jacencia/ ante frontes suas quod ea amoveant citra festum \\Sancti Martini// sub pena cuilibet – vj d. Et quod si decetero[331] facient alia stercolinia quod ea removeant infra vj dies, quilibet sub pena forisfaciendi – vj d. tociens quociens. | Et injunctum est omnibus tenentibus quod nullus de cetero lavet aliquos pannos neque \\operat ibidem// pelles lanutas \lymid/ ac lavent eas neque proiciant aliquod fetidum nec cadaver in quemdam rivulum vocatum Milnburn, quilibet sub pena – xij d. tociens quociens. | Injunctum est Hugoni Roule seniori quod removeat quandam mulierem existentem et morantem in domo sua posteriore citra xv^am sub pena – xij d. | Injunctum est uxori Willelmi Heghyngton et omnibus aliis tenentibus quod decetero nullus eorum objurgat cum vicinis suis, quilibet sub pena – iij s. iiij d. | Et quod quilibet habens caniculos eos custodiat infra domum suam noctanter, ita quod non latrant ad nocumentum vicinorum suorum, quilibet sub pena – iiij d. tociens quociens. | ||Assisa servisie|| Edmondus Huchonson {ij d.}, Henricus Colynwod {ij d.}, [Willelmus Owrfeld], \\Oliverus Thornbrugh// {ij d.}, Robertus Hervy {ij d.}, Robertus Selby {iiij d.}, Johannes Robson {ij d.}, Ricardus Fairallers {ij d.}, Laurencius Toller {ij d.}, [Hugo Spark {ij d}], Willelmus Gofften {ij d.}, Thomas Dobynson {ij d.}, Isabella Spark {ij d.}, Robertus Claxton {ij d.}, Agnes Walker {ij d.}, Johanna Lewyn {ij d.}, Johannes Wodmows {ij d.}, Hugo Rowll {ij d.}, [Thomas Wryter {ij d.}], Thomas Trotter {ij d.}, quia vend*unt* servisiam contra assisam. | Item dicti \\jurati// presentant quod Georgius Spark {vj d.}, et Hugo Spark {vj d.} tannatores emebant et forstallabant pelles bovinas, vaccinas, taurinas et vitulinas in diebus mercati. Ideo quilibet eorum in misericordia domini – vj d. | Item quod Johannes Priour et Laurencius Toller burgenses glowers emebant et forstallabant

---

331 MS *decitero.*

pelles ovinas lanutas in diebus mercati. Ideo [quilibet] \\uterque// eorum in misericordia domini – [vj d.] iiij d. | Item presentant Ricardum Blount et Robertum Tollar et Symonem Bird non burgenses pro consimili. Ideo quilibet eorum in misericordia domini – vj d. (*Marginated with a bracket joining the three presentments relating to forestalling*) Intrantur in extractis ultime preteritis

fo. 142v

(484) ‖Burgus de Crocegate‖ Curia tenta ibidem die Marcurii xj die Octobris anno Domini millesimo quingentisimo decimoquarto (*11 October 1514*)

(D241) ‖Placitum‖ Edwardus Swallewell et socii sui procuratores gilde Sancte Trinitatis in ecclesia Sancti Oswaldi in Dunelm' queruntur de Reginaldo Garthstane in placito debiti – ij s. iiij d. \pro ij b†o†ndes lini/ et ad dampnum suum – ij s. Et defendens attachiatus fuit per unam equam badii coloris precii – v s., \<plegius\> Georgius Spark. Et defendens essoniatur. ‖Lex se iiijᵃ ‖

‖Fidelitas‖ Thomas Trotter venit ad hanc curiam et fecit fidelitatem suam domino pro uno burgagio cum suis pertinenciis in Aluertongate in Dunelm' ex parte boriali inter burgagium \<gilde\> Corporis Christi ex parte australi et burgagium hered*is* Willelmi Morton ex parte boriali. quod quidem burgagium habet ex dono et concessione Thome prioris ecclesie cathedralis Dunelm' etc. pro termino vite sue prout patet \<per\> indenturam inter partes predictas factam, cujus data est apud Dunelm' secundo die Octobris anno regni regis H. viijᵛⁱ etc. quinto.³³²

(485) ‖Burgus de Crocegate‖ Curia tenta ibidem die Marcurii xxiiij die Octobris³³³ anno Domini millesimo quingentisimo quartodecimo (? *25 October 1514*)

(D242) ‖Placitum‖ Oliverus Thornbrugh queritur de Johanne Denaunt in placito debiti – ij s. pro quibus devenit \plegius/ ad solvendum ei pro Matheo Spark, et ad dampnum suum – vj d. Et defendens non venit – iiij d.

fo. 143

(486) ‖Burgus de Crossegat‖ Curia tenta ibidem die Marcurii viijº die Octobris³³⁴ anno Domini millesimo quingentesimo decimoquarto (*8 November 1514*)

(D243) ‖Placitum‖ Willelmus Robson queritur de Thoma Wilson fissher in

---

332 This concerns Allergate 4 (Rental, 15): Camsell, *Development*, II, p. 14.

333 24 October 1514 was a Tuesday.

334 8 October 1514 was a Sunday; 8 November was a Wednesday. The earlier courts for 4 and 11 October demonstrate that 'October' here is an error.

placito debiti – v s. ix d. \sibi prestitorum / quos ei debet per <re>ward*um* Ricardi Merley, Ricardi Jakeson et Edwardi \\Swalwell// in ultima curia precedenti solvendos infra tres dies tunc proxime sequentes, ad quem diem non solvit licet etc., ad dampnum suum iij s. iiij d. Et defendens non venit – [iiij d.] iij d. ‖Misericordia [i]iij d.‖

(D241) ‖Essonium‖ Placitum inter Edwardum Swalwell et socios suos procuratores gilde Sancte Trinitatis in ecclesia Sancti Oswaldi querentes et Reginaldum Garthstan essoniatur per querentes. ‖Unde lex se iiijᵗᵃ‖

(D242) ‖Essonium‖ Placitum inter Oliverum Thornburgh querentem et Johannem Denaunt defendentem essoniatur per defendentem.

(487) ‖Burgus de Crossegate‖ Curia tenta ibidem die Mercurii xvᵒ die Octobris anno Domini millesimo quingentesimo decimoquarto (*15 November 1514*)
(D243) De Thoma Wilson fissher quia non venit <ad> respondendum Willelmo Robson in placito debiti – [iiij d] \\iij d.//. ‖[iiij d.] iij d.‖

(D242) Ad hanc curiam venit Johannes Denaunt ad sectam Oliveri Thornburgh in placito [debiti ij s. de plegio acquietando] \\debiti ij s.//, et dicit quod [posuit ipsum in plegium versus ut supra,³³⁵ et dic] \\devenit plegius eidem pro dicto Matheo// ut in placito pro dictis ij s., et dicit quod debet solvere dictos ij s. dicto Olivero. Et habet diem ad solvendum infra octo dies sub pena execucionis. Ideo dictus Johannes pro licencia concordandi – iij d.

(D241) De Edwardo Swalwell et sociis suis procuratoribus gilde Sancte Trinitatis in ecclesia Sancti Oswaldi quia non prosecutus fuit³³⁶ placitum suum versus Reginaldum Garstane. Ideo dictus Edwardus et socii sui in misericordia domini – iiij d.

fo. 143v
(488) ‖Burgus de Crocegayte‖ Curia tenta ibidem die Marcurii xxij die Novembris anno Domini millesimo quingentisimo quartodecimo (*22 November 1514*)
(T90) ‖Placitum‖ Johannes Siluertop queritur de Roberto Wynter in placito transgressionis eo quod injuste cepit unum corium equinum precii – ix d. et illud occupavit preter et contra voluntatem suam unde deterioratus <est> et dampnum habet ad valenciam – ix d. ‖Ponitur in arbitrio‖

---

335 A letter following *supra* (perhaps *p*) is smudged out.
336 MS *prosecut' fuit*. A single plaintiff is similarly assumed in the first statement of this plea in court 484.

(D243) ‖Essonium‖ Placitum inter Willelmum Robson querentem et Thomam Wilson fyssher defendentem essoniatur per dictum defend-entem.

(489) ‖Burgus de Crocegate‖ Curia tenta ibidem die Marcurii xxix die Novembris anno Domini millesimo quingentisimo quartodecimo (*29 November 1514*)

(D243) Thomas Wilson venit et petit diem interloquendi usque prox-imam curiam ad respondendum Willelmo Robson in placito debiti.

(490) ‖Burgus de Crocegate‖ Curia tenta ibidem die Marcurii xiij die Decembris anno Domini millesimo quingentisimo quartodecimo (*13 December 1514*)

(D243) Thomas Wilson venit et fatetur Willelmo Robson – v s. et [vj d.] \\ix d.// pro debito principali et ij d. pro custagiis. Ideo dictus Thomas in misericordia – iij d.

(T90) De Johanne Siluertop quia non prosecutus fuit placitum suum versus Robertum Wynter. Ideo in misericordia domini – iij d.

De Johanne Wodmo (*Incomplete*).

fo. 144

(491*) ‖Burgus de Crocegate‖ Curia capitalis tenta ibidem die Marcurii decimo die Januarii anno regni regis Henrici octavi post conquestum Anglie sexto et anno Domini millesimo quingentisimo xiiij° (*10 January 1515*)

De Thoma Wytton, magistro hospitalis de Keipiere, De Johanne Blount \\wanneman//, De herede Johannis Hoton, De [Roberto Wri], [De Rogero Richardson], De Roberto Lowen, herede Willelmi Eure militis, [Thoma Trotter], [Willelmo Smethirst] {essoniatur}, herede Radulphi Millett, [Roberto Welfett] {quia comparuit}, Johanne Blount bowcher, quia non venerunt ad curiam. Ideo quilibet eorum in misericordia – iiij d.

‖Panellum pro domino‖ Rogerus Richerdson {juratus}, Robertus Selby {juratus}, Johannes Priour {juratus}, \[Willelmus Smethirst {juratus}]/, Laurencius Toller {juratus}, Johannes Wodmows {juratus}, Willelmus Waneman {juratus}, Robertus Crayke {juratus}, Willelmus Owrefeld {juratus}, Johannes Colson {juratus}, Thomas Dobynson {juratus}, Thomas Trotter {juratus}, Robertus Weilfed {juratus}.

‖Fidelitas‖ Robertus Claxton filius et heres Johannis Claxton de Aldpark venit ad hanc curiam et fecit fidelitatem suam domino pro omnibus burgagiis \\jacentibus infra// jurisdiccionem hujus curie que fuerunt dicti Johannis patris sui. Et fecit finem de – [vj] [viij d.] \\xij d.// Et jura*t*.
‖Fidelitas‖ Ricardus Bloynt de Dunelm' glover venit ad hanc curiam et

fecit fidelitatem suam domino pro uno burgagio jacenti in Crocegate in Dunelm ex parte boriali inter burgagium prioris Dunelm' ex parte occidentali et burgagium pertinens capelle Sancte Margarete ex parte orientali, quod quidem burgagium dictus Ricardus habet ex concessione Thome prioris Dunelm' et sacriste Dunelm' pro termino vite sue. Et fecit finem cum domino de – xij d. Et jura*t*.[337]

fo. 144ᵛ
[‖Burgus de Crocegate‖ Curia tenta ibidem die Marcurii xvij die Januarii anno Domini millesimo quingentisimo xiiij°]

Rogerus Rycherdson et socii sui jurati pro domino presentant super sacramentum suum quod Ricardus Madyson de Harom {iij s. iiij d.} fecit insultum super Johannem Neill contra pacem. | Item dicti jurati presentant quod Willelmus Bell de Berepark {iij s. iiij d.} fecit insultum super Thomam Keyth in domo Thome Dobynson contra pacem. | Injunctum est Sissille Cawcy quod decetero non objurgat infra domum Thome Wryter nec extra sub pena forisfaciendi domino – iij s. iiij d. | Injunctum est eciam iconimis capelle Sancte Margarete quod emendant seu emendari faciant muros cemiterii dicti capelle ex parte occidentali citra festum Sancti Cuthberti proxime futurum sub pena forisfaciendi – xij d. | Item injunctum est sellerario Dunelm' et tenentibus suis quod non obstupifaciant set permittent aquam venientem a le West Orchard' habere cursum suum usque domum Laurencii Toller sub pena – [x]iiij s. iiij d. | Injunctum est eciam capellano gilde Corporis <Christi> quod faciat aquam habere rectum cursum suum per clausuram suam ut prius transire[338] solebat citra festum Sancti Cuthberti \proxime futurum/ sub pena forisfaciendi – xij d.

fo. 145
(491a) ‖Burgus de Crocegate‖ **Curia tenta ibidem die Marcurii xvij die Januarii anno Domini millesimo quingentisimo xiiij°** (*17 January 1515*)
(*No recorded business*)

(491b) ‖Burgus de Crocegate‖ **Curia tenta ibidem die Marcurii xxiiij die Januarii anno Domini millesimo quingentisimo quartodecimo** (*24 January 1515*)
(*No recorded business*)

(491c) ‖Burgus de Crocegate‖ **Curia tenta ibidem die Marcurii xxxjᵐᵒ**

337 This concerns Crossgate 12 (Rental, 42): Camsell, Development, II, p. 67.
338 MS *transcire.*

die Januarii anno Domini millesimo quingentisimo xiiij° (*31 January 1515*)
(*No recorded business*)

(492) ‖Burgus de Crocegate‖ Curia tenta ibidem die Marcurii xiiij die Marcii anno Domini millesimo quingentisimo xiiij° (*14 March 1515*)
(DC39) ‖Placitum‖ Elena Corre vidua queritur de Roberto Hervy in placito detensionis unius olle a potell pott ij s. quod posuit uxori dicti Roberti in pignus,[339] et ad dampna sua – xij d., plegius prosequendi Georgius Spark. Et defendens venit et dedicit detencionem predictam. ‖Ponitur super inquisicionem‖

(492a) ‖Burgus de Crocegate‖ Curia tenta ibidem die Marcurii xxviij die Marcii anno Domini millesimo quingentisimo quartodecimo (*28 March 1515*)
(*No recorded business*)

fo. 145v
(493*) ‖Burgus de Crocegate‖ Curia capitallis tenta ibidem [die Marcurii] decimo[340] octavo die [Januarii] \\Aprilis// anno regni regis Henrici octavi post conquestum Anglie sexto et anno Domini millesimo quingentisimo xv^imo (*18 April 1515*)
De Thoma Wytton, magistro hospitalis de Keipyer', herede Johannis Hoton, [procurator*ibus* capelle Beate Margarete] {quia co<m>paruerunt}, Roberto Lewyn, herede Willelmi Eure militis, herede Radulphi Melott, quia non venerunt ad faciendam sectam curie. Ideo quilibet eorum in misericordia domini – iiij d.

‖Panellum pro domino‖ Rogerus Richerdson {• juratus}, Willelmus Smethirst {• juratus}, Johannes Priour {• juratus}, Laurencius Toller {• juratus}, Robertus Crayk {• juratus}, Robertus Welefed {• juratus}, Johannes Wodmows,[341] Thomas Trotter {• juratus}, Johannes Bloynt wayneman {• juratus}, Willelmus Owrfeld {• juratus}, Thomas Dobynson {• juratus}, Johannes Colson {• juratus}, Ricardus Bloynt {• juratus}.

(DC39) ‖Panellum inter Elenam Cory viduam querentem et Robertum Hervy defendentem‖ Thomas Knag {• juratus}, Willelmus Watson {• juratus}, Johannes Denant {• juratus}, Henricus Tomson {• juratus}, Willelmus Spark {• juratus}, Roulandus Hall {[+] • juratus}, Johannes Fyndeley {• juratus}, Robertus Toller {• juratus}, Robertus Robynson

---

339 MS *vx' dicto Roberto [**] in pignere.*
340 MS *dicimo.*
341 The name of John Woodmows is underlined with a row of dashes.

{• juratus}, Johannes Jakson {+}, Johannes Hall {• juratus}, Willelmus Robson {• juratus}, Johannes Syluertop {• juratus}.

‖Fidelitas‖ Willelmus Wharram venit ad hanc curiam et fecit fidelitatem suam domino pro uno burgagio cum suis pertinenciis in Crocegate in Veteri Burgo Dunelm' sicut jacet in longitudine et latitudine inter burgagium capelle Sancte Margarete modo in tenura Johannis [Wodmows] Wodmosse tailyour ex parte occidentali et burgagium heredis Willelmi Rakett modo in tenura Oliveri Thornbrugh walker ex parte orientali, (fo. 146)[342] quod quidem burgagium cum suis pertinenciis dictus Willelmus Wharham habet ex dono et concessione Rogeri Richerdson de Dunelm' mercer imperpetuum, prout patet per cartam suam cujus data est sexto die Marcii anno regni regis Henrici octavi post conquestum Anglie sexto.[343]

Rogerus Rycherdson et socii sui jurati pro domino presentant super sacramentum suum quod iconimi capelle Sancte Margarete [in misericordia vj d.] non reparaverunt muros semitorii citra diem inde eis datum contra penam. | ‖Pene (bracketed to all five following injunctions)‖ Injunctum est omnibus tenentibus de Sowthstreit commorantibus juxta fontem Sancte Elene quod mundant seu mundari faciant dictum fontem citra xvam, quilibet sub pena forisfaciendi – ij d. | Injunctum est eciam tenentibus de Aluertongate quod mundant seu mundari faciant communem venellam suam ibidem citra xvam, quilibet sub pena – ij d. | Injunctum est omnibus habentibus sterquilinia jacencia ante frontes suas quod ea removeant citra festum Pentecostes, quilibet sub pena forisfaciendi domino – vj d. | Injunctum est eciam quod nullus decetero custodiat oves suos in le Lonynges neque juxta sepes vicinorum suorum, quilibet sub pena forisfaciendi domino pro quolibet capite – ij d. | Injunctum est eciam Georgio Dune quod decetero[344] non receptat neque hospitet vacabundos ultra unam noctem[345] et diem sub pena forisfaciendi domino – xij d. tociens quociens.

fo. 146ᵛ
(494) ‖Burgus de Crocegate‖ Curia tenta ibidem die Mercurii secundo die Maii anno Domini millesimo Dᵐᵒ xvⁱᵐᵒ (2 May 1515)
(DC39) De Elena Corry vidua quia non prosecuta fuit placitum suum versus Robertum Hervy nihil <quia> dictus Robertus exoneravit curiam inde cum breve de Recordari.

---

342 MS has *Plus ex alio latere* at the foot of fo. 145v.
343 This concerns the burgage in Crossgate 16 (Rental, 46) that was adjacent to Crossgate 15: Camsell, Development, II, p. 70.
344 MS *deceterio*.
345 MS *nocte*.

(DC39) [Thomas Knag et socii sui jurati inter Elenam [Cossy] Corry viduam querentem et Robertum Hervy defendentem dicunt super sacramentum suum quod (*Incomplete*).

(495) ‖Burgus de Crocegate‖ Curia tenta ibidem die Mercurii xxiij die Maii anno Domini millesimo D^{imo} xv^{imo} (*23 May 1515*)

(D244) ‖Placitum‖ Johannes Fyndley queritur de Willelmo Tomson in placito debiti – ij s. [ij] \\j d.//. Et ad dampnum suum – viij d. Et defendens essoniatur.

(496) ‖Burgus de C.‖ Curia tenta ibidem die Mercurii viij° die Augusti anno Domini millesimo D^{imo} xv^{imo} (*8 August 1515*)

(DC40) ‖Placitum‖ Oliverus Thornbrugh queritur de Johanne Cuke in placito detencionis – xij d. quos Ricardus Rycherdson de Kendaleshire liberavit eidem defendenti ad solvendum ei pro un' lez steropz et ledirs pertinentibus eisdem, et ad dampnum suum – vj d. Et defendens attachiatus fuit per unam equam badii coloris precii – vj s., plegius Henricus Colynwod. ‖[Querens vult probari cum ij^{bus} testibus] Ponitur super inquisicionem‖

(DC41) ‖Placitum‖ Emota [Hyme] Batesson vidua queritur de Agnete Fell in placito detencionis unius kirtyll rubii coloris sine manucis precii – xx d., et ad dampnum suum – vj d., plegius pro dicta Agnete Johannes Colson. ‖[Ponitur super inquisicionem] Lex‖

fo. 147

(497) ‖Burgus de Crocegate‖ Curia tenta ibidem die Marcurii xxij die Augusti anno Domini millesimo D^{imo} xv^{imo} (*22 August 1515*)

(D245) ‖Placitum‖ Oliverus Thornbrugh queritur de Hugone Spark in placito debiti – xx d. sibi debitorum pro firma unius shope sibi debitorum, et ad dampnum suum – iiij d. Et defendens non venit. Ideo in misericordia domini – iij d.

(DC41) Agnes Fell venit et perfecit legem suam se iij^a manu, videlicet Margareta Menvile et Katerina Toller quod non injuste detinet \Emote Batessd†on†/ unum kirtyll prout patet in placito. Ideo eat inde dicta Agnes quieta sine die. Et dicta defendens³⁴⁶ in misericordia domini – iiij d.

(498) ‖Burgus de Crocegate. Curia tenta ibidem die Mercurii xxix° die Augusti anno Domini millesimo D^{imo} xv^{imo} (*29 August 1515*)

(D245) Hugo Spark venit et fatetur Olivero Thornbrugh – xviij d. pro

---

346 This is confused; Agnes Fell was the defendant.

debito principali et ij d. pro custagiis et expensis – ij d. Ideo dictus Hugo in misericordia domini – iij d.

(DC40) ‖Panellum inter Oliverum Thornbrugh querentem et Johannem Cuke defendentem‖ Willelmus Barker {• [+] A}, Robertus Softley {A •}, Robertus Robynson tailyour {A •}, Thomas Barker {• A}, Edwardus Emereson {A •}, Henricus Tomson {A +}, Georgius Fawell {A •}, Willelmus Goften {•}, Hugo Wrangham {+ A}, Rogerus Gollen {+ A}, Robertus Grevesson {+ A}, Thomas Wilson fyssher {•}.

(DC40) Oliverus Thornbrugh venit et petit viij° tales.

fo. 147v
(499) ‖Burgus‖ Curia tenta ibidem die Mercurii quinto die Septembris anno Domini millesimo D^{imo} <xv°> (*5 September 1515*)
(DC40) ‖Tales viij° inter Oliverum Thornbrugh querentem et Johannem Cuke defendentem‖ Johannes Denaund {A + +}, Willelmus Spark {+ A}, Christoforus Henryson {+ A}, Johannes Stephenson {+ A}, Johannes Hall wever {A •}, Gwido Masson {+}, Robertus Hepton {• A}, Johannes Dukett {+ A}.

(DC40) ‖Essonium‖ Jurata inter Oliverum Thornbrugh querentem et Johannem Cuke defendentem essoniatur.

(500) ‖Burgus de Crocegate‖ Curia tenta ibidem die Marcurii xij die Septembris anno etc. supradicto (*12 September 1515*)
(D246) ‖Placitum‖ Hugo Spark queritur de Henrico Collynwod in placito debiti – xv d. pro ij petris et dimidia ferri de Weredale[347] de eo emptis, solvendorum ad festum Sancti Cuthberti ultime preteritum, et ad dampnum suum – vj d. Et defendens [petit diem interloquendi usque proximam curiam] {quia partes concordati sunt et dictus Henricus in misericordia domini – ij d. quos solvit sacriste}.

(D247) ‖Placitum‖ Thomas Colstane queritur de Ricardo Bloynt glover in placito debiti – v s. iiij d., videlicet ij s. pro firma unius domus et iij s. iiij d. pro opere suo manuali, et ad dampnum suum – xij d., plegius prosecucionis W. Newton. Et defendens venit et dedicit. ‖Ponitur super inquisicionem‖

For fos 148 and 149, see Additional Documents 6 and 7.

---

347 For the growth of the iron industry of Weardale in this period, see M. Threl-fall-Holmes, 'Late Medieval Iron Production and Trade in the North-East', *Archaeologia Aeliana*, 5th series, XXVII (1999), pp. 109–22.

fo. 150

(501) ‖Burgus de Crosgate‖ Curia tenta ibidem die Marcurii xix^{mo} Septembris anno Domini millesimo quingentisimo quinto<decimo> (*19 September 1515*)

(D248) ‖Placitum‖ Henricus Collynwod queritur de Cuthberto Spark in placito debiti – xv d. pro bukleres bandes et bossys de ferro de eo emptis, et ad dampnum suum – vj d.

(DC40) Ad hanc curiam venit vicecomes Dunelm' cum breve de Recordari et exoneravit curiam de placito detencionis xij d. quod Oliverus Thornbrugh a Johanne Cuke exigit ut dicit. Et partibus predictis prefixit diem essendi coram justic*iariis* domini episcopi Dunelm' ad proximam sessionem assis*e*.

(502)‖Burgus de Crosgate‖ Curia tenta ibidem die [Martis] Marcurii xxvj^{to} die Septembris anno Domini millesimo quingentisimo quinto<decimo> (*26 September 1515*)

(D248) Placitum [con] \\inter// Henricum Colynwod et Cuthbertum Spark continuatur quousque dictus Cuthbertus reveniat a Scocia.

fo. 150v

Extracte facte sunt usque huc.

(503*) ‖Burgus de Crosgate‖ Curia \\capitalis// tenta ibidem die Marcurii tercio die Octobris anno regni regis Henrici octavi post conquestum Anglie sexto anno domini millesimo quingentisimo quintodecimo (*3 October 1515*)

De Thoma Witton, magistro hospitalis de Kepyere, [capellano cantarie Corporis Christi], hered*e* Johannis Ricroft, [Johanne \Blunt/ wa<yn>man] [hered*e* Willelmi Morton], [Johanne Wodmos], [procuratorib], Rogero Richardson {essoniatur}, Willelmo Wharhome, Roberto Lewen, hered*e* Willelmi Eure militis, hered*e* Johannis Huton, Roberto Hagthrop, [Willelmo Waynman], [Roberto Claxton], [Roberto Welfett], hered*e* Radulphi Melot, Johanne Blunt butcher, [Roberto Wryght], Roberto Bowes mylite, Johanne Colson {essoniatur}.

‖Panellum pro domino‖ Robertus Selby {• juratus}, Wellelmus Smethers {• juratus}, Johannes Prior {• juratus}, Laurencius Toller {• juratus}, Johannes[348] Wodmus {• juratus}, Willelmus Ourfeld {• juratus}, Robertus Krayk {• juratus}, Johannes Blunt waynman {• juratus}, Robertus Welfett {• juratus}, Thomas Trotter {• juratus}, Thomas Dobynson {• juratus}, Ricardus Blunt {• juratus}, jurati pro domino, presentant super sacramentum suum <quod> quarterium frumenti <vendebatur> pro – (*No*

---

348 MS *Johannis.*

sum entered), quarterium ordii pro – (*No sum entered*), quarterium ave*ne* <pro> – (*No sum entered*). Ideo con<sidera>tum est per curiam et dictos juratos quod quilibet brasiator et pandoxator <vel> pandoxatrix a festo Sancti Martini proxime sequenti usque festum Sancti Martini in yeme extunc proxime sequens[349] vendat lagenam servicie melioris pro – (*No sum entered*), lagenam servicie bone pro – (*No sum entered*) communi populo domini regis, quilibet sub pena forisfaciendi domino – (*No sum entered*) tociens quociens. | ‖Assisa servisie‖ Edmundus Hochonson {ij d.}, Henricus Collynwod {ij d.}, Oliverus Thornbrugh {ij d.}, Robertus Hervy {ij d.}, Robertus Selby {iiij d.}, Johannes Robson {ij d.}, Ricardus Fairallers {ij d.}, Laurencius Toller {ij d.}, Willelmus Gofften {ij d.}, Thomas Dobynson {ij d.}, Isabella Spark {ij d.}, Robertus Claxton {ij d.}, Agneta Walker {ij d.}, Johanna Lewyn {ij d.}, Johannes Wodmows {ij d.}, Hugo Rowll {ij d.}, Thomas Trotter {ij d.} vend*unt* servisiam contra assisam. ‖Intrantur in extractis ultimis (*bracketed to all the presentments for brewing*)‖

For fos 151–2, see Additional Documents 10 and 11.

fo. 153[350]

(504) ‖**Burgus de Crosgate**‖ **[Curia tenta ibidem die Marcurii x[j] die Octobris anno Domini millesimo quingentisimo quinto]** (*10 October 1515*)

Item jurati presentant super sacramentum quod Henricus Krikhows \de Wollsyngham/ fecit affraiam super Johannem Richerdson littster contra pacem. | Item dicti <jurati> presentant quod Willelmus Bell fecit affraiam super Henricum Bloynt. | Item dicti jurati presentant super sacramentum suum quod Cuthbertus Spark fecit affraiam super Robertum Hervy contra pacem. | Item presentant quod Johannes Dobson fecit affraiam super extraneum. | Item dicti jurati presentant super sacramentum suum quod Thomas Marnduke capellanus fecit insultum super Robertum Claxton. Postea venit idem capellanus et dicit quod non est inde culpabilis. | Item presentant quod Georgius Spark, Hugo Spark, Rogerus Gollen tannatores emebant et forstallabant pelles bovinas, vaccinas, taurinas et vitulinas in diebus mercati. Ideo quilibet eorum in misericordia domini – (*No sum entered*). ‖Intratur in extractis ultimis‖ | Item presentant quod Laurencius Toller {iiij d.}, Johannis Priour {iiij d.} burgenses \glovers/ Ricardus Bloynt {[vj d.] \\iiij d.//} \burgensis/, Robertus Toller {[vj d.] [iiij d. burgensis] vj d.}, Simon Birde {vj d.} non burgenses glovers emebant et forstallabant pelles lanutas in diebus mercati. ‖Intratur in extractis ultimis‖ | Item dicti jurati presentant super sacramentum suum

---

349 MS *sequent'*.

350 The heading is cancelled because the page continues the business of 3 October.

quod Georgius Fawell {misericordia ij porci vagant*es*}, Willelmus Lygh
{juratus ij porci}, Thomas Robynson {ij pro subvert'}, Hugo Spark {iij
porci vagant*es*}, uxor Robynson {j pro vagacione}, Johannes Huddispath
{ij porci pro vagacione}, Johannes Wodmows {ij porci pro vagacione et
subvert'}, Henricus Collynwod {iiij porci pro vagacione} Ricardus Faireallers {j pro vagacione}, Johannes Garnter {j pro vagacione}, Johannes
Dychaunt {j vagans}, Johannes Stevynson {j}, Johannes Champnay {iiij
porci}, Hugo Robynson {ij}, Johannes Gibson de Sowthstreite {j porc*us*}
tenent porcos vagantes et subvertantes solum domini et vicinorum
suorum contra penam inde positam. ‖Intrantur in extractis ultimis
(*bracketed to all the presentments for stray pigs*)‖[351]

**(505) ‖Burgus de Crosgate‖ Curia tenta die Marcurii x^mo die Octobris
anno Domini millesimo D^mo quintodecimo** (*10 October 1515*)
(D247) Placitum inter Thomam Colstane querentem et Ricardum Bloynt
defendentem continuatur.

fo. 153v
**(506) ‖Burgus de Crocegate‖ Curia tenta ibidem die Mercurii xiiij die
Novembris anno Domini millesimo D^imo xv^imo** (*14 November 1515*)
(D249) ‖Placitum‖ Johannes Gray queritur de Edwardo Notman milner
in placito debiti – vj s. pro stipendio suo sibi debito \ac pro j sacco – vij
d., j hel*ter* – j d., cum j trays – ob. ac feno – iij d./, et ad dampnum suum
– xij d. Et defendens attachiatus fuit per equum album precii – xv s.,
plegius Laurencius Toller. Et defendens petit diem interloquendi usque
proximam curiam.

(D247) De Thoma Colstane quia non prosecutus fuit placitum suum
versus Ricardum Bloynt. Ideo in <misericordia> domini – iij d.

**(506a) [‖[Burgus de Crocegate‖ Curia tenta ibidem die Mercurii xxj die
Novembris anno Domini millesimo D^imo xv^mo]** (*21 November 1515*)
\Cancellatur quia ballivus non presens./

fo. 154
**(507) ‖Burgus de Crocegate‖ Curia tenta ibidem die Mercurii xxviij die
Novembris anno Domini millesimo D^imo xv^imo** (*28 November 1515*)
(D249) Placitum inter Johannem Gray querentem et Edwardum Notman
defendentem continuatur usque xv^am. ‖Continuatur‖

(D248) Cuthbertus Spark venit et fatetur Henrico Collynwod xiij d. pro
debito principali et ij d. pro custagiis et expensis [Ideo di] et habet diem
solvendi inter festum Natale Domini et <festum> Purificacionis Beate

---

351 A draft of these presentments of stray pigs is printed as Additional Document 6.

Marie dimidiam partem et citra festum Pasche aliam dimidiam partem. Ideo dictus Cuthbertus in misericordia domini – iij d.

(508) ‖Burgus de Crocegate‖ **Curia tenta ibidem die Mercurii v^to die Decembris anno Domini millesimo D^imo xv^imo** (*5 December 1515*)
(DC42) ‖Placitum‖ Johannes Fawell senior queritur de Johanne Preston in placito detencionis unius olle ennee {xx d.}, unius hekyll {v d.}, unius axe {iiij d. ob.}, unius panni le pantid {vj d.}, ij chillez {iij d.}, unius eych {iiij d.}, unius verus^352 ferr*i* {ij d.}, unius graver ferri {viij d.} et unius hamer ferri {j d. ob.} ac unius persour {j d.} necnon unius paris le wherynez {j d.}, precii inter se – iiij s. viij d., que dictus querens ei prestitit ita quod redat ei cum et quando requisitus fuerit etc., et ad dampnum suum – xij d., plegius prosecucionis \\Georgius// Fawell. Et defendens venit et petit diem interloquendi usque proximam curiam.

fo. 154v
(509) ‖Burgus de Crocegate‖ **Curia tenta ibidem die Mercurii xij die Decembris anno Domini millesimo D^imo xv^imo** (*12 December 1515*)
(DC42) Johannes Preston venit ad respondendum Johanni Fawell seniori in placito detencionis diversorum bonorum prout patet in placito suo ad ultimam curiam precedentem. Et dicit quod ei non injuste detinet dicta bona nec aliquam parcellam eorumdem et super hoc petit vadiari legem suam et concessa est ei lex erga proximam curiam se iiij^a manu.

(D249) De Edwardo Notman alias Milner quia non venit ad respondendum Johanni Gray in placito debiti, plegius Laurencius Toller – iiij d.

(510) ‖Burgus de Crocegate‖ **Curia tenta ibidem die Mercurii xix^mo die Decembris anno Domini millesimo D^imo xv^imo** (*19 December 1515*)
(DC42) Ad hanc curiam venit Johannes Preston se iiij^a manu, videlicet Johanne Byllee, Hugone Spark et Cuthberto Sparke et perfecit legem suam quod non injuste detinet Johanni \\Fawell// omnia et singula bona contenta in placito nec aliquam parcellam inde. Ideo dictus Johannes Fawell in misericordia domini – vj d. ‖Memorandum‖

(D249) De Edwardo Notman quia non venit ad respondendum etc. ‖iiij d.‖

fo. 155
(511*) ‖Burgus de Crossegate‖ **Curia capitalis tenta ibidem \die Mercurii/ ix^no die Januarii anno regni regis Henrici octavi post conquestum Anglie sexto \et/ anno Domini millesimo quingentesimo quintodecimo** (*9 January 1516*)
De Thoma Witton, magistro hospitalis de Kepyere, hered*e* Johannis

---

352 MS *veru.*

Ricroft, [Johanne Blunt waynman] {quia comparuit}, herede Johannis Huton, [Johanne Wodmus] {quia comparuit}, [procurator*ibus* capelle Sancte Margarete] {quia comparu*erunt*}, Rogero Richardson {quia comparuit}, Roberto Selby {essoniatur}, Roberto Lewyn {quia infirmus}, herede Willelmi Eure militis, Roberto Hagthrop, [Willelmo Morefeld], Willelmo Waynman, [Willelmo Smethers] {quia infirmus}, Johanne Blunt bowtcher, Roberto Crayk {quia comparuit}, [Ricardo Blunt] {quia comparuit}, Willelmo Wharham, quia non venerunt ad faciendam sectam curie. Ideo quilibet eorum in misericordia domini – iiij d.

‖Panellum pro domino‖ Johannes Prior {juratus}, Thomas Trotter {juratus}, Johannes Wodmus {juratus}, Thomas Dobbynson {juratus}, Johannes Coulson {juratus}, Johannes Blunt waynman {juratus}, Willelmus Morefeld {juratus}, Robertus Welfett {juratus}, Robertus Crayk {juratus}, Laurencius Toller {juratus}, Ricardus Blunt {juratus}.

(D249) De Edwardo Notman alias Milner quia non venit ad respond-endum Johanni Gray in placito debiti, plegius Laurencius Toller – iiij d. ‖Memorandum‖

Johannes Priour et socii sui jurati pro domino presentant super sacra-mentum suum quod Georgius Fawell fecit affraiam super Johannem Preston contra pacem. | Item dicti jurati presentant quod Johannes Fawell senior fecit affraiam super Johannem Gray milner contra pacem. | Injunctum est bursario Dunelm' quod emendat sufficienter et includat frontes suas atque [viam] fossatum existens coram le pundfald citra festum Passhe sub pena – iij s. iiij d. | Et eciam injunctum est sacriste Dunelm' quod emendet fossatum supra le querreram[353] et faciat ibidem lez ralez citra dictum festum Passhe sub pena – iij s. iiij d. Et eciam injunctum est omnibus tenentibus quod sufficienter includant seu includi[354] faciant frontes suas ac sepes suas ante et retro inter proximum et proximum citra festum Sancti Mathei appostoli, quilibet sub pena forisfaciendi domino – vj d.

fo. 155v

(512) ‖Burgus de Crocegate‖ Curia tenta ibidem die Mercurii xvj^mo die Januarii anno Domini millesimo D^imo xv^imo (*16 January 1516*)
(D251) ‖Placitum‖ Johanna Lewyn vidua queritur de Willelmo Tomson in placito debiti – iiij s. ij d. pro iiij plaustr*atibus* carbonum {xxiij d. fatetur ij et negat ij}, pro una ove vocata a gymer {xiiij d. in carbonibus fatetur}, uno bussello siliginis {x d. negat} et j pecia ejusdem {iij d. fatetur} de ea

---

353 querrura, *quarry* (*RMLWL*, under *quarraria*). This quarrying gave its name to Quarryheads Lane.
354 MS *includar'*.

emptis, et ad dampnum suum – vj d. Et defendens non venit. Ideo in misericordia domini – iij d.

(D249) Placitum inter Johannem Graa querentem et Edwardum Notman defendentem continuatur eo quod querens infirmus jacuit in lecto. ‖Continuatur‖

(513) ‖Burgus de Crocegate‖ Curia tenta ibidem die Mercurii xxiij^{mo} die Januarii anno Domini millesimo quingentisimo quintodicimo (*23 January 1516*)
(D249) \\Placitum// inter Johannem Gray querentem et Edwardum Notman defendentem continuatur per xv^{am}. ‖Continuatur‖

(D251) Placitum inter Johannam Lewyn querentem et Willelmus Tomson defendentem continuatur usque proximam curiam.

fo. 156
(514) ‖Burgus de Crocegate‖ Curia tenta ibidem die Mercurii xxx^{mo} die Januarii anno Domini millesimo quingentisimo quintodicimo (*30 January 1516*)
(D251) De Willelmo Thomson quia non venit ad respondendum Johanne Lewyn in placito debiti – iij d.

(515) ‖Burgus de Crocegat‖ Curia tenta ibidem die Mercurii xiij^{mo} die Februarii anno Domini millesimo quingentisimo quintodicimo (*13 February 1516*)
(D252) ‖Placitum‖ Petrus Cowpland queritur de Roberto Selby in placito debiti – vij s. videlicet vj s. pro stipendio suo et xij d. pro custagiis et expensis per ipsum factis quos predictus Robertus promisit solvere ei, et ad dampnum suum – xij d. Et defendens essoniatur.

(D253) ‖Placitum‖ Willelmus Robynson queritur de Johanne Jakson \colyer/ in placito debiti – vj d. pro opere suo manuali, et ad dampnum suum – iiij d. \plegius prosecucionis Hugo Spark/. Et defendens non venit. Ideo in misericordia domini – iij d.

(D254) ‖Placitum‖ Johanna Lewyn queritur de Rogero Rycherdson in placito debiti – [xvj d.] \\xviij d.//, et ad dampnum suum – iiij d. [Et defendens non venit] Et postea partes concordate sunt. Ideo non plus pro amerciamento.

fo. 156v
(516) ‖Burgus de Crocegate‖ Curia tenta ibidem die Mercurii xx^{imo} die Februarii anno Domini millesimo D^{imo} xv^{imo} (*20 February 1516*)
(D252) De Petro Cowpland quia non prosecutus fuit placitum suum versus Robertum Selby – [iij d.] quia solvit sacriste.

(D253) [De Johanne Jakson colyer quia non venit ad respondendum Willelmo Robynson] {Quia comparuit postea}.

(D251) Placitum inter Johannam Lewyn querentem et Willelmum Tomson continuatur usque proximam curiam.

(517) ‖Burgus de Crocegat'‖ Curia tenta ibidem die Mercurii xxvijᵒ die Februarii anno Domini millesimo quingentisimo quintodicimo (*27 February 1516*)
(D251) De Willelmo Tomson quia non venit ad respondendum Johanne Lewyn in placito debiti – iij d.

(D253) De Johanne Jakson quia non venit ad respondendum Willelmo Robynson in placito debiti – iij d.

fo. 157
(518*) ‖Burgus de Crocegat'‖ Curia capitalis tenta ibidem die Mercurii secundo die Aprilis anno Henrici octavi post conquestum Anglie sexto anno Domini millesimo quingentisimo sextodecimo (*2 April 1516*)
(D249) Edwardus Notman essoniatur ad sectam Johannis Graa usque proximam curiam. ‖Esson*iatur*‖

De Thoma Witton, magistro hospitalis de Kepeyr, hered*e* Johannis[355] Ricroft, Johanne Bloynt waynman, hered*e* Johannis Howton, Roberto Lewyn, hered*e* Wyll'm Euers militis, Thoma Robynson {essoniatur}, Roberto Hagthorpe, Wyllelmo Waynman, hered*e* Radulphi Melott, Johanne Bloynt bowcher, quia non venerunt ad faciandam sectam curie. Ideo quilibet in misericordia – iiij d.

‖Panellum pro domino‖ Rogerus Rychardson {juratus}, Wyllelmus Smethirst {juratus},[356] Johannes Prior {juratus}, Thomas Trotter {juratus}, Johannes Wodmus {juratus}, Laurencius Toller {juratus}, Wyllelmus Morefeld {juratus}, Wyllelmus Warham {juratus}, Robertus Wellfot {juratus}, Robertus Crake {juratus}, Ricardus Bloynt {juratus}, jurati pro domino, qui presentant super sacramentum suum quod bursarius Dunelm' non emendebat sufficienter nec inclusit frontes suas atque fossat*um* su*um* existen*s* coram le pundefald ante festum Pashe ultime preteritum contra penam de iij s. iiij d. Ideo in misericordia domini – (*No sum entered*). | Item presentant quod sacrista Dumelm' quia non amendebat fossatum super le querreram neque fecit ibidem le ralez citra dictum festum contra penam. Ideo in misericordia – (*No sum entered*). | Item dicti jurati presentant super sacramentum suum quod Johannes

355 MS *Johanni*.
356 The first two names, standing in an incomplete line of their own, were perhaps added to a list originally beginning with John Prior.

Jakson custodit duos porcos vagantes in vico contra penam – (*No sum entered*). | ‖Pena‖ Item dicti jurati presentant <super> sacramentum suum quod uxor Johannis Stevynson de Sowthstreite est latrunicula et quod non est abilis permanere infra dominium. Ideo injunctum est dicto Johanni et uxori sue citra festum Pentecostes proxime futurum quod se amoveant sub pena – vj s. viij d. | ‖Pene (*bracketed to the three following injunctions*)‖ Injunctum est uxori Thome Caucy quod decetero non objurgat cum vicinis suis sub pena removacionis a jurisdiccione hujus curie vel forisfaciendi domino – iij s. iiij d. Et eciam injunctum est Hugoni Spark quod \decetero/ sufficienter custodiat canem suum bene musulatum sub pena forisfaciendi domino – iiij d. Et eciam omnibus tenentibus quod quilibet eorum includat frontes suas anteriores et posteriores citra vij^{anam} quilibet sub <pena> forisfaciendi domino – vj d,

fo. 157v
(519) ‖Burgus de Crocegat'‖ Curia tenta ibidem die Mercurii viij die Aprilis[357] **anno Domini millesimo quingentisimo sextodecimo** (*? 9 April 1516*)
(D255) Placitum inter Johannem Jakson querentem et Willelmum Robynson defendentem continuatur.

(520) ‖Burgus de Crocegat'‖ Curia tenta ibidem die Mercurii xxviij^{vo} Maii anno Domini quingentisimo sextodecimo (*28 May 1516*)
(D255) De Willelmo Robynson pro licencia concordandi cum Johanne Jakson in placito debiti – iij d.

(D249) Johannes Graa venit et dicit quod Edwardus Notman milner ei debet – vj s. pro stipendio suo et pro uno sacco {vij d.}, uno helt*er* {j d.} cum j trays {[j] ob.}ac pro feno {iiij d.}, – xj d. ob. ‖Ponitur super inquisicionem‖

fo. 158
Extracte facte sunt usque huc.

(521*) ‖Burgus de Crocegate‖ Curia capitalis tenta ibidem die Mercurii primo die Octobris anno Henrici octavi post conqestum Anglie sexto anno Domini millesimo sextodecimo (*1 October 1516*)
Ricardus Nicholson devenit plegius pro [ij s. iiij d.] {quia solvit} debitis sacriste Dunelm' pro landmale et [secta] \\non comparendo ad// curiam {xij d.}per Heppell.

De Thoma Witton, magistro hospitalis de Kepyere, [hered*e* Johannis Ricroft,] [Johanne Bloynt waynman], hered*e* Johannis Huton, Rogero Rychardson, Roberto Selbey, Roberto Lewyn, hered*e* Willelmi Euers

---

357 8 April 1516 was a Tuesday.

militis, Thoma Trotter, [Willelmo Morefeld,] [Willelmo Waynman,] Willelmo Smethyrst, herede Radulphi Melott, Johanne Bloynt bowtcher.

‖Panellum pro domino‖ Johannes Priour {juratus}, Laurencius Toller {juratus}, Willelmus Wharham {juratus}, Johannes Wodmows {juratus}, Willelmus Owrefeld {juratus}, Johannes Colson {juratus}, Robertus Craike {juratus}, Johannes Bloynt {juratus}, Robertus Welefed {juratus}, Thomas Dobynson {juratus}, Ricardus Bloynt {juratus}, Willelmus Waynman {juratus}, jurati pro domino, presentant super sacramentum suum quod Hugo Spark fecit affraiam super (*Blank space of 2 cm.*) Wylsson fysshewer contra pacem. | Item dicti jurati presentant quod Hugo Spark predictus custodivit quendam canem[358] masticantem non sufficienter muselatum contra penam. \Ideo in misericordia/ – iiij d. | Item presentant quod sacrista Dunelm' non emendavit communem viam existentem juxta whereram[359] contra penam. Item dicti jurati presentant quod Hugo Spark, Willelmus Gofften, Simon Bird et Robertus Toller glovers emebant et forstalabant pelles ovinas in diebus mercati contra penam. Ideo quilibet eorum in misericordia domini – vj d. ‖Intratur in extractis precedentibus‖ (*fo. 158v*) Item dicti jurati presentant quod Laurencius Toller, Johannes Priour et Ricardus Bloynt burgenses, Robertus Toller, Symon Bird non burgenses, emebant et forstallabant pelles lanutas et bovinas contra penam. Ideo quilibet †eorum† <in misericordia> (*No sum entered*) ‖Intratur in extractis precedentibus‖ | ‖Pene (*bracketed to all five following injunctions*)‖ Injunctum est Roulando Busby et uxori sue ac Thome Birez et uxori sue quod decetero non objurgant simul neque cum vicinis suis, quilibet sub pena – x s. | Pena ponitur Johanni Jakson quod sufficienter includat cepes suas citra festum Sancti Martini proxime futurum sub pena forisfaciendi domino – xij d. | Injunctum est omnibus habentibus sterquilinia jacencia coram frontibus in vico quod ea amoveant citra festum Sancti Martini proxime futurum, quilibet sub pena forisfaciendi – vj d. | Et eciam injunctum est omnibus tenentibus de Aluertongate quod mundant seu mundari faciant venellam suam ibidem citra festum Sancti Martini, quilibet sub pena – vj d. | Item dicti jurati presentant quod Johannes Garner, uxor et filia sue sunt latrunculi. Ideo injunctum est eis quod removeant extra jurisdiccionem hujus curie citra festum Sancti Martini proxime futurum sub pena – vj s. viij d.

Robertus Hervy {ij d.}, Henricus Collynwod {ij d.}, Willelmus Morefeld {ij d.}, Robertus Selbey {iiij d.}, Johannes Robson {ij d.}, Ricardus Fayrallers {ij d.}, Laurencius Toller {ij d.}, Petrus Copland {ij d.}, Willelmus Goften {ij d.}, Thomas Dobynson {ij d.}, Johannes Hodspath {ij d.}, Robertus Claxton {ij d.}, Johannes Smalwod {ij d.}, uxor Walker {ij d.}, Geneta

---

358 MS *canum* or *cannem*.
359 i.e. *quereram* ('the quarry').

Lewyn {ij d.}, Johannes Wodmus {ij d.}, Hugo Rowll {ij d.}, Oleverus Thornbrouth {ij d.}, Thomas Trotter {ij d.}. ‖Intratur in extractis precedentibus (*adjacent to the names in the above list*)‖

fo. 159

(522) ‖Burgus de Crocegat'‖ Curia tenta ibidem die Mercurii xvjº die Octobris[360] **anno Domini millesimo quingentisimo sextodecimo** (*? 15 October 1516*)

(C9) ‖Placitum‖ Ricardus Bloynt queritur de Johanne Dogesson in placito convencionis fracte eo quod dictus Johannes fecit convencionem cum dicto Ricardo de omnibus pellibus vocatis wynter skynnz ac vend*idit* dictas pelles dicto Ricardo videlicet omnium ovium quos interficiet usque festum Carnisbrevii proxime futurum. Et super hoc dictus Johannes vendidit dictas pelles aliis hominibus contra convencionem predictam, et ad dampnum suum – iij s. iiij d. ‖Continuatur‖

Johannes Denaunt {ij porc*i*}, Johannes Garnett {j}, Johannes Gibson {j}, Hugo Waneman {ij}, Johannes Champnay, Thomas Bloynt {ij}, Thomas Robynson {j}, Hugo Spark, Robertus Robynson {j}, Georgius Hudson {ij}, Thomas Bloynt {ij}, Georgius Fawell {ij}, Ricardus Nicholson {ij}, Willelmus Lygh {ij perdonatur}.

fo. 159v

(522a) ‖Burgus de Crocegate‖ Curia tenta ibidem die Mercurii tercio die Decembris anno Domini millesimo Dmo **xvjº** (*3 December 1516*) Olive (*Incomplete*).

(523*) ‖Burgus de Crocegat'‖ Curia capitalis tenta ibidem die Mercurii xiiijmo **die Januarii anno Henrici octavi post conquestum Anglie sexto**[361]**, anno Domini millesimo qui\<n\>gentisimo sextodecimo** (*14 January 1517*)

‖Fidelitas‖ Hugo Spark venit ad hanc curiam et fecit fidelitatem suam domino pro uno burgagio cum suis pertinenciis jacentibus in Crocegat' in Dunelm' ex parte boriali inter burgagium domini prioris, sacriste et conventus Dunelm' ex utraque parte, quod quidem burgagium dictus Hugo habet ex dono Thome prioris Dunelm' et Roberti Herynton monachi sacriste Dunelm' pro termino vite sue pro ut patet per cartam suam cujus data est apud Dunelm' decimo die mensis Januarii anno regni regis Henrici octavi post conquestum Anglie octavo.[362]

360 The *xvjº* here represents a crudely executed correction, but it is nonetheless erroneous since 16 October 1516 was in fact a Thursday.

361 This should be *octavo*.

362 This concerns Crossgate 11 (Rental, 41): Camsell, Development, II, p. 64. Cf. the earlier life-lease of this property to Robert Wilfet in court 420.

fo. 160

De magistro hospitalis[363] de Kepyer', Johanne Bloynt waynman, here*de* Johannis Huton, Rogero Rychardson, Roberto Selby, Ricardo Bloynt {essoniatur}, Roberto Lewyn, here*de* Wyllelmi Euers militis, Willelmo Smethyrst, here*de* Radulphi Mellot, Johanne Bloynt bowcther, quia non venerunt ad faciendam sectam curie. Ideo quilibet in misericordia domini – iiij d.

‖Panellum pro domino‖ Johannes Priour {juratus}, Willelmus Warham {juratus}, Laurencius Toller {juratus}, Johannes Colson {juratus}, Willelmus Morefeld {juratus}, Willelmus Waynman {juratus}, Johannes Wodmus {juratus}, Thomas Trotter {juratus}, Robertus Crayk {juratus}, Hugo Spark {juratus}, Thomas Dobynson {juratus}.

Johannes Prior et socii sui jurati pro domino presentant super sacramentum suum quod Johannes Jakson non reparavit quemdam cepem juxta penam de xij d. inde in ultima curia positam. Ideo in misericordia (*Blank space of 1.5 cm.*). Et injunctum est eidem Johanni quod sufficienter faciat dictum cepem citra festum Carnis Privii sub pena de vj d. Item presentant quod sacrista Dunelm' non imposuit quasdam lez ralez super suum querrure (*sic*) juxta Bellasys juxta penam inde positam. Ideo in misericordia. Et injunctum est eidem sacriste quod ibidem ponat lez ralez citra dictum festum sub pena xx s. (*fo. 160v*) Item presentant quod bursarius Dunelm' non inclusit frontes suas existentes coram communi falda \prout pena fuit inde posita/. Ideo in misericordia (*Blank space of 1.5 cm.*) Et injunctum est eidem bursario quod sufficienter includat dictas[364] frontes citra festum Carnis Brevii sub pena de x s. Item presentant quod Johannes Garnet fregit penam de vj s. viij d. non amovendo se et ejus uxorem extra jurisdiccionem hujus curie ante festum Sancti Martini ultime preteritum. Ideo in misericordia – (*No sum entered*). Item presentant quod uxor Thome Biers fregit penam de x s. objurgando cum uxore Roulandi Busby. | Ideo injunctum est cellerario Dunelm' quod amoveat Thomam Biers et ejus uxorem aut Roulandum Busby et ejus uxorem extra tenuras suas quibus nunc inhabitant citra dictum festum sub pena dicto cellerario xx s. | Et injunctum est omnibus infra burgum quod amoveant stercolinia ante frontes suas citra festum Sancti Cuthberti proxime futurum sub pena cuilibet de vj d. | Et injunctum est Roulando Busby et Willelmo Goften quod mundent frontes suas citra festum Purificacionis Beate Marie proxime futurum. Et quod decetero non obsturpant cursum aque sed quod aqua habeat cursum suum prout usus fuit sub pena de xij d.| Item injunctum <est> omnibus infra burgum quod nullus deinceps objurget cum vicinis suis sub pena cuilibet x s.

---

363 MS *hospitali*.
364 MS *dictos*.

fo. 161

(524) ‖**Burgus de Crocegate**‖ **Curia tenta ibidem die Marcurii** (*Blank space of 1.5 cm.*) **die Januarii anno regni regis Henrici octavi post conquestum Anglie octavo** (*21 or 28 January 1517*)

(DC43) ‖Placitum‖ Ricardus Wyld queritur de Hugone Clerk in placito detencionis j pellis vituline et ij pellium vocatarum lez steikledders precii inter se viij d., ad dampnum querentis iiij d., plegius prosecucionis Thomas Marnduke capellanus. Et defendens venit et profert querenti librum jurare et habebit dictas pelles. Ideo dictus defendens condempnatur in detencione pellium predictarum unacum ij d. pro expensis et quod idem defendens in misericordia iiij d.[365]

(U35) De Matheo Sparke quia non prosecutus fuit placitum suum versus Edwardum Collyson. Ideo in misericordia – iij d.

(525) ‖**Burgus de Crocegat**‖ **Curia tenta ibidem die Marcurii xviij° die [Martii]** **Mercurii**// **anno regni regis Henrici octavi post conquestum Anglie octavo** (*18 March 1517*)

Appreciaverunt unam almariam.

(D256) ‖Placitum‖ Roulandus Peirt queritur de Henrico Chestre in placito debiti – xij s. viij d. sibi debitorum de \parte/ precii unius equi albi coloris de eo empti \ad festum Invencionis Sancte Crucis per xx annos elapsos/ et aretro existencium, solvendorum ad festum Sancti Petri quod dicitur Advincula extunc proxime sequens, et ad dampnum suum – vj s.viij d. Et defendens attachiatus fuit per unam equam badii coloris precii – vj s. et unam cellam precii – xij d., plegius Willelmus Morfeld, plegius prosecucionis Oliverus Thornbrugh. Et defendens non venit. Ideo in misericordia – iiij d.

fo. 161v

(526) ‖**Burgus de Crocegate**‖ **Curia tenta ibidem die Mercurii primo die Aprilis anno Domini millesimo D**^{imo} **xvij**^{imo} (*1 April 1517*)

(T91) ‖Placitum‖ Edmundus Merley queritur de Willelmo Rycherdson \de Knychley/ in placito transgressionis eo quod injuste cepit et detinet unam ovem vocatam[366] a gymmer' precii xvj d., unde deterioratus est et dampnum habet ad valenciam – [xx] [ij s.] iij s. iiij d. Et defendens attachiatus fuit per unum equum [badii] [duni] \\dun// coloris precii – vj s. viij d., plegius Henricus Collynwod, plegius prosecucionis Hugo Rowll. Et defendens venit et petit diem interloquendi usque proximam curiam.

---

365 By implication, this case was resolved by the defendant taking an oath that his plea was just.

366 MS repeats *vocatam*.

(D256) Placitum inter Roulandum Peirt querentem et Henricum Chestre defendentem essoniatur per dictum Henricum. ‖Esson*iatur*‖

(527) ‖Burgus de Crocegate‖ Curia tenta ibidem die Mercurii viij° die Aprilis anno etc. supradicto (*7 April 1517*)
(T91) Placitum inter Edmundum Merley querentem et Willelmum Richerdson continuatur usque proximam curiam. ‖Continuatur‖

(D256) Placitum inter Roulandum Peirt querentem et Henricum Chester defendentem continuatur usque proximam. ‖Continuatur‖

fo. 162
(528*) ‖Burgus de Crocegate‖ Curia capitalis tenta ibidem die Marcurii xxij die Aprilis anno Henrici octavi post conquestum Anglie sexto[367] **anno Domini millesimo quingentisimo sextodecimo** (*22 April 1517*)
(D256) Vicecomes Dunelm' venit ad curiam burgi de Crocegat cum breve de Accedas ad curiam et exoneravit curiam de querela que fuit in eadem curia inter Roulandum Peirt querentem et Henricum Chester defendentem et prefixit partibus diem de essendo coram justic*iariis* domini episcopi ad proximam sessionem tenendam apud Dunelm'.

De Willelmo Wharham quia non venit ad faciandam sectam curie. De magistro hospitalis de Keipyere pro consimili. De hered*e* Johannis Hoton pro consimili. De Roberto Claxton de Aldpark pro consimili. De Roberto Lewen pro consimili. De hered*e* Willelmi [Collyng] Eure militis pro consimili. [De Thoma Dobbyn pro consimili.] De Roberto Hagthropp pro consimili. De hered*e* Radulphi Melett pro consimili. De (*Incomplete*).

‖Panellum pro domino‖ \Robertus Selby {juratus}/, Willelmus Smethirst {juratus}, Johannes Priour {juratus}, Laurencius Toller {juratus}, Johannes Blount wayneman {juratus}, Willelmus Ouerfeld {juratus}, Johannes Wodmous {juratus}, Ricardus Blount {juratus}, Robertus Wright {juratus}, Thomas Trotter {juratus}, Hugo Spark {juratus}, [Johannes Colson], Thomas Dobbyn, jurati presentant quod Roulandus Busby {perdonatur} et Willelmus Goften fregerunt[368] penam de xij d. obsturpando cursum aque infra tenuras suas. Ideo uterque eorum in misericordia (*Blank space of 1 cm.*) Item quod sacrista Dunelm' et bursarius Dunelm' fregerunt penas eis in ultima curia positas. | [Item presentant quod Willelmus Goften et Rogerus Litill fecerunt affraiam inter se. Ideo uterque eorum in misericordia.] (*fo. 162v*) Pena ponitur tenentibus habentibus vaccas quod ponant eas coram communi pastore sub pena cuilibet xij d. Et quod quilibet habens oves custodiat eas super communem moram et non super

---

367 This should be *octavo*.
368 MS *fregit*.

cepes vicinorum suorum sub pena cuilibet xij d. | Pena ponitur omnibus tenentibus quod nullus acquaticet aliqua averia ad quendam fontem in Aluerton' Gate sub pena cuilibet xij d. | Pene in ultima curia posite renovantur. | ‖Injunccio‖ Injunctum est Hugoni Spark et omnibus aliis quod de cetero non teneant aliquos canes ad nocumentum vicinorum suorum nec quod dicti canes intrent warennam domini de Westorcharte ad distruendos cuniculos ibidem sub pena cuilibet xij d.

(529) ‖Burgus de Crocegate‖ Curia tenta ibidem die Mercurii xxix° die Aprilis anno Domini millesimo D^{imo} xvij (*29 April 1517*)
(T92) ‖Placitum‖ (*Blank space of 2 cm.*) Ald et socii sui procuratores de sc<l>ater'craft[369] queruntur de Thoma Cacy in placito transgressionis eo quod occupat artem predictam et non concordavit cum dicta arte, et ad dampnum suum – (*Blank space of 2 cm.*) Et defendens attachiatus fuit per (*Incomplete*).

fo. 163[370]
(T91) Responsus Willelmi Richardson essoniatur ad sectam Edmundi Merley usque proximam curiam. ‖Esson*iatur*‖

(530) ‖Burgus de Crocegate‖ Curia tenta ibidem die Mercurii vj^{to} die Maii anno Domini millesimo D^{imo} xvij^{imo} (*6 May 1517*)
(T91) Willelmus Rycherdson de [Langche<st>re] \\Knychley// et Edmundus Merley \de Langche<st>re/ tenentur \in – xl s./ stare arbitrio Henrici Rakwod et Willelmi Richardson de le Cruke ex parte dicti Edmundi electorum et Willelmi Kirkley et Thome Sheild ex parte Willelmi Richerdson predicti electorum de quodam placito transgressionis inter ipsos moto. Ita quod reddant judicium citra xv^{am}. Et si predicti arbitratores citra dictum diem concordare non poterint[371] \predicte partes/ stent arbitrio Nicholai Tempest in materia predicta. Ita quod reddat judicium citra festum Pentecostes proxime futurum.

(531) ‖Burgus de Crocegate‖ Curia tenta ibidem die Mercurii viij° die Julii anno Domini millesimo D xvij^{imo} (*8 July 1517*)
(T92) De Galfrido Ald quia non prosecutus fuit querelam suam versus (*Blank space of 1.5 cm.*) Lawrense plegius prosecucionis Thomas Trotter – iiij d.

---

369 The amendment to *sclater* is warranted by Thomas Cacy's occupation as stated in court 562, plea D269.
370 At the foot of this page is a pen trial: *In Dei nomine amen. Ego Thomas.*
371 MS has a redundant *et* following *poterint*.

fo. 163v

(532) ‖Burgus de Crocegate‖ Curia tenta ibidem die Mercurii xxix° die Julii anno Domini millesimo D^{imo} xvij^{mo} (*29 July 1517*)

(D257) Laurencius Toller, Ricardus Bloynt, Hugo Spark appreciaverunt unam almariam {xx d.}, un' pantyd hallyng {xij d.}, ij lityll pannys {iiij d.}, j cantylstyk {iiij d.}, unam pellem equinam[372] {x d.}, unam cathedram {vj d.}, un' saltsaller {j d.}, unum veru \de/ ferro {ij d.}, unum stoyle pro cibo imponendo {j d.}, \ad – iiij s. x d.} capta de bonis Cuthberti Spark pro firma {v s.} unius domus pertinentis Thome Marnduke capellano[373] et \pro/ qua firma Edwardus Collynson fuit plegius. | Et dicti appreci*atores* appreciaverunt un' dysh et un' dubler ad – vj d. capta de bonis Thome Wylson fyssher pro amerciamento perdito[374] in curia.

fo. 164

Extracte facte sunt usque huc.

(533*) ‖Burgus de Crocegate‖ Curia capitalis tenta ibidem die Mercurii septimo die Octobris anno Henrici octavi post conquestum Anglie sexto[375] anno Domini millesimo quingentisimo [sexto decimo][376] xvij° (*7 October 1517*)

(T93) ‖Placitum‖ Robertus Selby queritur de Hugone Roull in placito transgressionis eo quod cum duobus vaccis et duobus equis et septem porcis depastus fuit, conculcavit <et> consumpsit linum crescens[377] in duobus hortis ipsius et alia enormia[378] ei intulit unde \\deterioratus est// et dampnum habet ad valenciam – vj s. viij d. ‖Ponitur super inquisicionem‖

De magistro hospitalis[379] de Kepyer', herede Johannis Huton, Roberto Lewyn, herede Willelmi Eure militis, herede [Roberti Claxton de Aldpark] {nihil}, herede Radulphi Melott, quia non venerunt ad faciendam sectam curie. Ideo quilibet eorum in misericordia domini – iiij d.

fo. 164v

‖Panellum pro domino‖ Willelmus Warham {juratus}, Johannes Priour {juratus}, Laurencius Toller {juratus}, Johannes Colson {juratus}, Willelmus Waynman {juratus}, Johannes Wodmus {juratus}, Johannes

---

372 MS *un' pellem equinum.*
373 MS *capellani.*
374 The reading is unambiguously *perdit'* or *perdic'*. It perhaps means 'forfeited'.
375 This should be *nono.*
376 MS has an uncancelled *se* above the cancelled *sexto decimo.*
377 MS *crescent'.*
378 MS *norma.*
379 MS *hospitali.*

Bloynt {juratus}, Wyllelmus Morefeld {juratus}, Thomas Dobynson {juratus}, Thomas Trotter {juratus}, Ricardus Bloynt {juratus}, Hugo Spark {juratus}, jurati pro domino, presentant super sacramentum suum quod Rogerus Litill fecit affraiam super Willelmum Goften contra pacem. Ideo in misericordia domini – iij s. iiij d. | Item dicunt quod Edwardus Swalwell fregit communem faldam apud Southstret' capiendo diversas vaccas extra eandem ibidem imparcatas. ‖Attach*ietur*‖ | Item dicunt quod (*Blank space of 4 cm.*) famulus Christofori Wardall clerici fregit communem faldam ibidem capiendo quinque vaccas extra eandem. ‖Attach*ietur*‖ | Item dicunt quod Robertus Selby fregit communem faldam ibidem capiendo triginta oves extra eandem. {xij d.} | Item dicunt quod Hugo Robynson fregit communem faldam capiendo iij porcos extra eandem. {xij d.} | Item dicunt quod Georgius Hudson tenuit ij porcos vagantes in vico contra ordinacionem inde habitam.[380] | De Georgio Fawell {iiij} pro consimili. | De Ricardo Nicholson {ij} pro consimili. | De Thoma Robynson {ij} pro consimili. | De (*Incomplete*). | De uxore Willelmi Walker {ij} pro consimili. | De Olivero Thornbrugh {j} pro consimili. | De Henrico Collyngwod {ij} pro consimili. | De Roberto Selby {vj} pro consimili. | De Johanne Champney {ij} pro consimili. | De Roberto Greveson {ij} pro consimili. | De Edwardo Bruys {ij} pro consimili. | De Willelmo Johnson {[i]j} pro consimili. | De Hugone Sparke {iiij} pro consimili. | De Christoforo Henrison {ij} pro consimili. | De Thoma Blount \iiij pro consimili. | De Roberto Robynson {ij} pro consimili. | [De uxore Robynson {ij} pro consimili.] | De Johanne Smalwod {ij} pro consimili. | De Hugone Rowll {viij} pro consimili. | De Thoma Trotter {j} pro consimili. | De Willelmo Newton {j} pro consimili. | De Johanne Dichaunt {iiij} pro consimili. | De Hugone Robynson {iiij} pro consimili. | De Johanne Garnett {j} pro consimili. | De Edwardo Bradwod {ij} pro consimili. | De Johanne Wermouth {ij} pro consimili. | De Willelmo Goften {ij} pro consimili. ‖Intrantur (*bracketed to all the presentments for stray pigs*)‖

fo. 165

‖Fidelitas‖ Johannes Rakett filius Willelmi Rakett junioris venit ad hanc curiam et fecit fidelitatem \suam domino/ pro duobus burgagiis cum suis pertinenciis simul jacentibus in veteri burgo Dunelm' in vico vocato Crocegate inter burgagium cantarie Corporis Christi in ecclesia Sancti Nicholai in Dunelm' ex parte boriali et burgagium nuper Johannis Pollard ex parte occidentali que quidem burgagia cum suis pertinenciis dictus Johannes habet jure hereditaria ut filius et heres Willelmi Rakett predicti et fecit fidelitatem suam domino pro – xij d. \quos solvit sacriste/. Et admissus est ut burgensis.[381]

---

380 The following list is disposed in two adjacent columns, the break following Christopher Henrison.
381 This concerns the two burgages of Milburngate 1 (Rental, 46): Camsell,

‖Fidelitas‖ Robertus Selby de Dunelm' generosus venit ad hanc curiam et fecit fidelitatem suam domino pro duobus burgagiis simul jacentibus cum suis pertinenciis[382] in veteri burgo Dunelm' in vico vocato Crocegate inter burgagium prioris et conventus Dunelm' ex parte boriali et burgagium Willelmi Wharham nuper Rogeri Rychardson ex parte occidentali, que quidem burgagia cum suis pertinenciis dictus Robertus habet ex dono \Johannis Rakett de Whasynton, filii et heredis Willelmi Rakett senioris nuper de Dunelm', prout patet per cartam suam cujus/ data apud Dunelm' decimo die Junii anno regni regis Henrici octavi post conquestum Anglie nono.[383]

Item dicti jurati dicunt quod Johannes Prior, Ricardus Blount et Laurencius Toller cerothecarii burgenses forstallabant marcatum in diebus marcati emendo pelles lanutas. Ideo quilibet eorum in misericordia – iiij d. | De Roberto Toller non burgense pro consimili – vj d. | Item dicunt quod Hugo Sparke {iiij d.} burgensis, Willelmus Goften {vj d.} et Hugo Clerk {vj d.} non burgenses tannatores forstallabant marcatum in diebus marcati emendo pelles bovinas, vaccinas, taurinas et vitulinas. Ideo quilibet eorum in misericordia. ‖Intrantur in extractis precedentibus *(bracketed to the three presentments for forestalling)*‖

fo. 165v
‖Assisa Servicie‖ De Roberto Harvy quia vendit serviciam contra assisam. Ideo in misericordia ij d. De Henrico Collynwod pro consimili – ij d. De Thoma Trotter pro consimili – ij d. De Petro Wilson pro consimili – ij d. De Edmundo Turpyn pro consimili – ij d. De Roberto Selby pro consimili iiij d. De Johanne Robson pro consimili – ij d. De Willelmo Goften pro consimili ij d. De Thoma Dobbyn<son> pro consimili – ij d. De Roberto Claxton pro consimili – ij d. De relicta Willelmi Walker pro consimili ij d. De Johanna Lewyn vidua pro consimili ij d. De Hugone Rowll pro consimili ij d. De Olivero Thornburgh pro consimili – ij d. De Thoma Writter pro consimili ij d. De Ricardo Faireallers pro consimili ij d. De Johanne Huddispeth pro consimili ij d. ‖Liberantur ballivo *(bracketed to all the presentments for brewing)*‖ | Injunctum est cellerario Dunelm' quod faciat quoddam le rale apud Southstrett citra festum Sancti Martini tunc sequens sub pena – iij s. iiij d. | Injunctum est omnibus tenentibus infra burgum hujus curie quod sufficienter includant frontes suas ante et retro citra dictum festum sub pena cuilibet vj d. | Item injunctum est habentibus aliquos porcos vagantes in vico quod eos annulent et annulatos

---

Development, II, p. 123. The interlineated words and the words *ut burgensis* are in a second hand.

382 MS has a redundant and ungrammatical *jacencia* following *pertinenciis*.

383 Cf. the preceding item. This again concerns the burgages of Milburngate 1 (Rental, 46): Camsell, Development, II, p. 123.

custodiant per totum anni tempus sub pena cuilibet ij d. pro quolibet porco et hoc tociens quociens. | Ordinatum est quod quilibet habens porcos vagantes in vico reddat sacriste Dunelm' ij d. pro quolibet porco. | Injunctum est omnibus quod mundent frontes suas[384] citra festum Sancti Martini proxime futurum ita quod non faciant dampnum vicinis suis sub pena cuilibet vj d. (*fo. 166*) Injunctum est Roberto Selby quod amoveat quoddam le rale apud Southstret ibidem per ipsum erectum et quod illud retro ponat citra festum Sancti Martini proxime sequens sub pena – iij s. iiij d. | Injunctum est omnibus capientibus aliqua averia vicinorum suorum facien*cia* aliquod dampnum infra jurisdiccionem hujus curie quod imparcent ea in communi falda apud Southstrett et non in aliqua alia sub pena cuilibet – iij s. iiij d. | Injunctum est Johanni Hewetson quod asportet quandam portam apud Aluertongate ibidem per ipsum impositam citra festum Sancti Martini proxime futurum sub pena iij s. iiij d. | Item injunctum est tenentibus apud Aluertongate quod faciant lez ralez ibidem prout fact' consuerunt sub pena cuilibet vj d.

fo. 166v

(534*) ‖**Burgus de Crocegate**‖ **Curia capitalis tenta ibidem die Mercurii xiij° die Januarii anno Domini millesimo D**[imo] **xvij°** (*13 January 1518*)
(D258) ‖Placitum‖ Katerina Champley vidua queritur de [Willelmo] \\Isabella// Champley in placito debiti – [xij d.] \\ij s.// sibi datorum per arbitrium iiij[or] virorum, et ad dampnum suum – vj d. Et defendens attachiata fuit per unum caminum ferrium precii – iiij s., plegius Robertus Hervy. Et defendens petit diem interloquendi usque proximam curiam.

De magistro hospitalis de Keip3er, [Johanne Bloynt waneman], Willelmo Wharham {quia comparuit}, Roberto Lewyn, herede Willelmi Eure militis, herede Johannis Hoton, Roberto Hagthorp {essoniatur}, [Rogero Rycherdson] {quia essoniatur}, [Willelmo Waneman] {quia comparuit}, [Willelmo Smethirst] {quia infirmus}, herede Radulphi Melott, Johanne Bloynt fleshewer.

‖Panellum pro domino‖ Robertus Selby {juratus}, Willelmus Wharham {juratus}, Johannes Priour {juratus}, Laurencius Toller {juratus}, Johannes Colson {juratus}, Johannes Wodmows {juratus}, Willelmus Owrfeld {juratus}, Johannes Bloynt {juratus}, Thomas Dobynson {juratus}, Robertus Wryght {juratus}, [Hugo Spark {juratus}], Willelmus Waneman {juratus}, juratores pro domino, presentant quod sellararius Dunelm' fregit penam positam ad amovendum Thomam Bires vel Roulandum Busby de – xx s. Ideo in <misericordia> domini – [xx s.] x s. | Item presentant quod sellararius et bursarius Dunelm' non fecerunt lez ralez apud Sowthstreit contra penam de – iij s. iiij d. Ideo uterque eorum in miseri-

<hr />

384 MS *suos.*

cordia domini – xx d. | Injunctum est omnibus tenentibus quod quilibet
includat frontes suas ante et retro citra festum Carnisbrevii, quilibet
sub pena – vj d. quilibet eorum. | Item presentant quod Petrus Wylson
{misericordia – iij s. iiij d.} fecit affraiam super Willelmum Barker. | Item
[presentant Petrum Wilson {xx d.} et Edwardum Collynson {xx d.} pro
empcione pellium †ovinarum†.] {Quia non pertinet domino curie.} (fo.
167) Injunctum est Hugoni Spark quod decetero permittat aquam stare
in Chilton' pole tempore aperto ad aquaticanda peccora vicinorum sub
pena forisfaciendi domino – xij d. tociens quociens. | Pena ponitur quod
nullus tenens permittat decetero permanere in le bakhowssez sub pena
forisfaciendi domino tociens quociens – ij s. | Injunctum est Roulando
Busby, Georgio Spark et Willelmo Goften quod permittant aquam venire
a lez pantez eorum usque le<z> pantez vicinorum suorum, quilibet sub
<pena> forisfaciendi – vj d. | Injunctum est Thome Marneduke capellano
quod removeat quandam mulierem vocatam le Brydok et filiam suam
citra festum Carnisbrevii sub pena forisfaciendi domino – iij s. iiij d. Et
injunctum est procuratoribus gilde Sancte Margarete quod removeant[385]
Emmotam Bateson citra festum Purificacionis Beate Marie sub pena foris-
faciendi – iij s. iiij d. | Injunctum est omnibus tenentibus commorantibus
infra jurisdiccionem hujus curie quod decetero nullus eorum presentet
aliquam personam coram vicecomite Dunelm' in turno suo \\nec//
coram justiciariis domini episcopi pro aliqua re \\seu// transgressione
facta aut perpetrata infra jurisdiccionem hujus curie set solummodo in
curia sacriste Dunelm', quilibet sub pena forisfaciendi domino tociens
quociens – (No sum entered). |Item dicti jurati presentant quod Hugo
Rowll {viij porci – xvj d.}, Willelmus Lygh {iij vj d.}, Thomas Bloynt {j ij
d.}, Georgius Fawell {j – ij d.}, Willelmus Spark {j ij d.}, Hugo Spark {ij iiij
d.}, Edmundus Turpyn {j ij d.}, Hugo Robynson {j ij d.}, Johannes Dichand
milner {i ij d.}, Willelmus Newton {i ij d.}, [Henricus Collynwod], tenent
porcos vagantes in vico. Ideo quilibet eorum in misericordia domini pro
quolibet capite – ij d. Et injunctum est eisdem et omnibus aliis decetero
habentibus porcos quod custodiant eos in domibus suis ita quod non
vagant in vico, quilibet sub pena – iiij d. pro quolibet capite tociens
quociens. Et injunctum est Edmundo Huchonson et omnibus aliis quod
mundent[386] seu mundari faciant frontes suas et quod asportant fetida
jacencia ante dictas frontes suas citra festum Purificacionis Beate Marie
sub pena cuilibet[387] forisfaciendi domino – xij d. Et sic mundatas custodiant.

---

385 MS *removeat*.
386 MS *mundant*.
387 MS *quilibet*.

fo. 167v

(535) ‖Burgus de Crocegate‖ Curia burgi tenta ibidem die Mercurii xx^{mo} die Januarii anno regni regis Henrici viij^{vi} post conquestum Anglie nono (*20 January 1518*)

(D258) De Katerina Champney quia non prosecuta fuit placitum suum versus Isabellam Champney in placito debiti. Ideo in misericordia – iij d. ‖Misericordia‖

(536) ‖Burgus de Crocegate‖ Curia tenta ibidem die Mercurii tercio die Marcii anno Domini millesimo D^{mo} xvij° (*3 March 1518*)

(DC44) ‖Placitum‖ Margareta Dawson vidua queritur de Roberto Hepden in placito detencionis unius toge de blew meld precii – iiij s. quam jacuit uxori dicti defendentis in pingore pro xiij d., et ad dampnum suum – xij d. Et defendens essoniatur.

(537) ‖Burgus de Crocegat'‖ Curia tenta ibidem die Marcurii decimo die Marcii anno [pontificatus domini Thome episcopi Dunelm' nono] \\Domini millesimo D^{imo} xvij°// (*10 March 1518*)

(DC44) Ad hanc curiam venit Robertus Hepden ad sectam Margarete Dawson. ‖Ponitur super inquisicionem‖

fo. 168

(538*) ‖Burgus de Crocegate‖ Curia \capitalis/ tenta ibidem die Mercurii xiiij° die Aprilis anno Domini millesimo D xviij° (*14 April 1518*)

De magistro hospitalis de Keipyere quia non venit ad faciendam sectam curie. De Johanne Blount waynman {comparuit} pro consimili. De hered*e* Johannis Hoton pro consimili. [De Johanne Wodmous pro consimili] {comparuit}. [De Roberto Wright pro consimili]. De Roberto Lewen pro consimili. De hered*e* Willelmi Eure militis pro consimili. [De Ricardo Blount pro consimili} {quia comparuit}. De Roberto Hagtrop pro consimili {comparuit}. De Johanne Colson pro consimili {essoniatur}. [De Willelmo Smethirst pro consimili] {quia infirmus}. De Johanne Blount bowcher {comparuit}. De Roberto Selby pro consimili {essoniatur}.[388]

‖Panellum pro domino‖ Johannes Prior {juratus}, Robertus Hagtrop {juratus}, Willelmus Wharham {juratus}, Laurencius Toller {juratus}, Willelmus Waynman {juratus}, Willelmus Morefeld {juratus}, Thomas Trotter {juratus}, Ricardus Blount {juratus}, Thomas Dobby<n>\son/ {juratus}, Hugo Sparke {juratus}, Johannes Wodmous {juratus}, Johannes Blount waynman, jurati, presentant super sacramentum suum quod procuratores Sancte Margarete in Dunelm' non amoverunt Emmotam Betson extra tenuram suam prout pena fuit inde posita. Ideo in miseri-

---

388 The suprascript comments above the names of John Colson and William Smethirst are in a different hand and were presumably added later.

cordia – vj d. | Item presentant quod Thomas Marnduk capellanus non amovit quandam uxorem vocatam Bridok et filiam suam extra tenuras suas prout pena fuit ei inde posita. Et eciam dicunt quod dicte uxor et filia a ultima curia usque hunc diem sunt et fuerunt bone gubernacionis et quod non invenerunt in eis aliquam causam ob quam amoveri debent. Ideo dicta pena perdonatur per dominum. (*fo. 168v*) Item presentant quod Margareta Wall non inclusit frontem suam inter ipsam et[389] Johannem Priour. Ideo in misericordia domini – iiij d. | Item presentant quod Willelmus Ligh tenet unam suem et unum porcellum vagantes in vico. Ideo in misericordia domini – iiij d. | Item presentant[390] quod [Roulandus Busby] {nihil quia jura*tus*}, Georgius Spark, et [Willelmus Goften] {juratus} non amoverunt lez pantez su*as* prout pena de (*Blank space of 1 cm.*) fuit eis posita. Ideo quilibet eorum in misericordia – [iiij d.]. Et injunctum est eis quod amoveant easdem lez pantez citra festum Pentecostes proximum sub pena cuilibet xij d. | Injunctum est Willelmo Ligh quod musulet canem suum mastiticum et eum musulatum teneat sub pena – ij d. et hoc tociens quociens. | Injunctum est uxori Thome Blount et uxori Thome [Cawsy] \\Cawcy// et omnibus aliis quod non objurgent cum vicinis suis sub pena incipienti[391] xl d. | Injunctum est Willelmo Spark et Olivero Thornbrugh ac omnibus aliis habentibus aliquos porcos vagantes in vico quod de cetero teneant et custodiant eos in aris[392] suis, ita quod non vagent in vico seu in ortis vicinorum suorum sub pena ij d. pro quolibet porco et hoc tociens quociens. | Injunctum est omnibus quod nullus deinceps comburat aliqu' lez whynnez super moram propter cineres inde fiendos[393] sub pena cuilibet vj d. et hoc tociens quociens. | Injunctum est omnibus quod nullus teneat aliquam personam sub se ex opposito tenure sue. Ideo in misericordia domini. | Injunctum est omnibus quod quilibet faciat frontes suas ante et retro citra festum citra festum Invencionis Sancte Crucis proxime futurum sub pena cuilibet vj d. | Injunctum est uxori \Georgii/ Doune quod deinceps non comburat nec asportet cepes vicinorum suorum sub pena ij d.

fo. 169a

(539) ‖Burgus de Crocegate‖ Curia tenta ibidem die Mercurii xvj° die Junii anno Domini millesimo D^imo xviij° (*16 June 1518*)

(C10) ‖Placitum‖ Willelmus Dawson queritur de Johanne Gra milner in placito convencionis fracte eo quod dictus Johannes dimisit dicto querenti quamdam domum ad firmam permittend*o* ei quod sufficienter reparabit dictam domum, et super hoc dictus defendens non reparavit dictam

---

389 MS repeats *et*.
390 MS repeats *presentant*.
391 Presumably meaning 'to the one who starts the scolding'.
392 *Hara*, a pigsty.
393 MS *cineribus inde fiend'*.

domum unde dictus <querens> dampnum habet <ad> valenciam – vj s. viij d., plegius prosecucionis ballivus. ‖vj s. viij <d.>‖

(540) ‖Burgus de Crocegate‖ Curia tenta ibidem die Mercurii xj° die Augusti anno etc. supradicto (*11 August 1518*)
(DC45) ‖Placitum‖ Elena Tailyour queritur de \\Edwardo Nicholson et// Katerina [Vnderwod] [Nich] uxore sua in placito detencionis unius olle enne<e> precii – iij s. iiij d., unius blankett continentis iiij ulnas precii – ij s. ij <d.>, ij [para] dublerez precii – xvj d., un' saltseler precii – iiij d. et unius cupstole precii – x d., que bona fuerunt deliberata dicte Katerine ad custodienda pro dicta querente, et ad dampnum suum – viij d., plegius prosecucionis Hugo Rowll. ‖Ponitur super inquisicionem‖

fo. 169av
Memorandum quod xxiij° die Augusti anno Domini millesimo D^imo xviij° Hugo Rowll et Ricardus Bloynt glover manuceperunt pro Hugone Spark de pace gerenda versus Hugonem Clerk usque festum Sancti Martini in yeme proxime futurum, uterque sub pena – x li. ac idem Hugo manucepit pro se ipso sub eadem.

Dictis die et anno Roulandus Busby et Johannes Patonson manuceperunt pro Hugone Clerk de pace gerenda versus Hugonem Spark usque dictum festum Sancti Martini, uterque sub pena – x li. ac idem Hugo Clerk sub eadem pena.

fo. 169b
Extracte facte sunt usque huc.

(541*) ‖Burgus de Crocegate‖ Curia capitalis tenta ibidem die Mercurii vj^to die Octobris anno Domini millesimo D^imo xviij° (*6 October 1518*)
De magistro hospitalis de Keipyer', herede Johannis Hoton, Roberto Selby {essoniatur}, Roberto Lewyn, herede Willelmi Eure militis, Roberto Hagthorp, [Willelmus Wayneman], Willelmo Smethirst, herede Radulphi Melott, Johanne Bloynt bowcher, quia non venerunt ad curiam. Ideo quilibet eorum in misericordia domini – iiij d.

‖Panellum pro domino‖ Willelmus Wharham {• juratus}, Johannes Priour {• juratus}, Laurencius Toller {• juratus}, Johannes Wodmows {• juratus}, Johannes Bloynt wayneman {• juratus}, Willelmus Wayneman {• juratus}, Willelmus Owrfeld {• juratus}, Thomas Trotter {• juratus}, Ricardus Bloynt {• juratus}, Thomas Dobynson {• juratus}, Hugo Spark {• juratus}, Johannes Lygh {• juratus}.

‖Fidelitas‖ Johannes Lygh venit ad hanc curiam et fecit fidelitatem suam domino pro uno burgagio in Aluertongate in Dunelm' jacenti inter burga-

gium sacriste Dunelm' ex parte orientali et burgagium pertinens[394] gilde
Corporis Christi ex parte occidentali, quod quidem burgagium dictus
Johannes Lygh habet jure uxoris sue unius filiarum Willelmi Morton et
uxoris sue. Et fecit finem cum domnino de – xx d. Et jura*t*.[395]

Willelmus Wharham et socii sui jurati pro domino presentant super
sacramentum suum quod Matheus Spark {xx d.} et Thomas Yoitte {xx d.}
simul fecerunt affraiam super Hugonem Clerk contra pacem. (*fo. 169bv*)
Item dicti jurati presentant quod Willelmus Goften {viij d.} et Georgius
Spark {viij d.} fregerunt penam eis positam ad ultimam curiam capitalem
pro lez pawntes. | Item dicti jurati presentant quod uxor (*Blank space
of 2.5 cm.*) Spinner {xij d.} tenens sacriste et uxor (*Blank space of 2 cm.*)
Robynson pardoner de Aluertongate {xij d.} sunt communes objurgatices
cum vicinis suis. | Item dicti jurati presentant super sacramentum suum
quod Georgius Hudson {ij}, Willelmus Lygh {ij}, Robertus Robynson[396]
waller {ij}, Thomas Robynson wever {ij}, Oliverus Thornbrug {ij},
Henricus Colynwod {ij}, Willelmus Newton {ij}, Johannes Dychaunt {j},
Edwardus Emereson[397] {ij}, Edwardus Bradewod {ij}, Willelmus Spark
{ij}, Johannes Garner {j}, Robertus Greveson {j}, Hugo Robynson {ij}, uxor
Johannis Champnay {ij}, et Johannes Snawe {iiij} tenent porcos vagantes
\\in// vico et subvertantes solum domini et vicinorum suorum. ‖Intrantur
in extractis precedentibus (*bracketed to all the presentments for stray pigs*)‖ |
Item dicti jurati presentant quod quarterium frumenti, quarterium ordii
et quarterium aven*e* ultimo die mercati et aliis diebus mercati vendebantur diversis preciis, videlicet quarterium frumenti pro – vij s., quarterium ordii pro – iiij s. vj d. et quarterium aven*e* pro – xx d. Ideo consideratum \est/ tam per consideracionem curie quam per veredictum
dictorum juratorum quod quilibet brasiator et brasiatrix, pandoxator
et pandoxatrix vendat communi populo domini regis lagenam melioris
servisie pro – j d. ob. et lagenam boni (*sic*) servisie pro – j d. qua., sic
continuando a festo Sancti Martini proxime futurum usque festum Sancti
Martini in yeme extunc proxime sequens, quilibet sub pena forisfaciendi
domino – vj s. viij d. (*fo. 170*) ‖Assisa servisie‖ Robertus Hervy {ij d.},
Henricus Collynwod {[j *d.*] ij d.}, Thomas Trotter {ij d.}, Petrus Wilson
{[j] ij d. [juratus]}, Edmundus Hochonson {ij d.}, Robertus Selby {iiij d.},
Johannes Robson {ij d.}, Laurencius Toller {ij d.}, Willelmus Goften {ij d.},
Thomas Dobynson {ij d.}, Robertus Claxton {ij d.}, uxor Willelmi Walker
{ij d.}, Johanna Lewyn {ij d.}, Hugo Rowll {ij d.}, Thomas Wryter {ij d.}.
‖Intrantur amerciamenta in extractis precedentibus‖ | Item dicti jurati

---

394 MS *pertinent'*.
395 This concerns Allergate 5 (Rental, 16): Camsell, Development, II, p. 14. Roger
   Richardson earlier performed fealty for this burgage in court 465*.
396 MS apparently *Rokynson*.
397 MS *Emerosn'*.

presentant quod Ricardus Bloynt, Johannes Pryour et Laurencius Toller burgenses, Robertus Toller, Edwardus Colynson, Simon Bird, Johannes Bernard, Gilbertus Burn et Ricardus Braidshawe non burgenses, emebant et forstallabant pelles ovinas in diebus mercati. | Item dicti jurati presentant quod Hugo Spark burgensis, Hugo Clerk et Willelmus Goften non burgenses, emebant et forstallabant pelles bovinas, vaccinas, vitulinas et taurinas in diebus mercati. ‖Quia intrantur in extractis ultime precedentibus (*bracketed to both presentments for forestalling*)‖

(541a) ‖Burgus de Crocegate‖ Curia tenta ibidem die Mercurii xvij° die Novembris anno Domini M^{limo} D^{imo} xviij^{vo} (*17 November 1518*) (*No recorded business*)

(542) ‖Burgus de Crocegate‖ Curia tenta ibidem die Mercurii xxiiij° die Novembris anno etc. supradicto (*24 November 1518*) (D259)‖Placitum‖ Hugo Roull queritur de Edmundo Huchonson in placito debiti – xiij d. pro cariagio focalium sibi debitorum, et ad dampnum suum – vj d. Et defendens essoniatur. ‖ (*a*) Lex se iij^a (*b*) Perdonatur amerciamentum per dominum curie‖

(543) ‖Burgus de Crocegate‖ Curia tenta ibidem die Mercurii primo die Decembris anno etc. supradicto (*1 December 1518*) (DC46) ‖Placitum‖ Edmundus Huchonson queritur de Hugone Rowll in placito detencionis xiij plaustr*atuum* fimi precii – xiij d. que prestitit ei etc., et ad dampnum suum – vj d. ‖ (*a*) Lex se iij^a (*b*) Perdonatur amerciamentum per dominum curie‖

fo. 170v
(544*) ‖Burgus de Crocegate‖ Curia capitalis tenta ibidem die Mercurii xij^{imo} die Januarii anno Domini millesimo D^{imo} xviij° (*12 January 1519*)
De magistro hospitalis de Keipyere, [Willelmo Wharham], Johanne Blont waneman, herede Johannis Hoton, Roberto^{398} Lewyn, [Laurencio], herede Willelmi Eure militis, [Thoma Trotter], [Ricardo^{399} Bloynt], et Roberto Hagthorp, Willelmo Smethirst, Johanne Bloynt bowcher.

‖Panellum pro domino‖ Rogerus Richerdson {juratus}, [Robertus Selby], Willelmus Wharham {juratus}, Laurencius Toller {juratus}, Willelmus Waneman {juratus}, Johannes Wodemows {juratus}, Johannes Priour {juratus}, Thomas Trotter {juratus}, Thomas Dobbyn {juratus}, Willelmus Owrffeld {juratus}, Hugo Spark {juratus}, Robertus Wryght {juratus}, Ricardus Bloynt {juratus}, jurati pro domino, presentant super sacra-

---

398 MS *Robertus*.
399 MS *Ricardus*.

mentum quod Robertus Selby imparcavit catalla transgr\<adi\>encia \\ infra// jurusdiccionem hujus curie apud Faldgarth contra penam de – iij s. iiij d. | Item presentant quod tenentes de Aluertongate non mundaverunt venellam communem ibidem citra diem eis limitatum contra penam. Ideo quilibet eorum in misericordia – ij d. | ‖Pene (*bracketed to both the following injunctions*)‖ Injunctum est omnibus tenentibus quod sufficienter includant frontes suas citra festum Carnisbrevii proxime futurum, quilibet sub pena vj d. | Et eciam injunctum est Roulando Busby, Willelmo Goften et Georgio Spark quod sufficienter emendant lez sellerer pantes ita quod aqua inde proveniens habeat rectum cursum citra dictum festum Carnisbrevii, quilibet sub pena – vj s. viij d.

fo. 171

(545) ‖Burgus de Crocegate‖ Curia tenta ibidem die Mercurii secundo die Marcii anno etc. xviij° (*2 March 1519*)
Johannes Priour, Thomas Dobynson, Hugo Spark, Ricardus Bloynt, apprecia*verunt* \Georgius Hudson/[400] j pan' bowd' {ij d.}, [Georgius Fawell j candelabrum {ij d.}], Thomas Bloynt j discus electr*eus* {ij d.}, Margareta Wall j candilabrum {iiij d.}, Edwardus \\Emersen// j candilabrum {iiij d.}, Johannes Dichand j candalabrum {ij d.}, Willelmus [Or] Owrfeld j discus de electro {iij d.}

(546) ‖Burgus de Crocegate‖ Curia tenta ibidem die Mercurii xxiij° die Marcii anno Domini millesimo D^{imo} **xviij°** (*23 March 1519*)
(U36) De Thoma Trotter quia non prosecutus fuit querelam suam versus (*Blank space of 1 cm.*) Spoyner – ij d.

‖Extracte facte sunt usque huc‖

(547*) ‖Burgus de Crocegate‖ Curia capitalis tenta ibidem die Mercurii [quarto] xj^{mo} **die Maii anno Domini millesimo D**^{imo} **xix**^{no} (*11 May 1519*)
De magistro hospitalis de Keipȝere, Willelmo[401] Wharham {essoniatur}, hered*e* Johannis Hoton. [De hered*e* \\Johannis// Baynbrig de Snetterton.] De Roberto Lewen armigero, hered*e* Willelmi Eure militis, Roberto Hagthorp, Willelmo Smethirst, hered*e* Radulphi Melott, Johanne Blount bowcher, Roberto Selby {essoniatur}.

---

400 Though the genitive case would seem more natural here, the clerk puts George Fawell (deleted) and William Owrfeld in the nominative and abbreviates the others.
401 MS *Willelmus.*

fo. 171v

‖Panellum pro domino‖ Rogerus Richerdson {juratus}, Johannes Priour {juratus}, Willelmus Waynman {juratus}, Johannes Blount {juratus}, Laurencius Toller {juratus}, Johannes Wodmous {juratus}, Thomas Trotter {juratus}, Ricardus Blount {juratus}, Hugo Spark {juratus}, Thomas Dobbynson {juratus}, Willelmus Morefeld {juratus}, Ricardus Marley {juratus}, jurati, presentant super sacramentum suum quod Robertus Wright de Eluett {iiij d.} per filium suum fecit recussum super Christoforum Robynson filium Hugonis Robynson capiendo[402] duas vaccas a dicto Christoforo. | Item presentant quod Willelmus Goften {xij d.} fregit penam de vj s. viij d. non emendendo[403] le pant' suum prout pena fuit inde posita. | Pena ponitur Willelmo Lith quod amoveat can*em* su*um* mastic*antem* et leporarios infra quindenam sub pena xl d. | Pena ponitur quod Robertus Selby deponat et amoveat unum le wedrawth' juxta tenementum Willelmi Wharham erectum ad nocumentum vicinorum suorum[404] [Ideo in misericordia domini] citra festum Pentecostes proxime futurum. | Pena ponitur quod quilibet[405] pon*at* cineres infra aquam ductam supra pontem sub pena forisfaciendi domino – vj d. | Pena ponitur quod Oliverus Thornbrugh[406] faciat cep*em* su*am* infra quindenam sub pena vj d.

fo. 172

(548) ‖Burgus de Crocegate‖ Curia tenta ibidem die Mercurii xxij⁰ die Junii anno Domini millesimo D^{imo} xix⁰ (*22 June 1519*)

(D260) ‖Placitum‖ Edwardus Colynson queritur de Willelmo Berker in placito debiti – v s. iij d. quos ei deliberavit ad emendas pelles ovinas, et ad dampnum suum – ij s. Et defendens attachiatus fuit per unam telam panni lini precii – v s., plegius Laurencius Toller. Et super hoc[407] dominus Thomas Mernduke capellanus venit et petit hamaldacionem dicte tele et concessum <est> ei se iiij^a manu, videlicet Henrico Collynwod {juratus}, Ricardo Bloynt {juratus}, Thoma Batesson {juratus}. Ideo placitum cassatur.

(549) ‖Burgus de Crocegate‖ Curia tenta ibidem die Mercurii xvij^{imo} die Augusti anno Domini millesimo D^{imo} xix^{no} (*17 August 1519*)

(DC47) ‖Placitum‖ Ricardus Jakson \executor testamenti Cuthberti Tomson/ queritur de Ricardo Ferrour de Frosterley in placito deten-

---

402 MS repeats *capiendo*.
403 MS *amovendo*.
404 MS deletes *vicinorum suorum* along with the following words, presumably in error.
405 i.e. *nemo*.
406 MS has a redundant *quod* following *Thornbrugh*.
407 MS has a redundant *venit* following *super hoc*.

cionis xx^{ti} petrarum ferri de Wardale precii – x s., et ad dampnum suum iij s. iiij d. Et defendens attachiatus fuit per unam equam gresii coloris, plegius Georgii Spark. Et super hoc venit Johannes Thornburgh {juratus} cum Johanne Merley seniore et Johanne Merley juniore et hamaldavit dictam equam. Et sic placitum cassatur.

Johannes Priour et Ricardus Bloynt appreciaverunt un' botyrpan {xvj d.} et ij discos de electro {iiij d.} capta de (*Blank space of 1 cm.*) Spuner pro xij d. in amerciamento pro objurgacione ad (*Incomplete*).

fo. 172v
(550) ‖Burgus de Crocegate‖ Curia tenta die Mercurii xxviij° die Septembris anno Domini millesimo D^{imo} xix^{no} (*28 September 1519*)
(DC48) ‖Placitum‖ Adomarus Jakson queritur de Matheo Spark in placito detencionis unius vacce \nigre/ precii – xij s. iiij d. quam emebat de dicto Matheo, et ad dampnum suum – xij d., plegius prosecucionis Robertus Ferrour. Et defendens essoniatur.

(D261) ‖Placitum‖ Johanna Lewyn queritur de Willelmo Tomson alias Pancherd in placito debiti – iiij s., et ad dampnum suum – xij d. Et defendens attachiatus fuit per unam almeriam {xx d.} et un' possnett {xij d.}.

(551*) ‖Burgus de Crocegate‖ Curia capitalis tenta ibidem die Mercurii quinto die Octobris anno Domini millesimo D^{imo} xix° (*5 October 1519*)
(T94) ‖Placitum‖ Oliverus Thornbrugh queritur <de> Edwardo[408] Lyttyll in placito transgressionis eo <quod> cum equo suo depastus fuit ortum dicti querentis et facit communem suam viam per dictum ortum unde deterioratur et dampnum habet ad valenciam – ij s.

(D262) ‖Placitum‖ Idem Oliverus queritur de eodem Edwardo in placito debiti – xij d. ob. qua. pro pane de eo[409] empto, et ad dampnum suum – x d. Et defendens venit <et> fatetur. ‖ (*a*) Ponuntur in arbitrio, (*b*) Partes concordate sunt et solvunt domino amerciamentum (*bracketed to both Oliver Thornbrugh's pleas*)‖

fo. 173
De magistro hospitalis de Keipʒer, Willelmo[410] Wherham, herede Johannis Hoton armigeri, herede Willelmi Eure, Roberto Hagthorp, Radulpho

---

408 MS *Edwardus*.
409 MS repeats *eo*.
410 MS repeats *Willelmo*.

Melott, Johanne Bloynt bowcher, quia non venerunt ad faciendam sectam curie. Ideo quilibet in misericordia domini – iiij d.

‖Panellum pro domino‖ Rogerus Richerdson {juratus}, Johannes Bloynt wayneman {juratus}, Johannes Wodmows {juratus}, Laurencius [Tho] Toller {juratus}, Thomas Dobynson {juratus}, Thomas Trotter {juratus}, Ricardus Bloynt {juratus}, Hugo Spark {juratus}, Willelmus Owrfeld {juratus}, Willelmus Wayneman {juratus}, Johannes Pryour {juratus}, jurati pro domino, presentant super sacramentum suum quod Willelmus Mershall capellanus fecit affraiam super Johannem Hunter servientem Roberti Smalewod contra pacem. Ideo etc. | Item presentant quod Robertus Selby videns vicinos suos necessitatem habentes nolebat vendere eis oblatum neque denariatum servisie. Ideo in misericordia domini – (*No sum entered*). | Item dicti jurati presentant quod Willelmus Wryght {iiij porci}, Johannes Garthner {ij}, Robertus Greveson {ij}, Willelmus Johnson {ij}, Hugo Spark {iiij}, Thomas Trotter {iiij}, Thomas Wryter {j}, Ricardus Nycholson {j}, Hugo Robynson {iiij}, Johannes Snawe {iiij}, tenent porcos vagantes in vico et subvertantes solum vicinorum. | ‖Assisa servisie‖ De Roberto Hervy pro assisa servisie non servata – iij d. De Roberto Selby {iiij d.}, Edmundo Merley {ij d.}, Johanne Robson {ij d.}, Laurencio [Tho] Toller {ij d.}, Johanne Snawe {ij d.}, Roberto Ferrour {ij d.}, Willelmo Heghyngton {ij d.}, Willelmo Goften {ij d.}, Thoma Dobynson {ij d.}, Roberto Claxton {ij d.}, uxore Willelmi Walker {ij d.}, Johanna Lewyn {ij d.}, Thoma Wryter {ij d.}, Hugone Rowll {ij d.}, Thoma Trotter {ij d.}, pro consimili. Ideo quilibet amercietur prout patet super caput ejus. | Item presentant quod Willelmus Goften et Hugo Clerk emebant et forstallabant pelles bovinas, vaccinas et taurinas in die mercati. | Item presentant quod Johannes Priour, Ricardus Bloynt et Laure<n>cius Toller burgenses et Robertus Toller non burgensis emebant et forstallabant pelles lanutas et ovinas in diebus mercati. (*fo. 173v*) Pena ponitur quod Johanna Levenewod amoveatur extra burgum citra festum Sancti Martini proxime futurum sub pena iij s. iiij d. | Injunctum est Thome Marnduk capellano quod includat quoddam gardinum prope domum Johannis Wodmous citra festum Purificacionis Beate Marie Virginis proxime futurum sub pena iiij d. | Pena ponitur quod gardinum in tenura [W] Michelson includatur citra dictum festum sub pena iiij d. | Injunctum est omnibus infra burgum quod quilibet includat frontes suas ante et retro citra dictum festum Purificacionis Beate Marie Virginis sub pena cuilibet vj d. | Et quod quilibet amoveat stercolinia sua infra septem dies proxime postquam facta sint sub pena cuilibet [v] xij d., et hoc tociens quociens.

(551a) ‖Burgus de Crocegate‖ Curia tenta ibidem die Mercurii xij⁰ die Octobris anno Domini millesimo Dᵐᵒ xix⁰ (*12 October 1519*)
(*No recorded business*)

fo. 174

(552) ‖**Burgus de Crocegate**‖ **Curia tenta ibidem die Mercurii xvj die Novembris anno etc. supradicto** (*16 November 1519*)

(DC49) ‖Placitum‖ Hugo Roull queritur de Willelmo Owrfeld in placito detencionis – vj s. viij d. quos dedit ei salvo custodiendorum, et ad dampnum suum – ij s. ‖ (*a*) Ponitur super inquisicionem (*b*) debet \vj s. viij d./ et v d.[411] quos solvit querenti‖

(DC50) ‖Placitum‖ Elizabeth Bradwod queritur de Willelmo Fairallers in placito detencionis – ij s. iij d. quos Margareta Bradwod deliberavit eidem Willelmo ad solvendum dicte Elizabeth, et ad dampnum suum – vj d. Et defendens non venit. Ideo in misericordia domini – iij d.

(D263) ‖Placitum‖ Robertus Iley queritur de Thoma Jenkyn in placito debiti – iij s. iiij d. pro ij ovibus de eo emptis, et ad dampnum suum – xij d. Et defendens attachiatus fuit per unum jakett de tawny precii – ij s., plegius Oliverus Thornbrugh, plegius prosecucionis Thomas Trotter. Et defendens non venit. Ideo in misericordia domini – iiij d.

(553) ‖**Burgus de Crocegate**‖ **Curia tenta ibidem die Mercurii xxiij die Novembris anno etc. supradicto** (*23 November 1519*)

(D263) Placitum inter Robertum Ile querentem et Thomam Jenkyn defendentem continuatur.

(DC49) ‖Panellum inter Hugonem Rowll querentem et Willelmum Owrfeld defendentem‖ Robertus Softley {+ A juratus}, Alexander Neile {A + juratus}, Georgius Blyth {A • juratus}, Robertus Robynson tailyour {A + juratus}, Thomas Bateson {A + juratus}, Edwardus Emereson {A juratus}, Willelmus Spark {+ A cal'}, Edwardus Bradwod {ca' A}, Edwardus Lyttill {[+] A juratus}, Willelmus Fairallers {A ca'}, Georgius Fawell {A • ca'}, \\Ricardus// Nichollson {quia infirmus}.

(DC50) De Willelmo Fairallers quia non venit ad respondendum Elizabeth Bradwode in placito detencionis – iij d.

fo. 174v

(554) ‖**Burgus de Crocegate**‖ **Curia tenta ibidem die Mercurii vij° die Decembris anno Domini millesimo D^{mo} xix^{mo}** (*7 December 1519*)

(DC50) Placitum inter Elizabeth Bradwod querentem et Willelmum Fairalers defendentem continuatur usque proximam curiam. ‖Fatetur‖

(DC49) Hugo Rowll petit viij tales.

---

411 That is, 5d for costs and expenses; see fo. 174v.

(555) ‖Burgus de Crocegate‖ Curia tenta ibidem die Mercurii xiiij° die Decembris anno etc. supradicto *(14 December 1519)*
(D264) ‖Placitum‖ Hugo Spark queritur de Petro Walssh in placito debiti – iiij d. pro sepis {iij d.} \et lacte {j d.}/ de <eo> emptis, et ad dampnum suum – iij d. Et defendens venit et fatetur – j d. et dedicit residuum. Et petit vadiari legem suam. Et concessum est ei se ij^{da} manu ad proximam curiam.

(DC49) ‖viij tales‖ Robertus Toller {juratus}, Cristoforus Henryson, Roulandus Spurnsted, Thomas Robynson {A juratus}, Richardus Robynson {A juratus}, Henricus Tomson {A juratus}, [Alanus {A}] \\Oliverus// Thornburgh {A juratus} et Henricus Collynwodd.

(DC49) Robertus Softley et socii sui jurati inter Hugonem Rowll querentem et W. Owrfeld defendentem dicunt super sacramentum suum quod dictus Willelmus debet – vj s. viij d. et pro custagiis – v d.

‖Extracte facte sunt usque huc‖

(556*) ‖Burgus de Crocegate‖ Curia capitalis domini Hugonis prioris Dunelm' tenta ibidem[412] die Mercurii xj° die Januarii anno Domini millesimo D^{imo} xix° *(11 January 1520)*
De magistro hospitalis de Keipyer', [Willelmo Wharham], [Johanne Bloynt wayneman], [Johanne Wodmows], Cuthberto Ellysson capellano, Roberto Lewyn, herede Willelmi Eure militis, herede Johannis Hoton, herede Roberti Paitson, [Ricardo Bloynt], Johanne Bloynt bowcher.

fo. 175
‖Panellum pro domino‖ Robertus Selby {juratus}, Johannes Priour {juratus}, Laurencius Toller {juratus}, Johannes Wodmows {juratus}, Willelmus Wayneman {juratus}, Willelmus Owrfelde {juratus}, Johannes Bloynt wayneman {juratus}, Thomas Dobynson {juratus}, Hugo Spark {juratus}, Ricardus Bloynt {juratus}, Robertus Smethirst {juratus}, Ricardus Merley {juratus}, qui presentant super sacramentum suum quod Hugo Spark tenet porcum vagantem in vico contra penam. | Injunctum est Hugoni Roull quod decetero non ventelet[413] cineres in vico sub pena forisfaciendi domino – vj d. | Injunctum est Johanni Dychand quod sufficienter includat frontes suas posteriores decetero sub pena forisfaciendi domino – vj d. | Et injunctum est uxori Petri Wrench quod decetero non receptat aliqua bona vicinorum suorum neque vacabundos sub pena forisfaciendi domino – xij d. | Et injunctum est Rogero Richerdson quod amoveat Amasiam Dawson tailyour citra festum Purificacionis Beate

---

412 MS repeats *ibidem*.
413 MS *ventelebrat*.

Marie Virginis proxime futurum sub pena forisfaciendi domino – iij s. iiij d.| Et eciam injunctum <est> Edwardo Lyttyll walker quod amoveat quandam mulierem vocatam Elizabeth Scott citra festum Purificacionis Beate Marie Virginis sub pena forisfaciendi domino – xij d. Et eciam Roberto Hasswell quod amoveat quandam mulierem non bone gubernacionis sui corporis citra dictum festum sub pena – x s. (*These six injunctions are bracketed together in the left-hand margin, but with no marginal wording.*)[414]

fo. 175v[415]

(557) ‖Burgus de Crocegate‖ Curia tenta ibidem die Mercurii xviij° die Januarii anno etc. Domini millesimo D^{mo} xix° (*18 January 1520*)
(D265) ‖Placitum‖ Thomas Michelson queritur de Edmundo Huchonson in placito \debiti/ – [viij s.] \\vij s. vij d.//, et ad dampnum suum – xx d., plegius prosecucionis Johannes Hall. ‖Continuatur usque proximam‖

(D264) De Petro Wallssh pro licencia concordandi cum Hugone Spark in placito debiti – iij d.

(558) ‖Burgus de Crocegate‖ Curia tenta ibidem die Mercurii xxv° die Januarii anno etc. supradicto (*25 January 1520*)
(D266) ‖Placitum‖ Willelmus Whyte queritur de Henrico Collynwod in placito debiti – xviij d. pro ij petris et dimidia ferri de eo emptis, et ad dampnum suum – iiij d., plegius Hugo Rowll. Et defendens venit et fatetur debitum. Ideo in misericordia domini – iij d.

(D267) ‖Placitum‖ Idem Willelmus queritur de Johanne Snawe in placito debiti – xvij d. pro uno pare occriolarum[416] et j pare sotularum, et ad dampnum suum – iiij d. Et defendens non venit. Ideo in misericordia domini – iij d.

fo. 176
(D265) Thomas Mychelson venit et dicit quod Edmundus Huchonson ei debet – vij s. vij d. pro una equa de eo empta. Et defendens (*sic*) venit et fatetur se esse solut' – vs. Et defendens venit et fatetur – ij s. vij d. Ideo condempnatur in – ij s. vij d. et ij d. pro custagiis. Ideo in misericordia – iij d.

(559) Curia tenta ibidem die Mercurii vij° die Marcii anno Domini millesimo D^{imo} xix° (*7 March 1520*)
(D268) ‖Placitum‖ Johannes Faireallers queritur de Edmundo Hochonson

---

414 A draft list of these presentments is printed as Additional Document 7.
415 The upper 10 cm. of this page are blank.
416 *Ocreola*, low boot (*DML*, under *ocreola*).

in placito debiti – xvij d. pro opere suo manuali, et ad dampnum suum
– iiij d. Et defendens fatetur – vj d. \quos solvit in curia querenti/. Et
dedicit residuum. ‖Ponitur super inquisicionem‖

fo. 176v

**(560*) ‖Burgus de Crocegate‖ Curia capitalis tenta ibidem die Mercurii
xviij⁰ die Aprilis anno Domini millesimo Dⁱᵐᵒ xxⁱᵐᵒ** (*18 April 1520*)
Hugo Rowll venit ad hanc curiam et fecit fidelitatem (*Incomplete*).

De magistro hospitalis de Keipӡer', Johanne Bloynt waneman {esso-
niatur}, herede Johannis Hoton, Johanne Wodemows, Roberto Selby
{essoniatur}, Roberto Lewyn, herede Willelmi Eure militis, herede
Radulphi Hoton, Roberto Hagthorp, Radulpho Melott, Johanne Bloynt
de Tudhowe, [Johanne Bloyn].

‖Panellum pro domino‖ Johannes Priour {juratus}, Robertus Smethirst
{juratus}, Ricardus Merley {juratus}, Willelmus Owrfeld {juratus},
Willelmus Wayneman {juratus}, Thomas Dobynson {juratus}, Hugo
Spark {juratus}, Ricardus Bloynt {juratus}, Thomas Trotter {juratus},
Hugo Rowll {juratus}.

‖Fidelitas‖ Ad hanc curiam venit Hugo Rowlle de Dunelm' milner et
fecit fidelitatem suam domino pro uno burgagio cum suis pertinenciis
in Crocegate in Dunelm' sicut jacet in longitudine et latitudine inter
burgagium pertinens[417] capelle Sancte Margarete modo in tenura Thome
Wryter ex parte occidentali et burgagium quondam Willelmi Rakett et
modo Roberti Selby nunc in tenura Oliveri Thornbrugh, quod quidem
burgagium dictus Hugo habet ex dono et concessione[418] Willelmi
Wharrham, prout patet per cartam suam cujus data est primo die Marcii
anno regni regis Henrici octavi post conquestum Anglie undecimo.[419]

fo. 177

‖Pene (*bracketed to the three following injunctions*)‖ Injunctum est tenentibus habentibus frontes abbutantes super[420] Milneburn' quod eos
su<f>ficienter includant citra festum Invencionis Sancte Crucis proxime
futurum, quilibet sub pena forisfaciendi domino – vj d. | Injunctum est
eciam Johanni Garner et omnibus aliis quod decetero non frangant cepes
vicinorum suorum, quilibet sub pena forisfaciendi domino – vj d. | Et
eciam injunctum est omnibus habentibus mulieres et vacabundos prig-

---

417 MS *pertinent'*.
418 MS *concessio.*
419 This concerns one of the burgages in Crossgate 16 (Rental, 46): Camsell,
    Development, II, p. 70.
420 MS repeats *super*.

nantes[421] in domibus suas quod eas et eos amoveant citra festum Invencionis Sancte Crucis proxim*e* <futurum> sub pena forisfaciendi domino
– xl d.

Extracte facte sunt usque huc.

(561) ‖Burgus de Crocegate‖ Curia tenta ibidem die Mercurii vj^{to} die Junii anno Domini millesimo D^{imo} xx° (*6 June 1520*)
(D269) ‖Placitum‖ Willelmus Eden queritur de Thoma Cawcy in placito
debiti – ij s. viij d. unde devenit in plegium pro Barnardo Mygeley, et ad
dampnum suum – xij d., plegius prosecucionis ballivus. Et defendens
essoniatur.

(562) ‖Burgus de Crocegate‖ Curia tenta ibidem die Mercurii xiij die Junii anno etc. supradicto (*13 June 1520*)
(T95) ‖Placitum‖ Georgius Hudson queritur de Georgio Fawell in placito
transgressionis de eo quod injuste cepit viij ulnas panni lini precii – v s.
unde deteriora*tur* et dampnum habet ad valenciam – vj s. viij d. ‖Ponitur
super inquisicionem‖

(D269) De Thoma Cacy sclater quia non venit ad respondendum Willelmo
Eden in placito debiti. ‖iij d.‖

fo. 177v

(563) ‖Burgus [Dunelm′] de Crocegate‖ Curia tenta ibidem die Mercurii \xxvij° die Junii/ anno Domini millesimo D^{imo} xx^{imo} (*27 June 1520*)
(T95) De Georgio Fawell pro licencia concordandi cum Georgio Hudson
in placito debiti – iij d.

(D269) De Thoma [Cacy] Cawcy quia non venit ad respondendum
Willelmo Eden in placito debiti – iij d.

(564) ‖Burgus de Crocegate‖ Curia tenta ibidem die Mercurii iiij^{to} die Julii anno etc. supradicto (*4 July 1520*)
(T96) ‖Placitum‖ Willelmus Mygelay queritur de Edwardo Baxter de
villa Novi Castri super Tynam in placito transgressionis \ad valenciam/
– xxxix s. xj d. Et defendens attachiatus fuit per xx petras lane precii – lx
s., plegius Ricardus Merley ballivus, et plegius prosecucionis Thomas
Colstane. Et defendens non venit. Ideo in misericordia domini – iiij d.

(D269) Placitum inter Willelmum Eden querentem et Thomam Cawcy
continuatur per xv^{am}. ‖Continuatur‖

---

421   i.e. *pregnantes*.

(U37) De Johanne Alaneson quia non prosecutus fuit querelam suam versus Edwardum Emereson, plegius Hugo Rowll – iiij d.

(565) ‖**Burgus de Crocegate**‖ **Curia tenta ibidem die Mercurii xj^to die Julii anno etc. supradicto** (*11 July 1520*)

(T96) De Edwardo Baxter quia non venit ad respondendum Willelmo Mygeley in placito transgressionis, plegius ballivus – iiij d.

fo. 178

(566) ‖**Burgus de Crocegate**‖ **Curia tenta ibidem die Mercurii xviij° die Julii anno Domini millesimo D^imo xx^imo** (*18 July 1520*)

(D270) ‖Placitum‖ Henricus Collynwod queritur de Roberto Hagthorp in placito debiti – iij s. viij d., videlicet pro brasiacione ij celdr*arum* et dimidi*e* brasi<i> – ij s. vj d. et pro ferrura equorum – xiiij d., et ad dampnum suum – xij d. Et super hoc partes predicte tenentur stare arbitrio Thome Gawdy, Hugonis Rowll, Radulphi German et Thome Colstane pro omnibus materiis, placitis et querellis ac accionibus sub pena – xl s.

(T96) Vicecomes Dunelm' venit cum breve de Accedas ad curiam et exoneravit curiam de querela que est in curia inter Willelmum Megeley querentem et Edwardum Baxter defendentem, et partibus predictis prefixit diem essendi coram \justic*iariis*/ domini episcopi die Lune proximo ante festum Sancti Laurencii.

fo. 178v

(567) ‖**Burgus de Crocegate**‖ **Curia tenta ibidem die Mercurii xxij° die Augusti anno Domini millesimo D^imo xx^imo** (*22 August 1520*)

(D271) ‖Placitum‖ Hugo Goften queritur de Roberto Smethirst in placito debiti – ix d. pro fal*c*e sibi debit*a*, et ad dampnum suum – ix d. Et defendens venit et fatetur inde – vj d. quos dicit quod fuit semper paratus solvere antequam summonitus fuit. Et de†*dicit*†[422] residuum. ‖[Ponitur super inquisicionem] Ponitur in arbitrio‖

(568*) ‖**Burgus de Crocegate**‖ **Curia capitalis tenta ibidem die Mercurii tercio die Octobris anno Domini millesimo D^imo xx^imo** (*3 October 1520*)

De magistro hospitalis de Keip3er, hered*e* Johannis Hoton, Rogero Rycherdson {essoniatur}, Roberto Lewyn, hered*e* Willelmi Eure militis,

---

422 MS *dec'*.

[Hugone[423]Spark], [Willelmo[424]Waynman {postea comparuit}], Roberto[425] Selby {essoniatur}, Radulpho Melott, Johanne Blont bowcher.

(U38) ‖Placitum‖ Roulandus Busby de Dunelm' queritur de (*Incomplete*). ‖ij[us] defectus‖

‖Panellum pro domino‖ Robertus Hagthorp {juratus}, Robertus Smethirst {juratus}, Johannes Priour {juratus}, Johannes Wodmows {juratus}, Willelmus Owrfeld {juratus}, Thomas Trotter {juratus}, Thomas Dobynson {juratus}, Ricardus Bloynt {juratus}, Hugo Spark {juratus}, Ricardus Merley {juratus}.

fo. 179

Jurati presentant super sacramentum suum quod Johannes Ligh non inclusit frontem suam[426] prout pena fuit inde posita. | Item presentant quod Georgius Hudson tenet duos porcos vagantes in vico. Ideo in misericordia. | De Hugone Rowll pro consimili {ij}. |De uxore Johannis Snaw pro consimili {iiij}. | De Roberto Robynson pro consimili {ij}. | De Johanne Garner pro consimili {v}. | De Hugone Spark pro consimili {ij porci et v porcelli}.[427] | Item presentant quod Robertus Hervy vend*it* serviciam contra assisiam. | De Edmundo Merley pro consimili. | De relicta Toller pro consimili. | De Jacobo Cuke pro consimili. | De Willelmo Heghyngton pro consimili. | De Thoma Dobby pro consimili. | De Roberto Claxton pro consimili. | De Johanna Lewen pro consimili. | De Olivero Thornbrugh pro consimili. | De Roberto Selby pro consimili. | De relicta Snaw pro consimili. | De Hugone Sperk pro consimili. | De Willelmo Goften pro consimili. | De relicta Taily<o>ur pro consimili. | De relicta Walker pro consimili. | De Hugone Rowll pro consimili. | De Thoma Trotter pro consimili.[428] | Item presentant quod Robertus Toller non burgensis forstall*abat* marcatum emendo pelles ovinas. Ideo in misericordia vj d. De Johanne Priour burgense pro consimili. – iiij d. De Ricardo Blount burgense pro consimili iiij d. | Item presentant quod Matheus Sperk non burgensis forstall*abat* marcatum emendo pelles bovinas, vaccinas, vitulinas et taurinas. Ideo in misericordia [iiij] \\vj// d. | Pena ponitur relicte Walker quod non forstallet marcatum emendo aliqua victualia sub pena xl d. | Pena ponitur omnibus vendentibus serviciam quod vendant

---

423 MS *Hugo*.
424 MS *Willelmus*.
425 MS *Robertus*.
426 MS *suum*.
427 The names from Hugh Rowll to Hugh Spark are disposed in two columns, the division occurring after John Snaw's wife.
428 The names from Edmund Merley to Thomas Trotter are disposed in two columns, the division occurring after Oliver Thornbrugh.

vicinis suis oblatum servicie pro obolo et denariatum pro j d. sub pena
vj d. | Pena ponitur quod quilibet amoveat stercolinia et lapides posita
et jacencia ante frontem suam ad nocumentum vicinorum suorum citra
festum Omnium Sanctorum proxime futurum sub pena cuilibet vj d.

fo. 179v
‖Fidelitas‖ Ad hanc curiam venit Willelmus Blount filius et heres Johannis
Blount \defuncti/ et Margerie uxoris sue \vidue/ filie et heredis Ricardi
Layng et fecit fidelitatem suam domino pro duobus burgagiis jacentibus in Aluertongate in Dunelm' quorum unum jacet inter burgagium
Johannis Ligh ex parte occidentali et communem venellam ex parte
orientali, et aliud vero jacet inter burgagium sacriste Dunelm' ex parte
occidentali et burgagium pertinens capelle Sancte Margarete ex parte
orientali, que quidem burgagia dictus Willelmus habet tam ex relaxacione dicte Margerie quam jure hereditario. Et admissus est ut burgensis.
Et juratus est.[429]

Pena ponitur quod quilibet faciat frontes suas citra festum Sancti Cuth-
berti in Marcio proxime sequens sub pena cuilibet vj d. | Pena ponitur
quod nullus deinceps teneat aliquas mulieres que sunt vacabunde pring-
nantes infra tenuras suas sub pena cuilibet xl d. | Item jurati presentant
quod quarterium frumenti, quarterium ordii et quarterium avene ultimo
die Sabbati et aliis diebus vendebantur diversis preciis, videlicet quarterium frumenti ad ix s. iiij d., quarterium ordii ad v s. et quarterium
avene ad ij s. vj d. Ideo consideratum est quod quelibet brasiatrix vendat
lagenam optime servic<i>e ad ij d., sic continuando a die hujus curie
usque festum Sancti Martini quod erit in anno Domini millesimo quingentesimo vicesimo primo.

fo. 180
(568a) ‖Burgus de Crocegate‖ Curia tenta ibidem die Mercurii x die
Octobris anno Domini millesimo D^{imo} xx^{imo} (*10 October 1520*)
(*No recorded business*)

(569) ‖Burgus de Crocegate‖ Curia tenta ibidem die Mercurii vij° die
Novembris anno etc. supradicto (*7 November 1520*)
(D272) ‖Placitum‖ Willelmus Fairhallers queritur de Roberto Peirson
<in placito> debiti – vij d., et ad dampnum suum – iiij d. Et defendens
attachiatus fuit per unam equam nigri coloris precii – v s., plegius
Thomas Dobynson. [Et defendens non venit. Ideo in misericordia – iiij
d.] Et defendens [essoniatur] venit et fatetur debitum predictum, quod
solvit in curia cum expensis. Ideo defendens in misericordia domini
– [iiij d.] quos solvit sacriste.

---

429 This concerns Allergate 12 (Rental, 23): Camsell, Development, II, p. 21.

(570) ‖Burgus de Crocegate‖ Curia tenta ibidem die Mercurii xiiij° die Novembris anno etc. supradicto (*14 November 1520*)

(D273) ‖Appreciacio‖ Johannes Priour, Hugo Rowll, Thomas Dobynson, Hugo Spark appreciaverunt vj dublers, iiij dishes et iij sawcers capta de bonis Johannis Dukett pro firma \domus/ debita sacriste Dunelm' ad – iij s. viij d. Et eciam unam almariam {iij s. iiij d.} \j dubler {iiij d.}/ et un' cowntour {iij s. iiij d.} de bonis Willelmi Eyme capta ad – vij s. pro firma {[iij s. iiij <d.>]} debita dicto[430] sacriste.

(571) Curia tenta ibidem die [xx°j°] die Mercurii xxj° die Novembris (*21 November 1520*)

(DC51) ‖Placitum‖ Johannes Lygh queritur de Ricardo White et \Alicia/ uxore Thome White administratoribus bonorum et catallorum que fuerunt Thome White in placito detencionis – xxij s. iiij d. quos dictus Thomas debebat pro firma tenure sue in vita sua, et ad dampnum suum – xij d. Et defendentes attachiati fuerunt per viij boves cum uno plaustro precii – cvj s. viij d., plegius Hugo Rowll. Et defendens venit et petit diem interloquendi usque proximam curiam.

fo. 180v
Extracte facte sunt usque huc.

(572) ‖Burgus de Crocegate‖ Curia tenta ibidem die Mercurii xxj° die Novembris anno Domini millesimo D^{imo} xx^{imo} (*still 21 November 1520*)

(DC51) De Ricardo White et Alicia matre ejus pro licencia concordandi cum Johanne Lygh in placito detencionis, plegius Hugo Rowll – [iiij d.] quos solvit sacriste.

(573*) ‖Burgus de Crocegate‖ Curia capitalis tenta ibidem die Mercurii ix° die Januarii anno Domini millesimo D^{imo} xx^{imo} (*9 January 1521*)

De magistro hospitalis de Keipyere, herede Johannis Hoton, [Johanne Wodmows] {quia comparuit}, Rogero Rycherdson, Roberto Selby, Roberto Lewyn, herede Willelmi Eure militis, [Thoma Trotter], [Ricardo Bloynt] {quia comparuit}, Roberto Hagthrop, [Willelmo Owrfeild] {quia comparuit}, [Willelmo Waneman] {quia comparuit}, \herede/ Radulphi Melott, Johanne Bloynt bowcher, quia non venerunt ad faciendam sectam curie. Ideo quilibet eorum in misericordia domini – iiij d.

‖Panellum pro domino‖ Robertus Smethirst {juratus}, Johannes Priour {juratus}, Johannes Wodmows {juratus}, Hugo Rowll {juratus}, Ricardus Bloynt {juratus}, Willelmus Owrfeild {juratus}, Thomas Dobynson {juratus}, Hugo Spark {juratus}, Thomas Trotter {juratus}, Willelmus

---

430 MS *dicti*.

Bloynt {juratus}, Ricardus Merley {juratus}, Willelmus Wayneman {[juratus] juratus}.

(D274) ‖Placitum‖ Hugo prior Dunelm' per (*Blank space of 3 cm.*) attornatum suum queritur de Thoma Gyffurth et Agnete uxore ejus in placito debiti – ij s., videlicet aretro existentium de firma unius domus, et ad dampnum suum – xij d.

fo. 181

Robertus Smethirst et socii sui jurati pro domino presentant super sacramentum suum quod Edwardus Bradewod et Henricus Tomson fecerunt affraiam inter se contra pacem. Ideo uterque in misericordia domini – xx d. | ‖Pena‖ Injunctum est Roberto Hagthrop quod deponat quoddam edeficamentum edeficatum †contra†[431] murum super terram sacriste Dunelm' citra proximam curiam vel concordat cum dicta sacrista medio tempore sub pena forisfaciendi domino – vj s. viij d. | ‖Pena‖ Injunctum est eciam uxori Georgii Don quod decetero non receptat servientes vicinorum suorum neque frangere debeat sepes dictorum vicinorum sub pena – iij s. iiij d. tociens quociens. | ‖Pena‖ Item injunctum est omnibus tenentibus de Aluertongate quod sufficienter faciant unum le styill exist' in venella communi ibidem aceciam portam et sepem ibidem citra festum Purificacionis Beate Marie Virginis proxime futurum, quilibet sub pena forisfaciendi – vj d. | ‖Pena‖ Et eciam pena ponitur quod quilibet tenens aut dominus habens mulieres non bone gubernacionis suorum corporum eas removeat citra festum Sancti Cuthberti in Marcio sub pena – iij s. iiij d. | ‖Pena‖ Injunctum est omnibus habentibus sterquilinia jacencia ante frontes suas in vico quod ea amoveant citra festum Purificacionis sub pena – vj d. | ‖Pena‖ Item injunctum est Petro Wrensch et Alicie uxori ejus eo quod dicta Alicia est latruncula et communis objurgatrix quod ea decetero non latrunculat neque objurgat sub pena forisfaciendi – vj s. viij d. aut remocionis extra jurisdiccionem curie. | Memorandum quod jurati predicti habent licenciam reddendi veredictum pro affraia inter Willelmum Mersshall capellanum et Georgium Fawell usque pro<ximam> curiam capitalem.

fo. 181v

(574) ‖Burgus Dunelm'‖ Curia tenta ibidem die Martis[432] xvj° die Januarii anno Domini millesimo D^{imo} xx^{imo} (*16 January 1521*)

(D274) De Hugone priore Dunelm' quia non prosecutus fuit placitum suum versus Thomam Gyffurth et uxorem suam.[433] Ideo in misericordia domini – ij d.

---

431 MS *que*.
432 16 January 1521 was a Wednesday.
433 MS *suum*.

(575) ‖Burgus de Crocegate‖ Curia tenta ibidem die Mercurii xx die Februarii anno etc. supradicto (*20 February 1521*)
(D275) ‖Placitum‖ Matheus Spark queritur de Petro Wrensh in placito debiti – xviij d. sibi debitorum pro iij ulnis lanei albi, et ad dampnum suum – iiij d. Et defendens venit et fatetur debitum predictum. Ideo[434] condempnatur in debito predicto et ij d. pro custagiis. Ideo in misericordia – iij d.

(U39) [Henricus Tomson queritur de Johanne Garner et uxore sua in placito]

(576) ‖Burgus Dunelm'‖ Curia tenta ibidem die Mercurii xxvij die Februarii anno etc. supradicto (*27 February 1521*)
(D276) ‖Placitum‖ Robertus Hall queritur de Alexandro Magdowell \tynkler/ in placito debiti – xij d. pro quibus devenit \\ei// in plegium pro Johanne Tomson tynkler, et ad dampnum suum – vj d. Et defendens attachiatus fuit per unum bagg cum le wirkyng gere precii – xvj d., plegius ballivus. Et defendens non venit. Ideo in misericordia – iij d.

(577) ‖Burgus Dunelm'‖ Curia tenta ibidem die Mercurii xiij die Marcii anno etc. supradicto (*13 March 1521*)
(DC52) ‖Placitum‖ Robertus Falconer queritur de Mariona Lygh executrice Willelmi Lygh in placito detencionis – xij d., et ad dampnum suum – vj d., plegius prosecucionis Hugo Waneman. Et defendens venit et fatetur. Ideo in misericordia domini – iij d.

(D276) De Alexandro Makdowell tynkler quia non venit ad respondendum Roberto Hall in placito debiti – iij d.

(577a) ‖Burgus de Crocegate‖ Curia que fuisset tenta ibidem die Mercurii xx° die Marcii anno etc. supradicto rejornetur ob reverencia festi Sancti Cuthberti accidentis illo[435] die (*20 March 1521*)

fo. 182
(578) ‖Burgus de Crocegate‖ Curia tenta ibidem die Mercurii xxvij die Marcii anno Domini millesimo D^{imo} xxj^{mo} (*27 March 1521*)
(DC53) ‖Placitum‖ Margareta Goften executrix testamenti Hugonis Goften queritur de Johanne Gryce in placito detencionis – [xv d.] \\xiiij d.// pro uno scuto de <eo> empto, et ad dampnum suum – vj d. Et defendens attachiatus fuit per unum equum album precii – x s., plegius T. Wryter. Et defendens venit et fatetur debitum predictum. Ideo in misericordia – iiij d.

---

434 MS has a redundant *in* following *Ideo*.
435 MS *illa*.

(D276) De Alexandro Makdowell quia non venit ad respondendum (*Incomplete*).

(579) ‖Burgus de Crocegate‖ Curia tenta ibidem die Mercurii x^{imo} die Aprilis anno Domini millesimo D^{imo} primo (*10 April 1521*)
(T97) ‖Placitum‖ Johannes Priour queritur de Hugone Spark in placito transgressionis eo quod succidit sepem, videlicet spinas preter et contra voluntatem dicti querentis, unde deterioratus est et dampnum <habet> ad valenciam – iij s. iiij d. ‖j^{us} defectus‖

fo. 182v
(580*) ‖Burgus de Crocegate‖ Curia capitalis tenta ibidem die Mercurii xvij° die Aprilis anno Domini millesimo D^{imo} xxj° (*17 April 1521*)
(DC54) ‖Placitum‖ Roulandus Collynwod administrator bonorum que fuerunt Henrici Collynwod \per Hugonem Rowll/ queritur de Roberto Selby in placito detencionis bonorum que fuerunt dicti Henrici ad valenciam – xx s., et ad dampnum suum – iij s. iiij d., plegius \\prosecucionis// Hugo Rowll.

De magistro hospitalis de Keipyere, hered*e* Johannis Hoton, [Rogero Richardson] {essoniatur}, Roberto Smethirst, Roberto Selby, hered*e* Willelmi Rakett \senioris/, hered*e* Ricardi Baynbrig, Willelmo Essh, Roberto Lewyn, [hered*e* Willelmi Eure militis {in fine}], hered*e* Johannis Rakett senioris, Thoma Trotter, Johanne Bloynt bowcher.

‖Panellum pro domino‖ Robertus Hagthorp {juratus}, Johannes Priour {juratus}, Johannes Wodmows {juratus}, Willelmus Owrfeld {juratus}, Hugo Rowll {juratus}, Thomas Dobynson {juratus}, Willelmus Bloynt {juratus}, Hugo Spark {juratus}, Thomas Trotter {juratus}, Ricardus Merley {juratus}, Willelmus Wayneman {juratus}, jurati pro domino, presentant super sacramentum suum quod Willelmus Marshall capellanus et Georgius Fawell fecerunt insultum inter se. | Item presentant quod uxor Willelmi Heghyngton injuste fregit et deposuit unum style in communi venella de Aluertongate. Et injunctum est capellano Corporis Christi[436] gilde quod \non/ faciat aliquam portam ad clausuram suam per venellam supradictam sub pena iij s. iiij d. Item presentant quod Johannes Garner {j} et Robertus Hasswell {j porc*us*}, Edmundus Merley {j}, Hugo Spark {iiij d.}, subvertunt solum vicinorum suorum. (*fo. 183*) Item presentant quod Willelmus Horsmershell tenebat canem [musull] mastic*antem* qui currit[437] in ortum sellararii ad cuniculos. Ideo injunctum est quod eum amoveat [citra] sub pena – iij s. iiij d. | Item presentant

---

436 MS has a redundant *Christi* following *capellano*.
437 MS *currat*.

quod Hugo Spark non removebat sterquilinium suum contra penam.[438] |
Injunctum est Thome Cawcy quod custodiat filiam suam ita quod \non/
sit latruncula neque frangat sepes vicinorum sub pena amovacionis extra
vicum. | Injunctum est omnibus tenentibus quod nullus receptat aut
hospitet[439] \vacabundos/ vel dimittat eis \\aliquas// domos,[440] quilibet
sub pena – iij s. iiij d. | Et injunctum est Olivero Thornbrugh quod repleat
unam latrinam suam existentem juxta unum le entree Hugonis Rowll
citra festum Pentecostes sub pena – iij s. iiij d. | ‖Pene (*bracketed to both
the following injunctions*)‖ Injunctum <est> omnibus tenentibus quod
nullus teneat aliquos porcos subvertentes terra*m* infra ortum sellerarii
aut aliquos canes fugantes cuniculos, quilibet sub pena forisfaciendi – iij
s. iiij d. Et eciam pena ponitur quod decetero nullus intrare debeat cum
canibus aut arcubus \et sagittis/ ad venandum infra dictum ortum sub
pena forisfaciendi – xij d. tociens quociens.

fo. 183v

**(581) ‖Burgus de Crocegate‖ Curia tenta ibidem die Mercurii xxiiij° die
Aprilis anno Domini millesimo D^{imo} xxj°** (*24 April 1521*)
(DC54) Secundus defectus Roberti Selby.

**(581a) ‖Burgus de Crocegate‖ Curia tenta ibidem die Mercurii xxxj die
Aprilis anno etc. supradicto** (*1 May 1521*)
(*No recorded business.*)

**(582) ‖Burgus de Crocegate‖ Curia tenta ibidem die Mercurii xv die
Maii anno etc. supradicto** (*15 May 1521*)
(DC54) De Roulando Colynwod quia non prosecutus fuit placitum suum
versus Robertum Selby, plegius (*Blank space of 4 cm.*) – iiij d.

**(583) ‖Burgus de Crocegate‖ Curia tenta ibidem die Mercurii tercio die
Julii anno Domini millesimo D^{imo} xxj°** (*3 July 1521*)
(DC55) ‖Placitum‖ Johanna Lewyn queritur de Henrico Tomson et
Agnete uxore sua administratrice[441] bonorum que fuerunt Laurencii
Toller in placito detencionis – xij d., et ad dampnum suum – vj d. Et
defendens essoniatur.

(DC56) ‖Placitum‖ Johanna Henrysson queritur de Edmundo Hochonson
in placito detencionis ij^{arum}[442] ulnarum et dimidie panni lanei albi precii

---

438 MS *pena*.
439 MS *receptat aut hospitat*. For *receptat*, see Introduction, p. xlv.
440 MS has a redundant *sub pena* following *domos*.
441 MS *administritrac'*. The garbled form probably implies the feminine *administratrix* rather than the masculine plural *administratores*.
442 MS *ij^{or'}*.

– xij d., et ad dampnum suum – vj d. Et defendens non venit. Ideo in misericordia domini – iij d.

(584) ‖Burgus Dunelm'‖ Curia tenta ibidem die Mercurii xxvj die Februarii anno Domini millesimo D xx[i]j° (*26 February 1522*)
(DC55) De Henrico Tomson quia non venit ad respondendum Johanne Lewyn – nihil.

fo. 184
(584a) ‖Burgus de Crocegate‖ Omnes curie tam capitales quam alie curie que tenerentur, rejurnantur et continuantur ob metu pestilencie existentis infra civitatem et suburb*iis* Dunelm'

(585*) ‖Burgus de Crocegate‖ Curia capitalis tenta ibidem die Mercurii xij° die Marcii anno Domini millesimo D^imo xxj° (*12 March 1522*)
De magistro hospitalis de Keipyere, hered*e* Johannis Hoton, Roberto Selby, Roberto Lewyn, hered*e* Willelmi Eure militis, [hered*e* Thome Dobynson] {essoniatur}, Radulpho Melott et Roberto Hagthorp quia non venerunt ad faciendam sectam curie. Ideo quilibet eorum in misericordia domini – iiij d.

(DC57) ‖Placitum‖ Ricardus Orra queritur de Agnete Goften adminis-tratrice sive executrice testamenti Ricardi Swawdale in placito deten-cionis – [ij s. iiij d.] \\iiij s. [iiij d.] viij d.// pro feno per dictum Ricardum Swawdale emptum, et ad dampnum suum – vj d, plegius prosecucionis Thomas Trotter. Et defendens petit diem interloquendi usque proximam curiam.

‖Panellum pro domino‖ Rogerus Richerdson {juratus}, Robertus Smethirst {juratus}, Johannes Priour {juratus}, Johannes Wodmows {juratus}, Willelmus Owrfeld {juratus}, Willelmus Wayneman {juratus}, Hugo Rowll {juratus}, Hugo Spark {juratus}, Thomas Trotter {juratus}, Ricardus Bloynt {juratus}, Willelmus Bloyntt, Ricardus Nicholsson {juratus}, jurati pro domino, presentant super sacramentum suum quod Robertus Robynsson p*ardoner* {iij s. iiij d.} fecit affraiam super Thomam Wynter contra pacem. | Item dicti jurati presentant quod Edmundus Turpyn {ij s.} disobedivit ballivo curie faciend' officium. Et eciam presen-tant quod Oliverus Thornbrugh {xij d.} dictum Edmundum abbetavit[443] et confortavit contra dictum ballivum. | Item dicti jurati presentant quod Ricardus Greithede capellanus fecit insultum super Robertum Forrest capellanum contra pacem. | Item dicti jurati presentant quod dictus Ricardus fecit insultum super Edmundum Hochonsson contra pacem. | ‖Pena‖ Injunctum est omnibus tenentibus quod mundant seu mundari

443 MS *abbutavit*.

faciant communes venellas suas citra festum Sancti Cuthberti in Marcio, quilibet sub pena – iij s. iiij d. (*fo. 184v*) Item dicti jurati presentant quod Thomas Hasswell de Almenerbarnz {ij porci}, Johannes Grevesson et mater ejus {ij}, Hugo Robynson {ij}, Oliverus Thornbrugh {[ij] j}, Thomas Colstane {j suem cum porcell*is*}, Willelmus Robynson {ij}, Johannes Dychand {iiij}, Robertus Selby {iiij vel iiij}, Georgius Hudson {j}, Georgius Fawell {ij}, Ricardus Robynson wever {[ij] j}, Robertus Robynson {ij}, Matheus Spark {vj}, Hugo Spark {iiij}, tenebant porcos vagantes in vico ac subvertantes solum vicinorum suorum contra penam – ij d. | Item dicti jurati presentant quod Thomas Cawcy non removebat filiam suam citra diem ei limitatum. | ‖Pena‖ Injunctum est Hugoni Spark et omnibus habentibus sterquilinia jacencia in vico quod amoveant <illa> infra xx^{ti} dies, quilibet sub pena forisfaciendi domino – xij d. | ‖Pena‖ Et injunctum <est> omnibus tenentibus quod quilibet includat frontes suas et sepes suas citra festum sancti Cuthberti proxime futurum, quilibet sub pena – iiij d. | ‖Assisa Servisie‖ De Thoma Trotter {ij d.}, Roberto Hervy {iij d.}, Edmundo Merley {ij d.}, Roberto Selby {iij d.}, Jacobo Cuke {ij d.}, Hugone Spark {ij d.}, Johanna Heghyngton {ij d.}, Roberto Robynson p*ar*doner {ij d.}, Roberto Claxton {ij d.}, Johanna Lewyn {ij d.}, Hugone [Roull] Rowll {ij d.} et Olivero Thornbrugh {ij d.} pro assisa servisie non servata. | Pena ponitur quod nullus dimittat ad firmam aliquas terras seu tenementa illicitis personis sub pena forisfaciendi domino – iij s. iiij d. | ‖Pena‖ Injunctum est uxori Georgi Don quod amovet se extra jurisdiccionem curie citra festum Invencionis Sancte Crucis proxime futurum eo quod receptat servient*es* vicinorum sub pena – (*No sum entered*).

(586) ‖Burgus de Crocegate‖ Curia tenta ibidem die Mercurii xix die Marcii anno Domini millesimo D^{imo} [xxij°] \\xxj°// (*19 March 1522*)
(DC57) De Agnete Goften executrice bonorum que fuerunt Ricardi Swawdale quia non venit ad respondendum Ricardo Orra alias Hynde in placito detencionis – nihil quia continuatur.

fo. 185
(587) ‖Burgus de Crocegate‖ Curia tenta ibidem die Mercurii xxvj° die Marcii anno Domini millesimo D^{imo} xx°ij° (*26 March 1522*)
(DC57) De Agnete Goften \\executrice// bonorum que fuerunt Ricardi Swadale [in placito detencionis] quia non venit ad respondendum Ricardo Orry.

(588) ‖Burgus‖ Curia tenta ibidem die Mercurii secundo die Aprilis anno Domini etc. supradicto (*2 April 1522*)
(D277) ‖Placitum‖ Johanna Lewyn \per Ricardum Colynson capellanum attornatum suum/ queritur de Thoma Byrez in placito debiti – xviij d. quos promisit solvere ei pro uxore Willelmi Lygh, et ad dampnum suum – vj d. ‖[Respectuatur per xv^{am}] Continuatur usque curiam capitalem‖

(DC57) Ricardus Hyne *essoniavit* placitum suum versus Agnetem Goften. ‖Esson*iatur*‖

(589) ‖Burgus Dunelm'‖ Curia tenta ibidem die Mercurii ix° die Aprilis anno etc. supradicto (*9 April 1522*)
(D278) ‖Placitum‖ [Willelmus Faireallers queritur de Johanne Lytill in placito debiti – v d. pro opere suo manuali debitorum, et ad dampnum suum – iiij d. Et defendens non venit.] ‖Vacat‖

(DC57) Placitum inter Ricardum Hyne et Agnetem Goften. ‖ (*a*) Continuatur (*b*) Promisit q*uerens* probare‖

(590) ‖Burgus de Crocegate‖ Curia tenta ibidem die Mercurii [xvj] \\xiiij°// die [Aprilis] \\Maii// anno etc. supradicto (*14 May 1522*)
(D279) ‖Placitum‖ Ricardus Collynson queritur de Willelmo Tomson in placito debiti – iij s. iiij d. pro firma [d†omus†] de terminis Martini {xvj d.} et Pentecostes {ij s.} proxime futuris,[444] et ad dampnum suum – vj d. Et defendens venit et fatetur. Ideo in misericordia domini – iij d.

(D280) ‖Placitum‖ Willelmus Fairehallers queritur de Thoma Robynson in placito debiti – v d. pro opere suo manuali. Et defendens fatetur debitum tamen non amercietur quia debitum nimis parum est ad amerciandum. ‖Fatetur‖

fo. 185v
(591*) ‖Burgus de Crocegate‖ Curia capitalis tenta ibidem die Mercurii xxj° die Maii anno Domini millesimo D^{imo} xxij^{do} (*21 May 1522*)
De magistro hospitalis de Keipȝere, hered*e* Johannis Hoton, Rogero Rycherdson, Roberto Smethirst, [Willelmo Essh] {jacet in fine}, cantario Beate Marie in ecclesia Sancti Oswaldi {essoniatur}, Roberto Lewyn, hered*e* Willelmi Eure, hered*e* Radulphi Melott, Roberto Selby, [Ricardo Bloynt], Roberto Hag<t>horp, [Hugone Spark] {quia comparuit}, Willelmo Owrfeld.

‖Panellum pro domino‖ Johannes Priour {juratus}, Willelmus Waynman {juratus}, Hugo Rowll {juratus}, Johannes Wodmous {juratus}, Hugo Spark {juratus}, Ricardus Bloynt {juratus}, Thomas Trotter {juratus}, Willelmus Fairallers {juratus}, Robertus Kent {juratus}, Oliverus Thornbrugh {juratus}, Edmundus Merley {juratus}, jurati pro domino, presentant super sacramentum suum quod Oliverus Dycconson fecit [affraiam] insultum super Oliverum Thornbrugh et uxorem suam contra pacem. | Item dicti <jurati> presentant quod Willelmus Marsshall capellanus et

---

444 This should surely be *ultime preteritis*.

Willelmus Tomson fecerunt affraiam inter se, tamen petunt dicti jurati respectum de veredicto reddendo quis eorum fecit[445] usque proximam curiam capitalem. | ‖Pene (*bracketed to all the items to the foot of the page*)‖ Injunctum est Georgio Don et uxori sue quod se amoveant[446] extra jurisdiccionem hujus curie citra proximam curiam capitalem sub pena – xl s. Et eciam[447] dicti jurati presentant quod dictus Georgius et uxor ejus fregerunt penam positam super eos in ultima curia. | Item dicti jurati presentant quod Cristibella Richerdson fregit penam positam in ultima curia capitali eo quod non removebat se extra jurisdiccionem curie citra diem ei limitatum. Ideo injunctum est ei quod se amoveat citra festum Pentecostes proxime futurum sub pena – xl s. | Item injunctum est omnibus habentibus sterquilinia jacencia in vico quod ea amoveant citra festum Pentecostes proxime futurum, quilibet sub pena – xij d. | Item injunctum est Olivero Dycconson quod decetero custodiat bonam regulam in domo sua noctanter sub pena – x s. | Item injunctum est elemosinario Dunelm' et Willelmo Marshall capellano quod sufficienter faciant[448] sepes suas citra festum Pentecostes proxime futurum, uterque sub pena – ij d. (*fo. 186*) ‖Pena‖ Et eciam injunctum est uxori (*Blank space of 1 cm.*) Grevesson quod decetero non injuste capi<a>t granum neque fenum, eciam reliberavit[449] le kyrtill pro muliere (*Incomplete?*).

fo. 186v
Ihesus

(592) ‖Burgus de Crocegate‖ Curia tenta ibidem die Mercurii xxv die Junii anno Domini millesimo D^{imo} xxij° (*25 June 1522***)**
(DC58) ‖Placitum‖ Hugo Prior Dunelm' per Thomam Wilyamson \attornatum/ queritur de Willelmo Lytyll in placito detencionis unius toge \pro j muliere/ precii – v s., videlicet unum mortuarium uxoris Edwardi Lytyll, et ad dampnum suum – xij d. Et defendens attachiatus fuit per unum equum badii coloris precii – vj s. viij d., plegius Johannes Lytill. Et defendens non venit. Ideo in misericordia – (*No sum entered*).

Extracte facte sunt usque huc.

---

445 Meaning 'but the jurors request a postponement for returning a verdict concerning which of them caused it'.
446 MS interlines a redundant *se* following *amoveant*.
447 MS has a redundant *quod* following *eciam*.
448 MS *facient*.
449 MS *releberavit*.

(593) ‖Burgus Dunelm'‖ Curia tenta ibidem die Mercurii secundo die Julii anno etc. supradicto (*2 July 1522*)

(D281) ‖Placitum‖ Cristoforus Waterfurd \capellanus/ queritur de Thoma Smorthwete in placito debiti – v s. quos ei debet pro firma unius domus de termino Pentecostes ultime preterito, et ad dampnum suum – xij d. Et (*Incomplete*). ‖[Ponitur super inquisicionem]‖

(594) ‖Burgus Dunelm'‖ Curia tenta ibidem die Mercurii xvj die Julii anno etc. supradicto (*16 July 1522*)

(D281) ‖Panellum inter Cristoforum Waterford querentem et Thomam Smorthwate defendentem‖ Alexander Neil {+}, Henricus Bloynt {• juratus}, Willelmus Robynson {• juratus}, Johannes Hyne glover {• juratus}, Georgius Blyth {• juratus}, Robertus Robynson {• juratus}, Edmundus Turpyn {+}, Oliverus Dycconson {• juratus}, Edwardus Emereson {• juratus}, Willelmus Tomson \+/, Johannes Hall {+}, Ricardus Robynson {• juratus}.

(T98) ‖Placitum‖ Johanna Graynge vidua queritur de Olivero Dycconson tailyour in placito transgressionis eo quod inprovide aptavit vesturam suam, videlicet unam kyrttyll precii – v s., et eam perdidit in factura unde deteriorata est et dampnum habet ad valenciam – iij s. iiij d., plegius prosecucionis Thomas Smorthwate. ‖Ponitur super inquisicionem‖

(D281) Cristoforus Waterfurth \capellanus/ petit viij tales. ‖Continuatur‖

fo. 187

(595) ‖Burgus de Crocegate‖ Curia tenta ibidem die Mercurii xxiij° die Julii anno Domini millesimo D^{imo} xxij^{do} (*23 July 1522*)

(D281) ‖Octo tales‖ Thomas Colstane {• juratus}, Oliverus Thornbrugh {• juratus}, Thomas Robynson {• juratus}, Robertus Kent {+}, Thomas Cawcy {• juratus}, Thomas Tomson {•}, Reginaldus Donken, Robertus Whyte {•}.

Thomas Smorthwate venit et fatetur – v s.

(D282) ‖Placitum‖ Johannes Maire queritur de Edwardo Emeresson in placito debiti – xviij s. v d. pro corio frunito de eo \\empto//, et ad dampnum suum – iij s. iiij d., plegius prosecucionis Ricardus Robynson. Et defendens petit diem interloquendi usque proximam curiam, ad quem diem venit dictus defendens <et> fatetur – xiiij s. v d. Et dedicit – iiij s. Et super hoc ponit se super inquisicionem et querens similiter.

(D281) Thomas Smorthwate venit et fatetur Cristoforo Waterford capellano – v s. prout patet in placito suo, et habet diem solvendi usque proximam septimanam post festum Sancti Petri quod dicitur Advincula proxime futurum. Ideo dictus Thomas in misericordia domini – iij d.

(596) ‖Burgus de Crocegate‖ Curia tenta ibidem die Martis[450] xxx⁰ die Julii anno [pont] Domini millesimo D^{imo} xxij⁰ (*30 July 1522*)
(DC59) ‖Placitum‖ Thomas Thryft capellanus queritur de Hugone Robynson[451] et Agnete uxore ejus executrice testamenti Ricardi Swadale in placito detencionis – ix s. pro firma unius clausure cum le tentorz quos dictus Ricardus habuit, et ad dampnum suum – iiij d., plegius prosecucionis Thomas Colstane. Et defendens non venit. Ideo in misericordia – iij d.

(?DC58) De Hugone priore Dunelm' quia non pros' (*Incomplete*).

(DC60) ‖Placitum‖ Johannes Steyle queritur de Thoma Colstane in placito detencionis unius camini ferri \precii – xx s./ quem Johannes Colson habuit in custodia, et ad dampnum suum – xij d., plegius prosecucionis Edwardus Emereson. Et querens ponit loco suo Jacobum Clerk. Et defendens venit et dicit quod non injuste detinet ei dictum caminum quia dicit quod emebat de (*Incomplete*). ‖Ponitur super inquisicionem‖

fo. 187v
(597) ‖Burgus de Cocegate‖ Curia tenta ibidem die Mercurii vj^{to} die Augusti anno Domini millesimo D^{mo} xxij^{do} (*6 August 1522*)
(DC60) ‖Panellum inter Johannem Steile querentem et Thomam Colstane defendentem‖ Edmundus Merley {A juratus}, Robertus Eden {[+]}, Robertus Robinson {• A juratus}, Edwardus Emeresson {A • juratus}, Thomas Tomson {A juratus}, Robertus Whyte {+}, Thomas Smorthwate {A • juratus}, Johannes Hall {[+] com'}, Georgius Fawell {A • juratus}, Ricardus Nicholson {A • juratus}, Alexander Neile {A • juratus}, Thomas Caucy {A juratus}. Thomas Byrez {[+] A} nolebat jurare et fuit presens in curia.

(DC59) De Hugone Robynson et Agnete uxore ejus executric*e* testamenti Ricardi Swawdale quia non venerunt ad respondendum Thome Thryfft \capellano/ in placito detencionis – (*No sum entered*).

(598) ‖Burgus Dunelm'‖ Curia tenta die Mercurii xiij⁰ die Augusti anno etc. supradicto (*13 August 1522*)
(D283) ‖Placitum‖ Johannes Wryght queritur de Willelmo Bell in placito debiti – iij s. pro[452] falcacione graminorum apud Belacys, et ad dampnum

---

450 30 July 1522 was a Wednesday.
451 MS *Robrynson*.
452 MS repeats *pro*.

suum – xij d. Et defendens attachiatus fuit per fenum ad valenciam – xiij
s. iiij d., plegius Robertus Hervy, plegius prosecucionis Johannes Lyttill.

(DC60) Johannes Steile petit viij tales.

(599) ‖Burgus de Crocegate‖ Curia tenta ibidem die Martis[453] xxº die
Augusti anno etc. supradicto (20 August 1522)
(D283) De Willelmo Bell pro licencia concordandi cum Johanne Wryght
in placito debiti, plegius Robertus Hervy – iiij d.

(DC60) Jurata inter Johannem Steile querentem et Thomam Colstane
defendentem continuatur ob metu pestilencie usque tempus legitimum.

(DC59) De \\Hugone// Robynson et Agnete uxore ejus executrice testamenti Ricardi Swadale [in placito dete] pro licencia concordandi cum
Thoma Thryft capellano in placito detencionis – iij d.

fo. 188
(600*) ‖Burgus de Crocegate‖ Curia capitalis tenta ibidem die Mercurii
quinto die Novembris anno Domini millesimo D[imo] xxij[do] (5 November
1522)
De magistro hospitalis de Keipyer, Rogero Richerdson, Roberto Selby,
Robertus Lewyn, capellano cantarie Beate Marie in ecclesia Sancti
Oswaldi {essoniatur}, [herede Wilelmi Eure militis]{quia in fine}, Johanne
Rakett, [Ricardo Bloynt,] Roberto[454] Hagthorp, [Willelmo[455] Wayneman]
{comparuit}, [Roberto Smethirst] {comparuit}.

(T99) ‖Placitum‖ Isabella Hochonson \per Johannem Dychburn attornatum suum/ queritur de Hugone Spark in placito transgressionis eo
quod cum porcis suis subvertit solum ipsius querentis unde deteriorata
est et dampnum habet ad valenciam – iij s. iiij d., plegius prosecucionis
Thomas Bires. ‖j[us] defectus‖

(T100) ‖Placitum‖ Eadem Isabella \per dictum attornatum suum/
queritur de Matheo Spark in placito transgessionis – iij s. iiij d. eo quod
cum porcis suis subvertit solum ipsius querentis unde ut supra.

‖Panellum pro domino‖ Robertus Smethirst {• juratus}, Johannes Priour
{• juratus}, Willelmus Waynman {• juratus}, Hugo Rowll {• juratus},
Hugo Spark {• juratus}, Johannes Wodmows {• juratus}, Willelmus
Owrfeld {• juratus}, Thomas Birez {• juratus}, Edmundus Merley {•

453 20 August 1522 was a Wednesday.
454 MS *Robertus*.
455 MS *Willelmus*.

juratus}, Ricardus Nicholson {• juratus}, [Jacobus Cuke,] Georgius
Fawell {• juratus}, [Thomas Colstane], Ricardus Bloynt {• juratus}, jurati
pro domino, presentant super <sacramentum suum> quod Willelmus
Mershall capellanus et Willelmus Tomson fecerunt affraiam inter se. |
Item dicti jurati presentant quod uxor Georgii Don \non/ removebat se
extra jurisdiccionem curie citra diem ei limitatum contra penam de – xl s.
| Item presentant quod elemosinarius Dunelm'⁴⁵⁶ non inclusit sepes suas
citra diem ei limitatum contra penam de – xij d. | Item dicti jurati presen-
tant quod Thomas Trotter {juratus}, Robertus Selby {juratus}, Johannes
Dychand {iiij}, Hugo Robynson, [Johannes] \\Elizabeth// Greveson
{misericordia ij}, Reginaldus Donkken {j sus misericordia}, Andreas Carr
{ij}, Robertus Ferrour, Hugo Spark {iiij misericordia}, Matheus Spark {j
sus}, Robertus Robynson tailyour {j sus et j porcus}, Ricardus Mygeley
et Oliverus Thornbrugh tenent porcos vagantes in vico et subvertantes
solum domini et vicinorum. (*fo. 188v*) ‖Pene (*bracketed to both the following
injunctions*)‖ Injunctum est omnibus habentibus sterquilinia jacencia
coram frontibus suis quod ea admoveant citra xvᵃᵐ, quilibet sub pena
forisfaciendi domino – xij d. | Eciam injunctum <est> omnibus proici-
entibus ceneres in aquam de Were quod proiciant eas ultra pontem
in aquam ad cruces erigatas juxta medium pontem, quilibet sub pena
forisfaciendi – vj d. tociens quociens. | Item dicti jurati presentant quod
Robertus Toller {vj d.} et Johannes Hyne {vj d.} non burgenses emebant
et forstallabant pelles ovinas in diebus mercati. Ideo uterque in miseri-
cordia domini – vj d. | De Johanne Priour {iiij d.} et Ricardo Bloynt {iiij
d.} burgenses pro empcione pellium ovinarum. Ideo uterque eorum in
misericordia domini – iiij d. | ‖Assisa Servisie‖ De Roberto Hervy {iij
d.}, Edmundo Merley {ij d.}, Roberto Selby {iij d.}, Johanne Hyne {ij
d.}, Jacobo Cuke {iiij d.}, Hugone Spark {iiij d.}, Roberto Ferrour {ij d.},
Roberto Claxton {ij d.}, Johanne Heghyngton {ij d.}, Johanna Lewyn
{ij d.}, Hugone Roull {ij d.}, Olivero Thornbrugh {ij d.}, Thoma Trotter
{iiij d.}, quia vend*unt* servisiam contra assisam. ‖Deliberantur Ricardo
Merley (*bracketed to all the presentments for forestalling and brewing*)‖

**(601) ‖Burgus de Crocegate‖ Curia tenta ibidem die Mercurii xij die
Novembris** (*12 November 1522*)
(DC61) ‖Placitum‖ Hugo Spark queritur de Edwardo Emereson in placito
detencionis unius \\jakett// precii – ij s., unius paris occricarum⁴⁵⁷ {ij s.}
et iiij s. viij d. in moneta que deliberavit dicto defendenti condicionaliter.
‖Ponitur super inquisicionem‖

(DC60) ‖Octo tales inter Johannem Steil querentem et Thomam Colstane
defendentem‖ Willemus Robynson {[+] A juratus}, Georgius Blyth {A

---

456 MS has a redundant *quia* following *Dunelm'*.
457 Cf. *ocrea*: leather legging or boot (*DML*, under *ocrea*).

juratus}, Edmundus Turpyn, Oliverus Thornbrugh {A juratus}, Matheus Spark {A}, Ricardus Robynson {A}, Johannes Lyttill {A}, Thomas Winter {A}. ‖Non detinet‖

fo. 189
(DC60) Edmundus Merley et socii sui jurati inter Johannem Steil querentem et Thomam Colstane defendentem dicunt super sacramentum suum quod dictus Thomas non injuste detinet dicto Johanni unum caminum ferri.

(602) ‖Burgus de Crocegate‖ Curia tenta ibidem die Mercurii xix⁰ die Novembris anno etc. supradicto (*19 November 1522*)
(DC62) Robertus Robynson queritur de Margeria Heppell \[administra*trice* bonorum Agnetis Henrison]/ in placito [detencionis].

(T100) De Matheo Spark pro licencia concordandi cum Isabella Hochonson – iij d. quos solvit.

(D284) ‖Placitum‖ Johannes Mair queritur de Johanne Hyne in placito debiti – iiij s. vj d. unde devenit in plegium pro Edwardo Emerson, et ad dampnum suum – xij d. Et defendens fatetur – iij s. ix d. Et querens fatetur se solvisse – ix d.

(D285) ‖Placitum‖ Idem Johannes queritur de Thoma Smorthwate in placito debiti – iiij s. vj d. unde devenit in plegium pro Edwardo Emerson. ‖Fatetur iij s. ix d.‖

(603) ‖Burgus de Crocegate‖ Curia tenta ibidem die Mercurii xxvj⁰ die Novembris anno Domini millesimo Dᵐᵒ xxijᵈᵒ (*26 November 1522*)
(T99) Primus dies ut liber Hugonis Spark.

(DC61) ‖Panellum inter Hugonem Spark et Edwardum Emereson defendentem‖ Henricus Bloynt {•}, Robertus Eden {[+] •}, Johannes Hyne {•}, Thomas Smorthwat {•}, Johannes Lytyll {+}, Robertus Ferrour {+}, Johannes Hall {•}, Thomas Cacy, Thomas Wynter {+}, Edwardus Bradewod {•}, Robertus Kent {•}, Ricardus Mygeley {+}.

fo. 189v
(603a) ‖Burgus Dunelm'‖ Curia tenta ibidem die Mercurii tercio die Decembris anno Domini millesimo Dᵐᵒ xxij⁰ (*3 December 1522*)
(*No recorded business*)

(604) ‖Burgus de Crocegate‖ Curia tenta ibidem die Mercurii x⁰ die Decembris anno etc. supradicto (*10 December 1522*)
(DC61) De Hugone Spark quia non prosecutus fuit placitum suum versus Edwardum Emerson unde jurata.

(605*) ‖Burgus de Crocegate‖ Curia capitalis tenta ibidem die Marcurii xiiij° die Januarii anno Domini millesimo D^{imo} [xiiij^{mo}] xxij^{do} (*14 January 1523*)

De herede Thome Witton quia non venit ad faciendam sectam curie. De magistro hospitalis de Kepyer' pro consimili. De Willelmo Blount capellano pro consimili. De herede Johannis Hoton pro consimili. De Johanne Wodmos pro consimili. [De Rogero Richerdson pro consimili] {comparuit}. De Roberto Selby pro consimili. De capellano cantarie Beate Marie Virginis in ecclesia Sancti Oswaldi pro consimili. De herede Willelmi Eure militis pro consimili. De herede Thome [Robynson] Dobynson pro consimili. De Thoma Trotter pro consimili {comparuit}. De Ricardo Blount pro consimili {comparuit}. De Roberto Hagthorp pro consimili. De Willelmo Ouerfeld pro consimili {comparuit}. De herede Radulphi Melott pro consimili. De Johanne Blount boucher pro consimili. (*fo. 190*) ‖Panellum pro domino‖ Johannis Priour {juratus}, Willelmus Waynman {juratus}, Hugo Rowll {juratus •}, Willelmus Ouerfeld {juratus}, Hugo Spark {juratus}, Thomas Trotter {juratus}, Ricardus Blount {• juratus}, Thomas Colstane {juratus}, \\Ricardus// Nicolson {• juratus}, Georgius Fauwell {• juratus}, Thomas Robynson {• juratus}, Johannes Littill {•}, jurati, presentant super sacramentum suum quod Robertus Selby per servientem suum jactavit sterquilinium suum ultra pontem de Framwelgat infra limitem contra penam. Ideo in misericordia domini – (*Blank space of 1.5 cm.*). De Roberto Eden pro consimili – (*Blank space of 1.5 cm.*). De Georgio Blyth pro consimili – (*Blank space of 1 cm.*). De Georgio Don pro consimili – (*No sum entered*).

fo. 190v
(*Blank*)

fo. 191
Extracte facte sunt usque huc.

(606) ‖Burgus de Crocegate‖ Curia tenta ibidem die Mercurii xxj° die Januarii anno Domini millesimo D^{mo} xx°ij° (*21 January 1523*)
(T101) ‖Placitum‖ Oliverus Thornbrugh queritur de Johanne Greveson in placito transgressionis eo quod cum porcis suis et ovibus suis conculc<av>it et destruxit ortum suum unde deterioratus \est/ et dampnum habet ad valenciam – vj s. viij <d.> ‖[Continuatur] Ponitur in arbitrio usque festum Purificacionis‖

(DC63) ‖Placitum‖ Margareta Keith administratrix bonorum que fuerunt Jacobi Keith \queritur de Willelmo Robynson/ in placito detencionis – x d. \videlicet/ pro <se> aretro existenti de firma <termini> \Sancti/ Martini ultime preteriti debita, et ad dampnum suum – vj d. ‖Ponitur in arbitrio‖

(DC64) ‖Placitum‖ Ricardus Smyth queritur de Thoma Smorthwate in placito detencionis vj ulnarum panni canabi precii – xxj d., et ad dampnum suum – xij d., plegius \prosecucionis/ Willelmus Robynson. Et defendens essoniatur. ‖Ponitur super inquisicionem‖

De (*Incomplete*)

(607) Burgus de Crocegate. Curia tenta ibidem die Mercurii xxviij° die Januarii anno etc. supradicto (*28 January 1523*)
(T99) Tercium essonium Hugonis Spark

(D286) ‖Placitum‖ Ricardus Duden[458] queritur de Hugone Spark in placito debiti – vij d. pro opere suo manuali, et ad dampnum suum – iiij d. ‖jᵘˢ defectus‖[459]

(T101) De Johanne Greveson pro licencia concordandi cum Olivero Thornbrugh (*No sum entered*).

(DC64) De Ricardo Smyth quia non prosecutus fuit placitum suum versus Thomam Smorthwate. Ideo in misericordia domini, plegius Willelmus Robynson – iiij d.

(DC63) De W. Robynson pro licencia <concordandi> cum Margareta Keyth. ‖Solvit misericordiam – ij d. pro amerciamento‖

fo. 191v
(608) Burgus de Crocega<te>. Curia tenta ibidem die Mercurii iiij^to die Februarii anno Domini millesimo Dᵐᵒ xxij^do (*4 February 1523*)
(T99) De Hugone Spark quia non venit ad respondendum Isabelle Hochonson in placito transgressionis – ij d.

(609) Burgus de Crocegate. Curia tenta ibidem die Mercurii xj° die Februarii anno etc. supradicto (*11 February 1523*)
(T99) De Hugone Spark quia non venit ad respondendum Isabelle Hochonson in placito transgressionis – ij d.

(610) ‖Burgus de Crocegate‖ Curia tenta ibidem die Mercurii xxv° die Februarii anno etc. supradicto (*25 February 1523*)
(T99) De Hugone Spark quia non venit (*Incomplete*).

---

458 The final *n* of *Duden* (if that is what it is) is strangely detached. But for the name Richard Doden, see courts 720*, 723.
459 This marginal note is against the next item, where it does not belong.

(DC64) De Ricardo Smyth quia non prosecutus fuit placitum suum versus Thomam Smorthwate in placito (*Incomplete*).

(D286) Primus dies ut liber Hugonis Spark ad sectam Ricardi Duden.[460]

(DC64) Thomas Smorthwate venit et fatetur – xvij d. Ricardo Smyth.

(611) ‖Burgus de Crocegate‖ Curia tenta ibidem die Mercurii iiij^{to} die Marcii anno etc. supradicto (*4 March 1523*)
(D286) Secundus dies ut liber Hugonis Spark.

(U40) De Roberto Dawson quia non venit ad prosequendum versus (*Blank space of 1 cm.*) Jacson couper, plegius Ricardus Merley – iiij d.

fo. 192
(612*) ‖Burgus de Crocegate‖ Curia capitalis tenta ibidem die Mercurii xxij die Aprilis anno Domini millesimo Dxxiij^o (*22 April 1523*)
De hered*e* Thome Wotton {quia in fine}, hered*e* Ricardi Claxton, magistro hospitalis de Keip3er', Willelmo Bloynt capellano {essoniatur}, hered*e* Johannis Hoton, [Rogero Richerdson], Roberto Selby, Hugone Rowll, [hered*e* Willelmi †Es†sh], Roberto Lewyn, hered*e* Willelmi Eure militis, hered*e* Radulphi Melott, Johanne Bloynt, quia non venerunt ad faciendam sectam curie. Ideo quilibet eorum in misericordia domini – iiij d.

‖Panellum pro domino‖ Johannes Priour {juratus}, Willelmus Wayneman {juratus}, Ricardus Bloynt {juratus}, Thomas Trotter {juratus}, Willelmus Owrfeld {juratus}, Hugo Spark {juratus}, Johannes Wodmous {juratus}, Ricardus Nicholson {juratus}, Georgius Fawell {juratus}, Thomas Colstane {juratus}, Thomas Birez {juratus}, [Robertus Robynson {juratus}], jurati pro domino, presentant super sacramentum suum quod serviens \\Jacobi Cuke// ventilibravit granum, videlicet brasium, in cemiterio capelle Sancte Margarete contra penam (*Blank space of 2 cm.*) Item presentant quod uxor Georgii Don nolebat vendere servisiam vicinis suis maxime indegens*iam* habentibus – (*No sum entered*). | Item presentant quod Jacobus Cuke et Thomas Bernard [obscuri faciant] \\mutant cursum// aqueductus venientis a le Westorcherd contra penam. | Item dicti jurati presentant quod Robertus Selby non inclusit frontes suas posteriores ubi manet, contra penam. | Item dicti jurati presentant quod Willelmus Plomer fregit communem faldam capiendo per estimacionem lx oves absque licencia et deliberacione. | ‖Pena‖ Injunctum est Matheo Spark et Thome Robynson et omnibus aliis habentibus porcos quod custodiant <eos> in aras suas ita quod non vagant in vico, sub pena quilibet – iiij d.

---

460 As on the recto of this folio, the final *n* of *Duden* is problematic.

fo. 192v[461]

(613) ‖Burgus de Crocegate‖ Curia tenta ibidem die Mercurii xxix° die Aprilis anno Domini millesimo D^{imo} xxiij° (*29 April 1523*)

(D287) ‖Placitum‖ Robertus Eden queritur <de> Ricardo Migeley in placito debiti – xviij d. pro carnibus bovinis et ovinis de eo emptis, et ad dampnum suum – vj d. Et defendens essoniatur.

(DC65) ‖Placitum‖ \\Cristoforus Turnbole// queritur de Johanne Hyne in placito detencionis unius pellis juvence precii – xx d. quem deliberavit ei ad operand' et faciend' raynedere skyn, et ad dampnum suum – vj d., plegius prosecucionis Ricardus Bloynt. Et defendens non venit. Ideo in misericordia – [iij d.] ‖Ponitur in arbitrio‖

fo. 193

(614) ‖ Burgus de Crocegate‖ Curia tenta ibidem die Mercurii vj° die Maii (*6 May 1523*)

(T102) ‖Placitum‖ Edmundus Turpyn queritur de Roberto Galyllee in placito transgressionis eo quod cum vaccis suis conculcavit et consumpsit herbam suam crescentem in orto suo unde deterioratus est et dampnum habet ad valenciam – x s. Et defendens attachiatus fuit per iij vaccas precii – xxx s., plegius ballivus. Et defendens essoniatur.

(DC65) De Cristoforo Turnbole quia non prosecutus fuit placitum suum versus Johannem Hyne, plegius Ricardus Bloynt – iiij d.

(D287) De Ricardo Migeley pro licencia concordandi cum Roberto Eden in placito debiti – iij d.

(615) ‖Burgus Dunelm'‖ Curia tenta ibidem die Mercurii xij° die Augusti anno Domini millesimo D^{imo} xxiij° (*12 August 1523*)

(D288) ‖Placitum‖ Ricardus Bloynt et Agnes uxor ejus queruntur de Edwardo Whyte in placito debiti – xij d. pro opere suo manuali debitorum, et ad dampnum suum – vj d. Et defendens attachiatus fuit per unum plaustrum cum viij bobus precii iiij li., plegius Thomas Byrez. Et defendens non venit. Ideo in misericordia domini – iiij d.

(616) ‖Burgus de Crocegate‖ Curia tenta ibidem die Mercurii xix° die Augusti anno etc. supradicto (*19 August 1523*)

(D288) De Edwardo White quia non venit ad respondendum Ricardo Bloynt et Agneti uxori sue in placito debiti, plegius Thomas Birez – iiij d.

---

461 The top 19.5 cm. of this page are blank.

fo. 193v

(617) ‖**Burgus Dunelm'**‖ **Curia tenta ibidem die Mercurii xxvj° die Augusti anno Domini millesimo D^{mo} xxiij°** (*26 August 1523*)
(D288) Edwardus White venit et petit diem interloquendi usque proximam curiam.

(618) ‖**Burgus de Crocegate**‖ **Curia tenta ibidem die Mercurii secundo die [Augusti] \\Septembris// anno etc. supradicto** (*2 September 1523*)
(D288) Edwardus White condempnatur in xij d. Ricardo Bloynt et uxori sue eo quod non venit ad respondendum eis. Et eciam in misericordia domini – iij d.

fo. 194

(619*) ‖**Burgus de Crocegate**‖ **Curia capitalis tenta ibidem die Mercurii vij die Octobris anno Domini millesimo D^{imo} xxiij°** (*7 October 1523*)
De hered*e* Ricardi Claxton, magistro hospitalis de Keipyer', hered*e* Johannis Catrik {*}, hered*e* Johannis Hoton, [Rogero Richerdson] {comparuit}, Roberto Selby, hered*e* Willelmi Essh, Roberto Lewyn, hered*e* Willelmi Eure militis, [Thoma^{462} Trotter] {quia comparuit}, [Ricardo^{463} Bloynt] {quia infirmus}, Roberto Hagtherp, Willelmo^{464} Orfeld, [Willelmo^{465} Waneman] {comparuit}, Roberto Smethirst.

‖Panellum pro domino‖ Rogerus Richerdson {• juratus}, Johannes Priour {juratus}, Johannes Wodmows {juratus}, Willelmus Wayneman {juratus}, Hugo Rowll {• juratus}, Thomas Trotter {juratus}, Hugo Spark {juratus}, Ricardus Bloynt {juratus}, Thomas Birez {juratus}, Georgius Blyth {juratus}, Georgius Fawell {juratus}, Ricardus Nichollson {• juratus}, Thomas Robynson {juratus}.

(DC66) ‖Placitum‖ Hugo Spark queritur de Thoma Wyntter in placito detencionis unius ollee enee {iij s.}, unius galeri^{466} de violet {xx d.}, unius aporn de lyn {j d.}, et ad dampnum suum – xij d. Et defendens venit et fatetur detencionem dicte olle, et \\dedicit// detencionem dicti galiri et le aporn de lino. Et hoc petit vadiari legem suam, et concessum <est> ei^{467} se iij^a manu erga proximam curiam.

Rogerus Richerdson et socii sui jurati pro domino presentant super sacramentum suum quod Edwardus Gowrley fecit affraiam super Thomam

---

462 MS *Thomas*.
463 MS *Ricardus*.
464 MS *Willelmus*.
465 MS *Willelmus*.
466 *galerus*, see court 242.
467 MS has a redundant *erga* following *ei*.

Robynson. | Item presentant quod Willelmus Plomer fregit communem faldam domini capiendo iiij^{xx} oves ibidem imparcatos sine licencia.

fo. 194v
(Blank)

fo. 195
Extracte facte sunt usque huc et deliberantur Johanni Hochonson servienti sacriste Dunelm'

(620) ‖**Burgus de Crocegate**‖ **Curia tenta ibidem die [Martis] Mercurii xiiij° die Octobris anno Domini millesimo D^{mo} xxiij°** (*14 October 1523*)
(D289) ‖Placitum‖ Willelmus Fairaller queritur de Henrico Bloynt in placito debiti – iij d. ob. pro opere suo manuali, et ad dampnum suum – iij d. Et de (*Incomplete*). ‖Jurata.‖

(DC66) Thomas Wynter venit cum Georgio Fawell et Johanne Stevynson et perfecit legem suam quod non injuste detenet Hugoni Spark unum galirum neque un' aporn de lino, prout patet in placito suo. Ideo dictus Hugo in misericordia domini – vj d.

fo. 195v
(621) ‖**Burgus de Crocegate**‖ **Curia tenta ibidem die Mercurii xviij° die Novembris anno Domini millesimo D^{mo} xxiij°** (*18 November 1523*)
(DC67) ‖Placitum‖ Ricardus Bloynt queritur de Thoma Birez in placito unius byllstaf precii – xvj d. et unius crowpell precii – iij d., et ad dampnum suum iiij d. Et venit et dedicit detencionem predictam. Et super hoc petit vadiari legem suam, et concessum est ei lex se iij^a manu erga proximam curiam.

(DC68) ‖Placitum‖Robertus Eden queritur de Henrico Bloynt in placito detencionis unius paris precularum de awmore et currall cum gaudirs de argento precii vj s. viij d., et ad dampnum suum – ij s. ‖ (*a*) Continuatur (*b*) Fatetur et petit taxari per iiij^{or} burgenses‖

(D290) ‖Placitum‖ Robertus Lauerok queritur de Roberto Forest capellano in placito debiti – x d. ob. pro opere suo manuali, et ad dampnum suum – iiij d. Et defendens attachiatus fuit per unum equum album precii – vj s. viij d., plegius Thomas Robynson smyth. Et defendens essoniatur. Memorandum quod partes (*Incomplete*).

(622) ‖**Burgus de Crocegate**‖ **Curia tenta ibidem die Mercurii secundo die Decembris anno etc. supradicto** (*2 December 1523*)
(DC68) Placitum inter Robertum Eden querentem <et> Henricum Bloynt defendentem continuatur usque proximam.

(DC67) Thomas Birez defecit in perficiendo legem versus Ricardum Bloynt pro detencione unius byll staff precii – xvj d. Ideo condemnatur, et eciam in misericordia domini – vj d.

(623) ‖Burgus de Crocegate‖ Curia tenta ibidem die Mercurii ix° die Decembris anno etc. supradicto (*9 December 1523*)

(DC68) Henricus Bloynt venit et fatetur se detinere a Roberto Eden unum par precularum prout patet in placito sed non tanti valoris, et hoc petit taxari. Ideo dictus Henricus in misericordia domini – iij d.

fo. 196

(624) ‖Burgus de Crocegat'‖ Curia tenta ibidem die Mercurii xvj° die Decembris (*16 December 1523*)

(D291) ‖Placitum‖ Johannes Huddyspeth queritur de Roberto Eden fleshewer in placito debiti – v s. aretro existentium de precio unius[468] de eo empto, et ad dampnum suum – xij d., plegius prosecucionis Henricus Bloynt. Et defendens [petit diem interloquendi] \\venit et fatetur debitum//. Ideo in misericordia domini – iij d. ‖Defendens fatetur‖

Johannes Priour {•}, Hugo Rowll {•}, Willelmus Waynemane {•}, Thomas Trotter {•} (*Incomplete*).

(624a) ‖Burgus de Cr†ocegate†‖ Curia tenta ibidem die Mercurii xxiij° die Decembris anno etc. supradicto (*23 December 1523*)

(*No recorded business*)

fo. 196v

(625*) ‖Burgus de Crocegate‖ Curia capitalis tenta ibidem die Mercurii xiij° die Januarii anno Domini millesimo D^mo xxiij° (*13 January 1524*)

De magistro hospitalis de Keipȝere, herede Johannis Hoton, herede Willelmi Essh, Roberto Selby, Roberto Hagthorp, herede Willelmi Eure militis, [herede Roberti Paitson], [Hugone[469] Spark], Willelmo Wayneman {essoniatur}.

‖Panellum pro domino‖ Rogerus Richerdson {juratus}, Robertus Smethurst {juratus}, Johannes Priour {juratus}, Hugo Rowll {juratus}, Ricardus Bloynt {juratus}, Johannes Wodmows {juratus}, Hugo Spark {juratus}, Thomas Bires {juratus}, Edmundus Merley {juratus}, Ricardus Nicholson {juratus}, Thomas Robynson {juratus}, [Willelmus Benton], Oliverus Thornbrugh {juratus}, jurati pro domino, qui presentant super sacramentum suum quod Thomas Holme {ij porci}, Robertus Sclater {iij porci}, Johannes Greveson {ij porci}, Matheus Spark {una sus}, et Robertus Robynson {j porcus} tenent porcos vagantes et subvertantes solum

---

468 MS omits a word here.
469 MS *Hugo*.

domini et vicinorum contra penam. Ideo quilibet eorum pro quolibet capite porcorum suorum – vj d. | Item presentant quod Willelmus (*Blank space of 2 cm.*) custodit baldriam et popolos non[470] bone gubernacionis. Item presentant quod Johannes Greveson {vj d.} est latruncculus. | Item presentant quod uxor Johannis Batmanson vidua custodivit duas mulieres vacabundas.

fo. 197[471]

(626) ‖Burgus de Crocegate‖ Curia tenta die Mercurii xxvij° die Januarii anno Domini millesimo D^{imo} xxiij (*27 January 1524*)

(D292) Robertus Merlee de Kyoo queritur de Roberto Eden in placito debiti – xiiij d. aretro existentium de precio diversorum ovium, et ad dampnum suum – vj d., plegius prosecucionis Edmundus Merley. Et defendens venit et dedicit debitum predictum. Et super hoc petit vadiari legem suam. Et concessum est ei lex se iij^a manu.

(D293) ‖Placitum‖ \\Radulphus// Raa queritur de Thoma Smorthwate in placito debiti – iij s. vj d., videlicet pro potu {x d.} ei vendito, pro ij libris vocatis impnall et le sequenc'[472] – viij d. et ij libris vocatis Alanum[473] {viij d.} et Johannem de Garland[474] {viij d.} – xvj d., et pro uno pare sotularum – ij d. ‖Ponitur super inquisicionem‖

(627) ‖Burgus de Crocegate‖ Curia tenta ibidem die [Martis] Mercurii tercio die Februarii anno etc. supradicto (*3 February 1524*)

(D292) Robertus Eden venit cum Henrico Bloynt et Roberto Robynson ad proficiendam legem suam versus Robertum Merley. Et querens non prosecutus fuit placitum suum. Ideo querens in misericordia domini – vj d. ‖Non prosecutus‖

fo. 197v

(628) ‖Burgus de Crocegate‖ Curia tenta ibidem die Mercurii xvij° die Februarii anno Domini millesimo D^{imo} xxiij° (*17 February 1524*)

(D294) ‖Placitum‖ Johannes Hyne queritur de \\Willelmo// Broun de

---

470 MS *none.*
471 The upper 16 cm. of this page are blank.
472 Sequences were a type of liturgical hymn sung during the mass on feast days between the gradual and the gospel. They were distinguished from 'hymns' more narrowly defined, which were part of the daily office to be found in the breviary: *The Catholic Encyclopedia* under *hymn, sequence.*
473 Alan of Lille (c.1128–1203), theologian and Latin poet. In this context the works in question are probably his poems, *De planctu nature* and *Anticlaudianus.*
474 John Garland (mid thirteenth century), Latin poet and grammarian, author of *Epithalamium Beate Virginis Marie, De triumphis ecclesie, Accentuarium, Carmen de Ecclesia* and other works.

Ouerheworth in placito debiti – iij s. iiij d. sibi debitorum pro eo quod dictus defendens promisit dicto querenti dictos – iij s. iiij d. si voluerit interogare pro una \equa/ dicti defendentis que fuit a dicto defendente furata et dare ei noticiam[475] inde, et ad dampnum suum – ij s. Et defendens attachiatus fuit per unam equam badii coloris precii – vj s. viij d., plegius Edmundus Merley. ‖Lex se iijª manu‖

(D293) ‖Panellum inter Radulphum Raa querentem et Thomam Smorthwate defendentem‖ Edmundus Merley, Alexander Neile, Henricus Bloynt, Willelmus Robynson, Robertus Eden, Robertus Robynson, Johannes Hyne, Willelmus (*Blank space of 2 cm.*) shomaker, Johannes Hall, Robertus Kent, Ricardus Robynson, Thomas Wryght.

(629) ‖Burgus de Crocegate‖ Curia tenta ibidem die Mercurii xxiiijº die Februarii anno Domini millesimo D^{imo} xxiijº (*24 February 1524*)
(D293) De Radulpho Raa quia non prosecutus fuit placitum suum versus Thomam Smorthwate – iij d.

(D294) De Johanne Hyne quia non prosecutus fuit placitum suum versus Willelmum Broun unde lex – vj d.

fo. 198
(630*) ‖Burgus de Crocegate‖ Curia capitalis tenta ibidem die Mercurii xiijº die Aprilis anno Domini millesimo D^{imo} xxiiijº (*13 April 1524*)
(D295) ‖Placitum‖ Ricardus Dawson queritur de Johanne Reide in placito debiti – xx s. pro uno bove pingue sibi debito, et <ad> dampnum suum – iij s. Et defendens attachiatus fuit per unum bovem precii – xv s., plegius Ricardus Merley, plegius prosecucionis Willelmus Wayneman. Et defendens [non venit. Ideo in misericordia – iiij d.] {quia essoniatur}.

De magistro hospitalis de Keipyer', [hered*e* Johannis Catrik] {quia in fine}, hered*e* Johannis Hoton, Rogero Richerdson, Roberto Selby, hered*e* Willelmi Essh, [Hugone Roull] {quia comparuit}, Roberto[476] Lewyn, hered*e* Willelmi Eure militis, Roberto Hagthorp, hered*e* Radulphi Melott, Johanne Bloynt {essoniatur}.

‖Panellum pro domino‖ Robertus Smethirst {• juratus}, Johannes Priour {• juratus}, Willelmus Wayneman {• juratus}, Hugo Rowll {• juratus}, Johannes Wodmows {• juratus}, Hugo Spark {• juratus}, Ricardus Bloynt {• juratus}, Georgius Blyth {• juratus}, Ricardus Nicholson {• juratus}, Edmundus Merley {• juratus}, Thomas Byres {• •}, Henricus Bloynt {• • •}, Willelmus Benton {juratus}, Thomas Robynson {juratus}, Ricardus Merley {juratus}, jurati pro domino, presentant super sacramentum

---

475 MS has a redundant *ei* after *noticiam*.
476 MS *Robertus*.

suum quod Robertus Wryght, Thomas Smorthwate, Johannes Peirson capellanus gilde Corporis Christi et sacrista Dunelm' non [incluserunt] \\fecerunt[477]// sepes suas \inter proximum et proximum/[478] citra diem limitatum contra penam. | ‖Pena‖ Injunctum est Alicie Greneswerd quod [custod] amoveat mulieres \juvin*es*/ existentes in domo sua eo quod non fuerunt bone conversacionis suorum corporum citra festum Pentecostes sub pena forisfaciendi domino – vj s. viij d. (*fo. 198v*) ‖Pena‖ Injunctum est Willelmo Marshall capellano quod removeat mulieres existentes in domo sua superiore \lapidea[479]/ in Sowthstreit citra festum Pentecostes sub pena – iij s. iiij d. ‖Pena‖ Et eciam Elizabeth Scott quod se amoveat extra parochiam Sancte Margarete citra festum Pentecostes sub pena – xl d. | ‖Pena‖ Pena ponitur Willelmo Thomson quod sufficienter custodiat sepes suas circa domum existentes decetero sub pena – vj d. | ‖Pena‖ Pena ponitur quod nullus infra parochiam Sancte Margarete ponat super communem pasturam equum, ovem vel vaccam aut bovem nisi sint sub custodia communis bubulci, quilibet sub pena – xl d.

(631) ‖Burgus [Dunel] de Crocegate‖ Curia tenta ibidem die Mercurii xx[imo] die Aprilis anno Domini D[imo] xxiiij° (*20 April 1524*)
(D296) ‖Placitum‖ Ricardus Dawson per Thomam Potter attornatum suum queritur de Olivero Wilkynson de (*Blank space of 2.5 cm.*) in placito debiti – xvj s. viij d., et ad dampnum suum – iij s. iiij d. Et defendens attachiatus fuit per unam equam albi coloris precii – x s., plegius Robertus Eden, plegius prosecucionis (*Blank spance of 2.5 cm.*). Et defendens essoniatur.

fo. 199
(D297, DC69) ‖Placitum‖ Thomas Colstane queritur de Johanne Hall in placito debiti – xj d. pro opere suo manuali et detencionis ij librarum cere precii – xx d., et ad dampnum suum – x d. Et defendens venit et fatetur [tantum] – xj d. [in opere set non in moneta] \\et habet diem Nativitatis Sancti Johannis Baptiste// [Et de hoc p†onit† <se> super inquisicionem et querens similiter.] Et ulterius dedicit detencionem – ij librarum cere \et/ petit vadiari legem suam se iij[a] manu.

(D295) De Johanne Reidd quia non venit ad respondendum Ricardi Dawson in placito debiti, plegius (*Incomplete*).

(632) ‖Burgus de Crocegate‖ Curia tenta ibidem die Mercurii xxvij° die Aprilis anno Domini millesimo D[mo] xxiiij° (*27 April 1524*)

---

477 MS *fecit*.
478 MS inserts this above the name of Robert Wryght, the first offender in the list.
479 MS *lapideo*.

(D295) De Ricardo Dawson quia non prosecutus fuit placitum suum versus Johannem Reidd, plegius Willelmus Wayneman – iiij d., quos solvit sacriste per W. Bichburn.

(D296) De eodem Ricardo quia non prosecutus fuit placitum suum versus Oliverum Wilkynson, plegius (*Blank space of 3.5 cm.*) – iiij d., quos solvit ut supra.

(DC69) [Johannes Hall deficit in perficiendo legem] | Lex Johannis Hall essoniatur. ‖Essoniatur‖

(633) ‖Burgus de Crocegate‖ Curia tenta ibidem die Mercurii iiij° die Maii anno Domini millesimo D^{mo} xxiiij^{to} (*4 May 1524*)
(DC69) Johannes Hall venit cum Hugone Roull et Thoma Bernard et perfecit legem suam quod non injuste detinet Thome Colstane ij libras sere. Ideo dictus Thomas in misericordia domini – vj d.

fo. 199v
(634) ‖Burgus de Crocegate‖ Curia tenta ibidem die Mercurii viij° die Junii anno Domini millesimo D^{mo} xxiiij° (*8 June 1524*)
(F2) ‖Placitum‖ Hugo Spark queritur de Willelmo Tomson in placito decepcionis eo quod dictus defendens vendidit dicto querenti unum equum \cecum/ warrand*izans* dictum equum non esse cecum, unde deteriora*tur* et dampnum habet ad valenciam – x s. Et defendens essoniatur.

(D298) ‖Placitum‖ Idem Hugo queritur de dicto Willelmo Tomson in placito debiti – xxj d., videlicet pro panno lini {xiij d.} et una olla servisie {viij d.}, et ad dampnum suum – vj d.

(634a) Curia que fuisset tenta ibidem xv° die Junii (*Incomplete*) (*15 June 1524*)

(635) Curia tenta ibidem die Mercurii xxij° die Junii (*22 June 1524*)
(F2) Hugo Spark venit et dicit quod cum Willelmus Tomson vendidit equum un*um* varrandizand*o* dictum <equum> quod pot*ebat* videre cum uno occulo et quod dictus equus fuit \\cecus// in ambobus occulis.⁴⁸⁰ ‖Ponitur super inquisicionem‖

(D298) Idem Willelmus Tomson venit et dicit quod non debet dicto Hugoni – xxj d. ‖Ponitur super inquisicionem‖

---

480 No attempt has been made to punctuate or amend the syntax of this entry.

(636) ‖Burgus Dunelm'‖ Curia tenta ibidem die Martis[481] vj die Julii anno Domini millesimo D[imo] xxiiij° (*6 July 1524*)
(DC70) ‖Placitum‖ Galfridus Henryson queritur de Thoma Ponderson et Elizabeth uxore ejus in placito detencionis unius manutergii linii {xvj d.} ij discorum de electro {viij d.}, unius gemmer argenti {iiij d,} que dictus querens per uxorem suam jacuit in pingore dicte Elizabeth pro – ix d., et ad dampnum suum – viij d. Et defendens venit et fatetur. Ideo in misericordia – iij d. ‖Fatetur‖

fo. 200
(637) ‖Burgus Dunelm'‖ Curia tenta ibidem die Mercurii xxvij° die Julii anno Domini millesimo D[imo] xxiiij[to] (*27 July 1524*)
(D299) ‖Placitum‖ Johannes Peirson capellanus queritur de Thoma Trotter in placito debiti – [xx] x s. pro firma unius domus sibi debitorum per ij annos et dimidium, et ad dampnum suum – iij s. iiij d. Et defendens venit et fatetur – viij d. Et defendens dedicit residuum. Et hoc ponit se super inquisicionem et querens similiter. ‖[Continuatur]‖

(D300) ‖Placitum‖ Idem Johannes queritur de Johannes Hall in placito debiti – x d. pro firma unius domus sibi debitorum, et ad dampnum[482] suum – vj d. Et defendens venit et fatetur.

(F2, D298) De Hugone Spark quia non prosecutus fuit placitum [convens] decepcionis versus Willelmum Tomson – ij d. De eodem Hugone quia non prosecutus fuit placitum suum \debiti/ versus dictum Willelmum (*No sum entered*).

(637a) ‖Burgus de Crocegate‖ Curia tenta ibidem die Mercurii iij[cio] die Augusti anno etc. supradicto (*3 August 1524*)
(*No recorded business*)

(638) ‖Burgus de Crocegate‖ Curia tenta ibidem die Mercurii xvij° die Octobris[483] anno etc. supradicto (*17 August 1524*)
(D299) ‖Panellum inter Johannem Peirson capellanum querentem et Thomam Trotter defendentem‖ Willelmus Robynson {A •}, Alexander Neile {A •}, Robertus Eden {c}, Robertus Robynson {A • c}, Willelmus Pertrych {A c •}, Robertus Whyte {A}, Reginaldus Donken, Ricardus Robynson {A • c}, Thomas Robynson {A • c}, Robertus Lauerok {A • c}, Thomas Ponderson {A • c}, Willelmus Fairallers {A • c}.

---

481 6 July 1524 was a Wednesday.
482 MS *debitum*.
483 17 October 1524 was a Monday; 17 August was a Wednesday. See, too, the date of the following session.

(D301) ‖Placitum‖ Thomas Ponderson queritur de Galfrido Henrison in placito debiti – xiiij d., videlicet pro uno pari sotularum {x d.} et in moneta {iiij d.} ex prestito, et ad dampnum suum – vj d. Et defendens attachiatus fuit per unum manutergium, ij discos et unum gemmer' precii – xij d., plegius Willelmus Tomson. Et defendens non <venit>. Ideo in misericordia domini – iiij d.

fo. 200v

(639) ‖**Burgus de Crocegate**‖ **Curia tenta ibidem die Mercurii ultimo die Augusti anno Domini millesimo D**^{imo} **xxiiij**^{o} (*31 August 1524*)
(D301) De Galfrido Henryson quia non venit ad respondendum Thome Ponderson (*No sum entered*).

(D302) ‖Placitum‖ Thomas Bernard et Margareta uxor ejus queruntur de Ricardo Wilson in placito debiti – iiij s., et ad dampnum suum – xij d. Et defendens attachiatus fuit per unam <equam> gresii coloris precii – x s., plegius Hugo Rowll. ‖Continuatur per xv^{am}‖

(640) ‖**Burgus de Crocegate**‖ **Curia tenta ibidem die Mercurii iiij**^{to} **die Septembris**[484] (*? 7 or 14 September 1524*)
(D301) De Galfrido Henrysson quia non venit ad respondendum Thome Penderson (*No sum entered*).

(641) ‖**Burgus [Dunelm'] de Crocegate**‖ **Curia tenta ibidem die Martis**[485] **xxviij**^{o} **die Septembris anno etc. supradicto** (*28 September 1524*)
(D301) Placitum Thome Ponderson versus Galfridum Henrison cassatur

(D299) De Johanne Peirson capellano quia non prosecutus fuit placitum suum debiti versus Thomam Trotter milner unde jurata – xij d.

fo. 201
(*Blank*)

fo. 201v[486]

---

484 4 September 1524 was a Sunday.
485 28 September 1524 was a Wednesday.
486 This page has numerous pen trials and doodles, some of individual letters – *a, d, S, D, W*. Other words and phrases are *Curia* (several times), *Curia tenta* (several times), *Curia tenta ibidem die Martis* (several times, with variations), *anno Domini* (once), *Dunelm'* (several times), *Curia capitalis tenta ibidem* (once), *De Johanne Thomas* (once), *De Johanne Thomas Dei gracia* (once), *Selby* (once), *Skylling* (once), *Ricardus Rande* (once), *Curia tenta ibidem die Martis xij*^{mo} *die Februarii anno Domini millesimo quingentesimo quinto* (once), *Rande qui non*

18. Crossgate Court Book II (5 October 1524 – 3 March 1529)

fo. 1

(642*) ‖Burgus de Crocegate‖ Curia capitalis tenta ibidem die Mercurii quinto die Octobris anno Domini millesimo D^{imo} xxiiij^{to} (*5 October 1524*)

De magistro hospitalis de Keipyere, [Willelmo Catryk] {quia in fine}, herede Johannis Hoton, Rogero Richerdson, Roberto Selby, herede Willelmi Essh, [herede Radulphi Bowes militis] {quia in fine}, Roberto Lewyn, herede Willelmi Eure militis, Johanne Rakett, herede Radulphi Melott, [Thoma Trotere], [Ricardo Bloynt] {comparuit}, Roberto Hagthorp, Hugone Spark {comparuit}, [Willelmo Wayneman], Roberto[487] Smethirst, herede Johannis Kelynghall.

‖Panellum pro domino‖ Johannes Priour {• juratus}, Johannes Wodmows {• juratus}, Hugo Rowll {• juratus}, Ricardus Bloynt {• juratus}, Hugo Spark {• juratus}, Thomas Trotter {• juratus}, Edmundus Merley {• juratus}, Thomas Birez {• juratus}, Georgius Fawell {• juratus}, Ricardus Nicholson {• juratus}, Oliverus Thornbrugh {• juratus}, [Ricardus Merley], Willelmus Wayneman {• juratus}.

‖Manucapcio‖ Johannes Hervy manucepit pro Edwardo Emereson de pace gerenda versus Margeriam Heppell usque proximam curiam capitalem sub pena forisfaciendi domino – lxvj s. viij d.

Johannes Priour et socii, jurati pro domino, presentant super sacramentum suum quod Robertus Eden fecit affraiam super Johannem Maire contra pacem. | Item presentant quod Thomas Ponderson fecit affraiam super Laurencium Hynemers. | Item presentant dicti jurati quod Laurencius Hynemers fecit insultum super dictum Thomam postea. | Item presentant quod Alicia Greneswerd non removebat juvines mulieres existentes in domo \\infra// diem limitatum contra penam de vj s. viij d. | Item presentant quod Willelmus Mershall capellanus fregit penam (*Incomplete*). | ‖Pena‖ Injunctum est Willelmo Mershall capellano quod removeat Me<r>geriam citra festum Pentecostes proxime futurum sub pena – x s. | ‖Pena‖ Pena ponitur quod nullus proiciet aliquod fetidum

---

venit ad facinendam sectam curie. Ideo in misericordia (once), *Jurati presentant quod [post ultimam curiam] quidam W. Selby qui de domino tenuit duo burgagia simul Jacencia in le South Streite obiit post ultimam curiam et quod [Percivallus] (Robertus) Selby est [her] filius et heres propinquior ipsius Willelmi et est etatis circa annorum xix* (once), *Pena imponitur pro le wyndyng brasii infra cemiterium sub pena xij d.* (once).

487 MS *Robertus*.

seu ceneres in aquam de Were super †pontem† de Framwelgate citra
crucem ibidem sub pena forisfaciendi quilibet – vj d. tociens quociens.
| ‖Pena‖ Et eciam quod injunctum est omnibus habentibus sterquilinia
jacencia in vico quod ea remo†veant† citra festum Sancti Martini proxime
futurum, quilibet sub pena forisfaciendi – vj d. | ‖Pena‖ Item dicti jurati
presentant quod Thomas Bernard et Johannes Hall non burgenses,
Johannes Priour et Ric†ardus Bloynt† burgenses emebant et forstallabant
pelles ovinas in diebus mercati. Et Hugo Spark †emebat et† forstallabat
pelles bovinas, vaccinas et †vitulinas†. (*fo. 1v*) Item dicti jurati presentant quod Hugo Spark {iij}, Thomas Robynson {iij}, Ricardus Robynson
{iij}, Robertus Ferrour {ij}, Willelmus Robynson {iij}, Reginaldus Donken
{iiij} et Johannes Dychand {ij}[488] tenent porcos vagantes in vico. | ‖Assisa
servisie‖ Robertus Hervy {iij d.}, Edmondus Merley {ij d.}, uxor Georgi
Don {ij d.}, Robertus Selby {iij d.}, Jacobus Cuke {iij d.}, Robertus Ferrour
{ij d.}, Hugo Spark {ij d.}, Johanna Lytill {ii d.}, Johannes Hervy {ij d.},
Thomas Bloynt {ij d.}, Hugo Rowll {ij d.}, Thomas Robynson {ij d.},
Thomas Trotter {ij d.}.

fo. 2
Extracte facte sunt usque <huc>.

**(643) ‖Burgus de Crocegate‖ Curia tenta ibidem die Mercurii xij° die
Octobris anno Domini millesimo D^{imo} xxiiij^{to}** (*12 October 1524*)
(D303) ‖Placitum‖ Johannes Patonson et Agnes uxor ejus queruntur de
Hugone Forster in placito debiti – ij s. j d. et unius ulne panni lini
\precii/ – iiij d. pro firma sibi debita, et ad dampnum suum – xij d.,
plegius prosecucionis Willelmus Hall. (*Blank space of 2 cm.*) Et defendens
essoniatur.

**(644) ‖Burgus de Crocegate‖ Curia tenta ibidem die Mercurii xix° die
Octobris** (*19 October 1524*)
(D303) Hugo Forster venit et fatetur Johanni Patonson et Agneti uxori
sue – ij s. ij d. et unam ulnam panni lini precii – iiij d. Ideo condempnatur dictus <Hugo> in debito predicto una cum – ij d. pro custagiis et
expensis, et in misericordia domini – iij d.

**(645) ‖Burgus de Crocegate‖ Curia tenta ibidem die Martis[489] xxiij° die
Novembris anno etc. supradicto** (*23 November 1524*)
(D304) ‖Placitum‖ Hugo prior Dunelm' \per Georgium Nichol attornatum suum/ queritur de Hugone Spark in placito debiti – xviij d. pro
firma unius domus debitorum, et ad dampnum suum – vj d. Et defendens
est burgensis. Ideo petit libertatem ut burgensis. ‖j^{us} defectus‖

---

488 Or possibly {ju^s}.
489 23 November 1524 was a Wednesday.

(646) ‖Burgus de Crocegate‖ Curia tenta ibidem die Mercurii vij° die Decembris anno etc. supradicto (*7 December 1524*)

(T103) ‖Placitum‖ Jacobus Wrangham queritur de Willelmo Bentam in placito transgressionis eo quod cum ipse deliberavit eum xiij ulnas panni albi vocati le scowryng \precii – vj s. viij d./ ad tinctandum le blowe [videlicet ulna] \\quelibet libra// pro – j d. et [ob], in defectu ipsius defendentis dictum pannum est perditum, unde deterioratus est \et/ dampnum habet ad valenciam – [iij s. iiij d.] x s., plegius prosecucionis Thomas Robynson. ‖(*a*) ix libre le garn*e* (*b*) Ponitur super inquisicionem (*c*) Essoniatur‖

(D305) Ricardus Nicholson et Johannes Maisson procuratores de wevercraft queruntur de Thoma Knagg in placito debiti – xx s. pro quadr' for',⁴⁹⁰ et ad dampnum suum – iij s. iiij d. Et defendens attachiatus fuit per \unum/ le spynell †de† hardyn garne precii – xx d., plegius Hugo Spa†rk†. Et super hoc venit Emmota †Sto†bbz et petit hamal†dacionem† (*Remainder of entry lost through damage to the foot of the page*).

fo. 2v

(D306) ‖Placitum‖ [Robertus Ferrour queritur de Willelmo [Cokeman] \\Coukborn// in placito \\debiti// – iij d. pro pane et servisia.]

(D304) De Hugone priore Dunelm' quia non prosecutus fuit (*Incomplete*).

(647) ‖Burgus de Crocegate‖ Curia tenta ibidem die Mercurii xiiij die Decembris anno etc. supradicto (*14 December 1524*)

(D305) Emota Stobez {jurata} venit cum Clemente Dicconson {juratus}et hamaldavit le un' spynyll de (*Incomplete*).

(T103) Willelmus Bentam petit diem interloquendi usque proximam curiam.

(648*) ‖Burgus Dunelm'‖ Curia capitalis tenta ibidem die Mercurii xj° die Januarii anno [Pont] Domini millesimo Dⁱᵐᵒ xxiiijᵗᵒ (*11 January 1525*)

De [hered*e* Ricardi Claxton] {quia in fine}, magistro hospitalis de Keipyer', hered*e* Johannis Hoton, Johanne Wodmows, Rogero Rycherdson, Roberto Selby, hered*e* Willelmi Essh, Roberto Lewyn, hered*e* W. Eure militis, [hered*e* Johannis Hoton], [Thoma Trotter], [Ricardo⁴⁹¹ Bloynt], [Hugone Spark], [Willelmo Wayneman], hered*e* Radulphi Melott, Johanne Bloynt.

---

490 Perhaps a sort of wagon (*quadriga*).
491 MS *Ricardus*.

fo. 3

‖Panellum pro domino‖ Robertus Smethirst {juratus}, Johannes Priour {juratus}, Hugo Roull {juratus}, Ricardus Bloynt {juratus}, Thomas Trotter {juratus}, [Hugo Spark], Ricardus Johnson {juratus}, Georgius Claxton {juratus}, Willelmus Robynson walker {juratus}, Thomas Robynson smyth {juratus}, Robertus Laverok {juratus}, Thomas Birez {juratus}, Ricardus Nicholson {juratus}, jurati pro domino, presentant quod Willelmus Marshall capellanus non removebat Marionam servientem suam – nihil quia perdonatur per dominum. Item presentant quod Matheus Spark tenet ij porcos {vj d.} vagantes in vico. Item presentant quod Johannes Woddefeld {iij s. iiij d.} fecit affraiam super Elenam Robynson viduam. Item dicti jurati presentant quod serviens Willelmi Bentam {iij s. iiij d.} fecit affraiam super servientem Thome Ponderson.

fo. 3v

‖Fidelitas‖ Ad hanc curiam venit Ricardus Johnson berker et fecit fidelitatem domino pro uno burgagio vasto sum suis pertinenciis jacenti in Sowthstret in Dunelm' ex parte occidentali inter le pundfald prioris Dunelm' ex parte boriali et communem viam per quam iter jacet versus Amlersbarne ex parte australi, quod quidem burgagium dictus Ricardus habet pro termino vite sue ex dono Hugonis prioris Dunelm' et ejusdem loci conventus, prout patet per cartam suam cujus data est apud Dunelm' quinto die Decembris anno regni regis Henrici octavi post conquestum Anglie sextodecimo.

(649) ‖Burgus de Crocegate‖ Curia tenta ibidem die Mercurii xxv die Januarii anno Domini millesimo D^{imo} xxiiij° (*25 January 1525*)
(T104) ‖Placitum‖ Willelmus Blakomore queritur de Reginaldo Donken in placito transgressionis eo quod cum porcis suis distruxit ortum suum ac dictus defendens succidit arbores de le Barber' ad valenciam vj s. viij d. unde deterioratur et dampnum habet ad valenciam vj s. viij d., plegius prosecucionis Robertus Robynson. ‖Continuatur‖

(650) ‖Burgus de Crocegate‖ Curia tenta ibidem die Mercurii primo die Februarii anno etc. supradicto (*1 February 1525*)
(D307) ‖Placitum‖ Johannes May queritur de Willelmo Tomson in placito debiti – x d. pro servisia et draff de eo et uxore sua emptis, et ad dampnum suum – vj d.

(T103) ‖Panellum inter Jacobum Wrangham querentem et Willelmum Bentam defendentem‖ Alexander Neile {[+] • juratus}, Edmondus Merley {+ • }, Henricus Bloynt {• juratus}, Willelmus Robynson {[+]}, Robertus Eden {+}, Robertus Robynson tailyour {• juratus}, Georgius Blyth {• juratus}, Thomas Ponderson {• juratus}, Thomas Wryght {•

juratus}, Ricardus Robynson wever{• ca}, Robertus Wryght {+}, Thomas
Robynson [smyth] webster{ca • }

(T104) De Reginaldo Donken pro licencia concordandi cum Willelmo
Blakomore in placito transgressionis – iij d.

(T103) Jacobus Wrangham petit x^{cem} tales.

fo. 4

**(651) ‖Burgus de Crocegate‖ Curia tenta ibidem die Mercurii viij° die
Februarii anno Domini millesimo D°xxiiij°** (*8 February 1525*)
(U41) De Willelmo Henryson quia non prosecutus fuit querelam suam
versus Henricum Bloynt – iij d.

(D307) Willelmus Tomson petit diem interloquendi (*Incomplete*).

(T103) ‖Decem tales \\ad// panellum inter Jacobum Wrangham querentem
et Willelmum Bentham defendentem {non culpabilem}‖ Willelmus Fairallers {juratus}, Willelmus Pertrich {juratus}, Matheus Robynson {juratus},
Robertus White {juratus}, Thomas Smorthwate {juratus}, \\Edwardus//
Emeresson {juratus}, Johannes Writer, Johannes Wod<f>eld, Thomas
Tailyour, Johannes Hall. | ‖Veredictum‖ Alexander Neile et socii sui jurati
inter Jacobum Wrangham querentem et Willelmum Benton defendentem
dicunt super sacramentum suum quod dictus Willelmus Benton non est
culpabilis de transgressione quam dictus Jacobus optulit versus eum.
Ideo dictus Jacobus in misericordia domini – xij d.

**(652) ‖Burgus Dunelm'‖ Curia tenta ibidem die Mercurii xxiij°⁴⁹² die
Februarii anno etc. supradicto** (*22 February 1525*)
(DC71) ‖Placitum‖ Georgius Blyth \et Isabella uxor ejus/ queruntur de
Roberto Wilkynson in placito detencionis unius poke de hardyn {iiij d.},
unius paris linthiam*inum*{xx d.} et unius couerlett {xvj d.}, precii inter se
– iij s. iiij d., et ad dampnum suum – xij d. Et defendens attachiatus fuit
per unum equum albi coloris precii – viij s., plegius Georgius Claxton.
‖Continuatur‖

**(653) ‖Burgus de Crocegate‖ Curia tenta ibidem die Mercurii viij° die
Marcii anno etc. supradicto** (*8 March 1525*)
(DC71) De Roberto Wilkynson pro licencia concordandi cum Georgio
Blyth et uxore sua in placito detencionis, plegius Georgius Claxton – iiij
d.

---

492 23 February 1525, was a Thursday.

fo. 4v

(654*) ‖**Burgus de Crocegate**‖ **Curia capitalis tenta ibidem die Mercurii** **xxiiij**^(to/)// **die [Aprilis]** **[Octobris] Aprilis**// **anno Domini millesimo D**^(imo) **xxv**^(to) (*? 26 April 1525*)

(DC72) ‖Placitum‖ Robertus Clyff administrator bonorum que fuerunt Willelmi \Smyth/ piper queritur de Henrico Kerr in placito detencionis unius pype[493] vocat' a shayme precii – x s. quam mutuavit de dicto Willelmo in vita sua, et ad dampnum suum – iij s. iiij d. Et defendens attachiatus fuit per unum equum badii coloris precii – viij s., plegius Robertus Hervy, plegius prosecucionis Willelmus Tomson. Et (*Incomplete*). ‖Se viij^a manu‖

De magistro hospitalis de Keipyer, Roberto de Selby, [gilda Corporis Christi] {essoniatur}, [Willelmo Bloynt capellano] {quia comparuit}, herede Johannis Hoton armigeri, Johanne Wodmows, herede Willelmi Essh, Roberto Lewyn, herede Willelmi Eure militis, [Johanne Rakett], Hugone Spark, [Roberto Hagthorp] {quia in fine}, Willelmo Waynman, Roberto Smethirst.

‖Panellum pro domino‖ Johannes Priour {juratus}, Hugo Rowll {juratus}, Willelmus Wayneman {juratus}, Johannes Wodmows {juratus}, Ricardus Bloynt {juratus}, Thomas Trotter {juratus}, Ricardus Johnson {juratus}, Georgius Fawell {juratus}, Johannes Trotter {juratus}, Ricardus Nicholsson {juratus}, Thomas Bires {juratus}, Oliverus Thornbrugh {juratus}, jurati pro domine, presentant super sacramentum suum quod Willelmus Marshall capellanus fregit penam eo quod non removebat Marionam servientem suam. Ideo in misericordia domini – (*No sum entered*). Et injunctum est eidem quod eam removeat citra festum Invencionis proxime futurum sub pena \de/ – xx s. | Item dicti jurati presentant quod procuratores gilde Sancte Margarete non removebant mulieres existentes in domo Alicie Tomson contra penam de vj s. viij d. | Item dicti jurati presentant quod Thomas Ponderson fecit affraiam super Isabellam Toller servientem Reginaldi Donken. | Item dicti jurati presentant quod Willelmus Henrisson wever fecit affraiam super Georgium Fawell.

fo. 5
(*Blank*)

fo. 5v

(655) ‖**Burgus Dunelm'**‖ **Curia tenta ibidem die Mercurii x**° **die Maii anno Domini millesimo D**^(mo) **xxv**^(to) (*10 May 1525*)

(D308) ‖Placitum‖ Rogerus Richerdson queritur de Briano Lytster de Chestre in placito debiti – xvj s. viij d. sibi debitorum pro firma le frari

---

493 MS *pijpe*.

Sancti Johannis \\quos// sibi promisit solvere, et ad dampnum suum – iij s. iiij d., plegius prosecucionis Johannes Wryter. Et defendens attachiatus fuit per unum equum gresii coloris precii – xvj s., plegius Thomas Hunter. Et defendens venit et petit diem interloquendi usque proximam curiam. Et querens ponit loco[494] Petrum Wilson et Oliverum Thornbrugh. ‖Negat. Ponitur super inquisicionem‖

(U42) De Willelmo Broun quia <non> prosecutus fuit querelam suam versus Ricardum Dawsson.

(656) ‖Burgus de Crocegate‖ Curia tenta ibidem die Mercurii xvij⁰ die Maii anno etc. supradicto (*17 May 1525*)
(DC73) ‖Placitum‖ Georgius Claxton queritur de Willelmo Skirr executore testamenti Johanne Lewyn in placito detencionis – xx d. quos dicta Johanna debebat dicto Georgio pro adessend†o†[495] attornato suo versus Willelmum Ilee de Essh, et ad dampnum suum – viij d. Et defendens attachiatus fuit per unum equum castratum precii – xiij s. iiij d., plegius [Matheus Smyth] \\Thomas Robynson//. Et servus Johanne \\Skyrre// venit et petit hamaldacionem dicti equi nomine ipsius Johanne. Et concessum est ei erga proximam curiam se ijᵃ manu.

(D308) ‖Declaracio‖ Rogerus Rycherdson per Petrum Wylson attornatum suum venit <et> dicit quod Brianus Lytster de Cestre debet ei pro \firma de/ le frary Sancti Johannis – xvj s. viij d. quos promisit ei solvere et non solvit licet sepius requisitus fuit[496] etc., et ad dampnum suum – iij s. iiij d. Et defendens venit et dedicit debitum predictum. Et de hoc ponit se super[497] inquisicionem, et querens similiter.

fo. 6ʳ
(657) ‖Burgus de Crocegate‖ Curia tenta ibidem die Mercurii xxiiij⁰ die Maii anno Domini millesimo D^{mo} xxv^{to} (*24 May 1525*)
(D308) ‖Panellum inter Rogerum Richerdson querentem et Brianum Lytster defendentem‖ Edmundus Merley {•}, Robertus Laverok {•}, Johannes Hall {•}, Thomas Birez {•}, Thomas Tailyour {+}, Georgius Bawdkyn {•}, Thomas Robynson webster {•}, Ricardus Robynson webster {•}, Thomas Cawcy {+}, Willelmus Tomson {•}, Hugo Forster {+}, Hugo Tomson {•}.

(D308) Rogerus Richerdson petit x^{cem} tales. ‖Misericordia iiij d.‖

---

494 MS po' lo'.
495 MS *ad essend†o†*. The end of the second word is lost in the binding.
496 MS *fuerit*.
497 MS repeats *se super*.

(DC73) De Willelmo Sker quia non venit ad respondendum Georgio Claxton (*No sum entered*).

(658) ‖Burgus de Crocegate‖ Curia tenta ibidem die [Mercii] Mercurii ultimo die Maii anno etc. supradicto (*31 May 1525*)
(T105) ‖Placitum‖ Georgius Claxton queritur de Thoma Smorthwate in placito transgressionis eo quod injuste custodit unam telam panni linii precii – [v s.] \\vij s.// et eciam quia non tantum fecit in arte sua quantum debuit et potuit, unde deterioratus est et dampnum habet ad valenciam – viij s. vj d. ‖Ponitur super inquisicionem‖

(DC73) De Willelmo Sker executore testamenti Johanne Lewyn quia non venit ad respondendum.

(D308) ‖Accedas ad curiam‖ Vicecomes Dunelm' venit cum breve de Recordari et exoneravit curiam de placito debiti quod Rogerus Richerdson protulit versus Brianum Litster, et partibus dedit \diem/ essendi coram justiciar*iis* domini episcopi Dunelm' ad proximam assisam apud Dunelm' tenendam.

fo. 6v
(659) ‖Burgus Dunelm'‖ Curia tenta ibidem die Mercurii [xvº] \\xiiijº// die Junii anno Domini millesimo Dᵐᵒ xxvᵗᵒ (*14 June 1525*)
(T105) ‖Panellum inter Georgium Caxton querentem et Thomam Smorthwate‖ Johannes Trotter, Alexander Neile, Robertus Robynson, Willelmus Pertrych, Willelmus Fairallers, Edwardus Emereson, Hugo Tomson, Robertus Whyte, Thomas Birez, Thomas Cawcy, Johannes Hall, Robertus Wryght.

(DC73) De Willelmo Skirr executore testamenti Johanne Lewyn quia non venit ad respondendum.

(660) ‖Burgus de Crocegate‖ Curia tenta ibidem die Mercurii xxj die Junii anno etc. supradicto (*21 June 1525*)
(DC73) De Willelmo Skirr executore testamenti Johanne Lewyn quia non venit ad respondendum Georgio Claxton in placito detencionis, plegius Thomas Robynson smyth – iiij d.

(661) ‖Burgus de Crocegate‖ Curia tenta ibidem die Mercurii xxviij die Junii anno etc. supradicto (*28 June 1525*)
(DC73) De Willelmo Skirro⁴⁹⁸ executore testamenti Johanne Lewyn quia

---

498 The clerk has confused an abbreviation hook on the final *r* of this name with the letter *o*.

non venit ad respondendum Georgio Claxton in placito detencionis, plegius Thomas Robynson smyth – iiij d.

(662) ‖Burgus de Crocegate‖ Curia tenta ibidem die Mercurii quinto die Julii anno Domini millesimo D^{imo} xxv^{to} (*5 July 1525*)
(DC73) De Willelmo Skyr executore testamenti Johanne Lewyn quia non venit ad respondendum Georgio Claxton in placito detencionis, plegius Thomas Robynson smyth – iiij d.

(663) ‖Burgus de Crocegate‖ Curia tenta ibidem die Mercurii xij die Julii anno etc. supradicto (*12 July 1525*)
(DC73) De Willelmo Sker executore testamenti Johanne Lewyn (*No sum entered*).

fo. 7
(664) ‖Burgus de Crocegate‖ Curia tenta ibidem die Mercurii xxx^{mo} die Augusti anno Domini millesimo D^{mo} xxv^{to} (*30 August 1525*)
(DC74) ‖Placitum‖ Johanna Symson queritur de Johanne Wodmows in placito detencionis unius ollee enee⁴⁹⁹ precii {ij s.}, unius baterid pan {xiiij d.}, iij discos de electro {ix d.} et unius wallett panni canabi {iiij d.}, precii inter se – iiij s. iij d., et ad dampnum suum – xij d. Et attachiatus fuit per unum equum gresii coloris precii – vj s. viij d., plegius Ricardus Robynson wever, plegius prosecucionis Georgius Claxton. Et dictus Johannes est burgensis. Ideo habet primum defectum. ‖+ Primus defectus‖

(DC73) De Willelmo Sker executore testamenti Johanne Lewyn quia non venit ad respondendum Georgio Claxton in placito detencionis, plegius Thomas Robynson smyth – iiij d.

(665) ‖Burgus de Crocegate‖ Curia tenta ibidem die Mercurii vj^{to} die Septembris anno etc. supradicto (*6 September 1525*)
(DC74) Secundus defectus Johannis Wodmows ad sectam Johanne Symson in placito detencionis.

(DC73) De Willelmo Sker \executore testamenti Johanne Lewyn/ quia non venit ad respondendum Georgio Claxton in placito detencionis, plegius Thomas Robynson smyth – iiij d.

(666) ‖Burgus Dunelm'‖ Curia tenta ibidem die Mercurii xiij° die Septembris anno etc. supradicto (*13 September 1525*)
(PA5) ‖Placitum‖ Thomas Robynson smyth queritur de Willelmo Sker in placito de plegio acquietando ad valenciam \unde posuit/ – (*No sum*

---

499 MS *ollei enei.*

entered), et ad dampnum suum – xx d. Et defendens attachiatus fuit per unam equam gresii coloris precii – xiij s. iiij d., plegius Georgius Claxton. Et defendens non venit. Ideo in misericordia – iiij d.

(PA5) [De Willelmo Skir executore testamenti Johanne Lewyn quia non venit ad respondendum Thome Robynson smyth in placito de plegio acquietando, plegius Georgius Claxton.]

(DC73) De Willelmo Skir executore testamenti Johanne Lewyn quia non venit ad respondendum Georgio Claxton in placito detencionis, plegius Thomas Robinson smyth – iiij d.

(DC74) De Johanne Wodmows quia non petit dies ut liber. Ideo foris-*facit*.

fo. 7v
(667) ‖**Burgus de Crocegate**‖ **Curia tenta ibidem die Mercurii xx die Septembris** (*20 September 1525*)
(PA5) De Willelmo Sker quia non venit ad respondendum Thome Robynson smyth in placito de plegio acquietando, plegius Georgius Claxton – iiij d.

(DC73) De eodem Willelmo executore testamenti Johanne Lewyn [in placito] quia \non/ venit ad respondendum Georgio Claxton, plegius Thomas Robynson smyth – iiij d.

(668*) ‖**Burgus de Crocegate**‖ **Curia capitalis tenta ibidem die Mercurii quarto die Octobris anno Domini millesimo D^{imo} xxv^{to}** (*4 October 1525*)
(PA5) De Willelmo Skero quia non venit ad respondendum Thome Robynson in placito de plegio acquietando \plegius^{500} Georgius Claxton/.

De magistro hospitalis de Keipyer', [gild*a* Corporis Christi], [Willelmo Bloynt capellano], hered*e* Johannis Hoton, [procurator*ibus* capelle Sancte Margarete] {quia comparuerunt}, Roberto Selby, hered*e* Willelmi Essh, Roberto Lewyn, hered*e* Willelmi Eure militis, Thoma Trotter {essoniatur}, [Hugone Spark], Roberto Smethirst, hered*e* Radulphi Melott.

(DC73) De Willelmo Skero executore testamenti Johanne Lewyn quia non venit ad respondendum Georgio Claxton in placito detencionis, plegius Thomas Robynson smyth – iiij d.

---

500 MS repeats *plegius*.

‖Panellum pro domino‖ Johannes Priour {juratus}, Hugo Rowll {juratus}, Willelmus Wayneman {juratus}, Johannes Wodmose {juratus}, Hugo Spark {juratus}, Ricardus Bloynt {juratus}, Ricardus Johnson {juratus}, Thomas Bires {juratus}, Georgius Claxton {juratus}, Ricardus Nycholson {juratus}, Johannes Trotter {juratus}, Georgius Fawell {juratus}, jurati, presentant super[501] sacramentum suum quod Willelmus Marsshall capellanus et Thomas Cawcy fregerunt penam eo quod non amoverunt mulieres existentes in domibus suis. Ideo uterque eorum in[502] misericordia domini – (*No sum entered*). | Item presentant quod Edmundus Turpyn fecit affraiam super Hugonem Rowll. | Item presentant quod Matheus Spark fecit affraiam super Ricardum Johnson. | Item dicti jurati presentant quod Willelmus Faireallers fecit affraiam super servientem Willelmi Bentham. | Item presentant quod Michaelis[503] Breston tenet unam liciscam que est le prowd. (*fo. 8*[504]) ‖Assisa servisie hoc anno‖ Robertus Hervy {iiij d.}, Edmundus Merley {ij d.}, Isabella Don {ij d.}, Reginaldus Donken {ij d.}, Jacobus Coke {iiij d.}, Robertus Ferrour {ij d.}, Hugo Spark {iiij d.}, uxor (*Blank space of 1 cm.*) Lytill {ij d.}, Thomas Blonte {ij d.}, Johannes Hervy {ij d.}, Hugo Rowll {ij d.}, Thomas Trotter {ij d.}.

fo. 8v
Extracte facte sunt usque huc

(669) ‖Burgus de Crocegate‖ Curia tenta ibidem die Mercurii xj° die Octobris anno Domini millesimo D^{imo}xxv^{to} (*11 October 1525*)
(PA5) De Willelmo Sker quia non venit ad respondendum Thome Robynson smyth in placito de plegio acquietando, plegius Georgius Claxton – iiij d.

(670) ‖Burgus de Crocegate‖ Curia tenta ibidem die Mercurii xviij° die Octobris anno etc. supradicto (*18 October 1525*)
(PA5) De Thoma Robynson smyth {essoniatur} quia non prosecutus fuit placitum suum (*No sum entered*).

(671) ‖Burgus de Crocegate‖ Curia tenta ibidem die Mercurii viij° die Novembris (*8 November 1525*)
(PA5) De Willelmo Sker quia non venit ad respondendum Thome Robynson smyth (*No sum entered*).

(DC73) De Willelmo Sker executore testamenti Johanne Lewyn quia non venit ad respondendum Georgio Claxton in placito detencionis, plegius (*Incomplete*).

---

501 MS repeats *super*.
502 MS repeats *in*.
503 MS *Michaelus*.
504 Most of this page (the upper 21 cm.) is blank.

‖Memorandum (*Incomplete*)‖

(672*) ‖Burgus de Crocegate‖ Curia capitalis tenta ibidem die Mercurii xvij° die Januarii anno Domini millesimo D^{imo} xxv^{to} (*17 January 1526*)
(DC75) ‖Placitum‖ Georgius Bawdkyn queritur de Thoma Smorthwate in placito detencionis unius hesp de ȝarne precii – iiij d. et vj d. pro opere suo manuali, et <ad> dampnum suum – vj d. Et defendens essoniatur.
‖Lex se ij^a‖

(D309) ‖Placitum‖ Hugo Rowll queritur de Johanne Eden in placito debiti – xxvj s. pro quibus devenit in plegium Roberto Eden, et ad dampnum suum – x s. Et defendens attachiatus fuit per unum equum badii coloris precii – xij s., plegius Thomas Robynson smyth. Et defendens essoniatur.
‖Lex se vj^a‖

fo. 9
De magistro hospitalis de Keipyer, hered*e* Johannis Hoton, Roberto Selby, hered*e* Willelmi Essh, Roberto Lewyn, hered*e* Willelmi Eure militis, [hered*e* Radulphi Ho], Roberto Smethirst, Radulpho Melott.

‖Panellum pro domino‖ \Georgius Claxton {juratus}/, Johannes Priour {juratus}, Johannes Wodmows {juratus}, Hugo Rowll {• juratus}, Willelmus Wayneman {• juratus}, Thomas Trotter {• juratus}, Hugo Spark {• juratus}, Ricardus Bloynt {• juratus}, Ricardus Johnson {• juratus}, Georgius Fawell {• juratus}, Ricardus Nicholson {• juratus}, [Jacobus Cuke], Thomas Birez {• juratus}, jurati pro domino, <presentant super sacramentum suum> quod Willelmus Mershall capellanus {perdonatur per dominum} et Thomas Cawcy {xij d.} fregerunt penam eo quod non removebant mulieres existentes in domibus suis. | ‖Pena‖ Item dicti jurati presentant quod Jacobus Coke ventulavit [granum] brasium in cemiter<i>o ecclesie contra penam. Ideo in misericordia domini – vj d. Et injunctum est ei quod decetero non ventulat ibidem brasium sub pena forisfaciendi domino – xij d. | ‖Pena‖ Item dicti jurati presentant <quod> uxor (*Blank space of 1 cm.*) Wilson {vj d.} dedit hospicium Matilde Rygg contra penam. Et injunctum est eidem uxori et omnibus aliis quod decetero non dant hospicium dicte Matilde⁵⁰⁵ sub pena forisfaciendi domino – iij s. iiij d. | Item dicti jurati presentant (*Incomplete*). | Item dicti jurati presentant quod Reginaldus Donken {ij porc*i* iiij d.}, et Hugo Tomson {un*us* porc*us* ij d.} tenent porcos vagantes in vico. Ideo uterque eorum in misericordia domini prout patet \super/ capita eorum.

---

505 MS has a redundant *decetero* following *Matilde*.

fo. 9v[506]

(673) ‖Burgus de Crocegate‖ Curia tenta die Mercurii xxiiij die Januarii anno Domini millesimo D^{mo} xxv^{to} (*24 January 1526*)

(DC75) Georgius Bawdkyn venit et dicit quod Thomas Smorthwate ei injuste detinet – vj d. pro opere suo manuali. Et pro le hesp de ʒarne fatetur se solvisse. Et defendens dicit quod debet ei vj d. in opere suo et non in moneta. Et de hoc petit vadiari legem suam se ij^a manu.

(D309) Hugo Rowll venit et dicit quod Johannes Eden ei debet – xxvj s. pro quibus devenit in plegium pro Roberto Eden. Et venit \et/ dicit quod devenit plegium pro dicto Roberto pro – vj s. viij d. quos solvit dictus Robertus et non ultra, et de hoc petit vadiari legem suam. ‖Se vj^a manu‖

(674) ‖Burgus de Crocegate‖ Curia tenta die Mercurii ultimo die Januarii anno etc. supradicto (*31 January 1526*)

(DC75) ‖Lex‖ Thomas Smorthwate {juratus} venit cum Johanne Hall {juratus} et perfecit legem suam quod non debet Georgio Bawdkyn – vj d. in moneta.

(D309) De Hugone Rowll quia non prosecutus fuit placitum suum versus Johannem Eden nihil quia lex essoniatur.

(PA5) Willelmus Sker quia non venit ad respondendum Thome Robynson (*No sum entered*).

fo. 10

(675) ‖Burgus de Crocegate‖ Curia tenta ibidem die Mercurii vij^o die Februarii anno Domini millesimo D^{imo} xxv^{to} (*7 February 1526*)

‖Fidelitas‖ Johannes Maire venit ad hanc curiam et fecit fidelitatem suam pro uno burgagio sicut jacet in Dunelm' in vico vocato Sowthstreite ex parte orientali ejusdem vici inter quodam burgagium pertinens Hugoni priori Dunelm' ex parte boriali et aliud burgagium pertinens Roberto Selby ex parte australi quod quidem burgagium dictus Johannes habet ex dono et concessione Roberti Lewyn junioris pro termino vite sue prout patet per cartam suam cujus data est secundo die Februarii anno regni regis Henrici octavi post conquestum Anglie sextodecimo.[507]

(D309) De Hugone Rowll quia non prosecutus fuit placitum suum versus Johannem Eden unde lex – vj d.

---

506 The upper 9 cm. of this page are blank.
507 At the foot of the page, in a cramped hand, is written *secundo die Februarii anno regni regis Henrici octavi post conquestum Anglie sextodecimo.*

(PA5) De Willelmo Skirr quia non venit ad respondendum Thome Robynson smyth (*No sum entered*).

fo. 10v

(676*) ‖Burgus de Crocegate‖ Curia capitalis tenta ibidem die Mercurii xviij die Aprilis anno Domini millesimo quingentisimo vicesimo sexto (*18 April 1526*)

De magistro hospitalis de Keipyere, [here*de* Ricardi Claxton] {quia in fine}, here*de* Johannis Hoton, [Johanne Wodmows], Rogero Richerdson, [Hugone R], here*de* Willelmi Essh, [here*de* Ricardi Baynebrygg] \\Roberto Lewyn//, here*de* Willelmi Eure militis, Johanne Rakett, [Willelmo Wayneman], Roberto Smethirst, here*de* Radulphi Melott, Johanne Bloynt, quia non venerunt ad faciendam sectam curie. Ideo quilibet eorum in misericordia – iiij d.

‖Panellum pro domino‖ Johannes Priour {• juratus}, Hugo Rowll {• juratus}, Johannes Maire {• juratus}, Willelmus Wayneman {• juratus}, Johannes Wodemows {• juratus}, Thomas Trotter {• juratus}, Hugo Spark {• juratus}, Ricardus Johnson {• juratus}, Ricardus Bloynt {• juratus}, Thomas Birez {• juratus}, Johannes Trotter {• juratus}, Ricardus Nycholson {• juratus}.

Robertus Hervy ad hanc curiam devenit plegius pro Jacobo Rawhton quod concordabit aut faciat emend*am* pro succisione unius quarculi \per servien*tem* su*um*/ cum magistro elemosinario. | Et eciam Willelmus Pertryk promisit concordare cum magistro elemosinario pro succisione quarcul*i* per servien*tem* su*um*. | Robertus Hervy devenit <plegius> pro Willelmo Gibson pro consimili.

fo. 11

[Johannes Priour et socii sui jurati pro domino presentant super sacramentum suum quod Willelmus Marsshall capellanus et Thomas Cawcy {condonatur} non removebant mulieres non bone gubernacionis suorum corporum citra diem eis limitatum contra penas.] | Item dicti jurati dicunt quod Johannes Lygh \maisson/ obiit seisitus de uno burgagio cum suis pertinenciis infra[508] burgum de Crocegate, et quod (*Blank space of 2 cm.*) filius ejus est proximus heres. | ‖Pena‖ Injunctum est uxori Wodefeld et omnibus aliis quod decetero non objurgant cum vicinis suis sub pena forisfaciendi domino tociens quociens – iij s. iiij d. | Item dicti jurati presentant super sacramentum suum quod Thomas Cawcy non removebat filiam suam contra penam. Ideo in misericordia – xij d.

---

508 MS *in(***) infra*, the end of the first word being lost because of damage to the edge of the page. Probably the MS repeats *infra*: there seems to be too little space for any other solution.

(677) ‖Burgus de Crocegate‖ Curia tenta ibidem die Mercurii secundo die Maii anno Domini millesimo D^{mo} xxvj^{to} (*2 May 1526*)

(D310) ‖Placitum‖ Johannes Eden queritur de Willelmo Bentham in placito debiti – ij s. pro alome de eo empt', et ad dampnum suum – vj d., plegius prosecucionis ballivus. Et defendens essoniatur.

fo. 11v

(678) ‖Burgus de Crocegate‖ Curia tenta ibidem die Mercurii xxij° die Augusti anno Domini millesimo D^{imo} xxvj° (*22 August 1526*)

(QR2) ‖Placitum‖ Willelmus Robynson et Johannes Dyxson et socii sui procuratores de walkercraft queruntur de Olivero Thornbrugh in placito quod reddat eis – xx s. pro quadam forisfactura facta pro eo quod equitavit in patriam pro telis pannorum ad fulland*um* et cariavit eas in patriam contra ordinacione*s* et statuta artis prefate, et ad dampnum suum – xix s. Et defendens (*Incomplete*). ‖Ponitur super inquisicionem‖

(679) ‖Burgus de Crocegate‖ Curia tenta ibidem die Mercurii [xxviij°] xxix° die [N] Septembris⁵⁰⁹ anno Domini millesimo D^{mo} xxvj^{to} (*29 August 1526*)

(QR2) ‖Panellum inter W. Robynson et Johannem Dyxson et socios suos procuratores de walkercraft querentes et Oliverum Thornbrugh defendentem‖ Georgius Blyth, Reginaldus Donken, Robertus Laverok, Edwardus Emerson, Jacobus Cooke, Hugo Tomson, Thomas Smorthwate, Matheus Robynson, Thomas Byrez, Georgius Fawell, Robertus Robynson waller, Edwardus Bradwode.

(D310) De Willelmo Bentham pro licencia concordandi cum Johanne Eden in placito debiti – iij d.

(679a) ‖Burgus de Crocegate‖ Curia tenta ibidem die Marcurii quinto die Septembris anno etc. supradicto (*5 September 1526*)

(*No recorded business*)

fo. 12

(679b) ‖Burgus de Crocegate‖ Curia tenta ibidem die Mercurii xij° die Septembris anno Domini millesimo D^{imo} xxvj^{to} (*12 September 1526*)

(*No recorded business*)

(680) ‖Burgus de Crocegate‖ Curia tenta ibidem die Mercurii xxvj die Septembris anno etc. supradicto (*26 September 1526*)

(D311) ‖Placitum‖ Thomas Hunter walker que<ritur> de Georgio Bawdkyn in placito – xvj d. sibi debitorum pro le dryvyng panni, et ad

---

509 29 August 1526 was a Wednesday; 29 September was a Sunday. The next entry implies that 29 August is the correct date.

dampnum suum – vj d. Et defendens non venit. Ideo in misericordia domini – iij d.

(QR2) De Olivero Thornbrugh pro licencia concordandi cum Willelmo Robynson et Johanne Dixson procuratoribus de walkercraft in placito debiti – iij d.

(681*) ‖Burgus de Crocegate‖ Curia capitalis tenta ibidem die Mercurii tercio die Octobris anno Domini millesimo D^{imo} xxvj^{to} (*3 October 1526*)
[De Olivero Thorn]

(D311) ‖Esson*ium*‖ Georgius Bawdkyn essoniatur ad sectam Thome Hunter.

De magistro hospitalis de Keipyere, [hered*e* Ricardi Claxton] {quia in fine}, hered*e* Johannis Hoton, \\Roberto// Selby, [Hugone Rowll], hered*e* Willelmi Esche, hered*e* Willelmi Eure militis, hered*e* Johannis Lyghe, [Robertus Hagthorp] {quia in fine}, hered*e* Radulphi Melotte.

‖Panellum pro domino‖ Johannes Prior {• juratus}, Johannes Maire {• juratus}, Johannes Wodmos {• juratus}, Willelmus Waynmane {• juratus}, Hugo Rowle {• juratus}, Ricardus Johnson {• juratus}, Thomas Trotter {• juratus}, Ricardus Blunte {• juratus}, Robertus Smethers {•}, Ricardus Nicholson {• juratus}, Thomas Byrez {• juratus}, Georgius Fawell {• juratus}, Thomas Hunter {• juratus}, jurati pro domino, presentant super sacramentum suum quod Petrus Wilson fecit affraiam super Ricardum Merley \et servientem su*um*/ {x s.} in effusionem sanguinis. | Item dicti jurati presentant quod Ricardus Merley {vj s. viij d.} fecit un' blodwyte super Petrum Wilsson. | Item presentant dicti jurati quod Robertus Hewetson {ij s.} fregit communem faldam domini capiendo unam equam imparcatam. Item presentant quod Alexander Robynson fregit communem faldam capiendo iij vaccas ibidem imparcatas. (*fo 12v*) Item dicti jurati presentant quod Edmundus Merley {iiij ponitur in misericordia}, Willelmus Robynson {ij misericordia}, Johannes Dychand {ij misericordia}, Reginaldus Donken {misericordia}, Hugo Robynson {ij}, Robertus Dixson {juratus iiij}, Heugo Tomson {[iij] ij misericordia}, Johannes Greveson {ij misericordia}, \\Marg'/// Johnson {ij misericordia}, (*Blank space of 1.5 cm.*) Dychburn {j misericordia}, Robertus Ferrour {ij misericordia}, Hugo Spark {juratus}, Georgius Fawell {ij misericordia}, Thomas Robynson {iiij }, Ricardus Robynson {ij misericordia}, Thomas Bloynt {iiij misericordia}, Johannes Hervy {misericordia iiij porci} custo-di*unt* porcos vagantes. | Item dicti jurati presentant quod Johannes Priour et Ricardus Bloynt emebant et forstallabant pelles ovinas et lanutas in diebus mercati.| Item presentant dicti jurati Hugonem Spark pro empcione pellium bovinarum et vaccinarum. | ‖Assisa Servisie‖ De Roberto Hervy {iiij d.}, Edmundo Merley {iij d.}, Isabella Done {ij d.}, Willelmo Pert<r>ych {ij d.}, Johanna Trotter {ij d.}, uxore Ricardi Bowman {ij d.}, Reginaldo Donken {ij d.}, Jacobo Cuke {iij d.}, Roberto Ferrour {ij d.}, Hugone Spark {iiij d.}, Matheo Robynson {ij d.}, Johanne Atkynson {ij d.}, Thoma Bloynt {ij d.}, Johanne Hervy {ij d.}, Thoma Trotter {ij d.}, quia vendunt servisiam contra assisam.

Extracte facte sunt usque huc.

(682) ‖Burgus de Crocegate‖ Curia tenta ibidem die Mercurii x⁰ die Octobris anno Domini millesimo D^{imo} xxvj^{to} (*10 October 1526*)
(D311) Georgius Bawdkyn venit et fatetur – xij d. Thome Hunter. Ideo in misericordia domini – iij d.

fo. 13
(683*) ‖Burgus de Crocegate‖ Curia capitalis tenta ibidem die Mercurii xvj^{to} die Januarii anno Domini D^{imo} xxvj^{to} (*16 January 1527*)
(DC76) ‖Placitum‖ Johannes Gollen de Holmers queritur de Willelmo Bentham in placito detencionis iiij ulnarum panni lanei albi precii – ij s. viij d. quas posuit ei ad tinctandum, et ad dampnum suum – ij s., plegius prosecucionis Edmundus Merle. Et defendens venit et dicit quod non detinet, unde petit vadiari legem se tercia manu.

De magistro hospitalis de Kepyer, herede Johannis Katryk, herede Johannis Hoton, Johanne[510] Wodmos {essoniatur}, Roberto[511] Selby, herede Willelmi Esche, herede Willelmi Eure militis, herede Johannis Lighe, Thoma[512] Trotter, Hugone[513] Sparke, [Rogerus Richardson] {nihil}, [Robertus Smethers] {essoniatur}, herede Radulphi Melott.

‖Panellum pro domino‖ Johannes Prior {juratus}, Heugo Rowle {juratus}, Willelmus Waynman {juratus}, Johannes Mayre {juratus}, Richard Johnson {juratus}, Ricardus Blunt {juratus}, Thomas Byrez, Georgius Fawell {juratus}, Ricardus Nicholson {juratus}, Hugo Thomson {juratus}, Thomas Holme {juratus}, Edmundus Marley {juratus}, Oliverus Thurnburghe {juratus}.

(D312) ‖Placitum‖ Leonardus Atkinson queritur de Ricardo Hyn in placito debiti iiij s. x d. quos ei debet et promisit solvere \cum requisitus fuerit/ pro excambio unius equi, quod nondum solvit, ad dampnum dicti

---

510 MS *Johannes.*
511 MS *Robertus.*
512 MS *Thomas.*
513 MS *Hugo.*

querentis iij s. iiij d. Et defendens fuit attachiatus per unum equum nigri coloris \precii x s./, et plegius pro dicto defendente Thomas Robynson smith. Et defendens venit et petit[514] diem interloquendi.

Johannes Pryour et socii sui jurati pro domino presentant super sacramentum suum quod Hugo Spark custodivit canem suum contra penam. Ideo in misericordia – vj d. | Item dicti jurati presentant super sacramentum suum quod (*Blank space of 1.5 cm.*) Sparroo de Byrtley emebat et forstallabat pelles ovinas in diebus mercati.

fo. 13v[515]
(684) ‖Burgus de Crosegate‖ Curia tenta ibidem die Mercurii[516] xxiijᶜⁱᵒ die Januarii anno Domini millesimo CCCCCᵐᵒ xxvjᵒ (*23 January 1527*)
(D312) De Ricardo Hyne {essoniatur} ad sectam Leonardi Atkynson.

(DC76) [De Johanne Gollen quia non prosecutus fuit placitum suum versus Willelmum Bentham in placito detencionis.]

(DC76) De Willelmo Bentham quia non venit ad perficiendam legem suam versus Willelmum Gollen in placito detencionis. Ideo condempnatur in detencione prout in placito. Ideo in misericordia domini – iij d.

(685) ‖Burgus de Crosegate‖ Curia tenta ibidem die Mercurii[517] penultimo die Januarii anno ‖Domini millesimo CCCCCᵐᵒ xxvjᵒ (*30 January 1527*)
(D313) ‖Placitum‖ Ricardus Nicholson queritur de Willelmo Pertrich in placito debiti – ij s. viij d. quos ei debet pro suo stipendio etc., ad dampnum suum ij s. vj d., et plegius pro procecucione placiti Ricardus Nicholson. ‖Continuatur‖

fo. 14
(D312) Ad hanc curiam venit Ricardus Hyn et dicit quod non debet Leonardo Atkynson iiij s. x d., unde petit vadiari legem se quarta manu.

(686) ‖Burgus de Crosegate‖ Curia tenta ibidem die Mercurii sexto die Februarii anno Domini millesimo CCCCCᵒ xxvjᵒ (*6 February 1527*)
(D312) [Ricardus Hyne venit cum]

(D312) De Leonardo Atkynson quia non prosecutus fuit placitum suum versus Ricardum Hyne in placito debiti. Ideo in misericordia domini – iij d.

---

514 MS *petet.*
515 The upper 17.5 cm. of this page are left blank.
516 MS *Mercurie.*
517 MS *Mercurie.*

(687) ‖Burgus de Crocegate‖ Curia tenta ibidem die Mercurii xxvij die Februarii anno etc. **supradicto** (*27 February 1527*)

(D314) ‖Placitum‖ Johannes Trotter queritur de Johanna Trotter vidua in placito debiti – xiij s. iiij d. pro comen*sale*[518] Jacobi Trotter et dicte Johanne ac ij puerorum dicti Jacobi et – ij s. viij d. pro equitacione a hac villa usque Gysburn' per iiij^{or} vices, videlicet viij d. pro qualibet vice, et ad dampnum suum – iij s. iiij d. Et defendens dedicit debitum predictum, et de hoc ponit se super inquisicionem <et> querens similiter.

(DC77) ‖Placitum‖ Idem Johannes queritur de eadem Johanna in placito detencionis unius matres precii – iiij s. viij d., et ad dampnum – xij d. Et defendens venit et dedicit detencionem predictam quia dicit dict' le matres posuit ei <in> pingore pro – ij s. Et semper fuit paratus ad deliberandum cum ipse voluerit solvere – ij s. Et hoc ponit se super inquisicionem et querens similiter. ‖Ponitur super inquisicionem‖

(D315) ‖Placitum‖ Willelmus Stevynson queritur de Willelmo Benton in placito debiti – xij d., et ad dampnum suum – iiij d., plegius prosecucionis Johannes Hervy. Et defendens essoniatur. ‖[Ponitur super inquisicionem]‖

fo. 14v

(688*) ‖Burgus de Crocegate‖ Curia capitalis tenta ibidem die Mercurii viij° die Maii anno Domini millesimo D^{imo} xxvij° (*8 May 1527*)

De magistro hospitalis de Keipyere, hered*e* Johannis Catryk, hered*e* Johannis Hoton, hered*e* Roberti Selby, hered*e* Willelmi Essh, hered*e* Willelmi Eure militis, Johanne Rakett, Roberto Hagthorp, [Robertus Smeth], hered*e* Radulphi Melott, quia non venerunt ad faciendam sectam curie. Ideo quilibet eorum in misericordia domini – iiij d.

(D315) De Willelmo Bentham pro licencia concordandi cum Willelmo Stevynson in placito debiti – iij d.

‖Panellum pro domino‖ Robertus Smethirst {juratus}, Johannes Priour {juratus}, Johannes Wodmos {juratus}, Hugo Rowll {juratus}, Willelmus Wayneman {juratus}, Ricardus Johnson {juratus}, Ricardus Bloynt {juratus}, Johannes Maire, Thomas Byers {juratus}, Johannes Trotter {juratus}, Georgius Fawell {juratus}, Ricardus Nycholsson {juratus}, Edmondus Merley {juratus}, jurati pro domino, presentant super sacramentum suum quod communiarius Dunelm' non fecit unum payle ex parte posteriore tenementi Oliveri Thornbrugh contra penam de – vj s. viij d. Item dicti jurati presentant quod Roulandus Waster fecit insultum super Thomam Holme. | Item dicti jurati presentant quod

---

518 MS apparently *comenc'*.

Thomas Smorthwate custodit in domo sua mulieres irracionabiles.[519] Et
eciam quod Nicholaus Tomson, Elizabeth Scott et Ricardus Willyamson
custodiunt simili modo in domibus suis mulieres irracionabiles. Ideo
injunctum <est> eisdem Thome, Nicholao, Elizabeth et Ricardo quod
eas removeant citra xv^{am} sub pena quilibet forisfaciendi domino – iij s.
iiij d. | Et injunctum \est/ Thome Cawcy quod decetero non custodiat
\filiam suam/ in domo sua sub pena forisfaciendi domino – vj s. viij
d. Et eciam quod uxor ejus decetero non objurgat cum vicinis suis sub
pena – iij s. iiij d.

fo. 15
(Blank)

fo 15v
**(689) ‖Burgus de Crocegate‖ Curia tenta ibidem die Mercurii [xv]
\\quinto// die Maii[520] \Junii/ anno Domini millesimo D^{imo} xxvij°** (5
June 1527)
(D316) ‖Placitum‖ Thomas [Hochonson] \\Wilkynson// de villa Novi
Castri per Ricardum Orra \attornatum suum/ queritur de Edwardo
Emereson in placito debiti – iiij s. \pro quibus devenit in plegium/, et
ad dampnum suum – ij s. Et defendens non venit – iij d. Et plegius prosecucionis Ricardus Merley.

(T106) ‖Placitum‖ Thomas Frankys queritur de Willelmo Blythman in
placito transgressionis eo quod injuste cepit equam suam precii – viij s.
et eam occupavit unde \\dicta// equa mortua interfecta fuit unde deterioratus <est> et dampnum habet ad valenciam – viij s. Et defendens
attachiatus fuit per duos equos nigros precii – xvj s., plegius Hugo Spark.
‖Ponitur super inquisicionem‖

**(690) ‖Burgus de Crocegate‖ Curia tenta ibidem die Mercurii xix° die
Junii anno Domini M° D° xxvij** (*19 June 1527*)
(T106) ‖Panellum inter Thomam Frankys querentem et Willelmum
Blithman‖ Henricus Blunt, Alexander Neyll, Ricardus Bulloke, Willelmus
Fairawllers, Robertus Robynson tailyour, Edwardus Emerson.

(T106) De Thoma Frankys quia non prose*quitur* placitum suum versus
Willelmum Blithman in placito transgressionis – iij d.

(T107) ‖Placitum‖ Thomas Hunter et Petrus Dikson queruntur de

---

519 i.e. 'uncontrolled, unrestrained': *DML* records this usage only with reference
to pigs.
520 *Maii* should have been deleted.

Adomarum Daud[521] in placito transgressionis eo quod cepit duos lez plankes dictis de querentibus \precii – xx d./ et projecit eosdem in aqua, per quod dicti duo[522] lez plankes ablati sunt per cursum aque, ac eciam dicti querentes dicunt et queruntur de dicto Adomaro eo quod injuste et contra voluntatem dictorum querencium occupavit parcellam terre \parcellam ferme sue per spacium duorum terminorum/ unde deteriorati sunt et dampnum habent \ad/ – vj s. viij d. Et defendens attachiatus fuit per unum bovem precii – x s., plegius Ricardus Merley. Et defendens venit et [dicit quod non est culpabilis et super hoc ponit se] fatetur transgressionem quo ad lez plankes sed non ad valorem dictorum lez plankes. Et quo ad trangressionem parcelle terre predicte, dicit quod non est culpabilis et super hoc ponit se super inquisicionem et querens similiter.

fo. 16

(D317) ‖Placitum‖ Willelmus Eden queritur de Nicolao Fetherstanehalge in placito debiti – ij s. viij d. quos ei debet pro uno feltro[523] de eo empto, et ad dampnum suum xvj d. Et dictus defendens attachiatus fuit per unum equum (*Blank space of 1.5 cm.*) coloris precii – xvj s. Et plegius pro dicto querente Georgius Claxton. Et plegius pro dicto defendente Hugo Rowll. Et defendens non venit. Ideo in misericordia – [iij d.] {essoniatur}.

(D316) De Thoma Wilkynson quia non venit ad prosequendum placitum suum versus Edwardum Emerson in placito debiti, ideo (*Incomplete*).

(691) ‖Burgus de Crocegate‖ Curia tenta ibidem die Mercurii xxvj° die Junii anno Domini millesimo D^imo xxvij° (*26 June 1527*)
(T107) Placitum inter Thomam Hunter et Petrum Dikson querentes et Adomarum Daud defendentem continuatur usque proximam curiam sub spe concordie.

(D317) De Nicholao Fetherstanehalghe quia non venit ad respondendum Willelmo Eden in placito debiti, plegius Hugo Rowle – iiij d.

(692) ‖Burgus de Crocegate‖ Curia tenta ibidem die Mercurii tercio die Julii anno etc. supradicto (*3 July 1527*)
(D317) De Nicholao Fethirstonehalgh [quia non venit ad respondendum Willelmo Eden] \\pro licencia concordandi cum Willelmo Eden// in placito debiti, plegius Hugo Rowll – iiij d.

---

521 Or *Dand*.
522 MS *duos*.
523 *Feltrum*: an article made of felt. *DML*, under *filtrum, feltrum*, suggests a cover, cloak, horsecloth or hat.

(693) ‖Burgus de Crosegate‖ Curia tenta ibidem die Marcurii decimo die Julii anno supradicto (*10 July 1527*)

(DC78) ‖Placitum‖ Agnes Foster vidua de Walrage queritur de Willelmo Bentham in placito detencionis duarum ulnarum \et dimidiam/ panni lanii veridi coloris precii ij s. ij d. ob. quas habuit ad tinctandum, et ad dampna sua – xij d., plegius prosequendi Henricus Blunt. Et defendens venit et pos*itus* <est> super juramentum querentis se tercia manu.

(D318) ‖Placitum‖ Henricus Blunt queritur de Willelmo Eden in placito debiti – x d. quos ei debet pro opere suo manuali, videlicet pro asper-acione[524] de le colle pikkes per spacium dimidii quarterii anni, et ad dampnum suum – vj d., plegius pro defendente – plegius Thomas Robynson smith.[525] Et defendens attachiatus fuit per unam equam nigri coloris precii – v s.

fo. 16v

(D317) De Nicholao Fetherstanehalge quia non venit ad respondendum Willelmo Eden in placito debiti, plegius Hugo Rowle – [iiij d.] {quia in alia curia pet*ivit* pro licencia concordandi/.[526]

(DC78) [De Willelmo Bentham quia non venit ad respondendum Agneti Foster in placito detencionis – iij d.]

(694) ‖Burgus de Crocegate‖ Curia tenta ibidem die Marcurie xvij die Julii anno supradicto (*17 July 1527*)

(DC78) [Agnes Foster produxit]

(DC78) Willelmus Bentham fatetur detencionem duarum ulnarum panni lanii et dimidie pertinencium Agneti Foster precii – ij s. ij d. ob. Ideo injunctum est <ei> satisfacere querentem \\citra// proximam sub pena execucionis. Ideo in misericordia domini – iij d.

(D318) Willelmus Eden venit et dicit quod non debet \ad/ Henricum Blunt – x d. unde fiat inde jurata.

(695) Curia tenta ibidem die Mercurii xxiij° die Julii[527] anno etc. supra-dicto (*24 July 1527*)

(DC79) ‖Placitum‖ Elizabeth Gower administra*trix* bonorum que fuerunt Johannis Gower defuncti queritur de Willelmo Bentham in placito deten-

---

524 *Asperacio*: sharpening. Not recorded in *DML*.

525 The name of the pledge is squeezed in at the end of one line and the start of the next.

526 This licence is recorded in the preceding court of 3 July.

527 23 July 1527 was a Tuesday.

cionis – iij s. iiij d. sibi debitorum pro affraia facta tempore [Martin] dicti Johannis[528] ad dampnum suum – ij s., plegius prosecucionis Georgius (*Incomplete*). ‖Ponitur super inquisicionem‖

(D318, DC79) ‖Panellum inter Henricum Bloynt querentem et Willelmum Eden defendentem et <inter> Elizabeth Gower defendentem et Willelmum Bentham defendentem[529]‖ Robertus Laverok {A juratus •}, Georgius Howy {A juratus •}, Alexander Neile {A juratus}, Ricardus Bullok {A juratus •}, Edwardus Emereson {A juratus •}, Willelmus Dycheburn {A juratus}, Johannes Greveson {A juratus}, Thomas Smorthwate {A juratus}, Johannes Hall {A juratus}, Leonardus Atkynson {+}, Robertus Wryght {[+]}, et [Thomas Cawcy], Henricus Blunt {[+] A • juratus}.

(695a) ‖Burgus de Crocegate‖ Curia tenta ibidem die Mercurii ultimo die Julii anno supradicto (*31 July 1527*)
(*No recorded business*)

fo. 17
(696*) ‖Burgus de Crosgat‖ Curia capitalis tenta ibidem die Mercurii secundo die Octobris anno pontificatus[530] Domini [Thome cardinalis episcopi Dunelm' v^to] millesimo D^imo xxvij (*2 October 1527*)
De magistro hospitalis de Kepeyer, herede Johannis Hoton, [de herede Roberti Selby], herede Johannis Lighe, herede [Ricardi Baynbrig] \\Willelmo Essh//, herede Willelmi Eur militis, Roberto Hagthorpe, Roberto Smethirst,[531] herede Radulphi Melott, [Johanne Blunt, bowcher], [Hew] \\Hugo// Rowll.

‖Fidelitas‖ \\Cuthbertus// Selby filius [et heres] Roberti Selby nuper defuncti venit ad hanc curiam et fecit fidelitatem suam domino pro \\duobus// burgagiis \simul/ jacentibus in South'stret in Dunelm' ex parte orientali [eiusdem vici] inter burgagium Radulphi Melott ex parte australi et burgagium Roberti Lewyn ex parte boriali, quod quidem burgagium \\dictus Cuthbertus// habet \\jure// hereditario sibi et heredibus \et assignatis/ suis imperpetuum \ex dono et concessione per cartam suam cujus data est[532] xx die Januarii anno Domini M° D^imo xvij°/. Et fecit finem cum domino – vij d. et jurat.

---

528 This is perhaps garbled for *tempore termini Martini contra dictum Johannem*. The affray is not otherwise attested.

529 Responsibility for the plea between Elizabeth Gower and William Bentham was added as an afterthought; the words are squashed in the margin between this and the next court.

530 *Pontificatus* should have been deleted.

531 This name is underlined.

532 MS repeats *data est*.

‖Fidelitas‖ Thomas Blunt venit ad hanc curiam et fecit domino fidelitatem suam pro uno burgagio cum suis pertinenciis jacenti in Crocegate in Dunelm' inter burgagium pertinens monasterio de Alba land'
ex parte occidentali et burgagium pertinens Johanni Wodmous ex parte
orientali versus viam regiam ante ex parte australi et quemdam revulum
retro ex parte boriali vocatum Milnburn', quod quidem burgagium cum
suis pertinenciis dictus Thomas Blont habet de dono et concessione dicti
Johannis Wodmous, Johanne uxoris ejus, Katerine Clerke filie et heredis
dicti Johannis Wodmous, et Johanne relicte cujusdam Hugonis Clerk
nuper de Dunelm' predicta tanner, et Laurencii Clerk filii dicti Hugonis
et Katerine, habendum et tenendum prefato Thome heredibus et assignatis suis imperpetuum prout patet per cartam suam cujus data <est>
quartodecimo die Septembris anno Domini M° CCCCC^mo xxvij° et anno
regni regis Henrici octavi post conquestum Anglie decimonono.

‖Panellum pro domino‖ [Willelmus] Selby {juratus}, Johannes Priour
{juratus}, Johannes Wodmouse {juratus}, Willelmus Waynmane {juratus},
Thomas Trotter {juratus}, Hewgo Sparke {juratus}, Ricardus Blunt
{juratus}, Ricardus Johnson {juratus}, Thomas Blunt {juratus}, Thomas
Byrez {juratus}, Hewgo Thomson {juratus}, Georgius Fawell, Ricardus
Nicholson,[533] Johannes Trotter {juratus}.

(D319) ‖Placitum‖ Willelmus Henrison queritur versus Willelmum
Bentham in placito debiti – xij d. quos dictus defendens debet \dicto
querenti/ pro opere suo manuali, videlicet pro textura unius pecie panni
lanii albi, solvendorum eidem querenti si et quando requisitus sit etc. et
non dum etc. ad dampnum dicti querentis – iiij d., plegius prosecucionis
Georgius Fawell.

fo. 17v
‖†V†eredictum‖ Willelmus Selby et socii sui jurati pro domino presentant
super sacramentum suum[534] quod Thomas Cawcy [non remov] custo-
divit filiam suam contra penam de – vj s. viij d. | Item presentant quod
uxor Thome predicti objurgavit cum vicinis contra penam de iij s. iiij d.

[Burgus de Crocegate. Curia tenta ibidem die Mercurii ix° die Octobris
anno Domini millesimo CCCCC^mo xxvij^mo]

Item dicti jurati presentant quod Robertus Dyxsson fregit communem
faldam capiendo ij juvenculas et un' styrk ibidem imparcatos. Item

---

533 The names of George Fawell and Richard Nicholson are underlined.
534 MS repeats *presentant super sacramentum suum,* and within the repeat the
   word *super* is further repeated. The clerk deleted *presentant super* but not *super*
   sacramentum suum.

presentant quod \\Ricardus// Bullok tenet porcum vagantem et subver-
tantem terras et orta vicinorum suorum contra penam (*No sum entered*). |
Item dicti jurati presentant quod dictus Ricardus occidit carnes illiciter,
videlicet tuyppez extra tempus et <vendit> carnes contra penam de – iij
s. iiij d. Item dicti jurati presentant quod (*Blank space of 2 cm.*) Wilkynson
fecit affraiam super Henricum Bloynt. Item dicti jurati presentant quod
Hugo Spark emebat et[535] forstallabat pelles bovinas, vaccinas et taurinas
ac vitulinas in diebus mercati. | Item presentant Johannem Priour,
Ricardum Bloynt, Thomam Bernard, Ricardum Bradshawe et Georgium
Folbery pro empcione pellium ovinarum et agnellinarum. | Item dicti
jurati presentant quod Edmundus Merley {ij}, Willelmus Robynson {ij},
Johannes Dychand {iij}, Jacobus Cooke {ij}, Hugo Robynson {iiij}, Robertus
Dyxson [iij] {iiij}, Hugo Thomson {j}, Johannes Grevesson {ij}, Matheus
Henrysson {j}, Willelmus [Dychand] Dychburn {iiij}, Hugo Spark {j},
Ricardus Nicholsson {ij}, Robertus Robynsson {ij}, Thomas Robynson
{iiij}, Ricardus Robynson {iiij}, Thomas Bloynt {iiij}, Johannes Hervy {vj}
et Hugo Rowll {j} tenent porcos in vico et in aliis locis contra penam. |
‖Assisa servisie‖ Robertus Hervy {iiij d.}, Edmundus Merley {ij d.}, dame
Done {ij d.}, dame Trotter {ij d.}, Jacobus Cooke {iiij d.}, Hugo Spark
{iiij d.}, dayme Lytill {ij d.}, Thomas Bloynt {ij d.}, Johannes Hervy {ij
d.}, Hugo Rowll {ij d.}, Thomas Trotter {ij d.}, vendunt servisiam contra
assisam. Ideo in misericordia domini prout su<per ca>pud[536] inumer-
atur quorumlibet.

fo. 18[537]
Extracte facte sunt usque huc.

**(697) ‖Burgus de Crosegate‖ Curia tenta ibidem die Mercurii ix° die
Octobris anno Domini M^mo D^mo xxvij°** (*9 October 1527*)
(DC79) Elizabeth Gower venit ad hanc curiam et petit octo tales.

(D319) De Willelmo Henrison quia non prosecutus fuit placitum suum
versus Willelmum Bentham. Ideo in misericordia, plegius Georgius
Fawell.

(DC79) ‖Tales‖ Hugo Tomson {• juratus}, Robertus Robynson {• juratus},
Andreas Manerz {•}, Robertus Whyte {•}, Ricardus Mygeeley, Edwardus
Bradwode {•}, Willelmus Allerez {•}, [Johannes Hervy], \\Robertus//
Dawsson {•}.

---

535 MS repeats *et*.
536 MS *supud*.
537 The upper 15 cm. of this page are left blank.

(DC79) ‖Verdictum‖ Robertus Laverok et socii sui jurati inter Elizabeth Gower administratricem bonorum que fuerunt Johannis Gower querentem et Willelmum Bentham defendentem dicunt super <sacramentum> suum quod dictus Willelmus non injuste detinet neque debet dicte Elizabeth dictos iij s. iiij d. prout patet in placito nec ullum inde denarium. Ideo consideratum est per curiam quod dictus Willelmus eat inde quietus sine die et dicta Elizabeth in misericordia domini – xij d.

fo. 18v

(697a) ‖Burgus de Crocegate‖ Curia tenta ibidem d<i>e Mercurii xvj° die Octobris anno Domini millesimo Dxxvij° (*16 October 1527*)
(*No recorded business*)

(698*) ‖Burgus de Crocegate‖ Curia capitalis tenta ibidem die Mercurii xv° die [mensis] Januarii anno Domini millesimo CCCCC^{mo} xxvij^{mo} (*15 January 1528*)
De capellanis cantarie Sancte Katrine in ballio, magistro hospitalis de Kepyere. De here*de* Johannis Hoton, Willelmo Selby, Hugone Rowll {comparuit}, here*de* Willelmi Esche, here*de* Willelmi Eure militis, Johanne Rakett, here*de* Johannis Lighe, Thoma[538] Trotter, Roberto Hagthorp, Ricardo Blunt, Hugone[539] Sparke, Roberto Smetherst, here*de* Radulphi Millett, Johanne Blunt bowcher.

‖Fidelitas‖ Thomas Barnard \de Dunelm' glover/ venit ad hanc curiam <et> fecit fidelitatem domino pro uno burgagio jacenti ad finem veteris pontis de Dunelm' ex parte boriali ejusdem pontis super angulare<m>[540] ibidem inter duo burgagia domini prioris Dunelm', sacriste et conventus, quod quidem burgagium dictus Thomas habet ex dono et concessione predic*torum* prioris et conventus pro termino vite sue prout <patet> per cartam suam cujus data est primo die Januarii anno regni regis Henrici octavi decimonono.

Johannes Prior {juratus}, Johannes Maire {juratus}, Hugo Rowle {juratus}, Ricardus Johnson {juratus}, Willelmus Waynmane {juratus}, Thomas Barnard {juratus}, Johannes Wodmos {juratus}, Thomas Birez {juratus}, Thomas Blunt {juratus}, Ricardus Nicholson {juratus}, Georgius Blith {juratus}, Johannes Trotter, Oliverus Thorneburghe {juratus}.

fo 19
(*Blank*)

---

538 MS *Thomas*.
539 MS *Hugo*.
540 *DML* has *angularis* as a noun only in the sense of corner-stone or (more doubtfully) corner-plate.

fo. 19v

(699*) ‖Burgus de Crossegate‖ Curia capitalis tenta ibidem \die Mercurii/ penultimo⁵⁴¹ die mensis Aprilis anno Domini M^l D xxviij^{vo} coram domino Roberto Herington sacrista ecclesie cathedralis Dunelm' et magistro Johanne Clerke senescallo hujus curie hic intranti (*29 April 1528*)

‖Liberi tenentes‖ De magistro hospitalis de Kepier quia non venit ad faciendam sectam curie, ideo ipse in misericordia domini. De cantarista cantarie beate Katherine in ballio boriali Dunelm' pro consimili. De herede Johannis Huton pro consimili. De Willelmo Selby pro consimili. De Hugone Rowle pro consimili. De Johanne Raket pro consimili. De herede Radulphi Mollet pro consimili. De Johanne Mayre pro consimili. De herede Willelmi Eshe. De herede Willelmi Eure militis. De Johanne Raket. De herede Johannis Ligh. De Thoma Trotter. De Roberto Hagthorp. De Ricardo Blunt pro consimili. De Hugone Sparke. De Roberto Smythirst. De Johanne Blunt. De herede Willelmi Morton. De Johanne Woodmous. De procuratoribus gilde Sancti Cuthberti. De Rogero Richardson pro consimili. De ico<no>mis capelle Sancte \\Margarete//. De capellano gilde Sancti Cuthberti. De Willelmo Wayneman.

(D320) Hugo Sparke in propria persona sua petit versus Matheum Sparke vij s. vj d. quos ei debet etc. eo quod in festo Sancti Martini in yeme anno Domini M^l Dxxvj^{to} hic infra jurisdiccionem hujus curie dictus defendens mutuatus fuit de predicto querente per manus Johanne uxoris sue unam peciam auri vocati Anglice a noble ad valenciam vij s. vj d. solvendam dicto querenti aut Johanne uxori sue quo et quando etc., quos dictus defendens predicto querenti nec ejus uxori ad huc non solvit licet sepius etc., ad dampnum dicti querentis xij d. | Ad quam quidem diem dictus defendens in propria persona sua venit et in plena curia fatetur debitum predictum. Ideo consideratum est per curiam quod dictus querens recuperet versus eundem defendentem dictos vij s. vj d. una cum j d. pro dampnis et j d. pro missionibus et custagiis suis in hac parte expositis, et defendens in misericordia. Respectuatus tamen execucio ex communi assensu parcium usque festum Sancti Cuthberti in autumpno proxime sequens. Devenit que debitor tunc et ibidem Thomas Blunt pro eodem defendente pro debito predicto casu quo idem defendens dictam summam ad festum predictum non solverit.

‖Pannellum pro domino‖ Robertus Smythirst {juratus}, Johannes Priour {juratus}, Willelmus Wayneman {juratus}, Hugo Rowle {juratus}, Johannes Woodmous {juratus}, Thomas Blunt {juratus}, Ricardus Blunt {juratus}, Hugo Sparke {juratus}, Ricardus Johnson {juratus}, Thomas Barnard

---

541 Although *penultimo* is correctly abbreviated the clerk has unnecessarily interlined the final *mo* above its last syllable.

{juratus}, Thomas Byres {juratus}, Ricardus Nicholson {juratus}, et Georgius Fawell {juratus}. | Juratores predicti jurati super sacramentum suum presentant quod Thomas Reyde fregit communem faldam domini. Ideo in misericordia domini (*No sum entered*). (*fo. 20*) Item presentant quod Ricardus Snowden fregit communem faldam domini. Ideo ipse in misericordia (*No sum entered*). | De Georgio Howe pro consimili etc. (*No sum entered*). | Item presentant quod Hugo Sparke custodit in domo sua quandam mulierem nomine Elizabeth Swynnowe impregnatam. Et injunctum est eidem Hugoni quod amoveat eandem mulierem infra septimanam proxime post purificacionem ejusdem sub pena – iij s. iiij d. et quod deinceps non receptet tales mulieres suspecte gubernacionis sub pena – vj s. viij d. | Pena ponitur Simoni Mathewson quod non custodiat aliquas mulieres infra interiorem partem tenure sue sub pena – iij s. iiij d. | Item pena ponitur tenentibus ex parte occidentali in le South Strete commorantibus quod non jactent cineres nec aliqua fetida trans viam super ripam versus aquam de Were sub pena forisfaciendi tociens quociens – vj d. | Item pena imponitur quod nullus tenencium jactet aliquas cineres trans pontem in aquam de Were citra crucem ab antiquo limitatam sub pena – iiij d. | Item presentant quod dominus Willelmus Marshall capellanus custodit quandam mulierem vocatam Margeriam Heppell contra penam de – xx s. inde positam in contemptu curie. Ideo ipse in misericordia domini (*No sum entered*). | Item pena ponitur cuidam Ricardo Bullok carnifici quod non vendat aliquas carnes corruptas, insalubres aut inabiles humano victui sub pena tociens quociens – iij s. iij d. | Item pena ponitur Johanni Donken tinctori quod amoveat liciscam molosam[542] sinautem custodiat eam per diem mosolatam sub pena – xij d. | Item pena ponitur quod quilibet tenens mundari faciat placeam coram hospicio suo citra festum Sancti Johannis Baptiste proximum sub pena cujuslibet deficientis – xij d. | Item pena ponitur quod quilibet tenens sufficienter reparari faciat frontes suas ante et retro ac inter proximum et proximum infra x^{cem} dies et sic eas custodiat reparatas sub pena cujuslibet – vj d. | Item pena imponitur domino Willelmo Marshall capellano quod amoveat quandam Elizabeth Scot citra festum Pentecostes proximum sub pena – iij s. iiij d. | Item pena imponitur uxori Johannis Bullok quod deinceps non sit communis objurgatrix cum vicinis sub pena – iij s. iiij d. | Item pena imponitur quod nullus habeat porcos vagantes in placea nisi tempore mundacionis domus porcine sub pena tociens quociens pro quolibet porco – vj d. | Item pena imponitur Lionello Siggeswike quod amoveat vagabundos habitantes in domo sua citra festum Pentecostes proximum et quod deinceps tales non receptet sub pena – iij s. iiij d. | Item pena imponitur tenentibus manentibus inter domum Willelmi

---

542 *licisca*, bitch of a hound or greyhound (*DML*, under *lycisca*); *molosus*, large (*DML*, under *molosus*), but here and elsewhere implying that the dog was also dangerous.

Huchenson latami et finem ville quod mundent latrinam pone domum
Hugonis Sparke citra festum Pentecostes proximum sub pena cujuslibet
– vj d.

fo. 20v

(700) ‖Burgus de Crosse gate‖ Curia tenta ibidem[543] **vj**^**to** **die mensis
Maii anno Domini millesimo quingentesimo xxviij**^**uo** (*6 May 1528*)
(D321) Thomas Layfeld et Radulphus Bell gardiani sive custodes artis et
occupacionis de slater infra civitatem Dunelm' petunt versus Thomam
Thomson [xiij d.] \\vij s. vij d.// quos eis debet etc. eo quod secundum
ordinacionem et constituciones dicte artis constitutum et ordinatum fuit
quod nullus ejusdem artis de slater existens forinsecus non occupet nec
utatur occupacionem \de slater/ infra Dunelm' absque agreamento
cum gardianis ejusdem artis sub pena forisfaciendi arti predicte xiij d.
\[quolibet anno]/. Et dicunt iidem querentes \quod/ dictus defendens
occupavit artificium supradictum absque agreamento \predicto/ per
spacium vij annorum per quod accio accrevit \predictis querentibus/
ad petendum versus dictum defendentem dictos vij s. vij d.[544] \quos
etc. ad dampnum etc./. Defendens attachiatus est per unum le scry et j
shovell [et j riddel] et j le skeyle et ij trowelles, plegius \pro defen*sione*/
Thomas Blunt, plegius de prosecucione Ricardus Robinson. Defendens
venit et dicit quod non \occupacionem predictam/ occupavit preter
quam per spacium quarterii unius \anni/. Et hoc petit quod inquiratur
per patriam, et querens similiter.

‖Fidelitas‖ Ad hanc curiam venit Ricardus Robinson de Dunelm' tanner
et fecit domino fidelitatem pro j burgagio jacenti in vico australi vocato
le South Strete inter burgagium domini prioris Dunelm' et conventus
ex parte australi et burgagium hered*is* Radulphi Mylot ex parte boriali,
habendo sibi pro termino vite sue prout per cartam suam cujus data est
Dunelm' quinto die Maii anno Domini M^l v^c xxviij^vo plenius liquet[545] et
apparet.

(701) ‖Burgus de Crosgate‖ Curia tenta ibidem (*Blank space of 1.5 cm.*)
die Maii anno Domini millesimo quingentesimo xxviij^**vo** (*13, 20 or 27
May 1528*)
(D321) ‖Pannellum inter Thomam Leyfeld et Radulphum Bell querentes
et Thomam Thompson defendentem‖ Edmundus Merley, Henricus
Blunt, Georgius Blythe, Georgius Howe, Robertus Mayre, Willelmus
Wilkinson, Robertus Laveroke, \\Thomas// Robinson, Georgius Fawell,

---

543 MS has a redundant *tenta* following *ibidem*.
544 MS *vij s. iiij d.*
545 *Liquere*: to be clear, apparent, evident (*DML*, under *liquere*, 5).

Robertus Robinson tailour, Thomas Byres, Leonardus Atkinson.[546] (*fo. 21*) Qui quidem \exact'/ jurati \et/ triat' super sacramentum suum dicunt quod dictus defendens non debet predictis querentibus dictos vij s. vij d. nec aliquam inde parcellam modo et forma prout querentes allegaverunt. Ideo consideratum est per curiam quod dicti querentes nihil recuperent per querelam suam sed eat defendens inde quietus et querentes in misericordia (*No sum entered*).

(702) ‖Burgus de Crossegate‖ Curia tenta ibidem xj die mensis [Maii] Junii[547] anno Domini millesimo quingentesimo xxviij^{vo} (*11 June 1528, perhaps in error for 10 June*)
(D322) Johannes Kitchyn in propria persona petit versus Thomam Donken [vj s.] v s. viij d. quos ei debet et injuste detinet etc. eo quod j^{mo} die Novembris anno regni regis Henrici viij^i xix^{no} hic infra jurisdiccionem hujus curie pro esculentis et poculentis per dictum defendentem infra domum mansionis dicti querentis prius habitis et expenditis dictus defendens concessit solvere [predicto querenti] \\Alicie Kitchyn uxori dicti querentis nomine ejusdem querentis// tantam pecunie summam quantam eadem Alicia ex sua consciencia racionabiliter peteret et demandaret. Et dicit idem querens quod predicta Alicia secundum suam conscienciam petiit \et iam petit pro/ qualibet septimana pro esculentis et poculentis predictis xvj d. et ulterius quod idem defendens stetit ad mensam infra domum ejusdem querentis per v septimanas unde summa totalis se extendit ad vj s. viij d., unde idem defendens satisfecit predic*to* queren*ti* usque dictos v s. viiij d. iam petitos, quos etc., licet sepius requisitus etc., ad dampnum dicti querentis ij d., plegius de prosequendo Robertus Laveroke.| Et predictus defendens in propria persona sua venit et defendit vim et injuriam quo et quando etc., et dicit quod predictus querens accionem suam predictam inde versus eum habere non debet quia dicit quod ipse idem defendens non debet predicto querenti dictos v s. viij d. nec aliquam inde parcellam modo et forma prout querens etc. et de hoc petit quod inquiratur per patriam, et querens similiter. Ideo jura*ta*.

(703) Curia ibidem tenta die Mercurii die (*Blank space of 2 cm.*) Julii anno Domini supradicto (*1 or 8 July 1528*)
(D322) ‖Pannellum inter Johannem Kitchin querentem et Thomam Donken defendentem‖ Willelmus Robinson, Georgius Blithe, Willelmus Fayreles, Robertus Mayre, Johannes Wryter, Ricardus Robinson, Thomas

---

546 These names are disposed in three columns of four names each, headed respectively by Edmund Merley, Robert Mayre and George Fawell.
547 11 June 1528 was a Thursday.

Smyrthwhait, Johannes Trotter,[548] Matheus Spark, Thomas Byres, Robertus White, Robertus Dawson, Christoferus Heppe†l†.[549]

fo. 21v

(704) ‖Burgus de Crossegate‖ Curia ibidem tenta xv^{mo} die mensis Julii anno Domini supradicto (*15 July 1528*)

(D323) Willelmus Lownsdale in propria persona sua petit versus Thomam Smyrthwhaite xx d. quos ei debet etc. eo quod ubi quidam Thomas Smyrthwhaite de Woolsingham indebitatus fuit predicto querenti in dictis xx d., ibi postea videlicet j^{mo} die Aprilis anno Domini M^l v^c xxviij dictus defendens ad instanciam ejusdem Thome Smyrthwaite de Wolsingham et pro eodem devenit debitor et concessit solvere predicto querenti dictos xx d. ad festum Invencionis Sancte Crucis ultime elapsum, quos dictus defendens predicto querenti nondum solvit licet sepius etc., ad dampnum dicti querentis x d., plegius de prosequendo Johannes Harvye. Defendens venit et dicit quod non devenit debitor nec concessit solvere predicto querenti dictos xx d. modo et forma prout querens etc., et hoc petit quod inquiratur per patriam, et querens similiter.

(T108, F3) Margeria Heppell in propria persona sua queritur versus (*Incomplete*). ‖+‖

(705) ‖Crossegate‖ Curia ibidem tenta xij^{mo} die Augusti anno Domini suradicto (*12 August 1528*)

(D323) ‖Pannellum inter W. Lounsdale querentem et Thomam Smyrthwhait‖ Henricus Blunt {+}, Georgius Blyth {+}, Willelmus Fayreles {+}, Georgius Howe {+}, Robertus Lauerock {+}, Robertus Mayre {+}, Johannes Wryter {+}, Willelmus Wilkinson {+}, Ricardus Robinson {+}, W. Robinson, Thomas Robinson, Robertus Robinson {+}, Willelmus Partriche {+}.

(T108, F3) Margeria Heppell queritur versus Georgium Bawdkyn in placito transgressionis et decepcionis eo quod \ubi/ j° die Marcii anno Domini M^l v^c xxvj^{mo} \hic infra jurisdiccionem hujus curie/ dictus querens emit de eodem defendente j dimidiam libram seminis ceparum pro xiiij d. ei per dictam querentem[550] prius solutis, ibi postea, videlicet dicto die anno et loco, dictus defendens promisit predicto querenti quod dictum semen esset bonum et mercandizabile, et dicit dicta querens quod dictum semen non erat bonum et mercandizabile nec aliquid profic*ui* inde eidem querenti devenit, et sic eadem querens[551] dicit quod dictus

---

548 John Trotter's name is underlined.
549 Margin cropped.
550 MS *per dict' def'*.
551 MS *eadem def'*.

defendens eandem querentem falso et fraudulenter eam decepit, unde eadem querens dicit quod deteriorata est et dampnum habet ad valenciam xx d. Et predictus defendens licet solempniter exactus non venit sed [defaultam fecit. Ideo ipse in misericordia domini] \\per uxorem suam essoniatus est//. ‖Essoniatur‖

(D323) Ad hanc curiam venit predictus Thomas Smyrthwhait in propia persona sua[552] et fatetur accionem predictam Willelmi Lownsdale. Ideo consideratum est per curiam quod dictus querens recuperet versus eundem defendentem dictos xx d. pro debito et ij d. pro custagiis et expensis. Et defendens in misericordia domini (*No sum entered*).

fo. 22

(706*) ‖Burgus de Crossegate‖ Curia capitalis tenta ibidem die Mercurii xxix die mensis Septembris[553] anno regni regis Henrici viij[i] xx[mo] coram sacrista et senescallo antedictis (*? 30 September 1528*)

‖Libere tenentes‖ De magistro hospitalis de Kepier quia non venit ad faciendam sectam curie, ideo ipse in misericordia domini. De cantharista cantarie Sancte Katherine in ballio boriali Dunelm' pro consimili. De herede Johannis Huton pro consimili. De Willelmo Selby pro consimili. De Hugone Rowle pro consimili {comparuit}. De Johanne Raket pro consimili. De herede Radulphi Melot pro consimili. De Johanne Mayre pro consimili. De herede Willelmi Eshe. De herede Willelmi Eure militis. De herede Johannis Ligh pro consimili. De Thoma Trotter pro consimili. De Roberto Hagthorp. De Ricardo Blunt pro consimili. De Hugone Sparke. De Roberto Smythirst pro consimili. De Johanne Blunt pro consimili. De herede Willelmi Morton pro consimili. De Johanne Woodmous pro consimili {comparuit}. De procuratoribus gilde Sancti Cuthberti. De Rogero Richardson pro consimili. De ico<no>mis capelle Sancte Margarete pro consimili {comparuerunt}. De capellano gilde Sancti Cuthberti pro consimili. De Thoma Blunt pro consimili {comparuit}. De Willelmo Wayneman {comparuit}. De Thoma Barnard {comparuit}. De Johanne Pryour pro consimili {comparuit}. De herede Roberti Lewyn pro consimili.

‖Pannellum pro domino‖ Johannes Pryour, [Thomas Blunt], Willelmus Wayneman, Hugo Rowle, Ricardus Johnson, Ricardus Blunt, Thomas Blunt, Thomas Trotter, Hugo Sparke, Johannes Woodmous, Thomas Barnard, Ricardus Robynson, Ricardus Nicholson, Georgius Fawell, [Georgius Blythe]. | Juratores super sacramentum suum presentant quod Johannes Greveson jactavit cineres trans [pontem] \\viam super ripam// in aqua de Were contra penam de iiij d. | Item presentant quod

552 MS has a redundant *venit* following *persona sua*.
553 29 September 1528 was a Tuesday.

Ricardus Bullok vendidit carnes corruptas et insalubres humano victui contra penam de iij s. iiij d. | Item presentant quod dominus Willelmus Marshall non amovit quandam Elizabeth Scot citra festum Pentecostes ultime preteritum juxta penam de – iij s. iiij d. | Item presentant quod Ricardus Bullok custodivit duos porcos vagantes in placea contra penam de vj d. pro quolibet porco. | De Thoma Robinson pro consimili {pro j}. De Ricardo Robinson pro consimili {pro j}. De Hugone Sparke pro ij porcis. De Johanne Harvye pro consimili pro duobus. De Johanne Wryter pro j. De Roberto Dixson pro consimili pro ij. De Hugone Robinson pro consimili pro ij. | Item presentant quod dominus Willelmus Marshall custodit quandam mulierem nomine Mergeria Heppell contra penam de xx s. inde positam in contemptu curie. Et injunctum est eidem domino Willelmo quod amoveat eandem citra festum Sancti Martini proximum sub pena – xl s. | Item presentant quod quidam Willelmus (*Blank space of 1.5 cm.*) famulus Georgii Howe fecit affraiam in Johannem Stevinson infra jurisdiccionem hujus curie. (*fo. 22v*) †Item† presentant quod Lionellus Swaynston fregit communem faldam domini †infrin†gendo portam et extra capiendo unam vaccam in eadem ins*tauratam*. | Injunctum est cuidam Edmundo Turpyn quod non abscindat les whynnes super communem moram crescentes sub pena – vj s. viiij d. | Pena eadem imponitur omnibus tenentibus infra hoc dominium quod non abscindant hujusmodi les whynnes deinceps. | Injunctum est tenentibus infra jurisdiccionem hujus curie quod sufficienter reparari faciant frontes suas ante et retro et inter proximum et proximum citra festum Omnium Sanctorum proximum sub pena – vj d. | ‖Assisa servisie‖ De Thoma Trotter {ij d.}. De Roberto Harveye {iiij d.}. De Isabella Dunne {ij d.}. De uxore Willelmi Partrig {ij d.}. De Isabella Greneswerd {ij d.}. De vidua Bowman {ij d.}. De Jacobo Cooke {iiij d.}. De Hugone Sparke {iiij d.}. De uxore Johannis Atkinson {ij d.}. De Thoma Blunt {ij d.}. De uxore Johannis Harvy {ij d.}. De Hugone Rowle {ij d.}. | Item juratores presentant quod Johannes Pryour forstall*abat* mercatum emendo pelles ovinas. De Hugone Sparke pro consimili emendo pelles vaccinas et bovinas. De Ricardo Blunt emendo pelles ovinas. | Injunctum est cuidam Jacobo Cooke quod custodiat canem molosam per diem musulatum et per noctem infra domum suam. Et eadem pena imponitur cuilibet tenenti quod custod*iant* canes molosos si quos habeant per diem mosulatos et per noctem infra domos[554] suas sub pena delinquentis – iij s. iiij d. | Juratores presentant quod Willelmus Selby qui infra hoc burgum tenuit duo burgagia jacencia in Southstrete diem clausit extremum et quod obiit seisitus in dominico suo ut de feodo de burgagiis predictis et quod Robertus Selby est filius ejus et heres propinquior et infra etatem xxj annorum, videlicet etatis xix, et quod predictus Willelmus tenuit predicta burgagia per fidelitatem et sectam curie ad curiam burgi de Crossegate.

554 MS *domus*.

Defendens venit in propia persona sua et dicit quod non debet dicto querenti dictos x s. nec ullum inde denarium et de hoc petit vadiare legem et concessum est ei lex erga proximam curiam se quinto manu, plegius de prosequendo Rolandus Day.[555]

fo. 23[556]

(707) ‖Burgus de Crossegate‖ Curia ibidem tenta die Mercurii (*Blank space of 1 cm.*) **die mensis Novembris anno Domini millesimo v^c xxvii-ij^{uo}** (*4, 11, 18 or 25 November 1528*)

(D324) Robertus White in propria persona sua petit versus Willelmum Wilkinson et Juliana uxorem ejus [ij s.] vij d. quos ei debent et injuste detinent etc. eo quod primo die mense Januarii anno Domini millesimo quingentesimo xxvij^{mo} hic infra jurisdiccionem hujus curie pro diversis laboribus ad instanciam dicte Juliane et pro eadem Juliana dum ipsa sola fuit in arte et occupacione de wever crafte prius factis dicta Juliana dum ipsa sola fuit concessit solvere predicto querenti dictos ij s. vij d. quo et quando etc. Quos dicta Juliana dum ipsa sola fuit predicto querenti non solvit licet sepius etc. Et postea dicta Juliana ibidem cepit in virum dictum Willelmum Wilkinson per quod accio accrevit predicto querenti ad simul petenda versus dictos defendentes dictos ij s. vij d. quos dicti defendentes predicto querenti nondum solverunt licet sepius etc., ad dampnum dicti querentis [xij d.] \\ij d.//, plegii *de* prosecucione Johannes Crosse et Willelmus Gate. | Et predicti defendentes in propria persona sua venerunt etc. et dicunt quod concessio predicta facta fuit pro v d. tantum et non pro predicts ij s. vij d. modo et forma prout quer*itur*, quos quidem v d. proferunt hic in curia parat*i* eidem querenti ad solvendum, et quoad residuum dicunt quod non debent et hoc ponunt super sacramentum ipsius querentis. Et prestitit tunc et ibidem sacramentum suum. Ideo consideratum est per curiam quod dictus querens[557] recuperet versus eosdem defendentes dictos vij d. et ij d. pro missionibis et custagiis et defendens in misericordia domini.

(708) ‖Burgus de Crossegate‖ Curia ibidem tenta die Mercurii iij^{io}[558] die mensis Marcii anno Domini M^l v^c xxviij^{vo} (*3 March 1529*)

(D325) Ricardus Robinson in propria persona sua petit versus Katherinam Clerke vidu†am† v. s. iiij d. quos etc. eo quod \ubi/ dictus querens et defendens de et super diversis contraversii†s† inter eosdem defendentem et querentem pendentibus submiserunt se arbitrio, ordi-

---

555 It is not clear what this relates to; it may be a pen trial or doodle.
556 The right-hand edge of this page is closely cropped, and a few lines lack a few letters.
557 MS *def'*.
558 MS *iij^{vo}*.

nacione et judic†io† quorumdem Christoferi Skeyne et Hugonis Rowle
ex parte dicti defendentis electorum et Roberti Blunt et Johannis Mayer
ex parte dicti querentis electorum arbitratorum, qui quidem arbitratores
arbitra<ve>runt quod dictus defendens solveret eidem querenti x s.
solvendos eidem querenti quo et quando etc. unde eadem defendens
[solvit] satisfecit predicto querenti \usque/ predictos v s. iiij d. quos
etc. ad dampnum dicti querentis iiij †d.†. | Et predictus defendens venit
et dicit quod non debet predicto querenti dictos v s. iiij d., nec aliquam
inde parcellam et de hoc (*Incomplete*). Plegii de prosecucione Johannes
Framwell, Robertus Gate. ‖Continuatur usque proximam curiam in statu
quo est‖

(D326) Et predictus Thomas Holme querens in accione debiti versus
Cuthbertum Selbye ven†it et† dicit quod placitum predicti Cuthberti
minus sufficiens est in lege quia dicit quod talis consuetudo de tempore
cujus contraria memoria hominis non existit, habebatur et usitata est,
quod accio (*Incomplete*).

fo. 23v[559]
(DC80) ‖**Baronia de Elvet**‖ Cuthbertus Conyers per Brianum Atkinson
attornatum suum petit versus Willelmum Eyre ij modios frumenti ad
valenciam ij s. viij d. quod ei debet etc. eo quod hic infra jurisdiccionem
hujus curie dictus defendens concessit deliberare dict*os* ij modios citra
festum Sancti Petri quod dicitur Advincula tunc proxime sequens, quod
dictus defendens predicto querenti nondum deliberavit licet sepius etc.,
ad dampnum dicti querentis vj d., plegi*i* de prosecucione Johannes But
†de† Tirby Et predictus defendens dicit quod †conc†essio predicta facta
fuit pro vj pekkis tantum et non pro dictis ij modiis et quoad residuum
dicit quod non detinet modo et forma †etc.†

(DC81) Brianus Atkinson in propria persona petit versus Thomam
Browne ij quarteria ordei ad valenciam xvj s. viij d. et iiij quarteria aven*e*
ad valenciam xij s. que ei injuste detinet [eo quod dictus] solvenda et
deliberanda quo et quando etc. que etc. | Et defendens venit et fatetur
detencionem predictam et consideratum est per curiam quod dictus
querens[560] recuperet versus etc.

(D327) Matheus Sparke petit versus Thomam Browne vij s. vj d. videlicet
vj s. vij d. inde pro †*****†gh' et xij d. inde pro potu per dictum defendentem de predicto querenti habitis et receptis. Dictus defendens concessit

---

559 This page is written upside-down. It relates to the priory's borough of Elvet,
   and is the only case of business from that court having been entered into the
   Crossgate courtbook.
560 MS *def'*.

solvere predicto querenti dictos vij s. v d. quos etc., ad dampnum dicti querentis xij d. †Defendens† fatetur ij s. et quoad residuum petit quod inquiratur per patriam et querens similiter.

(C11) Matheus Sparke queritur versus Thomam Browne eo quod hic infra jurisdiccionem hujus curie dictus defendens habuit ex deliberacione dictis querentis xij thrayve et j le stowke ordei ad valenciam vj s. viij d. ad salvo et secure ad usum dicti querentis custodiend' et gubernan†d' et dicto† querenti reliberando quo et quando etc., que idem defendens predicto querenti nondum reliberavit licet sepius etc. sed postea dictus defendens dict' xij thrayve et j stoke ordei tam mal†e†, negligenter et aprovide tunc et ibidem custodivit et gubernavit sic quod ob defectu bone custodie et gubernacionis dicti defendentis dict' xij thrayve et j le stowke ordei per sues et alias bestias ibidem consumpt' et devast' devenerunt unde idem querens deterioratus est et dampnum habet ad valenciam x s., plegius de prosecucione Johannes Scurtfeld. Et predictus defendens venit et dicit quod non assumpsit modo et forma etc. Ideo inquiratur per patriam et querens similiter.

(D328) Willelmus Lambe petit versus Anthonium Patenson xviij d. quos ei debet etc. pro firm†a† unius cotagii per dictum [defendentem de predicto querenti] defendentem prius dimissum. Dictus defendens concessit solvere predicto querenti dictos xviij d. quo et quando etc., et predictus defendens dicit quod non debet etc.

(C12) Johannes Scurtfeld queritur versus W. Eyre eo quod ubi idem querens ad specialem instanciam et rogacionem dicti defendentis pro eodem defendente devenit debitor pro eodem defendente cuidam (*Blank space of 2.5 cm.*) Lynley, videlicet in j quarterio ordei et xj s. viij d., ibi postea dictus defendens super se assumpsit ad disonerandum dictum querentem de et pro dict*is* etc. Defendens fatetur. ‖Li*ber* loco‖

19. Crossgate Court Book I, fos 202–5 (14 April – 24 October 1529)

fo. 202

(709*) ‖Burgus de Crossegate‖ Curia capitallis tenta ibidem die Martis xiiij^mo die Aprilis anno Domini millesimo v^c xxix^mo[561] (*14 April 1529*) ‖Panellum pro domino‖ Johannes Priour, \Robertus Smythirst/, Willelmus Wayneman, Hugo Rowle, Hugo Sparke, Ricardus Johnson,

---

561 The words *Burgus de Cro'* are also written vertically in the top right-hand margin of this page. The first 8 cm. under the heading of this court are blank.

Ricardus Blunt, Johannes Woodmous, Thomas Barnard, Ricardus Robinson, Cuthbertus Silby, Ricardus Dodden, Ricardus Nicholson.

(DC82) Hugo Sparke, Johannes Writer, Thomas Holme et Willelmus Robinson procuratores gilde Sancte Margarete petunt versus Willelmum Huchetson viij s. quos eis debet et injuste detinet etc. pro occupacione unius domus ipsorum querentium per dictum defendentem prius tente et occupate. Dictus defendens concessit solvere predictis querentibus dictos viij s. quos etc., ad dampnum dictorum querentium iiij d., plegius de prosecucione Johannes Crosse \Ricardus Gate/.[562] Defendens attachiatus est per unam equam coloris bay precii x s., unde plegius Jacobus Cooke.

(D329) Thomas Robinson petit versus Robertum Smythirst vij d. quos ei debet etc. pro diverso labore per dictum querentem ad instanciam dicti defendentis et pro eodem defendente in arte fabri ferrarii prius facto. Dictus defendens concessit solvere predicto querenti dictos vij d. quo et quando etc., quos dictus defendens predicto defendenti nondum solvit licet sepius etc., ad dampnum dicti querentis ij d. | Defendens venit et dicit quod declaracio dicti querentis \et materia ejusdem/ est minus vera et hoc ponit super sacramentum ipsius querentis. Et statim juravit dictus querens dictam summam deberi quos quidem vij d. defendens solvit in plena curia et ij d. pro missionibus et custagiis et defendens in misericordia domini,

fo. 202v
[Pena] Juratores presentant quod Radulphus Turpyn abscidit les whynnes super communem moram crescentes contra penam de – vj s. viij d. | De Radulpho Bowman pro consimili (*No sum entered*). | Item presentant quod Jacobus Coke non custodit canem suam molosam per diem contra penam de – iij s. iiij d. | De Ricardo Bullok pro consimili | Juratores presentant quod Johannes Ric<h>ardson affraiam fecit in Ricardum Blunt et Johannem Donken infra jurisdiccionem hujus curie. Ideo ipse in misericordia domini. ‖Plegius pro Johanne Richardson Willelmus Robinson‖ | Presentant quod Christoferus Skoyne occupat ij burgagia infra hoc dominium et non fecit finem nec facit sectam curie et servicium inde debitum. Ideo ipse in misericordia. | Presentant quod ipse idem Christoferus non reparari fecit sepes dictorum ij burgagiorum contra penam de – vj d. | De magistro communiario abbathie Dunelm' pro consimili quia non reparari fecit sepes †inter†[563] tenementa sua et

---

562 Richard Gate's name is interlined below John Crosse and above James Cooke, but had it been meant to go with the latter there would have been no need to interline it.

563 The last fraction of this line and the next is lost in the binding.

Johannem Priour. | Presentant quod Ricardus Bullok custodit \unam/
suem in platea vagantem contra †penam.† | De Hugone Robinson pro
consimili pro una. | De Roberto Dixson pro consimili pro iij^{bus}. | Item
presentant quod Robertus Merley fecit affraiam in David (*Incomplete*).
| Item presentant quod magister communiarius non fecit unum palum
inter Hugonem Rowle et Georgium Howe contra penam de – xij d. |
Pena ponitur quod quilibet tenens habens vaccam eam ponat coram le
hirde et solvat iij d. pro le hirde hyre a festo Sancti Cuthberti in xl^a usque
festum Sancti Cuthberti in [yeme] \\autumpno// sub pena delinquentis
– vj d. | Pena ponitur tenentibus infra jurisdiccionem hujus curie quod
conducant inter se unum communem pastorem pro animalibus suis
super communem pasturam hujus dominii custodiendis citra festum
Invencionis Sancte Crucis proximum sub pena – x s.

fo. 203

(710) ‖Burgus de Crossegate‖ Curia ibidem tenta xx^{mo} die Aprilis[564]
anno Domini M^lv^cxxix (*? 20 April 1529*)

(*DC83*) Robertus Smythirst queritur versus Thomam Robinson \et Elizabeth uxorem ejus/ eo quod dicta Elizabeth dum ipsa sola fuit habuit
ex deliberacione dicti querentis (*Blank space of 1.5 cm.*) pale bourdes ad
valenciam xx d. ad salvo et secus ad usum dicti querentis custodiend*um*
et gubernand*um* et dicto querenti reliberand*um*, quo et quando etc., quos
q†uidem† les pale bordes dicta Elizabeth dum ipsa sola fuit predicto
querenti nondum relib*eravit* licet sepius etc., et postea dicta Elizabeth
cepit in virum dictum iam defendentem per quod accio etc., quas etc., ad
dampnum etc., dicti querentis ij s. | Defendens venit etc. et dicit <quod>
predicta[565] Elizabeth non habuit ex deliberacione dicti querentis dict' les
pale bordes nec aliquam inde parcellam modo et forma etc. et de hoc
ponit se super patriam et querens similiter.

(*DC82*) De Willelmo Huchetson quia non venit ad respondendum
Hugoni Sparke et sociis suis procuratoribus gilde Sancte Margarete
Dunelm' unde plegius Jacobus Cooke. Ideo ipse in misericordia domini
– (*No sum entered*).

(*D330, D331*) Jacobus Cooke, Hugo Sparke et Johannes Woodmous et
Ricardus Nicholson constituti ex assensu et consensu vicinorum infra
jurisdiccionem hujus curie ad solvendum communi pastori salarium
†su†um pro custodia animalium super communem pasturam[566] petunt
versus Robertum Dixson iij d. quos etc. eo quod pro bono statu vicinorum constitutus fuit quod quilibet tenens hujus dominii habens

564 20 April 1529 was a Tuesday.
565 MS repeats *predicta*.
566 MS *communi pastura*.

vaccam ponat eam super communem pastorem in pastura communi et solvat a festo Sancti Cuthberti in xl^a usque festum Sancti Cuthberti in [yeme] autumpno iij d., et dicunt iidem [querentes quod dictus defendens habuit vaccam] et quia idem defendens non solvit dictos iij d. pro salario communis pastoris pro anno Domini M^{l}v^{c}xxv†***†[567] accio accrevit etc. Defendens venit et dicit quod non debet dictis querentibus dictos iij d. [et de hoc ponit se super patriam et querentes similiter]. ‖Liber loco‖ | Jacobus Cooke et socii sui predicti proferunt consimilem accionem versus Thomam Dixson in consimili accione. Defendens non venit. Ideo ipse in misericordia domini.

fo. 203v
(Blank)

For fo. 204, see Additional Document 11.

fo. 205
(711) ‖Burgus de Crossegate‖ Curia ibidem tenta xxvij^{mo} die mensis Maii[568] anno Domini M^{l}v^{c}xxix^{no} (*? 27 May 1529*)
(U44) De Willelmo Sawnder quia non prosecutus[569] est placitum suum versus Jasper †**†[570].

(D330) Ad hanc curiam[571] Robertus Dixson in propria persona sua venit †et contra†dixit sed recessit in contemptu curie. Ideo ipse in misericordia domini.

(D331) De Thoma Dixson quia non venit ad respondendum Jacobo Cooke et †sociis suis†. Ideo ipse in misericordia domini.[572]

(DC82) De Willelmo Huchetson quia non venit ad respondendum procuratoribus gilde Sancte †Margarete†. Ideo ipse in misericordia domini.

fo. 205v
Extracte sunt facte usque huc.

(712*) ‖ †Bu†rgus de †Cro†ssegate‖ Curia capitalis tenta ibidem die Jovis xiiij^{mo} die mensis Octobris anno Domini millesimo quingentesimo xxix^{no} (*14 October 1529*)

---

567 The right-hand margin of this page has been cropped and damaged.
568 27 May 1529 was Thursday the Feast of Corpus Christi.
569 MS *prosequit'*.
570 The right margin of this page is cropped.
571 MS has a redundant *venit* following *curiam*.
572 The lower 8.5 inches of this page are blank..

‖Tenentes‖ De magistro hospitallis de Kepier quia non venit ad faciendam sectam curie. Ideo in misericordia domini. De cantarista cantarie sancte Katherine in ballio boreali Dunelm' pro consimili. De herede Johannis Huton pro consimili {non fecit fidelitatem}. De \\Cuthberto// Selbye {+} pro consimili. De herede Radulphi Mylot pro consimili {non fecit fidelitatem}. De Hugone Rowle pro consimili {comparuit +}. De Johanne Raket pro consimili {+}. De herede Willelmi Eshe pro consimili {•}. De herede Willelmi Eure militis pro consimili {•}. De herede Johannis Ligh pro consimili {•}. De Thoma Trotter pro consimili {comparuit}. De Roberto Hagthorp pro consimili. De Ricardo Blunt pro consimili {+ •}. De Hugone Sparke pro consimili. De Roberto Smythirst pro consimili {comparuit •}. [De Johanne Blunt pro consimili.] De herede Willelmi Morton pro consimili {in manibus Christoferi Skoyne}. De Johanne Wodmous pro consimili {+ comparuit +}. De procuratoribus gilde Sancti Cuthberti pro consimili {•}. De herede Rogeri Richardson pro consimili {in manibus domini}. De ico<no>mis capelle Sancte Margarete pro consimili {• + comparuerunt}. De capellano gilde Sancti Cuthberti pro consimili. De Thoma Blunt pro consimili {+ comparuit}. De Willelmo Wayneman pro consimili {•}. De Thoma Barnard pro consimili {• comparuit +}. De Johanne Pryour pro consimili {• comparuit +}. De Roberto Lewyn pro consimili {non fecit fidelitatem}. De herede Thome Willen {in fine iiij d. quos solvit}. De magistro Johanne Claxton {•}. De procuratoribus gilde Sancti Cuthberti pro consimili {•}. De Johanna Lilbourne iam in tenura Hugonis Rowle {• +}. De herede Hugonis Killingall pro consimili {•}. De cantarista cantarie †Sancte† Marie in ecclesia Sancti Oswaldi. De Ricardo Robinson {+ + •}. De †Ricardo† Johnson {+}. De capellano gilde Corporis Christi in ecclesia Sancti Nicholai {•}.[573]

†Ad† hanc curiam venit Thomas Blunt de Dunelm' coquus et fecit fidelitatem suam domino de et pro uno gardino sive burgagio cum pertinenciis jacenti et existenti in Aluertongate in Dunelm' inter gardinum prioris et conventus Dunelm' ex parte occidentali et burgagium pertinens gilde Corporis Christi ex parte orientali et extendit se a regia via a parte australi usque rivulum qui vocatur Milbourne ex parte boriali, quod quidem burgagium idem Thomas habet ex dono et concessione cujusdam Roberti Ligh filii et herede Johannis Ligh et Margarete uxoris ejus \habendum sibi et heredibus suis imperpetuum/ prout per quamdam cartam feoffamenti cujus data est tercio die Junii anno Domini millesimo quingentesimo xxix^no plene liquet, quam quidam cartam hic huic curie protulit et admissus est burgensis.[574]

---

573 A draft list of presentments is printed as Additional Document 9.
574 This concerns Allergate 5 (Rental, 16): Camsell, Development, II, p. 15. John Lygh had performed fealty for this burgage in court 541*.

‖†Panellum† pro †domino†‖ Robertus Smythirst {•}, Johannes Priour {•}, Hugo Rowle {•}, Johannes Wodmous {•}, Cuthbertus Selby {•}, Ricardus Blunt {•}, Thomas Blunt {•}, Thomas Trotter {•}, Hugo Sparke {•}, Ricardus Johnson {•}, Thomas Barnard {•}, Ricardus Robinson {•}, Willelmus Wayneman {•}.

fo. 206

(*T109*) Johannes Harvye queritur versus Ricardum Bulloke carnificem eo quod[575] x^mo die Septembris anno regni regis Henrici viij^i xxj hic infra jurisdiccionem hujus curie dictus defendens unum porcum ipsius querentis precii vj s. interfecit et necavit ad dampnum ipsius querentis vj s. viij d., plegii de prosecucione Ricardus Crosse, W. Gate. | Et quia probatum fuit quod dictus defendens non sufficienter attachiatus fuit nec premunit*us*, ideo consideratum est per curiam quod dictus querens nihil recuperet per querelam suam sed quod defendens eat inde quietus.

Juratores predicti super sacramentum suum dicunt quod Thomas Dobynson qui nuper tenuit de domino per fidelitatem et sectam curie unum mesuagium jacens et existens in Aluertongate dedit et legavit unum mesuagium gilde Sancte Margarete infra capellam Sancte Margarete Dunelm' et obiit, et quod procuratores gilde predicte non fecerunt fidelitatem domino prout debent. Ideo preceptum est ballivo hujus dominii quod distringat in burgagio sive mesuagio predicto pro servicio predicto fiendo.[576] | Item presentant quod Willelmus Selbye qui de domino tenuit unum burgagium sive gardinum infra hoc dominium diem clausit extremum et quod (*Blank space of 2.5 cm.*) Selbye est heres propinquior ejusdem Willelmi et est (*Blank space of 4 cm.*) videlicet etatis (*Blank space of 1.5 cm.*) annorum et quod non fecit fidelitatem suam domino. Ideo preceptum est ballivo ut supra. | Item presentant quod Simon Mathewson affraiam fecit in Thomam Cawson contra pacem. Ideo ipse in misericordia domini. |Presentant quod Isabella Lewes est male et inhoneste gubernacionis sui corporis. Ideo injunctum est eidem quod amoveat citra festum Sancti Martini proximum sub pena vj s. viij d. | Item presentant quod Thomas Stobbes vivit in manifesta fornicacione cum quadam. Ideo injunctum est quod mulier †se amoveat† citra festum Sancti Martini sub pena – iij s. iiij d. | Item presentant quod Ricardus Bullok {v}, Johannes Dychand {iiij}, Hugo Robins†on† {ij}, Robertus Dyxson {ij}, (*Blank space of 2 cm.*) Dyxson frater ejus {ij}, relicta Jacobi Cooke {j}, Hugo Sparke {ij}, Georgius Fawel {ij}, Ricardus Nicholson {ij}, Robertus Robinson {ij}, Thomas Robinson {iiij}, Ricardus Robinson {ij}, Thomas Blunt {iiij^or}, Johannes Harvye {j}, vidua Bowman {ij}, tenent

---

575 MS has a redundant *dictus defendens* following *quod*.
576 This concerns Allergate 13 (Rental, 24): Camsell, *Development*, II, p. 24. For Thomas Dobynson's title, see court 363*.

porcos in platea vagantes. ‖Item levie‖ | Item presentant quod Johannes
Writer habuit dictos porcos vagantes in platea contra penam de vj d.
pro quolibet porco. | De Georgio Howe pro consimili. | Item presentant
dicti jurati quod quarterium frumenti ultimo die mercati et aliis diebus
mercati vendebatur ad (*Blank space of 1.5 cm.*) et quarterium ordei pro
iiij s. ac quarterium avene pro (*Blank space of 1 cm.*) Ideo consideratum
est tam per (*fo. 206v*) curiam quam per †vere†dictum dictorum juratorum quod quilibet brasiator vendat communi regis populo lagenam
melioris servicie pro j d. ob. et sic continuand' a festo Sancti Martini
proximo usque festum Sancti Martini in yeme tunc proxime sequens sub
pena forisfaciendi domino (*No sum entered*). | De Roberto Harvye quia
vendidit serviciam contra assisam, ideo in misericordia domini iiij d.
De Isabella Dunne pro consimili – ij d. De uxore Willelmi Partriche pro
consimili – ij d. De Isabella Greneswerd pro consimili – ij d. De vidua
Bowman – iij d. \et dimidium/. De vidua Jacobi Cooke pro consimili
– iiij d. De uxore Johannis (*1 cm.*)son – ij d. De Hugone Sparke – iiij d.
De Thoma Holme pro consimili – ij d. De Johannis Atkinson uxore – ij d.
De Thoma Blunt pro consimili – ij d. De Johanne Harvye pro consimili
– iij d. De uxore Georgii Howe pro consimili – ij d. De uxore Willelmi
Wilkinson – ij d. De uxore Thome Trotter – iij d. (*Blank space of 2 cm.*) De
W. Robinson – ij d. ‖†Item† levie‖ | Pena ponitur Willelmo Partriche quod
non hospitet aliquos vagabundos nec apprentic*os* aut servos alicujus per
noctem sub pena – vj s. viij d. | Pena ponitur Ricardo Bullok quod custo-
diat canem suam molosam mosulatam aut infra domum suam per diem
ita quod nullum dampnum alicui inferat sub pena – vj s. viij d. | Eadem
pena imponitur Willelmo Stevinson de suo cane. | Pena imponitur quod
nullus v†en†tulet aliqua grana in cemitorio sub pena – vj d. tociens
quociens. | Injunctum est Georgio Howe quod fieri faciat unum palum
inter eum et Hugonem Rowle citra festum natale[577] Domini sub pena – iij
s. iiij d. | Injunctum est quod quilibet mundari faciat frontes suas versus
plateam †infr†a unum mensem sub pena – vj d. | Pena †impo†nitur Alicie
Greneswerd <quod> sit bone conversacionis et non communis objurga-
trix sub pena – xij d. | Pena imponitur quod nullus obstupet communem
cursum aque currentem per le West Orchard sed illum ponat[578] in rectum
suum cursum post occupac†ionem† ejusdem sub pena – vj s. viij d. | Item
presentant quod Hugo Sparke, Johannes Priour \et/ Ricardus Blunt
burgenses forst†allabant† mercatum in diebus mercati emendo pelles
bovinas, vaccinas, vitulinas, ovinas et agninas. Ideo eorum quilibet in
misericordia domini (*No sum entered*). | De Johanne Stephinson forinseco
et non burgense pro consimili – vj d.

(*End of Court Book I*)

---

577 MS *natalis*.
578 MS *ponant*.

20. Crossgate Court Book I, fos 7–12 (27 January 1530 – 31 May 1531)

fo. 7
[Lez estreites sont faites a ce (*Word lost*)]

(713*) ‖**Burgus [Dunelm'] de Crossegate**‖ **Curia ibidem die Mercurii proximo post festum Conversionis Sancti Pauli apostoli anno Domini M**$^\text{l}$**v**$^\text{c}$**xxix**$^\text{no}$ (*26 January 1530*)
‖Pannellum pro domino‖ (*Column 1*) Johannes Pryour. Willelmus Wayneman. Johannes Woodmous. Hugo Rowle. (*Column 2*) \\Cuthbertus// Selby. Hugo Sparke. Ricardus Blunt. Ricardus Johnson. (*Column 3*) Ricardus Robinson. Thomas Barnard. Ricardus Dodand. Johannes Writer. | Pena ponitur magistro communario abbathie Dunelm' quod fieri faciat unum palum inter Georgium Howe tenentem suum et domum Hugonis Rowle citra festum Sancti Cuthberti proximum sub pena – vj s. viij d. | Pena ponitur Thome Martyn quod fieri faciat unam[579] sepem inter domum suam mansionis et domum sibi adjacentem pertinentem capelle Sancte Margarete Dunelm' circa festum Sancti Cuthberti proximum sub pena – vj s. viij d. | Presentant quod serviens Willelmi Rawe abscidit lez whynnes super moram communem crescentes contra penam de – vj s. viij d. inde prius positam. | De Alicia Greneswerd quia non vendit communi populo lagenam servicie pro ij d. Ideo in misericordia domini. De Isabella Dunne pro consimili. | De \uxore/ Willelmi Wilkinson. | Pena ponitur quod nullus vendat serviciam mixtam, videlicet partem bonam et partem malam, et quod nullus vendat lagenam servicie supra ij d. sub pena – xij d. | Injunctum est (*Blank space of 1 cm.*) Lowge quod custodiat porcos suos infra domum suam \nisi tempore mundacionis domus *sive* case porcine/,[580] sub pena – vj d. tociens quociens pro quolibet porco. | Pena ponitur ballivo quod ipse non falcificet[581] aliquem jur*atorem* domini sub pena – x s. (*fo. 7*^{v}) [Pena] Injunctum est cuilibet tenenti quod faciat frontes suas anteriores et posteriores et sepes suas inter proximum et proximum citra festum Sancti Cuthberti proximum sub pena vj d. | Johannes Writer et Ricardus Blunt electi sunt ad hanc curiam tastatores et gustatores servicie per unum annum integrum et jur*ant*. | Pena ponitur quod quilibet mundari faciat sterquil<in>ia jacencia ante partem anteriorem domus sue versus plateam citra festum Sancti Cuthberti proximum sub pena – vj d. | Injunctum est tenentibus juxta venellam vocatam Litster Chare prope communem furnum quod mundari faciant

---

579 MS *unum.*
580 A careless caret mark places this interlineation uneasily after *sub pena.*
581 *falsificare,* to accuse of false judgement, to challenge the judgement of (*DML,* under *falsificare,* 3).

illam citra festum Carnis Privii proximum sub pena vj d. cuilibet delin-
quenti. | [Pena ponitur]

Thomas Nevell armiger senescallus domini regis in omnibus et singulis
dominiis ecclesie cathedralis Dunelm' pertinentibus sive spectantibus
Thome Horsley ballivo de Southsheles \in comitatu Dunelm'/ salutem.
Tibi mando et precipio quod levari facias de bonis et catallis Johannis
Bartrame de Southwik <in> parochia de Wermouth \Monachorum
in comitatu Dunelm'/ viij s. pro principali debito una cum xij d. pro
custagiis[582] et missionibus ad opus (*Blank space of 4–4.5 cm.*) Bower de
Northsheles in comitatu Northumbr' quos idem (*Blank space of 2.5–3 cm.*)
Bower recuperavit versus dictum Johannem in plena curia tenta apud
\South/ Sheles †***† die Mercurii. | Et hoc preceptum erit sibi sufficiens
warranta, data (*Incomplete*).

fo. 8

**(714*) ‖Burgus de Crossegate‖ Curia capitalis tenta ibidem die Martis[583]
ij^do die Maii anno Domini M^lv^cxxx^mo** (*2 May 1530*)

‖Panellum pro domino‖ (*Column 1*) Johannes Priour {juratus}. Hugo
Rowle {juratus}. Johannes Woodmous {juratus}. Thomas Blunt {juratus}.
(*Column 2*) Ricardus Johnson {juratus}. Cuthbertus Selby {juratus}. Thomas
Barnard {juratus}. Ricardus Robinson {juratus}. Ricardus Blunt {juratus}.
(*Column 3*) Johannes Trotter {juratus}. Thomas Martyn {juratus}. Ricardus
Nicholson {juratus}. Georgius Fawell {juratus}. | Jurati presentant quod
magister communiarius abbathie Dunelm' non fieri fecit unum palum
inter Georgium Howe \tenentem suum/ et domum Hugonis Rowle
citra festum Sancti Cuthberti ultime elapsum contra penam de vj s. viij
d. Ideo in misericordia. | Presentant quod uxor Hugonis Sparke vendit
lagenam servicie ultra et supra precium ij d. pro lagena contra penam
de xij d. | De Isabella Doonne pro consimili. De Alicia Greneswerd pro
consimili. | De relicta Jacobi Cooke modo uxore Christoferi Bankes. |
De Willemo Lowge quia non custodivit porcos infra domum porcinam
juxta penam de vj d. |Presentant quod Robertus Kent non fecit sepes
suas et fossata citra festum Sancti Cuthberti ultimum contra penam de
vj d. | De (*Blank space of 2 cm.*) Donken quia non mundavit partem de le
Litster Chare citra festum Carnis Privii contra penam de vj d. De Georgio
Blithe. \De/ Isabella Doonne pro consimili. De Georgio Claxton. De
Willemo Partriche pro consimili. De Alicia Greneswerd pro consimili.
De Edmundo Turpyn pro consimili. De Willemo Fayreallers pro consi-
mili. De Ricardo Bulloke pro consimili. De W. Stevinson pro consimili.
| Pena ponitur cuilibet brasiatori quod vocet et moneat gustatores serv-

---

582 MS apparently *custu[mis]*.
583 2 May 1520 was a Wednesday. Under the heading of this court, 6 cm. are left
     blank.

icie ad gustandam serviciam sub pena – vj d. | De Willelmo Rawe quia
per servientem suum abscidit lez whynnes super communem moram
crescentes \\contra// penam de – vj s. viij d. | De Roulando Pert pro
consimili. | (fo. 8v) De Ricardo Bullock quia vendidit porcum antiquum
vocatum meseld. Ideo in misericordia. | De Christofero Bankes quia
uxor ejus ventulavit brase*um* in cemiterio contra penam etc. | Injunctum
est Henrico Blunt et ceteris tenentibus quod non custodiant aliquos
canes rabidos et mordere solentes ne forte aliquod dampnum vicinis
inferant pueris aut pecoribus sub pena – xij d. | Injunctum est tenen-
tibus quod nullus receptet Johannam Willye [existen' et] suspectam \
et/ male gubernacionis sub pena – iij s. iiij d. et eadem pena imponitur
dicte Johanne quod se amoveat ab hac parochia citra festum Pentecostes
proximum. Et consimilis pena imponitur \\eisdem tenentibus// quod
non receptent Johannam Reyde et Isabellam Reyde sed se amoveant citra
dictum festum. | Et consimilis pena imponitur \magistro communiario/
de Anthonio Gray et eidem Anthonio quod se amoveat citra festum
Corporis Christi proximum. | Pena imponitur tenentibus quod nullus
eorum jactet cineres coram hostia sua versus plateam sub pena vj d. |
Injunctum est Willelmo Lowge quod non sinat aliquos annates \natantes/
super aquam de Milbourne ad disturbandam aquam de Milbourn sub
pena xij d. Et pena imponitur eidem quod dictos amoveat[584] citra festum
[Pent] Nativitatis Sancti Johannis Baptiste sub pena – iij s. iiij d. | Pena
ponitur Willelmo Lowge molendinario quod reparari faciat [lez rayles]
\\sepes// quas molendinarius molendini ex parte occidentali de Were \
facere solebat/ citra festum Pentecostes proximum sub pena – xij d. et
consimilis pena ponitur cuilibet domino habenti terras ibidem abbut-
tantes. | Presentant quod Thomas Stobbes custodit quandam Emmotam
Middilton male gubernacionis et vivit cum eadem in amplexu adulterii
et injunctum est quod dicta Emmota se amoveat \ab hoc dominio/ citra
festum Pentecostes sub pena – vj s. viij d. Et eadem ponitur magistro
communiario quod amoveat dictam Emmotam et Thomam \ut predic-
itur/ citra festum Pentecostes.

fo. 9

**(715) ‖Burgus de Crossegate‖ Curia ibidem tenta die Mercurii viij° die
mensis Junii anno Domini M^lv^cxxx^mo** (*8 June 1530*)
(DC83) Georgius Bawdkyn in propria persona sua [queritur] \\petit//
versus Robertum Dawson eo quod dictus defendens habuit ex deliberacione dicti querentis viij s. in pecunia numerata in quadam bursa inclusos
ad [salvo et secure ad usum dicti] deliberandum ultra cuidam Margarete
Bawken uxori dicti querentis vel dicto querenti reliberandum quo et
quando etc., quos quidem viij s. dictus defendens predicte \\Margarete//
nondum reliberavit licet sepius etc. ad dampnum dicti querentis x s. |

─────────

584 MS *amoveant*.

Defendens attachiatus est per unum spadonem coloris badii precii x s., unde plegius Radulphus Bowman. ‖Liber loco per Radulphum Bowman ‖

(716) ‖Burgus de Crossegate‖ Curia ibidem tenta die Mercurii proximo ante festum Corporis Christi anno Domini millesimo quingentesimo xxxᵐᵒ (*15 June 1530*)
(D332) Ricardus Blunt petit versus Thomam Martyne xix d. quos etc. videlicet xij d. inde eo quod dictus defendens emit de predicto querente unam ollam eneam pro iij s. unde satisfecit predicto defendenti usque dictos xij d., et vij d. pro diversis laboribus per dictum querentem ad instanciam dicti defendentis et pro eodem defendente prius factis. Dictus defendens concessit solvere predicto querenti dictos vij d. unde summa totalis se extendit ad dictos xix d. quos etc. ad dampnum etc., plegii de prosecucione Johannes Crosse, W. Gate. | Defendens fatetur xvj d. quos querens cognovit se fore contentus unde consideratum est per curiam quod dictus querens recuperet dictos xvj d. et ij d. pro missionibus et custagiis et defendens in misericordia domini (*No sum entered*). ‖Misericordia‖

(DC83) Et predictus Robertus Dawson ad hunc diem exactus comparuit et fatetur accionem unde judex ex partium concensu deliberavit et dies solucionis eorundem dedit dicto querenti ad festa Nativitatis Sancti Johannis Baptiste et Sancti Cuthberti equis porcionibus et defendens in misericordia domini – iij d. unde solvit – ij d. in plena curia et ad istos dies \solucionis/ devenit Radulphus Bowman plegius. ‖Misericordia‖

(717) ‖Burgus de Crossegate‖ Curia ibidem tenta die Mercurii pr<oxime p>ost[585] festum Sancti Thome apostoli anno Domini Mˡvᶜxxxᵐᵒ (*6 July 1530*)
(D333) Agnes Blunt \executrix testamenti et ultime voluntatis Johannis Blunt defuncti/ petit versus Robertum Lyddell ix s. quos ei debet etc. eo quod dicto defendenti mutuat' fuit \de/ predicto Johanne Blunt per manus iam querentis quos defendens predictus Johanni Blunt non solvit etc., et postea obiit, quos dictus defendens predicte querenti nondum solvit licet sepius etc., ad dampnum dicte querentis vj s. viij d., plegii de prosecucione Johannes Crosse, W. Gate. Defendens attachiatus est per [quarterium] j lode brasei ordei et j lode brasei avene, et [v lo] ij quarteria avene ad valenciam ix s. unde plegius Ricardus Bullok. | Et predictus defendens venit et dicit quod non debet predicte querenti dictos ix s. nec aliquam inde parcellam modo et forma prout querens superius narravit et de hoc petit vadiari legem suam unde judex ei assignavit ad perficiendam legem suam se iiijᵗᵃ manu hac die in xiiij dies.

---

585 MS *prost*.

fo. 9ᵛ

(718) ‖Crosgate‖ **Curia ibidem tenta die Mercurii decimo septimo die mensis Augusti anno Domini supradicto** (*17 August 1530*)
(D334) Prior et conventus Dunelm' petit versus Christoferum Richardson iij s. ix d. quos ei debet etc. pro occupacione unius domus per dictum defendentem de predicto querenti conducte etc. quos etc. ad dampnum dicti querentis (*No sum stated*), plegius de prosecucione [Ed Swal] Willelmus Nawton. Defendens attachiatus est per viij boves precii v li., plegius pro defendente Ricardus Blunt. | Defendens venit etc. et dicit quod [non debet] dictus \\querens// non dimisit predicto \\defendenti// dictam domum modo et forma prout querens etc. et de hoc ponit se super patriam et querens similiter.

(719) ‖Burgus de Crossegate‖ **Curia ibidem tenta in vigilia Nativitatis Beate Marie anno Domini supradicto** (*7 September 1530*)
(D334) ‖Panellum inter priorem Dunelm' querentem et Christoferum Richardson defendentem‖ (*Column 1*) Robertus \\Kent//. Thomas Robinson {juratus}. Matheus Robinson {juratus}. Ricardus Robinson {juratus}. Johannes Writer . Robertus Laveroke {juratus}. Georgius Howe {juratus}. (*Column 2*) Henricus Blunt {[+] juratus}. Willelmus Robinson {[+]}. Robertus Robinson. Willelmus Partiche {[+] juratus}. Thomas Smyrthwaite {juratus}. Alexander Neyle {[+] juratus}. Robertus White. Oliverus Thornebrugh. (*Column 3*) Georgius Fawell {juratus}. Willelmus Wilkinson. Matheus Sparke. Willelmus Fayerallers {juratus}. Thomas Martyne {juratus}. Johannes Atkinson. | Juratores [predicti super sacramentum suum dicunt quod] \\dimissi sunt propter non prosecucionem[586] querele.//[587]

fo. 10

(720*) ‖Burgus de Crossegate‖ **Curia capitalis tenta ibidem die Mercurii xiijᵐᵒ <die> mensis Octobris[588]anno Domini Mˡvᶜxxx** (*12 October 1530*)
De magistro hospitalis de Kepier quia non venit ad faciendam sectam curie. Ideo in misericordia domini. De cantarista cantarie Sancte Katherine in ballio boriali Dunelm' pro consimili. (*Incomplete: a space 5 cm. high is left for other names*).

‖Pannellum pro domino‖ (*Column 1*) Rogerus Smyth. Robertus Smethirst. Johannes Pryour. Cuthbertus Selby. (*Column 2*) Hugo Rowle. Willelmus Wayneman. Ricardus Johnson. Ricardus Robinson. (*Column 3*) Johannes

---

586 MS *prosequuc'*.
587 A draft list of these jurors is printed as Additional Document 10.
588 13 October 1530 was a Thursday.

Woodmous. Ricardus Doden. Thomas Barnard. Thomas Blunt. [Johannes Trotter.] Ricardus Blunt.

(D335) Procuratores gilde Sancte Margarete petunt versus Willelmum Henrison iij s. quos ei debet etc. pro occupacione unius domus pertinentis gilde Sancte Margarete per spacium dimidii unius anni quos etc. ad dampnum dict*orum* querent*ium* xij d. Defendens attachiatus est per j equam precii vj s. viij d. Et ad hanc curiam venit dictus Willelmus et dicit quod non debet predict*is* querent*ibus* dictos iij s. nec aliquam inde parcellam.

Ad hanc curiam venit Rogerus Smyth et fecit fidelitatem suam domino (*Incomplete: a space 4 cm. high is left for details.*)

Presentant quod uxor Christoferi \Bankes/ non voc*at* tastatores servicie ad serviciam tastandam secundum penam \de vj d./ inde positam. Ideo in misericordia domini. De uxore Johannis Harvye pro consimili. De uxore Thome Trotter pro consimili. De uxore Georgii Howe. De vidua Bowman pro consimili. | Presentant quod (*Blank space of 1 cm.*) Donken receptavit quamdam Johannam Willye contra penam de iij s. iiij d. | Presentant quod ballivus domini impedivit et perturbavit tastatores servicie in exequendo officium suum. Similariter ad ponderandum panem. | Presentant quod Thomas Martyne affraiam fecit in Thomam Robinson. | Item presentant quod Thomas Robinson affraiam fecit in Thomam Martyne. (*fo. 10^v*) Presentant quod Willelmus Lowdge per servientem suum jactavit cineres coram ostio suo contra penam de vj d. Ideo in misericordia domini. De Thoma Martyne pro consimili. De Johanne Robinson pro consimili. De Johanne Priour pro consimili. De Hugone Sparke pro consimili. De Johanne Trotter pro consimili. De Thoma Robinson pro consimili. | Injunctum est tenentibus quod nullus receptet quamdam Helenam Richardson sub pena – iij s. iiij d. Eadem pena imponitur dicte Helene quod se amoveat citra festum Sancti Martini proximum. | Presentant quod Ricardus Blunt presentavit ad turnum vicecomitis malefacta infra jurisdiccionem hujus curie comissa ubi remedium habere possint infra hanc curiam. De Johanne Writer pro consimili. De Willelmo Lowge pro consimili. De W. Wilkinson. De Thoma Hunter pro consimili. De Alexandro Neyle. De Henrico Blunt. De W. Robinson. De Willelmo Nawton. | Presentant quod uxor Christoferi Bankes ventilavit bras*e*um in cemitorio contra penam de vj d. | Presentant quod Thomas Smyrthwait [jactavit] \\projecit// cineres coram ostio suo contra penam de – vj d. De Thoma Holme pro consimili. De Simone Mathewson. De Thoma Cawsie. De Georgio Bawdkyn. De Roberto Robinson taillour. De Johanne Harvye pro consimili. De Olivero Thornebrugh etc. De Ricardo Robinson pro consimili. De Margeria Heppell pro consimili. | Presentant quod Georgius Howe custod*it* iij porcos vagantes in platea contra penam

\de vj d./. Ideo in misericordia. De W. Robinson pro consimili pro ij^bus. De Henrico Dychand pro j ideo – ij d. De Hugone Robinson pro ij^bus ideo in misericordia. De Roberto Dixson pro consimili pro ij^bus. De Johanne Robinson pro consimili pro j porco. De Thoma Smyrthwhait pro consimili \pro j/. De Hugone Sparke pro consimili \pro ij^bus/. De Thoma Robinson pro consimili pro ij^bus. De Ricardo Robinson pro consimili pro iij ^bus. De Thoma Blunt pro ij^bus porcellis et ij porcis. De Johanne Harvye pro consimili pro iiij^or. De Ricardo Bullock pro consimili pro iiij^or. De Willelmo Lowdge pro v porcis. | Presentant quod Ricardus Bullok vendit carnes insalubres corpori humano. | Item presentant quod uxor Thome Smyrthwaite vendit lez gose pies ultra precium et decepit communem populum. (fo. 11) Item presentant quod Johannes Priour et Ricardus Blunt burgenses forstallant mercatum in diebus mercati emendo pelles etc. Ideo eorum quilibet in misericordia. | Injunctum est Christofero Bankes quod mundat sterquilineum coram ostio suo citra festum Sancti Martini proximum sub pena xij d. | Injunctum est Helene Gowland uxori Henrici Thompson quod deinceps sit bone conversacionis et non communis objurgatrix sub pena – xx d.

Ad hanc curiam venit Ricardus Bullok et cepit de domino (*Incomplete; a space 5.5 cm. high is left for the details*).

De Roberto Harvie quia vendit serviciam contra assisam. Ideo in misericordia domini – iiij d. De Isabella Donne pro consimili – ij d. De uxore Willelmi Partriche pro consimili – ij d. De Isabella Greneswerd pro consimili – ij d. De vidua Bowman pro consimili – ij d. De uxore Christoferi Bankes pro consimili – iiij d. De Hugone Sparke pro consimili – iij d. De uxore Johannis Atkinson pro consimili – ij d. De Thoma Blunt pro consimili – ij d. De Johanne Harvye pro consimili – iij d. De uxore Georgii Howe pro consimili – ij d. De uxore Willelmi Wilkinson pro consimili – ij d. De uxore Thome Trotter pro consimili – iij d. De Willelmo Robinson pro consimili – ij d.

fo. 11^v

(721) ‖Crossegate‖ Curia ibidem tenta [ix^mo] \\vicesimo sexto// die mensis Octobris anno Domini M^lv^cxxx (*26 October 1530*)

(D336) Johannes Mare petit versus Simonem Bowman ij s. ij d. quos etc. pro pellibus vitulinis quos dictus defendens emit de predicto querente quos dictus defendens predicto querenti nondum solvit licet sepius etc. ad dampnum dicti querentis iiij d. Defendens attachiatus est per unum le vyse ferri ad valenciam vj s. viij d. | Defendens exactus solempniter non venit sed defaltam fecit etc. Et juravit predictus querens debitum predictum.

(D337) Cuthbertus Selby petit versus Simonem Bowman iij s. etc. pro occupacione unius domus ipsius querentis per dictum defendentem prius occupate. Dictus defendens attachiatus est per dictum le vyse et juravit querens debitum predictum.

(D338) Elizabeth Bowman vidua petit versus Simonem Bowman vij s. pro esculen*tibus* et poculen*tibus* per dictum defendentem infra domum mans*ionis* ipsius querentis prius habitis et expenditis etc. (*Blank space of 1.5 cm.*) Defendens attachiatus est per iij gladiolos ferri et calibis. (*Blank space of 3.5 cm.*) Non juravit querens ista debitum predictum.

(722) ‖Burgus de Crossegate‖ Curia ibidem tenta vij^{mo} die Decembris anno Domini M^lv^cxxx^mo (*7 December 1530*)
(D336, D337, D338) Johannes Woodmous, Georgius Howe, Alexander Neyle et Robertus Wilkinson moniti ad appre*ciandum* unum le vyse ferri de bonis et catallis cujusdam \\Simonis// Bowman captum pro debitis predictis \assident dictum le vyse/ ad viij s. iiij d. et dictos iij gladiolos ad duos solidos et vj files ad viij d. (*Blank space of 1 cm.*) et unum le whele ad ij d.

Johannes Alenson – xiiij^s

fo. 12
(723) ‖Burgus de Crossegate‖ Curia ibidem tenta die Mercurii proximo ante festum Sancti Cuthberti in Marcio anno Domini M^lv^cxxx^mo (*22 March 1531*)
Ricardus Robinson, Johannes Pryour, Johannes Woodmous, [Cuthbertus Selbie], Ricardus Doden moniti ad appre*ciandum* unum candelabrum Thome Smyrthwaite, j aliud Thome Holme et j aliud Johannis Robinson, ij platters et ij dishes de pewter Willelmi Lowdge, j par de sheres fullo*nis* Willelmi Robinson, j posnet Thome Robinson, et j aliam parvam olleam cupream[589] Ricardi Robinson, j aliam ollam Georgii Howe et j talowe lofe Ricardi Bullocke, super sacramentum suum assident valorem dicti candelabri dicti Thome Smyrthwaite ad – vj d. et dicti alius candelabri dicti Thome Holme ad – ij d. et alius candelabri dicti Johannis Robinson ad – j d. et ij platters et ij dishes dicti Willelmi Lowdge ad – xviij d., j paris de sheres Willelmi Robinson ad – x d., j posnet Thome Robinson ad – vj d. et j alius olle Ricardi Robinson ad – xiiij d., alius olle Georgii Howe ad – viij d., j talowe cake Ricardi Bullocke ad j lapidem et dimidium valoris – ij s.

(724) ‖Burgus de Crossegate‖ Curia ibidem tenta die Mercurii xxix die Marcii anno Domini M^lv^cxxxj^mo (*29 March 1531*)
(D339) Alexander Williamson petit versus Willelmum Dichebourne xij d. pro onyon sede per dictum defendentem de predicto querente prius

---

589 MS *j al' parue olle cupr'.*

empt' solvendo dicto querenti ad festum Invencionis Sancte Cruce ultime elapsum, quos etc. ad dampnum dicti querentis j d., plegius de prosecucione (*No name entered*). Defendens venit et defendit etc. et dicit quod concessio predicta facta fuit sub condicione sequenti, videlicet quod si dictum semen esset bonum et mercandizabile quod tunc concessio predicta esset valida et aliter non et de hoc ponit se super patriam, et querens similiter.

(D340–D351) Idem querens petit \versus/ Henricum Thomson xij d. et versus Elizabeth Bradwood iij d. et versus Thomam Smyrthwaite vj d. pro dimidia libra, et versus Thomam Holme iij d. pro quarterio j libre, et versus Thomam Cawsie iij d. pro quarterio, et versus Clementem Bowman vj d. pro dimidia libra, et Margaretam Watson iij d. pro quarterio j libre, et versus Matheum Sparke xij d. pro j libra, et versus Thomam Robinson vj d. pro dimidia libra, et versus Matheum Robinson xij d. pro j libra, et versus Ricardum Robinson – vj d. pro dimidia libra, et versus Johannam Colinson viduam ix d. pro iij quarteriis j libre. Defend*ens*[590] non pro†*secutus*†[591] est querelam ideo ipse in misericordia. | Dictus defendentes preter Thomam[592] Holme, qui non comparuit, veniunt et dicunt quod ipsi non debent predicto querenti dictas summas nec aliquam inde parcellam modo et forma prout querens allegavit quia dicunt quod concessio predicta facta fuit sub condicione sequenti videlicet quod si semen predictum esset bonum et mercandizabile et bene cresseret quod tunc concessio predicta esset valida et aliter non, et dicunt quod semen predictum non bonum fuit nec mercandizabile, et \de/ hoc ponunt se super patriam, et querens similiter.

fo. 12

(725) ‖Burgus de Crossegate‖ Curia ibidem tenta xxvj^to die Aprilis anno Domini M^l v^c xxxj^mo (*26 April 1531*)

(D339–D351) ‖Panellum inter Alexandrum Williamson querentem et Willelmum Dychebourne et alios defendentes‖ (*Column 1*) Robertus Dixson. [Johannes Trotter]. Robertus White. \\Ricardus// Migeley. Edwardus Bradwood. Robertus Robinson waller. (*Column 2*) [Thomas Cl†e†rke.] Ricardus Nicholson. Johannes Atkynson. Johannes Greveson. Willelmus Patrik. [Thomas Cawsie.] Oliverus Thorneburgh. (*Column 3*) Thomas Hunter. Matheus Sparke. Alexander Neylle.[593] ‖Octo tales in hac causa ad*unan*tur‖

---

590 This should presumably be *querens*. This sentence is in a hand unlike that of the rest of the proceedings of this court.
591 MS apparently *procesqut'*.
592 MS *Thomas*.
593 The three names in the third column, perhaps corresponding to the three names deleted in colums 1 and 2, are in a different hand.

(*DC84*) Margareta Ellison soluta queritur versus Willelmum Wilkinson eo quod xxx^{mo} die Decembris anno Domini M^lv^cxxx hic infra jurisdiccionem hujus curie idem defendens habuit ex deliberacione dicte querentis dimidiam j virgatam panni lan*uti* coloris rubii ad valenciam viij d. ad[594] unum par de slevys inde conficiendum et post confeccionem inde dict' sleves [*eadem*] deliberandum dicte querenti quo et quando etc., quas quidem sleves dictus defendens predicte querenti non dum deliberavit licet sepius etc., sed postea dictus defendens dictum par de sleves in suos proprios usus posuit et convertit unde deteriorata est et dampnum <habet> dicta querens xij d. Defendens venit et dicit quod non est culpabilis modo et forma prout querens etc. et hoc ponit super patriam, et querens similiter. ‖ (*a*) Essoniatur defendens (*b*) Jurat*a*‖

(*DC85*) Hugo Rowle queritur versus Humfrium Taillour eo quod ubi j^{mo} die Aprilis anno Domini M^lv^cxxj idem querens possessionatus fuit de ij ovibus matricibus precii – iij s. iiij d. ut de ovibus suis propriis, ibi postea dicte oves ad possessionem ejusdem defendentis per invent*orium* deven*erunt*[595] ad salvo et secure ad usum dicti querentis custodiend*um* et gubernand*um* et dicto querenti deliberand*um* quo et quando etc. Quas oves etc. sed postea dictas ij oves et commoda inde proveniencia in suos proprios usus posuit et convertit, ad dampnum dicti querentis xxx s. ‖ (*a*) Essoniatur defendens (*b*) Li*b*er loco‖

(726) Curia ibidem tenta ultimo die Maii anno Domini supradicto (*31 May 1531*)
(D339–D351) ‖Octo tales inter Alexandrum Williamson querentem et Willelmum Dichebourne et alios defendentes‖[596]

(*F4*) Agnes Blunt vidua queritur versus Georgium Commyn eo quod dictus defendens habuit ex deliberacione dicte querentis xx d. in pecunia numerata applicand*os* capelle libere de Eshe pro le larestale Johannis Blunt nuper mariti sui, quos quidem xx d. dictus defendens ad*huc*[597] et ibidem recepit ad usum supradictum, et dicit idem querens quod dictus defendens ad usum supradictum dictos xx d. non applicuit modo et forma prout assumpsit et sic eadem[598] querens dicit quod dictus

---

594 MS has a redundant *inde* following *ad*.
595 Possibly the clerk's *deven'* is an error for *dimis'*, in which case the clause should read, more naturally, *dictas oves ad possessionem dicti defendentis per inventorium dimisit*.
596 This margination is placed oddly against the following item, Agnes Blunt's plea against George Commyn.
597 MS *adtuc'*, presumably for *tunc*.
598 MS *idem*.

defendens eam [fals]⁵⁹⁹ injuste decepit ad dampnum dicte querentis ij
s. Defendens attachiatus est per unum bovem precii x s. unde plegius
Willelmus Wayneman. ‖Liber loco‖ | Defendens dicit quod non recepit de
dicta querente dictos xx d. ad usum supradictum et sic dicit quod non
decepit modo et forma prout querens etc. et hoc ponit super patriam. |
Defendens venit et juratus fuit in facie curie quod non est culpabilis.⁶⁰⁰

---

599 MS has a redundant *decepit* preceding *injuste.*
600 This sentence is in a different hand from the rest of the proceedings of this
   court.

FRAGMENT OF A PAPER COURT ROLL

†De† Thom*a* Vndirwod quia non [pro] ve†nit† … ‖Misericordia (*No sum entered*)‖

Loquela inter Emmotam Alanso†n†…

Curia tenta ibidem die Mercurii iiij^to †die Februarii†…
De Thoma Vndirwod quia non …

Loquela inter Emmotam Alan†son†…

De Nicholao Claxton de Essh qu…

Ricardus Prior queritur de Thoma …

Curia tenta ibidem die Mercurii x†j° die Februarii†…
Loquela inter Emmotam Alanson …

Loquela eciam inter Robertum …

De Thoma Vndirwod quia non …

Curia tenta ibidem die Mercurii †xviij° die Februarii†…
Loquela inter Robertum Birden q…

De Johanne Watson de Rowle quia non v†enit†… ‖ Misericordia iiij d.‖

Thomas Stevynson elegit Thomam Colman …

Curia tenta ibidem die Mercurii xxv^to †die Februarii†
De Thoma Vnderwod pro licencia concordandi cum Thoma …‖Misericordia iij d.‖

Loquela inter Robertum Birden querentem et †W† …

Thomas Hyne venit et fatetur se debere Ricardo Prio†r†… ‖Misericordia iij d.‖

Thomas Stevynson queritur de Willelmo Layng juniore in placito ... |
dicit quod defendens depastus fuit herbam suam unius claus*ure* vocat*e*
...

De Johanne Watson de Rowle pro licencia concordandi cum Emma ...
‖Misericordia iiij d.‖[1]

et querens affirmat ad tantum dampnum et de hoc ponit se ... | venire
fac*iat* xij^cim erga proximam curiam. Postea tamen curia sedent†e† ... sub
pena execucionis. Et defendens in misericordia – iiij d. ‖[V*enire* fac*iat*
xij^cim] Misericordia iiij d.‖

Curia tenta die Mercurii quarto die Marcii anno Domini ...
Nicholaus Claxton essoniatur per W. Strynger in placito ... ‖Esson*iatur*‖

Curia tenta die Mercurii xj die Marcii anno Domini ...
[*No recorded business*]

Curia tenta ibidem die Mercurii xviij die Marcii ...
Loquela inter Robertum Birden querentem et Nicholaum ...

Curia capitalis tenta ibidem [die Marcii anno pre†dicto†] ...
‖Pro secta‖ De Radulpho Witton, Johanne Lovell, capellano cantarie
[Beate]... | hered*e* Johannis Catrik armigeri, Thoma Ricroft, her†ede†...
| hered*e* Ricardi Billyngham, Thoma Hedlam, Roberto Whetley, ca... |
Johanne [Flecher] Fissher, Thoma Taillour de Richmund.

Willelmus Rouceby senior debet Ricardo Brak debet Joh...

‖Inquisicio pro domino‖ Willelmus Wheldale {juratus}, Willelmus
Richerdso†n † {juratus}...| Willelmus Ripon {juratus}, Willelmus Hydwyn
{juratus}, Willelmus ...

Ricardus Smirk venit ad h... | †cap†elle Sancte Margarete ex ...

Reverse
†Curia tenta ibidem† die Mer†curii† ...
De Johanne Marche pro licencia concordandi cum ...

Johannes Colt queritur de Thoma Orlbe... | Agneti infra hunc burgum
per tres annos ... | Et dictus Thomas attachiatus est ad valenciam dicti
...| dictos v s. nec aliquem denarium inde. Et in... | cur'.

---

1   This plea appears to be terminated by licence to agree, but it is curious that
    the next line of text does not open a new action.

Curia tenta ibidem die Mercurii xxvj die Au†gusti† ...
Johannes Fawell queritur de Agnete Henry vidua in ...

De Johanne Colt quia non est prosecutus querelam suam ... ‖Misericordia vj d.‖

Curia tenta ibidem die Martis tercio die Septemb†ris† ...
Johannes Tod queritur de Rogero Stevynson in placito debiti ij ... | per ij annos elapsos et non dum solvit ad dampna sua v ...| †alour† taillour. Et defendens venit et fatetur se debere qu... |similiter. Ideo preceptum est ballivo quod venire faciat xij^{cim}

[Jak] Johannes Smyth de [Framwelgate versus quem Th...] \\Eluet// | Wod in placito debiti xix d. ob., plegius de prosecucione ... ‖Essoni*atur*‖

Placitum inter Johannem Fawell querentem et ...

Curia tenta ibidem die Mercurii ix di†e Septembris†...
Placitum inter Johannem Fawell et Ag†netem† ...

Willelmus Ferrour queritur de Willelmo Wat ... | ad festum Nativitatis Sancti Johannis Baptiste [et defendens] \\ad dampna ij s. ...// ‖Misericordia – †*v*†j d.‖

De Thoma Vnderwod quia non ... ‖Misericordia – iij d.‖

‖Panellum inter Johannem Tod †et Rogerum† Stevynson †defendentem†‖ Ricardus Prio†r† {juratus} ... | Robertus Corry {juratus} ... ‖ Essoniatur †per† Willelmum Wall‖

Robertus Hurde queritur de Johanne Baxte†r† ... | Willelmus Byres. Et defendens attach... ‖(*Illegible*)‖

Curia tenta ibidem die Mercurii x ...
Ad hanc curiam venit Johannes Bax†ter† ... ‖Misericordia (*Sum illegible*)‖

Loquela inter Johannem Smyth et ...

[†De† Johanne Fawell quia non prosecutus ... ‖Misericordia‖]

Willelmus Wall essoniatur usque proximam curiam ... ‖(*Margin lost*)‖

†Johan†nes Tod queritur de Willelmo Whe ... ‖(*Margin lost*)‖

This fragment from the Durham Cathedral Muniments is listed as Endpapers and Bindings 47. It is a sheet of paper 14 cm. at its widest surviving point by 31 cm. The whole of the right-hand side is missing, so it is impossible to be sure of its original width. The paper was used in an earlier binding of the Sacrist's Rental of 1500, and a fold has been stitched along its left margin about 2 cm. in from the edge of the sheet. The surviving dates, Wednesdays 11 and 18 March and 26 August, and Tuesday 3 September, demonstrate that the courts are all from the same calendar year, and justify the sequence in which the entries are printed above. The lack of continuity between the two sides of the sheet – showing a gap between the end of March and sometime in August – shows that this was part of a paper roll rather than a folio from a register. This is also implied by the fact that the reverse of the sheet is upside-down with respect to its face.

There is nothing that explicitly connects the record with Crossgate. However, the association of the record with other records of the sacrist make it more likely than not that it relates to Crossgate, and this probability is strengthened by the list of defaulting suitors, starting with Ralph Witton. The equivalent list for the Crossgate chief court of October 1498, and numerous subsequent chief courts, starts with Thomas Wytton.

Of those owing suit of court, the 'heir of Richard Billingham' is perhaps the heir of a man who was alive at the end of April 1462 (Camsell, Development, II, p. 149). William Wheldale (otherwise Whelpdale), who heads the names of the presentment jurors, was perhaps the man of that name who occurs quite frequently as a property owner in Crossgate borough and elsewhere in Durham between 1440 and 1481 (Ibid., II, pp. 134, 140, 176, 207, 214–15, 276, 302) and whose will is dated 8 October 1482 (Ibid., II, p. 303). If these two identifications are correct, the roll belongs to the years 1462–82. In this period, only the years 1467, 1472 or 1478 are compatible with the dated Wednesdays in the record. A date in this period is compatible both with the handwriting of the record and with some other names. Roger Stevynson acquired a burgage in Framwelgate in 1477 (Ibid., II, p. 265). Thomas Ricroft had a burgage in Allergate in 1478 (Ibid., II, p. 14). William Byres leased a tenement in Crossgate from William Wheldale in 1479 (Ibid., II, p. 149). Thomas Hedlam, merchant, conveyed a waste burgage tenement in Crossgate to William Smethirst in 1480 (Ibid., II, p. 173). William Rouceby senior, a tanner, acquired property in Framwelgate in 1482 (Ibid., II, pp. 256, 258), and Thomas Hyne may be the smith who in the same year leased land in Crossgate from the commonar of Durham

Priory (Ibid., II, pp. 103, 105). If the basis of this dating is wrong, the other possible years are 1489 and 1495. The fragment must date from before the beginning of the present record of Court Book I in April 1498. This later fifteenth-century dating suggests that the abandonment of rolls for recording court business happened not long before the start of the first surviving court book, and may have been contemporary with it.

ADDITIONAL DOCUMENTS

Additional document 1

Assisa servisie | Rech' Smeyrk – ij d. | Gorg' Repon – ij d. | Rech' Bowman – iij d. | John' Blownt – iij d. | John' Coylson – ij d. | Thomas [Clayrk] \\Writer// – ij d. | Robart Sceylbe – vj d. | Thomas Rawnson – iiij d. | John Jampnay – ij d. | Lowyrans Toyllar – ij d. | Thomas Trothar – ij d. | Thomas Sperkt – iij d. | John' Gray – ij d. | John of Marle – ij d. | Rowland Robinson – iiij d. | John' Wodmoss – [i]iij d. | Janet Byres – iij d.

(*Reverse*)

Wyll'm Walker – ij d. | Wyll'm Watson – ij d. | Wyll'm Ouerfelde – ij d. | Janet Lonysdall – ij d.

Precium quarterii frumenti – vj s. | Precium quarterii ordii – iiij s. | Precium quarterii avene – xvj d. Precium lagene servisie – j d. ob. (*bracketed to the three grain prices*).

A sheet of paper measuring 10 cm. by 14.5 cm. beyond the binding, inserted in Court Book I and numbered as fo. 41*. It belongs to the business of the chief court of October 1504, which was copied not into the business of the capital court but into that of the following court of 30 October (court 294). The list of brewers and their amercements is there identical except that Richard Smyrk is replaced in the more formal list by Robert Hall. The list is bound into the court book back to front; the four names beginning with William Walker continue the list of those guilty of offences against the assize of ale.

Additional document 2

Panellum inter Robertum Hervy querentem et Nicholaum Blakhaa | Willelmus Watson {juratus}‖• • •‖ | Ricardus Blunt {ca}‖• • •‖ | Willelmus Blakamour {essoniatur}‖•‖ | Johannes Davyson {juratus}‖• • •‖ | [Johannes Biddyk] {quia infirmus}‖• •‖ | Johannes Dykkeson {ij deffectus juratus}‖• • •‖ | Willelmus [Colleson] \\Colynson// ‖• • •‖ | Robertus Dra[w]\v/er {juratus}‖• • •‖ | Willelmus Hedley {juratus}‖• • •‖ | Christofor Henreson {juratus}‖• • •‖ | Willelmus Thomson ‖• •‖ | Johannes Watson {juratus}‖• • •‖

A strip of paper measuring 5 cm. by 21 cm. beyond the binding, bound into Court Book I as fo. 64*. It relates to plea D177, for which the jury is listed in the business of 8 July 1506 (court 331). The names here correspond to those written in the court book, which are crammed into a narrow space without the procedural detail noted on this document. The reverse of the sheet is blank.

Additional document 3

(*side 1*)

†Knaw t†hat thys ys þe striffe takyng of Newton wyffe for a hovsse †in† Crosgayte belongyng to Seynt Cuthbertes gylde. | †T†he farme that sche awe commys to – v s. viij d. | Thys ys the stryffe that ys takyng | In primis j brassepot {x d.}. Item [vj] \v/ dvblerres {ij s.} – vj desches {xviij d.}. | Item xiij savssers {xviij d.} – (*No total entered*)

(*side 2*)

Laurencius Toller, Ricardus Bowman, Thomas Randson, Johannes Priour appreciac*io* ad curiam tentam apud Crocegate xviij° die Novembris anno Domini millesimo D^mo sexto prout patet super quamlibet parcellam infra.

A sheet of paper measuring 18 cm., beyond the margin, by 9 cm., bound into Court Book I and numbered fo. 169*. It relates to plea D189, and reports the valuation of Agnes Newton's goods presented in the court of 13 November 1506 (court 343). The suprascript valuations are in a second hand.

Additional document 4

xiij die anno etc. x^mo | Uxor John Bates, John Siluertop, John Marre, John Trollop, Heugo Helbeyk, Thomas Herberous, Willȝam Skynner, Ric*hard* Richardson, Robert Lythall, M' George, Robert Bower, Willȝam Clerk, John Ranyk he[1] Wilȝam Scharp, Ric*hard* Storry, John Wryght, Jhon Coupper, Robert Kent, John Mylburn, Sander Sotsly, Christofer Firesell, Willȝam Brown, Anton Smethers, John Nycholson, Thomas Schaklok.[2] \Ba†u†co†u†s/[3] uxor Bowman, Thomas Foster, John Gressen, John Grous, Wilȝam Ede, Henry Byshope, Henry Persoun, John Eland, Robert For, uxor Balles,[4] John Talyour, Wilȝam Burhoy, Ric*hard* Jakson, John Dauson, Ric*hard* Stevynson, Wilȝam Spark, Thomas Pott*er*, Ric*hard* Erray

---

1 Perhaps a false start for 'Henry', but it is not deleted.
2 The clerk indicates the start of a new section at this point by means of a looped cross.
3 This word, if *baucous* rather than *bancons*, may be a spelling of the word that appears elsewhere for backhouses.
4 Or *uxor ballivi*.

| Master Balȝay | Thomas Dixson, uxor Bennett, Willȝam Bicheburn, uxor Thomson, Wilȝam Ademson, Edward Jhonson, †ser†[5] Swan, Edward Branttyngham, Wilȝam Watson, Robert Dennyng, †ser† Hor, Wilȝam Turry, Christofer Colson, Henry Spark, †ser† Wilȝam Poutter, Richard Spark, John Lamerton, Wilȝam Ellison, Heugo Jonson, Robert Clyff.

(Reverse)
twyes Ric' †**d† et †****†

A sheet of paper measuring 18.5 cm. by 13 cm. beyond the binding, bound into Court Book I as fo. 79*. The reverse is blank except for part of a line of text cut through. The remaining letters, towards the end of a line, appear to be as recorded above. Of the names on the list, John Silvertop occurs in 1511 and 1514 (courts 424, 488, 490), Richard Richardson in 1509 (court 392), Thomas Schaklok, chaplain, in 1499 (court 160*), Thomas Foster in 1507 (court 350), William Eden in 1511 (courts 431–2), John Talyour in 1498 (courts 141, 146), Richard Jakson in 1507 (courts 361–2), Richard Stevynson, chaplain, frequently between 1501 and 1511 (courts 234, 426), William Adamson between 1504 and 1510 (courts 294, 416), Edward Brantyngham in 1504 (court 294), William Watson frequently between 1504 and 1515 (court 291, 493*), William Spark between 1501 and 1519 (courts 214, 553), Hugh Johnson in 1504 and 1511 (courts 294, 426). It seems likely that the document dates from around the first decade of the sixteenth century. 'Anno etc. x^{mo}' may mean 1510, a plausible date, but no court was held 'on the 13th day' that year; court 411, on 13 March, was in 1509 by current reckoning. The people named in the list are predominantly rather obscure. Its significance is undetermined.

Additional document 5

(Lost) Blount forstaulles & no freman in misericordia domini. | *(Lost)*ller don the same ideo in misericordia. | *(Lost)* freman forstallyng accordyng as they haue don. Johannes Priour & Laurencius Toller.[6] | *(Lost)* the lordes will. | *(Lost)*sone a forstaller & no freman ideo in misericordia.[7] | *(Lost)*ll' and Hew Spark be no fremen & don the same. | *** the same.

A sheet of paper 20 cm. (beyond the binding) by 9 cm., bound into Court Book I and numbered fo. 152*. The reverse has the single word 'Selby' written across the head of the strip. It is a draft presentment of fore-

---

5 Perhaps an abbreviation for *serviens* or *servant*.
6 *Johannes Priour* et *Laurencius Toller* are in a different hand from the rest of this sheet.
7 This line is underlined.

stallers in preparation for a chief court. The exact date is not ascertainable, but it is probably from c. 1509–11. The closest match among the surviving presentments is from the October chief court of 1509, which lists Robert and Laurence Toller, Thomas Fairaller (probably the ... ller of this document), Richard Bloynt (the Blount of this document), John Prior and Hugh Spark (court 404*). Thomas Fairaller only occurs as a forestaller in this court and that of 8 January 1511. It is surprising, though, that Hugh Spark is described as no freeman at this date; he occurs as a householder in the January and October chief courts of 1508 and the January chief court of 1509 (courts 371*, 383*, 389*), and no other presentment of this period casts any doubt upon his free status. The statement may be in error.

Additional document 6

Georg' Fawel ij por*ci* pro vaga*cione* | Will'm Lyghe ij | Thomas Robynson ponitur in misericordia pro vaga*cione* et subverta*cione* | Hew Spark [vj] \\iiij// ponitur <in> misericordia pro vaga*cione* | Daym Robynson wedo \j/ pro vaga*cione* {j} | Johon Hudspeth ij ponitur in misericordia pro vaga*cione* | John Wodmos \ij/ pro vaga*cione* et subvert*acione* | Henry Collynwod pro vaga*cione* iij porcorum et in (*Incomplete*) | [Will'm Newton ij pro] {juratus}| Richard Fayrawlers [ij] \\j// pro vag*acione* | Johon Garner †j† pro vaga*cione* | Johon Dychaunt pro uno porco pro vag*acione* | John Steuenson j | [Robert Greveson] | John Champnay iij p (*Incomplete*) | Hew Robynson | Johne (*Blank space of 0.5 cm.*) Gybson de Sowthsteid |
(*Gap of 1.5 cm.*)
| Roland Busbey | Enm†on†t [Turpyn the baxter] \\Hochonson//

A sheet of paper measuring 17.5 cm. by 20 cm. beyond the binding, bound into Court Book I and numbered fo. 148. It has a hand and flower watermark. It was prepared for the jury presentation of 10 October 1515 (court 506), where the names of pig-owners occur in the same order, excluding William Newton and Robert Greveson whose names are deleted from the above draft. The court book entry contains additional information about the number of pigs for which each was amerced. The reverse is blank.

Additional document 7

Curia †burgi† vet†eris† tenta (*About 4.5 cm. lost*) in anno (*End of line lost*)
We fend þat Hew Sp(*About 12 cm. of text lost to repaired margin of this page*) þan þai schuld do. | We lay a payn on Hew Rull þat he sall nott redell no as<h> in þe gayn apon payn of vj d. fro this tym forward. | We

lay a payn on \John^B/ Dychand þat he sall vphold his bak frontt apon payn of vj d. | We lay a payn for þe comonephenell in Aluertongayth'[8] þat it sall be vpholden both clenssitt & dry†tt† in þe payn of xij d. \citra festum Purificacionis^B/.[9] | We lay a payn of þe wiff of Peter [Wre\n/ch] \\Wrench^B// þat sche sall resaue no goeres a-bowth nor vacabuntes a-pon þe payn a pon xij d. | We lay a payn a-pon [Dawson & his lemman] \\Roger Recharson for vodyng of \Rob'/ Dawson apon (*Incomplete*)// þat þai sal a-vod betwix þis candellmesse a-pon payn of iij s. iiij d. | We lay a \payn/ of \Edward^B/ Letill þe walker þ<at h>e sall a-vod a woman \callid Elizabeth Scott^B/ þat is with in his howss betwixe þis & candellmesse a-pon payn of xij d. | We lay a payn of \Robert^B/ Haswell for kepyng a woman & he sall a-vod betwixe þis & candelmesse a-pon payn of xij d. | We lay a payn a-pon \John^B/ Wodmusse þat he sall a-vod a woman þat is in his howsse betwixe þis & candelmesse apon payn of xij d. | We lay a payn of euere man þat hasse ony kyy þat þai gett þam a herd \before cantylmess^B/ for to kepe þar ky fro menes dikes a pon payn of eueryman þat has a kowe a-pon payn of iiij d. (*fo. 149^v*) (*Line of text missing, perhaps 13 cm. long and perhaps ending 'April†is†'*) | (*4 cm.*) þat (*0.5 cm.*) landes for (*2 cm.*)yng the venell in Allerton*gate* (*4 cm.*). | We lay a payn þat all þo þat hass ony frontes lying to Melbarn schall be maid be-twixe þis & Sant Elenday or elles þat stressis to be tayn þat sam day \a payn of vj d./. | We lay a payn of þe Scottes garnar & all oder þat brekkes menes dykis & bern†s†[10] þam þat may be knawen. | We lay a pane of all þam þat kepis þer women & vacabountes þat is with chil†d†[11] with in þe howssis þat þai a-vod tham be twixe þis & Sant Elen messe a-pon payn of – xl d. | We lay a payn þat þer be formys maid with-in þe tolbothe betwixe þis & þe next cort to sett a-pon payn of – xl d.

A sheet of paper measuring 19 cm. by 29 cm. beyond the binding, bound into Court Book I and numbered fo. 149. The text is corrected in a second hand, here indicated by a suprascript B. The hyphens are all editorial. It is a draft of the jury report for the capital court of 11 January 1520 (court 556*), whose presentments correspond closely to the first half of this list, although the court book list is shorter. The document cannot belong to the October court of 1519, whose presentments are quite different, nor to the April capital court of 1520 because of its repeated reference to actions to be taken before Candlemas (2 February). Two five-line staves and one of four lines are ruled at the bottom of this page, and the lower one – with four lines – contains some musical notation.

---

8 MS *Altertongayth'*.
9 The Latin words are in a second hand.
10 Letter(s) lost through tight binding.
11 Letter lost through tight binding.

Additional document 8

Be yt knawyn tyll euery man be thys pressent (*End of line lost*) | of Duram
wedo hayth ordanyd & in my sted hayth (*End of line lost*) | be-louyt in
Crist Peter Wilson of Duram for (*End of line lost*) | in þe naym of me
to resayfe of Jhon Lyn (*End of line lost*) | weife qwich ys mynister' for
William Roby(*End of line lost*)

A sheet of paper 15 cm. (beyond the binding) by 5.9 cm., bound into
Court Book I and numbered fo. 157*. The reverse has the words 'Curia
tenta' and no more. It appears to be the remains of an instrument by
which Peter Wilson was appointed attorney to receive a sum of money
on behalf of a Durham widow. Peter Wilson acted as attorney in the
Crossgate court for Roger Richardson in 1525 (courts 655–6, plea D308).
He had been a resident of Crossgate since at least 1517 (courts 533*,
534*, 541*). His last appearance in the court record is in 1526 (court
681*). There is no perceptible relationship between this document and
anything in the court record.

Additional document 9

Presentant quod Hugo Sparke forstallat mercatum emendo pelles vitulinas, vaccinas, bovinas et ovinas. Ideo ipse in misericordia domini – vj d.
| De Johanne Priour pro consimili. | De Ricardo Blunt pro consimili. | De
Johanne Stevinson \forinseco/ pro consimili. | Presentant quod Isabella
Lewes est male gubernacionis et inhonesta. Ideo injunctum est quod
amoveat†ur† citra festum Sancti Martini proximum sub pena – vj s. viij
d. | Pena ponitur quod nullus ventulet aliqua grana in cemiterio sub
pena – vj d. tociens quociens. | Pena ponitur quod [magister] Georgius
Howe fieri faciat unum palum inter se et Hugonem Rowle citra festum
natale[12] Domini sub pena – iij s. iiij d. | Presentant precium gran*orum*
et precium unius lagene servicie prout in curia capitali tenta in burgo
Dunelm' adjudicabatur. | Presentant quod Christoferus Skoyne non
fecit finem domino pro ij^bus burgagiis infra hoc dominium. | Presentant
quod heres Willelmi Selbye non fecit finem pro uno gardino infra hoc
dominium. | Injunctum est quod quilibet mundari fac*iat* frontes suas in
anterioribus partibus domus sue versus plateam citra unum mensem
sub pena – vj d.

A sheet of paper measuring 9 cm., beyond the binding, by 29.5 cm.
folded at the bottom, bound into Court Book I and numbered fo. 204.
The reverse is blank. It is a draft of the presentments for the chief court
of October 1529 (court 712*).

---

12 MS *nat'lis*.

Additional document 10

Inprim*is* | Robert Kentt | Thomas Robyson ‖+‖ | Matho Robeson ‖+‖ | Rychartt Robeson ‖+‖ | John Wryter | Robert La†w†ierok ‖+‖ | Gorge Howh†e† ‖+‖ ‖[Allesander [†*Bel*†] Ne\e/ll] | Herre Blontt ‖+‖ | Wyll'm Robeson | Robert Robeson þe tel3yer | Wyll'm Parterych ‖+‖ | Thomas Smorwatt ‖+‖ | Ellesander Nell ‖+‖ | Robert W[h]*r*//ytth | Alleuer Thor<n>brouh | Gorge Faw†*n*†ell ‖+‖ | Wyll'm Wylkynson | Martheus Sparke | Willelmus Fayallers ‖+‖ | Thomas Martyn*g* ‖+‖[13] | Jhon Atkynson

A sheet of paper measuring 13 cm. by 15.5 cm. beyond the binding, bound into Court Book I and numbered fo. 151. It is a draft list of the panel of jurors for the plea of debt between the prior of Durham and Christopher Richardson (plea D334), recorded as the only business for the court on 7 September 1530 (court 720). The reverse is blank.

Additional document 11

(*side 1*)

Reparac†i†ones ten*ementorum* | Domus Johannis Hall Thome Layfeld \ mense Aprile/ pro punctuacione iiij d. redd*itus* iij s. Item pro punctuacione super alta parte xvj d. | Domus ubi manebat Nicholaus Huchonson | Domus Ricardi Bullokk | Domus Ricardi Merley | Domus Roberti Bedyk | Domus quondam Galfridi Leddell

(*side 2*)

Will'm Robynson – iij | John Hall – iij pyges \j suem[B]/ | George Howe – ij | Hug Rule – iiij | Relict Hervey – j ‖\Fatetur[B]/‖ | Jan Merley – ij pyges \j porcum et j porcellum, j errant'[B]/ | Ric' Robynson – ij | Thomas Robynson – ij | John Atkynson – j ‖\Fatetur[B]/‖ | Olyver Thornborgh ij pyges \j suem[B]/ ‖\Fatetur[B]/‖ | Ric' Nicholson – j ‖\Fatetur[B]/‖ | Ric' Myggelay _ij \errant'[B]/ ‖\Fatetur[B]/‖ | John Robynson laborer ij ‖\vel Thomas[B]/‖ | Hugo Spark – [v] \iiij[B]/ | Johannes Dychand – iij | Christofor Bankkes – [i]ij [\non errant'[B]/] | Robert Robynson [talyour] [\waller[B]/] \tayllour[B]/ – iiij | Robert Dixson – j | Hug Robynson – ij | Will'm Thoroby – j ij pyges | \Robert Robinson waller – ij[B]/ ‖\Fatetur[B]/‖

A sheet measuring 18 cm. (beyond the binding) by 20 cm., bound into Court Book I and numbered fo. 152. The text is corrected by insertions in a second hand, here indicated by a suprascript B. The list probably belongs to the very end of the period of the court books. Seven of the same names were reported for this offence at the October chief court

---

13 The last two names in this list are to the right-hand side of the others, opposite Robert W*right* and Oliver Thornburgh.

of October 1530 (court 720*), but that list includes John Harvey. If the Widow Harvey of this paper is the widow of this John Harvey, or of Robert Harvey, who was also alive at the time of this court, then the list must be from after October 1530. These two are the only men called Harvey in the court books of the 1520s.

THE SACRIST'S RENTAL OF 1500

fo. 21

Rentale Domini Georgii Cornforth Sacriste Dunelm' de terminis Pentecostes et Martini Anno Domini millesimo quingentesimo

‖Aluertongate ex parte australi‖

1. De Johanne Savage pro uno burgagio modo existenti in j gardino quondam Ricardi Gynnyngdale modo seisito in manus domini pro defectu hered*is* et non solucionis redditus, quod reddere solebat per annum iij s. ij d. – vj d. (*Allergate 17*)[1]
2. De Thoma Witton pro uno burgagio ibidem quondam Willelmi Cowhird per annum – ij d. (*Allergate 18*)
3. De cantaria Sancte Katerine in ecclesia Beate Marie Virginis in ballio boriali Dunelm' pro quinque burgagiis simul jacentibus ibidem modo inclusis in uno pomario quorum quodlibet burgagium reddit per annum j d. – v d. (*Allergate 19*)
4. De Johanne Lonesdale pro uno burgagio quondam Johannis Neweton quod reddere solebat per annum vj d. et pro duobus burgagiis ibidem simul jacentibus quondam Willelmi Fyssher, que reddere solebant per annum xij d., seisitis in manus domini prioris Dunelm' pro defectu non solucionis redditus predicti, que quidem burgagia simul includuntur in uno gardino et dimittuntur eidem Johanni per annum pro viij d. – viij d. (*Allergate 20*)
5. De fratribus gilde Corporis Christi pro tribus burgagiis ibidem vastis simul ja<ce>ntibus, quorum quodlibet reddit per annum iij d. – ix d. (*Allergate 21*)
6. De cantaria Sancte Katerine in ecclesia Beate Marie Virginis in ballio boriali Dunelm' pro ij burgagiis simul jacentibus in uno orto, quorum alter eorum reddit per annum ij d.[2] – iiij d. (*Allergate 22*)
7. De cantaria Beate Marie Virginis in capella Sancte Margarete in Dunelm' pro uno burgagio modo incluso in uno gardino et reddit per annum – vj d. (*Allergate 23*)

---

1 The addresses following properties in Crossgate, Allergate and South Street refer to locations on maps 1 and 2, not to modern postal addresses.
2 The *ij d.* is written over an erasure.

8. De Johanne Claxton pro octo burgagiis simul jacentibus et modo existentibus in una clausura, quorum primum reddit per annum iiij d. ob., secundum reddit iiij d. ob., tercium reddit vd., quartum reddit viij d., quintum reddit iiij d., sextum reddit iiij d., septimum reddit iiij d., et octavum reddit iiij d. – iij s. ij d. (*Allergate 24*)

9. De Roberto Selby pro uno burgagio ibidem ad similitudinem unius sheilde modo existenti in una parcella prati jacenti juxta terram magistri hospitalis de Kepeyere quod reddere solebat per annum xvj d. et modo dimittitur pro xij d. (*Allergate 25*)

10. De magistro de Kepeyere pro una clausura ibidem in qua continetur unum burgagium ut supponitur et reddit per annum – viij d.

11. De cantaria Sancte Katerine in ecclesia Beate Marie Virginis in ballio boriali Dunelm' pro tribus parcellis terre jacentibus in una clausura vocata Chilton' Pole que reddunt per annum – xij d.[3]

fo. 21v

‖**Aluertongate ex parte boriali**‖

12. De Johanne Catryke armigero pro iiij^{or} burgagiis ibidem, quorum primum reddit per annum v d., secundum reddit x d., tercium reddit ix d., et quartum reddit iij d., modo existentibus in una clausura vocata Bayardclose modo in tenura Ricardi Swalwell – ij s. iij d.[4] (*Allergate 1*)

13. De communiario Dunelm' pro ij burgagiis ibidem, que utrumque eorum reddit per annum iij d. modo existentibus in una clausura – vj d.[5] (*Allergate 2*)

14. De fratribus gilde Corporis Christi in ecclesia Sancti Nicholai in Dunelm' pro quinque burgagiis modo existentibus in una clausura, quorum primum reddit per annum ij d. ob., secundum reddit ij d. ob., tercium reddit iiij d., quartum reddit iiij d., et quintum reddit iij d. – xvj d. (*Allergate 3*)

15. De Johanne Soureby pro uno burgagio ibidem modo existenti in unum ortum ad terminum vite sue, quod reddere solebat per annum xiiij d. et modo reddit nisi – xij d.[6] (*Allergate 4*)

---

3   This lay beyond the end of Crossgate. A parcel of 5 roods in the Old Borough fields conveyed in 1323 is described in a charter endorsement as lying to the north of Sandepeth next the road abutting Chiltonpool next to Old Borough (Misc. Ch. 1987). For Sandepeth, see the note 62.

4   The margin has *Modo Bydel=Close* in a hand of the later sixteenth or early seventeenth century.

5   A later sixteenth-century hand has added in the left-hand margin *communiarius*.

6   A later sixteenth-century hand has added in the left-hand margin *Rob Bell mason – Nota quod nunc in manu sacriste.*

16. De Alicia Moreton una filiarum et heredum Thome Ricroft pro uno burgagio ibidem vasto cum gardino, quod reddit per annum – v d.[7] (*Allergate 5*)

17. De fratribus gilde Corporis Christi in ecclesia Sancti Nicholai in Dunelm' pro uno burgagio ibidem quod reddit per annum – ij d. (*Allergate 6*)

18. De cantaria Sancte Katerine in ecclesia Beate Marie Virginis in ballio boriali Dunelm' pro uno burgagio ibidem et reddit per annum – iiij d. (*Allergate 7*)

19. De Georgio Litill pro uno burgagio ibidem quondam Margarete Bowman quod reddit per annum – vj s. viij d. (*Allergate 8*)

20. De Ricardo Layng pro uno burgagio quondam Johannis Forssour et reddit per annum – iij d.[8] (*Allergate 9*)

21. De capella Sancte Margarete in Dunelm' pro uno burgagio ibidem quondam Johannis Chestre et reddit per annum – iij d. (*Allergate 10*)

22. De Johanne Catryke pro ij burgagiis ibidem, quorum unum reddit per annum iij d. et alterum reddit per annum v d. – viij d.[9] (*Allergate 11*)

23. De Ricardo Layng pro uno burgagio ibidem per annum – iiij d.[10] (*Allergate 12*)

‖Venellum commune‖

24. De relicta Willelmi Chalmer et postea relicta Roberti Pateson pro uno burgagio ibidem quondam dicti Willelmi et reddit per annum – iiij d. (*Allergate 13*)

25. De fratribus gilde Corporis Christi pro tribus burgagiis ibidem quondam Johannis Chestre, quorum primum reddit per annum iij d., secundum reddit iij d., et tercium reddit per annum viij d. – xiiij d. (*Allergate 14*)

fo. 22

26. De relicta Johannis Tailliour pro quarta parte unius tenementi ibidem per annum – vj s. viij d. (*Allergate 15*)

27. De relicta Petri Grenwell pro alia quarta parte ejusdem per annum – vj s. (*Allergate 15*)

28. De Johanne Bradwod pro alia quarta parte ejusdem tenementi per annum – iiij s. (*Allergate 15*)

29. De Johanne Duket pro alia quarta parte ejusdem tenementi per annum – v s. (*Allergate 15*)

---

7 A later hand has added in the left-hand margin *per Jo Legh mason*.
8 A later hand has added in the left-hand margin *Joh' Blunt sol' per ij an'*.
9 A later hand has added in the left-hand margin *Georg' Hudson Joh' Gray*.
10 A later hand has added in the left-hand margin *Joh' Blunt sol' per ij an'*.

30. De duobus burgagiis quondam Thome Ryhall capellani que reddere solebant per annum pro libero redditu xxx d. et pro le landmale vjd. modo seisitis in manus domini prioris pro defectu solucionis liberi redditus. Modo nichil reddunt quia dimittuntur cum ij tenementis predictorum iiij^{or} tenementorum pro gardinis inde fiendis – nichil (*Allergate 16*)

Pars borialis de Crosgate discend*endo*[11] ab Aluertongate usque corneram versus Milneburne

31. De uno tenemento ibidem modo in tenura Johannis Hall quod reddere solebat per annum xj s. – \modo/ xiij s. iiij d. (*Crossgate 1*)

32. De communiario Dunelm' pro iiij^{or} burgagiis simul jacentibus et modo edificatis in tribus tenementis et reddunt per annum – xviij d.[12] (*Crossgate 2*)

33. De cantaria Beate Marie in capella Sancte Margarete in Dunelm' pro uno burgagio ibidem per annum – vj d. (*Crossgate 3*)

34. De Willelmo Rakett juniore pro uno burgagio ibidem quondam Johannis Pertryk capellani et reddit per annum – vj d. (*Crossgate 4*)

35. De heredibus[13] Johannis Hoton armigeri pro j burgagio quondam Johannis Hampsterley et reddit per annum – vj d. (*Crossgate 5*)

36. De Alicia relicta Johannis Preston pro j burgagio ibidem quondam Thome Werwyk et reddit per annum – iij d. ob.[14] (*Crossgate 6*)

37. De Johanne Wodmouce et Johanna uxore ejus pro j burgagio ibidem quondam dicti Thome et reddit per annum – iij d. ob.[15] (*Crossgate 7*)

38. De Willelmo Richardson pro j burgagio ibidem quondam Johannis Pollerd per annum – j d. (*Crossgate 8*)

39. De fratribus gilde Sancte Margarete pro j burgagio ibidem quondam Willelmi Rouceby et reddit per annum – j d. ob. (*Crossgate 9*)

40. De uno burgagio modo in tenura Agnetis Hyne quod reddere solebat per annum xx s. tamen nunc reddit per annum nisi – xiij s. iiij d. (*Crossgate 10*)

---

11 MS *discend'*, interpreted here as a form of *descendere* because apparently contrasted with *ascendere* (cf. item 185). From Allergate to Milburngate the way is steeply downhill. Another possibility is to read *distendens*.

12 A later hand has added in the margin *communiarius*.

13 MS *hered'*. This is extended in the plural here and elsewhere on the testimony of item 114, where the MS has *De eisdem hered' Johannis Hoton .... dictorum hered'*, and item 115, where the MS has *predictorum hered'*.

14 A later hand has added in the right-hand margin *Albalanda*.

15 A later hand has added in the right-hand margin a name beginning with B.

fo. 22v

41. De uno burgagio modo in tenura Willelmi Walker quod reddere solebat per annum xx s. et modo dimittitur nisi pro – xiij s. iiij d. (*Crossgate 11*)

42. De alio burgagio ibidem vocato Tolbothe nichil eo quod reservatur in manu domini pro curia ibidem tenenda – (*Blank*) (*Crossgate 12*)

43. De procuratore capelle Sancte Margarete pro j burgagio quondam Ricardi Baxster et reddit per annum – v d. (*Crossgate 13*)

44. De Willelmo Wright pro j burgagio ibidem pertinenti procuratori capelle Sancte Margarete et reddit per annum – iij d. (*Crossgate 14*)

45. De Johanna Lylburne pro j burgagio ibidem quondam Johannis Pollerd et reddit per annum – iij d.[16] (*Crossgate 15*)

Pars occidentalis a cornera usque ad Milneburne

46. De Willelmo Rakett juniore pro tribus burgagiis quondam Roberti Wharom, quorum unum reddit per annum iij d., aliud vero j d. ob., et tercium vero ob. – v d. (*Crossgate 16 and Milburngate 1*)

47. De cellerario Dunelm' pro j burgagio ibidem per annum – ob. (*Milburngate 2*)

48. De fratribus gilde Corporis Christi pro j burgagio ibidem per annum – ob. (*Milburngate 3*)

49. De Sibilla relicta Willelmi Rakett senioris pro j burgagio ibidem per annum – iij d. (*Milburngate 4*)

50. De heredibus Johannis Dawtrey pro iiij[or] burgagiis vastis, quorum primum reddit per annum iiij d., secundum iij d., tercium iij d., et quartum iij d. – xiij d. (*Milburngate 5*)

51. De communiario Dunelm' pro j burgagio ibidem per annum – iij d.[17] (*Milburngate 6*)

52. De elemosinario Dunelm' pro j burgagio ibidem cum uno molendino ibidem vocato Clokemylne et reddit per annum sectam curie – secta curie[18] (*Milburngate 7*)

Pars orientalis de Milneburne ascendend*o* versus pontem de Framwelgate

53. De Johanne Catryk pro j burgagio per annum secta curie – secta curie (*Milburngate 8*)

54. De Johanne Hagthorp pro alio burgagio ibidem secta curie – secta curie (*Milburngate 9*)

---

16 Another hand has added in the left-hand margin *Hugo Rowlle*. Between this and the next section a later sixteenth-century hand has inserted a pattern of five dots then three dots followed by what seems to be *propter torbuth*.

17 A later hand has added in the left-hand margin *communiarius*.

18 A later hand has added in the left-hand margin *elemosinarius*.

55. De procuratore capelle Sancte Margarete pro j burgagio ibidem quondam Willelmi Richardson tailliour et reddit per annum – j d. (*Milburngate 10*)

56. De Alicia relicta Johannis Blenkarne pro j tenemento ibidem quod habet pro termino vite sue et reddit per annum – ij s. et post decessum suum predictum tenementum remaneat sacriste Dunelm' imperpetuum – ij s. (*Milburngate 11*)

fo. 23

57. De vij burgagiis ibidem quondam Willelmi Whelpdale[19] senioris emptis et perquisitis de Willelmo Stokdale et Sibilla uxore sua, Isabella Whelpdale et Margareta Whelpdale filiabus et heredibus Willelmi Whelpdale junioris filii et heredis Willelmi Whelpdale senioris, et pro predictis burgagiis sic emptis et perquisitis finis fuit levatus coram justic*iariis* domini Ricardi episcopi Dunelm' ad assis*am* tent*am* apud Dunelm' die (*Incomplete*) (*Milburngate 12*)

57a. Quorum quidem vij burgagiorum primum dimittitur Georgio Smorthwate et reddit per annum – xxs.

57b. Secundum vero in tenura Johannis Wardale et reddit per annum – xiij s. iiij d.

57c. Tercium in tenura Willelmi Eme et reddit per annum – viij s.

57d. De Johanne Blunt pro una shopa ibidem et reddit per annum – vj s. viij d.

57e. Quartum burgagium cum shopa est in tenura Johannis Colt et reddit per annum – viij s.

57f. Quintum burgagium in tenura Johannis Blunt et reddit per annum – xviij s.

57g. Sextum burgagium in tenura Johannis Neyle et reddit per annum – viij s.

57h. Septimum burgagium in tenura Willelmi Owrefeld et reddit per annum – viij s.

57i. De Johanne Pryour pro una shopa ibidem et reddit per annum – vj s.

Pars australis super pontem de Framwelgate

58. De iiij^or burgagiis ibidem simul jacentibus quondam dicti Willelmi Whelpdale[20] nuper emptis et perquisitis de prefatis Willelmo Stokdale et Sibella uxore sua, Isabella Whelpdale et Margareta Whelpdale filiabus et heredibus dicti Willelmi Whelpdale junioris, pro quibus vero burgagiis finis fuit levatus coram justic*iariis* domini episcopi Dunelm' apud Dunelm' ut supra, etc. (*Milburngate 13*)

---

19 A later hand has interlineated *usque huc.*
20 A later hand has interlineated *usque huc.*

58a. Quorum quidem iiijᵒʳ burgagiorum, primum est in tenura Johannis Colson et reddit per annum – xxj s.

58b. Secundum burgagium in tenura Thome Gilforth et reddit per annum – vj s.

58c. Tercium burgagium in tenura Roberti Harvy et reddit per annum – vj s. viij d.

58d. Quartum burgagium in tenura Johannis Bates et reddit per annum – ix s.

fo. 23v

Venellum commune ducens ad Wyram

59. De Radulpho Bowes milite pro j burgagio vasto jacenti juxta communem furnum et reddit per annum – vij d. (*Milburngate 14*)

60. De elemosinario Dunelm' pro j burgagio ibidem cum uno furno et reddit per annum – vj d.[21] (*Milburngate 15*)

61. De Roberto Selby pro uno burgagio quondam Willelmi Whelpdale senioris nuper perquisito et empto de Willelmo Stokdale et Sibilla uxore sua et sororibus suis ut supra, pro quo burgagio finis levatus[22] est coram justic*iariis* domini episcopi apud Dunelm' ut supra et reddit per annum – xxxiij s. iiij d. (*Milburngate 16*)

Pars orientalis de Southstrete

62. De uno burgagio vasto ibidem quondam Thome Billyngham et nunc impetrato imperpetuum de Cuthberto Billyngham, modo edificato tamen extra tenentem,[23] quod reddit eidem Cuthberto pro libera firma iiij d. et non facit sectam curie – (*Blank*) (*South Street 1*)

63. De procuratore capelle Sancte Margarete in Dunelm' pro ij burgagiis ibidem simul jacentibus et reddunt per annum – ij d. ob. (*South Street 2*)

64. De elemosinario Dunelm' pro j burgagio ibidem et reddit per annum – ij d. (*South Street 3*)

65. De fratribus gilde Corporis Christi pro j burgagio ibidem et reddit per annum – sectam curie (*South Street 4*)

66. De procuratore capelle Sancte Margarete in Dunelm' pro j burgagio ibidem per annum – ij d. (*South Street 5*)

67. De capellano cantarie Beate Marie in capella Sancte Margarete pro uno burgagio ibidem per annum – ij d.[24] (*South Street 6*)

---

21 A later hand has added *Elemosinarius* in the left-hand margin.

22 MS *leuit'*.

23 This seems to mean that Cuthbert Billingham held this property without a subtenant to occupy the building on it.

24 This entry is an afterthought, squeezed in between the ones above and below.

68. De Willelmo Jonson pro j burgagio modo in uno tenemento et
     reddit per annum – vj s., quondam vij s. (*South Street 7*)
69. De Thoma Randson pro j burgagio ibidem per annum – xiij s. iiij
     d., quondam nisi xij s. (*South Street 8*)
70. De hostillario Dunelm' pro uno burgagio vasto ibidem per annum
     – secta curie (*South Street 9*)
71. De Hugone Kelynghall pro ij burgagiis ibidem et reddunt per
     annum sectam curie (*South Street 10*)
72. De Willelmo Smethers pro uno burgagio ibidem quondam Thome
     Doddyngton et reddit per annum sectam curie – secta curie (*South
     Street 11*)

Commune venellum ad fontem quemdam vulgariter vocatum Saynt Elyn Well'

73. De hered' Ricardi Baynbryg pro j burgagio ibidem quondam
     Roberti Menvile et reddit per annum – xij d. (*South Street 12*)

fo. 24

74. De capellano cantarie Beate Marie in ecclesia Sancti Oswaldi in
     Dunelm' pro uno burgagio ibidem et reddit per annum – iij d.
     (*South Street 13*)
75. De communiario Duenelm' pro uno burgagio ibidem per annum
     – iij d.[25] (*South Street 14*)
76. De Johanne Pottes pro uno burgagio vasto quondam Johannis
     Prowde quod reddere solebat per annum xij d. et pro ij burgagiis
     vastis quondam Roberti Menuell et reddere solebant per annum
     sectam curie ac uno burgagio vasto quondam dicti Roberti
     Menuell, quod reddere solebat per annum xiiij d., modo seisit*is*
     in manus domini pro defectu solucionis liberi redditus et non
     facien*di* sectam curie, et modo sunt conjunctim in uno gardino et
     reddunt per annum – xij d. \Memorandum quod Robertus Baxter
     est burgensis per dictum burgagium Johannis Pottez/ ‖Nota hic
     pro Roberto Baxter‖ (*South Street 15*)
77. De eodem Johanne Pottez pro iij burgagiis simul jacentibus modo
     in una clausura vocata Qwarell Close quondam Willelmi Whelp-
     dale senioris emptis et perquisitis ut supra et reddit per annum – iij
     s. (*South Street 16*)
78. De Thoma Forest pro uno burgagio modo existenti in uno gardino
     quondam Roberti Lewyn et reddit per annum – iiij d.[26] (*South
     Street 17*)

---

25 A later hand has added in the *communiarius* in the left-hand margin.
26 A later hand has added in the what may be *Rob John* in the left-hand margin.

79. De Roberto Wharrom pro ij burgagiis simul jacentibus et nunc in uno pomario per annum – vij d.[27] (*South Street 18*)

80. De Radulpho Melot armigero pro uno burgagio ibidem jure uxoris sue filie Roberti Eure modo existenti in uno orto et reddit per annum – iij d. ob. (*South Street 19*)

81. De elemosinario Dunelm' pro uno burgagio ibidem modo existenti in uno orto et reddit per annum – iij d. (*South Street 20*)

82. De capellano cantarie Beate Marie in capella Sancte Margarete pro uno burgagio ibidem per annum – j d. (*South Street 21*)

83. De eodem pro ij burgagiis ibidem modo existentibus in uno orto et reddunt per annum – v d. (*South Street 22*)

84. De Radulpho Melott armigero pro uno burgagio ibidem jure uxoris sue predicte filie dicti Roberti Eure et reddit per annum – v d. ob. (*South Street 23*)

Via que ducit[28] ad molendinum prioris Dunelm'

85. De cellerario Dunelm' pro uno orto ibidem vocato Bottlyng abbuttanti ad unam[29] fraxinum crescentem extra sepem dicte clausure et reddit per annum – iij d. (*South Street 24*)

86. De bursario Dunelm' pro una clausura abbuttanti super stagnum molendini prioris Dunelm' nunc voca*ta* Welbankes[30] et abbutt*anti* super quemdam rivulum currentem (*Erasure of 4 cm.*) et quarreram ibidem et reddit per annum sectam curie – secta curie[31] (*South Street 25*)

fo. 24v

87. De bursario Dunelm' pro una clausura vocata Goysecroft per annum – secta curie (*South Street 28*)[32]

88. De elemosinario Dunelm' pro una clausura ibidem jacenti ex posteriore parte unius oxhows pertinentis sacriste Dunelm' et reddit per annum – sectam curie (*South Street 29*)

89. De uno orrio pro feno ibidem custodiendo et uno alio tenemento ibidem existenti in manus sacriste – (*Blank*) (*South Street 30*)

---

27 A later hand has added in the margin *Jo Leghe* in the left-hand margin.

28 MS *ducet*.

29 MS *unum*.

30 This is altered in another hand to *Wherrelbankes*.

31 A later hand has added in the left-hand margin *Nota*.

32 South Street 26 and 27 are not found in the rental. The former was another Ferthyngcroft, for which in 1501 the bursar and cellarer owed a rent of 1s 2d a year to the almoner; the latter was a meadow above Whitepost Quarry: M. Camsell, The Development of a Northern Town in the Later Middle Ages: the City of Durham, c.1250–1540, 3 vols (D. Phil. dissertation, University of York, 1985), II, pp. 184–5.

90. De uno burgagio vasto jacenti ad finem australem orrii predicti infra dictam clausuram elemosinarii et reddit per annum – (*Blank*) (*South Street 31*)

91. De heredibus[33] Johannis Dawtre pro iiij^{or} burgagiis simul jacentibus cum uno columbare et reddunt sectam curie (*South Street 32*)

Burgagia adjacencia super Belassys cum pratis et selionibus jacentibus ibidem incipiendo ad finem australem de lez Awmenerbarnes[34]

92. De elemosinario Dunelm' pro ij burgagiis et iiij^{or} silionibus jacentibus juxta murum gardini cujusdam tenementi sui vocati Awmenerbarnes et abbuttant super le grene versus orientem[35] et reddunt per annum – v d.

93. De cantaria Beate Marie in capella Sancte Margarete in Dunelm' pro j burgagio et ij selionibus ibidem jacentibus juxta elem<o>s' ex parte australi et abbuttant super le greyne et reddunt per annum – j d.

94. De cantaria Beate Marie Virginis in ecclesia Sancti Oswaldi juxta Dunelm' pro j burgagio et iij selionibus ibidem et abbuttant super le greyne et reddunt per annum – iij d.

95. De heredibus Johannis Hoton armigeri pro j burgagio et iiij^{or} selionibus ibidem et abbuttant super le greyne et reddunt per annum – ij d.

96. De Johanne Rakett pro j burgagio et ij selionibus cum uno le hedeland jacenti ibidem inter burgagium et seliones et abbuttant super le greyne et reddunt per annum – v d.

97. De Radulpho Bowes milite pro ij burgagiis et ij selionibus ibidem

---

33 MS *hered'*, pluralized here and in item 127 on the evidence of item 50.

34 Brian Cheesman has suggests to me that Bellasis comprised 'the fields bounded (anticlockwise) by Potters Bank, Quarry Heads Lane, Margery Lane, Clay Lane up to the point west of the Observatory where it turns sharply west, and the field boundary continuing south-east as far as Potters Bank, probably a stream line at one time'. This area has a smooth continuous boundary reminiscent of other Durham farms carved out of moorland. He also suggests that Almoners Barns stood at the corner of Quarryheads Lane and Margery Lane, where Durham School now stands. The rental implies that Almoners Barns stood in a walled garden.

35 The fourteen burgages and other properties of this section have not been located sufficiently reliably to be mapped. They adjoined the Almoners Barns garden to the south, and so probably stood towards the northern end of what is now Quarryheads Lane along the western side, which now forms part of the site of Durham School. The rental implies that they opened directly onto the green, which was to the east of them (Item 92). The relationship between the green, the lane and the boundaries of South Street burgages 28–32 (in what is now Pimlico) is unclear.

cum j hedeland inter burgagia et seliones et abbuttant super le grene et reddunt per annum – v d. ob.

98. De capellano cantarie Sancte Katerine in ecclesia Sancte Marie in ballio boriali Dunelm' pro ij burgagiis et ij selionibus cum j hedeland \jacenti/ inter selliones et burgagium predictum[36] et abbuttant super le greyne et reddunt per annum – v d. ob.

99. De cantaria Beate Marie Virginis in capella Sancte Margarete in Dunelm' pro j burgagio et iij selionibus cum j hedeland jacenti inter burgagium predictum et seliones et abbuttant super le greyne ut supra versus orientem et ultra montem[37] usque ad moram versus occidentem et reddunt per annum – iij d. ob.

fo. 25

100. De heredibus Johannis Hoton pro j burgagio et iij silionibus ibidem cum j hedeland jacenti inter burgagium et seliones predictas et abbuttant super le grene ut supra et ultra montem usque ad moram versus occidentem et reddunt per annum – iij d. ob.

101. De fratribus gilde Sancti Cuthberti in Galilea Dunelm' pro ij burgagiis et iiij[or] selionibus cum j hedeland jacenti inter burgagia et seliones predictas et abbuttant super le greyne et finiant ad cacumen montis usque occidentem et reddunt per annum – iij d. ob.

102. De tribus selionibus arabilibus abbuttantibus super altam stratam regiam versus orientem cum j hedeland inter dictas seliones et altam stratam et terminantur ad summitatem montis versus occidentem et nihil reddunt per annum – in man*us* sacriste

103. De Johanne Rakett pro ij buttez continentes inter se j rodam prati et terminantur ad altam stratam versus orientem et ad ij longas seliones pertinentes sacriste Dunelm' ascendend*o* ultra montem usque ad moram cum j hedeland inter predict' buttez et altam stratam et reddunt per annum – ij d.

104. De bursario Dunelm' pro xvj buttez ibidem jacentibus versus austrum et boriam[38] cum j hedeland ad finem borialem et pro iiij[or] selionibus ascendentibus a predictis xvj buttez usque ad cacumen montis et reddunt per annum – vij d.

105. De ij selionibus ibidem jacentibus ex parte australi predictorum iiij[or] selionum que pertinent conjunctim et diversim sacriste et bursario, quorum inferior medietas pertinet ad sacristam predictum et superior medietas ad bursarium, et dividuntur in medio extransverso apud quoddam frutectum spinarum – (*Blank*)

---

36 MS *burg' predictum*. This should presumably be *burgagia predicta*.
37 Perhaps Observatory Hill.
38 MS *borial'*.

106. De xj buttes pertinentibus sacriste et abbuttant super altam stratam versus orientem, quarum quatuor eorum sunt curte et septem sunt longiores, et jacent inter terras gilde Sancti Cuthberti ex parte australi et terras bursarii ex parte boriali et nichil reddunt[39] eo quod reservantur in manu sua propria etc. – (*Blank*)

107. Memorandum quod gilda Sancti Cuthberti et sacrista Dunelm' habent unum parvum pratum iuxta regiam stratam inter se divisim[40] per duos lapides fixos in terra, et dicta gilda reddit per annum pro part sua dicti prati (*2 cm.*) et pars sacriste dicti prati reservatur in manu sua propria– (*Blank*)

108. De fratribus gilde Sancti Cuthberti pro una magna pecia terre triangulari continenti[41] quinque acras ascendendo a predicto parvo prato usque ad montem, jacenti inter terras sacriste Dunelm' ex utraque parte ad finem orientalem et terras bursarii et sacriste ad finem occidentalem et reddit per annum – (*Blank*)[42]

fo. 25v

109. De eisdem fratribus pro una acra terre jacenti ibidem versus austrum et boriam[43] juxta altam stratam et reddit per annum – (*Blank*)

110. De iiij[or] selionibus pertinentibus sacriste Dunelm' jacentibus ibidem versus austrum et boriam inter terras gilde Sancti Cuthberti ex parte orientali et terram heredum Johannis Hoton ex parte occidentali et reservantur in manu sua propria – (*Blank*)

111. De quindecim selionibus pertinentibus sacriste Dunelm' in una magna pecia et ascendentibus usque ad moram versus occidentem[44] jacentibus inter terram heredum Johannis Hoton ex parte australi et terram gilde Corporis Christi ex parte boriali et reserva<n>tur in manu dicti sacriste – (*Blank*)

112. De heredibus Johannis Hoton pro x selionibus continentibus per estimacionem duas acras et dimidiam jacentibus versus orientem et occidentem inter terras sacriste Dunelm' ex utraque parte et reddunt per annum – (*Blank*)

113. De viij selionibus pertinentibus sacriste Dunelm' jacentibus versus orientem et occidentem inter terras heredum Johannis Hoton ex parte australi et boriali et reservantur in manu dicti sacriste – (*Blank*)

---

39 MS *reddant*.
40 Probably for *divisum*.
41 MS *continente*.
42 Brian Cheesman suggests that this corresponds to a field on the edge of Bellasis, stretching from Potters Bank up to the Observatory.
43 MS *borialem*.
44 MS *occidentalem*.

114. De heredibus Johannis Hoton pro una magna pecia terre jacenti in xiij selionibus continentibus inter se per estimacionem tres acras et dimidiam et jacent versus[45] orientem et occidentem ad australem partem de Belassys inter moram et terram sacriste Dunelm' et reddunt per annum – (*Blank*)

115. De eisdem heredibus Johannis Hoton pro x selionibus continentibus per estimacionem duas acras et dimidiam jacentibus versus austrum et boriam inter terras sacriste ex parte occidentali et fines terrarum dicti sacriste et dictorum heredum ex parte orientali et reddunt per annum – (*Blank*)

116. De una magna pecia terre pertinenti[46] sacriste jacenti versus austrum et boriam inter moram et occidentalem[47] et terram predictorum heredum et reservatur in manu dicti sacriste – (*Blank*)

117. De fratribus gilde Corporis Christi pro ix selionibus continentibus per estimacionem duas acras et dimidiam jacentibus super cacumen montis inter xv seliones sacriste Dunelm' ex parte australi et ij seliones dicti sacriste ex parte boriali, abbuttantibus super moram ad finem occidentalem et terram gilde Sancti Cuthberti et terram bursarii ad finem orientalem et reddunt per annum – (*Blank*)

118. De eisdem fratribus pro viij silionibus supra montem abbuttantibus super moram ad occidentem et super iiij[or] seliones gilde Sancti Cuthberti ad finem orientalem, jacentibus inter terram sacriste ex parte australi et terras heredum Johannis Hoton ex parte boriali et reddunt per annum – (*Blank*)

fo. 26

119. De elemosinario Dunelm' pro Holcroft, Coddesley et Westorchard per annum – iij s. j d.[48]

---

45 MS *usque*.

46 MS *pertinente*.

47 There is confusion here. Analogy with the previous property suggests amending *et occidentalem* to *ex parte occidentali*, and understanding *ex parte orientali* after *terram predictorum heredum*.

48 Coddesley lay beyond the end of Crossgate, beside Crossgate Peth. A property was described in 1315 and 1316 as lying adjacent to both Coddesley and to the road to Bearpark (4.2.Elem.5a; Misc. Ch. 1989), and in 1348–9 another property in Coddesley lay beside the road leading from Allergate to Bearpark (4.18. Spec.33; 4.18.Spec.92). The Westorchard 'divided the tenements of Crossgate from those of South Street beyond it. It was walled round, and a vennel led from Crossgate to the gate of this orchard': Camsell, 'Development', II(a), p. 46.

Lymekylnegate[49]

120. De Radulpho Bowes milite pro viij burgagiis simul jacentibus in una clausura quondam Isabelle Payntour et reddunt per annum – xxiij d. (*South Street 34*)

121. De communiario Dunelm' pro ij burgagiis et reddunt per annum – x d.[50] (*South Street 35*)

122. De Radulpho Bowes milite pro iij burgagiis ibidem et reddunt per annum – vj d. (*South Street 36*)

123. De cantaria Beate Marie in capella Sancte Margarete pro uno burgagio modo in uno gardino et reddit per annum – j d. ob. (*South Street 37*)

Pars occidentalis de Sowthstrete triangular*is*

124. De uno burgagio pertinenti sacriste Dunelm' nuper in tenura Laurencii Toller quod reddere solebat per annum viij d. modo nichil quia in manu sacriste – (*Blank*) (*South Street 38*)

125. De iiij[or] burgagiis simul jacentibus in una clausura, quorum ij abbuttant super pundfald et alia ij super altam stratam cum ij selionibus abbuttantibus super ij burgagia cellerarii Dunelm' retro, modo existen*tibus* in una clausura,[51] que reddere solebant per annum xix d. ob., nichil hoc anno quia in manu sacriste. (*South Street 39*)

126. De cellerario Dunelm' pro ij burgagiis modo in iiij[or] tenementis et bene edificatis per dominum Georgium Cornforth quondam cellerarium Dunelm' et reddunt per annum – vj d. (*South Street 40*)

127. De heredibus Johannis Dawtry pro uno burgagio ibidem et reddit per annum – iij d. (*South Street 41*)

128. De eisdem heredibus pro j burgagio ibidem et reddit per annum – j d. ob. (*South Street 42*)

129. De communiario Dunelm' pro ij burgagiis modo existentibus in tribus tenementis et reddunt per annum – iiij d. (*South Street 43*)

130. De elemosinario Dunelm' pro j burgagio modo existenti in ij tenementis et redd*i*t per annum – iij d. ob. (*South Street 44*)

131. De fratribus gilde Corporis Christi pro ij burgagiis simul jacentibus modo in j orto et reddunt per annum – ij d. (*South Street 45*)

132. De Radulpho Melott pro uno burgagio modo in uno orto quod habet jure uxoris sue et reddit per annum – j d. (*South Street 46*)

---

49 Lymekylnegate is the modern Grove Street.

50 A later hand has added in the right-hand margin *communiarius*.

51 Since the cellerar's two burgages (item 124) were divided into four tenements rather than combined into a close, the manuscript's *modo existent' in vna clausura* in item 123 seems to be a repetition of what has already been said about the four burgages.

133. De Willelmo Richardson marcer' pro uno burgagio quondam Johanne Lilburne filie et heredis[52] Johannis Pollard et reddit per annum j d. (*South Street 47*)

134. De iij burgagiis ibidem que quondam fuerunt Willelmi Whelpdale senioris vastis emptis et perquisitis de Willelmo Stokdale et Sibella uxore sua, Isabella Whelpdale et Margareta Whelpdale filiabus et heredibus Willelmi Whelpdale junioris filii et heredis Willelmi Whelpdale senioris et pro predictis burgagiis sic emptis et perquisitis finis fuit levatus coram justic*iariis* domini episcopi Dunelm' ad assis*am* tent*am* apud Dunelm' etc. que solebant reddere per annum vij d. et modo edific*antur* per sacristum in tribus tenementis et reddunt per annum – xiiij s.[53] (*South Street 48*)

fo. 26v

135. De Willelmo Richardson marcer' pro j burgagio quondam Johanne Lilburne filie et heredis Johannis Pollard et reddit per annum – ij d. (*South Street 49*)

136. De Rollando Henryson de villa Novicastri super Tynam pro uno burgagio quod habet jure uxoris sue filie et heredis quondam Johannis Fyssher et modo existenti in uno orto et reddit per annum – ij d. (*South Street 50*)

137. De Radulpho Melott pro uno burgagio quondam Roberti Paytson modo existenti in uno orto et reddit per annum – j d. (*South Street 51*)

138. De eodem Radulpho pro uno burgagio ibidem quondam dicti Roberti modo existenti in uno orto et reddit per annum – iij d. (*South Street 52*)

139. De cantaria Beate Marie in capella Sancte Margarete pro j burgagio ibidem per annum – ij d. (*South Street 53*)

140. De fratribus gilde Corporis Christi pro j burgagio ibidem et reddit per annum – ij d. (*South Street 54*)

141. De capellano Beate Marie in capella Sancte Margarete pro tribus burgagiis modo edificatis in tribus tenementis et reddunt per annum – vj d. (*South Street 55*)

142. De communiario Dunelm' pro una clausura vocata Shepehirdclose quondam Willelmi Whelpdale senioris empta et perquisita ut supra et reddit per annum – xij d.[54] (*South Street 56*)

143. De Radulpho Bowes milite pro ij burgagiis simul jacentibus modo existentibus in uno orto et reddunt per annum – iiij d. ob. (*South Street 57*)

---

52 MS *filia et herede.*
53 A later hand has added in the right-hand margin what may be *Nota.*
54 A later hand has added in the left-hand margin *communiarius.*

144. De communiario Dunelm' pro j burgagio ibidem et alio burgagio ibidem quondam Dunelm'[55] modo edificatis in uno tenemento, quorum primum burgagium reddit per annum v d. et aliud burgagium reddit per annum j d. ob. – vj d. ob.[56] (*South Street 58*)

145. De cantaria Beate Marie Virginis in capella Sancte Margarete in Dunelm' pro j burgagio ibidem ad orientalem partem capelle Sancte Margarete modo existenti in una[57] domo pro pauperibus hospit*ibus* et reddit per annum – iiij d. ob. (*South Street 59*)

146. De eodem capellano pro iij burgagiis ibidem simul jacentibus et reddunt per annum – vij d. (*South Street 60*)

Pars australis de Crosegate

147. De relicta Roberti Pateson pro ij burgagiis ibidem simul jacentibus et modo edificatis in uno domo et reddunt per annum – vj d.[58] (*Crossgate 17*)

148. De fratribus gilde Corporis Christi pro j burgagio ibidem et reddit per annum – vj d. (*Crossgate 18*)

149. De uno burgagio vasto cum gardino pertinenti sacriste ibidem quod reddere solebat per annum viij d. cum j d. reddito per Willelmum Richardson pro eo quod inclusit \ad/ burgagium predicte gilde quamdam parcellam dicti burgagii et reddit per annum – ix d. (*Crossgate 19*)

fo. 27

150. De fratribus gilde Sancti Cuthberti pro ij burgagiis ibidem et reddunt per annum – sectam curie (*Crossgate 20*)

151. De heredibus Johannis Hoton pro uno burgagio ibidem et reddit per annum – sectam curie (*Crossgate 21*)

152. De Agnete relicta[59] Johannis Henryson barker' pro j burgagio ibidem jure dicti Johannis et reddit per annum – sectam curie (*Crossgate 22*)

153. De fratribus gilde Sancti Cuthberti pro ij burgagiis simul jacentibus et edificatis in ij tenementis et reddunt per annum – sectam curie (*Crossgate 23*)

---

55 There is some error in the text here; perhaps the title of one of the priory's obedientiaries has dropped out.

56 A later hand has added in the left-hand margin *communiarius*.

57 MS *vno*.

58 A later hand has interlineated *gilda Sancte Margarete* above *ij burgagiis ibidem*.

59 MS *relicte*.

Venellum commune ducens ad murum orti cellerarii vulgariter vocati Westorchard'[60]

154. De communiario Dunelm' pro ij burgagiis ibidem edificatis, quorum primum reddit ij d. per annum et secundum reddit per annum j d. ob. – iij d. ob.[61] (*Crossgate 24*)

155. De capellano cantarie Beate Marie in capella Sancte Margarete in Dunelm' pro uno burgagio et reddit per annum – j d. (*Crossgate 25*)

156. De communiario Dunelm' pro ij burgagiis simul edificatis in uno tenemento,[62] quorum primum reddit per annum j d. ob. et secundum reddit per annum v d. ob. – vij d.[63] (*Crossgate 26*)

157. De fratribus gilde Corporis Christi pro j burgagio ibidem et reddit per annum – j d. ob. (*Crossgate 27*)

158. De communiario Dunelm' pro iij burgagiis simul edificatis in ij tenementis, quorum primum reddit per annum ij d., secundum reddit per annum ij d., et iij reddit per annum j d. ob. – v d. ob.[64] (*Crossgate 28*)

159. De fratribus gilde Sancte Margarete pro iij burgagiis simul edificatis in duobus tenementis, quorum primum reddit per annum ij d., secundum reddit per annum j d. ob., et tercium reddit per annum iij d. ob. – vij d.[65] (*Crossgate 29*)

160. De fratribus gilde Beate Marie in capella Sancte Margarete pro uno burgagio ibidem quondam Johannis Smyth capellani et reddit per annum – ij d. ob. (*Crossgate 30*)

161. De fratribus gilde Sancti Cuthberti pro j burgagio vasto modo existenti in uno orto et reddit per annum – ij d. (*Crossgate 31*)

162. De heredibus Willelmi Hagthorp pro j burgagio ibidem vasto et reddit per annum – ij d. (*Crossgate 32*)

163. De uno burgagio ibidem vasto pertinenti sacriste Dunelm' et reddit per annum – j d. (*Crossgate 33*)

164. De elemosinario Dunelm' pro iiij[or] burgagiis simul edificatis in duobus tenementis, quorum primum reddit per annum j d., secundum reddit per annum j d., tercium reddit per annum j d., et quartum reddit per annum j d. – iiij d. (*Crossgate 34*)

165. De j burgagio \vasto/ ibidem pertinenti sacriste Dunelm' modo existenti in uno orto per quod Willelmus Waynman est burgensis et reddit per annum – vj d.[66] (*Crossgate 35*)

---

60 Grape Lane, as on the maps of Foster (1754) and Wood (1820).
61 A later hand has added in the right-hand margin *communiarius*.
62 MS *vnum ten'*.
63 A later hand has added in the right-hand margin *communiarius*.
64 A later hand has added in the right-hand margin *communiarius*.
65 A later hand has added in the right-hand margin *gilda Sancte Margarete*.
66 A later hand has added in the right-hand margin *R Bullok*.

fo. 27v

166. De communiario Dunelm' pro iij burgagiis simul edificatis in tribus tenementis et reddunt per annum – iij d. ob. (*Crossgate 36*)

167. De capellano cantarie Sancte Katerine in ecclesia Beate Marie in ballio boriali Dunelm' pro iij burgagiis simul jacentibus in una clausura vocata le Ferthyng Close et reddunt per annum – viij d. (*Crossgate 37*)

Extra villam inter ortum cellerarii et Sandypeth'[67]

168. De communiario Dunelm' pro una clausura vocata Farthyng Croft cum una acra terre vocata Sclater Acr' et reddunt per annum – xvj d.[68]

169. De Hugone Kelynghall pro ij burgagiis simul jacentibus in una clausura et reddunt per annum – viij d. ob.

Pars borialis de Crosegate

170. De magistro hospitalis de Kepeyere pro ij burgagiis vastis simul jacentibus in una clausura et reddunt per annum – iiij d. ob. (*Crossgate 38*)

171. De communiario Dunelm' pro vj burgagiis simul jacentibus in una clausura vocata Colvelclose, quorum duo reddunt per annum vj d., tercium reddit per annum ij d., quartum et quintum reddunt per annum j d. ob, et sextum reddit per annum xij d. – xxj d. ob. (*Crossgate 39*)

172. De uno burgagio vasto ibidem pertinenti sacriste Dunelm' quondam Willelmi Whelpdale senioris empto et perquisito de Willelmo Stokdale et Sibilla uxore sua ut supra et reddit per annum – j d. (*Crossgate 40*)

173. De capellano cantarie Sancte Katerine in ecclesia Beate Marie in ballio boriali Dunelm' pro j burgagio ibidem vasto jacenti in le Tenturclosse et reddit per annum – vj d. (*Crossgate 41*)

174. De capellano cantarie Beate Marie in ecclesia predicta pro ij burgagiis simul jacentibus in dicta clausura vocata Tenturclosse et reddunt per annum – vj d. (*Crossgate 42*)

---

67 Sandypeth is the present Crossgate Peth, a westward continuation of Crossgate. In 1323 a charter describes two parcels of arable land as lying at the end of Crossgate between the road behind the Westorchard and the road to Neville's Cross, which is glossed in an endorsement as land lying beside Sandepeth 'ad exitum de Crossgate' (Misc. Ch. 1976). On Foster's map of 1754 this road is called simply 'Road to Nevil's Cross Aldridge &c'.

68 Slater Acre was described in 1307 as an acre of land in the Old Borough lying next to the road to Brancepeth (Misc. Ch. 1986), in 1386 as lying next to the road to Neville's Cross (Misc. Ch. 1963), and in 1482 as lying to the south of the road called Sandypeth (Communar's Rental and Rentbooks, fo. 56).

175. De uno burgagio vasto pertinenti sacriste Dunelm' quondam Willelmi Whelpdale senioris nuper perquisito et empto de Willelmo Stokdale et Sibilla uxore sua etc. pro quo finis levata[69] est coram justic*iariis* domini episcopi Dunelm' ad assis*am* tenta*m* apud Dunelm' etc. et reddit per annum – sectam curie (*Crossgate 43*)

fo. 28

Framwelgate[70]

176. De Roberto Thomson pro uno tenemento jacenti in Framwelgate super Westrawe inter tenementum elemosinarii Dunelm' ex parte australi et tenementum bursarii Dunelm' ex parte boriali et reddit per annum cum ij s. \iiij d./ debitis here*di* Johannis Catrike \pro libera firma/ et j d. domino episcopo pro landmale – viij s.

177. De Thoma Wilyamson capellano pro una camera supra eundem tenementum per annum – iij s. iiij d.

178. De Ricardo Marley pro uno tenemento jacenti super Estrawe inter tenementum Roberti Lewyn ex parte australi et tenementum sacriste ex parte boriali et reddit per annum cum iiij s. solutis Hugoni Kelynghall pro libera firma et j d. ob. domino episcopo pro landmale et pro medowmale xiiij d. – xviij s.

179. De Thoma Forest pro j tenemento jacenti inter tenementum sacriste ex parte australi et tenementum gilde Sancte Margarete ex parte boriali et reddit per annum cum iiij s. solutis heredibus Johannis Hoton pro libera firma et episcopo Dunelm' pro landmale j d. ob. et pro medowmale xiiij d. – xxvj s. viij d.

180. De Thoma Wilkynson pro j tenemento jacenti inter tenementum gilde Sancte Margarete ex parte australi et tenementum Roberti Hogeson ex parte boriali et reddit per annum cum ij s. solutis relicte Roberti Cokyn pro libera firma et episcopo Dunelm' pro landmale j d. ob. et pro medowmale vij d. – xiij s. iiij d.

181. De uno tenemento nuper in tenura Roberti Ferrour jacenti inter tenementum Johannis Rakett ex parte australi et tenementum Roberti Lewyn ex parte boriali et reddit per annum cum j d. ob. solutis episcopo Dunelm' pro landmale et vij d. pro medowmale – xiiij s., quondam xvj s.

182. De Ricardo Glover pro j tenemento jacenti inter tenementum cantarie Beate Marie Virginis in ecclesia Sancti Nicholai Dunelm' ex parte australi et tenementum sacriste ex parte boriali et reddit per annum cum j d. ob. solutis episcopo Dunelm' pro landmale et vij d. pro medowmale – viij s., quondam x s.

---

69 MS *leuit'*.

70 Framwelgate was beyond the borough of Crossgate, and belonged to the bishop of Durham's borough: Camsell, Development, II, p. 307.

183. De Roberto Androson pro j tenemento jacenti inter tenementum sacriste ex parte australi et tenementum Roberti Lewyn ex parte boriali et reddit per annum cum j d. ob. solutis episcopo Dunelm' pro landmale et vij d. pro medowmale – viij s., quondam x s.

184. De Thoma Blunt pro duobus tenementis simul jacentibus inter tenementum Roberti Lewyn ex parte occidentali et tenementum Thome Farrour ex parte orientali et reddunt per annum cum j d. soluto episcopo Dunelm' pro landmale – ix s.

185. De Thoma Forest pro j burgagio modo in una clausura jacenti in Sidegate inter burgagium Radulphi Bowes ex parte occidentali et abbuttat super burgagium Roberti Lewyn ex parte australi usque ad Wyram et sic ut Wyra currit ad fossatum Cuthberti Billyngham ex parte boriali et ascendendo usque ad sepem ejusdem Cuthberti et sic discendendo usque ad unam[71] fraxinum et ascendendo ex parte orientali usque ad altam viam et reddit per annum – iij s. viij d., quondam iiij s.

fo. 28v

186. De Thoma Stevenson pro uno tenemento jacenti coram cruce ad finem de Framwelgate inter venellum quod[72] ducit ad campum Cuthberti Billyngham ex parte occidentali et terram predicti Cuthberti ex parte boriali et ex parte orientali et reddit per annum – xxij s., quondam xxiiij s.

‖Fleshewergate‖[73]

187. De Willelmo Elryngton pro libera firma exeunti de uno tenemento jacenti in Flesshwergate inter tenementum cantarie Sancte Trinitatis ex parte boriali et tenementum Radulphi Bowes ex parte australi modo in tenura (*Blank*) – ij s.

188. De capellano cantarie Sancti Johannis Baptiste in ecclesia Sancti Nicholai in Dunelm' pro libera firma exeunti de uno tenemento jacenti in Flesshwergate inter tenementum Roberti Lewyn ex parte boriali et tenementum Roberti Fenwyke ex parte australi – v s. vj d.

‖Sadlergate‖[74]

189. De capellano cantarie Sancte Trinitatis in ecclesia Sancti Nicholai in Dunelm' pro libera firma exeunti de uno tenemento in Sadlergate jacenti inter tenementum ejusdem capellani ex parte boriali et commune venellum ducens ad le moyte ex parte australi – ij s.

---

71 MS *vnum*.

72 MS *que*. The clerk has a clear preference for *venellum*, but also uses *venella* (item 193).

73 This short length of street joined the market to Sadlergate.

74 Now the southern part of Saddler Street.

190. De Ricardo Richardson pro uno tenemento jacenti ibidem inter commune venellum ex parte boriali et tenementum domini de Lomley ex parte australi et reddit per annum cum ix d. solutis domino episcopo Dunelm' pro landmale et ij d. pro lic' le mote[75] – xvj s. viij d., quondam xxvj s. viij d.

191. De bursario Dunelm' pro libera firma exeunti de uno tenemento cum cellario et solario super edificato ad occidentale[76] capud novi pontis in Sadlergate jacenti inter tenementum Thome Warwyk ex parte australi et tenementum Thome Marshall ex parte boriali et reddit per annum – v s.[77]

192. De Ricardo Menvile pro una clausura jacenti ex parte boriali Wyre inter unam parvam clausuram pertinentem capellano cantarie Sancti Johannis Baptiste in ecclesia Sancti Nicholai ex parte occidentali et unam clausuram pertinentem capellano cantarie Sancte Katerine in ecclesia Beate Marie Virginis in ballio boriali ex parte orientali et abbuttat super gardinos pertinentes tenentibus de Clayporth' ex parte boriali et una pars est longior quam alia pars[78] et abbuttat super Wyram ex parte australi et reddit per annum – xiij s. iiij d.

‖Clayporth'‖[79]

193. De capellano cantarie [Johannis Baptiste] \\Nicholai episcopi// in ecclesia Sancti Nicholai in Dunelm' pro una clausura modo vocata Vyverclose jacenti in Clayporth in Dunelm' ex parte occidentali cujusdam venelle vocate Kylne Chare modo vocate Wodmouce Chare ducentis a Clayporth versus Kepeyere, et dicta clausura abbuttat super croftum quondam custodis cantarie Sancti Jacobi super pontem de Eluet ad finem borialem et super unum burgagium Johannis Rakett ad finem australem, (fo. 29) et a dicta venella versus occidentem usque fossatam del orchard modo vocat' Shakelokclosse ascendent' per dictam fossatam usque finem gardini dicti burgagii pertinentis Johanni Rakett et reddit per annum – ix s.

194. De j burgagio pertinenti gilde Sancti Cuthberti quondam Hugonis Yelmond[80] jacenti ex australi parte de Clayporth' inter tenementum magistri de Kepe$ere ex parte orientali et tenementum magistri Willelmi Shireburn ex parte occidentali modo pertinenti gilde

---

75 The *lic'* of the MS is presumably for *licencia*, or something similar. Perhaps it relates to a purpresture encroaching on the castle moat.

76 MS *occidentalem*.

77 A later hand has added in the left-hand margin *de bursario sacriste*.

78 MS *parte*.

79 Clayport (now Claypath) lay beyond Clayportgate to the north of the market. It belonged to the bishop's borough: Camsell, Development, II, p. 371.

80 The *l* of *Yelmond* is written as a correction over another letter, perhaps an *m*.

Sancti Cuthberti et edificato in uno tenemento et reddit per annum – vj s.

195. De hered' Johannis Ricroft pro j burgagio quondam Ricardi Iseley jacenti inter gildam Sancti Cuthberti[81] ex parte orientali et burgagium Willelmi Barker ex parte occidentali et reddit per annum – iij s.

196. De Willelmo Layng pro j tenemento quondam Margarete Bowman jacenti inter tenementum Willelmi Essh ex parte orientali et tenementum cantarie Sancti Johannis Baptiste in ecclesia Sancti Nicholai in Dunelm' ex parte occidentali et reddit per annum – xviij s., quondam xxvj s. viij d.

197. De hered' Rogeri Catrike pro uno tenemento ibidem per annum, xij d. De communiario Dunelm' pro j tenemento quondam Johannis Tudhowe per annum, xij d. De hered' Henrici de Ebor' pro j tenemento quondam Gilberti Prior per annum, ij s. De hered' Michaelis de Elay pro j tenemento ibidem per annum, iiij s. In quo loco vel in quibus locis vel inter quos duos jacent ignoratur – viij s.

fo. 29v

‖**Eluett'**‖

198. De Galfrido Ledale pro uno tenemento jacenti inter tenementum Johannis Baxster ex parte boriali et tenementum sacriste ex parte australi et reddit per annum – xiiij s. quondam x s.

199. De Ricardo Sparrowe pro j tenemento jacenti inter tenementum sacriste ex parte boriali et tenementum Johannis Bentlay ex parte australi et reddit per annum cum x d. solutis hostillario pro landmale – xx s. quondam xxx s.

200. De Johanne Gibson pro uno orrio in Ratonrawe ex parte occidentali tenementi pertinentis cantarie Beate Marie Virginis in ecclesia Sancti Oswaldi et ex parte orientali hostillarii Dunelm' et reddit per annum – iiij s., quondam iij s. iiij d.

‖**Ballium**‖

201. De Thoma Haughton pro j tenemento jacenti in Owengate inter tenementum Johannis Rakett ex parte boriali et tenementum gilde Sancti Cuthberti ex parte australi et reddit per annum – v s.

‖**Lygate**‖

202. De Johanne Bell pro j tenemento ibidem jacenti ex parte orientali simitorii abbatie nihil quia concessum est ei per dominum priorem in feodo suo pro termino vite sue, tamen reddere sol*ebat* per annum viij s. – nihil, quondam viij s.

---

81 This is presumably for *burgagium gilde Sancti Cuthberti.*

203. De relicta Johannis Inge pro uno tenemento ibidem per annum – vj s. viij d.

204. De Johanne Yotte pro uno tenemento ibidem per annum – vj s. viij d.

205. De Andrea Wilson pro j tenemento ibidem per annum – vj s. viij d.

206. Do Johanne Brome pro j tenemento ibidem per annum – xij s.

207. De Johanne Dales pro j tenemento ibidem per annum v s. et totum istud iam pertinet sacriste Dunelm' – v s.

208. De Johanne Forman pro j tenemento jacenti inter ortum carpentarii sacriste ex parte boriali quondam vocato Ledehouse et le store-house elemosinarii ex parte australi et reddit per annum – v s.

209. De Edwardo Patonson pro j tenemento jacenti inter tenementum relicte Nicholai Dixson ex parte australi et tenementum Ricardi Jonson ex parte boriali et modo edificatur per dominum Thomam Ayer sacristam et reddit per annum – xx s. quondam ij s.

‖Pittyngton‖

210. De Johanne Yonger pro terris ibidem cum uno columbario et iiij^{or} cotagiis jacentibus ex boriali parte ville per anum – xx s., quondam xxvj s. viij d.

‖Biggyngez et Landa Dei‖[82]

211. De Rollando Ferior pro ix tenementis in Byggyngez. De eodem pro serviciis ejusdem ville. De eodem pro Landa Dei – per annum – iiij li.

fo. 30

‖Redditus in patria‖

212. De Willelmo Wright pro terris in Yuestan'[83] per annum – xiij s. iiij d. quondam viij s.

213. De Willelmo Bell pro terris in Thorneton super Moram[84] per annum – ij s. vj d.

214. De terris in Neweton juxta Jarrowe[85] per annum – xx d.

215. De terris in Emmiothill' juxta Barwyk[86] per annum – xiij s. iiij d.

---

82 Biggins and Landieu (parish of Wolsingham), Co. Durham.

83 Iveston (parish of Lanchester), Co. Durham.

84 Thornton-le-Moor (parish of North Otterington), North Yorkshire.

85 Perhaps Newton Garths (parish of Boldon), Tyne and Wear.

86 Edmondhill(s), now lost (parish, former chapelry, of Ancroft), Northumberland. Barwick is Berwick upon Tweed: J. Raine, *The History and Antiquities of North Durham* (London, 1852), pp. 223–4, and appendix, p. 130 (charter DCCXXXVI); A. Mawer, *The Place-Names of Northumberland and Durham* (Cambridge, 1920), p. 72.

216. De terris in Norham[87] per annum – xvj d.

217. De domo Insula Sacra[88] per annum – xvj d.

218. De terris in Hertburne per annum – x s.

219. De terris in Whitworth[89] cum capella ad firmam dimissis per annum – vj s. viij d.

220. De molendino de Nunwyk' juxta Rypon'[90] per annum – viij s.[91]

221. De terris in Goly[92] in Scocia per annum – xiiij s.

222. De terris in Wodom'[93] ad festum Sancti Martini per annum – vj s. viij d.

223. De rectoria de Edlyngem[94] per annum – iiij s.

224. De rectoria de Bedlyngton[95] per annum – viij s. viij d.

225. De Ayhopshele[96] nichil quia in manu sacriste, tamen reddere solebat per annum – iij s. iiij d.

226. De uno tenemento cum prato, bosco, et cum una clausura vocata Sacristan' Closse in Colpyghhill'[97] per annum – vij s.

‖Wolueston'‖[98]

227. De Thoma Wa†ner† pro j cotagio ibidem jacenti ex parte boriali ville inter tenementum Johannis Robynson ex parte occidentali et tenementum ejusdem Johannis ex parte orientali et reddit per annum – iij s. iiij d.

228. De relicta Thome Southwyk pro uno cotagio jacenti ut supra inter tenementum bursarii Dunelm' ex parte occidentali et tenementum Willelmi Garry ex parte orientali et reddit per annum – iij s.

229. De Willelmo Garry pro uno cotagio jacenti ex parte occidentali tenementi sacriste et ex parte orientali tenementi Willelmi Stere et reddit per annum – iij s.

230. De uno orto ibidem vocato a cheregarth' ex boriali parte cotagiorum predictorum nichil hic quia dimittitur Roberto Fynge cum tenemento suo vocato Mappeshous jacenti ex orientali parte capelle Sancte Marie Magdalene inter tenementum Willelmi Stere ex parte occidentali et regiam viam ex parte orientali cum j kylne jacenti ex opposito domus sue \et/ ex parte australi vie que ducit ad

---

87 Norham, Northumberland.

88 Holy Island, Northumberland.

89 Whitworth, Co. Durham.

90 Nunwick, North Yorkshire (formerly West Riding).

91 A later hand has added in the right-hand margin *fo ix° in evidencia .v.i.*

92 Gullane, East Lothian.

93 Woodham (parish of Aycliffe), Co. Durham.

94 Edlingham, Northumberland.

95 Bedlington, Northumberland.

96 Ayhope shiel (parish of Wolsingham), Co. Durham.

97 Colepike (parish of Lanchester), Co. Durham.

98 Wolviston (parish of Billingham), Cleveland.

capellam Sancte Marie Magdalene et reddit per annum – xj s. viij
d. Et bursario Dunelm' pro libera firma pertinenti[99] omnibus tenementis et cotagiis predictis pertinentibus terris quondam Johannis
Mappes – (*Blank*) ‖Vacat‖

231. De Thoma Smyth pro j cotagio ibidem noviter constructo per
dominum Georgium Cornforth sacristam[100] jacenti inter tenementum Roberti Fynge ex parte australi et tenementum Willelmi
Mawer ex parte boriali et reddit per annum – iij s. iiij d.

fo. 30v

232. De Willelmo Mawer pro uno cotagio ibidem noviter constructo ut
supra jacenti inter tenementum Thome Smyth ex parte australi et
regiam viam ex parte boriali et reddit per annum – iij s. iiij d.

233. De Willelmo Markham pro j tenemento jacenti ex australi parte
tenementi in tenura Roberti Fynge †inter†[101] viam que ducit ad
capellam Sancte Marie Magdalene et tenementum Willelmi Thorpe
ex parte boriali cum uno cotagio jacenti in medio (*sic*) parte ville et
cum j ryg' vocat' Lampe Ryg' per annum – xxj s.

234. De bursario Dunelm' pro libera firma omnium tenementorum et
cotagiorum pertinencium terris et tenementis quondam Johannis
Mappace – (*Blank*)

235. De Johanna Grumsall pro j cotagio ibidem noviter constructo per
dominum Georgium Cornforth sacristam et reddit per annum –
iij s.

‖Estmeryngton cum Shelom'‖[102]

236. De Roberto Wawen pro j tenemento ibidem jacenti[103] super South-
westrawe cum j columbare jacenti inter tenementum Roberti Trotter
ex utraque parte et reddit per annum – xxvj s, viij d. Et bursario
Dunelm' pro libera firma – ij s. iij d., episcopo Dunelm' dimidium
galline et j qua. pro sals', elemosinario Dunelm' j d. pro gelicorne
et ij <d.> de bondag' manerio ibidem.

‖Pensiones‖

237. De custode colegii de Stayndrop'[104] ad festum de Passcha – xx s.

238. De vicario de Heghyngton'[105] nichil quia in manu bursarii pro
vetere burgo

---

99 MS *pertinente*.

100 MS *sacristem*.

101 MS *et*.

102 Kirk Merrington and Shelom (parish of Merrington), Co. Durham.

103 MS *jacente*.

104 Staindrop, C. Durham.

105 Heighington, Co. Durham.

239. De rectore de Dedynsall'[106] – vj s. viij d., quondam xl s.
240. De rectore de Rungton[107] – x s., quondam xl s.
241. De vicario de Midlam[108] – xl s.
242. De bursario Dunelm' pro lumine Beate Marie Virginis – xiij s. iiij d.
243. De molendino de Warkworth'[109] ad festum Sancti Johannis Baptiste – xx s.

‖**Decime**‖
244. De decima ecclesie de Bywell' Petri[110] ad festa Omnium Sanctorum et Sancte Crucis – vij li.
245. De decimis ecclesiarum et villis de Bedlyngton, Estlikburne, Westlikburne, Chapyngton', et Nethirton[111] – ix li.
246. De decimis ecclesie de Edlyngeham, Lemyngton, Lyuerchilde, Abyrwyke, Bolton', Wodhall', Neweton et Rughley[112] – (*Blank*)
247. De decimis minutis pertinentibus capelle de Bolton'[113] ultra sustentacionem capellani deservientis capelle – x s.

‖**Clivus Sacriste**‖[114]
248. De Clivo Sacriste nichil quia in manibus suis.

fos 31–32v are blank.

106 Dinsdale, Co. Durham.
107 West Rounton, North Yorkshire.
108 Bishop Middleham, Co. Durham.
109 Warkworth, Northumberland.
110 Bywell St Peter, Northumberland.
111 Bedlington, Northumberland. East and West Sleekburn, Choppington and Netherton are all in the parish of Bedlington.
112 Edlingham, Northumberland. Lemmington, Learchild, Abberwick, Bolton, Woodhall and Roughley are all in the parish of Edlingham. The Newton is unidentified.
113 Bolton (parish of Edlingham), Northumberland.
114 Sacriston Heugh, Co. Durham.

GLOSSARY OF ENGLISH WORDS

References refer to the numbered court sessions unless preceded by AD or SR, in which case they refer respectively either to one of the Additional Documents or to the numbered entries in the sacrist's rental of 1500.

alome, *alum*, 677
aporn, *apron* (*OED* under *apron*, 1; *MED* under *napron*), 619*–20
a-vod, *send away, evict* (*OED* under *avoid*, vb II 5; *MED* under *avoiden*, 3), AD7
awmore, *amber* (*MED*, under *aumbre* 2), 621
ax(e), *axe*, 250, 285, 508
bagg, *bag*, 576
bakdwellers, *inhabitants of back-houses (q.v.)*, 389*
bak(e)hows(s)(ys), *house(s) lying behind the street frontage* (*OED* under *back-house*), 160*, 393*, 534*
bakstole, *stool with a back* (*OED* under *back*, B), 285
bandes *(iron) bands*, 393*, 501
barbourcraft, *the barbers' craft gild*, 392
barellez, *barrels*, 268
bark, *tree bark, used in tanning leather*, 236*
barkduste, *powdered bark?*, 386
barker, berker, *tanner of leather* (*OED*, sb² 1), 177*, 189, 222, 233*, 292*, 336, 404*
baselerd, *type of dagger* (*OED* under *baselard*), 298
baterid, *forged metal* (*MED* under *bat(e)ren*, 1, and *bat(e)ri*), 664
bay, *bay-coloured, reddish brown* (*MED* under *bai*, adj.), 709*
blankett, *blanket*, 540
blew, blowe, *blue*, 536, 646
blodwyte, *penalty for causing bloodshed* (*OED* under *blood-wite*), 681*, but here seemingly meaning simply *the act of bloodshed*
blokyn ax, *a sort of axe (the meaning of* blokyn *being unresolved)*, 250
bond(es), bound(es), boynd, *bundle(s) (of flax)* (*OED* under *bond*, sb¹ I 1 4), 150, 219, 246, 268, 294, 355, 484
bordes, bordez, bourdes, *boards*, 234, 710
bordour, *border*, 234
bordynbeddez, *beds made with boards* (*OED* under *boarden*), 227
bossys *(iron) knobs?* (cf. *OED* under *boss*, sb¹ 3a), 501

botyrpan, *butter pan*, 549

boucher, bowcher, bowtcher, *butcher*, 389, 419*, 425*, 449*, 451*, 465*, 511*, 518*, 605*, 538*, 573*

boundes, *see* bond(es)

bowd (*meaning unresolved*), 545

brandreth, *gridiron* (*OED* under *brandreth*, 1), 120

brasour, *wrist guard used in archery* (*OED* under *bracer*), 410

brassepot, *brass pot*, AD3

brayk, *instrument for crushing or pounding, perhaps for breaking flax* (*MED* under brake, n. 1; *OED* under *brake*, sb³ 1), 250

browleide, *large open vessel used in brewing* (cf. *OED* under *lead* sb¹ I 5a) 227

bukler(s), *small round shield(s)* (*OED* under *buckler*, sb² 1), 469, 501

bussell(s), *bushel(s)*, 149

buttes, buttez, *strip(s) of ploughland, equivalent to* ryg (*OED* under *butt*, sb⁴ 1), SR103–4, 106

byllstaf, *instrument or weapon for cutting, hacking or grubbing, perhaps equivalent to a bill* (*OED* under *bill*, sb¹; *MED* under *bil*), 621–2

cairsay, *a woollen cloth for everyday use, named after Kersey in Suffolk* (*OED* under *kersey*), 258

cake, *see* talowe cake

came, *see* rippill came

cantylstyk, *candlestick*, 532

cardes, *see* woln stok cardes

celdre, *chalder, the largest grain measure, 24–32 bushels* (*OED* under *chalder* 1); R. E. Zupko, *A Dictionary of Weights and Measures for the British Isles: the Middle Ages to the Twentieth Century* (American Philosophical Society, 1985), p. 83 for England, 86 for Scotland)

chapell, *chapel*, 320

chillez, *chisels?*, 508

clewys, *balls of yarn or thread* (*OED* under *clew*, sb¹ 2; *MED* under *cleue*), 185

cloth(ez), *hangings*, 234

cofyre, *coffer, trunk or chest*, 411

coler, *colour*, 143

colle pikkes, *coal picks*, 693

colyer, *a coal hewer* (*OED* under *collier*, 4), 321, 515–16

comonephenell, *vennel (q.v.) through which there is a public right of way*, AD7

couerlett *coverlet, a cloth for covering a bed or other objects* (*OED* under *coverlet*; *MED* under *coverlite*), 143, 250, 375, 652

counter, cowntour, *counter, a table on which money is counted* (*OED* under *counter*, sb³ II 3; *MED* under *countour*, 3), 264, 570

coupewayne, *a wain, with a larger carrying capacity than an ordinary farm* cart, *enclosed with a a wicker framework* (*OED* under *coop*, sb² 1; *MED* under *coup*, 1c), 143

crels, *large wicker baskets* (*OED* under *creel*, sb¹ 1; *MED* under *crel*), 25

crowpell, *crowbar?* (cf. *MED* under *croue*, 5 and *pil*, 3), 621

crafte, *craft or mystery, the regulatory and social organisation of a group of craftsmen or traders*, 529, 707

cupstole, *a small sideboard or cup-board* (cf. *OED* under *cup*, sb 13d, which recognises *cup-stool*, but supplies no definition), 540. Cf. 'unus stoyle pro cibo imponendo', 532

currall, *coral*, 621

dacre, *ten (hides)* (*OED* under *dicker*, sb¹; *MED* under *daker*), 400

damask, *damask, an expensive patterned cloth* (*MED* under *damask*), 143

dish(es), desches, dysh, *dish(es)*, 532, 570, 723, AD3

dokez, *ducks*, 225

dore, *door*, 252

down, *down*, 252

draff, *refuse grain, probably brewing residues* (*OED* under *draff*; *MED* under *draf*, 1) 650

drak, *drake*, 225

dryvyng, *working, perhaps specifically felting* (cf. *OED* under *drive*, vb II 12–14), 680

dubler(s), dvblerres, *large plate or dish* (*OED* under *doubler¹*), 343, 426, 532, 540, 570, AD3

dublett, *man's tight-fitting garment* (*OED* under *doublet*, 1; *MED* under *doublet*), 102

dun, *dun-coloured, greyish brown* (*OED* under *dun*, adj. 1; *MED* under *don*, adj. 1), 526

dunbay, *mixed, or intermediate between, dun* (q.v.) *and bay* (q.v.), 352

dykis, *boundaries, probably (from the context) walls rather than ditches* (*OED* under *dike*, sb¹ II 6), AD7

entree, *entry* (*OED* under *entry*, 7a), 580*

ewe, *yew*, 247

eych, *some sort of tool, perhaps an adze* (*MED* under *eche*, n), 508

fat(t), *see* gilyng fatt, maskynfate

fawce, *false*, 160*, 726

farme, *leasehold rent* (*OED* under *farm*, sb¹ 1, and cf. meanings 3 and 4), AD3

fethired, *feathered*, 410

files *(iron) files, tools for working wood or other material)*, 722

fissher, fyssher, *fishmonger* (*OED* under *fisher*, 3; *MED* under *fisher*, 1b), 486–7, 498, 532. *See also* fysshewer.

fleshewer, flesshewer, *butcher* (*OED* under *flesher¹* 1; *MED* under *flesh-heuer*), 189, 277, 328, 358*, 363*, 404*, 421*, 534*, 624

flesshewercraft, *the butchers' craft gild*, 278

formez, *benches* (Latin *scamna*) (*OED* under *forme*, sb 3c), 234, AD7 franchpokys, *syphilis* (*OED* under *pox*, sb 1e), 463

frary, *confraternity* (*OED* under *frary*, 1; *MED* under *frairie*), 656

freynde, *some kind of fur-trimmed garment* (*MED* under *frende*), 454

fro, *from*, 252

frontt, frontes, *equivalent to 'frons' and 'frontes' in the Latin text, and appar-ently boundary fences rather than parts of buildings* (cf. *OED* under *front*, sb II 6), AD7

furryd, *trimmed with fur* (*OED* under *furred*, 1; *MED* under *furren*, 1, and *frende*), 454

fustyen, *a kind of cloth* (*MED* under *fustian*), 302

futfals, *the fell or skin of a dead new-born lamb* (*OED* under *foot-fell*), 39

fysshewer, *fishmonger, a form analogous to* fleshewer (*q.v.*), 521*. *See also* fissher.

gaudirs, *see* gawdez

garne, gayrne, *yarn (a northern form of the word)* (*OED* under *garn*, sb), 185, 646

garnar, *maker of yarn?* (cf. *garne*), AD7

gawdez, gaudirs, *large ornamental beads on a rosary* (*OED* under *gaud*, sb¹; *MED* under *gaud*, 2a, and *gaudi*, c), 455, 621

gayn, *road* (*OED* under *gang*, sb¹ I 4a; *MED* under *gang*, n. 4), AD7. It is translated by *vicus* in the Latin version in court 556*.

gemmer, *finger ring capable of being divided into two rings* (*OED* under *gemel*, *gemew* and *gimmer*), 455, 637–8

gere, *tools* (*OED* under *gear*, sb II 5; *MED* under *gere*, 4a), 540, 576, 594, 698*

girth, *see* hors girth

goldsmyth, *goldsmith*, 383*

gose pies, *goose pies* (720*)

graver, *engraving tool* (*OED* under *graver*, 3; *MED* under *graver*, c), 508

gre(y)ne *(cloth of) green colour*, 454; *a grassy area of land*, SR93–101

gryndston, *grindstone*, 227

gymer, gymmer, *a young female sheep* (*OED* under *gimmer*², 1; *MED* under *gimber*), 512, 526

hachatt, *small axe, hatchet* (*OED* under *hatchet*, 1; *MED* under *hachet*), 285

hall dore, *main entrance doorway* (*OED* under *hall-door*; MED under *halle*, 5a), 252

hallyng, *fabric used for wall hanging* (*OED* and *MED* under *halling*), 285, 532

hamer, *hammer*, 508

happyng, *coverlet, quilt* (*OED* under *happing*, sb² b)

hardyn, *a coarse cloth made of coarser flax fibres* (*OED* under *harden*, sb A; *MED* under *herden*, b), 285, 652; hardyn garne, *yarn made of the coarser flax fibres, separated in the hackling process* (cf. *OED* under *hards*), 646

hedeland, *strip of land running across the end of the furrows of a ploughed field in order to give the ploughteam room to turn* (OED under *headland* 1), SR96–104

hekyll, *comb for straightening and separating flax fibres* (OED under *hackle*, sb² I 1a; MED under *hekel*), 250, 508

helter, *halter (for a horse)*, 506, 520

herd, hirde, *keeper of a herd or flock of livestock* (OED under herd, sb² 1), 709*, AD7

herlodd, *scoundrel* (OED under *harlot*, sb 1; MED under *harlot*), 160*

hesp, *hank or skein (of yarn)* (OED under *hasp*, sb II 4; MED under *hasp*), 672*–3

hirde hyre, *herdsman's wage*, 709*

hors girth, *strap passing under a horse's belly to secure a saddle, harness or a load* (OED under *girth*, sb¹ 1; MED under *girth*, a), 206

horsmarsshall, *farrier or horse doctor* (OED under *horse*, sb IV 26h; MED under *marshal*, 4), 279*

hynghand lauer, *hanging basin* (MED under *lavour*, b), 149

hyre, *hire, wage*, 709*

impnal, *hymn book* (OED under *hymnal* B), 626 (and see the note there)

irne, *see* prissyng irne

jak, *stout tunic, jacket* (OED under *jack*, sb² 1; MED under *jakke*), 464, 466

jakett, *jacket*, 347, 478, 601

kanues, *piece of canvas, a fabric made from flax or hemp* (OED under *canvas*, sb 1; MED under *canevas*, 1 and 2a), 89

Karmylytez, *Carmelites, white friars*, 446

kirtill, kyrtill, kirtyll, kyrttyll, *a gown for men or women* (OED under *kirtle*), 400, 454, 496–7, 591*, 594

kirver *(wood?)-carver* (OED under *carver*, 1; MED under *kerver*, 2a), 393*

ky, kyy, *the plural of* kowe, *cow*, AD7

kylne, *kiln (perhaps a limekiln)*, SR230

laborer, *labourer*, AD11

landmale, *customary ground rent* (MED under *lond*, 2, and *mol* n. 2a; DOST under *land-mal*), 84, 521*; SR176, 178–84

larestale *(payment for) burial place* (MED under *lire*, n. 2 and *stal*, n. 4a; DOST under *lair*, n¹ 4), 726

lauer, *see* hynghand lauer

ledirs, *leather attachments* (MED under *lether*, n. 1c), 496

lemman, *paramour, concubine* (OED under *leman*, 2; MED under *lemman*, 1), AD7

leyse, *leas, meadow lands* (OED under *lea*, sb¹; MED under *lei*, n. 3 1a), 357

litster, littster, lytster, *dyer* (OED under *litster*; MED under *littester*), 240, 411–12, 453*, 504

lityll, *little*, 532

lyn, *linen*, 151, 619*. *See also* lyne loyme, lyne ʒarne.

lyn loyme, *loom for weaving linen*, 151

lyne ȝarne, *linen yarn*, 227

lofe, *see* talowe lofe

loyme, *see* lyn loyme

madir, *madder, used as a dye* (*OED* under *madder*; *MED* under *mader*, 1a), 267

maisson, *stonemason*, 259*, 302, 387, 676*

mantill, mantyll, *sleeveless overgarment for men or women* (*OED* under *mantle*, sb 1; *MED* under *mantel*, 1a), 359–60

marchand, *merchant*, 163*

maskynfate, maskfatt', *mash vat or mash-fat, a vat or tub in which malt is mashed* (*OED* under *mash* sb[1] 5. and under *mash-fat*), 206, 227

matres, matrecez, *mattress(es)* (*OED* under *mattress*, sb 1; *MED* under *materas*, n. 1a), 454, 687

medowmale, *customary rent for meadow land* (cf. *landmale*), SR178–83

meitbord, *dining table* (*OED* under *meat-board*), 285

mele, *hammer* (*MED* under *mal*), 285

meld, *medley, a woolen cloth?* (cf. *OED* under *medley*, sb A 3; *MED* under *medle*, n. 2. 2b), 536

mercer, *mercer*, 208, 210, 225, 269, 339*, 493*

meyle *(wheat)meal*, 355

milner, *miller*, 227, 233*, 287, 369–70, 404*, 451*, 506, 511*, 520, 534, 539, 560*, 641

mittenz, *mittens* (*OED* under *mitten*, 1; *MED* under *mitain*), 284

morterstane, *block of stone hollowed to make a mortar for crushing barley or other substances* (*OED* under *mortar-stone*), 348

mo(y)te, *moat (of Durham Castle)*, SR189–90

noble, *noble (a coin)*, 699*

orchard, *orchard*, SR193

pale, payle, *paling or fence* (cf. *MED* under *pal*, n. 2), 688*; pale bordes, *boards for a pale*, 710

pan, pannys, *pan(s)*, 454, 532, 545, 664

pant(es, -ez), payntz, *public wells* (*OED* under *pant*, sb[1]), 534*, 538*, 544*, 547*

pantid, pantyd, *painted*, 234, 285, 508, 532

par, *pair*, 234

pardoner, *pardoner*, 541

payn, *penalty* (*OED* under *pain*, sb[1] 1), AD7

persour, *implement for piercing, probably an awl or gimlet* (*OED* under *piercer*, 2; *MED* under *percer*), 508

pewter, *pewter*, 723

piper, *piper*, 654*

plankes, *planks*, 690

platters, *platters*, 723

plomer, *plumber*, 195*

poke, poyke, *bag* (*OED* under *poke*, sb^1 1), 311, 652

possnett, *a small metal pot for boiling* (*OED* under *posnet*), 345, 348, 550, 723

potell pott, *pot holding a pottle, i.e. half a gallon* (*OED* under *pottle-pot*; *MED* under *potel* c), 492

potter, *potter*, 425*

potyger, *apothecary* (*OED* under *pottager* and *pottingar*), 325*

powndez, *ponds* (*MED* under *pound* n. 2. 2), 383*

prikshaftis, *arrows for shooting at a target* (*OED* under *prick-shaft*), 410

prissyng irne, *'prizing iron', i.e. lever* (cf. *OED* under *prize*, sb^4 1), 400

propez, *props, supports* (*OED* under *prop*, sb^1 1), 236*

prowd, *in heat, of a dog* (*OED* under *proud*, adj., 8b), 668*

pyges, *pigs*, AD11

pype, *musical pipe*, 654*

pund(e)fald, *pinfold, pound for stray animals* (*OED* under *pinfold*, 1; *MED* under *pin-fold*), 511*, 518*

pys, *see* ston pys

rale, ralez, *rail(ing)s serving as the crosspieces of a fence or barrier, probably across the head of the quarry* (*OED* under *rail*, sb^2 2; *MED* under *raile*, n. a), 511*, 523*, 533*, 534*

raynedereskyn, *reindeer skin, or a substitute*, 464, 613

redell, *riddle, sift, pass through a sieve* (*OED* under *riddle*, vb^2 1; *MED* under *ridelen*, vb 1), AD7

reid, *red*, 285

riddle, *coarse sieve* (*OED* under *riddle*, sb 2; *MED* under *ridel*), 700

rippill came, *ripple comb, an implement for cleaning flax from the seeds* (*OED* under *ripple*, sb^1), 250

rosyn, *resin* (*OED* under *rosin*, sb 1; *MED* under *rosin*), 268

russet, *russet cloth, a cloth for everyday wear dyed a grayish brown* (*OED* under *russet*, sb A 1; *MED* under *russet*, n b), 338

ryg, *a strip of ploughland* (*OED* under *ridge*, sb^1 5 and *rig*, sb^1 3), SR233

sakez (for stakez), *stakes*, 384

saipe, *soap*, 268

saltsaller, saltseler, salt saler, *salt-cellar*, 250, 532, 540

sanguyne, *(cloth of) blood-red colour* (*OED* under *sanguine*, adj 1; *MED* under *sanguin*, a and b), 454

sawcers, sawcerz, savssers, *saucers, dishes* (*OED* and *MED* under *saucer*), 250, 426, 570, AD3

saweter, *a seller of salt* (*OED* and *MED* under *salter*), 293

sc<l>ater'craft, *the slaters' craft guild*, 529

sclater, *see* slater

scowryng, *cloth for scouring or polishing* (cf. *OED* under *scouring*, sb^2 1; *MED* under *scouring* 2a), 646

scry, *kind of sieve* (*OED*, under *scry*, sb^2), 700

see, *sea*, 320

sek, *large oblong sack or bag* (*OED* under *sack*, I 1; *MED* under *sak*, n 1a), 375

sekclothe, *sackcloth, coarse cloth* (*OED* under *sackcloth*, 1; *MED* under *sak-cloth*), 197

sellerer, *cellarer, an obedientiary of the priory*, 544*

sequence (*book of*) *liturgical hymns* (*OED* under *sequence*, II 7), 626 (and see the note there)

shayme, *shawm*, 656

sheres, sherez, *shears*, 242, 723

shomaker, *shoemaker*, 160*, 279*, 283–4, 628

shovell, *shovel*, 700

skynnz, see wynter skynnz

silez, *beams, especially those on which a house was constructed* (*MED* under *sil*), 236*

skeyle, *bucket or tub* (*MED* under *skele*), 700

slater, sclater, *slater* (the form in *scl-* is northern: *DOST* under *sclatar* 1), 562, 700

sleves, slevys, *sleeves*, 725

smith, smyth, *smith*, 181, 365, 431–2, 456, 621, 664–8*, 650, 660–2, 666–8*, 670–2*, 683*, 693

sowmez, *straps securing the yokes of an ox team* (*MED* under *soume*; *DOST* under *soum*, n⁴ 1), 143

spyndyll, spynell, *spindle*, 227, 646

spynnyngwhele, *spinning-wheel*, 297

stallys (*market*) *stalls*, 64

standp*in*, reading and meaning uncertain, 285

steikledders, *leathers for sewing?* (cf. *OED* under *steek*, v³, to stitch), 400–1, 524

stedy (of iron), *anvil?*, 202, 431–2

steropz, *stirrops*, 496

stok, *see* woln stok cardes

ston pys, *stone piece?, perhaps here signifying no more than stonework*, 405*

stowke, *stook, a standard number of sheaves of grain propped up together to dry, used as a measure of unthreshed grain* (*MED* under *stouk*), 708

stowle, stoyle, *stool*, 532; *cucking-stool, equivalent to the* thew, *q.v.* (*OED* under *stool*, sb 1.d.), 286*. *See also* cupstole.

stressis, *distraints to enforce compliance* (*OED* under *stress*, sb II 10), AD7

stromyll, *part of a mash vat?* (cf. *OED* under *strom*, defined as a wicker strainer to hold back the lees when the ale is drawn off), 306

striffe, *property confiscated to settle a debt*, AD3

style, styill, *stile*, 573*, 580*

styrk, *young bullock or heifer, between one and two years old* (*OED* under *stirk*, 1), 696*

swardidstaff, *staff holding or concealing a blade?* (CF. *OED* under *sworded*), 404 swyllez, *baskets* (*OED* under *swill*, sb[1] 1), 185

tail(y)our, *tailor*, 289, 291, 301, 400–2, 464, 493*, 498, 553, 556*, 594, 600*, 650, 690, 701, 720*, AD11

tailyourcraft, *the tailors' craft guild*, 242, 301–2, 304, 400

talowe cake, talowe lofe, *a lump of tallow* (*OED* under *tallow*, sb 5c), 723

tanner, *tanner*, 696*

tapstane, *tap-stone* (recorded without definition in *OED* under *tap*, sb 8), 227

tentorz, *tenters, wooden frames to stretch cloth* (*MED* under *tentour*), 596

thew(e), tewe, *cucking-stool, an instrument of punishment for ducking scolds in the river* (*OED* under *thew* sb[2]), 363, 376*, 461*

thrayve, *two stooks* (*OED* under *thrave*), 708

toynges, taynges, *tongs*, 234, 285

toll, *toll, market toll*, 268

toppz, *attachments to the upper end of a torch-staff* (*OED* under *top*, sb[1] III, 11a), 253

trays, *the straps attaching the halter of draught animals to a plough or carriage* (*OED* under *trace*, sb[2] 1), 506, 520

trowelles, *trowels*, 700

tubbez, tup, tuyppez, *tub(s)*, 206, 227, 250, 696*. *See also* wort tup.

tuyppez, *male sheep* (*OED* under *tup* sb[1]), 696*

tynkler, *tinker, worker in metal* (*OED* under *tinkler*[1]), 176, 201*, 336–41, 576–7

uphold(en), *maintain(ed) in good condition* (*OED* under *uphold*, vb 3b), AD7

venell, *vennel* (Latin *venella*), *a narrow passage between houses* (*OED* under *vennel*) AD7. Cf. comonephenell.

violet, *violet colour* (*OED* under *violet*, adj. 1; *MED* under *violet*, adj.), 619*

vodyng, *sending away, evicting* (*OED*, under *void*, vb II 4; *MED* under *voiden*, 9), AD7; cf. a-vod

vyse, *vice, tool comprising two jaws, opened and closed by a screw action used to hold a piece steady while it is worked on* (*OED* under *vice*, sb[2] 5), 721–2

wadd, *woad*, 267, 311

walker, *fuller of cloth*, 286*, 365, 435, 493*, 556*, 648*, 680, AD11

walkercraft, *fullers' craft guild*, 678–80

waller, *builder of walls* (*OED* under *waller*), AD11

wallet, *large bag, pouch or purse* (*OED* under *wallet*, 1; *MED* under *walet*), 664

wan(n)eman, wayn(e)man, *the driver of a wain* (*OED* under *wainman*; *MED* under *wain*, 3a), 305*, 363, 371*, 389*, 419*, 451*, 461*, 483*, 491*, 503*, 511*, 551*, 556*

waxemakercraft, *the craft guild of wax-candle makers* (cf. *OED* under *waxmaker*), 392 webalk, *a web-beam, the roller in a loom that takes up the woven cloth?* (cf. *OED* under *web-beam*, and under *balk*, sb IV), 234

webster, *weaver* (*OED* under *webster*; *MED* under *webbester*), 201*–2, 258, 650, 657

wedo, *widow*, AD8

wedrawth, *privy* (*OED* under *withdraught*, sb. 3), 547*

wesshyngstonez, *stones on which clothes are beaten in the process of washing them* (*OED* under *washing*, sb III), 211*

wever, *weaver*, 382, 499, 541*, 585*, 650, 654*, 664

wevercraft, *the weavers' craft guild*, 426, 646, 707 (two words)

whele, *wheel* (722)

wherynez, *querns, hand mill comprising an upper and lower grindstone* (*OED* under *quern*[1]; *MED* under *quern*, n. 2. 1b), 508

whisshyn, *cushion* (*OED* under *cushion*; *MED* under *quishin*), 285

whynnez, *bushes of common furze, gorse* (*OED* under *whin*[1] 1; *MED* under *whin*, n. 1), 538*, 713

wirkyng, *for work*, 576

wynter skynnz, *the skins of animals slaughtered in the autumn and winter (between Martinmas and Ash Wednesday?)*, 522

wod ax, *wood axe*, 285

woln stok cardes, *implements for carding wool (the meaning of* stok *being unresolved)*, 455

wort tup, *tub in which ale is fermented* (*OED* under *wort*, sb[2] 1 and 3), 227

wryght, *wright, craftsman*, 163*

yetling, a cast metal cooking pot (*OED* and *MED* under *yetling*), 7

yokez, *yokes for coupling draft animals*, 143

ȝarne, *yarn*, 672–3. *See also* garne, lyne ȝarne

INDEX

References to the court rolls and courtbooks are cited by the number assigned to each court. References to the fragment of a paper court roll are cited as FPCR, those to the eleven additional documents as AD1–11, and those to items in the sacrist's rental as SR1–248. Court 708E is the Elvet barony court recorded on fo. 23v of Crossgate Court Book II.

Litigants, whether plaintiffs or defendants, are identified by the pleas in which they were involved. The numbers of the court(s) in which their business was handled is followed by the plea reference in square brackets, in the form 179–80+182–6 [D116, C6]

An aid to prosopographical analysis is supplied by lower-case prefixes to court numbers, using the following coding.

> a attorney
> e essoin
> f performer of fealty
> i trial juror
> j head court juror
> p pledge
> s suitor of court
> t talis
> v valuer of distrained goods
> w supporter in a wager of law

If a person occurs more than once in a court, any relevant code letters are banked together and a plus sign is added to indicate further information that has not been classified, as in the form js+256*.

No attempt has been made to distinguish people with the same name, except that (1) names occuring in the court rolls of 1312 and 1390–1400, and those in the later fifteenth-century paper fragment, are separated from those occuring in the later court books, and (2) when the record distinguishes between two people of the same name, these distinctions are recorded in the index. References to 'John Blount' are indexed indiscriminately, for example, but those to 'John Blount, butcher', for example, are separated from those to 'John Blount, wainman', and 'John Blount, junior' is distinguished from 'John Blount senior'.

Abberwick, Northumberland, tithes of, SR246

Accedas ad curiam, writ of, *see* writs

Adam, **William** son of, 6–7 [D2], s33, s99*

Adamson (*Ademson*), **William**, w294, 387–8 [D212], 415–16 [D220]

adultery, 714*

affrays, xxiii, 115, 140*, 155*, 160*, 163*, 177*, 195*, 201*, 216*, 233*, 243*, 256*, 259*, 270*, 276*, 279*, 286*, 287, 300*, 309*, 316*, 325*, 336, 339*, 349*, 351, 358*, 363*, 371*, 383*, 389*, 413*, 419*, 429*, 449*, 453*, 491*, 504, 511*, 521*,

528*, 533*, 534*, 541*, 551*, 573*, 580*, 585*, 591*, 600*, 619*, 642*, 648*, 654*, 668*, 681*, 688*, 695, 696*, 706*, 709*, 712*, 720*

Akynhede, **Andrew**, 323 [D173], 343+346 [DC23], 345–6 [D191], 384 [D209]

Alaneson (*Alenson*), **Emma**, FPCR; **John**, 564 [U37], 722

Albalanda, *see* Blanchland

Ald, **Geoffrey**, 376* [DC26], warden of the slaters' craft, 529+531 [T92]; **William**, 140* [U5]

Aldeburgh, **John**, s 4*, s8*, s33*, s55*, s99*

Aldin Grange (*Aldyngrig*), **Robert** of, 75 [D47]

ale, assize of, xix, xxiii, 58, 84, 155*, 163*, 177*, 201*, 211*, 233*, 276*, 309*, 339*, 363*, 383*, 404*, 419*, 429*, 451*, 461*, 483*, 504*, 533*, 541*, 551*, 568*, 585*, 600*, 642*, 668*, 681*, s683*, 687, 696*, 706*, 712*–14*, 720*; bowl for, 634; debt for, 141, 336, 339*, 343, 352, 355, 626, 649, 708E; debt for brewing, 566; 'draf' of, 649; jug for, 418; pot for, 306; refusal to sell, 441*, 451*, 551*, 612*; regulations, 713*; tasters appointed, 713*, tasters impeded, 720*, tasters to be summoned, 714*, 720*. *See also* brewing utensils

Alexander, **William** son of, 120 [DC5]

Algud, **Alice**, 1

Alice (? Baxter), baker, 74

Allerez, **William**, t697

Allergate (*Aluertongate*), 155*, 243*, 325*, 358*, 360, 405*; burgages in, 155*, 292*, 363*, 465*, 484, 541*, 568*, 712*, SR1–23; common lane by, 155*, 305*, 309*, 363*, 473*, 493*, 521*, 544*, 568*, AD7, SR24–30; drain at the end of, 421*; gate in the common lane by, 573*, 580*; railings at, 533*; stile in the common lane by, 573*, 580*; well (*fons*) by, 305*, 309*, 528*

Almoner Barns (*Almenerbarnz, Amlersbarne, Awmenerbarnes*), almoner's garden called, SR92; road to, 648*. *See also* Robert Hasswell

almshouse, SR145

Alnwick (*Alnewik, Anwyk*), Northumberland, **William** (of), 5, s8*, s9, s62, s71*–2, s99*, e100*, 102 [D76], s118*. *See also* William Gorden

Alston (*Aldstane*), Cumbria, 321

Amlersbarne, *see* Almoner Barns

Ancroft, Northumberland, Edmondhills in, SR215

Androson, **Robert**, SR183

Appelby, **John**, chaplain, s33*, 62–3 [D37]

apples, 386

apprentices, 429*, 712*

arbitration, xxx, 186, 190, 249, 260, 273, 281, 319, 345, 376*, 410, 426, 471, 488, 530, 534*, 551*, 566, 567, 606, 613, 708

Archbald (alias Wilson), **William**, 242 [T68], 258+260 [T70], 283 [D162], farmer of a fulling mill, 283

Archer, **George**, w468; **Matthew**, 366

armour, *see* weapons and armour

Armstrang, **Ellen**, 363*–6 [D201]; **Thomas**, i146

Armurer, **John**, 102 [D76]

Arnbrugh (*Armburght, Arnebright, Harmebrught*), **Isabel**, wife of Richard, 283–4 [D163]; **Richard**, p143, j155*, j160*, j163*, p169, j177*, p179, p185, 190, 216*, 225, j233*, j279*, 283–4 [D163], p287, a293, j305*, p315, j325*, j339*, j358*, j363*, j376*, j383*, j389*, j393*, j404*–5*, j413*, j419*, j421*, j425*, j429*, j441*, j449*, j451*, forestaller of sheepskins, 201*, 256*, 309*, glover, xxi, 256*, junior, 383*, 389*, senior, p383*

Arowsmyth, **William**, 38 [D21], 41 [DC1], i47, 47+49 [T26]

ashes, dumped as rubbish, 160*, 236*, 256*, 259*, 421*, 425*, 547*, 600*, 642*, 699*, 706*, 714*, 720*; of gorse, 538*; riddled in the street, 556*, AD7

Aske, **Roger** of, 1

Aspor (*Aspoure*), **Roger**, 58; **William**, 56–9 [D31], 76 [D49], 88*–9 [D62], 104 [D82]

assessors, *see* taxatores

Athe, **William**, 451*

Atkynson, **Brian**, a708E, 708E [DC81]; **John**, i12, 57 [T30], p87, i719, i725, jAD10, AD11, ale vendor, 681*, wife of, ale vendor, 706*, 712*, 720*; **Leonard**, 683*–6 [D312], i695, i701; **William**, 172–3, 175 [D114]

attorneys, xxviii

Auckland, *see* Bishop Auckland, John Henryson

Awmenerbarnes, *see* Almoner Barns

axe (*securis*), 75

Ayer, **Thomas**, sacrist, SR209

Ayhope Shiel in Wolsingham
(*Ayhopshele*), SR225
Ayton, **William**, 363*

Bablyngton, **John**, p141–8, i146, i152,
201*, i222, p287–8, i291, i294, i307,
t334
back houses and back dwellers, 160*,
371*, 389*, 393*, 534*, 538*, AD4?
Bafforth, **William**, 400 [DC29]
bailiff of the court (*ballivus, ballivus
curie*), 2–3 [E1, E2], 2, 10–12, 17, 32,
40–1, 44, 47, 53, 56–9, 68, 71*, 93–4,
98, 109, 114, 116, 119, 121, 123, 133,
137, 159–60*, 162, 228, 249, 343, 358*,
360, 363*, 383*, 403–4, 429, 453*, 464,
533*, 712*; absent, 506a; accusing
jurors of false judgement, 713*;
assaulted, 243*; to collect fines, 429*;
disobeyed, 585*; as essoin, 62, 70;
failing in his duty, 421*; impeding
aletasters, 720*; John Sharpe the, 63;
as pledge, 56–9, 62–4, 66, 69–70, 75–6,
78, 83–4, 111–12, 123, 152, 181, 208,
228, 244, 247, 249, 267, 315, 336, 355,
375, 392–3*, 400, 412, 464, 539, 561,
564–5, 576, 614, 677; presentment of
affrays by, 287; presentment of ale
vendors by, 58, 84; presentment of
scolds by, 367; presentment of stray
pigs by, 292*, 310; prior's, 1; Richard
Merley the, p564; to supply stock,
429*; William the, 3
Bailya, **Margaret**, widow, 219; **William**,
219–222 [T65], 219 [D128], 412–
14+416–17 [PA4], of Chester-le-Street,
219
Baitson, *see* Bateson
bakers, *see* bread, Edmund Turpyn,
Robert Baxter, John Merley
Balgay, Master, AD4
Balles, (first name wanting), wife of,
AD4
Bank, **Robert** del, 109 [D86], 116–17
[D89], carpenter, 116
Bankes, **Christopher**, 720*, AD11,
married widow of James Cooke,
714*, wife of, 714*, 720*, wife of, ale
vendor, 714*, 720*
barbers, wardens of, xviii, 392. *See also*
John Chester, Richard Richerdson
Barbour (*Berbour*), **John**, 275 [U19];
Thomas, 70–1* [D42]
Barbourne (*Barbon*), **Christopher**, 310,
359–60 [D199], ale vendor, 339*,

resident in Allergate, 358*, 360, and
his wife Joan, 309*, 359–60 [D199];
William, of Bradwod, 387–91 [D211]
bark, 455, oak, 292*; barkdust, 386
Barker (*Berker*), **Adam**, of Wolsingham,
s99*, s118*; **Christine**, 1; **John**, p1, p3;
John, i12; **Peter**, p1; **Ralph**, p1, p3;
Thomas, i498; **William** and his wife
Emma, 3 [T2]; **William**, xxxiii, i498,
534*, 548 [D260], SR195
barley, 3, 708E; malted, 717; unthreshed,
detained, 708E; winnowed, 256*. *See
also* grain
Barne, **Joan**, widow, deceased (1501),
executors of, 217; **John**, xxix–xxx,
xxxii, 179–80+182–6 [D116, C6], 203–4
[DC11], 206–8 [D125], 206–7 [DC12],
224–6 [D129], senior, 225
barns, SR89–90, SR200
Barret, **John**, p88*, 89 [D63, T45], i97;
William, i90, a134
Bartrame, John, of Southwick in Monk
Wearmouth, 713*
basin (*pellis, pelvis*), 347, 426
Bates, (first name wanting), of Shincliffe,
227 [D132]; **John**, SR58d, wife of,
AD4
Bateson (*Baitson, Betson*), **Emma**, widow,
496–7 [DC41], worthy of eviction,
534*, 538*; **John**, 160*, t256*, 284,
p287, shoemaker, 160*, 284; **Thomas**,
i406, 419*, 548, i553
Batlay, **John**, 102 [D77]
Batmanson (*Baitmanson, Baytmanson*),
John, 305*, 325*, of Broom, 149–
50+152+155* [DC8], widow of, 625*;
Richard, a176; **Robert**, 192–4 [D122]
Batte, **Christopher**, 177*
Bawdkyn, **George**, i657, 672*–4 [DC75],
680–2 [D311], 704–5 [T101, F3], 715
[DC84], 720*, wife of, 714*; **Margaret**,
wife of George, 714*
Bawkows, **John**, 216*
Baxter (*Bacster*), **Edward**, of Newcastle
upon Tyne, 564–6 [T96]; **John**,
FPCR; **John**, 201*, SR198; **Richard**,
SR43; **Robert**, p38, 40 [T24, *perhaps
continued as* D25], 41–2 [D25], i47,
56 [D30], p79, i80, i81?, 86 [C3], i90,
i97, 105 [T51], p107, 108 [T53], 111–12
[D87], 113 [T54], i115, ale vendor, 58,
84, 91, baker, 74; **Robert**, burgess,
SR76, merchant, of Newcastle upon
Tyne, 163*, 177*, 219. *See also* Alice
Bay, **William**, 88*

Baynbrig (*Baynebrygg*), **John**, of
Snetterton, heir of, s547*; **Richard**,
heir of, s580*, s676*, 696*, SR73
Bayrdclosse (*Baihareclose, Bayherdcloce*),
close called, 163*, 279*, 286*, SR12
Beadnell (*Beidnell*), Northumberland, *see*
Thomas Robinson
beads, 455, 621, 623
Bearpark (*Berepark*), *see* William Bell
beasts, chased by dogs, 425*; illegal
pasturing, 394, 441*; impounded,
544*; watering, 528*; working (*averia*),
155*, 208, 236*, 394, 395, 441*. *See also*
horses, oxen
Beckley (*Becly, Bekli, Beklay, Bekley*), **John**,
e11, p17, p19, p21, a22–3, 23 [D16],
p24–5, p29, a30, a32, ep33*, e36*, p38,
a40–1, a45*–6, p45, s99*
bedding, *see* bedstraw, blanket, coverlet,
matress, sheets
Bedlington, Northumberland, tithes of,
SR224
Bedom, **Alexander**, 141 [D96]
bedstraw, 404*
Bedyk (*Bedygg, Bedyke*), **John**, i249, 250–1
[D149], i291, i294, i307, 326; **Robert**,
336, 339*, forestaller of skins, 371*,
421*
Bekwith, **John**, p4*
Belford (*Belforth*), **Robert** of, s4*, s8*, 22
[D14], s33*, s99*, a116–17, p121
Bell, (first name wanting), widow, 382;
Alice, wife of John, 225 [D130]; **Alice**
daughter of William, 276*; **John**, 225
[D130], SR202; **Ralph**, warden of the
slaters' craft, 700–1 [D321]; **Robert**,
i253, w254, 310, i390, mason, 259*,
i302, i387; **Roger**, xxxii, 150–1 [D101],
185–6+189–90 [D119], 202+204–5
[DC10]; **Thomas**, 23 [D15], 41 [DC1];
William, i146, 149–50 [D100], i170,
i189, 276*, 279*–81+283+285 [PA1],
504, 598–9 [D283], ale vendor, 155*,
363*, of Bearpark, 491*, shoemaker,
283–4 [D163], tenant in Thornton-
le-Moor, SR213, wife of, ale vendor,
177*
Bellasis (*Balacez, Belacys, Belasys*), 523*,
SR92–119, field called, 305*; grazing
on, 357, 383; mowing at, 598
Belsay (*Belsew, Belsow, Belshow,*
Bellishewe), **William** of, i12, 78 [T38],
i80–1, i90, i97, i115, and wife Joan,
78 [T38]
Belton, **John** of, s118*

Bennett, (first name wanting), wife of,
AD4
Bentham (*Bentam, Benton*), **William**, 625*,
j630*, 646–7+650–1 [T103], 677+679
[D310], 583*–4 [DC76], 687–8* [D315],
693–4 [DC78], dyer, 646, 683*, 693,
695+697 [DC79], 696*–7 [D319],
servant of, 648*, 668*
Bentley (*Bentlay, Bently*), **John** (of), s
4*, s8*, s33*, s55*, s99*, junior, of
Durham, 5; **John**, SR199
Benton, **John**, s118*; **Richard** of, s33*. *See*
also Bentham
Berall, **Peter**, 36*; **Robert**, s55*, s56, s84
Berbour, *see* Barbour
Bernard (*Bernett*), **John**, 284, forestaller
of sheepskins, 201*, 256*, 309*,
541*, glover, 256*, non-burgess,
541*; **Margaret**, wife of Thomas,
639 [D302]; **Thomas**, 612*, w633,
639 [D302], j698*–9*, js706*, j709*,
js712*, j713*–14*, j720*, of Durham,
forestaller of sheepskins, 642*, 696*,
glover, f698*, non-burgess, 642*, wife
of, 639
Berry, **John**, potter, 425*
Best, **John**, 248–9+251–4 [D146], warden
of the butcher's craft, 277–8+282
[C7]; **Robert**, 355 [D195],
Betson, **John**, p195*, 256*, i294; **William**,
309*
Biggins in Wolsingham (*Byggyngez*),
SR211
Bilcok, **John**, e8*
Billingham, **Cuthbert**, 270*, 429* [T88],
439–45 [D228], SR62, SR185; **John** of,
106–8 [D84], ale vendor, 91, Isabel,
servant of, 114 [T55]; **Richard**, heir
of, FPCR; **Thomas**, SR62
Bird, **Simon**, forestaller of skins and
sheepskins, i464, 483*, 504, 521*, 541*,
glover, 521*, non-burgess, 483*, 504,
521*, 541*
Birden, *see* Burdon
Birdoke (*Bridok*), (first name wanting),
270*, to be evicted with her daughter,
534*, 538*
Birez, *see* Byers
Birletson, **Thomas**, 188
Birtfeld, **John**, 248–9 [D145]
Birtley, *see* Sparrowe
Bishettellez, *see* Byshottles
Bishop Auckland, xxx; plague at, 140*.
See also Thomas Eslyngton
Bishop Middleham, vicar of, SR241

Bishopton (*Bischopton*), **William** of, 102+104 [T49]

Bitchburn (*Bichburn, Bycheburn*), **William**, 632, AD4, steward of the court, and his wife Margaret, 405*. *See also* Thomas Ferrour

Bittlestone (*Bitelston, Bittelstane, Bythelstane*), first name lost, 149; **Katherine**, 247–8+252–3+255–6* [DC18], deceased, 271, 273; **Thomas**, xxix, 143+146 [D97–9], 155*–9 [D107], 157 [D109], 171+173+175 [D113], p172, 197 [D123], 198–200 [D124], 227 [D132], 228–31 [D135], deceased, 247, of Durham, tanner, 143, junior, 247–8+252–3+255–6* [DC18]

bitumen, 268

Blacheved (*Blached*), **John**, s4*, s8*, s33*, s55*–6, s71*–2, s+99*, s100*

Blackburn (*Blacborn, Blakborn*), **Adam** (of), of Chester, 8*, s33*, e55*, s62, s71*–2, e99*

Blackden (*Blacden*), **Margaret** of, 4 [T3]

Blakhaa (*Blakeha*), **Nicholas**, 320–2+324–6+329 [C8], 325*–6 [T79], 328–34 [D177], AD2 [D177], pardoner, 328

Blakomore (*Blakemore, Blakhamour, Blakhomere, Blakofmore*), **William**, 301–4 [T74], 306–7 [T75], i322, i331, i387, i389*, t399, 404*, i406, 649–50 [T104], jAD2, ale vendor, 309* 339*, 363*, 383*, tailor, 301, and his wife Christabel, 306

Blanchland (*Albalanda*), abbot of, 696*. *See also* Richard of Hutton

blanket, 540

Blenkarne, **Alice**, widow of John, SR56

Blithman, 689–90 [T106]

Blount (*Blont, Blownt, Bloynt*), **Agnes**, 376*–7 [D206], 377–8 [DC27], executor of John, 717 [D333], widow of John, 726 [F4], wife of Richard, 615–18 [D288]; **Christopher**, w456, forestaller of skins, 371*; **Henry**, 504, i594, i603, 620 [D289], 621–3 [DC68], p624, w627, i628, j630*, i650, 651 [U41], i690, p693, 693–5 [D318], i695, 696*, i701, i705, 714*, i719, 720*, jAD10, smith, 693; **John**, 155*+157–9 [D108], j160*, 162–3*, s+177*, j187*, i189, s195*, sj211*, s+233*, 256*, 274, 279*, p281, 286*, 305*, 309*, j+316*, 330–1 [D180], 334–5 [D182], 339*, 373 [U26], j376*, j405*, j413*, j521*, j533*–4*, j547*, s560*, s612*, s630*, s648*, s676*, s699*, s706*, s712*, SR57d, SR57f, ale vendor, 155*, 201*, 233*, 276*, 294, AD1, butcher, 187*–9 [D120], 277–8+282 [C7], 328–9 [D176], s358*, j363*, s383*, s389*, s393*, s404*–5*, s413*, s419*, s421*, s425*, s429*, s441*, s449*, j451*, s453*, s461*, s465*, s473*, s483*, s491*, s503*, s511*, s518*, s521*, s523*, s534*, s538*, s541*, s544*, s547*, s551*, s556*, s568*, s573*, s580*, s605*, s696*, s698*, deceased, 568*, 716, forestaller and glover, 256*; junior, 349*, 351, senior, 357 [D197], shop of, SR57d, tanner, i146, i222, f292*, of Tudhoe, s560*, wainman, s305*, s358*, js363*, s371*, j376*, j383*, js389*, j419*, j421*, js425*, j429*, s441*, s449*, js451*, s453*, j458*, js461*, js465*, s473*, js483*, j493*, js503*, js511*, s518*, s521*, s523*, j528*, s+534*, js538*, s541*, s544*, j551*, js556*, s560*, warden of the butcher's craft, 277–8+282 [C7]; **Margery**, daughter and heir of Richard Laing, wife of John, 568*, wife of John the tanner, 292*; **Richard**, i294, i302, t326, i331, 336, 339*, a376*, i406, i424, j493*, j504*, js511*, j518*, j521*, 522 [C9], s523*, j528*, v532, j533*, js538*, j541*, s544*, v545, j547*, 548, v549, j551*, js556*, j560*, js568*, js573*, j585*, js591*, js600*, js605*, j612*, p613–14, js619*, 621–2 [DC67], j625*, j630*, js642*, js648*, j654*, j668*, j672*, j676*, j681*, j683*, j688*, j696*, s698*, js699*, js706*, j+709*, js712*, j713*–14*, 715 [D332], p718, j+720*, jAD2, aletaster, 713*, ale vendor, 419*, burgess, 504, 521*, 533*, 541*, 551*, 568*, 600*, 642*, 712*, 720*, forestaller of skins (mostly sheepskins), 256*, 309*, 363*, 404*, 421*, 429*, 451*, 461*, 483*, 504, 521*, 533*, 541*, 551*, 568*, 600*, 642*, 681*, 696*, 706*, 712*, 720*, AD5, AD9, glover, 256*, 404*, 429*, f491*, 500+505–6 [D247], 504, 540, non-burgess, 461*, 483*, and his wife Agnes, 615–18 [D288], wife of, 367; **Robert**, p233*, j493*, 708, tanner, 177*, 233*; **Thomas**, 248–9+251–4 [D146], 522, 533*–4*, 545, 681*, f696*, j+696*, j698*, j+699*, p700, js706*, sf+712*, j714*, j+720*, SR184, ale vendor, 642*, 668*, 681*, 706*, 712*,

720*, cook, j+712*, servant of, 286*, wife of, 538*; **William**, j573*, j580*, j585*, chaplain, s605*, s612*, s654*, s668*, son and heir of John and Margery, f568*

Blyth (*Blith*), **George**, i553, i594, t601, j619*, j630*, i650, 652–3 [DC71], i679, j698*, i701, i703, i705, 706*, 714*, and his wife Isabel, 652–3 [DC71]

Boget, **John**, wife of, 451*; **Robert**, 277–8+282 (C7)

Bogg, **Nicholas**, w294; **Thomas**, 152–4 [D105], 152+154 [D106], 163*

Bointon, *see* Boynton

Bolam (*Bolum*), **William** of, 1

Bolton in Edlingham, Northumberland, tithes of, SR246–7

Bolton, **John** (of), i12, p27, 59 [D34], p69, 78 [D53], i90, i97, 99*, ale vendor, 58, 84, 91

bonds to keep the peace, 540

books, 626; Bible, 524

Borton, *see* Burton

Boryer, **Hugh**, 14 [D8]

Bottlyng, garden called, SR85

Bouer, **Hugh**, e36*, s99*, s100*

Bow, made of yew, 247

Bower, **Alan**, 63 [D38]; **Robert**, AD4

Bowes, Sir **Ralph**, s140*, s155*, s160*, SR59, SR97, SR120, SR122, SR143, SR185, SR187, heir of, s642*; **Robert**, knight, s503*; Sir **William** of, s4*, s8*, s99*

bowl (*olla, olla enea*), 102, 120, 282, 284, 329, 340, 343, 426, 446, 454, 492, 508, 540, 619*, 634, 664, 715, 723

Bowman (*Bowmar, Buman*), (first name wanting), widow, ale vendor, 706*, 712*, 720*, wife of, AD4; **Clement**, 724–6 [D345]; **Elizabeth**, widow, p392, p400, 721–2 [D338], widow of Richard, 413*, widow, ale vendor, 363*, 383*, 404*; **John**, 294–6 [T73]; **Margaret**, SR19, SR196; **Nicholas**, i479; **Ralph**, 709*, p715–16, non-burgess, 201*, forestaller of sheepskins, 177*–8; **Richard**, j155*, j+160*, s163*, s187*, s195*, j201*, j211*, 233*, js256*, sp259*, p260, 261, j270*, j276*, 277, j286*, s+292*, j300*, 310, js325*, j339*, 342, v343, j349*, s358*, vAD3, ale vendor, 276*, 294, 309*, 339*, AD1, widow of, 413*, wife of, ale vendor, 681*; **Simon**, 721–2 [D336, D337, D338]

Boynton (*Bointon*), **Alice** widow of John of, 85 [D60]

Bradfot, **William**, 59 [D34]

Bradley, **Roger**, 400

Bradwod (*Bradewod*), **Agnes**, 336–9* [D184], 363*, ale vendor, 276*, 363*; **Edward**, i387, 387+389*–90 [T84], 393*–6+399+403 [D213], i406, 418 [DC31], 419*, 451*, i464, 533*, 541*, i553, 573*, i603, i679, t697, i725, servant of, 393*; **Elizabeth**, 343+358 [D188], 352–4 [D193], 552–4 [DC50], 724–6 [D341]; **John**, i157, 256*, i304, t326, SR28; **Margaret**, 552; **Robert**, 286*

Bradwod (unidentified), *see* William Barbourne

Brafferton, **Walter** of, p1

Brak, **Richard**, FPCR

Brandon, West (*Westbrandon*), *see* Richard Corker

Brantyngham, **Edward**, w294, AD4

bread, assize of, xxiii, 40, 74,720*; baked, 403; debt for, 40, 56, 336, 339*, 343, 355, 551*

Brenner, **George**, w245

Breston, **Michael**, 668*

brewing utensils, 227, 306. *See also* furniture and utensils

bridge, 1, 547*, 642*, 699*, 706*; burgage by, 698*, cross standing on, 600*, 642*, 699*; Elvet, SR, 193; Framwellgate, 605*, SR58; house by, 133; 'old', 698*; Tunnokes on, 1

Bridok, *see* Birdoke

Brome, **John**, SR206; **Roger** del, 1; **William**, i12

Bromell, **William**, 463–4+467 [D234]

Bron, **Lucot**, 107 [T52]

Broom (*Brome*), *see* John Batmanson

Broughton, **John** of, i20

Broun, **Margaret**, 451*; **Robert**, 155*; **Thomas**, 708E [DC81, D327, C11]; **William**, a119; **William**, 655 [U42], AD4, of Over Heworth, 628–9 [D294]

Bruys, **Edward**, 533*

Brygg, **Thomas**, w468

Buk, **William**, 174 [U10]

Bukylls, **Reginald**, of Wolsingham, 444–5 [D230]

Bullok, **John**, wife of, 699*; **Richard**, i690, i695, 696*, 706*, 709*, 714*, p717, butcher, xxxi, 696*, 699*, 706*, 712*, 712* [T109], 714*, 720*, 723, AD11

Bulmer (*Bowmer, Bulmar*), **Nicholas,** t409; **Ralph,** 201*, 202, 383*, 389*, forestaller of sheepskins, 201*; **Richard,** j243*

Burdale (*Burdeale, Burdell*), **Thomas,** i146, 160*, 383*, 389*, 404*

Burdon (*Birden*), **Adam** of, 41–4 [D24]; **Robert,** FPCR

burgesses, admission of new, 4*, 5, 8*, 63, 88*, 89, 309*, 319, 363*, 371*, 429*, 533*, 568*; admission through particular burgage, SR76. *See also* fealty

Burghard, **Gilbert,** chaplain, 1

Burhoy, **William,** AD4

burial dues (*larestale*), 726

Burn, (first name wanting), wife of, 404*; **Gilbert,** 201*, forestaller of sheepskins, non-burgess, 451*; **William,** 260, widow of, 419*, wife of, ale vendor, 383*

Burnigill (*Burnynghill*), **Hugh** of, junior, 77–8 [D50]

Burton (*Borton, Burdon*), **Adam** (of), p16, 78 [D54], i80–1, i83, i90, p112, i115, 118*, ale vendor, 58, 84, 91

Busby (*Busbey, Bushby*), **Roland,** 361 [U24], i389*, 461*, 521*, 523*, 528*, 534*, 538*, 540, AD6, wife of, 461*, 521*, 523*, 544*, 568* [U38]

Busse, **John,** s4*, s8*

But, **John,** of *Tirby,* p708E

butchers, wardens of the craft, xviii, 277–8. *See also* John Best, John Blount, Richard Bullok, Thomas Cok, John Dogeson, Robert Eden, John Pierson

Butler, **Richard,** 275 [U19]

butter and cheese, 483*

Buttre, **Richard,** 463–4+467 [D234], mother of, 463

Byddyk (*Bedyk*), **John,** t159, i331, AD2; **Robert,** AD11

Byers (*Biers, Bires, Birez*), **Janet** or Joan, p202, 233*, 256*, 267–8+270*–1 [T71], 286*, ale vendor, 201*, 211*, 233*, 276*, 294, AD1, widow, 202, 267, 277, 292*; **Thomas,** xxxiii, 461*, p463, 475 [D239], 521*, 523*, 534*, 588 [D277], i597, jp600*, j612*, p615–16, j619*, 621–2 [DC67], j625*, j630*, j642*, j648*, j654*, j657, j659, j668*, j672*, j676*, j679, j681*, j683*, j688*, j696, j698*–9*, i701, i703, wife of, 461*, 521*, 523*; **William,** FPCR; **William,** 140*–50 [DC7], j140*, p151, 160* [U8,

U9], j160*, 163*–5 [T63], ale vendor, 155*, widow of, 309*

Byllee, **John,** w510

Byshope, **Henry,** AD4

Byshottles (*Bishettellez*), *see* Thomas Richerdson

Byttelstane, *see* Bittlestone

Bywell, Northumb., 321; St Peter (*Bywell Petri*), tithes of, SR244

Caa, **Richard,** 182 (U11)

Candlarr, **Henry,** i80, i83

candles, illicit, 392

candlesticks, 426, 532, 545, 723

canvas, 89, 287

cards, playing, 286*, 349*; 'woln stok cardes', 455

Carlisle (*Cardoille*), **William** of, 2–3 [E1]

carpenter, *see* Robert del Bank

Carr, **Andrew,** 600*

cartage, 268

Carter, **Hugh,** 1; **John,** 201*

carts (*bige*), 256*, 276*, 404*

carver, *see* Robert Falconer

Cassop, *see* William Smith

Castell, **John,** of Staindrop, and Isabel his wife, 465*; **Thomas,** prior of Durham (1494–1519), 163*, 176 [D115], 177*, 214–15 [D126], 219, 240, 369+371 [D204], 379 [D207], 387–8 [D212], 420, 423–4 [D222], 429*, 484, 491*, 523*

Catrik (*Catrike, Catryk, Catryke, Katryk*), **John,** FPCR; **John,** SR22, heir of, s619*, s630*, s683*, s688*, esquire, 163*–5 [T63], SR12, SR53, SR176; **Roger,** heir of, SR197; **William,** 292*, s642*

cattle, 425*; agistment of, 452; in the common fold, 533*, 696*, 706*; distrained, 387; illegal pasturing, 533*, 614; impounded, 363*, 681*; 'rescued', 547*; sold, 224, 550; valued, 224, 235, 550, 614. *See also* beasts, common herd, common rights, oxen

Cave, **William,** of Durham, executors of, 166–9; **Matilda,** daughter of William, 166–9 [DC9]

Cawson, **Thomas,** 712*

Cawsy (*Cacy, Caucy, Cawcy, Cawsie*), **Cecily,** 491*; **Thomas,** 383*, i387, 406, 529+531 [T92], 585*, t595, i597, i603, i657, i659, 668*, 672*, 676*, 688*, 695, 696*, 720*, 724–6 [D344], 725, daughter of, 580*, 585*, 676*, 688*,

696*, slater, 562, wife of, 518*, 538*, 661–4 [D269], 688*, 696*; **William**, i157, i159, i253, t304

chaldron, as measure, 169

Chalmer, **William**, widow of, SR24

Chaloner, **John**, 4 [T3]

Chamnay (*Champley, Champna, Champney, Jampnay*), **John**, 256*, 277, 292*, 309*, 342, 366, 371*, 419*, 504, 522, 533*, AD6, ale vendor, 276*, 294, 309*, 310, 339*, AD1, wife of, 541*; **Isabel**, 534*–5 [D258]; **Katherine**, widow, 534*–5 [D258]

Champleyn, **William**, 235–6* [DC15]

chandlers (*waxmakers*), wardens of the craft, xviii, 392

chantries, *see* Corpus Christi. Holy Trinity, St Cuthbert, St James, St John the Baptist, St Katherine, St Mary, St Nicholas

Chapel of St Mary on the Sea, fraternity of the, 320, 321

chaplains, Thomas, 48 [D27]. *See also* John Appelby, William Blount, Gilbert Burghard, Roger Claxton, Richard Collynson, Robert Dosse, Cuthbert Ellison, William of Esh, Robert Forest, Gilbert son of Geoffrey, Alexander Gibson, Robert Gollen, Thomas Gray, Richard Greithede, John Lovell, Thomas Marmaduke, William Marshal, Thomas Mawer, John Person, William Punshon, Thomas Ryhall, Robert Sawnder, Thomas Shekelok, John Smith, Richard Smith, Richard Stevenson, John Swayn, Thomas Thryft, William Walker, William, Thomas Williamson.

Chapman, **Hugh**, i20, i81, p89, i90, i97, i115, ale vendor, 91

Chaumbre, **Joan**, sister and heir of William senior, wife of Thomas Halyday, 155*, 363*; **William**, 292*, heir of, s+155*, s195*, s292*, late, of Durham, 363*, senior, and his sister, 363*

Chester (*Chestre*), **Henry**, 525–8 [D256]; **John**, 45*–7 [D26], e62, e100, p104, i115, e118*, a137, SR21, SR25, barber, 79 [D55], clerk, 89, of Crossgate borough, p50, of Wheatley, 50–1 [D28]; **Thomas** of, 52 [C1]. *See also* William Bailya, Richard Jonson,

William Jopson, Brian Litster, Thomas Smith

Chester-le-Street, *see* Chester, Tribley

Chilton (*Schylton*), **John**, e46; **Richard** of, p1; **William** (of), e8*, p10–11, p13, p15, i20, p25, 29 [T17], ep33*, e36*, i37, p41, 42, 45*, i47, e55*, 56–9 [T29], e71*–2, i74, p78–9, e80, i83, p89, i90, 91+93–4 [T48], 94 [D70], 97–8 [D73], e99*–100*, i109, i115, i119, p133, ale vendor, 58, 84, 91, 97

Chilton Pool (*Chilton'pole*), close called, SR11; flocks to water at, 534*

Choppington, Northumberland, tithes of, SR245

churchyard, *see* St Margaret, chapel or church

Claipworth, *see* Clayport

Claxton, **George**, j648*, p652–3, 656–68*+671 [DC73], 658–9 [T105], p664, p666–9, j668*, j672*, p690, 714*; **John**, SR8, master, s712*, of Old Park, 491*; **Nicholas**, of Esh, FPCR; **Richard**, heir of, s451*, s612*, s619*, s648*, s676*, s681*; **Robert**, f309*, f+310, j316*, j325*, 336, 339*, 342, 349*, 355 [D195], j358*, 366, j371*, j376*, 382 [D208], s383*, 383* [T82], 389*, s393*, j404*–5*, j413*, 415–16 [D220], s+419*, j421*, s425*, s429*, j441*, j465*, j473*, j483*, s+503*, 521*, ale vendor, 363*, 383*, 404*, 419*, 429*, 451*, 461*, 483*, 504*, 533*, 541*, 551*, 568*, 585*, 600*, of Beadnell, 271–3 [DC21], forestaller of sheepskins, 309*, 363*, of Old Park, s528*, s533*, servant of, 468, son and heir of John of Old Park, f491*; **Roger**, chaplain, 243*, 283, 305*

Clayport (*Claipworth, Clayporth*), SR192–7. *See also* John Walker

Clerk, **Hugh**, 524 [DC43], 540–1*, forestaller of skins, non-burgess, 533*, 541*, 551*, tanner, 533*, tanner, late of Durham, widow of, 696*; **James**, a596; **Joan**, widow of Hugh, tanner, 696*; **John** (le), s71*–2, p103, steward of the court, xx, 699*; **Katherine**, daughter and heir of John Wodmouse, 696*, widow, 708 [D325]; **Laurence**, son of Hugh and Katherine, 696*; **Thomas**, 725; **William**, AD4

clerks, *see* Christopher Werdale. *See also* chaplains.

Clerkson, John, p108; Robert, f219, 240, of Ingleby Greenhow, 219, 240

closes, 318, 441*, 461*, 596, SR86–8, SR168, SR192–3, SR226; at end of Allergate, 405*; at Crossgate, 208; enclosed in 'open time', 425*, 449*; former burgages converted to, SR8, SR11, SR12–14, SR77, SR120, SR125, SR167, SR169–71, SR173–4, SR185; opened during the winter months, 421*. See also fields

cloth, 243*, 258; blue, 646; distrained, 109; 'driving' of, 680; dyed, 87, 89; felt, 690; given to be dyed, 646, 683*, 693; given to be tailored, 725; green, 693; kersey, 258; red, 725; russet, 338; 'scouring', 646; washing of, 383*, 413*, 429*, 483*; weaving, 696*; woollen, 347, 361, 365, 575, 583, 683*, 693–4, 696*, 725. See also dyers, dyestuffs, linen cloth, sackcloth, weavers.

clothing, cloth to make, 347; items of, 104, 264, 282, 284, 358*, 359, 376*–8, 400, 454, 464, 466, 478, 496–7, 536, 552, 594, 601, 619*–20

Clyff, Robert, executor of William Smith, 654* [DC72], AD4; W., 260

coal picks, sharpening, 693

coals (carbones), 25, 56, 58, 327; horseloads of, 242; waggon loads of, 512; sack of, 133

Coatham (Cotom), William of, p11–13, p21, s55*

Coddesley, SR119

Cok, Thomas, 80–1+83 [T39], 82 [T40, T41], 80–1+83 [D56], butcher, 81

Coke (Coik), Agnes, 57 [T30], 108 [T53]

Cokyn, Robert, widow of, SR180

coin (moneta), 203, 206, 238, 293, 329, 340, 375, 601, 631, 638, 673, 674; gold noble, 699*. See also loans, money

Cole, William, 382 [U29]

Colepike in Lanchester (Colpyghhill), close called Sacristan Closse in, SR226

colliers, see John Jakeson, William Tomson

Collyngwod (Colynwod), Henry, p477, i479, 483*, p496, 500 [D246], 501–2+507 [D248], 504, 521*, p526, 533*, 534*, 541*, 548, t555, 558 [D266], 566 [D270], AD6, ale vendor, 504*, 533*, 541*; John, i424; Roland, executor of Henry, 580*–2 [DC54]

Collynson, Edward, 524 [U35], p532, 548 [D260], buyer of sheepskins, 534*, forestaller of sheepskins, 541*, non-burgess, 541*; Joan, 286*, widow, 724–6 [D351]; Richard, 590 [D279], chaplain, 247, 332 [D181], p376*, p377, 442–4 [T89], a588, owner of land at Hamsteels, 442, parish chaplain, 383*, 389*; William, 233*, i291, i302, i307, t326, i331, p347, jAD2

Colman, Thomas, FPCR; Thomas, 151 [D104], 151–3 [C5], p152, s155*, s160*, j163*, j177*, v185, j187*, j195*, j211*, j233*, v234, j236*, p239, v240, 259*, j270*, j276*, 345 [T80], 348 [U21]

Colson (Collson, Coulson, Cowlson, Coylson), Christopher, AD4; Joan, 349*; John, 214 [U15], p217, p219, j243*, 248–9+251–4 [D146], j+256*, s259*, s276*, j279*, p283, v285, j286*, j292*, s300*, j305*, j309*, s325*, j339*, v348, s349*, j358*, js363*, j371*, j376*, j383*, j389*, j393*, js404*, j405*, s413*, j419*, j421*, j425*, v426, j429*, j441*, j449*, js451*, s453*, s+458, s461*, js465*, j473*, js483*, j493*, p496, s503*, j511*, j521*, j523*, 528*, j533*–4*, s538*, 596, SR58a, ale vendor, 233*, 276*, 294, 309*, 339*, 363*, 383*, 404*, 419*, 429*, 451*, AD1, churchwarden of St Margaret's chapel, 406, of Durham, 240, dyer, f240, 453*, executor of Robert, 202+204–5 [DC10], glover, 256*; Richard, smith, p181; Robert, xxxii, i157, 185–6+189–90 [D119], deceased, 202; Thomas, executor of Robert, 202+204–5 [DC10]; William, i170, 179 [D117], p187*, 307, 328–9 [D176], 330–1 [D180], ale vendor, 177*, 201*, 211*, 233*

Colstane (Colstan, Colstanez), Thomas, 233*, a332, 500+505–6 [D247], p564, 566, 585*, t595, p596, 596–9+601 [DC60], 600*, j605*, j612*, 631–3 [D297, DC69]; Tunnokes, 1

Colt, John, FPCR; John, 192, 208–10+212 [T64], 290 [DC22], shop of, SR57e

Colvelclose, close called, SR171

Colvill, Thomas, jr., knight, 116–17 [D89]

Colyer alias Tomson (q.v.), William, 322

common herd (communis pastor, communis bubulcus, hirde), 425*, 528*, 630*, 709*, 710, AD7

common lanes, see lanes

common moor, 305*, 325*, 528*; whins on the, 538*, 706*, 709*, 713*, 714*. *See also* moor

common oven, 713*, SR59

common rights, over arable land, 421*, 425*; over pasture, 305*, 325*, 425*, 630*, 710. *See also* beasts, Bellasis, common moor

common roads, *see* roads

Comyn, **George**, 726 [F4]; **William**, 75 [D48]

confessions of liability in court, xxix–xxx, xxxiii

Conyers, **Cuthbert**, 708E [DC80]

Conyngham, **Edward**, 252

Cooke (*Coke, Cuke*), **Henry**, 336–7 [PA2], 400–2 [D215]; **James**, 672*, i679, 696*, 706*, p+709*, p710, 710–11 [D330, D331], ale vendor, 568*, 585*, 600*, 642*, 668*, 681*, 696*, 706*, servant of, 612*, widow of, 712*, widow of, ale vendor, 712*, 714*, widow of, remarried, 714*; **John**, 496+498–9+501 [DC40]; **Richard**, w206

cooks, *see* Thomas Blount

coopers, *see* Jakeson, John Moryson

Copland (*Cowpland*), **Peter**, 515–16 [D252], 521*

Corbridge (*Corbrig, Corbrigg*), Northumberland, 321; **Hugh** of, 74, 75 [D46]

Corker, **Richard**, of West Brandon, 195*; **Robert** and **William**, sons of Richard, 195*

Cornay, **Robert**, 64–5 [DC2]

Cornforth (*Cornfurth*), **George**, former cellarer of Durham Priory, SR126; sacrist of Durham Priory, xx, 140*, 155*, 160*, 163*, 177*, 195*, SR231, SR235

Corpus Christi, chantry of, in the church of St Nicholas, 451*, 533*; guild of, in the church of St Nicholas, 413*, 533*, s654*, s668*, 712, chaplain of, s413*, 425, 461*, 465*, 491*, s503*, 580*, 630*, s712*, property of, 270*, 405*, 465*, 484, 491*, 541*, 712*, SR5, SR14, SR17, SR25, SR48, SR65, SR111, SR117–18, SR131, SR140, SR148, SR157; procession, 253

Corry (*Corre*), **Ellen**, widow, 492–4 [DC39]; **Robert**, FPCR

Cossour, **Richard**, s4*, s8*, s33*, s55*

cottage, repair of, 86

Couhird, **Richard** son of Roger, s99*

Coukborn, **William**, 646 [D306]

Couper, **Joan**, 23 [T14]; **John**, i12, 37, 96 [D72], 97–8 [D73], a134, 135, AD4, of Framwellgate, 96

court of Crossgate, xviii–xxxvi; burgesses to sue fellow burgesses in, 534*, 720*; clerks serving, xli–xlii; informal procedures of, xxx–xxi; pleas of debt limited to 39s 11d, 267; pleas discontinued as inappropriate, 57; records of, xxxvi–xli. *See also*, bailiff of the court, distraint, *execucio* of debt, flight, *hamaldacio*, estreats, juries of inquest, pleas, pledges, steward of the court, tollbooth, wager of law, writs

coverlet (*coopertorium*, couerlett), 72, 143, 375, 652

Cowhird, **William**, SR2

cows, *see* cattle

crafts, *see* butchers, chandlers, fullers, slaters, tailors, weavers

Craik (*Crage, Crak, Crake, Crayke, Creik, Krayk*), **Robert**, j140*, j155*, j160*, j163*, j177*, j187*, j195*, j201*, s211*, j216*, j233*, j236*, j243*, js259*, j270*, s279*, s286*, j292*, j300*, s305*, j309*, j316*, s325*, j339*, j349*, jsv358*, j363*, j371*, s376*, j383*, j389*, j393*, j404*–5*, js413*, j419*, j421*, s425*, j429*, j441*, s451*, j453*, j458*, j461*, js465*, s473*, js483*, j491*, j493*, j504*, js511*, j518*, j521*, j523*

creels, pair of, 25

Crevy, **John**, 325*

Croceby, **Joan**, 339*, 366; **William**, 292*, 310

Cronan, **Hugh**, 16–17 [T9], 23 [D15, D16], 41–4 [D24], 44–5* [T25], 70–1* [D43]

Crook (*le Cruke*), *see* William Richerdson

crops, damaged, 137

Crosse (a name assigned to fictitious pledges), **John**, p707, p709*, p716–17; **Richard**, p712*. *See also* Framwell, Gate.

Crossgate borough (*burgus de Crossgate, vetus burgus de Crossgate, vetus burgus Dunelm'*), borough, xvii–xix; courts, xix–xxxvi; records, xxxvi–xlii. *See also* burgesses

Crossgate street, 12, 155*, 277, 321, 429*, AD3; burgages in, 213, 300*, 305*, 316*, 319, 358*, 404*, 406, 420, 429*, 491*, 493*, 523*, 533*, 560*,

696*, SR31–58d, SR147–53, SR170–5; common pasture of, 425*; Southraw of, 316*

Crote, **William**, 277

cucking stool (*collestrigium, thew*), 286*, 363*, 376*, 413*, 419*, 461*

Cuke, *see* Cooke

Currour, (first name wanting), 355 [U23]

Cutstane, **Thomas**, p140*

Dales, **John**, SR207

Dalton, **John** (of), p7, i47; **William** (of), s71*–2, s99*, s100*, s118*

Daud, **Aymer**, 690–1 [T107]

David, **Richard** son of, and wife Eda, 1

Davson (*Dauson, Daveson, Davyson*), **Agnes**, 451*; **Amice**, tailor, 556*; **John**, i189, i249, 250–1 [D148], 256*, i294, i331, 366, 412–14+416–17 [PA4], jAD2, AD4; **Margaret**, widow, 536–7 [DC44]; **Richard**, 242–3* [D140], 630*–2 [D295], 631–2 [D296], tailor, 242, 400–2; **Robert**, 611 [U40], 655 [U42], t697, i703, 715–16 [DC84]; **William**, 267–8+270*–1 [T71], i360, 539 [C10], AD7

Dawdry (*Dawtry*), **Elizabeth**, 177*; **John**, deceased, 140*, heir of, s155*, s160*, SR50, SR91, SR127–8

Day, **Roland**, p706*

defamation, 11, 12, 57

defectus, xxvii, 179–80, 600*, 645, 664–5

Denaunt (*Denand, Denaund, Dynnand*), **John**, 429*, 441*–3 [D229], 441*, 462, i464, 469+471 [D236], 485–7 [D242], i493*, t499, 522, forestaller of skins, 451*

Dennyng, **Edward**, 309*; **Robert**, AD4

Depynthehonne (unidentified), **William** of, 1

Derwent, **John** of, s8*

Derwent Water, *see* William Rawe

dies ut liber, xxvii–xxviii, 182–4, 603, 610–11, 666

Dikonson (*Diconson, Dycconson*), (first name wanting), 195*; **Clement**, 647; **John**, i331, 336–41 [D183], 336–9* [D184], 343 [D186, D187], 343+346 [DC23], ale vendor, 339*; **Oliver**, 591*, i594, tailor, 594 [T98]

Dillesfeld (unidentified), **John** of, almoner, 11

Dinsdale (*Dedynsall*), rector of, SR239

dish (*discus, patella*), 332, 340, 343, 346–7,

426, 532, 545, 549, 570, 636, 638, 664, 723, AD3

distraint, of suitors of court, 47; for amercements, 284, 545, 549, 723; for rent, 234, 343, 426, 532, 570, 571, AD3. *See also execucio* of debt.

Dixson (*Dikson, Dyxson*), (first name wanting), brother of Robert, 712*; (first name wanting), of Gilesgate, fuller, 286*; **Hugh**, 681*; **John**, jAD2, warden of the fullers' craft, 678–80 [QR2]; **Nicholas**, widow of, SR209; **Peter**, 690–1 [T107]; **Robert**, 696*, 706*, 709*, 710 [D330], 712*, 720*, i725, AD11; **Thomas**, 710 [D331], AD4

Dobby, **Thomas**, ale vendor, 568*

Dobson (*Dobynson*), **Alice**, ale vendor, 276*, wife of William, daughter of Thomas Halyday, 155*, 363*; **John**, 504; **Thomas**, 155*, j371*, j376*, j383*, v403, j404*–5*, j413*, j419*, j421*, j425*, j429*, j441*, s449*, j453*, p455, j458*, j461*, j465*, j473*, j483*, j+491*, j493*, j504*, j511*, j+521*, j523*, j533*–4*, j538*, j541*, v545, j547*, j551*, j560*, j568*, 569, v570, j573*, j580*, s585*, s605*, ale vendor, 383*, 404*, 419*, 429*, 451*, 461*, 483*, 504*, 533*, 541*, 551*, deceased, 712*, had messuage in Allergate, 712*, son of William and Alice, f363*; **William**, j449*, father of Thomas, 155*, 363*. *See also* Thomas Dobyn

Dobyn, **Thomas**, i322, t334, 366, j389*, j393*, j451*, js528*, j544*, ale vendor, 309*, 339*, 363*. *See also* Thomas Dobson

Dodden (*Dodand*), **Richard**, j709*, j713*, j720*, v723

Doddington (*Dodington, Doddyngton*), **John** of, i119, 125–9 [D92], 129–32 [D93]; **Thomas**, SR72

Dogeson, **John**, i152, 327+329–32 [D174], 327+329 [D175], p359, i396, i406, 453*, 458*, 469–71 [D237], 522 [C9], butcher, 469, 522

dogs, xxiii, 23, 242, 258, 292*, 300*, 425*, 453*, 458*, 483*, 518*, 521*, 528*, 538*, 547*, 580*, 683*, 706*, 709*, 712*, 714*; greyhound bitch (*licisca*), 668*, 699*

Doncaster, **John** of, 85 [T43]; **Robert** (of), 45*–7 [D26], 78 [D51]

Donken, (first name wanting), 714*, 720*;
John, 709*, dyer, 699*; **Reginald**,
t595, 600*, i638, 642*, 649–50 [T104],
672*, i679, 681*, ale vendor, 668*,
681*, servant of, 654*; **Thomas**, 702–3
[D322]

Donne (*Don, Done, Doune, Dune, Dunne*),
(first name wanting), dame, ale
vendor, 696*; **George**, t409, 473*,
493*, 538*, 573*, 591*, 605*, wife of,
585*, 591*, 600*, 612*, wife of, ale
vendor, 642*; **Isabel**, 714*, ale vendor,
668*, 681*, 706*, 712*–14*, 720*; **John**,
78 [D52]

Dosse, **Robert**, chaplain, 441*

Douckett, *see* Dukett

Doudale (*Doudalle, Dowedal*), **John** (of),
i20, 25 [D18], 25–6 [T15, T16], i40,
p75, p80, i81, i83, i90, i97, p112, i115

Douse, **John**, 91 [D66]

dovecote, SR91, SR210, SR236

drain (*suera*), to be cleaned, 383*, 389*,
405*, 421*, 453*; to be redirected,
216*. *See also* water courses

draper, *see* Thomas Tailor

Draver, **Elizabeth**, executrix of Robert,
376* [DC25]; **Robert**, i331, 366, jAD2,
tanner and forestaller of skins, 309*,
348

Dring, **Margaret**, ale vendor, 91; **Peter**, 5,
6–7 [D1, D2], 14 [D9], s33*–34, s36*,
38 [D21], 40–1 [D23], 52 [C2], e62,
70–1* [D42], s71*–2, s99*, 110, s118*,
i119, ale vendor, 58, 84

drinking after hours, 286*

ducks, 225, 714*

Duden, **Richard**, 607+610 [D286]

Dukett (*Douckett*), **John**, i157, 233*, 256*,
261–3+268+271+274 [D156], p267, 273
[D159], 339*, 342, 349*, 351, j385, 387,
i390, t399, t499, 570, SR29

Dune, *see* Donne

dunghills, *see* rubbish and dunghills

Dunley, **Richard**, i360, a375–6*, 426
[D224]

Durham, bishop of, 213, 328, SR176,
SR178–84, SR190, SR236

Durham City (*Duresme, Dyresme*), xviii,
206, 473*, bailey, 4, SR201; castle
moat, SR189–90; crafts, xviii; divided
jurisdiction in, xviii; market, xviii,
64. See also Allergate, Clayport,
Crossgate, Elvet, Fleshewergate,
Framwellgate, Litster Chare,
Milburn, Saddlergate, South Street

Durham, Old (*Alduresme*), 66

Durham, palatinate of, justices, 299, 320,
528*, 534*, 566, 658, SR57–8, SR61,
SR134, SR175; sheriff, 223, 299, 320,
528*, 534*, 566, 658; sheriff's tourn,
720*;

Durham Priory, almoner of, 10–12 [T4],
179 [D117], 243*, 305*, 316*, 325*,
376*, 383*, 389*, 429*, 591*, 600*, 676*,
SR52, SR60, SR81, SR88, SR90, SR92,
SR119, SR130, SR164, SR176, SR208,
SR236, *and see* John of *Dillesfeld*;
bursar, 240, 518*, 528*, 534*, SR86–7,
SR104–6, SR108, SR117, SR176, SR191,
SR228, SR230, SR234, SR236, SR242;
cellarer of, 270*, 305*, 376*, 383*,
389*, 491*, 511*, 523*, 533*–4*, 580*,
SR47, SR85, SR126, *and see* George
Cornforth; communar of, 163*, 305*,
325*, 425*, 429*, 441*, 688*, 709*, 713*,
714*, SR13, SR32, SR51, SR75, SR121,
SR125, SR129, SR142, SR144, SR154,
SR156, SR158, SR166, SR168, SR171,
SR197; hostillar of, SR70, SR199–200;
prior of, xxiv, xxix, 10 [D4], 533*,
648*, 698*, 700, 712*, 718–19 [D334],
SR4, SR30, SR202, *and see* Thomas
Castell, Hugh Whitehead; prior's
bailiff, 1; sacrist of, xvii–xviii, xx, xxiv,
163*, 175, 177*, 219, 240, 243*, 292*,
305*, 325*, 339*, 405*, 511*, 521*, 523*,
528*, 533*, 541*, 568*–70, 573*, 632,
698*, SR56, SR88–9, SR102, SR105–8,
SR110–13, SR115–16, SR124–5, SR134,
SR149, SR163, SR165, SR172, SR175,
SR178–9, SR198–9, SR207–9, SR225,
SR231, SR235, SR248, *and see* Thomas
Ayer, George Cornforth, Robert
Herington; sacrist's carpenter, SR208;
sacrist's servant, 619*; steward of,
xvii, 1, 2; terrar of, xvii, 1, 2

Durham, **Robert** of, 33* [T18]; **Thomas**
of, 56–9 [T29], i80–1, 84 [T42], p93,
s55*

Dychaunt (*Dichand*), **Henry**, 720*; **John**,
xxiii, 504, 533*, 541*, 545, 556*, 585*,
600*, 642*, 681*, 696*, 712*, AD6,
AD7, AD11, miller, 534*

Dychburn (*Dichebourne*), (first name
wanting), 681*; **William**, i695, 696*,
724–5 [D339–51]

dyers, *see* William Bentham, John
Colson, John Donken, Roger of
Easingwold, John Richardson

dyestuffs, 267, 311

Dynnand, *see* Denaunt

Easingwold, North Yorkshire (*Esingwald*), **Roger** (of), s8*, s33*, p78, 84 [T42], 87–8* [D61], 88 [T44], 89 [D65, U3], 101 [D75], dyer, 87

Echewik (unidentified), **John** of, s+33*

Ede, **William**, AD4

Eden, **John**, a431, 672*–5 [D309], 677+679 [D310]; **Richard** of, e71*, e72, e99*, e100*, s118*; **Robert**, i597, i603, 605*, 613–14 [D287], 621–3 [DC68], 626–7 [D292], i628, p631, 642*, i650, 673, butcher, 624 (D291), i638; **William**, 431–2 [D226], 661–4 [D269], 690–3 [D317], 693–5 [D318]

Edlingham, Northumberland, rectory of, SR223; tithes of, SR246

Edmondhills in Ancroft, Northumberland, SR215

Edmundbyers (*Edmundbirys*), 50

Eland, **John**, AD4

Elay (unidentified), **Michael** of, SR197

Ellison (*Ellesson, Ellysson*), **Cuthbert**, s441*, chaplain, s358*, s451*, s453*, s556*; **Margaret**, 725 [DC85]; **William**, AD4

Ellryngton, **John**, 439–45 [D228]; **William**, SR187

Elstop, **John**, 260

Elvet, **Robert**, 160*

Elvet, 1, 195*, SR198–200; bridge, SR193; court baron of, 708; Ratonrawe in, SR200

Eme (*Eyme*), **Joan**, wife of Thomas, 446; **Thomas**, 310, i322, 344 [D190], i385, i396, 404*, 413*, 446–8 [DC32], ale vendor, 309*, 339*, 363*, 383*, 404*; **William**, 215 [D127], 243 [D141], p247, i249, i253, i291, i294, i302, i307, t326, t334, i387, i396, i406, 570, SR57c

Emerson (*Emereson*), **Edward**, i479, i498, 541*, 545, i553, 564 [U37], i594, 595 [D282], p596, i597, 601+603–4 [DC61], 602, 642*, t651, i659, i679, 689–90 [D316], i690, i695; **Henry**, 259* [D155]

Emery, **Thomas**, chaplain, 91+93–4 [T48]; 'dominus' **William**, 21 [D13]

Erray, **Richard**, AD4

Esh, Emma of, 107 [T52]; **Matilda** (of), s4*, s8*, s33*, s55*, s99*, s118*; **William** of, chaplain, 19 [T11], p24, 53 [T27], p72, 84 [D58], 89 [D64, T46], s99*; **William**, j+177*, s580*, s591*, s612*, s619*, SR196, heir of, s625*, s630*, s642*, s648*, s654*, s668*,

s672*, s676*, s681*, s683*, s688*, s696*, s698*–9, s706*, s712*. *See also* Robert Lewin

Esh, chapel, 726

Eslyngton, **Thomas**, of Bishop Auckland, 244 [D143]

Esshett, Stephen, 159 [U6]

essoins, xxvii–xxviii

estreats, 154, 178, 201*–2, 233*, 256*, 276*–7, 284, 292*, 294*, 309*–10, 339*, 342, 363*, 366, 383*, 404*, 419*, 421*, 429*, 451*, 461*, 483*, 503*–4, 521*, 533*, 541*, 547*, 556*, 560*, 572, 593, 606, 620, 643, 669, 682, 697, 712*; delivered to bailiff, 383*, 404*, 429*, 451*; delivered to sacrist's servant, 619*

Eure (*Euers*), **Ralph** de, s8*, s99*, knight, heir of, 371*; **Robert**, daughter of, SR80, SR84; Sir **William**, knight, heir of, suit of court by, head courts 140*–712*

eviction of residents, 551*, 556*, 585*, 591*, 630*. *See also* lodgers

ewes, 155*, 267; detained, 400, 725; trespass with, 83

excepcio per inquisicionem curie, 1

execucio of debt, xxi, xxxvi, 185, 233*, 264, 282, 285, 329, 340, 358*, 403, 721. *See also* distraint

executors, *see* wills

Eyme, *see* Eme

Eyre, **William**, 708E [DC80, C12]

Fairallers (*Fairawllers, Fairealler(e)z, Fayreles, Fayrawlers, Fayrhallers*), **John**, 559 [D268]; **Richard**, i464, i479, 504, 521*, AD6, ale vendor, 461*, 483*, 504*, 533*; **Thomas**, forestaller of sheepskins, 404*, 421*, AD5, glover, 404*; **William**, 478–81 [D240], 552–4 [DC50], i553, 569 [D272], 589 [D278], 590 [D280], j591*, 620 [D289], i638, t651, i659, i668*, i690, i703, i705, 714*, i719, jAD10. *See also* William Allerez.

Fairhare, **Robert**, a381

Falconer, **Robert**, 577 [DC52], carver, 393*–6+399+403 [D213]

Faldgarth, 544*

false judgement, 3

Farne, **Richard**, t159, i189, 326, 343 [D187], p345, 349*, 361–2

Farrour, *see* Ferrour

Fawell, **George**, i387, t399, t409, i424, p426, p450, i464, i498, 504, p508,

511*, 522, 533*–4*, 545, i553, 562–3 [T95], 573*, 580*, 585*, i597, j600*, j605*, j612*, j619*, j642*, j+654*, j668*, j672*, i679, j+681*, j683*, j688*, jp696*, p697*, j699*, i701, j706*, 712*, j714*, i719, AD6, jAD10; **John**, FPCR; **John**, 155*, i189, i222, i253, 276*, t304, 451*, w620, senior, 508–10 [DC42], 511*

fealty, burgesses' oath of, 4*, 5, 8*, 63, 163*, 177*, 187*, 213, 219, 240, 270*, 292*, 300*, 309*, 310, 316*, 319, 320, 363*, 371*, 404*, 405*, 406, 420, 429*, 465*, 484, 491*, 493*, 523*, 533*, 541*, 560*, 568*, 648*, 675, 696*, 698*, 700, 712*, 720*; not yet performed, 706*, 709*, 712*, AD9

Fell, **Agnes**, 496–7 [DC41]

fence, 688*, 709*, 712*–14*, AD9

Fenrother, **Robert**, 104 [D80]

Fenwyke, **Robert**, SR188

Ferior, **Roland**, tenant in Wolsingham, SR211

Ferrour (*Farrour*), **Richard**, of Frosterley, 549 [DC47]; **Robert**, p550, 600*, i603, 642*, 646 [D306], 681*, SR181, ale vendor, 551*, 600*, 642*, 668*, 681*; **Thomas**, 316*, s339*, 404*, 405*–9 [D217], SR185, and wife Agnes, f300*, 316*, of Bitchburn, 270*; **William**, FPCR

Ferthyng Croft, close called, SR167–8

Fesher, *see* Fissher

Fethirstanehalgh (*Fetherstanehalge, Fetherstonehalgh*), **John**, esquire, 427–8+430–4+436 [D225]; **Nicholas**, 690–3 [D317]

fields, butts in, SR103–4, SR106; of Cuthbert Billingham, SR186; headlands in, SR96–104; rigg, in Wolviston, SR233; selions in, SR92–103, SR110–15, SR117–18, SR125. *See also* Bellasis, closes, Relley

Firesell, **Christopher**, AD4

Fischous, **Thomas** del, 137 [T60], 137–8 [T61]

fish, salt, 149

fishers and fishmongers, *see* Richard Fissher, Thomas Wilson

Fissher (*Fesher, Fyssher*), **John**, FPCR; **John**, daughter and heir of, SR136; **Richard**, 70–1* [T35], 79 [D55], i80, i83, i90, of South Street, 79, fishmonger, 79; **William**, 276*, SR4

flax, 19, 150, 219, 246, 268, 294, 323, 355, 361, 484; growing, 533*

Fleshewergate, SR187–8

Fleshower, close called, 152

Flesshewer (*Flescheuer, Fleschewer*), **William**, 63, 121 [T57], e100*, of Durham, 63

flight from the court's jurisdiction, 323, 338

foal (*pullus*), 376*

Folbery, **George**, forestaller of sheepskins, 696*

fold, common, 236*, 305*, 363*, 523*, 612*, 619*, 681*, 696*, 699*, 706*, at South Street, 533*. *See also* pinfold.

food (*victuales*) sold, 227; supplied, 410, 435, 687, 702, 721

footwear, 347, 558, 601, 626, 638

For, **Robert**, AD4

Forest (*Forrest*), **John** del, i20; **Robert**, chaplain, 585*, 621 [D290]; **Thomas**, j140*, 140* [U5], j155*, j160*, j163*, 177*, j187*, s195*, j201*, j211*, s216*, j233*, j243*, j256*, j259*, j270*, j276*, js279*, s286*, j292*, j300*, js305*, j309*, j316*, 320, j325*, j349*, j358*, SR78, SR179, SR185

forestalling, xxi, xxiii, 284, 348, butter and cheese, 483*, cattle hides and sheepskins, 155*, 177*, 178, 201*, 256*, 309*, 363*, 371*, 404*, 421*, 429*, 451*, 461*, 483*, 504, 521*, 533*, 541*, 551*, 568*, 600*, 642*, 681*, 683*, 696*, 712*, 720*, AD5, victuals, 568*

Forman, **John**, 162, 163*, SR208

fornication, manifest, 712*. *See also* women of ill repute

Forssour, **John**, SR20

Forth, **Emma** del, 24–5

Foster (*Forster*), **Agnes**, widow, of Waldridge, 693–4 [DC78]; **Edward**, i146, i152, i222, w245, i249, i253, 256*, 270*, p352; **Hugh**, 643–4 [D303], i657; **Thomas**, 363*, 381–2 [DC28], 382 [U29], AD4, of Hag House, 347–8+350 [D192]

Foxton, **Richard** of, 28–9 [D20]

Framwell (a name assigned to a fictitious pledge), **John**, p708. *See also* Crosse, Gate.

Framwellgate (*Framwelgate*), bridge of, 605*, SR58; burgages in, 310, SR176–86; cross at the end of, SR186; Estrawe in, SR178; Westrawe in, SR176. *See also* John Couper, Richard Smith

Frankys, **Thomas**, 689–90 [T106]

Frareman, **James**, of Brancepeth, 72
[D44]; **Robert**, of Carlisle, 72 [D44]
fraternity, *see* Chapel on the Sea, St John
French pox, 463
Frend, **John**, i115, i119, 136 [T59]
frontages (*frontes*), to be maintained,
xxiii, 155*, 160*, 163*, 187*, 211*, 236*,
243*, 259*, 270*, 276*, 279*, 286*,
292*–3, 300*, 305*, 309*, 316*, 325*,
339*, 349*, 358*, 360, 363*, 371*, 376*,
383*, 389*, 405*, 413*, 425*, 429*, 451*,
453*, 465*, 511*, 518*, 523*, 533*–4*,
538*, 544*, 551*, 556*, 560*, 568*, 585*,
612*, 699*, 706*, 712*–13*, AD7, AD9
Frosterley, *see* Richard Ferrour
fuel, carriage of, 542. *See also* coals,
hedges
Fullar, **Nicholas**, of Edmundbyers, 50–1
[D28]
fullers (*walkers*), craft ordinances of,
678; wardens of the craft, xvii,
678–80. *See also* John Dixson, Thomas
Hunter, Richard Jonson, Edward
Lityll, William Robinson, Oliver
Thornbrugh, William Watson
fulling mill 'de Broun', 283; Hughmilne,
435
Fulmard, **John**, ep33*
furniture and utensils, household, 264,
285, 348, 376*–8, 393*, 403, 411, 454–6,
525, 532, 534*, 540, 550, 570, 596, 601
Fynge, **Robert**, tenant in Wolviston,
SR230–1, SR233
Fynley (*Fyndeley, Fyndle*), **John**, i493*,
495 [D244], miller, 451*, 466–7 [D235]

Gaioly, **John**, i97
Galyllee, **Robert**, 614 [T102]
Gamblesby (*Gammylsby, Gamlesby*),
John (of), s33*, e71*–2, s84, 96 [D72],
e99*–100*, s118*
games, illegal, 286*
gardens, 18, 25, 104, 201*, 268, 294, 404*,
425*, 465*, 521*, 533*, 538*, 551*, 580*,
606, 614, 649, 696*, 712*, AD9, SR16,
SR85, SR149, SR192, SR208; called a
'cheregarth', SR230; former burgages
converted to, SR1, SR4, SR6–7, SR15,
SR30, SR76, SR78, SR80–1, SR83,
SR123, SR131–2, SR137–8, SR143,
SR161, SR165. *See also* Almoner Barns
Gare, **Thomas**, 214 [U14, U15]
Garner (*Gardner, Garnet, Garnter,
Garthner*), **John**, 462, 504, 521*, 522–
3*, 533*, 541*, 551* 560*, 568*, 575

[U39], 580*, AD6, wife and daughter
of, 521*, 523*
Garnet (*Garner, Garnetes, Gernet*), (first
name wanting), 483*; **James**, i322,
330–2 [D179], t334, 349*, pi387, i389*,
393*, i396, ale vendor, 363*, 383*;
John, i47, p61–2, 73 [T36, T37], i74,
75 [D48], 78 [D52], i81, i83, p88*, i90,
a92, i97, p103, 104 [D79, D81], p107,
109 [D85], i115, i119, p120, 121 [D90],
p123, ale vendor, 58, 84, 91
Garry, **William**, tenant in Wolviston,
SR228–9
Garthstane (*Garstane*), **Reginald**,
484+486–7 [D241]
Garthstell (*Garthstale*), **Christopher**,
i249, t256*, p259*, p261, 270*; **Guy**,
259*–61 [D154]
Gate (a name assigned to fictitious
pledges), **Richard**, p709*; **Robert**,
p708; **William**, p707, p712*, p716–17.
See also Crosse, Framwell
Gawdy, **Thomas**, w378, p381, i385, i389*,
566, ale vendor, 383*
Geoffrey, **Gilbert** son of, s8*, s33*, s99*,
chaplain of Linz, 8*
George, **M.**, AD4
German, **Ralph**, 190, 566, churchwarden
of St Margaret's chapel, 406
Gernet, *see* Garnet
Gibson (*filius Gilberti, Gybson*),
Alexander, 169–70 [D111], 290–1
[D166], chaplain, 169–70; **John**,
s8*, i12, s33*, s36*, 40–1 [D23], i40,
58–60 [D32], 58–61 [D33], i90, 91
[D66], i97, s99*–100*, i115, SR200, ale
vendor, 84, 91; **John**, 305, 462, 522, of
South Street, 504, AD6, miller, 451*;
Margaret, 138–9 [DC6]; **William**, 676*
Gilbert, **William** servant of, 1. *See also*
Gibson
Gilesgate (*Gelygate*), *see* Dixson
Gilforth, *see* Gyffurth
gillycorn, SR236
Givendall, **Richard**, 124
Glover, (first name illegible), i81; **John**,
20, 22–3 [T12, T13], 23 [T14], i40,
53 [T27], a57, 64 [D39], 64–5 [DC2],
69 [T34], glover, 64; **Richard**, i12,
p22, p23, p41, p44, p50, 56, p71*, ale
vendor, 58; **Richard**, j195*, p287,
SR182, junior, i291, jp294, p295, 298
[D170]
glovers, xxi, 155*, 256*, 404*, 429*, 461*,
483*, 504; glover's stall, 64, 65. *See*

also Richard Arnbrugh, John Bernard, Thomas Bernard, Simon Bird, John Blount, Richard Blount, Thomas Fairallers, John Glover, William Goften, John Hyne, John Neil, John Pottes, John Prior, Hugh Spark, Laurence Toller, Robert Toller, Robert Wright

Goce, **John**, 1 [T1], 3

Godmilner, **Robert**, 5

Goften (*Goffden*), **Agnes**, executrix of Richard Swawdale, 585*–9 [DC57]; **Hugh**, 404*, 473–6 [DC37], 567 [D271]; **Margaret**, executrix of Hugh, 578 [DC53]; **William**, i498, 521*, 523*, 528*, 533*–4*, 538*, 541*, 544*, 547*, ale vendor, 483*, 504*, 533*, 541*, 551*, 568*, forestaller of skins and sheepskins, 521*, 533*, 541*, p446, p448, 491*, 551*, glover, 521*, non-burgess, 533*, 541*, tanner, 533*, servant of William Richardson, 309*

goldsmith, *see* Robert Lityll

Gollen (first name wanting), servant of William Richardson, 309*; **John**, of *Holmers*, 683*–4 [DC76]; **Robert**, chaplain of the guild of Corpus Christi, 465*; **Roger**, 454+456 [DC33], 455+457 [DC34], i479, i498, forestaller of skins, 451*, 461*, 504, servant of Richard Stevenson, 349*, 351, tanner, 461*, 504

goose, sale of, 103; pies, 720*

Gorden, **William**, of Alnwick, 140*–2 [D95]

Goswick, **Alice**, ale vendor, 91; **Richard** (of), i12, i20, i40, p58, 62, e71*–2, i74, i80–1, p85, i90, ale vendor, 58, 84

Gower, **John**, deceased, 695, 697; **Elizabeth**, executrix of John, 695+697 [DC79]

Gowland, **Helen**, wife of Henry Tomson, 720*

Gowrley, **Edward**, 619*

Goysecroft, close called, SR87

grain, 591*; detention of, 290, 708E; measures of, 1; prices of, 40, 155*, 177*, 201*, 233*, 256*, 276*, 309*, 339*, 363*, 383*, 404*, 419*, 429*, 451*, 461*, 483*, 504*, 541*, 568*, 712*, AD1, AD9; sold, 38; winnowing, 155*, 236*, 256*, 383*, 441*, 449*, 612*, 712*, 714*, 720*, AD9

Grange (*Graunge, Graynge*), **Joan**, widow,

594 [T98]; **John**, 336, 339*; **Thomas**, 255–7 [D150]

Gras, **John**, 2 [U1]

Gray (*Gra, Graa*), **Agnes**, s8*; **Anthony**, 714*; **John**, 237 [D137], 241 [D139], i249, 286*, i302, i307, i322, t334, a339*, 376* [DC25], 377–8 [DC27], 383*, i387, i389*–90, i396, i406, 426 [D223], 506–7+509–13+518*+520 [D249], ale vendor, 294, AD1, miller, 227 [D133], 227+229+231–2 [D134], 227+229–32 [DC14], 369–70 [D203], 511*, 539 [C10]; **Simon**, 138–9 [DC6; **Thomas**, ep33*, s118*, chaplain, e8*, p19, e55*, 66–70 [T33], e71*–2, 93 [D69], e100*, e104, 106–8 [D84], 114 [T55], 135]; **Thomas**, 160*, 163*, 325*

grazing, agistment, 452; illegal, 104; rent of, 357. *See also* beasts, Bellasis, horses, common moor, common rights, Lonynges, moor, oxen, St Margaret's chapel or church (churchyard of), sheep

grease, 104

green, the, by Belassis, SR92–101

Gregori, **Thomas**, e55*, 92 [D67], s99*

Greithede, **Richard**, chaplain, 585*

Greneacres, **John**, 140*

Greneswerd, **Adam**, i152; **Alice**, 630*, 642*, 712*, 714*, ale vendor, 713*, 714*; **Isabel**, ale vendor, 706*, 712*, 720*; **Thomas**, ale vendor, 404*

Grenewell, **Peter**, 187*, SR27; **Robert**, son of Peter, 187*

Gressen, **John**, AD4

Greveson (*Grevsson*), (first name wanting), wife of, 591*; **Elizabeth**, 600*; **John**, 585*, 606–7 [T101], 625*, 681*, i695, 696*, 706*, i725, and his mother, 585*; **Robert**, 429*, 451*, i464, i498, 533*, 541*, 551*

Grome (unidentified), *see* John Seil

Grous, **John**, AD4

Grumsall, **Joan**, tenant in Wolviston, SR235

Gryce, **John**, 578 [DC53]

Grynwell, **Isabel**, 202

Guby, **Robert**, 63 [D38]

guilds, *see* Corpus Christi, Holy Trinity, St Cuthbert, St Margaret, St Mary. *See also* fraternity

Guisborough (*Gysburn*), 687

Gullane (*Goly*), East Lothian, SR221

Gyffurth (*Geffurth, Gilforth*), **Agnes**, wife of Thomas, 573*, 573*–4 [D274];

Thomas, 320–2+324–6+329 [C8], a446, SR58b, ale vendor, 461*, and his wife, 573*–4 [D274], 'writer', 320, 322
Gyle (unidentified), William of, 1
Gynnyngdale, Richard, SR1

haddock, 79
Haddok, (first name wanting), widow, 376*
Hag House, see Thomas Forster
Hagthorp (Hagthropp, Hegthorp), John, s8*, s99*, s118*, SR54; heir of, s155*, s160*, s163*, s177*, s211*, s216*, s236*, s259*, s270*, s276*, s279*, s286*, s292*, s305*, s309*; Robert, 305*, f316*, s+325*, s339*, s349*, s+358*, s363*, s371*, s376*, s383*, s389*, s393*, s405*, s413*, s419*, s425*, s429*, s441*, s449*, js451*, s453*, s458, s461*, s465*, s473*, s503*, s511*, s518*, s528*, s534*, js538*, s541*, s544*, s547*, s551*, s560*, 566 [D270], j568*, s+573*, j580*, s585*, s591*, s600*, s605*, s619*, s625*, s630*, s642*, s654*, s681*, s688*, s696*, s698*, s699*, s706*, s712*; William, heir of, s187*, s195*, s201*, s233*, s243*, SR162
Hall, Geoffrey, xxix, 143+146 [D97–9], 149[U6], 171+173+175 [D113], 198–200 [D124], 228–31 [D135], 247–8+252–3+255–6* [DC18], 394+396 [T86], 459–60 [DC35], of Broom, 228; Joan, ale vendor, 461*; John del, of Lamesley, s4*, s8*, s33*, s55*; John, 155*, 201*–2, i222, w245, i253, w254, 256*, p258, t304, t334, i385, t399, i424v, i479, i493*, p557, i594, i597, i603, i628, 631–3 [D297, DC69], 637 [D300], t651, i657, i659, w674, i695, AD11, SR31, forestaller of sheepskins, 642*, non-burgess, 642*, tailor, p289, weaver, 201*, 258, 382 [D208], t499, wife of, 233*; Robert, w206, 576–8 [D276], ale vendor, 294; Roland, i493*; William del, of Lamesley, s118*; William, p643
Haltwhistle (Haltwyssell), Northumberland, 321
Halver, Joan, 359–60 [D199]; Robert, 347–8+350 [D192], son of Robert, 347
Halves, le, pasture called, 400
Halyday, Joan, wife of Thomas, sister of William Chaumbre, 155*; Thomas (or John), his wife Joan and daughter Alice, 155*, 363*

hamaldacio, xxxiii, 170, 258, 332, 359, 400–1, 548, 549, 646, 656
Hampsterley, John, SR35
Hamson, William, s4*, s33*
Hamsteels (Hampstels), land called the Neidleys at, 442
Harbarous, John, 441*–3 [D229]; Thomas, 104 [D81], 109 [D86]
harden, 455, 652, yarn, 646
Hardgill, Agnes, 86 [C3]
Hardy, Thomas, 83 [D57]
Harome (Harom, Herom), North Yorkshire, see Robert Jonson, Richard Madyson, Richard Smith
Hart (Hert), John of, 1; Roger of, 1; Thomas of, p1, p4*, ep33*, e55*, s71*–2, i90, i97, e99*–100*, e112, e118*, i119, ale vendor, 58, 84, 91
Hartburn (Hertburne), SR218
Harvy (Harvie, Hervy), (first name wanting), widow of, AD11; Agnes, 363*; John, 140*, i152, i189, i222, 326, 349*, 361–2 [D200], 379 [D207], 642*, 681*, p687, 696*–7, 704, 706*, 712*, 712* [T109], 720*, ale vendor, 363*, 429*, 642*, 668*, 681*, 712*, 720*, senior, 343 [D186], 343+358 [D188], wife of, ale vendor, 706*, 720*; Robert, 328–34 [D177], i390, 492–4 [DC39], 504, 521*, p534*, p598–9, p654*, p676*, ale vendor, 461*, 483*, 504*, 533*, 541*, 551*, 568*, 585*, 600*, 642*, 668*, 681*, 696*, 706*, 712*, 720*, AD2 [D177], SR58c, wife of, 367, 458*
Hasswell, Robert, 556*, 580*, AD7, of Almoner Barns, 585*
hat (galerus), 242, 323
Haughton (Hawghton), Robert, 413*; Thomas, SR201
Hawyk, Thomas, 56–57+59 [D31], 125 [T59]
hay and straw, 21, 50, 193, 506, 585*, 591*, 598; barn for hay, SR89
Haydon Bridge (Hayden), Alan of, s62
head court (curia capitalis), xix–xxv, courts numbered with asterisks, 4*–720*
Heddon, Joan of, 27+29–32 [D19]
hedges (cepes, sepes), 140*, 187*, 208, 294*, 326, 358*, 360, 404*, 415, 425*, 429*, 441*, 461*, 521*, 523*, 528*, 538*, 547*, 560*, 573*, 579, 580*, 591*, 600*, 709*, 713*–14*, SR185; grazed as fodder, 473*, 493*; taken as fuel, 321, 325*, 349*, 368, 538*, 630*

Hedlam, **Thomas**, FPCR
Hedley (*Hedlee, Hedly*), **William** (of),
133–4 [D94]; **William**, i253, t304, i331,
332, w456, i464, w468, i479, jAD2
Hedworth, **Robert**, 261–3+268+271–4
[D156]
Heghyngton, **Joan**, ale vendor, 585*,
daughter of Robert Warham, 309*;
John, ale vendor, 600*; **William**, 410
[D218, DC30], a422, ale vendor, 551*,
568*, wife of, 451*, 483*, 580*
Heighington (*Heghyngton*), vicar of,
SR238
Helbeyk, **Hugh**, AD4
Held, **William**, i152
Henker, **Isabel**, 363*
Henry, **Agnes**, widow, FPCR
Henryson (*Henrison*), **Agnes**, 342, 397–8
[D214], executor of, 602, widow of
John, tanner, SR152; **Christopher**,
160*, 217–19 [DC13], 233*, i249,
t+256*, i294, i331, i396, t409, t499,
533*, t555, jAD2; **Elizabeth**, 423–4
[C222]; **Geoffrey**, 636 [DC70], 638–41
[D301]; **Joan**, 583 [DC56]; **John**, of
Auckland, 140*; **John**, junior, son of
William, 155*, 177*, senior, tanner,
father of William, 155*, 177*, tanner,
SR152; **Matthew**, 696*; **Richard**, 376*;
Robert, of Newcastle upon Tyne,
162–3*; **Roland**, 404*, of Newcastle
upon Tyne, SR136, wife of, SR136;
Thomas, t334; **William**, 651 [U41],
720* [D335], son of John senior and
father of John junior, 155*, 177*,
weaver, 654*, 696*–7 [D319]
Hepple (*Heppell*), (first name wanting),
521*, **Agnes**, ale vendor, 363*;
Christopher, i703; **Margery**, 642*,
699*, 704–5 [T101, F3], 706*, 720*,
executor of Agnes Henryson, 602
[DC62]; **Robert**, i249, i253, t304, 318
Hepton (*Hapton*), **Agnes**, 325*, 347–8+350
[DC24], 361 [U24], 363*, 368–9 [T81],
375 [D205], ale vendor, 339*; **Robert**,
w254, 318–19 [T77], 458*, 461*, i479,
t499, 536–7 [DC44], wife of, 461*,
536
herbagium, 10, 25, 44
Herberhows (*Herbarows, Herberous*),
John, i424, 429*, w456, ale vendor,
429*; **Thomas**, AD4
Hering, **John**, p4*; (first name lost), 83
[D57]
Heringare, **John**, 69 [D41]

Herington (*Herynton*), **Robert**, monk,
523*, sacrist, 699*
Hernesby, **John**, 160* [U9]
Herperley, **Aymer**, i170; **Hugh**, 140*–50
[DC8], 166–9 [DC9], 170 [D112];
Thomas, son of Hugh, 170
Hertilpole, **William**, monk, 387
Hervy, *see* Harvy
Heslop (*Heslehop*), **Robert**, i253, i291,
292*, i294, i307, tailor, 291
Hett, **Richard** of, s8*, s33*; **Robert** of, p1
Hewetson, **John**, 336, 339*, 533*, **Robert**,
681*
Heworth (*Ouerheworth*), *see* William
Broun
Hexham, Northumberland, 321. *See also*
John Webster
highway, 11–12, SR106–7, SR109, SR125,
SR185
Hill, **John**, 301–4 [T74], warden of
tailors' craft, 301
Hilton, 393*
Hinne, **John**, 93 [D68]
Hirdman, **William**, 260
Hobson, **John**, 376*, 387+389*–90 [T84];
Robert, 149
Hochonson, **Edmund**, 452 [D232], 534*,
542 [D259], 543 [DC46], 557–8[D265],
559 [D268], 583 [DC56], 585*, AD6,
ale vendor, 461*, 483*, 504*, 541*;
Isabel, 600*+603+607–9 [T99],
600*+602 [T100]; **John**, servant of the
sacrist, 619*
Hogeson, **Robert**, 359–60 [D198], SR180
hoggets, 242
Hoghird, **Thomas**, prior of the Carmelite
Friary in Newcastle upon Tyne,
446–8 [DC32]
Holcroft, SR119
Holilob (*Holilop*), **William**, s8*–9, ep33*,
e55*, 70–1* [T35], e118*, 121 [T58]
Holme, **John**, 336, 339*, warden of the
guild of St Margaret, 709*–11 [DC82];
Thomas, 625*, j683*, 688*, 708 [D326],
720*, 723, 724–6 [D343], ale vendor,
712*
Holmers (unidentified), *see* John Gollen
Holy Island (*Insula Sacra*),
Northumberland, SR217
Holy Trinity, chantry of, SR187; chantry
of, in St Nicholas's church, SR189;
guild of, in St Oswald's church, and
its wardens, 484+486–7 [D241]
Hor, (first name wanting), AD4
Horne, **Christopher**, w468

horses, blind, 634–5; detention of, 473*–4,
689; fodder for, 469; gelding, 656;
halter for, 506, 520; hired, 89, 469;
illegally pastured, 155*, 160*, 187*,
201*, 256*, 309*, 363*, 383*, 389*, 404*,
405*, 483*, 533*, 551*; impounded,
681*; 'rescued', 305*; ridden to
Guisborough, 687; saddle for, 105,
133, 203, 525; shoeing, debt for, 566;
sold, 197, 244, 255, 439, 472, 525, 558,
683*; stirrups for, 496; stolen, 628;
stray, 216*, valued, 11, 21, 23, 24, 27,
38, 41, 45*, 50, 79, 92, 112, 125, 137
bis, 166, 169, 170, 172, 181, 187*, 188,
192, 197, 203, 219, 224, 247, 248, 249,
255, 258, 259*, 261, 271, 277, 283, 290,
311, 315, 325*, 336, 347, 352, 365, 376*,
381, 383*, 387, 387, 411, 412, 415, 422,
427, 435, 439, 444, 446, 455. 459, 464,
484, 496, 506, 525, 526, 569, 578, 592,
621, 628, 631, 639, 652, 654*, 655, 656,
664, 666, 672*, 683*, 689, 690, 693,
709*; watering, 413*
Horsley, **Agnes**, 363*; **Alan** (of), 84 [D58],
85 [D59], 89 [T45]; **Richard** (of), i74,
89 [D64, T46], i97, p125, 139 [T62];
Thomas, bailiff of South Shields,
713*; **William** (of), 15–17 [D10], 15–18
[D11], 20 [D12], s55*, 69 [D41], 89
[D63], i90, 104 [D79], 105 [D83], 109
[D85], 139 [T62]
Horsmershell, **William**, 580*
Hoton, *see* Hutton
house, leased, 123, 225, 539; rent of, 573*,
580, 594, 637, 645, 708E, 709*, 718,
720*, 721; repairs of, AD11
housebreaking, 236*
Howe (*Howy*), **George**, i695, 699*, i701,
i705, 709*, 712*–14*, i719, 720*, v722,
723, AD9, jAD10, AD11, servant of,
706*, wife of, ale vendor, 712*, 720*
Huchenson (*Huchonson*), **Nicholas**,
AD11; **William**, mason, 699*
Huchetson, **William**, 709*–11 [DC82]
Huddispath (*Hodspath, Hudspeth*), **John**,
504, 521*, 624 [D291], AD6, ale
vendor, 533*
Hude, **Robert**, i146, t159, 160*, i189
Hudesmawgh, **John**, 160* [U8]
Hudson, **George**, 233*, 236*, w254, 256*,
310, 316*, 339*, 342, 366, 371*, 376*,
429* [T88], 429*, 451*, 522, 533*, 541*,
545, 562–3 [T95], 568*, 585*; **John**, 309*
Hugh, prior of Durham, *see* Hugh
Whitehead

Hughmilne, fulling mill, 435
Hulam (*Holom*), 188
Hundirwod, **Alice**, widow of John, 309*
Hunter, **Agnes**, 48 [D27]; **John**, 140*,
junior, 359, i360, servant of Robert
Smalwod, 551*; **Thomas**, p655, j681*,
690–1 [T107], i725, fuller, 680–2
[D311], 720*; **William**, 248–9 [D145]
hunting, 580*
Hurde, **Robert**, FPCR; **William**, i146,
i157
Hutton (*Hoton, Hotton, Hotten, Howton*),
John (of), 52 [C2], s84; **John**, esquire,
heir of, SR35, SR95, SR100, SR110–16,
SR118, SR151, SR179, suit of court
by heir of, head courts 140*–712*
(except 259*, 363*, 600*, 709*); **Ralph**,
s259*, heir of, s363*, s560*; **Richard**
of, s4*, s33*, s55*–6, s99*, abbot of
Blanchland, s118*
Hydwyn, **William**, FPCR
Hyndeson, **Richard**, 400
Hyne (*Hynde*), **Agnes**, SR40, ale vendor,
155*, 160*, 201*, 211*, 233*; **James**,
178, 201*–2, i222, p225, 239 [D138,
DC16], ale vendor, 155*, 201*, 211*,
233*, wife of, 236*; **Joan**, ale vendor,
276*, widow, 258 [D151]; **John**,
602 [D284], i603, 613–14 [DC65],
628–9 [D294], i628, ale vendor, 600*,
forestaller of sheepskins, 600*, glover,
i594, non-burgess, 600*; **Richard**,
683*–6 [D312], alias Orra, 585*–9
[DC57]; **Thomas**, FPCR; **Thomas**, 274
[U18]; **William**, h258
Hynemers, **Laurence**, 642*

Iley (*Ile, Ilee*), **Robert**, 552–3 [D263];
William, of Esh, 656
indenture, writing of, 435
Inge, **John**, widow of, SR203
Ingleby Greenhow (*Ingilby vndir
Grenehowe*), North Yorkshire, 219
iron and ironware, 393*, 558*, from
Weardale, 500, 549. *See also* smiths
Iseley, **Richard**, SR195
Iveston, SR212

Jakes, **Alice**, s33*–4, 62–3 [D37], 71*–2+74
[DC3], p94; **Christiana**, 93 [D68],
94 [D70], 94–5 [D71], 102 [D77], ale
vendor, 91, daughter of Alice, 94
Jakeson (*Jacson, Jakson*), (first name
wanting), cooper, 611 [U40]; **Aymer**,
550 (DC48), of Brandon, 234 [U17],

258; **Ellen**, 433 [U34]; **Elizabeth**, wife of Emery, 217–19 [DC13]; **John**, i493*, 518*, 519–20 [D255], 521*, 523*, collier, 515–17 [D253]; **Richard**, p336, 361–2 [D200], 486, AD4, executor of Cuthbert Tomson, 549 [DC47]; **Robert**, 274 [U18]; **William**, xxxvi, 150+185 [D103], 178

Jampnay, *see* Champnay

Jay, **Robert**, s99*–100*, e118*

Jenkyn, **Thomas**, 552–3 [D263]

jewellery, 455, 621, 623, 636, 638

Jonson (*Johnson*), **Alexander**, wright, 162–3*, 287–8 [D164]; **Edward**, AD4; **Hugh**, w294, AD4, warden of weavers' craft, 426 [U33]; **Marg'**, 681*; **Richard**, j648*, j654*, j+668*, j672*, j676*, j681*, j683*, j688*, j696*, j698*–9*, j706*, j709*, js712*, j713*–14*, j720*, SR209, of Chester-le-Street, fuller, 435–8 [D227], tanner, 336, 339*, f648*; **Robert**, churchwarden of St Margaret's, 270*, of Harome, 27+29–32 [D19]; **William**, i152, i157, i222, 533*, 551*, SR68

Joplyn, **John**, of Lanchester, 464+466–8 [DC36]

Jopson, **William**, s33*, s62, s71*–2, of Chester-le-Street, 71*–2

Jordane (*Jordaneson*), **Alice**, 235–6* [DC15]

judgement of the court, 25

jug, 381, 418

juries of inquest, cancelled, 134; cases referred to, xxxii–xxxv, 1–2, 11–12, 17, 19, 41, 44, 46, 89, 93–4, 119, 133, 143, 155*, 178, 185, 197, 227, 247, 252, 268, 290, 301, 306, 321, 330, 343, 366, 368, 384, 386–9*, 395, 418, 423, 450, 463, 472, 477, 492, 496, 498, 500, 520, 533*, 537, 540, 552, 559, 562, 567, 594–6, 601, 606, 626, 635, 637, 646, 655–6, 658, 678, 687, 689, 690, 694, 700, 702, 704, 708E, 710, 718, 724, 725, 726; failure to come to court, 12, 80; members listed, 20, 47, 80–1, 83, 90, 97, 115, 146, 152, 156, 302, 307, 322, 331, 385, 387, 389*, 390, 396, 406, 423, 464, 479, 493, 553, 594, 597, 603, 628, 638, 650, 657, 659, 679, 690, 701, 703, 705, 719, 725, AD2, jAD10; verdicts of, 1, 18, 20, 45*, 47, 81, 83, 115, 159, 326, 334, 409, 481, 494, 555, 601, 651, 701

Ka, **Ellen**, 102+104 [T49]

Kaiffe, **John**, 87–8* [D61], 88 [T44], 89 [D65, U3]

Keith (*Keyth*), **Margaret**, executor of James Keith, 606–7 [DC63]; **Thomas**, 491*

Kelloe, **John** of, 11–12 [D5]; **William** of, 78 [D54]

Kelynghall, *see* Killinghall

Kendal (*Kirkby Kendale, Kyrkbykendale*), 258. *See also* James Tomson, William Wilson

Kendalshire, *see* Richard Richerdson

Kent, **Robert**, j591*, t595, i603, i628, 714*, i719, AD4, jAD10

Kepier Hospital, lane to, from Clayport, SR193; master of, SR170, SR194, suit of court by, head courts 33*–720* (except 36*, 62*, 71*, 100*, 118*, 709*, 713*)

Ker (*Kerre*), **Henry** del, s4*, s8*, s33*, s55*, s99*; **Henry**, 654* [DC72]

Killinghall (*Kelynghall, Killyngalle*), **Hugh**, 325*, SR71, SR169, SR178, heir of, 425*, s712*, mother of, 339*; **John** of, s4*, s8*, s33*, s99*; **John**, s642*

kiln, in Wolviston, SR230. *See also* Kylne Chare, Lymekylnegate

Kirk, **Robert** del, i12

Kirkby (*Kirkeby*), **Alice** of, s99*; **Nicholas**, father of William, 155*; **Thomas** of, s62; **William**, 155*–9 [D107],

Kirkham, **Robert** of, 21 [D13], 24–5 [D17], and wife Juliana, 21 [D13]

Kirkland, **Thomas**, 7 [D3]

Kirkley, **Geoffrey**, 376* [DC26]; **Robert**, 172–3, 175 [D114]; **William**, 530

Kirswell (first name wanting), servant, 286*

Kitchin (*Kechyn, Kitchyn*), **Alice**, wife of John, 702; **John**, 702–3 [D322]; **Thomas**, 188

Knag, **Thomas**, 246–7+249 [DC17], 384–5+388 [T83], i389*–90, i396, 426 [U33], i493*–4, 646–7 [D305]

Knitsley (*Knychley*), xxx. *See also* William Richerdson.

knives, 20, 115

Knout (*Knott, Knowt*), **John**, e8*, p28, e33*, e36*, i37, i40, p50, i80–1, i90, e91, i97, e99*–100*, p102, e111, i115, e118*, i119, p137; churchwarden, 119

Krikhows, **Henry**, of Wolsingham, 504

Kylne Chare, lane called, SR193

Kyng, **John**, 201*, 202, 270*

Kyo, *see* John son of Robert

Kyrkby, *see* Kirkby

labour, *see* work

labourer, *see* John Robinson

Lambe, **William**, 708E [D328]

Lamerton, **John**, AD4

lambs, 44, 155*, 347

Lambton, **Alice** of, ale vendor, 58, 84, 91;
John (of), i12, 35[T19], i37, s55*–6, 59
[T32], 66–70 [T33], e71*–2; **William**
(of), s4*, s8*, s33*

Lanchester (*Langchestr'*), xxx; Colepike
in, SR226. *See also* John Joplyn,
Richard Pierson, William Pierson

Landieu in Wolsingham (*Landa Dei*),
SR211

landmale, 84, 521*, SR30, SR176,
SR178–84, SR190, SR199

lanes (*venelle*), 453*, 585*, SR185,
SR189–90. *See also* Allergate, Kepier
Hospital, Kylne Chare, Litster Chare,
St Ellen Well, Wear, West Orchard,
Wodmouce Chare

Langfurth (*Langfforth*), **Robert**, 442–4
[T89]

Langley by Brancepeth (*Langley juxta
Brauncepeth*), *see* William Warham

Langton, **John**, w294

Lardnar (*Lardyner*), **Hugh**, s33*, s55*

latrines, 211*, 413*, 547*, 580*, 699*

laver (*lavacrum*), 149

Laverok, **Robert**, 621 [D290], i638, j648*,
i657, i679, i695, i701, p702, i705, i719,
jAD10

Lawrense, (first name wanting), 530

Layfeld, **Thomas**, AD11, warden of the
slaters' craft, 700–1 [D321]

Layng, **Margery**, daughter and heir of
Richard, 292*; **Richard**, j140*, s155*,
j160*, s177*, j201*, j216*, j233*, j236*,
j243*, 255–7 [D150], j256*, j259*, j270*,
j276*, SR20, SR23, daughter and heir
of, 568*; **Thomas**, w456; **William**,
junior, FPCR; **William**, SR196,
executor of Katherine Bittlestone,
271–3 [DC21]

lead, 219, 227

Learchild, Northumberland, tithes of,
SR246

leases, for life, 124, 135, 163*, 177*, 219,
240, 420*, 429*, 484, 491*, 523*, 571,
648*, 675, 698*, 700; SR15, SR56,
SR202

leather, 247, 252, 256*, 345, 400, 441*, 469,
488, 595

Ledale (*Ledell*), **Geoffrey**, AD11, SR198;
John, 441*, 449*, **Ralph**, 201*

Ledehouse, garden once called, SR208

Lee, **Agnes** wife of Thomas, 325*;
Barbara, 393*; **Robert**, 413*; **Thomas**,
325*, wife of, 393*

Leg (*Lege, Legg, Leyg*), **John**, s4*, s8*,
14 [D7, D9], s33*, 39 [T20, T21, T22,
T23], 40 [T24, *perhaps continued as*
D25], 41–2 [D25], 55*–6 [D29], 89
[C4]; **Margaret**, daughter of John, 39
[T20, T21]

Leicester, **John** of, maid of, 121 [T57]

Lemmington, Northumberland, tithes
of, SR246

Levenewod, **Joan**, to be evicted, 551*

Leventhorp, **John**, 111–12 [D87]

Lewes, **Isabel**, 712*, AD9

Lewin (*Leuwyn, Lewyon, Lowen*), **Janet**,
339*, 354 [U22], 422 [D221], 515
[D254], 550 [D261], 583–4 [DC55],
588 [D277], ale vendor, 363*, 383*,
404*, 429*, 451*, 461*, 483*, 504*,
521*, 541*, 551*, 568*, 585*, 600*,
696*, ale vendor and widow, 533*,
widow, 403 [D216], 444–5 [D230], 452
[D232], 512–14+ 516–17 [D251]; **John**,
s4*, e14, s33*, 40–4 [D22], s55*, 58
[T31], s99*, executor of, 656–68*, 671;
Nicholas, 371*; **Robert**, SR78, SR178,
SR181, SR183–5, SR188, alderman of
the guild of the Blessed Virgin Mary,
f405*, of Esh, wife of, 256*, esquire,
405*, 547*, junior, 675, suit of court
by, head courts 383*–712* (except
421*, 551*, 625*, 681*–99*, 709*);
William, s55*

liber, dies ut, see dies ut liber

licence to agree, 4

Ligh (*Lith, Lyghe*), **John**, jf541*, 568*,
571–2 [DC51], heir of, 676*, s681*,
s683*, s696*, s698*–9*, s706*, s712*,
mason, deceased, 676*, son of, 676*,
712*, wife of, 541*; **Margaret**, wife
of John and mother of Robert, 712*;
Marion, executrix of William, 577
[DC52]; **Robert**, son of John, 712*;
William, 504, 522, 534*, 538*, 541*,
AD6, wife of, 588

Lilburn, **George**, servant of Robert
Claxton, 349*, 351; **Joan**, s712*, SR45,
daughter and heir of John Pollard,

SR133, SR135, widow, 268 [D158], 270*, 297 [D169], 406

linen cloth, 268, 361, 450, 455, 548, 562, 634, 643–4, 658; apron of, 619*–20; towel of, 636. *See also* harden

Lintz, chaplain of, *see* Gilbert son of Geoffrey; **Robert** of, 7 [D3], 14 [D8]

Litster (Lytster), **Brian**, of Chester-le-Street, 655–8 [D308]

Litster Chare, lane called, 713*–14*

litsters, *see* dyers

Lityll (*Lyttyll, Lythall*), (first name wanting), dame, ale vendor, 696*; (first name wanting), wife of, ale vendor, 668*; **Edward**, 551* [T94, D262], i553, fuller, 556*, AD7; **George**, xxviii, i152, t159, 236*, 243*, i249, i253, w254, 256*, t334, 339*, 342, 355–6 [PA3], 363*, 366, 371*, i385, t399, 413*, 451*, SR19, wife of, 233*, 236*, 413*, wife of, deceased, 592; **Joan**, ale vendor, 642*; **John**, 589 [D278], p598, p592, t601, i603, j605*; **Robert**, AD4, goldsmith, 383* [T82]; **Roger**, 528*, 533*; **William**, 592+596 [DC58]

loans, 227, 238, 347, 472, 638, 699*, 715, 717; backed by pledge of a coverlet, 72. *See also* pawn

lodgers, illicit, xxiii, 37, 371*. *See also* back houses, eviction, Scots, vagabonds, women of ill repute

Lonesdale (*Loynesdale*), **John**, SR4, ale vendor, 155*, 201*, 211*, 233*, churchwarden, 213, forestaller of sheepskins, 201*; **Janet**, ale vendor, 276*; **John**, 294, AD1

Lonynges, le, tenants not to pasture sheep in, 305*, 473*, 493*

loom, hire of, 151

Lorimer, **John**, 3 [T2]

Lotez, **Thomas**, 196 [U13], a235

Lough, **Thomas** of, e71*–2

Love, **Peter** of, s 8*, s33*, s99*

Lovell, **John**, chaplain, FPCR

Lowge, **William**, 713*–14*, 720*, 723, miller, 714*, servant of, 720*

Lownsdale, **William**, 704–5 [D323]

Lucian, **Roger** son of, 1 [T1]

Lumley, Lord, SR190

Lyddell, **Robert**, 717 [D333]

Lygate, SR202–9

Lymekylnegate, SR120–3

Lynley, (first name wanting), 708E

Madyson, **Richard**, of Harome, 491*

Mair (*Mare, Marre, Mayer, Mayre*), **Christopher**, warden of the guild of the Blessed Virgin Mary, 397–8 [D214]; **John**, 595 [D282], 602 [D284, D285], 642*, f675, j676*, j681*, j683*, j688*, j698*, s699*, s706*, 708, 721–2 [D336], AD4; **Robert**, i701, i703, i705

Maisson (*Masson*), **George**, 258 [D151]; **Guy**, p472, t499; **John**, 258, 429*, warden of the weavers' craft, 646–7 [D305]; **Robert**, 387; **William**, warden of tailors' craft, 400–2 [T87]

Makdowell (*Magdowell*), **Alexander**, tinker, 576–8 [D276]

malt, from barley and oats, 3, 717; sale of, 169, 334; winnowed, 216*, 243*, 612*, 672*, 714*, 720*

Manbell, **John**, shoemaker, 279*

Manerz, **Andrew**, t697

manure, thirteen cartloads of, 543

Mappes (*Mappace*), **John**, tenant in Wolviston, SR230, SR234

March, **John**, FPCR; **Robert** del, 4; **William**, 352 [D194]

Mare, *see* Mair

Markham, **William**, tenant in Wolviston, SR233

Marland (*Maland*), **John**, 381–2 [DC28]

Marle, **John** of, *see* Merley

Marmaduke (*Marnduke*), **Thomas**, chaplain, xxxiii, 376*, 383*, 389*, 393*, s405*, 419*, 453*, 504, p524, 532 [D257], 534*, 538*, 548, 551*

Marshal (*marescallus, Marschall, Mershall*), **Christopher**, 339*; **Henry**, 1; **John**, p4*, s8*, s33*, s55*, s99*; **Roger**, servant and apprentice of Laurence Toller, 429*; **Thomas**, SR191; **William**, chaplain, 551*, 573*, 580*, 591*, 600*, 630*, 642*, 648*, 654*, 668*, 672*, 676*, 699*, 706*, and his servant Marion, 648*, 654*

Martindale, **William** (of), 58–60 [D32], ale vendor, 84

Martyn (*Martyng*), **Thomas**, 713*, j714*, 715 [D332], i719, 720*, jAD10

Maser, **Joan**, wife of William, 286*; **William**, 300*, horse marshal, 279*, 286*

Masham, **Robert** (of), s4*, s8*, s33*, s55*, s99*, 124; **Emma** daughter of Robert, s33*

maslin (*mixtilio*), 334

mason, *see* Robert Bell, William
    Huchenson, John Ligh
Mathewson, **Simon**, 699*, 712*, 720*
matress, 454, 687
Mawer, **Robert**, of Witton, 352–4 [D193];
    Thomas, chaplain, 166–9 [DC9];
    William, tenant in Wolviston,
    SR231–2
Maxwell, **John**, 163*
May, **John**, and wife, 651–2 [D307]
Maynesforth, **Robert**, 35 [T19]
meadow, 44, SR9, SR107–8
meat, illicitly slaughtered, 696*; sale
    of, 170, 327, 379, 469, 613, 696*;
    unwholesome, 699*, 706*, 714*, 720*
medicine, debt for a cure, 463
Medomsley (*Medomsly*), **Richard** of, s99*
medowmale, SR178–83
Melott (*Millett, Mollet, Mylot*), **Ralph**,
    243*, 305*, 376*, 383*, 389*, 404*,
    413*, esquire, 320, 363*, married
    daughter of Robert Eure, SR80, SR84,
    property of, 696*, 700, SR80, SR84,
    SR132, SR137–8, suit of court by,
    head courts 140*–441* (except 309*,
    349*), 560*, 568*, 585*), suit of court
    by heir of, head courts 449*–712*
    (except 465*–483*, 511*, 538*, 544*,
    556*–68*, 580*, 585*, 600*, 619*, 625*,
    654*, 709*)
Menvile (*Menuell*), **Margaret**, w497;
    Richard, SR192; **Robert**, SR73, SR76
mercers, *see* Roger Richerdson, William
    Richerdson
Merley (*de Marle, Marley, Merle, Merlee,*
    Morely), **Christine** (of), widow
    of William, s4*, s33*; **Edmund**,
    526–7+529–30 [T92], 580*, j591*, i597,
    j600*, i601, j625*, p626, pi628, j630*,
    j642*, i650, i657, 681*, jp683*, j688*,
    p689, 696*, i701, ale vendor, 551*,
    568*, 585*, 600*, 642*, 668*, 681*, 696*;
    Henry, 400; **Jane**, AD11; **John**, 292*
    [D168], i304, 331 [U20], 403 [D216],
    ale vendor, 276*, 294, 309*, 339*,
    baker, 403, AD1, forestaller, 256*,
    junior, 549, senior, 549; **Richard**, 279*,
    306–8 [D171], p381, 384–5+388 [T83],
    p403, p412, 419*, 429*, 486, j547*,
    j556*, j560*, j568*, j573*, j580*, p611,
    jp630*, 642*, 681*, p690, AD11, SR178,
    bailiff, 564, 600*, servant of, 681*;
    Robert, 709*, of Kyo, 626–7 [D292]
Merrington, Kirk (*Estmeryngton cum*
    Shelom), SR236

Merryngton, **Thomas**, 139 [T62];
    William, 216*, 243*, 376*
Michelson, (first name wanting), 551*;
    Thomas, 557–8 [D265]
Middilton, **Emma**, 714*
Middleham, *see* Bishop Middleham, John
    Taillour
milk, debt for, 344, 555
Milburn (*Melbarn, Milnburn*), 413*;
    burgages by, 405*, 560*, AD7,
    SR46–57i, stream called, 201*, 211*,
    292*, 465*, 483*, 696*, 712*, 714*. *See*
    also mill
mill, 3; called Clokemylne, SR52; fulling,
    283; of Milnburn, 286*; multure from,
    1; pond, SR86; prior's, 1, 268, SR85–6;
    rent of, 466; suit of, 1, 268; 'on the
    west side of the Wear', 714*
Miller (*Milner, molendinarius*), **Matilda**,
    ale vendor, 58, 84; **Nicholas**, 1;
    Thomas, i291, 421*, 441*; **William**,
    p1. *See also* Edward Notman.
millers, 1, 268. *See also* John Dychaunt,
    John Fynley, John Gibson, John
    Gray, William Lowge, Hugh Rowle,
    Thomas Trotter, Walton
Miln, **Richard** del, s33*; **Roger** del,
    s55–56, e71*–2, s99*–100*
Milnebankez, 270*
Milner, *see* Miller
money, detention of, 552, 601, 695; given
    for safekeeping, 552; lent in a purse,
    715. *See also* coin, loans
Moniour, **Richard**, 74
Monk Wearmouth, *see* John Bartrame
monks, *see* William Hertilpole, Robert
    Herington, John Riddell, John
    Swalwell
moor, beyond Bellasis, SR117–118. *See*
    also common moor
More (*Mora*), **John** de(l), 33*, 36*, s62,
    78 [T38], e99*, and wife Dorothy, 78
    [T38]
Morefield, **William**, js511*, j518*, s+521*,
    j523*, p525, j533*, j538*, j547*
Morley, *see* Merley
Morton (*Morten*), **Alice**, 160*, a daughter
    and heir of Thomas Ricroft, SR16,
    wife of William, 465*; **James**, 276*,
    298 [D170], 316*, 358*, 359–60 [D198],
    pardoner, 256*; **William**, s483*,
    daughters and heirs of, 465*, 541*,
    heir(s) of, 292*, s325*, s339*, s349*,
    s363*, s383*, 484, s503*, s699*, s706*,
    s712*, wife of, 243*, s279*, 465*

mortuary payment, 592
Moryson, **John**, 477+479+481 [DC38], cooper, 373 [U26], junior, 279*–81+283+285 [PA1], senior, 281, 418 [DC31], son of John, senior, 418; **Nicholas**, 275 [U19], 294
Mosse, **John**, 19 [T10], 20 [T11], i20, 103 [D78], 103–4 [T50], p104
Mygeley (*Migeley, Myggelay*), **Bernard**, 561; **Richard**, 600*, i603, 613–14 [D287], t697, i725, AD11; **William**, 564–6 [T96]
Mylburn, **John**, AD4

Nawton, **William**, p718, 720*
Neasham (*Nesham*), **Agnes** of, 10–13 [T5], 11–12 [T7], 11–13 [T8], 13 [D6]
Neil (*Neile, Nell, Neyll*), **Alexander**, i553, i594, i628, i638, i690, i725; **John**, p166, p248, t256*, i302, t326, 491*, i597, i650–1, i659, i695, i719, 720*, v722, SR57g, forestaller of sheepskins, 177*–8, 201*, 256*, glover, 256*, non-burgess, 201*
Nesbit, **Peter** of, s62, s71*–2, s100*, e118*, s84
Nesse, **William**, churchwarden of St Margaret's, 270*
Netherton, Northumberland, tithes of, SR245
Neuson, **William**, s33*, s99*
Neville, **Thomas**, esquire, mandate from, 713*
Nevilles Cross (*Nevilecroce*), common moor by, 305*
Newburn, Northumb., 321
Newcastle upon Tyne, 268; Carmelite Friary at, 446. *See also* Edward Baxter, Robert Baxter, Robert Henryson, Roland Henryson, Thomas Hoghird, Thomas Wilkynson
Newton, (first name wanting), wife of, AD3; **Agnes**, 327+329 [D175], 331 [U20], 332 [D181], 343, ale vendor, 339*; **Alexander**, 281 [D161], i302; **John** of, p1; **John** (of), ep33*, e36*, i50, 58–61 [D33], p61, p64, e71*–2, p77–8, i80–1, 80–3 [T39], 82 [T40, T41], p85, i97, e99*–100*, 104 [D82], 105 [D83], 109 [D85], i115, 124, SR4, ale vendor, 84, 91, tailor, 58–61; **Richard** (of), s4*, s8*–9, 14 [D7], s33*, s36*, s55*–6, 62, s71*–2. 99*–100*; **William**, 462, p500, 533*–4, 541*, AD6

Newton (Garths ?), SR214
Newton (in Edlingham, Northumberland ?), tithes of, SR246
Nichol, **George**, a645
Nicholson (*Nycholsson*), **Edward**, and his wife Katherine, 540 [DC45]; **John**, AD4; **Richard**, i387, t399, t409, i424, w456, i464, 521*–2, 533*, 551*, i553, j585*, i597, j600*, j605*, j612*, j619*, j625*, j630*, j642*, j648*, j654*, j668*, j672*, j676*, j681*, j683*, p685, 685 [D313], j688*, j+696*, j698*–9*, j706*, j709*, 710–11 [D330, D331], 712*, j714*, i725, AD11, warden of the weavers' craft, 646–7 [D305]
night prowlers, 429*
Norham, Northumberland, SR216
Noris, **William** 85 [D60]
Norman, **Robert**, w221
North Bailey, *see* St Katherine, chantry
North Shields, 713*
Norton, **John** of, 61–2 [D35]
Notman (alias Milner), **Edward**, w456, 506*–7+509–13+518*+520 [D249]
Nowthird, **John**, 355 [D196]
Nunwick (*Nunwyk juxta Rypon*), North Yorkshire, SR220

oak trees, sold, 306
oats, detained, 708E; malted, 717, *see* grain
obligation, letters of, 1, 149, 200, 231
oil, 268, 311
Old Durham, *see* Durham
Old Park, Claxtons of, 491*, 528*, 533*
Oliver, **John**, 462, i464
onions (*cepe*), 294?, 555; seed, sold, 705, 724–5
orchard, SR3, SR79, SR193
Orra (*Orry*), **Richard**, a689, alias Hynde, 585*–9 [DC57].
Orsdon, **Thomas**, a478
Orton (*Ourton*), **John** of, s99*
oven, common, 256*, SR59, private, 405*, SR60
Ovingham, Northumberland, 321
Owengate, SR201
Owrfeld (*Orfeld, Ouerfeld*), **William**, 177*, v185, j187*, j195*, j201*, j211*, j216*, p219, 233, v234, j236*, j243*, j256*, j259*, v264, j270*, j279*, j286*, s292*, j300*, j305*, j309*, j316*, js325*, v329, j339*, v340, j349*, j358*, j363*, j371*, j376*, 381, j383*, j389*, j393*, v403, j404*–5*, p412, j413*, p414, j419*,

j421*, s425*, v426, j429*, j441*, s451*,
js453*, j458*, p459, j461*, j465*, j473*,
j483*, j491*, j493*, j504*, j521*, j528*,
j534*, j541*, j544*, 545, j551*, 552–5
[DC49], j556*, j560*, j568*, js573*,
j580*, j585*, s591*, j600*, js605*, j612*,
s619*, SR57h, ale vendor, 233*, 276*,
294, 309*, 339*, 363*, 383*, 404*, 419*,
451*, 461*, 483*, AD1
oxen, agistment of, 452; building for,
SR88; distrained, 571; sale of, 181,
248, 389*, 459, 630*; valued, 143. 198,
219, 261, 273, 347, 571, 630*, 690, 718,
726; valued with waggon, 273, 347,
571, 615. See also beasts, common
rights
'pains' (pene), xxiii–iv
Paintour, Isabel, SR120; John, e71*–2
Paitson (Pateson, Payteson), Robert,
SR137–8, heir of, s155*, s160*, s163*,
s177*, s187*, s216*, s256*, s270*, s279*,
s305*, s316*, s325*, s339*, s358*, s556*,
s625*, widow of, SR24, SR147
Palman, John, p33*, e36*, e55*, s71*;
Robert, p27, p28, p31, ep33*, s36*,
s55*–6, s71*–2, s84, s99*, 122, 123
[D91]
Pancherd, William, see William Tomson
pans, 454, 532, 549, 664
pardoner, 541*. See also Robert Robinson
Park, Richard del, junior, 69 [T34]
Parker, John, w221
Partriche (Partrig, Parterych, Pertrych,
Pertryk), John, SR34; William, i638,
t651, i659, 685 [D313], i705, 712*,
714*, i719, jAD10, ale vendor, 681*,
wife of, ale vendor, 706*, 712*, 720*
paths (semite), 140*, 316*, 429*
Patonson, Anthony, 708E [D328];
Edward, j155*, j177*, j187*, s195*,
s211*, 233, s236*, j243*, j276*, s279*,
j286*, j292*, j305*, j309*, SR209,
deceased, s309*, s316*; John, i424,
540, 643–4 [D303], and Agnes, wife
of, 643–4 [D303]; Robert, heir of,
s363*
Patrik, William, i725
Pavy, Thomas, 392 [T85]
pawn (pignus), 348, 492, 536, 636, 687. See
also loans
Paynchert, William, 310
Payntour, John, e62
peas, 116, 149
Peik (Pek), Alice (del), 123 [D91]
Peirt, Roland, 525–8* [D256]

Peit, Robert, i37
Pekard, Robert, s55*
Perley, William, 154
Pert, Robert, i20
pestilence, 140*, 584a, 599
pewter, 723
Philypson, William, 259*
Pie, see Py
Pierson (filius Petri, Person, Pieresson),
Henry, AD4; John, 10 [D4], 10–14
[T4], 10–13 [T5], 11–12 [T7], 11–13
[T8], 13 [D6], 19 [T10], i20, 25 [D18],
25–6 [T15, T16], 28–9 [D20], i37, 39
[T20, T21, T22, T23], 40–4 [D22], p56,
58 [T31], a72, 75 [D47], 77–8 [D50],
p78, i83, ale vendor, 84, butcher, 77,
78, Christine, wife of, 11–13 [T8], 40,
Ellen, maid of, 39 [T23], Peter, son of,
39 [T21]; John, chaplain, 637–8+641
[D299], 637 [D300], chaplain of
the guild of Corpus Christi, 630*;
Richard, a44, of Lanchester, s4*,
s8*, s33*, s99*; Robert, 569 [D272];
William, of Lanchester, s4*, s8*, s33*,
s99*
pigs, 202, 348, in the common fold, 533*;
dead, 201*; illegally pastured, 483*,
533*; impounded, 363*; sold, 75;
stray, xxiii, 155*, 177*, 277, 292*, 300*,
310, 325*, 342, 363*, 366, 371*, 376*,
383*, 419*, 421*, 429*, 451*, 453*, 461*,
504, 518*, 533*–4*, 538*, 541*, 551*,
556*, 568*, 580*, 585*, 600*, 612*, 625*,
642*, 648*, 672*, 681*, 696*, 699*, 706*,
709*, 712*–14*, 720*; trespasses by, 19,
84, 256*, 309*, 316*, 339*, 371*, 383*,
429*, 451*, 541*, 580*, 585*, 600*, 606,
625*, 649, 696*; unringed, 211, 233*,
325*, 421*, 533*; valued, 235; wrongly
slaughtered, 712*
pigsty (ara, casa porcina, domus porcina),
538*, 612*, 699*, 713*–14*
Pikard, Robert, s99*
pinfold, 511*, 518*, 533*–4*, 648*, SR125
Pinner, Thomas, s99*, s118*
pitcher (urciolum), 19
Pittington (Pittyngton), SR210
plague, see pestilence
plate, platter (dubler, parapsis), 340, 343,
426, 532, 540, 570, 723, AD3
Plawsworth (Plausworth), Robert of,
292*; William, e36*
pleas, contrary to custom, 708; dismissed
on a technicality, 170, 268, 283, 332,
376*, 641. See also hamaldacio, writs

pledges, xxviii; *de attendendo legem*, 28; *de lege*, 1; *de precio*, 11, 21, 27, 38, 41, 50, 125, 137; *de principali debito*, 129; spurious (Cross and Gate, Framwell and Gate), 707, 708, 709, 712*, 716, 717; suing for debt, 25;

plumber, 195*

Plumer (*Plomer*), **John**, e8*; **William**, 612*, 619*

Poille, **John** del, i20

Pollard (*Pollerd*), **John**, 270*, 319, 533*, SR38, SR45, daughter and heir of, SR133, SR135; **Thomas**, 216*; **William**, 300*

Ponderson, **Thomas**, 636 [DC70], i638, 638–41 [D301], 642*, i650, 654*, and Elizabeth his wife, 636 [DC70], servant of, 648*

Porter, **Agnes**, widow, executrix of Thomas, 477+479+481 [DC38]; **Thomas**, 242–3 [T69], p279*, 301–4 [T74], w378, 380 [U28], i389*, i390, 400–2 [T87], i406, 410 [D218, DC30], deceased, 477, warden of tailors' craft, 242, 301, 400

Postell, **Isabel**, 10–12 [T6], 52 [C1], 94–5 [D71]; **Margaret**, a94, a95

pots, (*brassepot*), AD3, (*possnett*); 343, 347, 426, 550, 723, AD3; (*potell pot*), 492

Potteiour, **John**, a10–12

Potter, **Thomas**, a405*, a631, AD4

potters, *see* John Berry

Pottes (*Potez, Pottez*), **Alice**, widow, 239 [D138, DC16]; **Elizabeth**, 250+252 [D147], 250 [DC19]; **John**, 155*, 177*–8, s195*, p197, 202, j216*, v233*–4, 234 [U17], p235, 235–6* [DC15], 239 [D138, DC16], 250+252 [D147], 250 [DC19], 253–4 [DC20], 256*, 270*, 276*, SR76–7, ale vendor, 155*, 201*, 211*, 233*, churchwarden, 213, deceased, 235*–6, 239. 247, forestaller of sheepskins, 256*, glover, xxi, 256*, junior, 253–4; **Margaret**, 235–6* [DC15].

poultry, 318

Poutter, **William**, AD4

Prentis, **John** son of Gilbert, 85 [T43]

Preston (*Preiston, Priston*), **Alice**, widow of John, s160*, 178, s195*, 213, SR36, ale vendor, 155*, 201*, 211*, deceased, 201*, 213; **John**, 227+229+231–2 [D134], 227+229–32 [DC14], 426, 508–10 [DC42], 511*; **Michael**, i157, 192–4 [D122], 227 [D133], i291, t304,

i322, 327+329–32 [D174], ale vendor, 233*

Prior (*Priour, Pryour*), **Agnes**, 155*; **Gilbert**, SR197; **John**, j140*, j155*, j160*, j+163*, j177*, v185, j187*, 190, j195*, j201*, j211*, j216*, j233*, v240, p247, j256*, j259*, p261, v264, p268, j270*, p271, p274, j276*, j279*, v282, v284–5, j286*, j292*, 294–6 [T73], s300*, j305*, j309*, j316*, 318–19 [T77], j325*, v329, j339*, v340, v343, v348, j349*, jv358*, j363*, j371*, j376*, j+383*, j+389*, j393*, v403, j404*–5*, j413*, j419*, j+421*, j425*, v426, j429*, j441*, j449*, j451*, j453*, j458*, j+461*, j465*, j473*, j483*, j491*, j493*, j504*, j511*, j518*, j521*, j523*, j528*, j533*–4*, j+538*, j541*, j544*, v545, j547*, v549, j551*, j556*, j560*, j568*, v570, j573*, 579 [T97], j580*, j585*, j591*, j600*, j605*, j612*, j619*, 624, j625*, j630*, j642*, j648*, j654*, j668*, j672*, j676*, j681*, j683*, j688*, j696*, j698*–9*, js706*, j+709*, j+712*, j713*–14*, j+720*, v723, vAD3, SR57i, burgess, 421*, 451*, 461*, 483*, 504, 521*, 533*, 541*, 551*, 568*, 600*, 642*, 712*, 720*, forestaller of skins (mostly sheepskins), 201*, 309*, 363*, 404*, 421*, 429*, 451*, 461*, 483*, 504, 521*, 533*, 541*, 551*, 568*, 600*, 642*, 681*, 696*, 706*, 712*, 720*, AD5, AD9, glover, xxi, 256*, 404*, 429*, 461*, 483*, 504, shop of, SR57i; **Richard**, FPCR

Prowde, **John**, SR76

Prudhowe, **Nicholas**, p203

Pul, **Thomas** del, i37

Punshon (*Punishon*), **William**, chaplain, 259*–61 [D154]

Py (*Pie*), **Richard**, 64 [D39], 75 [DC4], e82, 85 [D59]; **Robert**, 125 [T59]

quarry (*querrera, wherera*), 511*, 518*, 521*, 523*, SR86

Qwalton, **Robert**, heir of, s99*

Qwarell Close, close called, SR77

Qwelp, **Adam**, 99*, 100*, s118*

Qwerndon, **William**, of Old Durham, 66 [U2]

Qwetewyn, **John**, 1

Qwetlaw, *see* Wheatley

Qwhitly, *see* Wheatley

Qwitby, *see* Whitby

Raa, **Ralph**, 626+628–9 [D293]

rabbits, 528*, 580*

Raket, **Agnes**, widow of William, 300*; **John**, 190, s600*, s642*, s654*, s676*, s688*, s698*–9*, s706*, s712*, SR96, SR103, SR181, SR193, SR201, senior, heir of, s580*, son of William, junior, f533*, of Washington, son and heir of William, senior, late of Durham, 533*; **Sybil** widow of William, senior, SR49, suit of court by, head courts 140*–453* (except 233*); **William**, a311, 493*, 560*, heir of, s195*, s233*, s279*, s286*, junior SR34, SR46, junior, heir of, s201*, s451*, 533*, senior, of Durham, heir of, 533*, 580*

Rakwod, **Henry**, 530

Ranald (*Reginald*), **John**, 336, 339*, 400–2 [D215]

Rand, **George**, 419*

Randson (*Ranson, Rawnson*), **Agnes**, ale vendor, 383*, 404*, 419*, 429*, 451*, widow of Thomas, 429*; **Thomas**, p155*, p157, 201*, s+216*, 225 [T66], f240, j243*, j256*, j259*, js279*, 292*, j300*, s+305*, j309*, 310, j316*, j325*, v329, v343, j349*, js358*, 363*, js371*, s376*, vAD3, SR69, ale vendor, 155*, 201*, 211*, 233*, 276*, 294, 309*, 339*, 363*, AD1, of Durham, 240

Ranulph, **Richard** son of, 1

Ranyk, **John**, AD4

Ravyn, **Matilda**, 71*–2+74 [DC3]

Rawe, **John**, 309*; **Thomas**, 243*, 293, 310, 316*, 357 [D197], 363*, seller of salt, 293; **William**, of Derwent Water, 336–7 [PA2], servant of, 713*, 714*

Rawhton, **James**, servant of, 676*

Rawkyn, **William**, s33*, e99*–100*, 119 [T56]

Recordari facias, writ of, *see* writs

Rede (*Reide, Reyde*), **Isabel**, 714*; **Joan**, 714*; **John**, 630*–2 [D295]; **Thomas**, 258, 394+396 [T86], 699*

Redston (*Rudston*), **William**, s4*, s8*

Reginald, *see* Ranald

regrators, 74

'reindeer skin', 613

Relley (*Rilly*), field of, 137

rent, collecting for a fraternity, 321; debts for, 103, 234, 293, 330, 369, 379, 405*, 422, 427, 497, 500, 573*, 590, 594, 596, 606, 637, 643, 645. 709*, 718, 720*–1; due to the sacrist of Durham

Priory, SR1–248; of mill, 466. *See also* distraint

rescue (*rescussus*), of livestock, 236*, 547*; of pledge, 56, 58–9

resin, 268

Richerdson, **Anthony**, 452; **Christopher**, 422 [D221], 718–19 [D334]; **Christabel**, 591*; **Cuthbert**, 441*; **Helen**, 720*; **John**, 709*, dyer, 411–12 [D219], 504; **Richard**, AD4, SR190, barbour, warden of the barbours' (or chandlers') craft, 392 [T85], of Kendalshire, 496; **Roger**, j404*, js405*, s413*, s421*, j425*, j+429*, ja441*, s449*, js453*, j461*, sf+465*, j473*, s483*, js491*, j493*, s503*, s511*, 515 [D254], j518*, s521*, s523*, 533*, s534*, j544*, js547*, js551*, 556*, s568*, s573*, s580*, j585*, s591*, s600*, s605*, s612*, s619*, j625*, s630*, s642*, s648*, 655–8 [D308], s676*, s683*, s699*, s706*, AD7, of Durham, 493*, heir of, s712*, mercer, 493*, son and heir of William, f404*; **Thomas**, 187*–9 [D120], 197 [D123], of Byshottles, xxix–xxx, 224–6 [D129]; **William**, xxx, j140*, s+160*, s163*, j187*, s195*, js201*, 208–10+212 [T64], j216*, 219–222 [T65], 219 [D128], i222, v233*, 236* [T67], j236*, j243*, 246 [D144], 258+265–8 [D153], s+259*, 267–8 [D157], 270*, 281–4 [D160], 281 [D161], 288–9 [D165], 292*–5+298–9 [D167], s292*, 293, j300, j305*, 309*, 311–15+317–20 [T76], j+316*, 319, j325*, j+349*, 363*, s371*, 372, SR38, SR149, of Crook, 530, of Durham, 320, forestaller, xxi, 256*, heir of, s376*, s383*, s389*, s393*, s+404*, of Knitsley, 526–7+529–30 [T92], mercer, xxi, 225 [D130, T66, D131], s279*, s339*, SR133, SR135, mercer, lessee of the prior's mill, 268 [D158], 268–9 [T72], servants of, 287, 305*, 309*, tailor, SR55

Richmond, *see* Thomas Tailor

Ricroft, **John**, heir of, SR195, suit of court by heir of, head courts 140*–521* (except 160*, 163*, 187*–292*, 305*, 473*–493*); **Thomas**, FPCR; **Thomas**, daughters and heirs of, 465*, SR16

Riddell, **John**, monk, 423

Ripon, **Roger** of, 6–7 [D1], 62 [D36]; **William**, FPCR

Rippon (*Repon*), **George**, j140*, p149, 149 [U6], 155*, 162, p169, j177*, 178, 190, j195, j211*, p228, v240, p255, js+256*, 277, s279*, p290, j+292*, j309*, 310, j325*, jp339*, 342, v348, j349*, s358*, j363*, 366, j371*, j376*, j383*, j389*, j393*, p394, j404*, 405*, j413*, j419*, 421*, s425*, j449*, j451*, j453*, s458, 465*, ale vendor, 155*, 177*, 201*, 211*, 233*, 273, 276*, 294, 309*, 383*, 404*, 419*, AD1; **William**, deceased, and his daughter and heir Agnes, 270*, 319.

roads, common, 405*, 648*, 'ston pys' in, 405*. *See also* highway

Robert, **John** son of, of Kyo, 24–5 [D17]

Robertson, **Hugh**, i170

Robinson, (first name wanting), pardoner of Allergate, 541*; (first name wanting), wife of, 504, 533*, DC6; **Agnes**, wife of Hugh, executrix of Richard Swadale, 596–7+599 [DC59]; **Alexander**, 681*; **Christopher**, son of Hugh, 547*; **Cuthbert**, 250–1 [D148, D149]; **Elizabeth**, wife of Thomas, 710 [DC83]; **Ellen**, widow, 648*; **Hugh**, 429*, 451*, 462, 504, 533*–4*, 541*, 547*, 551*, 585*, 600*, 681*, 696*, 706*, 709*, 712*, 720*, AD6, AD11, and his wife, 596–7+599 [DC59]; **John**, i146, i189, i253, 720*, 723, ale vendor, 177*, 201*, labourer, AD11, tenant in Wolviston, SR227; **Matthew**, t651, i679, i719, 724–6 [D349], jAD10, ale vendor, 681*; **Richard**, 273 [D159], t555, i594, p595, t601, i628, i638, 642*, 681*, 696*, p700, i703, i705, j+706*, 708 [D325], j709*, js+712*, j713*–14*, i719, j+720*, v+723, jAD10, AD11, of Hulam, 188–91 [D121], junior, i424, senior, i424, tanner, f700, weaver, 585*, i650, i657, p664; **Robert**, 233*, 292*, t326, 366, 383*, i385, 429*, 441*, 451*, 461*–2, i493*, 522, 533*, 568*, 585*, i594, i597, 602 [DC62], 612*, 625*, w627, i628, i638, p649, i659, 696*, t697, i705, 712*, i719, i725, pardoner and ale vendor, 585*, tailor, i464, i498, i553, 600*, i650, i690, i701, 720*, jAD10, AD11, waller, 541*, i679, AD11; **Roland**, p140*, i157, 178, i189, 233*, w254, p276*, 277, 292*, p+293, ale vendor, 211*, 233*, 276*, 294, AD1; **Thomas**, xxx–xxxi, 233*, 277,

292*, 310, 342, w378, 383*, i385, 387, t409, 451*, 453*, 462, 504, s518*, 522, 533*, t555, 590 [D280], t595, j605*, 612*, j+619*, j625*, j630*, i638, 642*, p646, 681*, 696*, i701, i705, 706*, 710 [DC83], 712*, i719, 720*, 723, 724–6 [D348], AD6, jAD10, AD11, ale vendor, 642*, of Beadnell, 271–3 [DC21], junior, 305*, smith, p621, j648*, 650, p656, p660–2, p664–5, p666–8*, 666–71+674–5 [PA5], p672*, 683*, 693, 709* [D329], weaver, 541*, i650, i657, wife of, 710 [DC83]; **William**, xxviii, i152, i157, 515–17 [D253], 519–20 [D255], 585*, i594, t601, 606–7 [DC63], p606–7, i628, i638, 642*, i650, 681*, 696*, i703, i705, p709*, i719, 720*, jAD10, AD11, ale vendor, 712*, 720*, fuller, j648*, 723, senior, i189, warden of the fullers' craft, 678–80 [QR2], warden of the guild of St Margaret, 709*–11 [DC82]

Robson, **John**, 483*, 521*, ale vendor, 504*, 533*, 541*, 551*; **William**, 486–90 [D243], i493*

Rois, **John**, of Sherburn, s71*–2

roofing, 133

Rosse, **John**, 140*–2 [D95]

Rossell, **John**, of Durham, draper, 5

Rothman, **Christopher**, p196, ale vendor, 155*, 177*, 201*

Rouceby, **William**, senior, FPCR; **William**, SR39

Roughley, Northumberland, tithes of, SR246

Rounton, West, North Yorkshire, rector of, SR240

Rowle (*Roull, Rowll, Rule, Rull*), **Hugh**, i157, i189, 225 [D131], 242 [D140], 363*, 366, 371*, 375 [D205], p376*, 383*, i385, 389*, 393*, 396, p427–8, 429*, p430–3, p439–40, p442, p446, 459–60 [DC35], 466–7 [D235], 521*, p526, 533* [T93], 533*–4*, p+540, 542 [D259], 543 [DC46], 552–5 [DC49], 556*, p558, jf560*, 564, 566, 568*, v570, p571–2, j573*, jap+580*, j585*, j591*, j600*, j605*, s612, j619*, 624, j625*, js630*, w633, p639, j642*, j648*, j654*, j+668*, 672*–5 [D309], j672*, j676*, js681*, j683*, j688*, p690–4, s+696*, js698*–9*, js706*, j+709*, js+712*, j+713*, j+714*, j720*, 725 [DC86], AD7, AD9, AD11, ale vendor, 383* s404*, 419*, 429*, 451*, 461*,

483*, 504*, 533*, 541*, 551*, 568*, 585*, 600*, 642*, 668*, 696*, 706*, 708, of Durham, miller, 560*, was owed rent for a mill, 466, senior, 483*, tenant of, 712*; **Thomas**, 238–40 [QR1], 243*+245 [D142]

Rowle (unidentified), *see* John Watson

Rowley (*Roueleye*), **William** of, 1

rubbish and dunghills, 160*, 163*, 187*, 236*, 256*, 259*, 276*, 286*, 371*, 389*, 393*, 413*, 421*, 425*, 429*, 441*, 461*, 473*, 483*, 493*, 521*, 523*, 551*, 568*, 573*, 580*, 585*, 591*, 600*, 605*, 642*, 699*, 713*, 720*

Rudston, *see* Redston

rye, 152; detained, 290; growing, 318, 421*; ground, 355, sold, 422. *See also* grain

Rygg, **Matilda**, 672; **Richard**, 300*

Ryhall, **Thomas**, chaplain, SR30

Ryton, **William**, 75 [D46, DC4]

sackcloth, 197

sacks, 3, 56, 58, 116, 375, 506, 520

Sacriston Heugh, SR248

Sadberge (*Sadbery*), **John** of, s4*, s8*, s33*

Saddlergate (*Sadlergate*), SR189–92, new bridge in, SR191

St Cuthbert, guild of, 177*, 234, s300*, 316*, s325*; s405*; chaplain of, 343, s358*, s371*, s699*, s706*, s712*; in the Galilee chapel, SR101; property of, AD3, SR101, SR106–10, SR118, SR150, SR153, SR161, SR194–5, SR201; wardens of, s699*, s706*, s712*; chaplain of the chantry of, s453*;

St Ellen Well, 259*, 358*, 360, 383*, 473*, 493*, common lane to, SR73

St James, chantry of, on Elvet Bridge, SR193

St John, confraternity of, 655–6

St John the Baptist, chantry of, in St Nicholas's church, SR188, SR192, SR196

St Katherine, chantry and chantry priest of, in North Bailey, s300*, s309*, s325, s339*, s349, s358*, s363*, s383*, s453*, s461*, s698*–9*, s706*, s712*, 720*, in the church of St Mary, North Bailey, property of, SR3, SR6, SR11, SR18, SR98, SR167, SR173, SR192

St Margaret, chapel or church of, 19, affray in, 449*; churchwardens (*iconomi, procuratores*) of, 119, f213,

s236*, s256*, 270*, 300*, s389*, 406, 491*, s+493*, s511*, 538*, s668*, s699*, s712*; churchyard of, 155*, 160*, 187*, 201*, 216*, 236*, 243*, 256*, 309*, 363*, 383*, 389*, 404*–5*, 441*, 449*, 483*, 491*, 612*, 672*, 712*, 714*, 720*, AD9; churchyard walls, 493*; property belonging to, 270*, 292*, 319, 491*, 493*, 560*, 568*, 713*, SR21, SR43–4, SR55, SR63, SR66. *See also* St Margaret (guild of), St Mary (chantry and guild of).

St Margaret, guild of, in the chapel of St Margaret, 712*; property of, 404*–5*, 412*, 720*, SR7, SR39, SR67, SR123, SR155, SR159, SR179–80; wardens (*procuratores*) of, s279*, s286*, s292*, s309*, s316*, s339*, s363*, 404*, 534*, 654*, s706*, 709*–11 [DC82], 712*, 720* (D335)

St Mary, chantry in St Oswald's church, cantor or chaplain of, 195, s591*, s600*, s605*, SR74, SR94, SR200.

St Mary, chantry of, in St Margaret's chapel, SR33, SR82–3, SR93, SR99, SR139, SR141, SR145–6, SR160, SR174, priest of, 458*, s712*; guild of, in St Margaret's chapel, alderman of, 405*, wardens of, 397

St Mary, chantry of, in St Nicholas's church, SR182

St Mary Magdalene, chapel of, in Wolviston, SR230

St Nicholas, chantry of, in St Nicholas's church, SR193

St Nicholas, church of, 413*, 533*, 712*, SR182, SR188–9, SR192–3, SR196

St Oswald, church of, 195, 484, 486–7, 591*, 600*, 605*, 712*, SR74, SR94, SR200

salt, *see* Thomas Rawe

salt-cellar (*saltsaller, salsaria*), 343, 425*, 532, 540

Salter, **Alan**, e8*, s33*, s36*; **Alexander**, 3

Sandson, **Robert**, t409; **William**, 451*

Sandypeth, SR168–9

saucers, 426, 570, AD3

Savage, **John**, SR1

Sawer, **Christopher**, xxxii, 203–4 [DC11], 206–8 [D125], 206–7 [DC12], w206; **Richard**, 73 [T37]

Sawnder, **Robert**, chaplain, 382 [U30]; **William**, 711 [U43]

Schaklok, *see* Shekelok

Scharp, *see* Sharp

Schel, **John** del, 88*, e118*

Schipley, **John**, i157

Schorueton, Scherowton, *see* Sheraton

Schylton, *see* Chilton

Sclater, **Robert**, 625*

Sclater Acre, SR167

scolds (*objurgatrices*), 233*, 236*, 309*, 363*, 367, 413*, 419*, 451*, 458*, 461*, 483*, 491*, 518*, 521*, 523*, 538*, 541*, 549, 573*, 676*, 688*, 696*, 699*, 712*, 720*

Scot (*Scott*), (first name wanting), 233*; **Elizabeth**, 556*, 630*, 688*, 699*, 706*, AD7; **Roger**, 292* [D168], forestaller of skins, 256*

Scotland, 502

Scots, employed in Crossgate, 393*; illegal hosting of, xxiii, 155*, 160*, 163*, 286*, 300*; to remove themselves, 389*; 'Scottes garner', AD7

Scotsman, **Richard**, and wife Helen, 136 [T59]

Scuart, *see* Suart

Scurtfeld, **John**, p708E, 708E [C12]

Scurye, **William**, i119

scythe, 567

Seaham, **Thomas** (of), p7, e41, 54 [T28], i80, i83

seed, sold, 376*

Sefwright, **William**, 22 [D14]

Seil, **John**, of *Grome*, 66 [U2]

Selby (*Sceylbe, Silby*), **Cuthbert**, 708 [D326], j709*, js712*, j713*–14*, j720*, 721–2 [D337], 723, son and heir of Robert, f696*; **Robert**, p140*, p141–2, a214, p227, p248, p273, 300*, 306–8 [D171], 342, jf371*, j376*, 382 [U30], j383*, 387–91 [D211], j389*, j393*, 404*, s405*, j413*, j419*, j421*, j425*, 427–8+430–4+436 [D225], j+429*, p441*, j449*, j453*, 455+457 [D233], j458* j461*, j465*, j491*, j504*, s511*, 515–16 [D252], s+521*, s523*, j528*, 533* [T93], 533*, j534*, s538*, s+541*, 544*, s+547*, 551*, j556*, s+560*, s568*, s573*, 580*–2 [DC54], s580*, s+585*, s591*, s+600*, s+605*, s+612*, s619*, s625*, s630*, s642*, s648*, s654*, s668*, s672*, 675, s681*, s683*, SR9, SR61, ale vendor, 201*, 211*, 233*, 276*, 294, 309*, 339*, 363*, 383*, 404*, 419*, 429*, 451*, 461*, 483*, 504*, 533*, 541*, 551*, 568*, 585*, 600*, 642*, AD1, deceased, 696*, of Durham, gentleman, f533*, forestaller of sheepskins, 201*, 309*, heir of, s688*, s696*, AD9, non-burgess, 201*, servant of, 605*, son and heir of William, 706*; **William**, p411, 429*, ji696*, s698*, s699*, s706*, ale vendor, 404*, 419*, 429*, 451*, deceased, 706*, 712*

servants, 276*, 325*, 376*, 451*, 573*, 585*, 712*, Scottish, 393*. *See also* William Bentham, John of Billingham, Thomas Blount, Edward Bradwod, Robert Claxton, James Cooke, Reginald Donken, Durham Priory, Gilbert, George Howe, William Lowge, William Marshal, Richard Merley, Thomas Ponderson, William Rawe, James Rawhton, William Richardson, Robert Selby, John Skir, Robert Smalwod, Richard Stevenson, Laurence Toller, Christopher Werdale

sewer (*suera*) *see* drain

Sharp (*Scharp*), **John**, i20, p53, e55*, p56, p63, ap70, ep71*–2, p73, p84–5, p91, p96, 98 [D74], e100*, p102, p104, i115, ale vendor, 91, bailiff, 63; **Robert**, 159 [U6], p259*; **William**, AD4

shawm, 654*

shears, 284

sheep, butchered, 696*; chased by dog, 242, 256; in the common fold, 533*, 612*, 619*; detained, 526; fleeces of, 40; illegally pastured, 201*; 242, 305*, 473*, 493*; 'rescued', 305*; sold, 455, 512, 552, 626; stray, 216*; trespasses by, 606; valued, 293. *See also* common rights, ewes, lambs, meat, wool

sheepskins, buying, 548. *See also* forestalling.

sheets (*linthiamina*), 347, 455, 652

Sheild, **Thomas**, 530

Shekelok (*Schaklok*), **Thomas**, chaplain, 160*, AD4. *See also* Skakelokclosse

Shele, Leonard, p336

Shepehirdclose, close called, SR142

Sheraton (*Schorueton, Scherowton*), **William** of, 11–12 [D5]

Sherburn (*Schirborn*), **Alice** of, 10–12 [T6], 15–18 [D11], 22–23 [T12, T13]; **Richard** of, s4*, s8*, s33*. *See also* John Rois

sheriff *see* Durham, palatinate of

Sheroffmedowe, land called, 429*

Shincliffe (*Shynkley*), 62; **Alan** of, s100*. *See also* Bates, Alan Smith

Shireburn, **William**, master, SR194

shoemaker, *see* William Bell, John
Bateson, John Manbell

shop, 405*, 497; SR57d, SR57e, SR57i

Short (*Schorth*), **Agnes**, 73 [T36]; **John**,
wife of, s55*; **Margaret**, 47+49 [T26]

Shortrede, **Thomas**, 376*

Shotton, 33*. *See also* Robert Smith

Sidegate, SR185

Siggeswike, **Lionel**, 699*

Silvertop, **John**, i424, i479, i481, 488+490
[T90], i493*, AD4

Simon, servant of Edward Bradwod,
393*

Skakelokclosse, orchard called, SR193

Skalp, **Matilda**, 98 [U4]

Skeyne (*Skoyne*), **Christopher**, 708–9*,
712*, AD9

Skinner, **William**, AD4

skins, 524; sold, 721; winter, 521*. *See also*
forestalling.

Skir (*Sker, Skero, Skyrre*), **John**, servant of,
656; **Richard**, 339*; **William**, executor
of Janet Lewin, 656–68*+671 [DC73],
666–71+674–5 [PA5]

Skynner, **John**, i83

slander, 160*

slaters, craft ordinances of, 700; wardens
of the craft, xvii, 529+531 [T92],
700–1 [D321]. *See also* Thomas Cawsy,
Thomas Layfield, Thomas Tomson

Sleekburn, East and West (*Estlikburne,
Westlikburne*), tithes of, SR245

Sluthman, **William**, 181–2 [D118], w206

Smalwod, **John**, i291, 292*, i294, 310,
338+340 [D185], 342, 366, i385, 387,
p394, 429*, 521*, 533*, ale vendor,
309*, 339*, 363*, 383*; **Richard**, i146,
i152, p347; **Robert**, 233*, 342, 366,
ale vendor, 339*, 363*, 383*, servant
of, 551*

Smerthwett, *see* Smorthwate

Smethirst (*Smedhirst, Smethers,
Smythirst*), **Anthony**, AD4; **John**,
160*, 235; **Robert**, xxx-xxxi, j556*,
j560*, 567 [D271], j568*, j573*, s580*,
j585*, j591*, js600*, s619*, j625*, j630*,
s642*, j648*, s654*, s668*, s672*, s676*,
j681*, s683*, js688*, s696*, s698*,
js699*, s706*, j709*, 709* [D329], 710
[DC83], js712*, j720*, ironsmith, 709*;
William, s160*, j163*, p172, j201*,
j216*, v233*, j236*, j243*, 258–9*+264
[D152], j259*, 270*, j286*, j292*, j305*,
js309*, j316*, j325*, js339*, j358*,

j363*, js371*, 376*, j383*, js389*, j393*,
j404*–5*, j413*, j419*, s421*, j425*,
j429*, j441*, j451*, js+453*, j458*, j461*,
j465*, s473*, j465*, j483*, s+491*, j493*,
j504*, s511*, j518*, s521*, s523*, j528*,
s534*, s538*, s541*, s544*, s547*, SR72

Smith (*faber*), **Agnes**, 450 [D231]; **Alan**,
s62, s84, of Shincliffe, 62; **John**,
88*, 105 [T51], 118*; **Joan**, sister of
Richard, 426; **John**, of Woodside, s4*,
s8*; **John**, FPCR; **John**, i170, chaplain,
SR160; **Matthew**, 656; **Ralph**, p1;
Richard, 125–9 [D92], 129–32 [D93],
of Framwellgate, 128 [D92]; **Richard**,
xxviii, js140*, 426 [D224], p435,
606–7+610 [DC64], chaplain, 472
[D238], chaplain, of Harome, 358*;
Robert, of Shotton, s33*; **Robert**,
152–4 [D105], w221; **Roger**, f720*;
Thomas, of Chester-le-Street, s99*, of
Lanchester, s71*–2, 98 [D74], s100*,
s118*, tenant in Wolviston, SR231–2;
William, 4*, p16, i20, p28, p29, i47,
61–2 [D35], e62, 70–1* [D43], e71*–2,
p75, p78, i81?, i83, i90, i97, e99*–100*,
p104, 113 [T54], i119, p125, p129,
p137, ale vendor, 58, 84, 91; **William**,
once of Cassop, 149–50 [D100], piper,
executor of, 654*.

smiths, *see* Henry Blount, Thomas
Robinson, William Watson

Smorthwaite (*Smorthwat, Smorthwete,
Smerthwett, Smorwatt, Smyrthwaite*),
George, 178, 369+371* [D204], SR57a,
ale vendor, 155*, 201*, 211*; **Thomas**,
593–5 [D281], p594, i597, 602 [D285],
i603, 606–7+610 [DC64], 626+628–9
[D293], 630*, t651, 658–9 [T105],
672*–4 [DC75], i679, 688*, i695, i703,
704–5 [D323], i719, 720*, 723, 724–6
[D342], jAD10, seller of goose pies,
720*, of Wolsingham, 704

Smyrk (*Smeyrk*), **Richard**, FPCR;
Richard, j155*, s160*–1, j163*, 174
[U10], j177*, j195*, j211*, j233*, v240,
j+256*, p258, j270*, j276*, js279*, v282,
283 [D162], s286*, j292*, j300*, s305*,
s309*, s316*, s325*, s339*, s349*,
s358*, s363*, j393*, s404*, ale vendor,
AD1, heir of, s376*, s389*, wife of,
405*

Snawe, (first name wanting), widow,
568*; **John**, 541*, 551*, 558 [D267], ale
vendor, 551*, wife of, 568*

Snayth, **William**, 169–70 [D111]

Snetterton (unidentified), *see* John Baynbrig

Snowden, **Richard**, 699*

soap, 268

Softly, **Robert**, i360, t399, t409, i498, i553, i555

Sorby, *see* Sowrby

Sotheryn (*Southeron*), **John**, s55*–6, s99*

Sotsly, **Alexander**, AD4

Souter, **William**, 56 [D30], i97

Southraw, *see* Crossgate

South Shields, bailiff and court of, 713*

South Street, 2, 79, 243*, 259*, 325*, 413*, 473*, 493*, 504, 699*; burgages in, 8*, 163*, 177*, 219, 240, 305*, 320, 339*, 358*, 360, 404*, 648*, 675, 696*, 700, 706*, SR62–72, SR124–46; common fold at, 533*; pinfold at, 648*; railing at, 533*–4*; stone house in, 630*; Westraw in, 316*. *See also* St Ellen Well

Southwyk, **Thomas**, widow of, tenant in Wolviston, SR228

Sowrby (*Sorby*), **Christopher**, 429*; **John**, j140*, j155*, s160*, j163*, j177*, j187*, j195*, j201*, j216*, sj256*, j236*, 259*, j270*, j276*, s279*, j286*, s292*, SR15; **Richard**, 258

Spark, **Cuthbert**, 371*, 501–2+507 [D248], 504, w510, 532 [D257], forestaller of skins, 363*, 421*, 451*, 461*, 483*, 504, in Scotland, 502; **George**, 233*, p387, p444, p484, p492, 534*, 538*, 541*, 544*, p549, tanner, 429*, 461*, 483*, 504; **Henry**, AD4, forestaller of sheepskins, 363*, xxvii–xxviii; **Hugh**, w254, t256*, 284, i291, 292*, i294, 309*–10, t326, 336–7 [PA2], 336, 339*, 342, 345 [T80], 348 [U21], 355–6 [PA3], 361 [U25], 363*, 366, 368–9 [T81], 371*, 376*, 380 [U28], 383*, 386–7 [D210], j+389*, i390, i396, p400, 404*, p415, p+416, 421*, p422, 433 [U34], 451*, 462, 483*, 497–8 [D245], 500 [D246], 504, w510, p515, 518*, 521*–2, jf523*, j+528*, v532, j+533*, j+534*, j538*, 540, j541*, j544*, v545, j547*, j+551*, 555+557 [D264], j+556*, j560*, js+568*, v570, j573*, 579 [T97], j+580*, j+585*, js591*, j+600*, 600*+603+607–9 [T99], 601+603–4 [DC61], j605*, 607+610 [D286], j612*, j619*, 619*–20 [DC66], js625*, j630*, 634–6 [F2], 634–5+637 [D298], js+642*, 645–6 [D304], p646,

s648*, s654*, js668*, j672*, j676*, 681*, s+683*, p689, j+696*, s698*, js+699*, 699* [D320], js+706*, j709*, 710–11 [D330, D331], js+712*, j713*, 720*, AD6, AD11, ale vendor, 461*, 483*, 568*, 585*, 600*, 642*, 668*, 681*, 696*, 706*, 712*, 720*, burgess, 533*, 541*, 645, 712*, forestaller of cattle hides and sheepskins, 256*, 309*, 363*, 371*, 404*, 451*, 461*, 483*, 504, 521*, 533*, 541*, 642*, 681*, 696*, 706*, 712*, AD5, AD9, forestaller of dairy produce, 483*, glover, 521*, home of, 699*, shop leased by, 497, tanner, 309*, 404*, 429*, 461*, 483*, 504, warden of the guild of St Margaret, 709*–11 [DC82], wife of, 699*, wife of, ale vendor, 714*; **Isabel**, 348, 355 [D196], 383*, p477, ale vendor, 363*, 383*, 404*, 419*, 451*, 461*, 483*, 504*, widow, 355, widow of Thomas, ale vendor, 429*; **Joan**, wife of Hugh, 699*; **Matthew**, 473–6 [DC37], 485, 487, 524 [U35], 541*, 550 [DC48], 575 [D275], 585*, 600*+602 [T100], 600*, t601, 612*, 625*, 648*, 668*, 699* [D320], i703, 708E [D327, C11], i719, 724–6 [D350], i725, jAD10, forestaller of cattle hides, 568*, non-burgess, 568*; **Richard**, AD4; **Thomas**, j155*, j160*, j163*, j177*, j195*, j201*, j211*, j216*, 225, j233*, j236*, j256*, j259*, j279*, j286*, s292*, 309*, ale vendor, 276*, 294, AD1, deceased, 339*, forestaller of cattle hides and sheepskins, xxi, 201*, 256*, wife of, 309*, 325*, widow of, remarried, ale vendor, 339*; **William**, FPCR; **William**, xxix, 214–15 [D126], i493*, t499, 534*, 538*, 541*, i553, AD4

Sparrowe (*Sparroo*), (first name wanting), of Birtley, forestaller of sheepskins, 683*; **Richard**, SR199; **Robert**, w206; **William**, 226 [U16]

Spinner, (first name wanting), and wife, 541*

spinning wheel, 297

Spisar, **Thomas**, 29, s33*

Spoyner, (first name wanting), 546 [U36]

Spurnsted, **Roland**, t555

stable, rent of, 344

Staindrop, charter dated at, 465*; college of, SR237; **Christine** of, 1. *See also* John Castell

Stainmore, hospital on, 311

Stainton (*Staynton*), **Adam** of, 1
stalls, glover's, 64, 65
Stanhope (*Stanhop, Stannop, Stonhopp*),
     Agnes of, 92 [D67]; **Alexander** (of),
     e36*, e55*, p56, e62, e71*–2, e99*
Steile, **John**, 596–9+601 [DC60]
Stere, **William**, tenant in Wolviston,
     SR229–30
Stevenson (*filius Stephani, Stephenson,
     Stevynson, Stewynson*), **John**, t499,
     504, w620, 706*, AD6, forestaller of
     skins, non-burgess, 712*, AD9, of
     South Street, wife of, 518*; **Richard**,
     p351, 400–1, AD4, chaplain, xxxvi,
     234 [D136], 321–2 [T78], 343 [D189],
     369–70 [D203], s383*, 426 [D223],
     servant of, 349*; **Roger**, FPCR;
     Thomas, FPCR; **Thomas**, 170 [D112],
     SR186; **William**, s4*, s8*, s33*, s36*,
     s55*, e62, s71*–2, s84, s99*–100*,
     e118*; **William**, i360, 687–8* [D315],
     712*, 714*
steward of the court (*senescallus curie*),
     155*, 162, 332, 343, 393*, 405*, 699*,
     706*. *See also* William Bitchburn, John
     Clerk
Stobbs, **Emma**, 646–7; **Thomas**, 712*,
     714*
stocks, 429*
Stockton (*Stoketon*), **Emery** of, 2–3 [E2]
Stodhird, **Richard**, 195*, 384 [D209];
     Thomas, 419*, 455+457 [D233]
Stokdale, **Sybil**, wife of William,
     daughter of William Whelpdale
     junior, SR57–8, SR61, SR134, SR172,
     SR175; **William**, SR57–8, SR61,
     SR172, SR134, SR175
stool, *see* cucking stool, furniture
Story, **Richard**, AD4; **William**, w206
Stringher, **Ellen**, 352 [D194], 361 [U25],
     363*, widow of William, 330+332
     [D178]; **William**, FPCR; **William**,
     i146, 238–40 [QR1], 242 [D140],
     243*+245 [D142], 281–4 [D160]
Stripyng, **John**, 76 [D49], 88*–9 [D62]
Suart (*Scuart, Suert*), **Thomas**, e8*–9,
     i12, s33*, s36*, s55*–6, s62, e71*–2,
     s99*–100*, e118*
suitors of court, xx
Sutor, **William**, 73 [D45], i90
Swaledale (*Swaldall*), **Thomas** of, p1
Swalwell (*Swallewell, Swallowell*),
     Cuthbert, 292*–5+298–9 [D167];
     Edward, 486, 533*, warden of Holy
     Trinity guild, 484+486–7 [D241];

John, monk. 4–5*; **Richard**, 152+154
     [D106], SR12
Swan, (first name wanting), AD4
Swawdale, **Richard**, executrix of, 585*–7,
     596–7, 599
Swayn, **John**, chaplain, 166–9 [DC9]
Swaynston, **Lionel**, 706*
Swynnowe, **Elizabeth**, 699*
Symson, **Joan**, 664–6 [DC74]; **John**, 241
     [D139], i307, ale vendor, 309*, of
     Weardale, 444–5; **Roland**, 196 [U13],
     t256*, 288–9 [D165], i302; **Thomas**,
     233*, i249, t256*, 292*, i307, 310, 322,
     t334, 342, i389*, i390

Tailor (*Taillour, Tailyour, Talyour*), (first
     name wanting), i81; (first name
     wanting), widow, ale vendor, 568*;
     Agnes, 287–8 [D164]; **Ellen**, 540
     [DC45]; **Humphrey**, 725 [DC86];
     John, i109, of Middleham, 78
     [D53]; **John**, 141 [D96], i146, AD4,
     SR26; **Richard**, churchwarden of St
     Margaret's chapel, 406; **Robert**, i20,
     i37, e47, i80–1, 103 [D78], 103–4 [T50],
     297 [D169]; **Thomas**, of Richmond,
     FPCR; **Thomas**, a287, t651, i657,
     draper, 374 [U27]; **William**, 16–17
     [T9]
tailors, wardens of the craft, xvii, 242–3*
     [T69], 301–2+304 [T74], 400–2 [T87].
     See also William Blackomore, Richard
     Davson, Amice Davson, Oliver
     Dikonson, Robert Heslop, John Hall,
     John Hill, John Newton, Thomas
     Porter, William Richerdson, Robert
     Robinson, Robert of Wigton, William
     Wilkynson, John Wodmows
Talbot, **William**, 78 [D51]
tales, xxxiii–xxxiv, 255, 298, 303–4, 325–6,
     333–4, 399, 407, 409, 498–9, 554–5,
     594–5, 650–1, 657, 697, 725–6
tallow, 422?, 723
Tanner (*tannator*), **Peter**, 2 [U1]
tanners, xxiii, 155*, 309*, 461*, 483*, 504.
     See also Thomas Bittlestone, John
     Blount, Robert Blount, Hugh Clerk,
     Robert Draver, William Goften,
     Roger Gollen, John Henryson,
     Richard Jonson, Richard Robinson,
     George Spark, Hugh Spark, Robert
     Welefed
taxatores, 79
Tebson, **James**, 151 [D104], 151–3 [C5],
     p224, 237 [D137], executrix of, 283

Tedcastre, **Alice**, ale vendor, 177*, 201*;
William, 195*
Teesdale (*Tesdall*), **Alan** of, 15–17 [D10]
Tempest, **Nicholas**, 530
tenter frames, 219
Tenturclosse, SR173–4
thieves, 276*, 404*, 518*, 521*, 573*, 580*,
625*
Thirsk (*Tresk*), **John** of, 1 [T1]
Thomas, prior of Durham, *see* Thomas
Castell
Thomson, *see* Tomson
Thornburgh (*Thornbrouh, Thornbrugh,
Thurnburghe*), **John**, 549; **Oliver**,
xxx, t304, i307, i322, 330+332 [D178],
330–2 [D179], t334, 344 [D190], 355
[U23], 365–6 [D202], i385, 387, i389*,
393*, i396, i406, i409, 435–8 [D227],
p478, 485–7 [D242], 493*, 496+498–
9+501 [DC40], 497–8 [D245], 521*,
p525, 533*, 538*, 541*, 547*, 551* [T94,
D262], p552, t555, 560*, 580*, 585*,
j+591*, t595, 600*, t601, 606–7 [T101],
j625*, j642*, j654*, 655, 678–80 [QR2],
j683*, 688*, j698*, i719, 720*, i725,
jAD10, AD11, ale vendor, 483*, 504*,
533*, 568*, 585*, 600*, fuller, 493*, 678,
lessor of a shop, 497; **William**, e62
Thornton-le-Moor, North Yorkshire,
SR213
Thoroby, **William**, AD11
Thorpe, **William**, tenant in Wolviston,
SR233
Thryft, **Thomas**, chaplain, 596–7+599
[DC59]
timber, 690, 710
tinker, *see* Alexander Makdowell, John
Tomson
Tirby (unidentified), *see* John But
Todd, **Edward**, 400; **John**, FPCR
tollbooth, courts held in, xvii–xviii, AD7,
SR42; stocks placed outside, 429*
Toller (*Toyllar*), (first name wanting),
widow, ale vendor, 568*; **Isabel**,
servant of Reginald Donken, 654*;
Katherine, w497; **Laurence**, j155*,
j160*, j163*, j177*, 187*, p188, p191,
j195*, p196, j211*, 216*, j233*, j236*,
j243*, j256*, j259*, v264, p267, j270*,
p271, j276*, p277, j279*, p282, 284,
v285, s286*, 290 [DC22], j292*, j300*,
j305*, j309*, p311–13, p315, j316*,
p319, js325*, j339*, v340, v343, j349*,
jv358*, j363*, j371*, j376*, w378, 381,
j383*, j389*, j393*, v403, j404*–5*,

j413*, j419*, j421*, j425*, vp426, j429*,
j441*, j449*, j451*, j458*, j461*, p464,
j465*, 471, j473*, j483*, j491*, j493*,
j504*, p506, p509, jp511*, j518*, j521*,
j523*, j528*, v532, j533*–4*, j538*,
j541*, j544*, j547*, j551*, j556*, vAD3,
SR124, ale vendor, 155*, 201*, 211*,
233*, 276*, 294, 309*, 339*, 363*, 383*,
404*, 419*, 429*, 451*, 461*, 483*, 504*,
541*, 551*, AD1, burgess, 421*, 451*,
j453*, 461*, 483*, 504, 521*, 533*, 541*,
551*, executor of, 583, forestaller of
skins (mostly sheepskins), 201*, 256*,
309*, 363*, 404*, 421*, 429*, 451*,
461*, 483*, 504, 521*, 533*, 541*, 551*,
AD5, glover, xxi, 256*, 404*, 429*,
461*, 483*, 504, home of, 491*, non-
burgess, 461*, 483*, resident in South
Street, 358*, 360, SR124, servant and
apprentice of, 429*; **Robert**, w378,
t399, t409, i424, i464, i479, i493*,
burgess, 504, forestaller of skins
(mostly sheepskins), 404*, 421*, 429*,
451*, 461*, 483*, 504, 521*, 533*, 541*,
551*, 568*, 600*, glover, 404*, 429*,
483*, 504, 521*, non-burgess, 521*,
533*, 541*, 551*, 568*, 600*
tolls, 268; tollhouse (*teolonium*), 429*
Tomson (*Thomson*), (first name wanting),
wife of, AD4; **Alice**, 654*; **Agnes**,
wife of Henry, executrix of Laurence
Toller, 583–4 [DC55]; **Anthony**, 453*;
Cuthbert, xxxvi, 150+185 [D102,
D103], 155*+157–9 [D108]; **Henry**,
t409, i493*, i498, t555, 573*, 575 [U39],
wife of, 583–4, 720*, 724–6 [D340];
Hugh, i657, i659, 672*, i679, 681*,
j683*, j+696*, t697; **James**, of Kendal,
258; **John**, 143+146 [F1], 234 [D136],
w245, 256*, 290–1 [D166], i322, heir
of, s211*, s256*, tinker, 176 [D115],
201*, 336–41 [D183], 576, wife of,
273; **Nicholas**, 688*; **Robert**, SR176;
Roger, 44–5* [T25], 58, 62 [D36],
ale vendor, 85; **Stephen**, i157, i189,
i222, t326, 342, i385, i390; **Thomas**,
t595, i597, heir of, s233*, slater,
700–1 [D321]; **William**, i302, 321–2
[T78], i331, 361 [U25], i396, i399,
i406, 419*, i424, 449*, 472 [D238], 495
[D244], 512–14+ 616–17 [D251], 590
[D279], 591*, i594, 600*, 630*, 634–6
[F2], 634–5+637 [D298], p638, 651–2
[D307], p654*, i657, jAD2, collier, 321,
alias Pancherd, 550 [D261]

tools, 285, 376*, 400, 431–2, 508, 576, 621, 700, 721–2

towel, 636, 638

trees, felled, 649, 676*

Tresk, *see* Thirsk

Tribley, in Chester-le Street (*Thribly*), **Thomas** of, s4

Trip, **Robert**, 133–4 [D94]

Trollop, **John**, AD4

Trotter (*Trothar*), (first name wanting), dame, ale vendor, 696*; **James**, 687, two sons of, 687; **Joan**, 687 [D314, DC77], ale vendor, 681*; **John**, j654*, i659, j676*, j688*, j696, j698*, i703, j714*, 720*, 725; **Robert**, SR236; **Thomas**, tenant in Kirk Merrington, SR236; **Thomas**, i302, i307, 363*, 366, 371*, 383*, 389*, 429*, 451*, f484, js491*, j493*, j504*, j511*, j518*, s+521*, j523*, j528*, p530, j+533*, j538*, j541*, js544*, 546 [U36], j547*, j+551*, p552, j+560*, j568*, js573*, js580*, jp585*, j591*, 600*, js605*, j612*, js619*, 624, 637–8+641 [D299], js642*, js648*, j654*, js668*, j672*, j676*, j681*, s683, 687, 687 [D314, DC77], j696*, s698*, s699*, js706*, js712*, 720*, ale vendor, 294, 309*, 339*, 363*, 383*, 404*, 429*, 451*, 461*, 483*, 504*, 533*, 541*, 551*, 568*, 585*, 600*, 642*, 668*, 681*, s683*, 687, 696*, 706*, AD1, miller, 641, wife of, ale vendor, 712*, 720*

Tudhoe (*Tudhowe*), **Gilbert** of, 64 [D40]; **John**, SR197; **Sybil** of, 1; **Thomas** (of), s8*, s33*, s55*, 59 [T32], s99*. *See also* John Blount.

Tunnokes 'on the bridge' (*super pontem*), 1

Turnbole, **Christopher**, 613–14 [DC65]

Turnour, **Thomas**, 150–1 [D101]

Turpyn, **Edmund**, 534*, 585*, i594, t601, 614 [T102], 668*, 706*, 714*, ale vendor, 533*, baker, AD6; **Ralph**, 709*

Turry, **William**, AD4

Tynkler, **Patrick**, 149

Undirwod, **Thomas**, FPCR

vagabonds and vagrants, hosting, xxiii, 140*, 155*, 376*, 458*, 461*, 473*, 493*, 556*, 560*, 568*, 580*, 625*, 699*, 712*, AD7; leasing property to, 160*, 580*

vegetables (*olera*), 19

vennels, *see* lanes

Vyverclose, close called, SR193

wager of law, xxxii–xxxiii; aborted by agreement in court, 543; for acquittance of pledge, 414; for breach of contract, 86, 89; for debt, 13, 21, 25, 28–9, 50–1,70–1, 89, 169, 181, 187*–8, 197, 206, 169, 181, 187*–8, 197, 206, 219, 387, 411, 436–7, 469, 484, 486, 555, 626–9, 672*–3, 685, 717; for detinue, 64–5, 72, 74, 150, 166–9, 217, 376*, 377–8, 447–8, 454–6, 466–8, 496–7, 509–10, 619*, 621, 631–3, 654*, 672*–3, 683*–4, 693; for part of debt, 246; refused, 87; for trespass, 89, 104; *de multura asportata*, 1; for undefined pleas, 89

wages, *see* work

waggon (*plaustrum*), 193, 268, 273, 276*, 347, 571, 615; wheels, 188. *See also* oxen

waggoner (*wainman*), *see* John Blount

Wait, *see* Waytes

Waldridge (*Walrage*), *see* Agnes Foster

Walker (*Waker*), (first name wanting), widow, ale vendor, 568*, forestaller of victuals, 568*; (first name wanting), wife of, 521*; **Agnes**, 339*, ale vendor, 363*, 383*, 461*, 483*, 504*; **Henry**, junior, servant of Robert Claxton, 464+466–8 [DC36]; **Isabel**, 374 [U27]; **John**, 137 [T60], 137–8 [T61], i302, i307, i322, of Clayport, 137; **Richard**, i170; **Robert**, i115, w221; **William**, 201*, p203, p206, 253, 256*, 277, 292*, SR41, ale vendor, 155*, 201*, 211*, 233*, 276*, 294, AD1, chaplain, 453*, widow of, 310, wife of, ale vendor, 533*, 541*, 551*

walkers, *see* fullers

Wall, **Hugh**, s155*, j160*, 162, j+163*, j187*, j211*, j233*, j236*, j259*, j276*, j286*, j292*, j300*, s305*; **Margaret**, 538*, 545; **Roger**, 1; **Thomas**, 315 [D172]; **William**, FPCR; **William**, 258

wallet, 664

Walssh, **Peter**, 555+557 [D264]

Walton (*Whalton*), (first name wanting), miller and ale vendor, 404*; **Robert** of, s33*, s55*; heir of, s4*, s8*; **Thomas**, tenant in Wolviston, SR227

Warcop, **William**, and former wife of, 405*

Ward, **John**, 64 [D40]

Wardale (*Wardall*), *see* Werdale

Warden, Northumberland, 321

Warham (*Wharham, Wharram, Wherham*),
Agnes, s349*, s358*, 363*, s371*,
widow, f320, s339*; **Joan**, daughter of
Robert, 309*, wife of William, 363*;
Robert, 177*, jf187*, j195*, j+201*,
j216*, p224, v233*, j236*, j243*, j259*,
j270*, j279*, v284, j286*, j292*, j300*,
s305*, s309*, SR46, ale vendor, 177*,
201*, 211*, 233*, heir of, s177*, s316*,
SR79, senior, heir of, s160*, widow
of, 309*; **William**, p359, 383*, i387,
j+389*, j390, i493*, s511*, j518*, j521*,
j523*, s528*, j+533*, js534*, j538*,
j541*, js544*, s+547*, s551*, s556*,
560*, heir of Robert, s177*, son and
heir of Robert late of Langley by
Brancepeth, 371*, wife of, 363*
Warik (?), **Robert**, i47
Warkworth, Northumberland, mill of,
SR243
Warwyk (*Werwyk*), **Richard**, 325*–6
[T79], potager, 325*; **Thomas**, SR36–7,
SR191
washing stones, 211*
Washington (*Whasynton*), *see* John Raket
Waster, **Roland**, 688*
watercourses, 405*, 461*, 465*, 491*, 523*,
528*, 547*, 612*, 712*, SR86. *See also*
drain, Milnburn, Wear, West Orchard
Waterford (*Waterfurd, Waterfurth*),
Christopher, 593–5 [D281]
Watson (*Wautson, Waterson*), **Adam**, 89,
s100*; **Agnes**, daughter of Joan and
John, 276*, 279*; **Cuthbert**, 451*;
Joan, wife of John, 143+146 [F1],
149–50+152+155* [DC8], 157 [D109],
276*, 279*, 363*; **John**, of *Rowle*,
FPCR; **John**, xxx, 143+146 [F1],
149–50+152+155* [DC8], 157 [D109],
t159, i189, 215 [D127], i222, 243
[D141], 244 [D143], t256*, 258–9*+264
[D152], 279*, i291, t304, i331, 338+340
[D185], i385, 386–7 [D210], 404*–5*,
413*, 454+456 [DC33], 455+457
[DC34], jAD2, wife of, 363* 404*,
413*; **Margaret**, 724–6 [D346];
William, heir of, s4*, s33*; **William**,
i291, 306–7 [T75], 309*, i322, 325*,
i331, i334, 334–5 [D182], p347, 349*,
376*, i387, i390, i396, 405*–9 [D217],
w468, 469–71 [D237], i493*, jAD2,
AD4, ale vendor, 294, 339*, 363*,
383* s404*, AD1, fuller, 365–6
[D202], smith, p365, 431–2 [D226],
w456

Wawen, **Robert**, tenant in Kirk
Merrington, SR236
wax (*cera*), 631, 633
waxmakers, *see* chandlers
Waynman (*Wanneman*), **Hugh**, 522, p577;
William, j155*, j160*, j163*, j177*, 178,
182 [U11], j187*, j211*, j216*, j233*,
j236*, 242 [T68], s243*, j256*, 258+260
[T70], j259*, j270*, 273, j276*, s279*,
j292*, j300*, j305*, j309*, j316*, s325*,
j339*, j349*, j358*, 425*, f429*, j441*,
js+449*, j451*, j453*, s458, j461*, j465*,
j473*, j483*, j491*, s503*, s511*, s518*,
j521*, j523*, j533*, js534*, j538*, js541*,
j544*, j547*, j551*, j556*, j560*, s568*,
js573*, j580*, j585*, j591*, js600*, j605*,
j612*, js619*, 624, s625*, jp630*, p632,
js642*, js648*, js654*, j668*, j672*,
js676*, j681*, j683*, j688*, j696*, j698*,
js699*, js706*, j709*, js712*, j713*,
j720*, p726, burgess, SR162
Waytes (*Wait*), **Thomas**, 73 [D45], 88*;
Ellen wife of Thomas, 88*
weapons and armour, 298, 323, 410, 469,
578, 621–2, 721–2
Wear, River, 256*, 286*, 600*, 642*, 699*,
SR185, SR192; bank of, 699*, 706*;
lane leading to, SR59–61; towpath,
706*
Weardale (*Wardale, Weredale*), iron from,
500, 549. *See also* John Symson.
weavers, wardens of the craft, xvii,
426, 646. *See also* John Hall, William
Henryson, John Maisson, Richard
Nicholson, Richard Robinson,
Thomas Robinson, Robert White,
Juliana Wilkynson
Webster, **Andrew**, i119; **Isolda**, 20 [D12],
29 [T17]; **John**, of Hexham, s4*, s33*,
s55*, s99*
weights and measures, assize of, xxiii, 1
Welbankes, close called, SR86
Welber, *see* Wilber
Welefed (*Weilfed, Welfett, Wellfot, Wilfet,
Wylfeld*), **Robert**, j421*, s425*, j429*,
j441*, js451*, js453*, j458*, j461*, j465*,
j473*, 478–81 [D240], js483*, js491*,
j493*, js503*, j511*, j518*, j521*, of
Durham, tanner, f420
wells and water sources (*fontes, pantez*)
534*, 538*, 541*, 544*, 547*, pollution
of, 363*, 383*. *See also* Allergate, St
Ellen Well, West Orchard
Werdale (*Wardale, Wardall*), **Christopher**,
clerk, servant of, 533*; **John**, w221,

SR57b; **Nicholas**, 201*, 202; **William**, 449*

Wermouth, **John**, 533*

West Orchard (*Westorcharte*), 177*, 216*, 316*, 491*, 612*, SR119; cellarer's garden called, SR154; lane leading to, SR154–69; lord's warren of, 528*; water running from, 491*, 612*, 712*; wells at, 383*

Westwod, **Henry**, 201*

Wetherall, **Gilbert**, 89 [T47]

Wetherard, **Gilbert**, 120 [DC5], 121 [D90]; **Margaret** wife of Gilbert, 120 [DC5]

Wetherby, **Gilbert** of, 101 [D75], ale vendor, 91

Wharham, *see* Warham

wheat, detained, 149, 708E; ground, 355; growing, 421*; sold, 376*. *See also* grain.

Wheatley (*Qwetlaw, Qwhitly, Whetley, Whitley*), **John**, 376*–7 [D206]; **Marion**, 347–8+350 [DC24]; **William** (of), 33*, 36*, s55, 62, s99*–100*, 121 [T58]. *See also* John Chester

wheels, 22, 188

Whelpdale, **Isabel**, **Margaret** and **Sybil**, daughters and heirs of William, junior, SR57–8, SR61, SR134; **William**, FPCR; **William**, junior, son and heir of William, senior, SR57–8, SR134, senior, SR57–8, SR77, SR134, SR142, SR172, SR175

Whelpden, **Robert**, FPCR; **Robert**, of Wolsingham, 411–12 [D219]; **William**, 404*

Wherham, *see* Warham

Whitby (*Qwitby*), **Alice** of, s99*, s118*?; **Ralph** of, 5

White, **Edward**, 615–18 [D288]; **Richard**, son of Thomas, and his mother Alice, executors of Thomas, 571–2 [DC51]; **Robert**, t595, i597, i638, t651, i659, t697, i703, 707 [D324], i719, i725, weaver, 707; **Thomas**, 571; **William**, 558 [D266, D267]

Whitehead, **Hugh**, prior of Durham (1524–40), 573*–4 [D274], 592+596 [DC58], 645–6 [D304], 648*, 675

Whitworth, SR219

Wigton, **Robert** of, tailor, 55*–6 [D29]

Wilber (*Welber, Wilbarne, Wilberne*), **William**, 181–2 [D118], 188–91 [D121]

Wilfet, *see* Welefed

Wilkynson (Wylkynson), (first name

wanting), 696*; **Juliana**, weaver, wife of William, 707; **Oliver**, 631–2 [D296]; **Richard**, 354 [U22]; **Robert**, 652–3 [DC71], v722; **Thomas**, 214 [U14], 235–6* [DC15], 246–7+249 [DC17], 253–4 [DC20], 270*, SR180, of Newcastle upon Tyne, 689–90 [D316]; **William**, i701, i705, 707 [D324], i719, 720*, jAD10, tailor, 725, wife of, 707, wife of, ale vendor, 712*, 713*, 720*

Willeman (*Willemond*), **Alexander**, 336, 339*, 415, 421*, warden of the barbours' (or chandlers') craft, 392 [T85]

Willen, **Thomas**, s712*

William, parish chaplain, p55*

Williamson, **Alexander**, 724–5 [D339–51]; **Richard**, 688*; **Robert**, i390, i406, i479, ale vendor, 383*, 404*, 419*; **Thomas**, a592, chaplain, 256*, 383*, 404*, 405*, 450 [D231], SR177

wills, produced in court, 113; administrators in litigation, 202+204–5 [DC10], 217–19 [DC13], 235–6 [DC15], 239 [D138, DC16], 246–7+249 [DC17], 247–8+252–3+255–6* [DC18], 376* [DC25], 477+479+481 [DC38], 571–2 [DC51], 577 [DC52], 580*–2 [DC54], 583–4 [DC55], 585*–89 [DC57], 602 [DC62], 606–7 [DC63], 654* [DC72], 695+697 [DC79]

Willye, **Joan**, 714*, 720*

Wilson (*Willeson, Wyllyson*), (first name wanting), fisher, 521; (first name wanting), wife of, 672*; **Adam**, w206; **Andrew**, SR205; **Peter**, 534*, 655, 681*, ale vendor, 533*–4*, buyer of sheepskins, 534*, 541*, of Durham, AD8; **Richard**, 639 [D302], forestaller of skins, 256*; **Thomas**, i479, fisher, 486–90 [D243], i498, 532; **William**, of Kendal, 258+265–8 [D153], 267–8 [D157], 311–15+317–20 [T76]. *See also* William Archbald

Windsor, 206

Winter, **John**, xxviii, p355; **Robert**, 469+470 [D236], 488+490 [T90]; **Thomas**, 585*, t601, i603, 619*–20 [DC66]

Witton (*Woton, Wotton*), **Ralph**, FPCR; **Thomas**, 420, SR2, heir of, s605*, s612*, suit of court by, head courts 155*–521* (except 363*)

Wodefeld, (first name wanting), wife of, 676*; **John**, 648*, t651

Wodmouce Chare, lane called, SR193
Wodmouse (*Woddemowse, Wodmoss, Wodmus, Woodmous*), **Joan**, wife of John, 160*, 163*, 696*, SR37; **John**, xxviii, j155*, s160*, p166, 179–80+182–6 [D116, C6], v185, 187*, js195*, p198, js+201*, 202, j216*, j+233*, v234, 236* [T67], 242 [D140], 256*, j259*, v264, 268–9 [T72], j276*, js279*, v282, v284–5, j286*, j300*, p301, j305*, j309*, j316*, f319, 323 [D173], js325*, v329, j339*, v340, 342, v348, j349*, p354, jsv358*, js363*, 363*–6 [D201], 366, j371*, j376*, 381, j383*, s+389*, j393*, v403, js404*, j405*, f406, js413*, j419*, j+421*, j425*, j+429*, j441*, j449*, js451*, js453*, j458*, j461*, js465*, j473*, j483*, j491*, j+493*, js503*, 504, js511*, j518*, j521*, j523*, j528*, j533*–4*, js538*, j541*, j544*, j547*, j551*, js556*, s560*, j568*, js573*, j580*, j585*, j591*, j600*, s605*, j612*, j619*, j625*, j630*, j642*, s648*, js654*, 664–6 [DC74], j668*, j672*, js676*, j681*, s683*, j688*, j+696*, j698*, js699*, js706*, j709*, 710–11 [D330, D331], js712*, j713*–14*, j720*, v722–3, AD6, AD7, SR37, ale vendor, 155*, 163*, 211*, 233*, 276*, 294, 309*, 339*, 363*, 383*, 404*, 419*, 429*, 451*, 461*, 483*, 504*, 521*, AD1, burgess, 664, of Durham, 406, home of, 551*, regrator, 268, tailor, xxi, 406, 493*, warden of the guild of the Blessed Virgin Mary, 397–8 [D214], warden of tailors' craft, 242; **Katherine**, daughter and heir of John, 696*
Wolff, **Thomas**, 345–6 [D191]
Wolsingham, Ayhope shiel in, SR225; Biggins and Landieu in, SR211. *See also* Adam Barker, Reginald Bukylls, Henry Krikhows, Thomas Smorthwaite, Robert Whelpden
Wolviston (*Wolueston*), SR227–35; Lampe Ryg in, SR233; Mappeshous in, SR230; **Robert** of, 98 [U4]
woad, 267
women, of ill repute, xxiii, 140*, 155*, 270*, 325*, 458*, 483*, 534*, 556*, 573*, 625*, 630*, 642*, 648*, 654*, 668*, 672*, 676*, 688*, 699*, 706*, 712*, 714*, AD7, AD9; judgement on, reversed, 538*; pregnant, hosting of, 560*, 699*; pregnant and vagabond, hosting of, 568*, AD7. *See also* scolds

Woodhall in Edlingham, Northumberland, tithes of, SR246
Woodham, in Aycliffe (*Wodom*), SR222
Woodside (*Wodsid*), 4*, 8*
wool, 89, 104, 149, 215, 315, 564
woolskins, washing, 483*. *See also* forestalling
Worall (unidentified), **Richard** of, 89 [T47]
work, debt owed in, 673; payment for, 151, 206, 250, 262, 287, 328, 347, 359, 363*, 500, 506, 515, 559, 589, 590, 607, 615, 620–1, 631, 672*–3, 685, 693, 707, 709*
Wotton, *see* Witton
Wra (*Wraa, Wray*), **William** del, 93 [D69], 104 [D80], 112 [D88]; **William**, i152, t159, i222, i249, i322, i387, i396
Wrangham, **Hugh**, 475 [D239], i498; **James**, 646–7+650–1 [T103]
Wren, **Richard**, 259* [D155]
Wrench, **Alice**, wife of Peter, 573*; **Peter**, 575 [D275], 573*, wife of, 556*, AD7
Wright (*Wryght, Wrytth*), **Gilbert**, i80–1, i97, i115; **John**, 598–9 [D283], AD4; **Richard**, 315 [D172]; **Robert**, i83; **Robert**, 276*, j279*, v282, v284, j286*, 292*, j300*, s305*, j309*, 316*, js339*, s+371*, s376*, j389*, js393*, s404*–5*, s413*, s419*, 429*, s441*, j473*, j491*, s503*, j528*, j534*, js538*, j544*, 630*, i650, i659, i695, jAD10, of Elvet, 547*, forestaller of sheepskins, 256*, glover, 256*, son of William Wright, 270*, 319; **Roger**, i80, i81?, i90, p92, i97, 112 [D88], 119 [T56], j349*, s358*, j363*, ale vendor, 91; **Thomas**, i628; **William**, 551*, SR44, deceased, and wife Agnes, 270*, 319, tenant in Iveston, SR212
Writer (*Wrytter*), **John**, 655, i703, i705, 706*, 712*, j713*, i719, 720*, jAD10, aletaster, 713*, warden of the guild of St Margaret, 709*–11 [DC82]; **Thomas**, p446, p448, 491*, 551*, 578, t651, ale vendor, 294, 309*, 339*, 363*, 383*, 419*, 429*, 451*, 483*, 533*, 541*, 551*, AD1
writing, payment for, 328, 435
writs, xxvii; *Accedas ad curiam*, 299, 528*, 566, 658; *Recordari facias*, 223, 320, 494, 658
Wyld, **Richard**, 524 [DC43]
Wyther, **Adam**, p1
Wytton, *see* Witton

yarn, 646, 672*–3; spindle of harden
    yarn, 646; valued, 185
Yelmond, **Hugh**, SR194
Yong, **Alexander**], i249, t256*, i302, i307,
    i322, i389*; **James**, 290; **William**, 225
    [U16], 246 [D144]
Yonger, **John**, SR210; **Thomas**, 400
    [DC29]

York (*Ebor'*, *Yorke*), **Henry** of, SR197;
    William, i464
Yotte (*Yoitte*), **John**, SR204; **Thomas**, 541*
Ysson, **Robert**, 33* [T18]